Wolfgang H. Lorig · Mario Hirsch (Hrsg.)

Das politische System Luxemburgs

AF151625

Wolfgang H. Lorig
Mario Hirsch (Hrsg.)

Das politische System Luxemburgs

Eine Einführung

VS VERLAG FÜR SOZIALWISSENSCHAFTEN

Bibliografische Information Der Deutschen Nationalbibliothek
Die Deutsche Nationalbibliothek verzeichnet diese Publikation in der
Deutschen Nationalbibliografie; detaillierte bibliografische Daten sind im Internet über
<http://dnb.d-nb.de> abrufbar.

1. Auflage 2008

Alle Rechte vorbehalten
© VS Verlag für Sozialwissenschaften | GWV Fachverlage GmbH, Wiesbaden 2008

Der VS Verlag für Sozialwissenschaften ist ein Unternehmen von Springer Science+Business Media.
www.vs-verlag.de

Umschlaggestaltung: KünkelLopka Medienentwicklung, Heidelberg
Druck und buchbinderische Verarbeitung: Krips b.v., Meppel
Gedruckt auf säurefreiem und chlorfrei gebleichtem Papier

ISBN 978-3-531-14182-4

Inhalt

IV. Parteien, politische Partizipation und Medien

V. Wirtschafts-, Arbeitsmarkt- und Regionalpolitik

VI. Luxemburg und die Europäische Union

I. Einleitung: Luxemburg – „Small, beautiful, and successful"?

Wolfgang H. Lorig/Mario Hirsch

„Luxembourg is a remarkable country", konstatiert Stephen George in seiner Analyse der EU-Präsidentschaft Luxemburgs 1997: „With a population of 410,000 – less than of that of the city of Sheffield – it has managed to play an active and valuable role in the process of European integration for over forty years" (George 2000, S. 21). Nicht nur die herausgehobene Bedeutung des Großherzogtums für den Prozess der europäischen Integration ist bemerkenswert; die ausgeprägte politische Stabilität in Verbindung mit einer äußerst positiven ökonomischen Entwicklung lassen inzwischen von einem „Modell Luxemburg" oder dem „Luxemburgischen Weg" sprechen. Die Nationaldevise, „mir wëlle bleiwen wat mir sin" (Wir wollen bleiben, was wir sind.), akzentuiert mit guten Gründen nach einem langwierigen und schwierigen Prozess der Nationalstaatsbildung Luxemburgs mikro-nationalstaatliche Souveränität und das Leistungspotential eines kleinen Landes, welches im Jahre 2004 ein Pro-Kopf-Einkommen von ca. 66.000 US Dollar erwirtschaften konnte (PriceWaterhouseCoopers 2006, S. 6)

Dass dieses kleine EU-Mitglied eine solche positive Leistungsbilanz vorzeigen kann, verdeutlicht auch die Bedeutung einer politikwissenschaftlichen Beschäftigung mit dem politischen System dieses Kleinstaates. Ausgehend von der Prämisse, dass jeder Kleinstaat ein Fall für sich ist, werden im vorliegenden Buch die Institutionen, Strukturen und Prozesse des luxemburgischen politischen Systems analysiert, die Politikmuster und die Leistungsfähigkeit des so genannten „Luxemburger Modells" skizziert und durchaus kritisch die Zukunftsperspektiven des luxemburgischen Erfolgsmodells im Zeitalter des Supranationalismus erfragt. Denn gerade ein kleines, rohstoffarmes, exportorientiertes und lohnkostenintensives Land wie Luxemburg wird die erfolgreiche „Mischung aus wirtschaftspolitischer Integration und optimaler Nischenausnutzung" (Kirt 1999, S. 13) im Zeitalter der Internationalisierung und Globalisierung kontinuierlich den sich verändernden Kontextbedingungen anpassen müssen (Engel 2005, S. 4).

Wenn heute – gemäß OSZE – über 70 Prozent der europäischen Staaten als Kleinstaaten zu kategorisieren sind, könnte das 21. Jahrhundert zum Saeculum des Kleinstaates werden. Obgleich es bislang weder politisch-praktisch, noch politikwissenschaftlich gelungen ist, den Kleinstaat in allgemeinverbindlicher Weise zu definieren (Waschkuhn 1993), besteht dennoch Konsens darüber, dass jeder Kleinstaat exzeptionell und durch an Nischen orientierte Sonderwege (Kirt/Waschkuhn 2001) mit gekennzeichnet ist. Die Reemergenz des wissenschaftlichen und öffentlichen Interesses an Kleinstaaten dürfte auch damit zu tun haben, „that the number of small states has grown tremendously in Europe since the end of the Cold War" (Goetschel 2000, S. 1). Gemäß OSZE können derzeit von den 53 europäischen Staaten 38 der Kategorie „Kleinstaat" zugeordnet werden, wenn man die – nicht zufrieden stellende, doch wegen der exakt bestimmbaren Normgröße brauchbare – Laxenburger Definition von Kleinstaatlichkeit zugrunde legt: Demnach sind Kleinstaaten souveräne nationale Entitäten mit bis zu 15 Millionen Einwohnern (Busek/Hummer 2004).

Vor dem Hintergrund der geopolitischen Veränderungen in Mittel- und Osteuropa sowie der jüngsten Erweiterung der EU um einige Kleinstaaten dürfte u.a. die Frage nach den Möglichkeiten und Begrenzungen der politischen und wirtschaftlichen Leistungsfähigkeit dieser Staaten von erheblicher Relevanz sein. Anders formuliert: Welche Vor- oder Nachteile ergeben sich für den einzelnen Kleinstaat aufgrund seiner Kleinheit für seine ökonomische Performanz, für seine internationale Wettbewerbsfähigkeit, für seine Sicherheit und für seine politischen Mitwirkungsmöglichkeiten auf der internationalen Ebene im Zeitalter der Globalisierung (Cohen 2006). In der gegenwärtigen Welt scheint das Schicksal der verschiedenen Staaten intensiver als je zuvor voneinander abzuhängen: „In a world of intensifying regional and global relations, with marked overlapping ´communities of fate`, democracy requires entrenchement in regional and global networks as well as in national and local politics" (Held 1995, S. 25). Wenn dementsprechend Globalisierung immer auch Denationalisierung und Regionalisierung bedeutet (Sellers 2002), dürften Kleinstaaten „vergleichsweise gut gewappnet" (Kirt/Waschkuhn 2001, S. 40) sein, um die neuen und z.T. komplexen Herausforderungen der Gegenwart zu bewältigen: „The environment of small states provides them with a different set of opportunities and constraints than larger states; consequently, we should not expect, as traditional power theory does, that small states desire the same goals, have the same interests, utilize fewer of the resources, execute their foreign policies at the same levels as large powers, or in any way operate as ´mini´ versions of larger states" (Papadakis/ Starr 1987, S. 411).

Luxemburg war über viele Jahre hinweg das kleinste Mitgliedsland der EU. Seine wirtschaftliche Entwicklung ist gekennzeichnet durch eine „radical transformation from an agrarian state at the beginning of the 19th century into a part of the SaarLorLux (Saar-Lorraine-Luxembourg) coal and steel region and finally into a leading European financial center" (Schalast 1995, S. 77). Die dynamische

Entwicklung Luxemburgs zu einem internationalen Finanzzentrum begann Mitte der 70er Jahre. Inzwischen genießt die Bevölkerung Luxemburgs den höchsten Lebensstandard in der EU, und das Pro-Kopf-Einkommen liegt weltweit auf einem der Spitzenplätze. Damit ist lediglich angedeutet, dass mit guten Gründen von einer „Erfolgsstory" dieses Kleinstaates gesprochen werden kann. Dessen ökonomische Vitalität scheint – trotz (relativ geringer) Arbeitslosigkeit, einem beschleunigtem Preisanstieg und phasenweise abgeschwächtem Wirtschaftswachstum – nachhaltig zu sein.

Zudem kennzeichnet das Großherzogtum Luxemburg eine ausgeprägte politische Stabilität. Darauf deutet bereits der Umstand hin, dass keine einzige geschriebene Verfassung der EU-Mitgliedsstaaten ein früheres Datum als diejenige Luxemburgs trägt: „Während das Regierungssystem der parlamentarischen Demokratie schon lange Einzug in die politische Praxis gehalten hat, gibt die Sprache des weitgehend unveränderten, 130 Jahre alten luxemburgischen Verfassungstextes noch weitgehend die der konstitutionellen Monarchien des neunzehnten Jahrhunderts wieder" (Reimen/Krecké 1999, S. 12).

Hinzu kommt, dass im internationalen System Kleinstaaten wie Luxemburg zuweilen eine privilegierte Stellung genießen. Die Repräsentations-, Stimmrechts- und Stimmenwägungsprivilegien innerhalb der EU ließen vor allem Luxemburg zu einem *„over-equal-member-state"* (Kirt/Waschkuhn 2001, S. 38) werden. Allerdings dürfte im Verlauf des Post-Nizza-Prozesses der EU eine solche Privilegierung relativiert werden: „The influence of Luxembourg, as a participant in Benelux Union, as a founder of the European Communities, as a source of politicians, diplomats and mediators, is undeniable. The model of Luxembourg's involvement in international organizations is certainly one which will be followed by other small states in future" (Campbell 2000, S. 8).

Die in der Kapitelüberschrift ausgewiesene erkenntnisleitende Frage, die alle Beiträge dieses Sammelbandes durchzieht, soll bereits an dieser Stelle – wenn auch nur hypothetisch – beantwortet werden: Der Feststellung, dass Luxemburg *small* und *beautiful* ist, wird wohl jeder Besucher dieses Landes zustimmen können. Zumindest bislang kann die Leistungsbilanz des Kleinstaates auch als durchaus *successful* bezeichnet werden. Für Luxemburg scheint somit Arno Waschkuhns Diktum in besonderer Weise zu gelten: „Wenn statt Muskeln intelligente oder gewitzte Strategien eine Rolle spielen, dann kann auch der Kleinstaat erfolgreich sein" (Waschkuhn 1993, S. 279). Doch die Debatte um Themen „wie die mögliche Neudefinition der nationalstaatlichen Souveränität Luxemburgs, die Bewahrung seiner nationalen und kulturellen Identität sowie der zukünftige Umgang mit den aus evidenten Gründen quantitativ limitierten Humanressourcen des Landes" (Kirt 1999, S. 13) scheint erst begonnen zu haben. Staatsminister Jean-Claude Juncker thematisierte 2006 in prägnanter Weise diese

---

Herausforderung für das Großherzogtum: „Anstatt bleiwe wat mir sinn, welle mir hale wat mir hun: dat ass eise Problem" (Statt zu bleiben, was wir sind, wollen wir erhalten, was wir haben: das ist unser Problem.) (Juncker 2006, S. 1).

Das vorliegende Buch basiert auf einer mehrjährigen Zusammenarbeit deutscher, französischer und luxemburgischer Wissenschaftler und Wissenschaftlerinnen, welche unterschiedlichen Fachdisziplinen angehören und in unterschiedlichen Tätigkeitsbereichen wirken. Der Kommunikations-, Koordinierungs- und Übersetzungsaufwand, der mit einer Annäherung verschiedener Wissenschaftskulturen und -traditionen verbunden ist, erklärt die erheblichen Verzögerungen bei der Publikation dieses Buches. Das Buch wurde aufgenommen in die Reihe Einführungen zur Vergleichenden Regierungslehre, weil damit erstmals eine umfassende Analyse zum Politischen System des Großherzogtums Luxemburg in deutscher Sprache geleistet wird, die den Anspruch einer einführenden Überblicksdarstellung erhebt. Wenn mehrere Autoren und Autorinnen verschiedene Aspekte eines Politischen Systems analysieren, sind allerdings unterschiedliche Darstellungsstile, Akzentsetzungen und Wertungen kaum zu vermeiden. Der damit einhergehende Methodenpluralismus dürfte aber auch verdeutlichen, dass eine interdisziplinäre wissenschaftliche Beschäftigung mit einem Kleinstaat eine erhebliche intellektuelle Herausforderung darstellt, wenn „ein Kleinstaat (…) nicht lediglich die Miniatur-Ausgabe (…) eines großen Staates" (Kirt/Waschkuhn 2001, S. 39) ist und u.a. nach den „charakteristischen Chancen und Risiken des Kleinstaates in einer globalisierten Welt" (Simon 2006, S. 4) gefragt werden soll.

An dieser Stelle ist Frank Schindler vom VS Verlag zu danken, der das Projekt von Beginn an engagiert mitgetragen und – trotz der Verzögerungen – mit bewundernswerter Geduld das Vorhaben bis zur Drucklegung begleitet hat. Moritz Petry, M.A., hat über einen längeren Zeitraum den Herausgebern kontinuierlich zugearbeitet. In der letzten Projektphase haben Eva Lange, Anne-Hélène Mang, Martin Heuskel, Daniel Kirch und Marius Niespor motiviert und umsichtig mitgewirkt. Sie haben entscheidend dazu beigetragen, dass das Buch fertiggestellt werden konnte. Besonders danken die Herausgeber der Union Stiftung des Saarlandes, Saarbrücken, ohne deren finanzielle Förderung die Realisierung eines solchen interdisziplinären und grenzüberschreitenden Publikationsprojekts nicht möglich gewesen wäre. In diesem Kontext kann das Projekt auch als ein Beitrag zur Vernetzung von Kompetenzzentren in der Großregion SaarLorLux gedeutet werden.

Trier/Luxemburg, im August 2007   Wolfgang H. Lorig/Mario Hirsch

Literatur

Busek, Erhard/Hummer, Waldemar (2004) (Hrsg.): Der Kleinstaat als Akteur in den Internationalen Beziehungen, Vaduz.

Campbell, Jason (2000): Luxembourg: a small country in a large organization. A comparison of the role of Luxembourg in the Benelux Union and European Union. In: Gerald Newton (Hrsg.): Essays on Politics, Language and Society in Luxembourg, Sheffield, S. 1-8.

Cohen, Daniel (2006): Globalisierung als politische Herausforderung, Hamburg.

Engel, Frank (2004): Strukturreformen – es wird ernst! In: d'Lëtzebuerger Land, 26. August 2005, S. 4.

Fontagné, Lionel (2004): Compétitivité du Luxembourg – Une paille dans l'acier, Rapport pour le Ministère de l'Economie du Grand-Duché, Luxembourg.

George, Stephen (2000): Luxembourg's Presidency of the European Union, July – December 1997. In: Gerald Newton (Hrsg.), Essays on Politics, Language and Society in Luxembourg, Sheffield, S. 21-30.

Goetschel, Laurent (2000): Power and Identity: Small States and the Common Foreign and Security Policy (CFSP) of the EU, Bern.

Held, David (1995): Democracy and the Global Order: From the Modern State to the Cosmopolitan Governance, Cambridge.

Juncker, Jean-Claude (2006). Zitiert nach: Mario Hirsch, Sisyphusarbeit. In: d'Lëtzebuerger Land, 18. August 2006, S. 1.

Kirt, Romain/Waschkuhn, Arno (2001): Was ist und zu welchem Zwecke betreibt man Kleinstaaten-Forschung? Ein Plädoyer für die wissenschaftliche Beschäftigung mit kleinen Nationen. In: Dies. (Hrsg.), Kleinstaaten-Kontinent Europa. Probleme und Perspektiven, Baden-Baden, S. 23-59.

Papadakis, Maria/Starr, Harvey (1987): Opportunity, willingness, and small states. In: C. F. Hermann u.a. (Hrsg.), The Relationship between environment and foreign policy, London, S. 409-432.

PricewaterhouseCoopers (2006): Luxemburg: ein erstklassiger Unternehmensstandort, Luxemburg.

Reimen, Frank/Krecké, Jeannot (1999): Die Abgeordnetenkammer. Theorie und Praxis parlamentarischer Kontrolle, Luxembourg-Ville.

Schalast, Christoph: The Luxembourg Model. In: German Comments, Nr. 39, 1995, S. 77-83.

von Steinsdorf, Sylvia (2006): EU-Kleinstaaten: Motoren der Integration? In: Aus Politik und Zeitgeschichte, B 46/2006, S. 23-30.

Sellers, Jeffrey M. (2002): Governing from Below. Urban Regions and the Global Economy, Cambridge.

Waschkuhn, Arno (1993): Politisches System Liechtensteins. In: Ders. (Hrsg.), Kleinstaat, Vaduz, S. 267-279.

Waschkuhn, Arno (1994): Politisches System Liechtensteins. Kontinuität und Wandel, Vaduz.

II. Geschichte und Gesellschaft

Die historische Entwicklung des Großherzogtums – ein Essay

Gilbert Trausch

Der vorliegende Beitrag kann, allein wegen des vorgegebenen Umfangs, keinen vollständigen Abriss der Luxemburger Geschichte leisten. Er versucht vielmehr anhand ausgewählter historischer Daten und Ereignisse das Großherzogtum von heute zu erklären: die Bildung eines mit dem Namen Luxemburg verbundenen Fürstentums (zuerst Grafschaft, dann Herzogtum) im Mittelalter, sein schwieriges Weiterbestehen im Ancien Régime (15. – 18. Jahrhundert), die Schaffung des modernen Luxemburgs als Großherzogtum im 19. Jahrhundert und schließlich das Luxemburg des 20. Jahrhunderts. Bewusst wird dem internationalen Umfeld, in dem Luxemburg weiter bestehen und sich fortentwickeln konnte, besondere Aufmerksamkeit gewidmet. Desgleichen sind die Umstände, die die spezifische kulturelle Prägung Luxemburgs bestimmen, zu beachten. Schließlich geht es auch darum, zu erklären, wie das kleine, von drei mächtigen Nachbarn umgebene Land überleben und eine eigene Identität ausbilden konnte.

1   Zwei Eckdaten

Zwei Daten aus Luxemburgs Vergangenheit sind von erheblicher Bedeutung: 963 und 1839. Im Jahre 963 wird der Name dieses Landes erstmals erwähnt und leitet eine mehr als tausendjährige Geschichte ein. 963 erscheint als Ausgangspunkt einer Verkettung von Ereignissen, deren Bedeutung allerdings erst im Nachhinein zu erkennen war. Der Vertrag von London 1839 stellt in gewisser Hinsicht die Geburtsstunde des modernen Luxemburgs dar, allerdings als eine Folge des Wiener Kongresses von 1815. In beiden internationalen Verträgen wurden die Voraussetzungen für das heutige Luxemburg geschaffen. Dabei fordert 963 keineswegs zielgerecht das Datum von 1839. Denn zwischen diesen Daten liegen Ereignisse, die keineswegs zu dem führen mussten, was Luxemburg heute ist.

In Abgrenzung von teleologischen Deutungsversuchen erkennt der Historiker immer wieder Wegmarken, an welchen mehrere Optionen vorstellbar waren.

Dass sich zwischen zwei großen Mächten wie Deutschland und Frankreich eine Reihe kleiner Staaten wie Holland, Belgien, Luxemburg und die Schweiz behaupten konnten, hing von der Reihung zahlreicher Umstände ab. Auch wenn man häufig von Zufall sprechen kann, sollte nicht vergessen werden, was die Bevölkerungen geleistet haben. Der Zufall eröffnet zwar Optionen; diese schaffen aber den kleinen Völkern erst Perspektiven einer Selbständigkeit, wenn sie klug genutzt werden.

Luxemburg wäre beinahe in den spanischen (16. – 17. Jahrhundert) und österreichischen Niederlanden (18. Jahrhundert) oder über Annexion in der Territorialmasse Frankreichs oder Deutschlands aufgegangen (19. – 20. Jahrhundert). Nicht nur Chance und Zufall, auch wirtschaftliche und kulturelle Kräfte sowie der Wille der luxemburgischen Bevölkerung – allerdings erst ab dem 19. Jahrhundert – haben das heutige Luxemburg geprägt. Da ohne einen solchen Rückblick das heutige Großherzogtum nur schwerlich zu verstehen sein dürfte, werden nachstehend kulturelle und sprachliche Aspekte der luxemburgischen Identitätsbildung in besonderer Weise berücksichtigt.

Im Jahre 963 erwarb Graf Sigfrid von der Benediktinerabtei Sankt Maximin in Trier einen am Fluss Alzette gelegenen Felsenvorsprung, auf dem sich eine aus römischer Zeit stammende Befestigung befand: „castellum quod dicitur Luciliburhuc". Der Name Luxemburg taucht erstmals in der Geschichte auf. Das Kastell war eine kleine (lucilin) Burg. Um diese „Lützelburg" entstand eine Stadt gleichen Namens, die ihrerseits den Namen an das entstehende Fürstentum (Grafschaft, ab 1356 Herzogtum) weitergab. So erklärt sich, warum Land und Hauptstadt denselben Namen tragen. Die Stadt Luxemburg wurde im Lauf der Jahrhunderte zu einer mächtigen Festung ausgebaut. Während des größten Teils seiner langen Geschichte hatte das kleine Luxemburg eine wichtige strategische Bedeutung.

Im Jahre 962 hatte der deutsche König Otto I. das Römische Reich wieder hergestellt und sich in Rom zum Kaiser krönen lassen. Das zukünftige Luxemburg gehörte von Beginn an zum „Heiligen Römischen Reich Deutscher Nation" und verblieb in diesem Reich bis 1795. Sigfrid aus dem Ardennergeschlecht stand am Anfang des Hauses Luxemburg, das im Mittelalter großes Ansehen erlangen sollte, ehe es 1437 in seiner männlichen Nachkommenschaft ausstarb. Es gab dem Reich mehrere Kaiser (Heinrich VII., Karl IV., Wenzel und Sigismund) und Böhmen mehrere Könige. Johann der Blinde, Sohn Heinrichs VII., Graf von Luxemburg und König von Böhmen, eilte trotz seines Handikaps dem französischen König im 100jährigen Krieg (Erbfolgekrieg zwischen Frankreich und England) zu Hilfe und erlitt in der Schlacht von Crécy (1346) den Tod. Johann gilt in der Geschichtsschreibung als der „letzte Ritter" des Mittelalters und hat heute einen festen Platz im Kollektivgedächtnis des luxemburgischen Volkes.

Das Fürstentum Luxemburg bildete sich im 11. Jahrhundert heraus. Seine Dynasten verfolgten eine ehrgeizige Territorialpolitik, mit Orientierung nach Norden (Ardennen) und Westen (Maas), denn die Ost-Süd Richtung war von den Trierer Erzbischöfen versperrt worden. Die Hauptstadt Luxemburg liegt östlich der Sprachgrenze, die in nord-südlicher Richtung mitten durch das künftige Luxemburg verläuft, also im germanischen Raum. In ihrer Expansionspolitik drangen die Grafen von Luxemburg tief in romanisches Gebiet ein. Seine größte Ausdehnung erlangte Luxemburg in der Mitte des 14. Jahrhunderts mit einer Fläche von rund 10.000 km^2 (heute 2.590). Das damalige Luxemburg war in zwei gleich große Sprachgebiete unterteilt: Im Westteil wurde Französisch-Wallonisch, im Ostteil Deutsch-Luxemburgisch (Moselfränkisch) gesprochen. Luxemburg wurde also im Mittelalter zu einem zweisprachigen Land, vergleichbar mit Belgien oder der Schweiz. Dabei kam dem Französischen seit dem Ende des Mittelalters Priorität zu, da es zur Sprache der Zentralverwaltung wurde. Der Fürstenrat, später Provinzialrat genannt, der die eigentliche Regierungsgewalt ausübte, sowie die Stände (Adel, Klerus, Dritter Stand) tagten in der im deutschsprachigen Raum gelegenen Hauptstadt. Dieser höhere Stellenwert des Französischen hat sich bis heute – mit Ausnahme der vierjährigen nationalsozialistischen Besatzung (1940-1944) – in Luxemburg erhalten, obwohl das Land seit 1839 kein französischsprachiges Gebiet mehr ist. Der frühere Sprachgebrauch war ein nebeneinander gestellter Sprachgebrauch, der heutige ist als ein übereinander geordneter zu bezeichnen: Neben ihrem heimatlichen Lëtzbuergesch sprechen die Luxemburger Deutsch und Französisch, wobei sie das Luxemburgische als Muttersprache verstehen.

Die männliche Linie des Hauses Luxemburg erlosch im Jahre 1437. Aber schon Jahre vorher (1388) hatte Herzog Wenzel – auch König von Deutschland, allerdings ohne sich zum Kaiser krönen zu lassen – aus Geldmangel Luxemburg verpfändet. Das Pfand fiel 1411 an Elisabeth von Görlitz, Enkelin Kaiser Karls IV. 1441 überließ sie ihre Rechte Herzog Philipp dem Guten von Burgund, der sich 1443 gegen die widerspenstigen Luxemburger mit Gewalt durchsetzte und die Hauptstadt eroberte. Fortan blieb Luxemburg über verschiedene Souveränitätsübertragungen immer in ein größeres politisches Ganzes eingebunden, bis es 1839 den Status eines gesonderten Fürstentums erlangte. Für die Herzöge von Burgund hatte Luxemburg eine große strategische Bedeutung, denn seine Erwerbung erlaubte ihnen, ihre Erbfürstentümer im Süden (Herzogtum und Freigrafschaft Burgund) mit ihrem Besitz im Norden (Flandern, Brabant, Namur etc.) zu verbinden. Der burgundische Staat zerfiel allerdings mit dem Tod von Karl dem Kühnen (1477 Belagerung von Nancy). Von jetzt an bildeten die nördlichen Fürstentümer, die vom Herzogtum Luxemburg bis an die Grafschaft Holland (später bis nach Friesland) reichten, ein Ganzes. Dieses Gebiet fiel über Heirat

(Maria von Burgund, die Tochter Karls, heiratete Maximilian von Österreich.) an die Habsburger (die spanische Linie im 16. und 17. Jahrhundert, die österreichische im 18. Jahrhundert). Diese Fürstentümer, Niederlande genannt, bildeten einen Bund von Fürstentümern, die in der Person des Fürsten geeint waren. Zwei gegensätzliche Kräfte bestimmten ihre Geschichte: Auf der einen Seite der Wille des Fürsten, die Fürstentümer so eng wie möglich zusammenzuschließen, um daraus einen echten Staat zu bilden; auf der anderen der Wille der Fürstentümer, ihre Privilegien und Freiheiten zu verteidigen, gleichzeitig aber auch ihre Unterschiede zu betonen. Gegen eine angestrebte Zentralisierung formierte sich der Widerstand der so genannten Provinzen. Die gescheiterten Zentralisierungsbestrebungen ermöglichten es Luxemburg, sein damaliges Sonderbewusstsein zu bewahren. Aus diesem sollte sich in der zweiten Hälfte des 19. Jahrhunderts – die Umstände erlaubten die Bildung eines eigenen Staates – ein neuartiges Nationalgefühl entwickeln.

In der zweiten Hälfte des 16. Jahrhunderts brach die Einheit der Niederlande unter dem Einfluss der Reformation kalvinistischer Prägung auseinander. Die Nordprovinzen gingen zum Protestantismus über und schlossen sich zu den Vereinigten Provinzen zusammen, um auf schnellstem Wege einen eigenen Staat zu bilden, die heutigen Niederlande. Die Südprovinzen, darunter auch Luxemburg, verblieben unter der Herrschaft der katholischen Habsburger. Man nannte sie katholische, aber auch spanische bzw. österreichische Niederlande. Im Gegensatz zu den Nordprovinzen gelang es ihnen nicht, einen modernen Staat auszubilden.

Im 16. und 17. Jahrhundert kam es zu zahlreichen kriegerischen Auseinandersetzungen zwischen dem Kaiserreich und Frankreich, zwischen den Habsburgern einerseits, den Valois und den Bourbonen andererseits. Das Gebiet der Niederlande wurde oft zum Schauplatz von Kriegshandlungen, wobei dem Herzogtum Luxemburg als der südlichsten Provinz erhebliche strategische Bedeutsamkeit zukam. Es deckte das Gebiet der Ardennen ab und kontrollierte das Moseltal in Richtung Rhein. Seine Hauptstadt wurde zunehmend zu einer Festung ausgebaut, die als Gibraltar des Nordens bezeichnet wurde.

In der ersten Hälfte des 16. Jahrhunderts litt Luxemburg unter den Kriegen zwischen Franz I. und Karl V. und später im 30 Jährigen Krieg (1618-1648), der sich für Luxemburg bis zum Pyrenäen-Vertrag hinzog (1659). Die Friedensregelung sah u.a. vor, dass die (spanischen) Habsburger den Süden Luxemburgs (die Festungen Thionville und Montmédy) an Frankreich abtreten mussten (Erste Teilung Luxemburgs). Ludwig XIV., der ganz Luxemburg (1684) eroberte, musste es bereits 1698 an Spanien zurückgeben. Das 18. Jahrhundert verlief als Folge der politischen Annäherungen zwischen Frankreich und Österreich wesentlich ruhiger.

Die Kriege der Französischen Revolution (ab 1792) zogen Luxemburg dann allerdings wieder in den Sog kriegerischer Auseinandersetzungen. 1795 wurde Luxemburg mit den anderen Provinzen der österreichischen Niederlande von Frankreich annektiert und hieß fortan „Wälder-Departement". Das jakobinische Frankreich nahm keinerlei Rücksicht auf den luxemburgischen Partikularismus. Der „Kleppelkrich" genannte Bauernaufstand (1798) in den Ardennen (Oesling), der sich gegen die Wehrpflicht und die antireligiöse Politik des Direktoriums richtete, wurde blutig niedergeschlagen. Diese Revolte wurde in der 2. Hälfte des 19. Jahrhunderts als ein Beweis des luxemburgischen Patriotismus interpretiert und verherrlicht. Luxemburg wurde in die französische Schablone gepresst, durchlief aber gleichzeitig einen Modernisierungsprozess, der das Land in seinen Strukturen umgestaltete.

Luxemburg schien endgültig mit Frankreich vereint, als der Sturz Napoleons (1814) unerwartete Perspektiven eröffnete. Der Wiener Kongress (1815) zeichnete eine völlig neue Landkarte Europas, die auch Luxemburg betraf. Der sich daraus ergebende Status Luxemburgs war zugleich neu und kompliziert. Die Wiener Bestimmungen ließen die Zukunft des noch zu schaffenden Staates im Ungewissen. Vereinfacht lässt sich der neue Status in fünf Punkten resümieren:

1. Die europäischen Mächte beschlossen, die ehemaligen österreichischen Niederlande und die Vereinigten Provinzen (Holland) zu einem einzigen Staat (Königreich der Niederlande) zusammenzufassen. Damit stellten sie im Grunde die Niederlande wieder so her, wie sie vor der Glaubensspaltung im 16. Jahrhundert bestanden und fügten dann noch das Fürstentum Lüttich hinzu. Dieses neu gegründete Königreich sollte in Westeuropa eine Barriere gegen den Unruhestifter Frankreich bilden.
2. Das alte Herzogtum Luxemburg hätte eigentlich Teil dieses neuen Staates sein müssen; es wurde jedoch als eigener Staat etabliert und zum Großherzogtum erhoben. Zudem wurde es dem König der Niederlande, Wilhelm von Oranien-Nassau, als Familienbesitz zugeteilt als Ausgleich für mehrere ostrheinische Fürstentümer (Nassau-Dillenburg, Siegen, Hadamar und Dietz), die er an Preußen hatte abtreten müssen. Wilhelm I. war also gleichzeitig König der Niederlande und Großherzog von Luxemburg: ein Herrscher, zwei Staaten (Personalunion).
3. Das Großherzogtum wurde Mitglied des neu gegründeten „Deutschen Bundes", einer Liga, in der ungefähr 40 de facto unabhängige deutsche Staaten zusammengeschlossen waren (eher ein Staatenbund als ein Bundesstaat). Die Stadt Luxemburg wurde eine Bundesfestung mit einer preußischen Besatzung als Bollwerk gegen Frankreich, denn auf mögliche Interventionen Frankreichs nach Luxemburg hätte der Deutsche Bund reagieren müssen.

4. Der luxemburgische Teil der Eifel (Bitburg, St. Vith, Vielsalm) sowie eini-
    ge Orte jenseits der Mosel wurden an Preußen abgetreten (Zweite Teilung
    Luxemburgs). Von nun an verlief die deutsch-luxemburgische Grenze ent-
    lang der Flüsse Mosel, Sauer und Our.
5. Wilhelm I. hielt sich nicht an die Vereinbarungen des Wiener Kongresses,
    indem er quasi als 18. Provinz das Großherzogtum in sein Königreich ein-
    fügte. Um die europäischen Mächte zu beruhigen, achtete er zugleich dar-
    auf, alle seine Verpflichtungen gegenüber dem „Deutschen Bund" zu erfül-
    len.

Alle diese Veränderungen geschahen ohne eine Einbindung der luxemburgischen
Bevölkerung. Aufgrund der wenigen verfügbaren Zeugnisse wäre anzunehmen,
dass diese gerne zu den Habsburgern zurückgekehrt wäre, also eine Rückwende
in die Vergangenheit mit der Perspektive der österreichischen Niederlande und
der alten Bindungen an die wallonischen Fürstentümer. Die Großmächte jedoch
gaben den Luxemburgern einen eigenen Staat, den sie selbst nicht erbeten hatten.
Die Unentschlossenheit der Luxemburger zeigt sich auch darin, dass sie nicht
bereits 1815 gegen die Verletzung ihres Status durch Wilhelm I. protestiert hatten. Ein unabhängiger und selbständiger Staat Luxemburg war eine Perspektive,
die zunächst ihre Vorstellungskraft überstieg.
    Ähnlich den Belgiern waren auch die Luxemburger mit dem strengen Re-
giment Wilhelms I. unzufrieden. 1830 zögerten sie nicht, sich der so genannten
Belgischen Revolution anzuschließen. Die politischen Mächte, die die revolutionären Kräfte in Europa einzudämmen versuchten, trennten Niederländer und
Belgier mit der Konferenz von London 1831. Dabei stellte sich auch die Frage,
wie mit dem theoretisch unabhängigen Luxemburg verfahren werden sollte.
Denn sowohl Belgien als auch die Niederlande beanspruchten das Land. Die
Belgier erinnerten an die alten Bande der Vergangenheit und an die Teilnahme
der Luxemburger an der Belgischen Revolution. Wilhelm I. berief sich auf den
Sonderstatus von Luxemburg, den er allerdings selbst verletzt hatte. Die Mächte
entschieden sich für eine Kompromisslösung: die (dritte) Teilung des Landes.
Der französischsprachige westliche Teil (mit dem deutschsprachigen Distrikt
Arlon) kam zu Belgien; der deutschsprechende östliche Teil mit der Hauptstadt
Luxemburg blieb in Personalunion mit den Niederlanden weiterhin als Großherzogtum bestehen. Die Teilung, gegen die sich Wilhelm I. gewehrt hatte, konnte
erst 1839 durchgeführt werden (neuer Vertrag von London). Luxemburg war
nunmehr auf sich selbst gestellt und hatte seinen eigenen Weg zu finden.

2   Der Prozess der Staatsbildung

Der Status, der den Luxemburgern in London (1831 und 1839) im engeren Sinne aufgezwungen wurde, erwies sich für das „neue" Großherzogtum als eine entscheidende Herausforderung: Diesen Staat wollten sie lebensfähig machen, um nicht unweigerlich von einem seiner Nachbarstaaten vereinnahmt zu werden. Das vorhandene Verwaltungspersonal hatte eine französische, holländische oder belgische Ausbildung durchlaufen. Diese im Anfangsstadium vorhandene Verwaltung galt es nun, in eine professionelle Verwaltung umzuformen, welche den Ansprüchen eines souveränen Staates genügen konnte und den Bedürfnissen des Landes adäquat war. Innerhalb von dreißig Jahren (1839-1869) wurde eine Infrastruktur errichtet, die die Grundlage des heutigen Luxemburgs bildet. Zugleich war für den neuen Staat eine Verfassung auszuarbeiten. Dieser Prozess erwies sich langwieriger als erwartet. Erst beim vierten Versuch, im Jahre 1868, wurde ein Entwurf vorgelegt, welche den Eigenarten des Landes am besten zu entsprechen schien.

Allerdings zwang 1841 Wilhelm II. dem Land durch seine Notabeln eine Art Verfassung auf, die einer Ständeversammlung so geringe Rechte zugestand, dass man sie nur als „vorläufige Verfassung" bezeichnen konnte. Die Revolutionswelle von 1848, die auch das Großherzogtum Luxemburg erfasste, veranlasste Wilhelm II. schließlich, den Luxemburgern doch die Ausarbeitung einer liberalen Verfassung zuzugestehen, wonach die Abgeordnetenkammer zum Zentrum der politischen Entscheidungen werden sollte. Wilhelm III. setzte jedoch 1856 eine autoritäre Verfassungsänderung durch, die das monarchische Prinzip in ihrem ganzen Umfang wiederherstellte. Von den Notabeln wurde sie wenig akzeptiert. Sie beurteilten sie als „unvereinbar mit den Sitten und dem Zivilisationsstand des Landes". 1868 wurde schließlich eine neue Verfassung ausgearbeitet, welche einen Kompromiss zwischen den Verfassungen von 1848 und 1856 darstellt. Sie ist nach einigen Veränderungen noch heute in Kraft. Die wichtigsten Änderungen betrafen die Einschränkung des monarchischen Prinzips, die Einführung des allgemeinen Wahlrechts für Männer und Frauen (1919) und die Abschaffung der 1867 eingeführten Neutralität im Jahre 1948. Im Laufe der letzten 30 Jahre wurde die Verfassung mehrfach modifiziert. Da man sich nicht zu einer grundlegenden Änderung durchringen konnte, wurden pragmatisch viele Einzelaspekte reformiert, deren Summe dennoch beeindruckend ist.

Die politischen Eliten Luxemburgs realisierten insgesamt zufriedenstellend den Aufbau eines modernen Staates. Doch wie sind die Beziehungen der Bürgerschaft zu diesem Staatsgebilde? Inwieweit fühlen sich die Bürger mit ihm verbunden? Haben die Bürger eine gefühlsmäßige Bindung an ihren Staat entwickelt, verfügen sie also über ein Nationalbewusstsein? Im Falle Luxemburgs handelt es sich um einen zugleich langsamen und komplexen Prozess der politischen Identitätsbildung. Geschichtliche Umstände können den Aufbau fördern oder bremsen. Zu den günstigen Faktoren sollte man in erster Linie die Teilung von 1839 zählen. Die tiefgreifenden Konsequenzen dieser Teilung lassen sich am besten im Lichte der langen Dauer erkennen. Das Land hätte im Gefolge der Teilung auf die vom Ancien Régime ererbte Zweisprachigkeit verzichten können – eine Zweisprachigkeit, die dem Französischen den Vorrang gab –, um zugleich zum alleinigen Gebrauch des Deutschen im öffentlichen Leben überzugehen. Die Bevölkerung würde weiterhin ihren Dialekt sprechen können, also das Luxemburgische. Die Honoratioren, in deren Händen die Verwaltung des Landes lag, entschieden sich jedoch für die Beibehaltung des alten Sprachgebrauchs. Somit blieb das Französische bis heute vorrangig.

Diese sprachpolitische Entscheidung führte dazu, dass in allen Schularten ab der Grundschule verpflichtend (Gesetz von 1843) Französisch und Deutsch unterrichtet wird. Die Honoratioren verlangten von der deutsch sprechenden Bevölkerung das intensive Erlernen einer Fremdsprache. Dadurch vermieden sie einen offensichtlichen Bruch zwischen den Eliten und der Bevölkerung und ermöglichten dem Land, sich von Deutschland abzugrenzen. Die Einführung des allgemeinen Wahlrechts (1919) änderte an diesen sprachpolitischen Regelungen nichts mehr; die Sprachgewohnheiten hatten sich eingebürgert. Über 160 Jahre wird Luxemburg in dieser Weise sprachlich geprägt, was zugleich Distanz zu den Nachbarländern wie eigene politische Identitätsbildung ermöglicht. Französisch hat sich als die geschriebene Sprache der Verwaltung, der Justiz, der politischen Institutionen und der gehobenen Kultur behaupten können. Deutsch, das übrigens juristisch auf der gleichen Stufe mit dem Französischen steht, dominiert in anderen Bereichen (Presse und Kirche). Luxemburgisch bleibt ganz offensichtlich die Sprache der mündlichen Verständigung mit zwei Ausnahmen: Im Gottesdienst richtet sich die Kirche in Deutsch an das Volk (Gebete, Lieder); erst in den letzen dreißig Jahren gesteht sie dem Luxemburgischen eine immer größere Bedeutung zu (z.B. Predigt). Und das Parlament knüpfte lange Zeit Reden und Wortmeldungen an den Gebrauch des Französischen und Deutschen. 1944 wurde Deutsch verboten und der Gebrauch des Luxemburgischen, das heute klar vorherrscht, zugelassen. Den Luxemburgern war immer bewusst, dass das Lëtzebuergesch ein deutscher (moselfränkischer) Dialekt ist. Lange Zeit sahen sie deshalb in der deutschen Sprache ihre Muttersprache. Während die Schulbücher der Grundschule bis Anfang des 20. Jahrhunderts dies noch explizit bekräftigten („Deutsch ist unsere Muttersprache"), so bezeichneten die Einwohner ihre Umgangssprache als „Luxemburger Deutsch" (lëtzebuerger Däitsch) oder auch als „unser Deutsch" (onst Däitsch). Dementsprechend sahen sie sich selbst im Gebrauch ihrer Sprachen als ein zweisprachiges Volk (Deutsch-Französisch).

Eine Wendung zeichnete sich zu Beginn des 20. Jahrhunderts ab. Da sich die Luxemburger immer mehr mit ihrem Staat identifizierten und mit der Zeit ein echtes Nationalgefühl entwickelten, waren sie zunehmend der Ansicht, dass sowohl Deutsch als auch Französisch Fremdsprachen seien, das Luxemburgische dagegen die Muttersprache. 1984 regelte ein Gesetz den Sprachgebrauch: realiter bekräftigte es nur die schon bestehende Sprachsituation. Psychologisch wichtig war, dass das Gesetz im 1. Artikel feststellte: „Die Nationalsprache der Luxemburger ist das Luxemburgische". Doch zugleich wissen die Bürger Luxemburgs, dass sie ohne gute Kenntnisse des Französischen und Deutschen in Politik, Wirtschaft und Kultur weitgehend isoliert wären. Als ein weiterer Faktor für „nation building" fungierte die Selbstverwaltung, die Großherzog Wilhelm II. den Luxemburgern 1841 gewährte. Das Geld der Steuereinnahmen ging nicht mehr wie üblich ins Ausland (nach Den Haag, Brüssel oder Paris); fortan konnten die Luxemburger selbst über Straßen- und Eisenbahnbau, Schulprogramme, den Ausbau ihrer Verwaltung etc. entscheiden. Als auf einer Konferenz in London 1867 die europäischen Mächte Luxemburg einen Neutralitätsstatus vorschrieben, konnten die Luxemburger sich von ihren militärischen Belastungen befreien. Dieses waren insgesamt elementare Vorteile eines selbständigen und neutralen Staates, die die Entwicklung erheblich begünstigen sollten. Erst 1948 sollte Luxemburg auf seine Neutralität, die hoch geschätzt und anerkannt war, verzichten. Dies tat es, nachdem Deutschland seine Souveränität zweimal (1914 und 1940) verletzt hatte, mit dem Ziel politische Sicherheit als Mitglied der NATO zu erlangen.

Das Luxemburg von 1839 war ein ländlich geprägtes, unterentwickeltes Land, das in Autarkie kaum Entwicklungsperspektiven erkennen konnte und dementsprechend die wirtschaftliche Integration in einen größeren Komplex (Zollunion) anstrebte. Der Tradition nach hätte es sich nach Belgien oder Frankreich orientieren müssen; doch König Wilhelm II. erwirkte gegen den Willen der Bevölkerung den Beitritt in den Zollverein (1842), in welchem es bis 1918 verblieb. Hierbei handelte es sich um eine Entscheidung mit großer Tragweite: Zum ersten Mal in seiner Geschichte orientierte sich Luxemburg wirtschaftlich nach Deutschland. Der Zollverein erwies sich als nützlich für beide Seiten. Der deutsche Markt war und ist noch immer für das Großherzogtum von größter Bedeutung. Eisenerzvorkommen wurden Mitte des Jahrhunderts im Süden des Landes entdeckt (Anschluss an die Minen in Lothringen). Seine industrielle Revolution fand zeitgleich mit und im Schatten von Deutschland statt. Am Vorabend des Ersten Weltkrieges war Luxemburg ein Großproduzent von Eisen (2,5 Millionen Tonnen), und die deutsche Wirtschaft profitierte erheblich von der luxemburgischen Eisen- und Stahlindustrie.

Luxemburg trat 1918 unter dem Druck der Alliierten (Frankreich, Großbritannien und Belgien) aus dem Zollverein aus und bildete 1921 zusammen mit
Belgien eine Wirtschafts- und Währungsgemeinschaft (Union économique belgo-luxembourgeoise). Diese ist immer noch in Kraft, aber durch die Europäische
Gemeinschaft (seit 1950) in weiten Teilen substanzlos geworden. Deutschland
blieb im gesamten 20. Jahrhundert der wichtigste Wirtschaftspartner Luxemburgs. Heute ist Luxemburg eines der reichsten Länder Europas geworden. Das
verdankt es vor allem seinem industriellen Gefüge, den ca. 170 Banken und
zahlreichen (internationalen) Dienstleistungsunternehmen, die sich im Großherzogtum niedergelassen haben. Offensichtlich hat der Wohlstand die Identifizierung der Luxemburger mit ihrem Staat begünstigt. Die Einwohnerzahl Luxemburgs hat mit dem wirtschaftlichen Aufschwung nicht Schritt halten können. Es
musste Arbeitskräfte von außerhalb anwerben. Seit Ende der 1870er Jahre immigrierten Deutsche, Italiener und Portugiesen. Die rasante wirtschaftliche Entwicklung der letzten Jahrzehnte hat zu einem erheblichen Anstieg der ausländischen Arbeitskräfte geführt. Der Anteil der Luxemburger an der Bevölkerung
stagniert seit einiger Zeit zwischen 270.000 – 280.000, während der der Ausländer von 95.800 im Jahre 1981 auf 181.800 im Jahre 2006 angewachsen ist (plus
90%). Zu diesen kommen noch ca. 118.500 Grenzgänger (Pendler), weshalb
tagsüber die Anzahl der Ausländer die der Luxemburger Staatsbürger überschreitet. Der materielle Wohlstand als die eine Seite der Medaille wird seit geraumer
Zeit ergänzt um eine zweite Seite der Prosperität: die Angst der Luxemburger
vor einer zunehmenden Fragilität ihrer politischen Identität.

3   Luxemburg im internationalen Kontext

Wir kennen nun die Faktoren, die für Luxemburg vorteilhaft gewesen sind. Es
gibt jedoch auch andere, die weniger vorteilhaft für das Großherzogtum waren.
Damit eine nationale Gemeinschaft entstehen und sich entwickeln kann, muss
ein Kleinstaat zunächst politische Entwicklungsperspektiven haben, was im Falle
von Luxemburg keinesfalls selbstverständlich war. Die Zukunftsfähigkeit des
Landes hing phasenweise von der Haltung seiner drei großen Nachbarländer ab.
Die europäischen Mächte hatten es geschaffen und ihre Vorstellungen in den
Verträgen von 1815, 1839 und 1867 festgeschrieben. Bei Schwierigkeiten und
Interessenkonflikten diente es – in der Metapher des Schachspiels – als Bauer auf
dem internationalen Schachbrett. Das Fortbestehen eines luxemburgischen Staa-
tes war lange Zeit eine ungeklärte Angelegenheit der europäischen Diplomatie.
Bei fast jeder großen Krise in Westeuropa wurde die „Luxemburger Frage" er-
neut aufgeworfen. Jeder Krieg zwischen Frankreich und Preußen (Deutschland)

enthielt für Luxemburg Risiken. Denn was oder wer würde den Sieger hindern, das Land zu annektieren?

Die Lage des Großherzogtums erschien umso labiler, als jedes der drei Nachbarländer der Meinung war, es könne Ansprüche auf Luxemburg geltend machen. Frankreich konnte sich auf zwei Annexionen berufen (zur Zeit Ludwigs XIV. 1684-1698 und der Französischen Revolution 1795-1814) sowie auf die Notwendigkeit, seine Nord-Ost-Grenze besser zu schützen. Mit Deutschland verbinden Luxemburg die Sprache sowie geschichtliche Bande: seine Zugehörigkeit zum „Heiligen Römischen Reich Deutscher Nation" im Mittelalter und zum Deutschen Bund (1815-1866). Belgien konnte auf die lange Zugehörigkeit des Herzogtums Luxemburg zu den südlichen Niederlanden verweisen, die mit dem Königreich Belgien von 1830 identisch waren. Es erinnerte außerdem an die Proteste der Luxemburger gegen die Trennung von 1839, als die Luxemburger gerne bei Belgien geblieben wären.

Einige Beispiele, die diese Zusammenhänge verdeutlichen können: 1848 wollten deutsche Patrioten die Staaten des „Deutschen Bundes" – darunter auch Luxemburg – zu einem „Reich" vereinen (Deutsche Nationalversammlung in Frankfurt). Die politisch Verantwortlichen in Luxemburg schreckten vor dieser Perspektive zurück und wussten nicht, wie sie sich dieser Einvernahme entziehen konnten. Luxemburg hatte das Glück, dass die Frankfurter Initiative scheiterte und eine deutsche „Umarmung" nicht stattfand. Im Jahre 1866 brach der „Deutsche Bund", als Folge des österreichisch-preußischen Krieges, auseinander. Das Großherzogtum wollte nicht zum neuen Deutschland gehören, das Bismarck zuerst mit dem „Norddeutschen Bund" (1867), und dann mit dem Reich (1871) zu bilden trachtete. Während Luxemburg auf Distanz zur deutschen Politik ging, zeigte Napoleon III. ein zunehmendes Interesse an dem kleinen Land. Der Kaiser der Franzosen verhandelte mit Großherzog Wilhelm III. über den Erwerb des Großherzogtums, welches sich noch im Familienbesitz des Hauses Nassau-Oranien befand. Bismarck intervenierte gegen diese Übertragung, da er nicht bereit war zu akzeptieren, dass „ein deutsches Land" unter französische Staatshoheit geraten sollte. Erst ein später Kompromiss verhinderte einen deutsch-französischen Krieg (Londoner Vertrag 1867) wegen dieser Frage: Luxemburg blieb als Staat bestehen, aber Preußen mußte seine Bundesgarnison, für deren Präsenz es keinen Grund mehr gab, aus der Festungsstadt Luxemburg abziehen. Die Festung wurde geschleift und das Land „auf ewig" für neutral erklärt. Diese, durch die Unterzeichnerstaaten garantierte Neutralität, konsolidierte den internationalen Status des Landes.

Die luxemburgische Neutralität (aus dem Jahre 1867), genau wie die belgische (aus dem Jahre 1831) überstand den deutsch-französischen Krieg (1870-1871). Als sich der deutsche Sieg abzeichnete, kam es in Deutschland zu einer

Pressekampagne, die die „Rückkehr" Luxemburgs forderte, um die „verpasste Gelegenheit" von 1866-67 zu kompensieren. Bismarck setzte Luxemburg zwar unter Druck, um die Kontrolle über die luxemburgischen Eisenbahnen zu erhalten, ließ sich aber nicht in seiner Haltung beirren. Es ist nicht uninteressant, die Haltung der Luxemburger während der Krise von 1866-1871 genauer zu betrachten. In weniger als fünf Jahren zeichnete sich in der öffentlichen Meinung eine erhebliche Steigerung des Nationalbewusstseins ab. 1866-67 reagierten die Luxemburger auf den möglichen Verlust ihrer Unabhängigkeit noch weitgehend passiv, auch weil die diplomatischen Verhandlungen der europäischen Mächte hinter den verschlossenen Türen geführt wurden. Die entmutigten und wenig durchsetzungsfähigen Honoratioren Luxemburgs wandten sich an den König-Großherzog und teilten ihm ihre Prioritäten mit: als erste Wahl die Bewahrung der Unabhängigkeit und als zweite eine Annexion an Frankreich statt einer an Deutschland. Nur drei Jahre später reagierte die Bevölkerung nicht mehr resignativ, sondern antwortete auf die Drohungen Bismarcks mit patriotischen Demonstrationen: Umzüge zahlreicher Bürgerschaften und eine umfangreiche Petition der Männer über 25 Jahre an den König-Großherzog mit ca. 40.000 Unterschriften, also fast der gesamten männlichen Bevölkerung. Insoweit hatte die Krise von 1866-1871 auch bewirkt, dass die Bevölkerung Luxemburgs begann, über ihren Staat, ihr Luxemburgertum und ihre Zukunftsperspektiven nachzudenken.

Ein wichtiger Schritt auf dem Weg der staatlichen und nationalen Entwicklung war die dynastische Trennung von den Niederlanden im Jahre 1890. Dem verstorbenen König-Großherzog Wilhelm III. folgte seine Tochter Wilhelmine auf den niederländischen Thron. Mangels eines männlichen Nachkommens ging Luxemburg an einen anderen Zweig der Nassauer über: das Haus Nassau-Weilburg. Adolf, der ehemalige Herzog von Nassau, der 1866 sein Fürstentum an Preußen abtreten musste, wurde nun Großherzog von Luxemburg. Das Land hatte fortan seine eigene Dynastie (Luxemburg-Nassau), deren Stammvater Adolf (1890-1905) war, gefolgt von Wilhelm (1905-1912), Marie-Adélaïde (1912-1919), Charlotte (1919-1964), Jean (1964-2000) und aktuell Henri. Im Laufe der Jahrzehnte lebten die Nassauer sich zusehends in ihrer neuen Heimat ein und wurden beliebt bei der Bürgerschaft Luxemburgs. Insbesondere der Großherzogin Charlotte, die während des Krieges zum Symbol des nationalen Unabhängigkeitswillens wurde, galt eine ausgeprägte Zuneigung der Luxemburger.

Mit der Zunahme internationaler Spannungen zu Beginn des 20. Jahrhunderts (u.a. die Marokkokrise im Jahre 1911) erfuhr die „Luxemburger Frage" in der deutschen, belgischen und französischen Presse eine Wiederauflage. Als der Erste Weltkrieg ausbrach, überfiel Deutschland das neutrale Luxemburg. In den Archiven ist zu lesen, wie Deutschland bei einem siegreichen Ausgang Luxemburg zu annektieren gedachte. Mit der Niederlage Deutschlands 1918 war die

Gefahr einer Annexion durch diesen Nachbarstaat zwar abgewendet; gleichzeitig erhob jedoch auf Seiten der Alliierten Belgien Anspruch auf Luxemburg aufgrund historischer Rechte und der Präferenzen der Luxemburger im Jahre 1839 für Belgien. Diplomatische Interventionen Frankreichs verhinderten diese Pläne. Luxemburg, das dem Selbstbestimmungsrecht der Völker immer hohe Priorität einräumte, berief sich 1919 auf die Prinzipien des Präsidenten Wilson und konnte seine Unabhängigkeit schließlich bewahren.

Im Mai 1940 verletzte das nationalsozialistische Deutschland erneut die Neutralität des Großherzogtums. Anders als 1914 wurde Luxemburg de facto annektiert, und die Besatzungsmacht begann sofort, das Land unter Zwang „einzudeutschen". Der Gebrauch des Französischen wurde untersagt, und 1942 wurde die luxemburgische Jugend in die Wehrmacht gezwungen. Dem von außen aufgezwungenen totalitären Regime gegenüber verhielt sich die Bevölkerung unterschiedlich: auf der einen Seite die Kollaboration, auf der anderen Seite der aktive Widerstand und die Mehrheit der Bevölkerung, die anfänglich abwartete, um dann ab 1941 stumm, aber eindeutig eine abweisende Haltung einzunehmen. Dieses Verhalten provozierte die Besatzungsmacht zu grausamen Repressalien. Das erste Todesurteil wurde im Oktober 1941 ausgesprochen; 791 Menschen wurden hingerichtet, 4000 wurden in Konzentrationslager deportiert und ebenso viele wurden nach Schlesien – als erster Schritt eines großen Programms – umgesiedelt. Von den 10.200 jungen Männern, die unter Zwang eingezogen wurden, kehrten 28% nicht mehr in ihr Vaterland zurück. Nicht wenige konnten sich dem Wehrdienst entziehen, indem die Bevölkerung ihnen Verstecke im eigenen Land gewährte. Dass eine damals kaum 300.000 Menschen zählende Bevölkerung auf einer so übersichtlichen Fläche doch relativ erfolgreich aktiven und passiven Widerstand leisten konnte, deutet auf eine ausgeprägte Solidarität in der luxemburgischen Bevölkerung hin. Im Ergebnis stimulierte der Zweite Weltkrieg die Herausbildung eines luxemburgischen Nationalempfindens: Noch ein halbes Jahrhundert zuvor hatte sich der deutsche Historiker Heinrich von Treitschke in seiner „Geschichte Deutschlands im 19. Jahrhundert" über die „nation luxembourgeoise" lustig gemacht. Doch insbesondere während der nationalsozialistischen Besatzung wurde das 1839 begonnene „nation building" vollendet. So reagierte die Bevölkerung bei der Ankündigung der Wehrdienstpflicht am 30. August 1942 spontan mit einem großen friedlichen Streik, der jedoch sofort von den Nationalsozialisten blutig niedergeschlagen wurde. Als 1940 Großherzogin Charlotte und die Regierung in das Exil gingen, war dies ein eindeutiges Zeichen für deren Entscheidung zugunsten der Alliierten und gegen die Nationalsozialisten.

Im Gegensatz zu der Zeit nach dem Ersten Weltkrieg war 1945 die „Luxemburger Frage" kein Thema mehr. Selbstverständlich und selbstbewusst partizipierte Luxemburg am Aufbau Europas, wurde Gründungsmitglied der UNO (1945), der OEEC (1948), des Brüsseler Paktes (1948), des Europarates, der NATO (1949) und auch der Europäischen Gemeinschaften (1950). Zum ersten Mal seit 1839 wurde Luxemburg über die deutsch-französische Versöhnung aus dem Spannungsfeld dieser beider Staaten gelöst und konnte sich von da an in einem stabilen europapolitischen Umfeld entwickeln: Die Regierung stand dem Aufruf Robert Schumans vom 9. Mai 1950 positiv gegenüber, in welchem er zur Bildung einer Europäischen Gemeinschaft für Kohle und Stahl aufrief (EGKS). Als Großproduzent von Stahl hatte Luxemburg – wie Belgien – eigentlich keine andere Option. Allerdings trat Luxemburg dem europäischen Markt nicht ohne Bedenken bei, denn der Kleinstaat brachte in die EGKS seinen wichtigsten Industriezweig ein, der Grundlage seiner wirtschaftlichen Entwicklung war. Doch Luxemburg musste dieses europapolitische Engagement nie bedauern. Seine Hauptstadt wurde 1952 mit diskreter Hilfe Adenauers zum Sitz der Hohen Behörde (ausführendes Organ der EGKS) bestimmt und neben Straßburg zum Tagungsort des Europaparlamentes erklärt. 1957 wurde Brüssel zum Sitz der Europäischen Wirtschaftsgemeinschaft (EWG) gewählt. Zwar hätte Jean Monnet aus der Stadt Luxemburg gerne einen „europäischen Distrikt" gemacht, in dem alle europäischen Institutionen zu zentrieren gewesen wären; doch die luxemburgische Regierung folgte seinen Vorstellungen nicht, da sie um die politische Identität des Landes fürchtete. Heute befinden sich in der Stadt Luxemburg wichtige Institutionen der Europäischen Union: der Europäische Gerichtshof, die Europäische Investitionsbank, der Rechnungshof, das Amt für Europäische Publikationen, Eurostat und das Sekretariat des Europäischen Parlaments.

Luxemburg hat früh und konsequent eine Politik der Europäischen Integration initiiert. Europa bot den Politikern des Großherzogtums ein Forum, das es ihnen erlaubte, ihr Land international zur Geltung zu bringen und sich zu profilieren. Joseph Bech, ein enger Freund von Robert Schuman und Konrad Adenauer, war in der internationalen Diplomatie anerkannt und geschätzt. Robert Schuman, in Luxemburg geboren, aufgewachsen und der luxemburgischen Sprache verbunden, bezeichnete ihn als „de Spezialist vun den internationalen Affairen". Pierre Werner wird als Vater des Euro genannt und Gaston Thorn wie Jacques Santer wirkten als Präsidenten der Europäischen Kommission. Jean-Claude Juncker erfreut sich seit Jahren eines ausgezeichneten Rufes als Europapolitiker, sowohl wegen seiner langjährigen Erfahrung und der daraus resultierenden Kompetenz als auch wegen seines Engagements und seiner Verhandlungskompetenz. Das Gewicht Luxemburgs in der Europäischen Union überwiegt bei weitem seine Größe, weshalb in diesem Zusammenhang von „influence without power" gesprochen werden kann.

Der Partikularismus des Ancien Régime stärkte das Bemühen der Luxemburger, sich von den anderen Provinzen der Niederlande (den spanischen wie auch den österreichischen) zu unterscheiden und die Freiheiten und Privilegien des eigenen Landes zu verteidigen. Doch fehlte es dem Land an wesentlichen Bestandteilen, die eine Nation im modernen Sinne kennzeichnen: vor allem eine gemeinsame Sprache mit ihren Eigenheiten, die Erinnerung an eine gemeinsame Vergangenheit und der deklarierte Wille, als Volksgemeinschaft in einem Staatsgebilde zusammenleben zu wollen. Dies änderte sich erst nach der Teilung von 1839, die von der Bevölkerung als Zerstörung eines seit mehreren hundert Jahren bestehenden Fürstentums empfunden wurde. In der Retrospektive hat sich diese Teilung als eine Chance zur politischen Identitätsfindung und Nationenbildung erwiesen. Nicht das Großherzogtum von 1815, sondern das von 1839 wurde zur Grundlage der luxemburgischen Nation. Der Staat ging der Nation voraus, und mit der Entdeckung des Luxemburgischen entstand auch ein neues Sprachbewußtsein.

Im Großherzogtum von 1839 wurde die Vorrangstellung des Französischen von der Bevölkerung akzeptiert. Zuerst von den Honoratioren, dann von den gewählten Abgeordneten, die die Sprachregelung nicht in Frage stellten. Von allen Luxemburgern wird erwartet, die luxemburgische, deutsche und französische Sprache sprechen und schreiben zu können. Das ist eine außergewöhnliche kulturelle Bereicherung, in der die Luxemburger eine wichtige Komponente ihrer nationalen Identität sehen. Leider erschwert diese Sprachensituation heute den zahlreichen Ausländern, die im Land leben und arbeiten, sich politisch-kulturell zu engagieren und zu integrieren.

4 Ein stabiles Land

Das herausragende Merkmal Luxemburgs in der zweiten Hälfte des 20. Jahrhunderts ist seine große politische und soziale Stabilität. Das Parteiensystem beweist dies. Die vier traditionellen Parteien wurden zu Beginn des 20. Jahrhunderts gegründet: die Sozialistische Partei (LSAP) 1902, die Liberale Partei (DP) 1904, die Christlich-Soziale Volkspartei (CSV) 1914 und die Kommunistische Partei (KP) 1921. Das ganze Jahrhundert hindurch blieb die Christlich-Soziale Volkspartei die stärkste politische Kraft im Land. Sie bildete den Nukleus der verschiedenen Regierungen. Von 1917 an bis heute stellt sie – mit Ausnahme von 6,5 Jahren (1925-1926 und 1974-1979) – den Regierungschef. Die Sozialistische Partei und die Liberale Partei wechselten sich in der Rolle des Koalitionspartners ab. Die Kommunistische Partei stalinistischer Prägung ging mit dem Fall der Berliner Mauer und dem Zusammenbruch der DDR unter. Zu dieser traditionel-

len Parteienlandschaft gesellte sich Anfang der 80er die Partei der Grünen, die
sich inzwischen im Parteiensystem etablieren konnte. Inwieweit dies auch der
Ende der 80er gegründeten ADR (Aktion'n fir Demokratie a Rentengerechteg-
keet), welche als Protestpartei mit einem eher populistischen Programm zu verstehen ist, gelingen wird, bleibt derzeit noch offen.

Stabilität kennzeichnet auch die Organisierten Interessen in Luxemburg.
Drei große Gewerkschaften vertreten die Interessen der Arbeitnehmer: die
OGBL, die der Sozialistischen Partei und der LCGB, der der Christlich-Sozialen
Partei nahe steht. Der Verband der Staatsangestellten (CGFP) ist traditionsgemäß
politisch neutral. Während in der ersten Hälfte des 20. Jahrhunderts die sozialen
Verhältnisse relativ instabil waren (Arbeiterstreiks 1917, 1921, 1935), ist seit der
zweiten Hälfte des 20. Jahrhunderts eine deutliche Entspannung der sozialen
Auseinandersetzungen festzustellen. Der Staat etablierte Abstimmungs- und Ver-
mittlungsorgane (Berufskammern 1924, Nationaler Arbeitsrat 1936, Wirtschafts-
und Sozialrat 1964 und die „Tripartite" 1977), und die Gesetzgebung sieht obligatorische Tarifverträge und Mitbestimmung in den großen Unternehmen vor.
Die großen Gewerkschaften sind in den Verwaltungsräten der großen Unternehmen vertreten und orientieren ihre praktische Interessenpolitik am Prinzip ge-
samtgesellschaftlicher Verantwortung. Dabei kommt neben gesetzlichen Regu-
lierungen der Tradition der sozialen Nähe eine nicht unerhebliche Bedeutung zu.
Die Rede vom „Luxemburger Modell" rekurriert auf persönliche Kontakte, soziale Bindungen und eine Kultur des sozialen Dialogs in einem flächen- und be-
völkerungsmäßig überschaubaren Land. Allerdings hat sich dieses Luxemburger
Modell bisher noch in keinen Krisensituationen bewähren müssen.

Die Anerkennung als Staat, theoretisch durch den Wiener Kongress (1815)
und praktisch durch den Vertrag von London (1839), gewährt dem Kleinstaat
Luxemburg eine gewisse Handlungsfreiheit. Das Land kann seine Hoheitsrechte
nur soweit ausüben, als es weder die Sicherheit seiner Nachbarn gefährdet noch
deren grundlegende Interessen berührt. Dennoch nutzt es politisch klug bei strik-
tem Einhalten des internationalen Rechts mögliche Spielräume für die Durchsetzung seiner Interessen im außenpolitischen Bereich: Als Mitte des 19. Jahrhunderts im Süden des Landes reiche Eisenerzvorkommen entdeckt wurden, forderte
der Staat per Gesetzgebung den Abbau und die Verarbeitung der Erze an Ort und
Stelle. Das führte dazu, dass ausländische Eisen- und Stahlgesellschaften ihre
Werke im Land errichten mussten, womit verhindert wurde, dass die Rohstoffe
unbearbeitet ins Ausland geschafft werden konnten, d.h. ohne einen Mehrwert
für die eigene Infrastruktur.

Von 1960 an entwickelte sich Luxemburg zu einem anerkannten internationalen Finanzzentrum, dessen Entstehung mehrere Faktoren begünstigten: die
restriktive Finanzpolitik einiger großer Länder (vor allem der USA und Deutsch-

lands), eine großzügige Gesetzgebung (z.B. Bankgeheimnis), qualifizierte Arbeitskräfte, sozialer Friede und politische Stabilität. Die fortschreitende europäische Integration allerdings begrenzt zusehends den Spielraum der Regierung für Sonderregelungen; dennoch dürfte eine kreative „Nischenpolitik" weiterhin möglich sein. Das soziale und politische Leben der Luxemburger ist durch ihren ausgesprochenen Pragmatismus gekennzeichnet. Der Sinn nach dem, was praktisch und machbar ist, erleichtert das Aushandeln und Vereinbaren von Kompromissen. Eine „neue politische Streitkultur" (Jean-Claude Juncker) – in positivem wie negativem Sinne – konnte sich bisher kaum entwickeln, was u.a. mit der geringen Größe des Landes, der relativ überschaubaren Einwohnerzahl (459.500) und der großen Zahl von Ausländern (Ansässige und Pendler) zu tun hat, die mehrheitlich kaum an politischen und kulturellen Angelegenheiten des Landes partizipieren.

Literatur (von den Herausgebern erstelltes Verzeichnis)

Bossaert, Danielle/Calmes, Christian (1994): Die Geschichte des Großherzogtums Luxemburg von 1815 bis heute, Luxemburg.

Govaert, Serge (1997): Le Grand-Duché de Luxembourg: une stabilité trompeuse? In: Revue Internationale de politique comparee, Vol. 4, Nr. 3, S. 585-601.

Poos, F. (1977): Crise économique et petits nations. Le modèle luxembourgois, Lausanne.

Rieben, H. (1993): A Luxembourg au coeur du chantier européen avec Jean Monnet et Pierre Werner, Lausanne.

Schalast, Christoph (1995): The Luxembourg Model, In: German Comments, Nr. 39, S. 77-83.

Spizzo, Daniel (1994): La nation luxembourgeoise, Paris.

Trausch, Gilbert (1974): Contributions à l'histoire sociale de la question du Luxembourg 1914-1922, Luxembourg.

Trausch, Gilbert (1981): Le Luxembourg à l'époque contemporaine, 2. Auflage, Luxembourg.

Trausch, Gilbert (1989): Le Luxembourg. Emergence d'un Etat et d'une Nation, Bruxelles, Antwerpen.

Trausch, Gilbert (1992): Le Luxembourg. Collection Nations d'Europe, Paris.

Trausch, Gilbert (Hrsg.) (1993): Die Europäische Integration vom Schuman-Plan bis zu den Verträgen von Rom, Baden-Baden.

Trausch, Gilbert (1995): Luxembourg-Belgique. Les relations belgo-luxembourgeoises (1919-1994), Luxembourg.

Trausch, Gilbert (1998): La révolution de 1848 et les débuts de la vie parlementaire au Luxembourg, Luxembourg.

Trausch, Gilbert (1999): Le Luxembourg au tournant du siècle et du millénaire, Luxembourg.

Trausch, Gilbert (1999): Conscience de l'identité européenne après 1945, In: Th. Jansen, Réflexions sur l'identité européenne, Commission Européenne – Cellule de prospective, Bruxelles.

Trausch, Gilbert (2000): L'ARBED dans la société luxembourgoise, Luxembourg.

Trausch, Gilbert (2002): Histoire du Luxembourg, le destin européen d'un petit pays, Luxembourg.

Trausch, Gilbert (2005): Nach Europa mit fünf Premierministern, Internetdokument: www.gouvernement.lu/dossiers/viepol/karlspreis/discours_trausch/index.html (22.08.2006).

Weber, P. (1950): Histoire de l'économie luxembourgoise, Luxembourg.

Werner, Pierre (1991): Itinéraires luxembourgeois et européens, 2. Auflage, Luxembourg.

Politische Kultur

Wolfgang H. Lorig

1   Begrifflichkeit und Konzept

Politische Kultur kann heute als eine „etablierte Komponente politikwissen-schaftlicher Forschung in westlichen Demokratien" (Kaase 1994, S. 233 f.) an-gesehen werden. Gleichwohl bleibt das Konzept in den Sozialwissenschaften umstritten: „We may agree that culture does affect politics, but the difficulty from an analytic point of view is identifying exactly how political culture exerts its influence in political life" (Ball/Peters 2005, S. 87). Im Allgemeinen verweist der Begriff Politische Kultur auf die in einer Gesellschaft verbreiteten subjekti-ven Deutungsmuster von Politik, also auf „grundlegende Vorstellungen von der Welt des Politischen" (Rohe 1987, S. 39). Sozialwissenschaftliche Darstellungen beziehen sich in einem primär deskriptiven und analytischen Sinn auf den angel-sächsischen Terminus „political culture": „A political culture is composed of the attitudes, beliefs, emotions and values of society that relate to the political sys-tem and to political issues." (Ball/Peters 2005, S. 65) Den Ausgangspunkt für die politikwissenschaftliche Forschung stellt die im Jahre 1963 von Gabriel Almond und Sidney Verba publizierte internationale Vergleichsstudie „The Civic Cultu-re" (Almond/Verba 1963) dar. Gemäß einer zentralen These dieser Studie soll ein demokratisches System neben einem adäquaten institutionellen Gefüge eine damit konsistente politische Kultur voraussetzen (Almond/Verba 1963, S. 5). Politische Kultur umfasst dabei „Kenntnisse und Meinungen über politische Realität, Gefühle über Politik und politische Werthaltungen" (Almond 1987, S. 29). Politische Kultur beeinflusst und beschränkt zugleich die „polity", wobei diese Beeinflussung nicht im Sinne einer strengen Determinierung, sondern als zweiseitiges Kausalverhältnis zwischen politischer Struktur und Kultur zu ver-stehen ist. Aus Sicht der empirischen Sozialforschung kann politische Kultur-Forschung „im Großen und Ganzen mit politischer Partizipations- und Wahlfor-schung gleichgesetzt werden" (Sturm 2004, S. 309).

Eine weite sozialwissenschaftliche Verwendung der Terminologie berück-sichtigt „in einem komplexeren Verständnis im Einzelfall durchaus auch werten-de, aber jeweils eigens anzugebende und zu qualifizierende Elemente" (Berg-Schlosser 2003, S. 7). In diesem Sinne stellt Politische Kultur „in aggregierter Form die Verkörperung der psychologischen und subjektiven Dimension von

Politik dar" und ist das Ergebnis „sowohl der kollektiven Geschichte eines politischen Systems als auch der Lebensgeschichten seiner einzelnen Mitglieder und wurzelt daher gleichermaßen in öffentlichen Ereignissen und privaten Erfahrungen" (Pye 1968, S. 218). Der Kern politischer Kultur bezieht sich auf das politische System und „betrifft (...) generellere Spielregeln des Austragens sozialer und politischer Konflikte, z.b. auch antagonistischer oder konsensualer Art, u.a. entsprechend eingespielter Verhaltensweisen der Akteure in diesem Bereich" (Berg-Schlosser 2003, S. 11). Während sich dieses Verständnis Politischer Kultur auf die Makroebene bezieht, also auf die Gesamtheit einer Gesellschaft oder eines Staates, setzt der „mainstream" der Politischen Kultur-Forschung (Almond 1987) analytisch auf der Mikro-Ebene der einzelnen Individuen im soziokulturellen System an und untersucht ihre jeweilig anzutreffenden politischen Meinungen, Einstellungen und Werte. Hieraus wird dann aber auch auf die Basis der Legitimität, auf die Stabilität des politischen Systems und auf die Zuordnung zu einem Typus politischer Kultur geschlossen (Barnes/Kaase 1979).

Trotz zahlreicher Kritiken hat sich das Konzept „Politische Kultur" durchaus als ertragreich erwiesen, wenn es die subjektive Dimension der Politik akzentuiert und zugleich die Makro-, Meso- und Mikro-Ebenen der Analyse „in sich ergänzender, produktiver und überprüfbarer Weise" (Berg-Schlosser 2003, S. 16) integriert. Wolfgang Rudzio schlägt vor, den schwer fassbaren Begriff der Politischen Kultur in fünf Dimensionen aufzugliedern: 1) die Einstellung zur politischen Gemeinschaft, 2) die Einstellung zum politischen System, 3) Umfang und Formen der politischen Beteiligung, 4) die politischen Entscheidungsmuster und 5) den Homogenitätsgrad der Politischen Kultur. (Rudzio 2005, S. 553 ff.). In einem solchen komplexen Verständnis Politischer Kultur können die beiden oben erwähnten Forschungsrichtungen miteinander verknüpft (qualitative Untersuchungen der Makroebene und quantitative Untersuchungen der Mikroebene), die subjektive Dimension der Politik akzentuiert und zugleich die Analysen von Makro-, Meso- und Mikro-Ebenen in produktiver und evaluierbarer Weise zusammenführt werden. In diesem Sinne soll nachstehend Politische Kultur – kurz gefasst – die Art und Weise bezeichnen, wie eine Bevölkerung ihren Staat und ihre eigene Rolle im Staat wahrnimmt (Macridis 1986, S. 214).

2   Luxemburg – ein „Zwischenland"?

Eine analytische Betrachtung der Politischen Kultur Luxemburgs unterscheidet sich in elementaren Aspekten von der Frage nach einer Luxemburger Kultur. Die Frage nach der Kultur eines Landes kann nur beantwortet werden, wenn die Geschichte dieses Landes angemessen gewürdigt wird. In der Kulturgeschichte

Luxemburgs spiegeln sich zahlreiche politische, soziale und kulturelle Strömungen wider, die Westeuropa in den letzten zweitausend Jahren durchzogen haben. Von besonderer Bedeutung dürfte sein, dass Luxemburg zwischen den beiden einflussreichen großen Ländern Frankreich und Deutschland liegt. Und Luxemburg ist eine der wenigen parlamentarischen (Erb-)Monarchien, in denen das Volk explizit seine Zustimmung zu dieser Form gegeben hat. 1919 entschieden sich in einem Referendum 77,8% der Luxemburger gegen eine Republik und für die Monarchie. Aktuelle Umfragen belegen regelmäßig, dass sich an dieser ausgeprägten Zustimmung bis heute relativ wenig geändert hat. Jean-Claude Juncker sprach einmal davon, dass die luxemburgische Monarchie „etwas Urdemokratisches" (Juncker 2004) habe, weil sie dem Volk nicht aufgezwungen wurde.

Unter starken französischen und deutschen Einflüssen entwickelte sich im 19. und 20. Jahrhundert eine spezifische luxemburgische Kultur: Diese Nahtstelle zwischen Frankreich und Deutschland hat es den Luxemburgern in besonderer Weise ermöglicht, „die germanische und romanische Welt zu verstehen, aus ihren reichen Kulturgütern umfassend zu schöpfen sowie sie einer Synthese zuzuführen" (Meisch 1993, S. 410). Das Nebeneinander von drei Kulturen und drei Sprachen im selben Raum auf einer gleichberechtigten Basis wurde zu einem konstitutiven Merkmal Luxemburgs (Meisch 1993, S. 415). Auf diese in Europa wohl einmalige Situation verweist auch Staatsminister Juncker, wenn er das luxemburgische Selbstverständnis und den hohen Stellenwert, den die Luxemburger, bei aller Verbundenheit zu den europäischen Staaten und Völkern, der eigenen politisch-kulturellen Identität beimessen, hervorhebt: „Wir sind wie die beiden, aber nicht wie einer von beiden" (Juncker 2005). Dies dürfte auch erklären, warum sich die luxemburgischen Eliten als mehrsprachige Mittler zwischen dem deutschen und dem französischen Kulturraum fühlen und bereits in der Vergangenheit selbstbewusst die Rolle der Protagonisten für ein vereintes Europa annehmen konnten (Erbe 1993, S. 312).

Auch Luxemburgs Beiträge zur Europäischen Integration können im Kontext dieser spezifischen geopolitischen Situation verstanden werden: In der Grenzlage zwischen Frankreich, Deutschland und Belgien war auf Dauer ein Überleben Luxemburgs als souveräner Staat nur möglich im Rahmen einer intensiven europäischen Zusammenarbeit. Luxemburg hat an der Ausarbeitung aller europäischen Verträge mitgewirkt. Von besonderer Bedeutung war Luxemburgs Engagement für das Zustandekommen des Pariser Vertrags von 1951, der die Europäische Gemeinschaft für Kohle und Stahl begründete, und des Maastrichter Vertrages von 1993, der in seiner Grundausrichtung unter dem Vorsitz Luxemburgs ausgearbeitet wurde (Trausch 2006). Wirtschaftlich war der Kleinstaat ebenfalls auf eine solide Zusammenarbeit mit seinen europäischen Nachbarländern angewiesen, welche über die Zeiten hin im Rahmen der Zollunion, des

Zollvereins, der Montanunion, der Europäischen Wirtschaftsgemeinschaft und schließlich der EG und der EU gestaltet wurde. Die Herausforderungen und Chancen der europäischen Integration wusste Luxemburg zu nutzen: Erst die Europäischen Gemeinschaften ermöglichten eine dauerhafte Absicherung der staatlichen Souveränität, eine beeindruckende wirtschaftliche Entwicklung und die Bewahrung der nationalen Identität im Zeitalter der Internationalisierung und Globalisierung. Die Gleichberechtigung aller Mitgliedsstaaten der EU eröffnete dem Kleinstaat Luxemburg den Zugang zum internationalen Parkett der Diplomatie. Dieses „upgrading of Luxembourg" im Kontext der Institutionen und Verfahren der EU sollte aber nicht als Einbahnstrasse gesehen werden. Das ausgeprägte europapolitische Engagement Luxemburgs und das politisch kluge Agieren und Moderieren luxemburgischer Staatsmänner haben Entscheidendes zum europäischen Integrationsprozess beigetragen.

Luxemburg als ein Grenzland zwischen „Ost und West" mit einer traditionellen Mehrsprachigkeit (Deutsch, Französisch und Luxemburgisch) hat dabei vor allem als Makler zwischen Frankreich und Deutschland fungieren können, aber auch zwischen den Mitgliedsländern der EU insgesamt: Jacques Delors lobt in seinen Memoiren die Rolle der Luxemburgischen Präsidentschaft bei der Ausarbeitung der Europäischen Akte von 1986. Er spricht von einem „petit pays, grande présidence" und verweist auf die ausgezeichnete Zusammenarbeit mit Jacques Santer: „Cette présidence fut pour moi un moment de bonheur." (Delors 2004) Auf diese erfolgreichen Vermittlertätigkeiten Luxemburgs rekurrieren immer wieder Presseartikel in Deutschland, wenn sie titeln „Luxemburg als Vermittler gefragt" oder „Juncker soll es richten" (FAZ 2003).

3   Politisches Interesse und politische Partizipation

Die politische Kultur eines Landes lässt sich vornehmlich an den politischen Einstellungen und am politischen Verhalten der Bevölkerung festmachen (Sturm 2004, S. 317). Nach Easton kommt den Einstellungen zum politischen Regime und zur politischen Gemeinschaft eine Schlüsselfunktion zu (Easton 1979, S. 190 ff.). Dabei werden mit dem Begriff „politisches Regime" die grundlegenden Merkmale der institutionellen Ordnung wie Grundrechte, Volkssouveränität, Gewaltenteilung und Rechtsstaatsprinzip bezeichnet. Eine wichtige Funktion für den Systemerhalt erfüllt zudem die politische Gemeinschaft „als die Einheit, der sich die Individuen zugehörig fühlen und der sie ihre Loyalität entgegenbringen" (Gabriel 1994, S. 99). Historisch betrachtet ist Luxemburg als eine außerordentlich stabile Demokratie zu qualifizieren, die noch niemals von innen gefährdet war (Bossaert 1992, S. 63). Der „caractère multidimensionnel des partis", die

„non-fragmentation des listes représentées au Parlement" und spezifische politische Institutionen und Konventionen des luxemburgischen politischen Systems „perment et assure une alternance douce aux pouvoir. Aucun parti – ni majoritaire ni dominant – ne peut prétendre imposer ses vues exclusives ni même (...) la direction d'une coalition" (Govaert 1997, S. 594).

Umfragen nach der Zufriedenheit mit dem Funktionieren der Demokratie vermitteln ein relativ eindeutiges Bild über die Haltung der Bürger/innen zum politischen System. Die Systemidentifikation in dem Kleinstaat kann im EU-Vergleich bis heute als außerordentlich hoch bezeichnet werden. Im Jahre 2004 bezeichneten sich 11,35% der befragten Luxemburger/Innen als politisch „sehr interessiert", 31,48% als hinreichend interessiert, 36,31% als wenig interessiert und 20,86% als gar nicht interessiert. (European Social Survey 2004). Zugleich sind gemäß Eurobarometer vom Frühjahr 2006 92% der Luxemburger zufrieden in ihrem Lande, und „most citizens do not expect that their personal situation will change in the years to come" (Eurobarometer 2006). Das von CEPS/INSTEAD im Jahre 2004 in Luxemburg durchgeführte European Social Survey zur Zufriedenheit der Bürger/Innen mit der Regierungsarbeit und zum „politischen Leben" (la vie politique) führte u.a. zu nachstehenden Ergebnissen (in Prozent):

Übersicht 1: Zufriedenheit mit Regierungsarbeit und Vertrauen in politische Institutionen

	Parlament	Regierung	Justiz	Politiker/innen	Parteien
0: kein(e)	2,42	1,14	2,15	4,32	4,14
1	1,52	1,54	1,98	1,90	2,42
2	3,89	2,16	3,67	4,61	6,32
3	7,48	5,08	6,91	10.39	10,11
4	7,47	5,79	6,79	8,93	9,82
5	23,70	22,29	17,98	29,11	31,48
6	14,12	14,09	12,44	13,58	12,74
7	17,26	18,75	15,95	12,77	12,11
8	13,84	18,32	16,94	8,68	6,07
9	3,25	7,24	7,19	3,16	2,61
10:umfassende(s)	5,06	3,60	8,02	2,54	2,17
Total	100	100	100	100	100

Quelle: European Survey 2004

Allein schon wegen des günstigen Verhältnisses zwischen der Anzahl politischer Mandate, Ämter und der Bevölkerungszahl sind die Partizipationschancen in einer kleinen Demokratie relativ ausgeprägt (Schroen 2006, S. 435 f.). Die politische Beteiligung vollzieht sich auf zahlreichen Ebenen und unterschiedlichen Institutionen. Ergänzend wirken Bürger/Innen in NGOs und Bürgerinitiativen unterschiedlicher Art mit. Zivilgesellschaftliche Konzertierung scheint eng mit demokratischer Stabilität verknüpft zu sein. Für Belange der ausländischen Bürger setzen sich u.a. die Initiativen CLAE (Comité de Liaison et d'Action des Étrangers) und ASTI (Association au Soutiens des Travailleurs Immigrés) ein. Dazu weist die Studie „Les valeurs aux Luxembourg" nachstehende Daten aus: Die Frage nach der Mitgliedschaft in Verbänden und Vereinigungen beantworten mehr als 70% der Befragten mit dem Hinweis, dass sie in mehreren Vereinigungen Mitglied seien, ca. 50% sind zumindest in einer Organisation Mitglied, und etwas weniger als 40% geben an, in keiner Vereinigung mitzuwirken (European Values Studies Luxembourg 1999).

Übersicht 2:   Politische Partizipation innerhalb der vergangenen 12 Monate
(in Prozent)

	Mitgliedschaft in Partei	Aktivität für eine politische Partei oder Bürgerinitiative	Mitwirkung an Aktionen anderen Organisationen oder Vereinigungen
Ja	8,20	4,51	24,40
Nein	91.80	95,49	75,60

Quelle: European Social Survey 2004

Plebiszitäre Elemente dürften die Systemakzeptanz im Großherzogtum Luxemburg ebenfalls begünstigen. Zum einen sieht Art. 51 der Verfassung des Großherzogtums Luxemburg die Möglichkeit von Referenden vor; zum anderen waren bis zur Revision vom 19. Dezember 2003 Verfassungsänderungen in der politischen Wirklichkeit an ein „Plebiszit" geknüpft, da jeder Verfassungsänderung eine Neuwahl der Kammer vorausgehen musste und bei dieser Wahl die Parteien ihre Positionen zu den anstehenden Verfassungsänderungen praktisch auch mit zur Abstimmung stellten (Verfassung, Art. 114, alte Fassung). Mit der Verfassungsrevision wurde dieses Verfahren modifiziert: Eine Verfassungsreform kann nun durch zwei zeitlich getrennte Abstimmungen mit Zweidrittelmehrheit ausgelöst werden, die nicht mehr die Selbstauflösung des Parlaments zur Konsequenz haben. Zugleich wurde die Möglichkeit einer Volksbefragung eröffnet, wenn 15% der Wahlbevölkerung sie beantragen (Verfassung, Art. 114, neue Fassung). Auch wenn mit dieser Revision die so genannten „Verfassungswahlen" (Schroen 2006) obsolet geworden sind, werden doch plebiszitäre Optionen beibehalten.

4   Luxemburg und Europa

Europäische Fragen sind traditionell ein wichtiges Element des nationalen Konsenses, der zahlreiche Politikbereiche im Großherzogtum kennzeichnet. Besonders ausgeprägt ist dieser Konsens in der Sozialpolitik, wo es einen institutionalisierten Trialog zwischen der Regierung und den Sozialpartnern gibt: die so genannte Tripartite (Hirsch 2004, S. 231). Auch der Europagedanke fand von Beginn an in Luxemburg umfassende Akzeptanz und politische Unterstützung. Bis zur Entscheidung über eine Europäische Verfassung wurde in Luxemburg, u.a. weil die Wahlen zum Europäischen Parlament mit den Wahlen zum nationalen Parlament zusammenfallen, das Thema Europäische Integration kaum öffentlich problematisiert. Doch selbst nach den Kontroversen um das Referendum zur Europäischen Verfassung halten gemäß Eurobarometer vom Frühjahr und Herbst 2005 80% (Durchschnittswert EU: 54%) bzw. 82% (Durchschnittswert EU: 50%) der befragten Luxemburger die Mitgliedschaft in der EU für „eine gute Sache" (Eurobarometer 2005, S. 12). 75% (Frühjahr: 72%) der Bürger meinen, dass ihr Land durch die Mitgliedschaft Vorteile hat und bei 57% ruft die EU „ein positives Bild hervor" (Eurobarometer 2005, S. 18). Zudem vertrauen in das Europäische Parlament und in die Europäische Kommission zwischen 68% und 63%, während die Durchschnittswerte aller EU-Mitgliedsstaaten bei 51% bzw. 46% liegen. Die Frage nach dem Vertrauen in das Europäische Parlament wurde 2004 im Detail auf einer Skala von 0 (kein Vertrauen) bis 10 (vollständiges Vertrauen), wie folgt beantwortet: 0 = 4,05%, 1 = 2,55%, 3 = 10,67%, 4 = 9,75%, 6 = 12,04%, 7 = 15,08%, 8 = 8,68%, 9 = 2,46% und 10 = 4,21% (European Social Survey 2004). Eine Verfassung für die EU befürworten 69%, lehnen ab 20% und enthalten sich einer Meinung 11%. 87% sprechen sich für eine gemeinsame Sicherheits- und Verteidigungspolitik der Mitgliedstaaten der EU aus. Allerdings sind rund sechs von zehn Befragten gegen erneute Erweiterungen der EU, ähnlich wie in Österreich, Frankreich und Deutschland (Eurobarometer 2005).

Übersicht 3:   Identifikation mit Europa 2003 (in Prozent)

	In der Zukunft werden Sie sein:			
	National?	National und europäisch?	Europäisch und national?	Europäisch?
Belgien	40	42	9	6
Dänemark	37	56	6	1
Deutschland	38	45	8	4
Finnland	57	40	2	1
Frankreich	35	50	9	3
Griechenland	51	42	4	2
Großbritannien	62	28	5	3
Irland	49	43	4	1
Italien	25	60	8	4
Luxemburg	24	43	14	15
Niederlande	43	48	7	2
Österreich	46	43	7	3
Portugal	51	43	3	2
Schweden	48	45	5	1
Spanien	29	59	6	4

Quelle: Eurobarometer, Frühjahr 2003

Auch 2006 hat die EU in Luxemburg ein positives Image, obwohl es inzwischen auch politische Kräfte gibt, die wie das Aktionskomitee für Demokratie und Rentengerechtigkeit (ADR) nationalistisches Ideengut akzentuieren oder die Beamtengewerkschaft CGFP, welche sich einer Öffnung des öffentlichen Dienstes für EU-Bürger/Innen widersetzt. Die zugänglichen Daten deuten darauf hin, dass bei den Bürgern Luxemburgs, die zu den Europäern der ersten Stunde gehören (Brodocz/Vorländer 2004), der integrationswillige Kurs der traditionell europafreundlichen Regierungen relativ breite Zustimmung in der Bevölkerung findet. „In Luxembourg, the EU has a positive image among 54% of the population (…); 15% of the population (…) hold a negative image and 29% decline to give an opinion. For the population of Luxembourg, the EU mainly represents the freedom of movement with an almost identical level for the common currency and peace which dropped 6 points in one year." (Eurobarometer 2006) Doch sind Eintönungen dieses recht positiven Bildes inzwischen nicht mehr zu ignorieren: Bereits im Jahre 2001, als die Angeordnetenkammer mit großer Mehrheit den Gesetzesvorschlag zur Ratifizierung des Vertrages von Nizza annahm, wurde in der parlamentarischen Debatte „das Problem der Gleichgültigkeit der Bevölkerung gegenüber dem europäischen Integrationsprozess zur Sprache" (Hirsch 2004, S. 238) gebracht. Auch wenn die Bürger Luxemburgs mit knappem Ausgang in einem Referendum den EU-Verfassungstext ratifizierten, verdeutlichen die dieser Abstimmung vorausgegangenen öffentlichen Kontroversen in Luxemburg, „dass das Zugehörigkeitsgefühl und die Identifizierung mit gemeinsamen, von der Obrigkeit vorgegebenen Werten und Idealen nicht derart flächendeckend verbreitet sind, wie der angeblich vorherrschende Konsens in existentiellen Fragen es nahe legen würde" (Hirsch 2005b, S. 1). Mario Hirsch spitzt diese These zu, wenn er die politischen Diskurse zur EU-Verfassung als Infragestellung der Funktionsfähigkeit der bisher ausgeprägten Integrationsleistungen des Luxemburger Modells deutet: „Der Achtungserfolg der Verweigerer (zur EU-Verfassung, W.H.L.) hat den Referendumssiegern überdeutlich gemacht, dass sie vor einer Menge unerledigter Hausaufgaben stehen und die Überzeugungsarbeit erst anfängt." (Hirsch 2005b, S. 1)

5   Cleavages in der Konsensdemokratie

Die Wahlsoziologie nutzt den Begriff der Cleavages. Cleavages trennen die „soziale(n) Gruppierungen (Klassen, Konfessionsgruppen, ethnische Minderheiten, etc.)" voneinander, „deren ideelle oder materielle Interessen durch verschiedene Parteien vertreten werden" (Pappi 1991, S. 301). Parteien entstehen entlang solcher gesellschaftlicher Konfliktlinien und vertreten verschiedene Interessen und Milieus. Parteien, welche sich entlang der Konfliktlinie Arbeit/Kapital entwickelt haben, repräsentieren entweder die Interessen der Arbeitnehmer oder die der Arbeitgeber. Parteien entlang dem Cleavage Agrar-/Industrieinteressen stehen für die Interessen der Landwirte bzw. der Unternehmer ein. Zur Entstehung regional bzw. national orientierter Parteien führt der Konflikt zwischen Zentrum und Peripherie. Am Cleavage zwischen Säkularisation und Religion positionieren sich Parteien, die zum einen religiöse Rückbezüge akzentuieren oder dezidiert laizistisch ausgerichtet sind. Eine neue Konfliktlinie zwischen materialistischer und postmaterialistischer Politik bewirkt, dass jüngere Parteien sich in besonderer Weise den Themen Emanzipation, Ökologie und Frieden zuwenden, welche von den etablierten Parteien (zunächst) allenfalls marginal repräsentiert wurden (Gellner/Glatzmeier 2004, S. 291 f.).

Im Großherzogtum lassen sich in diesem Sinne fünf relevante gesellschaftspolitischen Konfliktlinien unterscheiden: Stadt/Land, Arbeit/Kapital, religiös/laizistisch, Zentrum/Peripherie und Reformer/Reformgegner (Schäfer 2000, S. 60). In der Nachkriegszeit konkurrierten die drei großen Parteien CSV, LSAP und DP vornehmlich um Wechselwähler in der Mitte des politischen Spektrums. Deshalb kam polarisierenden, ideologischen Themen bei Wahlen faktisch keine Bedeutung zu. Mit der sogenannten „Stillen Revolution" (Inglehart) wurden diese traditionellen Konfliktlinien um einen Cleavage Materialismus vs. Postmaterialismus erweitert. Dies förderte die Entstehung eines alternativen sozialen und kulturellen „patchworks", welches zugleich das Wählermilieu der grün-alternativen Parteien ist (Dumont/Fehlen/Kies/Poirier 2005, S. 58 f.). Die Entstehung der Grünen und später die Etablierung des ADR deuten aber auch auf grundsätzliche Konfliktlinien bezüglich der Entwicklung des Parteiensystems und des gesamten politischen Systems hin: „De plus, la fonction de parti de la protestation sociale n´est plus l´apange du mouvement de la Gauche. D´une certaine manière, ceux qui se trouvent dans une situation de frustration sociale face au développement vertigineux de l´économie luxembourgeoise à la fin des années 80 sont attirés également et surtout vers l´ADR." (CRPGL 2000, S. 95) In diesem Kontext interpretiert Hilger auch die Ergebnisse der Kammerwahlen 2004, wenn er feststellt, dass „die Wähler (…) die Lösung ihrer Probleme weniger Parteien zutrauen als starken Politikern: 45 Prozent aller Stimmen gingen an Personen und nicht an Listen" (Hilger 2006c, S. 2).

Darüber hinaus sollte auch nachdenklich stimmen, dass sich in Luxemburg, das bei der Eingliederung u.a. von Portugiesen (ca. 64.000) und Italienern (ca. 19.000) als Schmelztiegel verschiedener Kulturen recht erfolgreich war, „zunehmend Parallelgesellschaften herauszubilden scheinen" (Stabenow 2005, S. 8). An vielen Grundschulen ist mittlerweile der Ausländeranteil so hoch, dass tradierte Integrationsmethoden nur noch geringe Erfolge zeigen. Damit stellt sich die Frage nach der Identität und des Zusammenwirkens verschiedener Kulturen im Kleinstaat Luxemburg umso prägnanter. Bislang förderte eine ausgeprägte Prosperität die Migration und das Miteinander von Einheimischen und Zugewanderten in diesem Kleinstaat. Spätestens seit der Vorlage des Sachverständigengutachtens des französischen Wirtschaftswissenschaftlers Lionel Fontagné begann auch in Luxemburg die Diskussion um eine Reform des Sozialstaats und eine Evaluation der sozialpolitischen Standards. Die moderat kritische Performanz-Analyse des französischen Wissenschaftlers spitzt Michael E. Porter von der Harvard Business School zu, wenn er in seiner Expertise zur Zukunft des Modells Luxemburg ein Missverhältnis zwischen Wohlstandsniveau und Wettbewerbsfähigkeit diagnostiziert: „Luxemburg is living on borrowed time." (Porter 2005)

6   Fazit und Ausblick

Vergleichende Analysen mit anderen EU-Ländern qualifizieren Luxemburg als eine relativ konfliktarme Gesellschaft, wo demokratische Institutionen traditionell und bislang ohne relevante Veränderungen eine umfassende Akzeptanz erfahren. Das Großherzogtum Luxemburg erfüllt die Kriterien des Typus Konsensdemokratie. Die hohe Akzeptanz des politischen Systems wird auch bei den Grundeinstellungen zur Gesellschaft offensichtlich. 92% der Bürger Luxemburgs sind zufrieden mit ihrem Leben (Eurobarometer 2006). Im Sinne Ingleharts (1998) dürfte in Luxemburg eine Kombination von demokratiestabilisierenden kulturellen Faktoren, einem traditionell neo-korporatistischen Politikmuster und einer – bislang – äußerst positiven ökonomischen Entwicklung gegeben sein. Dieses luxemburgische Modell hat eine „Kultur des Vertrauens" gefördert, die zum einen auf der stabilen Erwartungshaltung hinsichtlich der Möglichkeit zu politischer Opposition und des Machtwechsels beruht und zum anderen auf einer ausgeprägten Legitimität, „die aus einer Unterstützung der demokratischen Institutionen durch die Mehrheit der Bevölkerung entspringt" (Sturm 2004, S. 310). Allerdings hat bereits Arend Lijphart in seiner Einführung zur Studie über das politische System Belgiens ausgeführt, dass das Großherzogtum „reached the high point of its consociational development in the late 1950s and (has) been declining since then – not, it is worth emphazising, as a result of a failure of consociational democracy, but because consociationalism by its very success made itself superfluous" (Lijphart 1981, S. 9). 1999 beschreiben die European Values Studies Luxembourg (1999) das Großherzogtum als eine Demokratie und Bürgerschaft im Veränderungsprozess: „L'éxercice de la citoyenneté ne s'épuise plus aujourd'hui dans le seul acte de voter (…), et ne réduit pas non plus à une citoyenneté limitée au seul champ politique. Pour beaucoup de personnes, ces formes de participation politiques semblent 'abstraites`, déconnectées des multiples liens d'appartenance et des préoccupations quotidiennes." (European Values Studies Luxembourg 1999)

Auch die kritischen Kommentierungen Romain Hilgers zur Regierungserklärung im Jahre 2004 problematisieren den traditonellen „sécheren Wee" (Hilger 2004, S. 1) Luxemburgs, den eine reformkonservative Grundeinstellung und das politische Bemühen kennzeichnet, zu „bleiwe wat mer sin" (Hilger 2004, S. 1): Die in der Regierungserklärung gebrauchten Begriffe Modernisierung, Innovierung, Transformierung und Integrierung dürften Leerformelcharakter haben, wenn sie nicht verknüpft werden mit einer konsequenten Modernisierungsstrategie für zahlreiche Politikfelder des Großherzogtums. Die kommenden Jahre werden zeigen, ob und inwieweit das „Luxembourg Model" (Schalast 1995, S. 77) fähig und geeignet ist, die tradierten repräsentativen Politikmuster um zu-

sätzliche Elemente bürgerschaftlich-direkter Partizipation zu erweitern (Fischbach 2005, S. 16; Hilger 2006a, S. 5) und zugleich die neuen Herausforderungen
(u.a. eine umfassende Integrationspolitik, die Reform der Sozialsysteme, die
Anpassung der Bildungssysteme als Reaktion auf OECD-Studien und eine innovative Hochschulpolitik) im Kontext von Europäisierung, Internationalisierung
und Globalisierung zu bewältigen (Feist 2006, Hirsch 2005a, Hilger 2006b).
Jedenfalls dürfte auch in Luxemburg einer Grundsatzdebatte über staatliche
Aufgaben und Leistungen, wie sie bereits seit Jahren in fast allen Ländern der
OECD geführt wird, kaum mehr auszuweichen sein (OCDE 2006). Dabei könnte
sich eine Fortführung der bisherigen Politik der „kleinen Schritte" als wenig
effizient erweisen. Doch vielleicht benötigt ein von Konkordanzmustern gekenn-
zeichnetes politisches System für weitreichende Reformen einen entsprechend
breiten Konsens – und die entsprechende Zeit. Doch: „die Zeit drängt" (Hirsch
2006b, S. 1)

Literatur

Almond, Gabriel A. (1987): Politische-Kultur-Forschung – Rückblick und Ausblick. In:
     Dirk Berg-Schlosser/Jakob Schissler (Hrsg.), Politische Kultur in Deutschland. Bi-
     lanzen und Perspektiven der Forschung, Opladen S. 27-38.
Ders./Verba, Sidney (1963): The Civic Culture, Princeton.
Ball, Alan R./Peters, B. Guy (2005): Modern Politics and Government, Houndmills u.a.
Barnes, Samuel H./Kaase, Max u.a. (1979): Political Action. Mass Participation in Five
     Western Democracies, Beverly Hills, CA.
Berg-Schlosser, Dirk (2003): Erforschung der Politischen Kultur – Begriffe, Kontrover-
     sen, Forschungsgegenstand. In: Politische Bildung, Jg. 36, H. 3, S. 7-20.
Bossaert, Danielle (1992): Das Großherzogtum Luxemburg: Das Selbstverständnis eines
     Kleinstaates, Bochum.
Brodocz, André/Vorländer, Hans (2004): Luxemburg in der EU. www.bpb.de/themen/
     MV00N3,0,0,Luxemburg_in_der_EU.html (10.10.2005).
Calmes, Christian/Bossaert, Danielle (1995): Geschichte des Großherzogtums Luxem-
     burg. Von 1815 bis heute, Luxembourg.
Centre de Recherche Publique Gabriel Lippmann (2000): Les elections au Grand-Duché
     de Luxembourg, o.O.
CRIPS (1987): Grand-Duché de Luxembourg – Systèmes et comportements électoraux.
     Analyse et sythèse des scrutins de 1974, 1979, et 1984, Bruxelles.
Delors, Jacques (2004): Erinnerungen eines Europäers, Berlin.
Dumont, Patrick/Fehlen, Fernand/Kies, Raphael/Poirier, Philippe (2005): Les élections
     législatives et européennes de 2004 au Grand-Duché de Luxembourg, Luxembourg.
Easton, David (1979): A Systems Analysis of Political Life, New York u.a.
Erbe, Michael (1993): Belgien –Niederlande – Luxemburg. Geschichte des niederländi-
     schen Raumes, Stuttgart u.a.

Eurobarometer (2003): Nr. 59.1, März/April 2003. http://europa.eu.int/comm/public_opinion/index_en.htm (3.9.2006).

Eurobarometer (2005): Nr. 64, Dezember 2005. Erste Ergebnisse. http://europa.eu.int/comm/public_opinion/index_en.htm (10.1.2006).

Eurobarometer (2006): National Report. Executive Summary Luxembourg, Spring 2006.

European Social Survey (2004): www.ceps.lu/ess/view_table.cfm?annee=2004 (16.9.2006).

European Values Studies Luxembourg (1999): www.sesop-ci.lu/EVS/EVSLIVRE.html (12.9.2006).

FAZ (2003): „Juncker soll es richten". In: Frankfurter Allgemeine Zeitung, 17.12.2003.

Gabriel, Oscar W./Brettschneider, Frank (Hrsg.) (1994): Die EU-Staaten im Vergleich. Strukturen, Prozesse, Politikinhalte, 2. Aufl., Opladen.

Feist, Peter (2006): „Keine one-shot-Reform". In: d'Lëtzebuerger Land, 11.8.2006, S. 2-3.

Fischbach, Théodore: Andere Vorstellung von direkter Demokratie. In: d'Lëtzebuerger Land, 27.5.2005, S. 16.

Govaert, Serge (1997): Le Grand-Duché de Luxembourg: une stabilité trompeuse? In: Revue Internationale de politiques comparée, Jg. 4, Nr. 3, S. 585-601.

Hilger, Romain (2004), De séchere Wee. In: d'Lëtzebuerger Land, 6.8.2004.

Ders. (2006a): Direkte Demokratie. In: d'Lëtzebuerger Land, 7.7.2006, S. 5.

Ders. (2006b): Mobil ist alles. Der Steuerwettbewerb verändert den gesamten Staatshaushalt. In d'Lëtzebuerger Land, 13.10.2006, S. 5.

Ders. (2006c): Nummer sicher. In: d'Lëtzebuerger Land, 17.2.2006, S. 2-3.

Hirsch, Mario (2004): Luxemburg. In: Werner Weidenfeld (Hrsg.), Die Staatenwelt Europas, Bonn, S. 231-238.

Ders. (2005a): Ausländer haben es schwer in Luxemburg. In: d'Lëtzebuerger Land, 15.4.2005, S. 1.

Ders. (2005b): Deutliche Warnung. In: d'Lëtzebuerger Land, 15.7.2005, S. 1

Ders. (2006a): Marschroute für Uni. In: d'Lëtzebuerger Land, 21.4.2006, S. 1.

Ders. (2006b): Reformeifer weiter gefragt. In: d'Lëtzebuerger Land, 6.1.2006, S. 1.

Ders. (2006c): Spiegel vorgehalten. In: d'Lëtzebuerger Land, 7.7.2006, S. 1.

Juncker, Jean-Claude (2004). Zitiert nach Bert Schulz, Fast schon zu solide: Noch nicht einmal eine Krone besitzt der Herzog. In: Das Parlament, Jg., 54, Nr. 43, 18.10. 2004, S. 15.

Ders. (2005): Zitiert nach Michael Stabenow, Mehr als seine Schnittmenge. Das Selbstverständnis Luxemburgs zwischen eigener Identität und Schmelztiegel. In: FAZ, Nr. 38, 9.2.2005, S. 8.

Kaase, Max (1994): Political Culture and Political Consolidation in Central and Eastern Europe. In: F. D. Weil (Hrsg.), Research on Democracy and Society, Greenwich, CT, S. 233-274.

Kirt, Romain (Hrsg.) (2002): Der Kleinstaat. Plädoyers gegen Vorurteile, Esch-sur-Alzette.

Lijphart, Arend (Hrsg.) (1981): Conflict and Coexistence in Belgium. The Dynamics of a Cultural Divided Society, Berkeley.

Macridis, Roy C. (1986): Modern Political Regimes. Patterns and Institutions, Boston.

Meisch, Adrien (1993): Gibt es eine Luxemburger Kultur?, In: Romain Kirt/Adrien Meisch (Hrsg.), Innovation – Integration, Luxemburg, S. 409-423.

Neller, Katja/van Deth, Jan (2006): Politisches Engagement in Europa, In: APuZ, 30-31/2006, 24.7.2006, S. 30-38.

Newton, Gerald (Hrsg.) (2000): Essays on Politics, Language and Society in Luxembourg, New York u.a.

Oberndörfer, Dieter (2000): Zur demokratischen politischen Kultur der Zukunft – ein neuer Pluralismus. In: Ulrich Sarcinelli u.a. (Hsrg.): Politische Kultur in Rheinland-Pfalz, Mainz/München, S. 95-126.

OCDE (2006): Étude économique du Luxembourg, 2006, Paris.

Pappi, Franz Urban (1991): Artikel „Konfliktlinien". In: Dieter Nohlen (Hrsg.), Wörterbuch Staat und Politik, Bonn, S. 301 ff.

Porter, Michael E. (2005): Zitiert nach Mario Hirsch, Einmischung erwünscht. In: d´Lëtzebuerger Land, 27.5.2005, S. 1.

Pye, Lucain W. (1968): Political Culture. In: D. L. Sills (Hrsg.), Encyclopedia of the Social Sciences, New York, S. 218-224.

Reimen, Frank/Krecké, Jeannot (1999): Die Abgeordnetenkammer, Luxembourg – Ville.

Rohe, K. (1987): Politische Kultur und der kulturelle Aspekt von politischer Wirklichkeit. In: Dirk Berg-Schlosser/Jakob Schissler (Hrsg.), Politische Kultur in Deutschland, Opladen, S. 39-48.

Rudzio, Wolfgang (2005): Das politische System der Bundesrepublik Deutschland, Opladen.

Schalast, Christoph (1999): The Luxembourg Modell. In: German Comments, 39 (1995), S. 77-83.

Schäfer, Alain (o.J.): Die Entwicklung des luxemburgischen Parteiensystems seit den siebziger Jahren. Malstatter Beiträge. Schriftenreihe der Union-Stiftung zur Wissenschaft.

Schroen, Michael (2006): Das politische System Luxemburgs. In: Wolfgang Ismayr (Hrsg.), Die politischen Systeme Westeuropas, Opladen, 3. aktualisierte und überarbeitete Auflage, S. 415-444.

Stabenow, Michael (2005): Mehr als eine Schnittmenge. In: FAZ, 9.5.2005, S. 8.

Sturm, Roland (2004): Politische Kultur. In: Ludger Helms/Uwe Jun (Hrsg.), Politische Theorie und Regierungslehre, Frankfurt a. M. 2004, S. 302-323.

Trausch, Gilbert (2006): Nach Europa mit fünf Premierministern. www.gouvernement.lu/dossiers/viepol/discours_trausch/index.html (18.08.2006).

Verfassung (1868): Verfassung des Großherzogtums Luxemburg vom 9. Juli 1848 in der Fassung vom 17. Oktober 1868, zuletzt geändert durch Gesetz vom 19. Dezember 2003. Internetdokument: www.verfassungen.de/lu/luxemb68.htm (13.8.2007).

Woyke, Wichard (1985): Erfolg durch Integration – Die Europapolitik der Benelux-Staaten von 1947 bis 1969, Bochum.

Multilingualismus und Sprachenpolitik

Fernand Fehlen

Im plurilingualen Kontext von Luxemburg ist jedwede Sprach(en)politik, auch wenn sie explizit nur eine Sprache, z.b. das Luxemburgische fördert, immer auch Sprachenpolitik, da durch die einseitige Förderung einer Sprache das historisch gewachsene Gefüge der drei „Amtssprachen" beeinflusst wird. Deshalb wurde der Plural im Titel dieses Beitrages gewählt. Unter Sprach(en)politik unterscheidet Bußmann (2002, S. 619) zwei Aspekte: „(1) politische Maßnahmen, insbes. in multilingualen Staaten, die auf die Einführung, Entwicklung und Durchsetzung einzelner Sprachen zielen (...), (2) Kontrolle und Beeinflussung des öffentlichen Sprachgebrauchs, auch durch Vorschriften und Sanktionen." Deren konkrete Umsetzung kann man als Sprachplanung bezeichnen und zwei Haupttypen unterscheiden: die Statusplanung, die hauptsächlich die Funktion und Leistungsfähigkeit einzelner Sprachen im multilingualen Kontext behandelt, und die Korpusplanung, in der es zentral um die Standardisierung und Normierung einzelner Sprachen geht.

1 Sprachensituation

Die luxemburgische Situation unterscheidet sich von der anderer europäischer mehrsprachiger Länder, wie Belgien und der Schweiz, dadurch, dass die Luxemburger keine verschiedenen Sprachgemeinschaften darstellen. Luxemburgisch wird als Sprechsprache von allen Luxemburgern untereinander in allen Situation verwandt, ihm bleibt die Schriftsprachlichkeit jedoch weiterhin größtenteils vorenthalten. Neben dieser Nationalsprache beherrschen sie, je nach Schulabschluss unterschiedlich gut, Französisch und Deutsch, die beiden anderen Amtssprachen des Landes, die sie seit der Grundschule gelernt haben. Deren Status ist sehr verschieden. Das Französische, das auch Gesetzessprache und die eigentliche Schriftsprache der Verwaltung ist, gilt als die Prestige- und Kultursprache, während das Deutsche, das in der Grundschule die Sprache des Lesen- und Schreibenlernens ist, hauptsächlich in der Presse als Schriftsprache gebraucht wird. Englisch, als erste wirkliche Fremdsprache, wird im Gymnasium gelehrt. Die Sprachensituation wird durch die Präsenz vieler Ausländer geprägt, die besonders wenn sie nur kurz im Lande sind, mit Französisch als Verkehrssprache auskommen. Wegen der Mehrsprachigkeit, auf die nicht nur die gebildeten Luxemburger stolz sind, ist der sprachliche Integrationsdruck auf die Immigranten geringer als in den Nachbarländern.[1]

Die Luxemburger Sprachensituation lässt sich gut mit der von Bourdieu (1990 und 2001) vorgeschlagenen Theorie des sprachlichen Marktes beschreiben. „Ihr zufolge sind die Beziehungen in der Kommunikation, die auf sprachlichem Austausch (échanges linguistiques) beruhen, in erheblichem Maße Beziehungen symbolischer Macht. Die Legitimität einer Varietät leitet sich aus dem Status des Sprechers und den Umständen der Interaktionssituation ab" (Dittmar 1997, S. 126). Die „legitime Sprache" (Bourdieu), mit der Herrschaft über die Sprache symbolisch ausgeübt wird, zum Beispiel indem die schulische Selektion durch deren Beherrschung gesteuert wird, ist in Luxemburg eine mehrsprachige linguistische Kompetenz. Gesellschaftliche Auseinandersetzungen wurden im Laufe der bald 200jährigen Geschichte des modernen Luxemburger Staates oft unbewusst über die Umgewichtung des Prestiges zwischen Französisch, Deutsch und Luxemburgisch ausgetragen. Die Entstehung der Luxemburger Sprache, die sich aus den moselfränkischen Dialekten herausgebildet hat[2], kann nur in diesem Spannungsfeld verstanden werden. Ihre jüngste Aufwertung kann durch die verstärkte Präsenz von romanophonen Immigranten und Grenzpendlern erklärt werden, da sie sowohl als identitätsstiftende Klammer zwischen Alteingesessenen und auch als Ausgrenzungsinstrument gegen Newcomer eingesetzt werden kann (Elias 1993).

Die Luxemburger Sprache und die Dreisprachigkeit des Landes, beide als „Selbstverständlichkeit vorausgesetzt" (Weber 2000), sind ungeplant und größtenteils unreflektiert entstanden und der Staat tritt kaum „als sprachplanerische Instanz in Erscheinung" (Berg 1993, S. 162).[3] Erst mit dem rapiden demographischen und wirtschaftlichen Wandel der letzten 20 Jahre, der den Ausländeranteil auf 40% der Wohnbevölkerung und – wegen der starken Präsenz von Grenzpendlern – gar auf zwei Drittel der Erwerbsbevölkerung ansteigen ließ, ist das Bewusstsein für sprachenpolitische Maßnahmen gestiegen, ohne dass es jedoch

---

[1] Zur Sprachensituation siehe Newton (1996): Dieses Handbuch kann durch eine Reihe neuerer Arbeiten ergänzt werden: Berg (1993), Weber (1994), Fehlen (2002) sowie Schanen/Lulling (2006).
[2] Zur Sprachgeschichte siehe Gilles/Moulin (2003) und Fehlen (2007): In deutschen Sprachgeschichten finden sich auch Kapitel zu Luxemburg (z.B. v. Polenz 1999); zur Sprachenpolitik auch Weber (2000).
[3] Wenn Kathryn Davis (1994, S. 179) von "extensive language planning activities involving promotion of Lëtzebuergesch for both spoken and written purposes" der Regierung spricht, kann man nicht mit ihr einverstanden sein. Obschon der Titel ihrer Doktorarbeit *Language Planning in Multilingual Context* heißt, gehört das eigentliche Kapitel zur Sprachenpolitik, das nur wenige Seiten einnimmt und sich auf die Schulpolitik konzentriert (Davis 1994, S. 177-192), zu den schwächsten Teilen dieser Doktorarbeit.

zur expliziten Ausformulierung einer Politik gekommen ist und ohne dass die wenigen Ansätze im Bereich der Corpusplanung mit der nötigen Konsequenz durchgeführt würden.

2 Sprachgeschichte

1839 kann als das wichtigste Datum der Luxemburger Geschichte angesehen werden, nicht nur weil der Staat seither in seiner augenblicklichen Ausdehnung besteht, sondern weil erst jene Grenzziehung eine sprachliche Einheit geschaffen hat, die die weitere sprachenpolitische Entwicklung entscheidend beeinflussen sollte. Bis zu diesem Datum hatte der 1815 vom Wiener Kongress geschaffene Staat, genau wie seine Vorläufer des ancien régime, die Sprachgrenze zwischen Romania und Germania überlappt und seit 1340 war das mittelalterliche Herzogtum in einen wallonischen und einen deutschen Teil administrativ unterteilt. Erst durch die Teilung von 1839 gehört es in seiner Gesamtheit dem deutschen Sprachraum an. Das gemeine Volk sprach moselfränkische Dialekte, während das Bürgertum und der Adel Hochdeutsch und Französisch beherrschten, wobei letzteres, wie damals nicht nur in Luxemburg üblich, als Bildungs- und Prestigesprache galt.

Die Luxemburger, oder besser deren Eliten, konnten im Kontext des 19. Jahrhunderts, das in ganz Europa durch den Aufbau von Nationalstaaten gekennzeichnet war, nicht anders, als sich alle Attribute eines Nationalstaates zuzulegen, zu denen vornehmlich eine eigene Geschichte und eine eigene Sprache gehörten (Thiesse 2001). Die Luxemburger Sprache entstand dadurch, dass einer sich aufgrund der Zentralisierung des Kleinstaates langsam herausbildenden, die lokalen Dialekte überdachenden moselfränkischen Verkehrssprache immer mehr Funktionen einer (Hoch-) Sprache übertragen wurden. Dieser Prozess wurde als Emanzipation des Lëtzebuergeschen aus dem Gefüge der deutschen Mundarten (Gilles 1998) beschrieben.

Sprachenpolitik hat in Luxemburg in der ersten Hälfte des 19. Jahrhunderts eine große Rolle gespielt, war jedoch eine Sprachenpolitik von außen, die mit der Romanisierungspolitik anfing, als Luxemburg noch ein französisches Département war. Danach folgte 1815 eine Hollandisierungspolitik mit der Einführung des Holländischen in der Grundschule und, zur Eindämmung des preußischen Einflusses, einer parallelen Förderung des Französischen unter den Eliten. „Die belgische Revolution von 1830 und der klar in Richtung auf einen Anschluss an Belgien gerichtete Volkswille, veranlassen den Monarchen zu einer kulturpolitischen Kehrtwendung von hundertachtzig Grad. Er betreibt nunmehr, als Antwort auf das die belgische Revolution tragende Ideengut der Französischen Revoluti-

on (...) eine rabiate Germanisierungspolitik" (Hoffmann 1987, S. 94-95), die mit
der Einsetzung von deutschen Beamten einhergeht. Dem allgemeinen Unmut der
lokalen Notabeln trägt die Verfassung von 1841 Rechnung, in dem sie die öffentlichen Ämter den Luxemburger Staatsbürgern vorbehält (41. Artikel) (Spizzo
1996, S. 149).

Damit ist der eigentliche Grundstein für die zukünftige sprachliche Entwicklung gelegt, auch wenn zunächst in der liberalen Verfassung von 1848 das
Prinzip der deutsch-französischen Zweisprachigkeit im Paragraf 30 verankert
wird. Wie konnte es anders sein, da die Luxemburger Sprache und damit einher-
gehend ein Bewusstsein für deren Existenz sich erst langsam entwickeln sollte.
Auch wenn Jean François Gangler schon 1847 ein „Lexicon der Luxemburger
Umgangssprache, wie sie in und um Luxemburg[4] gesprochen wird" veröffentlicht, werden das Volk und seine ersten Dichter ihre Sprache noch lange als Luxemburger Deutsch oder „unser Deutsch" bezeichnen, so auch der Autor Dicks,
der am Ende des ersten 1855 in Luxemburger Sprache aufgeführten Theaterstü-
ckes, in einem Nachspiel sich dafür entschuldigt in „onst Däitsch" geschrieben
zu haben.

Der 10. November 1896 wird als Meilenstein der Sprachgeschichte gefeiert,
als der neu gewählte Abgeordnete Caspar Mathias Spoo im Parlament, in dem
nur die beiden Hochsprachen gebraucht wurden, ein Plädoyer für die Einführung
des allgemeinen Wahlrechts in luxemburgischer Sprache hält. Doch Spoo kann
sich nicht durchsetzen, da bis nach dem Zweiten Weltkrieg die Sprache des Volkes aus der Abgeordnetenkammer verbannt bleiben wird.

Die Entstehung der Luxemburger Sprache muss auch als „gegenläufige
Wirkung des einstigen deutschen Sprachimperialismus" (v. Polenz 1999, S. 118)
verstanden werden, gegen dessen Annexionspolitik sich das Luxemburger Nationalbewusstsein entwickelt hat. Die 1939 organisierten Jahrhundertfeiern, in denen eher der Widerstand gegen die damalige akute Bedrohung durch Nazi-
Deutschland als die Erinnerung an ein mit einem empfindlichen territorialen
Verlust verbundenen Datum zum Tragen kam, stellten den Höhepunkt einer
patriotischen Begeisterung dar, die nach der Besetzung als Ferment des Wider-
standes weiterbestehen wird. Am 10. Oktober 1941 sollte eine Personenstands-
aufnahme durchgeführt werden, in der die Luxemburger nach Volkszugehörig-
keit, Muttersprache und Staatsangehörigkeit gefragt wurden. Trotz Einschüchte-
rungen war die fast einmütige Antwort der Bevölkerung „dreimal luxemburgisch", wie die Parole der Widerstandsbewegungen lautete. Für Trausch (1995)
haben die Luxemburger sich in diesem Akt zu einer Nation im Renanschen Sinne

---

[4] Gemeint ist die Hauptstadt.

des Wortes erklärt und damit auch das Luxemburgische zu ihrer Nationalsprache erkoren.
In ihren von London aus gehaltenen Rundfunkansprachen wandte sich die Großherzogin Josephine Charlotte zum ersten Mal in Luxemburgisch an ihre „Untertanen" und nach der Befreiung ist der Hass auf die Deutschen und das Deutsche groß. Dazu hatte auch die gegen eine „Verwelschung" der Luxemburger gerichtete strenge Germanisierungspolitik beigetragen, die selbst vor der Verdeutschung der Vornamen nicht haltmachte.
Sprachenpolitisch wird dies allerdings zunächst keine Auswirkungen haben. In der Verfassungsänderung vom 6. Mai 1948 wird zwar der Artikel, der Französisch und Deutsch gleichstellt, aufgehoben, aber der Gesetzgeber kann sich nicht zu einer Anerkennung des Luxemburgischen durchringen. Er hält lediglich in Artikel 29 fest, dass Amts- und Gesetzessprachen durch ein Gesetz geregelt werden sollen. Doch fast 40 Jahre verstreichen, bis dieses, die wichtigste sprachenpolitische Maßnahme der Luxemburger Geschichte überhaupt, am 24. Februar 1984 in Kraft tritt. Einerseits wird darin das Luxemburgische zur Nationalsprache erklärt, andererseits aber auch die Mehrsprachigkeit dadurch festgeschrieben, dass das Französische, das Deutsche und das Luxemburgische (in dieser Reihenfolge!) im Umgang mit Behörden zugelassen werden, wobei jedoch dem Französischen als Gesetzessprache der Vorrang eingeräumt[5] wird. Die Behörden sollen, soweit es ihnen möglich ist (dans la mesure du possible), in jener der drei Sprachen antworten, in der sie angeschrieben worden sind.
Dieses Gesetz versucht nach den Aussagen von Pierre Werner, der bei dessen Verabschiedung Premierminister war, „eine minimale Ordnung in den linguistischen Pragmatismus zu bringen, der den Einheimischen weniger ungewöhnlich (déroutant) erscheint als den Fremden" (Werner 1991, S. 304).

3   Sprachenpolitik zwischen Pragmatismus und Laisser faire

3.1 Corpusplanung

Die Normierung der Luxemburger Sprache steckt noch heute in den Kinderschuhen. 1897 wurde vom Parlament eine erste Wörterbuchkommission ins Leben gerufen, die 1906 ein Wörterbuch publizierte. 1914 wurde ein Rechtschreibungssystem definiert, doch dieses konnte sich nicht durchsetzen, auch weil es nicht in der Schule unterrichtet wurde. Nach vielen Anfechtungen wurde es 1975 reformiert. Die überfällige Umsetzung dieser Reform und deren Konkretisierung in

---

[5] Der Begriff Amtssprache wird aber im Gesetzestext vermieden.

einem Réglement Grand-Ducal (30. Juli 1999) war die erste Amtshandlung des 1999 als offizielles sprachpflegerisches Organ ins Leben gerufenen Conseil Permanent de la Langue luxembourgeoise (CPLL), das „die Luxemburger Sprache überwachen, studieren, schriftlich festhalten und verbreiten soll."[6] Einen größeren Einfluss auf die Schreibweise dürfte das unter seiner Ägide realisierte Rechtschreibprüfprogramm haben, das allerdings erst in einer Beta-Version vorliegt. Daneben arbeitet der CPLL an der Erstellung eines Textkorpus, der mittlerweile mehr als 5 Millionen Worte umfasst und die Basis eines wissenschaftlichen Wörterbuchs der luxemburgischen Sprache bildet, welches das alte, 1977 abgeschlossene, ersetzen soll. Wegen fehlender Mittel kommt die Arbeit nur stockend voran. Auf die Ungeduld interessierter Kreise, die sich beispielsweise in parlamentarischen Anfragen äußert, kann die zuständige Ministerin nur beschwichtigend antworten.[7]

Das 1995 aus dem Staatsarchiv hervorgegangene Centre National de Littérature fördert nicht nur die klassische, sondern auch die Gegenwartsliteratur Luxemburgs in den drei Sprachen auf vielfältige Weise, hauptsächlich als Herausgeber[8], aber auch als Veranstalter von Lesungen und Ausstellungen.

Die Gründung der Universität Luxemburg 2003 hat nicht zu dem von vielen erhofften qualitativen Sprung geführt. Der schon im Vorfeld geschaffene Lehrstuhl für Luxemburger Sprache blieb, nachdem dessen erste Inhaberin sehr schnell wegen der unzureichenden Ausstattung einem Ruf nach Trier gefolgt ist, zwei Jahre vakant. Dafür wird universitäre Forschung zum Luxemburgischen im Ausland betrieben (Moulin 2004 und Reisdorfer 2004). Zu erwähnen sind das von Gerald Newton gegründete Centre for Luxembourg Studies in Sheffield und die an der Universität Trier im November 2004 gegründete Forschungsstelle für Sprachen und Literaturen Luxemburgs, die von den Professoren Claudine Moulin, Johannes Kramer und Peter Kühn getragen wird. Zu deren herausragenden Ergebnissen zählen ein Dictionnaire étymologique des éléments français du luxembourgeois und der Digitale Luxemburgische Sprachatlas (http://www. luxsa.info/).

Unabhängig von offizieller Corpusplanung und weitgehend unkoordiniert sind aus der Notwendigkeit, Lehrbücher für Luxemburgisch-Kurse zu schaffen, inzwischen reichlich Unterrichtsmaterialien und Wörterbücher entstanden. Dazu haben die sprachpflegerischen Aktivitäten der Actioun Lëtzebuergesch (s.u.) entscheidend beigetragen.

---

[6] Siehe Rapport d'activité du Ministère de la Culture 2003 und www.cpll.lu, die Einführung in die Rechtschreibung: http://www.cpll.lu/cpll/ortholuxs_1.html und den Spellchecker: http://www.crpgl. lu/cortina/. Zur eigentlichen Schreibweise (Schanen/Lulling o.J.) und www.lod.lu.

[7] z.B. parlamentarische Anfragen 2616.

[8] http://www.cnl.public.lu/publications/index.html.

Als neuer und überraschender Akteur der Sprachenplanung meldet sich am 9. April 2004 Microsoft in einer fantasievollen luxemburgischen Schreibweise abgefassten Pressemitteilung zu Wort, um im Rahmen seines Local Language Programms[9] eine luxemburgische Version von Windows und Office anzukündigen. Während andere Initiativen aus der nichtkommerziellen Computerszene, wie ein Mozilla-Interface und die Luxemburger Wikipedia[10], eher belächelt werden, weil sie genauso wie das Windows-Interface im mehrsprachigen Luxemburg keinen wirklichen Gebrauchswert haben, hat die lokale Microsoftvertretung es geschafft, das sonst, wenn es um linguistische oder soziolinguistische Forschung geht, eher zurückhaltende Wissenschaftsministerium zu einer Subventionierung dieses Projektes zu bewegen.[11]

3.2 Statusplanung

Wenn man vom Gesetz von 1984 absieht, beschränkt sich die Statusplanung auf halbherzige Maßnahmen in der Arbeitsmarkt- und der Schulpolitik.

3.2.1 Arbeitsmarkt

Aufgrund seines raschen Wachstums ist der Luxemburger Arbeitsmarkt durch einen chronischen Arbeitskräftemangel geprägt. Dadurch ist der Rückgriff auf Grenzpendler und Einwanderer, die kein Luxemburgisch sprechen, notwendig. Die legitime multilinguale Sprachkompetenz wird allerdings nur in der staatlichen Verwaltung und den damit assimilierten Sektoren verlangt. Private Betriebe mit Kundenverkehr sind mit dem Paradoxon konfrontiert, dass ihre Luxemburger Kundschaft zwar Französisch und Deutsch spricht, es aber meistens vorzieht, Luxemburgisch zu sprechen, während die ausländischen Kunden Französisch als Verkehrssprache erwarten. Je nach Marktsegment wird das Unternehmen in seiner Werbung und durch seine Personalpolitik die Luxemburger Sprache betonen. In diesem Bereich greift der Staat nur durch das Angebot von Sprachkursen ein[12]. Europäische Institutionen und die Unternehmen des Finanzplatzes brau-

---

[9] http://www.microsoft.com/presspass/press/2004/mar04/03-16LLPPR.asp.

[10] www.lemmer.lu/~mozilla/ und die Luxemburger Wikipedia mit ihren 6300 Artikeln (November 2005) lb.wikipedia.org.

[11] http://www.microsoft.com/belux/fr/press/info/info.asp?contact=yes&mar=/belux/fr/press/info/win off_lux2.html&xmlpath=/Belux/fr/press/inc/winoff_lux2.xlm&rang=0.

[12] 2003 war erstmals ein Budgetposten von 100.000 € zur Förderung der Integration durch das Lernen von Luxemburgisch innerhalb der Arbeitswelt vorgesehen. Er konnte trotz der Bemühungen des

chen keine Rücksicht auf die lokalen Sprachverhältnisse zu nehmen und orientieren sich an der Unternehmenskultur ihrer Mutterhäuser.

Der Staat reglementiert die Niederlassungsregeln für Freiberufler und kommt dabei regelmäßig mit den EU-Direktiven zur Niederlassungsfreiheit in Konflikt. Diese sehen zwar die Beherrschung der Landessprache vor, doch über deren Definition im Luxemburger Kontext herrscht keine Einigkeit. Im Laufe der Zeit etablierte sich die Formulierung der „drei landesüblichen Sprachen" („trois langues usuelles du pays") sowohl in den Stellenanzeigen wie auch in den Gutachten des Staatsrates. Gemeint sind die drei Sprachen des 1984er Sprachengesetzes, das den Sprachgebrauch der staatlichen Behörden regeln sollte.

Am umstrittensten ist ein Gesetz[13], das die Beherrschung der drei „Amts"-Sprachen als Niederlassungsbedingung von Anwälten verlangt. Auch wenn in der praktischen Ausführung dieser Bestimmung eher die Bereitschaft zum passiven Verstehen der drei Sprachen, denn eine aktive Sprachkompetenz geprüft wird, sind Verfahren von internationalen Anwälten beim europäischen Gerichtshof anhängig. Das Hauptargument der Kläger, bei denen es sich in erster Linie um Wirtschaftsanwälte handelt, ist die Tatsache, dass in den Prozessen, in denen sie plädieren, weder luxemburgisch noch deutsch gesprochen wird.

Bei den Medizinern ist man nicht so restriktiv und verlangt lediglich die Kenntnis von zwei der drei „Amts"sprachen[14]. Angesichts rezenter Proteste gegen diese Regelung von Luxemburger Patienten, die in ihrer Sprache behandelt werden wollen, verweist der zuständige Minister nicht nur auf die Jurisprudenz des Europäischen Gerichtshofs, sondern auch auf den Ärztemangel in Luxemburg, angesichts dessen eine restriktive Handhabung der Sprachenforderungen nicht im Interesse des Landes wäre[15]. Krankenpfleger und andere Angestellte des Gesundheitssektors werden mit einer schwammigen Formulierung verpflichtet, „sich die zum Ausüben ihres Berufes notwendigen sprachlichen Kenntnisse anzueignen". Für etwaige, aus mangelnder Bereitschaft dieser Verpflichtung nachzukommen resultierende Fehler, sollen sie strafrechtlich und zivilrechtlich

---

Ministeriums wegen mangelnder Nachfrage der Unternehmer oder der Berufskammern nicht ausgegeben werden (Parlamentarische Anfrage 2583).
[13] Loi du 13 novembre 2002 portant transposition en droit luxembourgeois de la Directive 98/5/CE du Parlement européen et du Conseil du 16 février 1998 visant à faciliter l'exercice permanent de la profession d'avocat dans un Etat membre autre que celui où la qualification a été acquise.
[14] Geregelt im Gesetz: Loi du 31 juillet 1995 portant modification – de la loi du 29 avril 1983 concernant l'exercice des professions de médecin, de médecin-dentiste et de médecin-vétérinaire, – de la loi du 6 juillet 1901 concernant l'organisation et les attributions du collège médical, – de l'arrêté grand-ducal du 4 décembre 1945 concernant le service interne du collège vétérinaire.
[15] Parlamentarische Anfrage 1772.

belangt werden[16]. Viele Ausländer sehen in diesen sprachlichen Zugangsbedingungen nur einen schikanösen Protektionismus.[17]

3.2.2   Sprachenunterricht

Das Luxemburger Schulsystem[18] ist dermaßen auf das Erlernen der beiden
Fremdsprachen Deutsch und Französisch fixiert, dass nicht nur der außenstehende Beobachter (Davis 1994, S. 190) den Eindruck gewinnt, dass die Intelligenz
mit der Fähigkeit, Fremdsprachen aus Büchern zu lernen, gleichgesetzt wird. Im
ersten Schuljahr erfolgt die Alphabetisierung in Deutsch, im zweiten Schuljahr
kommt Französisch als zweite Fremdsprache hinzu. Luxemburgisch ist zwar
zunächst als Unterrichtssprache erlaubt, soll aber progressiv durch die beiden
Fremdsprachen ersetzt und immer weniger im Unterricht gebraucht werden. Im
siebenjährigen Curriculum des allgemeinbildenden Gymnasiums taucht es nur
mit einer Wochenstunde in der ersten Klasse auf[19]. Somit kann Weber (2000) zu
Recht schreiben, dass Luxemburg wahrscheinlich das einzige Land ist, das seine
Nationalsprache, zumindest im Gymnasium, „virtuell verbietet".

3.2.3   Die Integration der Ausländerkinder

Einen guten Überblick über die Sprachenpolitik innerhalb der Schule bietet eine
Orientierungsdebatte im Parlament zur Rolle der Schule bei der Integration von
Einwandererkindern.[20] Bei zwei Dritteln der 24 besprochenen Maßnahmen geht
es zentral um die Sprache als Vektor der Integration. Bei den restlichen Vorhaben kommt Sprache mehr oder weniger implizit vor, so dass man den Eindruck
gewinnt, dass das einzige Hindernis der Integration von Kindern mit Immigrati-

---

[16] Loi du 26 mars 1992 sur l'exercice et la revalorisation de certaines professions de santé.
[17] Parlamentarische Anfrage 1824.
[18] Beschreibung der Struktur und Statistiken zum Bildungssystem findet man in: http://www.script.
lu/documentation/pdf/publi/chiffres_cles/chiffres-cles2004-brochure.pdf.
[19] Da Luxemburg eine einheitliche sechsjährige Grundschule kennt, entspricht dies der siebten Klasse
nach deutscher Zählung. Neben dem Gymnasium (lycée) gibt es ein etwa der Realschule entspre-
chendes technisches Gymnasium (lycée technique). Wegen dessen komplexer Struktur und weil dort
Luxemburgisch teilweise als Fremdsprache und Fachsprache in verschiedenen Berufsausbildungen
vorkommt, kann der Schüler im Laufe seiner mehr oder weniger langen Schulzeit in den Genuss von
bis zu 4 Wochenstunden kommen. Die Curricula sind unter http://www.men.lu/edu/fre/hor/zugängig.
[20] Ministère de l'Education nationale, de la Formation professionnelle et des Sports: Débat d'orientation sur l'école d'intégration le 29 novembre 2000 – Rapport à la Chambre des Députés sur la mise
en œuvre de la motion adoptée; Situation: mai 2004.

onshintergrund ihre mangelnden Kenntnisse der luxemburgischen oder deutschen Sprache sind.

Die Luxemburger Bildungspolitik ist gekennzeichnet durch einerseits ein entschiedenes Festhalten am Ideal der traditionellen Dreisprachigkeit (L, D, F) und andererseits die Unmöglichkeit, diese angesichts einer heterogenen Schülerpopulation mit hohem Ausländeranteil in der Realität umzusetzen. Die erste Maßnahme, die die Einheit des Schulsystems (l'unité de l'école) beschwört, weist gleichzeitig auf Sondermaßnahmen hin, die allerdings Ausnahmecharakter behalten sollen, wie die Alphabetisierung in französischer Sprache für Kinder aus romanophonen Familien. Allerdings bleibt diese Maßnahme der fromme Wunsch all jener, die sich für die Immigrantenkinder einsetzen und sich in dem Pôle pour une école démocratique zusammengeschlossen haben, denn bis heute hat sich keine Gemeinde, in deren Kompetenz die Organisation der Grundschule liegt, gefunden, die bereit wäre, eine solche Klasse zu schaffen. Leichter umzusetzen scheint das Konzept der Erst- und Zweitsprache (première et deuxième langue) – richtiger Erst- und Zweitfremdsprache –, mit dem versucht wird, die Sprachanforderungen, besonders in der Berufsausbildung, zu differenzieren.

Das Hauptinstrument der sprachlichen Integration ist die frühzeitige Einschulung der Kinder mit drei Jahren in einer, Enseignement précoce genannten, dem traditionellen Kindergarten vorgelagerte, auf kommunaler Ebene organisierte Kindergruppe, in der genauso wie im Kindergarten Luxemburgisch gelernt werden soll, so dass Kinder aus luxemburgischsprachigen und nicht luxemburgischsprachigen Familien die Alphabetisierung, allerdings in deutscher Sprache, mit denselben Voraussetzungen angehen können.

Die paradoxe Situation des luxemburgischen Schulwesens ist am Nachdruck erkennbar, mit dem das parlamentarische Dokument auf die Wichtigkeit der offiziellen Unterrichtssprachen verweist. Auch wenn es keine wissenschaftliche Erhebung über den Gebrauch der Unterrichtssprachen in Primärschule und Gymnasium gibt, deutet alles darauf hin, dass diese immer mehr durch ein informelles Ausweichen auf das Luxemburgische verdrängt werden, eine tief verwurzelte Gewohnheit, gegen die es anzukämpfen gelte. Doch es bleibt bei Appellen und das Luxemburgische erobert die Klassensäle durch die Hintertür und gegen die offiziellen Curricula[21].

---

[21] Mit der OECD-Studie PISA2 liegt der Beweis vor, dass die gemessene Mathematikkompetenz der Luxemburger Schüler besser ist, wenn sie auf Deutsch antworten dürfen, als wenn sie, wie in PISA1, die offizielle Unterrichtssprache Französisch benutzen müssen.

3.2.4   Luxemburgisch als Fremdsprache

„Luxemburgisch kann man nicht lernen, es wird vererbt". Dieser Satz des Luxemburger Schriftstellers Jean Portante[22] beschreibt in der Tat eine bis in die
achtziger Jahre andauernde Situation, in der es, wenn man von den Pionierkursen
der Actioun Lëtzebuergesch (s. u.) absieht, keine institutionell organisierte Möglichkeit gab, Luxemburgisch als Fremdsprache zu lernen. Heute gibt es eine rege
Nachfrage nach solchen Kursen, die hauptsächlich vom Centre de Langue Luxembourg organisiert werden. Dieses bietet im Wintersemester 30 verschiedene
Luxemburgisch-Sprachkurse an, in denen 505 Teilnehmer eingeschrieben sind.
2004 haben 243 Personen an einer Abschlussprüfung teilgenommen, um ein
Zertifikat „Luxemburgisch als Fremdsprache" zu erwerben.[23] Auch in den belgischen und französischen Grenzregionen nimmt das Interesse an Luxemburgisch-
Kursen dank der Attraktivität des luxemburgischen Arbeitsmarktes zu. Im Rahmen des Karlsruher Abkommens über die grenzüberschreitende Zusammenarbeit zwischen Gebietskörperschaften und örtlichen öffentlichen Stellen (23. Januar 1996), fördert der Luxemburger Staat diese Initiativen, ohne dies jedoch als
Einmischung in die inneren sprachenpolitischen Auseinandersetzungen seiner
beiden großen Nachbarn zu betrachten.

Immer wieder fordert das ADR unter Berufung auf die europäische Charta
der Regional- oder Minderheitensprachen[24] die Regierung auf, die „luxemburgisch sprechenden Minoritäten" in Belgien und Frankreich zu unterstützen[25] und
immer wieder verweist die angesprochene Kulturministerin auf die prinzipielle
Nicht-Einmischung in die Sprachenpolitik der Nachbarstaaten. Die interregionale
Zusammenarbeit im Rahmen von INTERREG-Programmen und im Rahmen der
Großregion sollen im Respekt der „Souveränitätsrechte unserer Nachbarn" fort-
geführt werden. In diesem Zusammenhang verweist die Ministerin auch auf das

---

[22] Er ist zu hören in dem vom Dichter geschriebenen Kommentar des Dokumentarfilms *Quiproquo*
aus dem Jahre 1997.
[23] Rapport d'activité 2004 du Ministère de l'Éducation nationale et de la Formation professionnelle
http://www.gouvernement.lu/publications/rapportsactivite/rapports_activite_2004/education/educatio
n.pdf. S. 62.
[24] Das Luxemburger Parlament hat die "Europäische Charta zum Schutz der Regional- oder Minderheitensprachen" ratifiziert und dabei festgestellt, dass sie nicht auf Luxemburg anwendbar sei, da es
im Lande keine Sprachminderheiten im Sinne der Charta gibt. Die Luxemburger Regierung betrachtet, im Gegensatz zur ALAS (Association pour la promotion de la culture et de la langue luxembourgeoise dans le pays d'Arlon/Arelerland), Luxemburgisch nicht als Minderheitensprache in Belgien.
Französische Verteidiger der deutschen Mundarten in Lothringen bezeichnen diese als Fränkisch
(*francique*) (Fehlen 2004a).
[25] z. B. Parlamentarische Anfragen 1521, 2015, 2189.

Jahr 2007, in dem nicht nur Luxemburg, sondern die gesamte Großregion Kulturhauptstadt Europas sein wird[26].

3.3 Aktuelle sprachenpolitische Themen

3.3.1   Sprachliche Identität

Hobsbawms These, dass der Sprachnationalismus weder von den adligen oder bürgerlichen Oberschichten, noch von den Arbeitern und Bauern, sondern hauptsächlich von gebildeten Mittelschichten getragen wurde (Hobsbawms 1991, S. 131 ff.), kann auch für Luxemburg bestätigt werden. Lehrer und untere Staatsdiener waren die Vorreiter einer Bewegung, die zur politischen Emanzipation der populären Klassen von der traditionell französischfreundlichen mittleren und höheren Bourgeoisie geführt hat (F. Hoffmann 1987). 1971 wurde die Actioun Lëtzebuergesch (AL) gegründet, die zum Hauptpromotor der luxemburgischen Sprache geworden ist. Sie hat nicht nur Pionierarbeit bei der Organisation der ersten Sprachkurse für Ausländer und der Förderung des schriftsprachlichen Gebrauchs des Luxemburgischen (z.B. Familienanzeigen) geleistet, sondern sie darf sich auch das Verdienst anrechnen, das Sprachengesetz von 1984 gegen die allgemeine Trägheit der staatlichen Verwaltung, die im neuen Gesetz eine Infragestellung der gewachsenen legitimen Sprachkompetenz sah, durchgesetzt zu haben. Auch wenn sie bis heute Sprachbewahrung und Sprachpurismus in bisweilen skurriler und rückwärtsgewandter Form betreibt[27], wird der oft gegen sie geäußerte Vorwurf des Rechtsextremismus von ihren konkreten politischen Stellungnahmen Lügen gestraft. Der Versuch, sie für parteipolitische Ziele zu instrumentalisieren, ist 1986 gescheitert und die Mitglieder, die einen rechtsextremen Wahlverein mit Namen FELES (fir eis Land, fir eis Sprooch) gegründet hatten, wurden durch einen Unvereinbarkeitsbeschluss 1986 (vgl. Eis Sprooch 18, 1986, S. 71-79) ausgeschlossen.

Im Gefolge der Diskussion um das Sprachengesetz und einer in der Mitte der achtziger Jahre ansetzenden Rückbesinnung auf die luxemburgische Geschichte, die man als Reaktion auf die verstärkte Immigration und das Anwachsen der Grenzpendlerzahlen interpretieren darf, kam es bei den Parlamentswahlen 1989 zur Kandidatur eines ganzen Spektrums nationalistischer und rechts-

---

[26] Dass Sibiu in Rumänien zur Partnerstadt erklärt wurde, hat mit den Irrwegen der deutschen Sprachwissenschaften zu tun (Fehlen 2004b).
[27] Mit Hilfe von sogenannten roten und grünen Listen fördert sie den Gebrauch von in ihren Augen "richtigen" luxemburgischen Wörtern und traditionellen Phraseologismen.

extremistischer Listen. Wegen deren Zersplitterung, aber auch weil die großen Parteien das Terrain besetzen konnten, fiel ihr Ergebnis sehr mager aus. Seither hat keine Partei mehr versucht, mit explizit ausländerfeindlichen Parolen Politik zu betreiben, auch nicht das ADR, das sich als Verfechter der nationalen Sprache geriert und über diesen Umweg latente Überfremdungsängste zu mobilisieren versucht.

Die Verteidiger der Luxemburger Sprache, die einerseits deren Substanz gegen eine Germanisierung in Schutz nehmen wollen, andererseits dagegen protestieren, dass Luxemburger im eigenen Land „fremde" Sprachen benutzen müssen, melden sich hauptsächlich in Leserbriefen zu Wort, einem Medium, dem in einem kleinen Land ein großes Gewicht zukommt. Aus gegebenem Anlass, zum Beispiel dem Aufstellen eines modernen Kunstwerkes im öffentlichen Raum (Lady Rosa-Denkmal), durch das man nationale Symbole verunglimpft sieht, entstehen regelrechte Leserbriefkampagnen, deren Träger eine diffuse Pressure-Group für eine sprachnationalistische Leitkultur darstellen.

Nüchterner und nicht mehr von den selbst erlebten oder zumindest von den Eltern erzählten Kriegserlebnissen geprägt, argumentiert eine neue Generation von Sprachschützern, die hauptsächlich von jenen getragen wird, deren berufliche Tätigkeit mit der luxemburgischen Sprache zusammenhängt: die Journalisten der gesprochenen Presse und die Lehrer des noch jungen Faches Luxemburgisch als Fremdsprache, für die es noch keinen Ausbildungsgang und somit auch kein spezifisches Statut gibt. Die Förderung der kleinen Sprachen innerhalb der Europäischen Union durch das EBLUL (European Bureau for Lesser Used Languages – Europäisches Büro für Sprachminderheiten[28]), ebenso wie das Integrationsprogramm Integra des Europäischen Sozialfonds geben dem Bewusstsein für die Notwendigkeit einer Sprachenplanung neuen Auftrieb (Weber-Messerich 2004), ohne dass aber konkrete Maßnahmen wie ein Ausbildungsgang für Luxemburgischlehrer daraus hervorgehen würden.

In einer programmatischen Rede hat sich Premierminister Jean-Claude Juncker im März 2002 vehement für die doppelte Staatsbürgerschaft ausgesprochen[29] und gleichzeitig die Luxemburger Sprache zum Ferment und zentralen

---

[28] Es gibt nicht nur einen Luxemburger Ableger des EBLUL (www.sproochenhaus.lu), sondern auch die sprachpflegerische Vereinigung in Arlon „Areler Land a Sprooch" (ALAS) (www.alas.be) ist als Sprachenminderheit dort vertreten. Die im EBLUL angelegte Ethnisierung der EU durch Konstruktion essentialistischer Sprachgemeinschaften und Volksgruppen hat auch schon in Luxemburg ihre Blüten getrieben (Fehlen 2004b).
[29] Ein von der Regierung bei zwei belgischen Jura-Professoren in Auftrag gegebenes Gutachten betont, dass die Zulassung einer doppelten Staatsbürgerschaft keineswegs eine Aufweichung der anderen Bedingungen, wie z.B. die Beherrschung der Nationalsprache, bedingt (http://www.gouvernement.lu/salle_presse/communiques/2004/01/14rapport/rapport.pdf S. 122).

Bestandteil (ferment national et élément fédérateur) der Luxemburger Gesellschaft erklärt. Allerdings muss man diese Aussagen als Beschwichtigung vor
Überfremdungsängsten im Kontext der „700.000 Einwohner"-Debatte, die die
politische Agenda in der ersten Hälfte der letzten CSV-DP-Legislaturperiode
(1999-2004) beherrschte, verstehen (Weber-Messerich 2004, S. 243).[30] Die vorgeschlagenen konkreten Maßnahmen (Freistellung von Arbeitsimmigranten
während der Arbeitszeit zum Lernen von Luxemburgisch) sind bislang nicht
umgesetzt worden, während die doppelte Staatsbürgerschaft Konsens unter den
Parteien, mit Ausnahme des ADR, geworden ist und Eingang in das Regierungsprogramm von 2004 gefunden hat.

Einen Überblick über den aktuellen Stand der sprachenpolitischen Diskus-
sion liefert eine Veranstaltungsreihe, die unter der Fragestellung Lëtzebuergesch:
Quo vadis? zwischen November 2002 und Januar 2004 organisiert wurde. Zur
Nagelprobe bei einem abschließenden Gespräch mit den Parteien wurde die
Forderung nach der Einschreibung des Luxemburgischen als Nationalsprache in
die Verfassung (Weber-Messerich 2004, S. 275-281). Während die Vertreter von
CSV und LSAP sich um ein nuanciertes Nein bemühten, das sie nicht als Aussa-
ge gegen die Sprache und deren Förderung verstanden wissen wollten, versuchten die Sprecher von Grünen und DP mit einem selbstverständlichen Ja die Frage
herunterzuspielen. Der ADR-Vertreter seinerseits setzte sich vehement dafür ein
und verlangte, die Beherrschung des Luxemburgischen als absolute Voraussetzung für eine Integration der Ausländer zu machen. Er wandte sich nicht nur
entschieden gegen eine doppelte Staatsbürgerschaft, sondern auch gegen eine in
seinen Augen laxistische Überprüfung der Sprachkenntnisse bei Einbürgerungs-
verfahren.[31] Im Wahlkampf konnte das Thema aber nicht zum Tragen kommen,
ebenso wenig wie die Aufwertung des Luxemburgischen innerhalb der EU.

---

[30] Unter diesem Stichwort wurden demographische Projektionen diskutiert, die für 2050 eine Einwohnerzahl von 700.000 als Grundvoraussetzung für den Erhalt des großzügigen Rentensystems
machen.
[31] Die Prozedur der Sprachkontrolle ist in der Antwort auf die parlamentarische Anfrage 1582 beschrieben: Wenn der Antragsteller bei der Abgabe seines Antrages auf die Luxemburger Staatsbürgerschaft in den Augen des Schalterbeamten(!) nicht die notwendigen Luxemburgischkenntnisse aufweist, dann wird er aufgefordert, offizielle Sprachzeugnisse oder eine Bescheinigung seines Arbeitgebers beizubringen. In einem weiteren Schritt muss er sich noch einmal einer Polizeiermittlung
stellen, in der auch die Sprachkenntnisse und die Integration in die Luxemburger Gesellschaft neben
anderen Punkten wie materielle Lebensgrundlage, Vorstrafenregister usw. überprüft werden.

3.3.2   Außendarstellung

Mit dem Beitritt von 10 neuen Ländern bekommt die EU neun neue offizielle
Sprachen (das in Zypern gesprochene Griechisch war schon EU-Sprache). Be-
sonders die Anerkennung der Sprache Maltas, das einwohnermäßig die gleiche
Größenordnung wie Luxemburg hat, ruft einige Leserbriefschreiber auf den Plan,
die auch die Erhebung des Luxemburgischen zur offiziellen EU-Sprache fordern.
Diese neue Forderung zeigt den Weg, den das Luxemburgische in den letzten 50
Jahren zurückgelegt hat.

Das in einem Leserbrief vorgebrachte Gegenargument, die Forderung sei
angesichts „des babylonischen Sprachenchaos (in der EU) höchst kontraproduk-
tiv" (Luxemburger Wort 24.1.2004) wurde auch von der Actioun Lëtzebuergesch
mitgetragen, die aber angesichts der gutbezahlten EU-Jobs (angeblich 200 neu-
angestellte Übersetzer und Dolmetscher für jede kleine Sprache, wie beispielsweise Maltesisch) ihre Position zu revidieren scheint (Klack 107, 29.1.2005).[32]

Eine Domäne, die sich der Luxemburger Sprache bislang entzogen hat, ist
die der Außendarstellung des Landes. Bis zum heutigen Tage rechnet der Luxemburger Staat sich auf dem internationalen diplomatischen Parkett der Fran-
kophonie zu und benutzt das Französische mit englischer Übersetzung, wenn es
sein muss. Das Deutsche bleibt dem bilateralen Kontakt mit deutschsprachigen
Ländern vorbehalten. Dass die luxemburgische EU-Präsidentschaft im ersten
Halbjahr 2005 nur Französisch und Englisch, sowohl bei der Übersetzung als
auch beim Einsatz von Dolmetschern, benutzt hat, hat ihr eine Protestnote der
Bundesrepublik Deutschland eingebracht.

Literatur

Berg, Guy (1993): „Mir wëlle bleiwe, wat mir sin": soziolinguistische und sprachtypolo-
    gische Betrachtungen zur luxemburgischen Mehrsprachigkeit, Tübingen.
Bourdieu, Pierre (1990): Was heisst sprechen? Die Ökonomie des sprachlichen Tausches,
    Wien.
Bourdieu, Pierre (2001): Langage et pouvoir symbolique, Paris.
Bussmann, Hadumod (2002): Lexikon der Sprachwissenschaft, Stuttgart.
Davis, Kathryn Anne (1994): Language planning in multilingual contexts, Amsterdam.

---

[32] Einerseits wird die Haltung Maltas und Irlands als fanatisch und lächerlich („fanatesche Sprooch-
Culot, (deen) ferm un d'Lächerlechkeet erukënnt") bezeichnet, andererseits wird bedauert, dass die
Luxemburger leer ausgehen (mir stinn „mam Fanger am Mond do"), weil sie zu vernünftig („ze fein,
ze verstänneg") sind.

Deumert Anna/Vandenbussche Wim (Hrsg.) (2003): Germanic standardizations: past to present. Amsterdam, Philadelphia.

Deprez Kas/du Plessis Theo (Hrsg.) (2000): Multilingualism and government: Belgium, Luxembourg, Switzerland, former Yugoslavia, South Africa, Pretoria.

Dittmar, Norbert (1997): Grundlagen der Soziolinguistik. Ein Arbeitsbuch mit Aufgaben, Tübingen.

Dittmar, Norbert/Mensching Guido (2007): Minderheitensprachen in Europa. Last oder Chance, Frankfurt a.M./Zürich/Bern.

Elias, Norbert/Scotson, John (1990): Etablierte und Außenseiter, Frankfurt/Main.

Fehlen, Fernand (2002): Luxembourg, a Multilingual Society at the Romance/Germanic Language Border. In: Journal of Multilingual & Multicultural Development 23. 1/2, S. 80-97.

Fehlen, Fernand (2004a): Le „francique" dialecte, langue régionale, langue nationale? In: Marie-Louise Moreau (Hrsg.) Frontières de langues et langues de frontières, Glottopol, S. 23-46.

Fehlen, Fernand (2004b): Urheimat Großregion, Siebenbürgen und Luxemburg. Lëtzebuerger Land, 11.6.2004.

Fehlen, Fernand (2007): Babylon im Kleinformat – Sprachliche Vielfalt in Luxemburg. In: Dittmar/Mensching (2007) i.E.

Gilles, Peter (1998): Die Emanzipation des Lëtzebuergeschen aus dem Gefüge der deutschen Mundarten. In: Zeitschrift für Deutsche Philologie, 117, S. 20-35.

Gilles, Peter/Moulin, Claudine (2003): Luxembourgish. In: Deumert/Vandenbussche (2003), S. 303-329.

Goudailler, Jean-Pierre (Hrsg.) (1987): Aspekte des Lëtzebuergeschen, Hamburg.

Hobsbawm, Eric John (1991): Nationen und Nationalismus, Frankfurt/Main.

Hoffmann, Fernand (1987): Pragmatik und Soziologie des Lëtzebuergeschen: ein Versuch kommunikativer Sprachwissenschaft. In: Goudailler (1987), S. 91-194.

Moulin, Claudine (2004): Lëtzebuergesch. Universitéit a Recherche. In: Weber-Messerich (2004), S. 107-120.

Newton, Gerald (1996): Luxembourg and Lëtzebuergesch, Oxford.

Polenz, Peter von (1999): 19. und 20. Jahrhundert (= Bd. 3 Deutsche Sprachgeschichte vom Spätmittelalter bis zur Gegenwart), Berlin/New York.

Reisdoerfer Josef (2004): Le luxembourgeois dans l'enseignement universitaire. In: Weber-Messerich (2004), S. 135-142.

Schanen, François/Lulling, Jérome (2006): Le Lëtzebuergesch, langue nationale du Grand-Duché. In: Lengas (Sondernummer: L'évolution des langues de diffusion réduite en Europe occidentale).

Schanen, François/Lulling, Jérome (1999): D'lëtzebuerger Sprooch a Schreifweis. Internetdokument: www.cpll.lu/cpll/ortho9905.pdf.

Spizzo, Daniel (1995): La nation luxembourgeoise: genèse et structure d'une identité, Paris.

Thiesse, Anne-Marie (2001): La création des identités nationales, Paris.

Trausch, Gilbert (1995): L'enjeu du 'referendum' du 10 octobre 1941: l'identité luxembourgeoise. In: Gilbert Trausch (Hrsg.), Un passé resté vivant Mélanges d'histoire luxembourgeoise, Luxembourg, S. 241-253.

Trausch, Gilbert (Hrsg.) (1995): Un passé resté vivant Mélanges d'histoire luxembourgeoise, Luxembourg.

Weber, Nico (1994): Sprache und ihre Funktionen in Luxemburg. In: Zeitschrift für Dialektologie und Linguistik, 61. 2., S. 129-169.

Weber, Nico (2000): Multilingualism, Education and Social Integration in the Migratory and Regional Context of Luxembourg. In: Deprez Kas/du Plessis (2000), S. 72-85.

Weber-Messerich, Jacqueline (Hrsg.) (2004): Actes du cycle de conférences „Lëtzebuergesch Quo Vadis", Mamer.

Werner, Pierre (1991): Itinéraires luxembourgeois et européens, Luxembourg.

Migration und Integration

Helmut Willems/Paul Milmeister

1 Migration und Integration: sozialwissenschaftliche Konzepte und Diskurse

Das Phänomen der Immigration hat inzwischen europaweit einen äußerst wichtigen Stellenwert eingenommen. Immigration und Integration stehen in vielen Ländern regelmäßig in den Schlagzeilen, sei es im positiven wie im negativen Sinne. Immigration wird oft mit anderen großen politischen Themen der Gegenwart (Arbeitslosigkeit, Kriminalität, Terrorismus) in Verbindung gebracht, und ist eng mit dem ökonomischen Druck der liberalisierten Weltwirtschaft sowie dem Problem einer alternden Gesellschaft und den sich daraus ergebenden Konsequenzen für die Wirtschaft und die Wohlfahrtssysteme der europäischen Staaten verbunden. Dabei setzt sich bei der politischen, gesellschaftlichen und wissenschaftlichen Elite immer mehr die Überzeugung durch, „dass die Zukunft Europas zu einem wichtigen Teil davon abhängen wird, wie sie Nicht-Europäer in die europäische Kultur, Gewohnheiten und Institutionen einfügen und integrieren werden" (Parsons/Smeeding 2006).

In vielen europäischen Ländern altert die Bevölkerung rapide. Sie hat den Punkt der eigenen Reproduktion bereits unterschritten und beginnt zu schrumpfen. Eine Möglichkeit, dem entgegen zu treten, besteht in der weiteren Aufnahme von Einwanderern. Luxemburg gehört zu den Ländern Europas, die noch ein positives Bevölkerungswachstum zu verzeichnen haben, was aber eben vor allem dem aussergewöhnlich hohen Anteil an Ausländern zu verdanken ist.

Zugleich stellt man eine zunehmende Heterogenität der Bevölkerung und eine Diversifizierung der Immigration fest. Ein aktuell viel diskutiertes Merkmal der europäischen Immigration ist die zunehmende Bedeutung der muslimischen Bevölkerung, welche 2003 im Europa der 15 bei 14,5 Millionen Menschen lag. Der durchschnittliche Anteil von Muslimen an den Gesamtbevölkerungen der Länder der EU-15 liegt bei 3,8%. In Frankreich ist dieser Anteil mit 10% (etwa 6 Millionen Menschen) besonders hoch, was auf die Immigration aus den früheren Kolonien zurückzuführen ist, während er in Irland gegen null tendiert, und in Deutschland bei 3,7% liegt (3 Millionen Menschen). Luxemburg gehört mit Spanien, Portugal, Irland, Griechenland und Finnland zu jenen Ländern, die nur eine unbedeutende Zahl muslimischer Einwanderer haben (zwischen 0 und

1,5%) (Parsons/Smeeding, 2006). Schon diese wenigen Hinweise genügen um deutlich zu machen, dass bei allen Gemeinsamkeiten mit Immigrationserfahrungen doch die nationalen Unterschiede hinsichtlich Ausmaß und politische Gestaltung der Immigration sehr bezeichnend sind.

Man kann drei Typen von Immigrationsländern unterscheiden: der erste Typ betrifft Länder wie die USA, Kanada oder Australien, die zu den klassischen Immigrationsländern gehören, und wo von Immigranten erwartet wird, dass sie die Nationalität des Gastlandes annehmen. Letztere wird jedem gewährt, der auf dem Boden des Landes geboren wird (ius solis). Der zweite Typ betrifft Länder wie Deutschland oder Schweden, die traditionell Auswanderungsländer waren, und erst in den letzten Jahrzehnten eine größere Immigration erfahren haben, und wo die Nationalität durch Abstammung übertragen wird (ius sanguinis). Der dritte Typ wird von Ländern verkörpert, deren Immigration mit ihrer Kolonialgeschichte zusammenhängt, wie Frankreich oder Großbritannien. In diesen Ländern sind die Gesetze zur Aneignung der Nationalität oft komplex (Cohen, 1999). In Frankreich zum Beispiel herrscht eine Mischung aus beiden Prinzipien, ius solis und ius sanguinis (Moreau 1999).

Luxemburg kann man der gleichen Kategorie von Ländern zuordnen, zu der auch Deutschland gehört, mit einer Gesetzgebung, welche auf dem Abstammungsrecht basiert.

Das luxemburgische Integrationsmodell fußt primär auf ökonomischer Integration, während die kulturelle oder soziale Integration bislang keine größere Bedeutung hatte. Nachdem ein großer Teil der italienischen Immigranten weitestgehend assimiliert ist, scheint es, dass andere Immigrantengruppen, allen voran die der Portugiesen, sich noch immer in einer Situation befinden, die von Robert Park als „Akkomodation" bezeichnet wurde. Nach Park (Park 1950) erkennt man diese Situation daran, dass eine ethnische Teilung der Arbeit bestehen bleibt (was in Luxemburg teilweise zutrifft), oder dass Elemente der Segregation, Diskrimination oder Benachteiligung bestehen, welche man in Luxemburg ebenfalls bei Portugiesen, Kapverdianern oder Ex-Jugoslawen feststellen kann. Robert E. Park war einer der ersten, der das Konzept der „Assimilation" in seinem „race-relations-cycle" benutzte. Dieses Modell versuchte zu erklären, wie eine ethnische Gruppe von ihrem ersten Kontakt mit einer Gastgesellschaft zur totalen Integration gelangt. Laut Park passiert dies in vier Schritten: Kontakt, Wettbewerb/Konflikt, Akkommodation, Assimilation. Nach ersten Kontakten und einer darauffolgenden Situation von Wettbewerb zwischen Einheimischen und Einwanderern, die in ungünstigen Fällen zum Konflikt führen kann, folgt nach Park die Anpassungsphase, deren erste Stufe die Akkomodation ist.

„Dabei entsteht eine Form organisierter, wechselseitiger Beziehungen, eine soziale
Organisation, die dadurch ermöglicht wird, dass sich eine, meist die machtunterle-
gene Gruppe, in bestimmte berufliche Nischen und segregierte (Wohn-)Viertel zu-
rückzieht und diese unteren (Schichtungs-)Positionen widerspruchslos hinnimmt."
(Treibel 2003, S. 88).

Der Ausbruch latent vorhandener Konflikte wird in dieser Situation durch Organisation verhindert. Die zweite und nach Parks Auffassung finale Stufe jeglicher
Integration, die Assimiliation, ist keine Anpassung, sondern eine „Angleichung
an kulturelle Traditionen" (Treibel 2003). Dieser Prozess erfordert Persönlich-
keitsveränderungen und Modifikationen des kulturellen Erbes und wird als Einbindung in ein gemeinsames kulturelles Leben verstanden. Manche Sozialwis-
senschaftler vertreten allerdings die Ansicht, dass bereits die Akkomodation die
letzte Stufe der Integration sein kann (Esser 1980). Parks Modell erwies sich als
fruchtbar und wurde von einigen Sozialwissenschaftlern verbessert oder erweitert. Der Sozialpsychologe Ronald Taft (Taft 1957) entwickelte ein ähnliches
Modell mit sieben Schritten, das ein monistisches, ein pluralistisches und ein
interaktionistisches Verständnis von Assimilation unterscheidet. Während das
monistische Assimilationskonzept Integration als „one-way"- Prozess sieht, der
also nur in eine Richtung geht, und wo der Immigrant seine alte Identität zugunsten einer neuen aufgibt, versteht das interaktionistische Assimilationskonzept
Integration als ein Phänomen, dem sich beide Gruppen annähern, was in der
Praxis bedeutet, dass die Immigranten einen Teil ihrer alten Identität beibehalten
können. Die pluralistische Perspektive entspricht dem kulturellen Pluralismus,
also einem Nebeneinander von mehreren Kulturen (Treibel 2003).

2   Geschichte der Migration in Luxemburg

2.1 Emigration im 19. Jahrhundert

Die Geschichte der Migration in Luxemburg war über Jahrhunderte hinweg mit
dem politischen Schicksal Luxemburgs eng verbunden. Bevor Luxemburg seine
staatliche Souveränität im Jahre 1839 erlangte, war es vom frühen Mittelalter an
Teil unterschiedlicher Königs- und Thronhäuser, wodurch seine eigenständige
volkswirtschaftliche Entwicklung stets beinträchtigt wurde. Entsprechend finden
sich vom neunten bis zum neunzehnten Jahrhundert immer wieder Auswanderungswellen aus Luxemburg. So ist belegt, dass im 18. Jahrhundert Luxemburger
in das ungarische Banat emigrierten. Sie werden oft mit den „Banater Schwaben"
verwechselt, wobei diese Bevölkerungsgruppe in Wirklichkeit aus mehreren ver-
schiedenenen Emigrantengruppen besteht. Im 19. Jahrhundert erlebte Luxemburg

gar eine massive Flucht seiner Einwohner. In einer relativ kurzen Zeitspanne verlor das Gebiet mehr als 60.000 seiner Einwohner, was damals ungefähr der Hälfte seiner Bevölkerung entsprach (Als 1989). Die Ursache dafür wird von den Historikern in der desolaten wirtschaftlichen Situation gesehen.[1]

> „1839 befinden sich die deutschsprachigen Luxemburger in einem Staat, den sie nicht angestrebt, und sich noch nicht einmal gewünscht haben. Es sind 170 000 Menschen auf einer Fläche von 2586 km[2]. Dieser Staat ist einer der ärmsten Europas, mit einer wenig produktiven Landwirtschaft und einer Industrie, die noch nach veralteten Methoden arbeitet, während zur gleichen Zeit Belgien seine industrielle Revolution vollbringt".[2] (Trausch 2003, S. 30).

Drei kleine Auswanderungswellen des 19. Jahrhunderts gingen von Luxemburg nach Südamerika. Die größte Auswanderungswelle ging in die USA, wo man heute noch kleine Gemeinschaften luxemburgischer Herkunft in Staaten des mittleren Westens findet. Diese massive Emigration verursachte demographische Probleme in Luxemburg während seiner Industrialisierung.

2.2 Immigration im 20. Jahrhundert

Gegen Ende des 19. Jahrhunderts wurde die Auswanderung schwächer, während gleichzeitig eine erste Einwanderungswelle begann: ausländische Arbeiter wurden ab 1870 von der schnell wachsenden luxemburgischen Stahlindustrie angezogen. Ab 1892 bestand ein genereller Trend zur Einwanderung in Luxemburg, der jedoch von kurzen Emigrationsperioden während der beiden Weltkriege und der globalen Wirtschaftskrise der dreißiger Jahre unterbochen wurde (Als 1989). (Siehe Übersicht 1).

---

[1] Einer der Gründe für Luxemburgs Armut in jener Zeit lag darin, dass seine volkswirtschaftlichen Bedürfnisse selten von seinen jeweiligen Monarchen ernstgenommen wurden. Der niederländische König Wilhelm I, gleichzeitiug Monarch von Luxemburg, befand es nicht einmal für notwendig sich überhaupt einmal nach Luxemburg zu begeben.

[2] „En 1839, les Luxembourgeois germanophones se retrouvent avec un Etat qu'ils n'ont ni recherché ni même souhaité. Ils sont au nombre de 170 000 sur un territoire de 2586 km2. Cet Etat est l'un des plus pauvres d'Europe, avec une agriculture peu productive et une industrie travaillant encore selon des procédés surannés, alors qu'au même moment la Belgique est en train d'accomplir sa révolution industrielle."

Übersicht 1

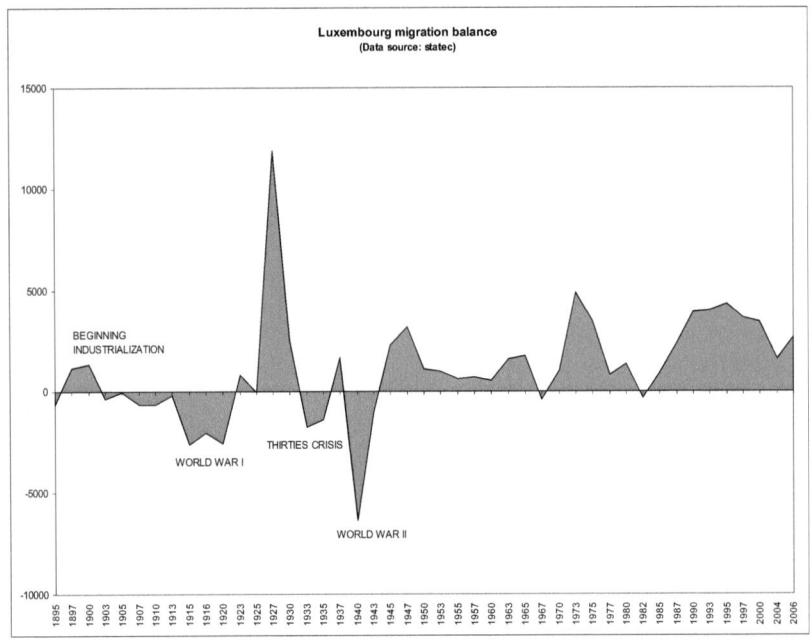

Quelle: Willems/Milmeister 2006.

2.3 Die verschiedenen Einwanderungswellen: Deutsche, Italiener, Portugiesen

Am Anfang der luxemburgischen Industrialisierung im letzten Drittel des 19. Jahrhunderts, als die ersten Immigranten nach Luxemburg kamen, waren die meisten davon Deutsche (siehe Übersichten 2 und 3), was daran lag, dass Luxemburg zu dieser Zeit ein Mitglied des deutschen Zollvereins war (Trausch 2003). Aus politischen und ökonomischen Gründen war die deutsche Immigration mit Ende des zweiten Weltkriegs vorbei und 1947 war der deutsche Anteil an der Gesamtbevölkerung wieder so niedrig wie vor der Industrialisierung.

Die erste italienische Einwanderungswelle begann zum Ende des 19. Jahrhunderts. Die meisten Italiener waren damals Tagelöhner oder Saisonarbeiter, die nach getaner Arbeit wieder abzogen (Waringo 2005). Nachdem viele von ihnen während der Kriegsjahre nach Italien zurückgekehrt waren, kam nach dem Ende des zweiten Weltkriegs eine zweite Welle italienischer Einwanderer. Während die Zahl der Italiener bis zum Ende des 20. Jahrhunderts hoch blieb, änderte sich unterdessen ihr Platz in der luxemburgischen Gesellschaft: viele arbeiteten nicht mehr in der Industrie. Die zweite und dritte Generation hatte eine bessere Ausbildung, und viele hatten es zu Stellen im Dienstleistungssektor gebracht. Ende der fünfziger Jahre begannen die Italiener, ihre Familien nach Luxemburg zu holen.

Seit den 1970er Jahren stellt die portugiesische Immigration die bis heute dominante Immigrationswelle dar. Nach einer relativ kurzen Zeit waren die Portugiesen genauso zahlreich wie die Italiener. Das Phänomen der Familienvereinigung ist heute bei den Portugiesen ebenfalls stark ausgeprägt (Trausch 2003). Seit etwa zehn Jahren beobachtet man eine Diversifizierung der Immigration. Insbesondere der Anteil derjeniger, die aus den verschiedensten Ländern Europas und Afrikas kommen, steigt an.

Übersicht 2

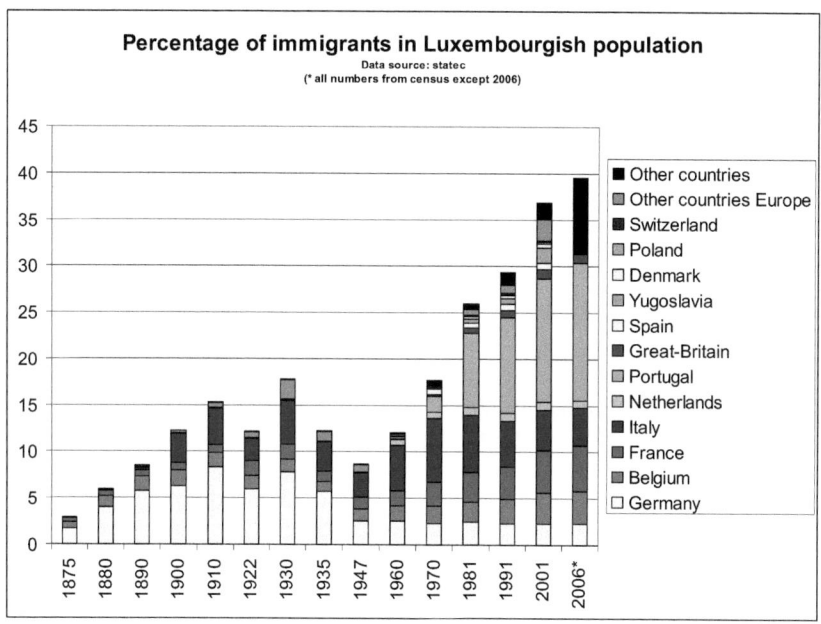

Percentage of immigrants in Luxembourgish population
Data source: statec
(* all numbers from census except 2006)

Quelle: Willems/Milmeister 2006.

Übersicht 3

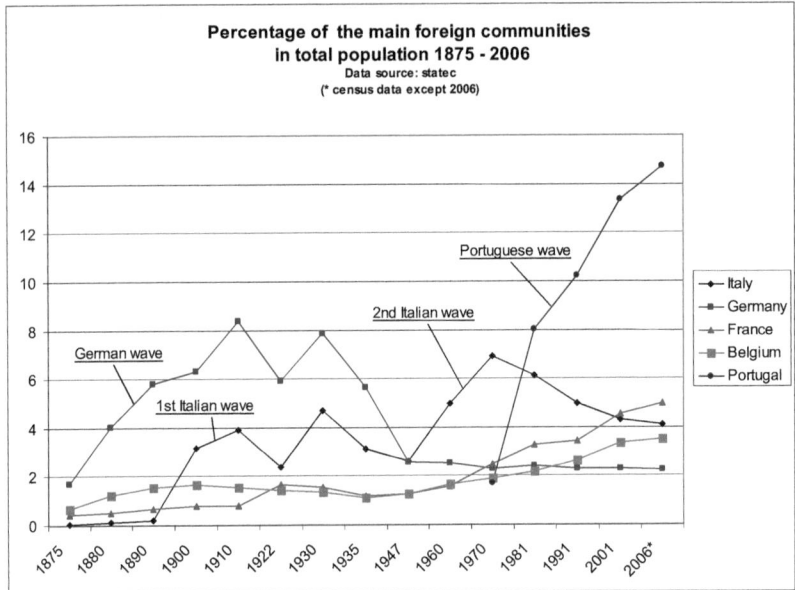

Quelle: Willems/Milmeister 2006.

2.4 Die heutige Situation: eine multiethnische Zusammensetzung der Gesellschaft

Luxemburg hat ein im Vergleich zu anderen europäischen Staaten ungewöhnliches Bevölkerungsmuster. Die Gesamtbevölkerung hat sich in 130 Jahren verdoppelt (siehe Übersicht 4) mit einem extremen Anstieg in den Sechziger Jahren des Zwanzigsten Jahrhunderts. Man sieht, dass die Bevölkerung luxemburgischer Nationalität seit Mitte dieser Zeit stagniert, während die Zahl der Einwanderer seit den Siebziger Jahren explosiv gestiegen ist. Tatsächlich ist der Bevölkerungszuwachs Luxemburgs in den letzten Jahrzehnten fast ausschliesslich auf Immigration zuruckzuführen. Übersicht 4 zeigt auch, dass die Emigrationswellen während der beiden Weltkriege hauptsächlich aus Ausländern bestanden. Zwischen 1970 und 2001 hat sich die ausländische Bevölkerung mehr als verdoppelt, während die nationale Bevölkerung sogar tendenziell etwas abgenommen hat.[3]

Übersicht 4

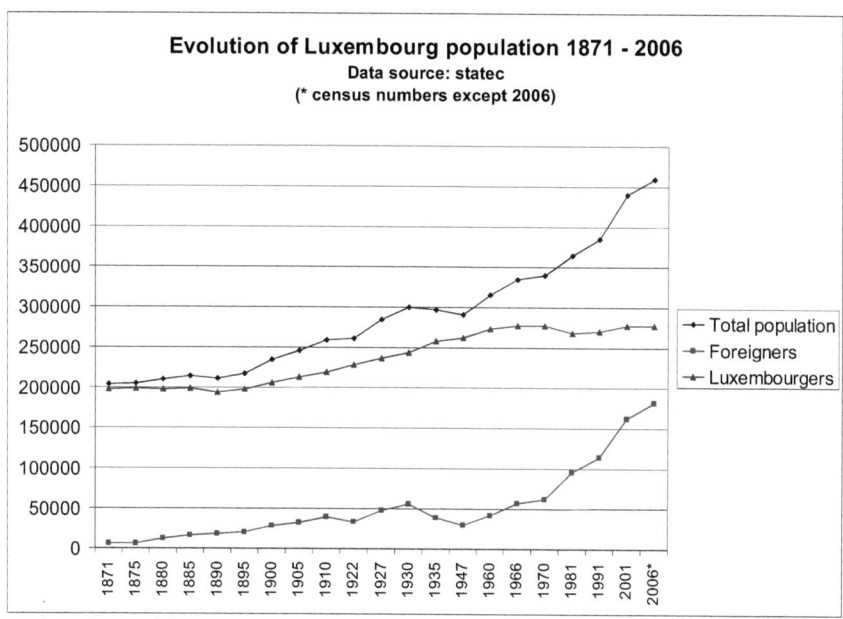

Quelle: Willems/Milmeister 2006.

Die Zahl der Ausländer, die sich entscheiden, in Luxemburg zu arbeiten und zu leben, scheint weiter ungebrochen zuzunehmen. Die Prozentzahlen in Übersicht 5 zeigen, welchen Stellenwert die Immigration heute in Luxemburg eingenommen hat. 2006 besteht die Bevölkerung in etwa zu 60% aus Luxemburgern und zu 40% Ausländern. Nach OECD-Zahlen hat Luxemburg die höchsten Prozentsätze der ganzen OECD, sowohl was die ausländische Bevölkerung als auch die Zahl der im Ausland geborenen Bürger betrifft (OECD 2006).

---

[3] Allerdings gibt es laut STATEC im Jahr 2006 277 700 Luxemburger, was einem leichten Anstieg im Vergleich mit 1970 entspricht

Übersicht 5

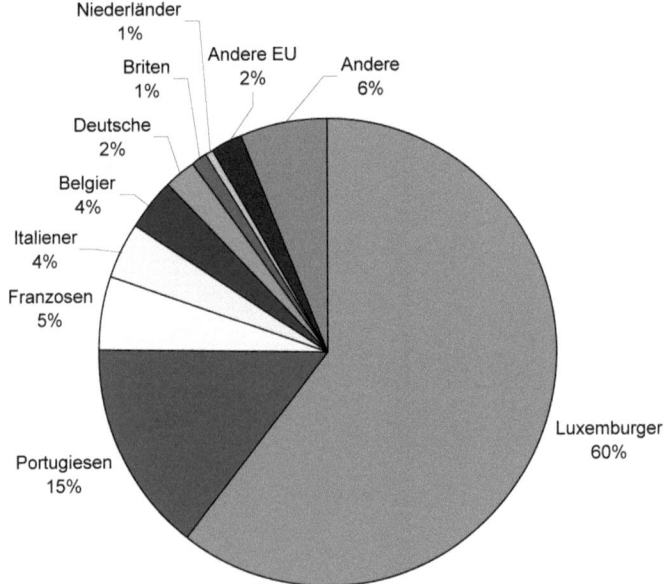

**Ethnische Zusammensetzung der
Bevölkerung Luxemburgs 2006**

Quelle: STATEC

Die portugiesische Minderheit ist mit Abstand die größte und entspricht 14,76%
der Gesamtbevölkerung (2006). Sie wird gefolgt von den Franzosen (4,98%),
den Italienern (4,09%), den Belgiern (3,5%) und den Deutschen (2,26%). Briten
und Holländer sind ebenfalls relativ stark vertreten mit jeweils etwa 1% der Gesamtbevölkerung. 2,13% der Bevölkerung kommen aus anderen EU-Ländern
und 6% stammen aus Nicht-EU-Ländern.

Wenn man sich anschaut, wie sich die verschiedenen Gemeinschaften heute
entwickeln, stellt man fest, dass die portugiesische Minderheit nicht nur die
größte ist, sondern auch diejenige, die noch immer am schnellsten durch Neuankömmlinge wächst. Das bedeutet unter anderem, dass die portugiesische Bevölkerung sich sehr unterschiedlich zusammensetzt. Es gibt einerseits Portugiesen,
die ihr gesamtes Leben lang in Luxemburg gewohnt und gearbeitet haben, während andere eben erst angekommen sind. Es gibt Portugiesen der zweiten und

dritten Generation, die fließend Luxemburgisch, Französisch und Deutsch sprechen, weil sie das luxemburgische Schulsystem durchlaufen haben, während
einige Neuankömmlinge nicht ein einziges Wort in irgendeiner dieser Sprachen
verstehen.

Die italienische Einwanderungswelle ist mittlerweile mit weniger als 500
Einwandern pro Jahr abgeflaut. Es ist andererseits erwähnenswert, dass kontinuierlich Belgier und Franzosen mit jeweils einer Rate von 1000 bis 2000 Menschen pro Jahr zuziehen, und dass auch der jährliche Zuwachs an Immigranten
aus afrikanischen Ländern konstant gestiegen ist, von 153 im Jahr 1980 auf 924
im Jahr 2004 (STATEC).

Die Luxemburger stellen heute zwar noch immer die Mehrheit der im Land
lebenden Bevölkerung dar, allerdings sind sie weniger kinderreich als die Immigranten[4]. Der Umstand, dass mehr ausländische als luxemburgische Kinder
geboren werden, hat heute bereits einen Einfluss auf die Zusammensetzung der
Schulklassen und der jungen Kohorten. In vielen Ortschaften sind die luxemburgischen Schüler bereits nicht mehr in der Mehrheit. Einer weitergehend homoge-
nen luxemburgischen älteren Generation steht eine multiethnische jüngere Generation gegenüber. Die niedrige Geburtenrate der Luxemburger, erklärt allerdings
nur teilweise die Stagnation der luxemburgischen Bevölkerung. Das Problem
wird durch eine niedrige Einbürgerungsrate bei den Ausländern verschärft.
Gleichzeitig spiegeln diese Zahlen das Prinzip der Abstammung (ius sanguinis)
wieder, an dem sich die Aneignung der luxemburgischen Nationalität orientiert.

Obwohl der Anteil der ausländischen Bevölkerung in Luxemburg ein-
drucksvoll ist, sollte man nicht vergessen, dass sie zum Großteil aus europäischen Ländern stammt, und zwar aus EU-Ländern, eine Situation die mit derjenigen vieler anderer europäischer Staaten kontrastiert. Zum Beispiel kommen in
Deutschland oder Frankreich die größten Immigrantengruppen aus der Türkei
respektive Nordafrika.

3   Die Großregion als transnationaler Raum: Grenzgänger, Pendler und Einkaufstouristen

Ein weiteres Kennzeichen der luxemburgischen Situation ist seine Lage innerhalb einer europäischen Großregion. Luxemburg grenzt an vier verschiedene Regionen der umliegenden Länder: in Belgien an die Provinz Luxemburg, mit der
es früher eine Einheit bildete, in Deutschland an das Saarland und Rheinland-

---

[4] Die Luxemburger hatten 2533 Geburten auf 3007 Sterbefälle im Jahr 2004 gegen 2919 Geburten
auf 571 Sterbefälle in der ausländischen Bevölkerung (STATEC 2005).

Pfalz und in Frankreich an Lothringen. Der Name „Großregion" bezog sich anfänglich auf die Region „SaarLorLux", welche 1971 als europäisches Programm
für überregionale Kooperation geschaffen wurde und sich aus dem Saarland,
Lothringen und Luxemburg zusammensetzte. 1980 kamen Trier und die Westpfalz dazu sowie 1990 das gesamte Rheinland-Pfalz. Schliesslich kam 1998 noch
Wallonien hinzu, das heißt der französischsprachige Teil Belgiens sowie die
belgische deutschsprachige Gemeinschaft.

Wenn man das Pro-Kopf-BIP der verschiedenen EU-Regionen in dieser
Großregion international vergleicht, fällt auf, dass fast alle Nachbarregionen Lu-
xemburgs diesbezüglich unter ihrem jeweiligen nationalen Durchschnitt liegen
(Commission Européenne/Eurostat 2005). Das Saarland bildet eine Ausnahme,
während Wallonien, Lothringen und der nördliche Teil von Rheinland-Pfalz Pro-
Kopf-BIP's aufweisen, die zu den niedrigsten Nordwesteuropas gehören.

Neben der mehr oder weniger dauerhaften Immigration gibt es in Luxemburg aufgrund dieses ökonomischen Gefälles zu den Nachbarregionen ein anderes Phänomen, das während der letzten 25 Jahre gewaltige Dimensionen angenommen hat: das der Grenzgänger. Im August 2006 kamen täglich 127.734
Grenzgänger nach Luxemburg arbeiten, was 40% der arbeitenden Bevölkerung
entspricht. Die meisten dieser Arbeitspendler (ca 90.000) arbeiten in Luxemburg-Stadt, einer Stadt mit gerade einmal 78.000 Einwohnern. Diese Situation ist
das Resultat eines stärkeren wirtschaftlichen Wachstums in Luxemburg im Vergleich mit seinen Nachbarregionen sowie eines beträchtlichen Unterschieds im
Gehaltsniveau.

Zurzeit kann die Nachfrage des luxemburgischen Arbeitsmarktes nicht mit
Bewohnern des Landes allein befriedigt werden (siehe Übersicht 6). Zur gleichen
Zeit schaffen die Nachbarregionen Luxemburgs relativ wenig neue Arbeitsplätze
und beklagen hohe Arbeitslosenzahlen. Es ist eine Konsequenz dieses wirtschaftlichen Gefälles zwischen Luxemburg und seinen Nachbarregionen, dass nach
und nach ausländische Arbeitskräfte als Tagespendler in Luxemburg ihr Auskommen finden (Berger 2005). Bei einem vergleichbaren Bruttoverdienst haben
die Angestellten in Luxemburg ein höheres Nettoeinkommen als in Deutschland,
Frankreich oder Belgien.

Zugleich jedoch gibt es auch eine entgegengesetzte Migrationsbewegung:
immer mehr Bewohner verlegen ihren Wohnort in Gemeinden jenseits der Grenze, weil die Immobilienpreise und Lebenshaltungskosten schwindelerregende
Höhen erreicht haben.

Übersicht 6

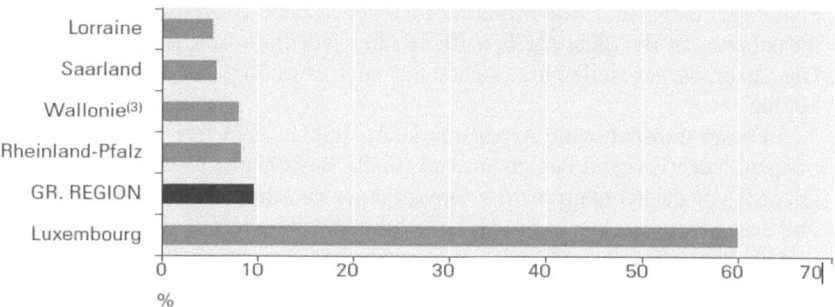

Quelle: Statistisches Landesamt Saarland, INSEE, STATEC, Statistisches Landesamt Rheinland-Pfalz, IWEPS 2006, S. 23.

Die Großregion erfährt ebenfalls einen ausgeprägten Kauftourismus, der auf unterschiedliche Regelungen der Ladenschlusszeiten und Feiertage sowie eine unterschiedliche Besteuerung bestimmter Waren zurückzuführen ist. Zu Spitzenzeiten kommt es daher an Wochenenden oder Feiertagen regelmäßig zu Überlastungserscheinungen im Verkehr. Die ausgeprägteste Form des Kauftourismus in der Großregion ist die des Tanktourismus. Günstigere Benzinpreise in Luxemburg (ähnlich denen Österreichs) haben dazu geführt, dass kleine Grenzorte unverhältnismäßig viele Tankstellen aufweisen, die einen regen Besuch aus dem Nachbarland verzeichnen. Der Tanktourismus ist zugleich mit dem Einkauf von Spirituosen und Zigaretten verbunden, die in Luxemburg einer günstigeren Steuerregelung als zum Beispiel in Deutschland unterliegen.

3.1 Auswirkungen auf den luxemburgischen Arbeitsmarkt

Der luxemburgische Arbeitsmarkt ist durch seine hohen Gehälter und einen konstanten Bedarf an Arbeitskräften charakterisiert. Allerdings scheinen manche luxemburgischen Arbeitgeber von der ökonomischen Öffnung zu den Nachbarstaaten zu profitieren, wie eine Studie des CEPS/Instead aus dem Jahr 2005 zeigt. Man konnte belegen, dass die Gehälter der Grenzgänger um etwa 27% niedriger als die der Luxemburger sind. Interessanterweise fand man heraus, dass 42% der Grenzgänger keine Ahnung von den luxemburgischen Gehältern hatten, während 23% sie falsch einschätzten (15,6% erwarteten mehr, und 7,3% weni-

ger). Nur ungefähr 35% besaßen korrekte Informationen über die Höhe luxemburgischer Gehälter (Rhein 2005).

Eine Frage, die öfters im öffentlichen Diskurs vorkommt, ist, ob die Luxemburger dabei sind eine Minorität im eigenen Land zu werden. Zumindest was
die arbeitende Bevölkerung betrifft, ist dies jedenfalls seit langem eingetreten.
Die Luxemburger stellen inzwischen nur noch etwa 36% der arbeitenden Bevölkerung.

Dieser transnationale Arbeitsmarkt ist freilich nicht frei von inneren Spannungen. Nach Fernand Fehlen entwickeln die Bewohner Luxemburgs Strategien,
um sich vor der Konkurrenz der Grenzgänger zu schützen. Verschiedene Bereiche des Arbeitsmarktes sind den Einwohnern und speziell den Luxemburgern
vorbehalten: öffentlicher Dienst, Bildungswesen, parastaatliche Organismen wie
Eisenbahn, Post und Stromverteilung. Luxemburger bewerben sich bevorzugt für
staatliche Stellen, und tendieren ebenfalls, aus dem privaten Sektor in den staatlichen hinüberzuwechseln. Der Zugang zum öffentlichen Dienst ist durch die
Nationalität und Sprachkenntnisse in den drei nationalen Sprachen geregelt und
kontrolliert. Dies macht den Zugang für Ausländer schwierig. Wegen des Ar-
beitskräftemangels sind die Sprachkompetenzforderungen im privaten Sektor
gesenkt worden, was sich unter anderem im starken Anstieg des Gebrauchs der
französischen Sprache widerspiegelt.

Insbesondere die zweite Generation der Immigranten Luxemburgs, sowie
die Jugendlichen mit niedrigem Bildungsabschluss stehen in einem besonderen
Konkurrenzkampf mit den Grenzgängern. Die sprachlichen Anforderungen in
den luxemburgischen Schulen überfordern oft die jungen Immigranten, was zu
schulischem Versagen führt und damit zu geringen Chancen bei der Arbeitssu-
che. Andererseits bewerben sich junge Grenzgänger mit einem Schulabschluss
und nur einer Fremdsprache erfolgreich auf die gleichen Stellenangebote (Fehlen
1997). Eine Strategie der Immigranten besteht darin, ihre Kinder im nahen
Frankreich oder Belgien einzuschulen. Das einsprachige Unterrichtssystem ist
einfacher für sie und bietet somit bessere Chancen auf Erfolg.

Eine Tendenz der luxemburgischen Wirtschaftslage, die manchen Luxemburgern Sorgen bereitet, zeigt, dass die Zahl der neuen Stellen und die Zahl der
Arbeitslosen im Land gleichzeitig ansteigen. Lag die Arbeitslosenquote 1980
noch bei 0,7%, so hat sie im Januar 2006 4,8% erreicht. Diese Zahlen sind nicht
sonderlich spektakulär im Vergleich mit anderen europäischen Staaten, doch
geben sie immerhin Anlass zu öffentlichen Diskussionen.

4 Immigration, Integration und Politik

4.1 Die Entwicklung der Immigrationspolitik

Das letzte Viertel des 20. Jahrhunderts war eine Periode der nahezu völligen Inexistenz von Arbeitslosigkeit in Luxemburg, was sicherlich auch dazu beigetragen hat, dass es keine richtige „Immigrationspolitik" gab. Man ging davon aus, dass die Integration der Ausländer aufgrund der Aufnahmekapazität des Wirtschaftssystems automatisch funktioniere (Kollwelter 2005b). 1972 wurde immerhin ein Gesetz betreffend der Ankunft ausländischer Arbeiter verabschiedet (Loi du 28 mars 1972 concernant l'entrée et le séjour des étrangers[5]). Dieses Gesetz wurde seither mehrmals verändert und vervollständigt. Es regelt die Ankunft und das Verweilen auf luxemburgischem Gebiet sowie den Zugang zum Arbeitsmarkt und verschiedene strafgesetzliche Regelungen. Es gibt keine Obergrenzen oder Quoten bezüglich der Immigration, aber das Gesetz von 1972 formuliert, dass Arbeitsgenehmigungen entsprechend der jeweiligen ökonomischen Situation vergeben werden, was allerdings einigen Interpretationsspielraum lässt.

Anfang der Neunziger, zu einem Zeitpunkt, wo eine ganze Reihe Gesetzestexte zum Thema Ausländer verabschiedet wurden, bemerkte ein kritischer Beobachter:

> „Eine fundamentale Debatte über die Integration der Ausländer jedoch fand nicht statt, (…) Man setzte sich nicht tiefer mit dem luxemburgischen Integrationsmodell auseinander. Aspekte, die intim mit dem Begriff der Integration zusammenhängen, wie die Erlangung der luxemburgischen Staatsbürgerschaft, die doppelte Staatsbürgerschaft und Sprachkurse, werden nur sporadisch angegangen, obwohl sie immer wiederkehren."[6](Besch 1994, S. 30).

Diese Themen werden heute allmählich in Angriff genommen. Eine Diskussion darüber, wie ausländische Mitbürger integriert werden sollen, ist aufgekommen. Die aktuelle Regierung will die doppelte Staatsbürgerschaft einführen, und auch Luxemburgischkurse werden heute intensiver gefördert.

---

[5] Abrufbar unter http://www.legilux.public.lu/

[6] „Toutefois le débat fondamental sur l'intégration des étrangers ne s'est pas vraiment déroulé alors que des projets de loi touchant directement à ce sujet on été votés dans des délais très rapprochés lors des dernières séances de la session parlementaire 1992/93. Le modèle d'intégration luxembourgeois n'a pas été creusé. Les aspects intimement liés à la notion d'intégration, tels que l'acquisition de la nationalité luxembourgeoise, la double nationalité, les cours de langue, alors qu'ils reviennent toujours, ne sont qu'abordés de façon sporadique."

4.2 Immigranten und die Arbeitsgenehmigung

Der Zugang der Immigranten zum Arbeitsmarkt hängt vom Herkunftsland des
Antragstellers ab. Bürger aus EU-Staaten werden fast wie Einheimische behandelt. Sie können sich problemlos in luxemburgischen Gemeinden einschreiben
und benötigen keine Arbeitsgenehmigung. Diejenigen, die aus Drittländern
kommen, müssen eine mehr oder weniger langwierige Prozedur durchlaufen. Sie
müssen eine Arbeitsgenehmigung beantragen, um eine Aufenthaltsgenehmigung
zu erhalten (Borsenberger/Pels 2002). Es gibt in Luxemburg drei Typen von
Arbeitsgenehmigungen, die eine Gültigkeit von ein bis fünf Jahren haben und für
verschiedene Aktivitätsbereiche gültig sind. Bevor der Arbeitgeber einen Immigranten einstellt, muss er jedoch im Prinzip nachweisen, dass er keinen EU-Bürger gefunden hat, um diesen Posten zu bekleiden (Kollwelter 2005b). Bürgern
aus Drittländern fällt es also schwer, Arbeit zu finden und sich somit in die Gesellschaft zu integrieren. Der Zugang zum Arbeitsmarkt für Asylbewerber gestaltet sich noch schwieriger.

4.3 Asylbewerber, Flüchtlinge, illegale Einwanderer

In Luxemburg wird der Status des politischen Flüchtlings nach der Genfer Konvention von 1951 appliziert. Anfang der Neunziger wurde Luxemburg zum ersten Mal ernsthaft mit Flüchtlingen (aus Bosnien) konfrontiert. Zu jener Zeit hatte
Luxemburg keine spezifische Gesetzgebung, was Asylbewerber angeht. Man
sagte den Menschen, sie sollten sich eine Arbeit und eine Wohnung suchen, um
bleiben zu können. Der Kosovokrieg brachte erneut eine Flüchtlingswelle nach
Luxemburg. Allerdings war 1996 ein Gesetz zur Asylprozedur beschlossen worden, das die Chancen auf Arbeit oder das Aufenthaltsrecht drastisch gesenkt
hatte. Dies führte zu einer nicht unbedeutenden Zahl illegaler Einwanderer.
    Die Anfrage auf Asyl muss an das Justizministerium gerichtet werden. Dort
erhält der Asylbewerber eine Bescheinigung, die den Personalausweis ersetzt.
Diese Bescheinigung erlaubt es, während der angegebenen Zeit im Land zu verweilen und finanzielle Hilfe zu beantragen. Falls der Person am Ende der Asylprozedur der Flüchtlingsstatus verweigert wird, kann sie ausgewiesen werden,
was bereits öfters passiert ist. Sollte dies unmöglich sein, erhält die Person einen
certificat de tolérance („Toleranzbescheinigung"), der den Ausweis ersetzt, und
ebenfalls Recht auf finanzielle Hilfe gibt.
    Während der Asylprozedur haben Asylbewerber keinen Zugang zum Ar-
beitsmarkt. Das Familienministerium trägt während dieser Zeit die Kosten der
finanziellen und medizinischen Versorgung. Erst wenn Asylbewerbern der

Flüchtlingsstatus zuerkannt wurde, erlangen sie Zugang zum Arbeitsmarkt, allerdings nur wenn sie im Besitz einer Arbeitsgenehmigung sind. Die Anfrage für diese Genehmigung muss der zukünftige Arbeitgeber des Flüchtlings stellen (Borsenberger/Pels 2002).

Es gibt keine spezifische Prozedur für diejenigen, die nicht zur Asylprozedur zugelassen werden. Dies bedeutet, dass sie in einer irregulären Situation in Luxemburg verbleiben, was mit sich bringt, dass diese Menschen meist unter prekären Bedingungen leben. Nur einige von ihnen konnten während einer politischen Kampagne regularisiert werden (Kollwelter 2005b). Die Verweigerung der Zulassung auf bezalte Arbeit für Asylbewerber wird von mehreren Organisationen kritisiert. Serge Kollwelter, Präsident von ASTI, vertritt die Ansicht, dass die Asylprozedur in Luxemburg sehr strikt ist. Die Anerkennungsrate liegt nur bei zwei bis fünf Prozent.

4.4 Organismen und Vereine, die im Bereich der Immigration tätig sind

Es gibt in Luxemburg eine Reihe von Organen mit Entscheidungs-, Beratungs- und Koordinationsrechten in Fragen der Immigration. Die wichtigsten sind:

▪ Das Comité interministériel coordonnant la politique en faveur des étrangers (Interministerielles Komitee zur Koordination der Politik für Ausländer): Seine Aufgabe ist es, die Maßnahmen der verschiedenen Ministerien zu koordinieren und Vorschläge an die Regierung zu schicken.
▪ Das Commissariat du gouvernement aux étrangers (Regierungskommissariat für Ausländer) ist ein Organ, das ebenfalls konsultative und Koordinationsaufgaben wahrnimmt.
▪ Der Conseil national pour étrangers (Nationaler Rat für Ausländer), welcher eine beratende Rolle hat, äußert sich über alle Gesetzesvorlagen, die Ausländer betreffen.
▪ Die Commissions consultatives pour étrangers (Beratende Kommissionen für Ausländer): In allen Gemeinden mit mehr als 20% Ausländern (87% aller luxemburgischen Gemeinden) muss eine solche Kommission existieren. Sie sind zusammengesetzt aus sechs Mitgliedern, die jeweils zur Hälfte aus Luxemburgern und Ausländern bestehen.

Es gibt zwei große Organisationen, die sich der Integration von Ausländern widmen: ASTI und CLAE:

ASTI steht für Association de Soutien aux Travailleurs Immigrés (Verein zur Unterstützung der immigrierten Arbeiter). Er wurde 1979 gegründet und ist politisch unabhängig. Sein Ziel ist es, die Rechte und Interessen der Immigranten zu verteidigen sowie Ausländerhass und Rassismus zu bekämpfen.

CLAE steht für Comité de Liaison et d'Action des Etrangers (Komitee zur Einbindung und Aktion der Ausländer). Es handelt sich hierbei um eine Föderation von etwa 50 Vereinen, dessen Ziel die Integration von Ausländern in die luxemburgische Gesellschaft ist.

4.5 Schritte hin zur politischen Partizipation

Bisher tat sich die luxemburgische Regierung schwer mit der möglichen Ausweitung des Wahlrechts auf Ausländer. Wie wir gesehen haben, kommen die Ausländer Luxemburgs hauptsächlich aus EU-Ländern. Der Prozentsatz derjenigen, die nicht aus EU-Ländern kommen, liegt bei etwa 6% der Gesamtbevölkerung. Die Übertragung des Wahlrechts auf Nicht-Luxemburger ist während der letzten zehn Jahre ein wiederkehrendes Thema öffentlicher Debatten gewesen. Unter dem Druck eines Teils der Öffentlichkeit schuf die Regierung 1989 die Commissions consultatives pour étrangers, die ein Mitspracherecht auf Gemeindeebene sicherstellen (Kollwelter 2005a).

Mitte der neunziger Jahre setzten die Länder der europäischen Gemeinschaft die EG-Direktive 94/80 in die nationale Gestzgebung um. Sie erlaubt es EU-Bürgern, an den lokalen Wahlen in einem anderen EU-Land, in dem sie leben, teilzunehmen. Luxemburg setzte diese Direktive zwar um, war allerdings das einzige Land, das eine Ausnahmeregelung dazu erwirkte, da mehr als 20% EG-Bürger auf seinem Territiorium leben. In der Praxis hatte dies zur Konsequenz, dass EG-Bürger, welche wählen wollten, eine Aufenthaltsdauer von 6 Jahren für das aktive Wahlrecht und 12 Jahren für das passive Wahlrecht aufweisen mussten. Die luxemburgische Regierung erhielt damals ähnliche Ausnahmeregelungen für die Europawahlen. Das Wahlgesetz vom 18. Februar 2003 hat dieses Wahlrecht nun auch auf Ausländer aus Nicht-EU-Ländern ausgeweitet.

5 Gesellschaftliche Konsequenzen der Migrationen

5.1 Soziale Unterschichtung

Die Luxemburger haben seit dem Ende des Zweiten Weltkriegs eine starke gesellschaftliche Aufwärtsmobilität erlebt. Die Mittelklasse nahm in den Nachkriegsjahren zahlenmäßig zu, aber am unteren Ende der sozialen Pyramide entstand ein Mangel an Arbeitskräften. Es waren zunächst die Italiener, die diese Lücke in den Fünfzigern auffüllten und damit die Rolle einer neuen Unterschicht einnahmen. Während die italienische Bevölkerung heute zum Teil sozial aufgestiegen ist, haben die Portugiesen immer noch die Position der Arbeiterklasse inne. Obwohl die portugiesischen Immigranten seit nunmehr dreißig Jahren in Luxemburg präsent sind, mit einer zweiten Generation, die mitten im Leben steht, und einer dritten, die heranwächst, ist die soziale Mobilität wenig ausgeprägt. Heute noch sind die portugiesischen Schüler im klassischen Sekundarunterricht (dem deutschen Gymnasium vergleichbar) stark unterrepräsentiert und in den am wenigsten prestigeträchtigen Sparten des technischen Sekundarunterrichts, nämlich dem préparatoire modulaire und dem régime professionnel, überrepräsentiert. (Siehe Kapitel 5.7).

Diese soziale Schichtung drückt sich auch in den Siedlungsstrukturen aus und kann im Fall der Stadt Luxemburg (die auf einem Plateau gebaut ist, der vom Tal des Flusses Alzette umflossen wird) als sozialräumliches Muster identifiziert werden. Die Plan Communal Jeunesse-Studie (PCJ) von 2004 fand folgendes heraus:

„Insgesamt lässt sich feststellen, dass aus den Nationalitätenstrukturen der Viertel verschiedene Tendenzen einer residentiellen Segregation herausgelesen werden können. In jenen Vierteln, wo die Portugiesen stark repräsentiert sind, findet man prozentual gesehen äußerst wenig Einwanderer aus Ländern der EU (wie z.B. im Pfaffenthal, Eich oder Grund). Außerdem bestehen Unterschiede zwischen den Tal- und den Plateauvierteln. In den Talvierteln, also ursprünglich Viertel, in denen vor allem Arbeiter und Tagelöhner gearbeitet haben, wohnen heute vor allem Portugiesen. In den Plateauvierteln hingegen sind die Luxemburger sowie die Einwanderer aus anderen EU-Ländern stärker repräsentiert." (Joachim/Meyers/Weis/Willems 2004, S. 43).

Die Autoren definieren unterschiedliche Wohngebiete in der Stadt, die stärker von Portugiesen oder stärker von der einheimischen luxemburgischen Bevölkerung bewohnt sind. Besonders deutlich lassen sich Wohngebiete identifizieren, die mit einer überdurchschnittlich hohen Anzahl von hochgebildeten EU-Bürgern in hohen Positionen eine eigene Bevölkerungsgruppe darstellen.

Man könnte daher etwas zugespitzt auch sagen, dass diese Gebiete in gewisser Weise Unter-, Mittel- und Oberschicht widerspiegeln.

5.2 Entstehung einer neuen internationalen Oberschicht

Während die ersten Immigrationswellen nur Arbeiter für die Industrie brachten, ist die heutige Situation weitaus differenzierter. Die Migration wurde durch die Einwanderung hochqualifizierter Arbeitskräfte ergänzt. Die Zahlen der Volkszählung von 2001 zeigen, dass die Portugiesen und in kleinerem Maße noch die Italiener zum großen Teil Arbeiter sind, während eine andere Art der Immigration zunimmt, die Zuwanderung von Personen in gehobene gesellschaftliche oder wirtschaftliche Positionen. 81,4% der Portugiesen und 41,2% der Italiener waren 2001 einfache Arbeiter. Der Anteil der Arbeiter unter den Franzosen liegt bei 28,6%, bei den Luxemburgern bei 28,5%, jedoch bei den Einwanderern aus anderen EU-Staaten[7] nur bei 11,7%.

Wenn man sich Bevölkerungsgruppen anschaut, die prestige- und verantwortungsvolle Berufe bekleiden, dann sind die Nationalitäten genau umgekehrt verteilt. Nur 1,8% der Portugiesen gehören zu dieser Kategorie, während 14,5% der Luxemburger und 12,6% der Italiener dazu gehören. Interessanterweise gehören jedoch 36,3% der Belgier, 29,2% der Deutschen und 27,5% der Franzosen dieser Kategorie an (Allegrezza/Langers 2004).

5.3 Parallelgesellschaften und die Frage der Integration

Erlebt Luxemburg die Entstehung von Parallelgesellschaften? Es wird behauptet, es sei möglich in Luxemburg zu leben, ohne Französisch, Deutsch, geschweige denn Luxemburgisch zu reden. Aufgrund der Größe der portugiesischen Gemeinschaft sei es möglich, sich ausschliesslich mit Portugiesisch durchzuschlagen, zumindest zu einem gewissen Grad. Doch auch die Beamten der Europäischen Union scheinen wenig Kontakt zu der luxemburgischen Mittelklasse sowie zu der luxemburgischen Sprache und Kultur zu haben. Dies hat teilweise damit zu tun, dass speziell diese Gruppe eine hohe Fluktuation verzeichnet[8]. Oft ist weder Zeit noch Interesse vorhanden, eine neue Sprache in der kurzen Verweilzeit zu erlernen.

---

[7] Zu dieser Zeit zählte die EU erst 15 Mitglieder.
[8] 2004 zählte man 3402 Ankünfte aus „anderen" europäischen Ländern, denen 3817 Abgänge gegenüberstanden (STATEC 2005).

Auch wenn es in Luxemburg keine größeren Konflikte zwischen den verschiedenen ethnischen Gruppen gibt, so ist dies nicht unbedingt ein Zeichen
erfolgreicher Integration. Vielmehr scheint dieses Zusammenleben auf gegensei-
tiger Toleranz zu basieren, wobei ein besseres gegenseitiges Verständnis nicht
unbedingt vorherrscht. Es scheint, dass die Portugiesen Schwierigkeiten damit
haben, gewisse kulturelle Barrieren zu überschreiten (Beirão 1999), während den
Luxemburgern oft gern Kälte oder Schweigsamkeit vorgeworfen wird.

Während es offensichtliche Anzeichen für eine ethnische Aufteilung im
Freizeitverhalten gibt (Weis/Milmeister/Willems 2004), bewirkt die Segmentierung des Arbeitsmarktes, dass kulturelle und ethnische Teilungen auch am Arbeitsplatz weiterbestehen. Viele Luxemburger arbeiten im öffentlichen Dienst,
wobei sie von anderen Luxemburgern umgeben sind, während andererseits z.b.
im Bausektor manche Portugiesen fast ausschliesslich mit Landsleuten zusam-
menarbeiten, was das Erlernen der Landessprache erschwert.

Ethnische Segmentierungen existieren auch innerhalb der Schule. Im Schuljahr 2004/2005 befanden sich im klassischen Sekundarunterricht (secondaire)
nur 17% ausländische Schüler, während der technische Sekundarunterricht (secondaire technique) 39% Ausländer aufwies (Ministère de l'education nationale
et de la formation professionnelle 2006). Diese Verteilung ist ungünstig, da die
technischen Lyzeen verstärkt auf Deutsch als Unterrichtsprache zurückgreifen,
was ein nicht zu unterschätzendes Problem für die meisten Einwandererkinder
darstellt. Die PCJ-Studie von 2004 ergab Folgendes, die Stadt Luxemburg betreffend (Meyers/Willems 2004):

- Prozentzahl der Schüler, die in ein technisches Lyzeum besuchen: Ex-
  Jugoslawen 84,6%, Portugiesen 83%, Kapverdianer 75%, Italiener 62,5%,
  Luxemburger 35%, Franzosen 18,6%
- Prozentzahl der Schüler, die klassisches Lyzeum besuchen: Franzosen
  81,4%, Luxemburger 65%, „Andere" 68,1%, Kapverdianer 25%, Portugie-
  sen 17,05%, Ex-Jugoslawen 15,4%.

Diese Zahlen verdeutlichen, dass es eine gewisse Aufspaltung gibt zwischen Ex-
Jugoslawen, Portugiesen, Kapverdianern und Italienern auf der einen Seite, und
Luxemburgern, Franzosen und anderen europäischen Nationalitäten auf der an-
deren Seite.

Einige Immigrantengruppen sind sehr aktiv und sichtbar, indem sie ethnische Vereine unterhalten, denen jedoch manchmal mit Missbilligung begegnet
wird. Die meisten portugiesischen Vereine sind in der CCPL (Konföderation der
portugiesischen Gemeinschaft), die deren 84 zählt. In der Vergangenheit ist die

CCPL interessanterweise von der CLAE, einer der wichtigsten Organisationen, die sich für Immigranten einsetzt, des Segregationismus beschuldigt worden.

5.4 Identität und Identifikation

Der hohe Anteil von Migranten an der luxemburgischen Bevölkerung und ihre ethnisch-kulturelle sowie nationale Heterogenität stellt für die luxemburgische Gesellschaft nicht nur hinsichtlich der sozialen Kohäsion, sondern auch hinsichtlich der kollektiven Identität eine große Herausforderung dar. Die PCJ-Studie über die Stadt Luxemburg (Meyers/Willems 2004) gibt Aufschlüsse über die Identitätskonstruktion und Zugehörigkeitsgefühle junger Menschen in Luxemburg. Junge Menschen wurden gefragt, ihre „gefühlte" Nationalität anzugeben, ungeachtet ihrer wahren Nationalität. Es stellte sich heraus, dass die wahre und die gefühlte Nationalität etwa zu einem Drittel nicht übereinstimmen. Die folgende Tabelle gibt eine Übersicht für die im Sample 5 häufigsten Nationalitäten:

Übersicht 8

		Nationalität						Total
		Lux.	Port.	Ital.	Fran.	Kap.	And.	
Gefühlte Nationalität	Luxemb.	79,6%	15,4%	14,3%	15,7%	18,8%	23,7%	43,6%
	Portugies.	0,8%	69,5%	0%	0%	0%	0%	21,1%
	Ital.	0,8%	0,4%	75,0%	5,7%	0%	0%	5,8%
	Franz.	1,4%	1,5%	3,6%	62,9%	0%	2,1%	6,6%
	Kapverd.	1,9%	0%	0%	1,4%	75,0%	0%	2,3%
	Europ.	9,8%	10,0%	3,6%	8,6%	6,3%	14,4%	9,8%
	Andere	5,7%	3,1%	3,6%	5,7%	0%	59,8%	10,7%
Total		100%	100%	100%	100%	100%	100%	100%

Quelle: Meyers/Willems 2004, S. 46

Bei allen Nationalitäten gibt es nur einen Übereinstimmungswert zwischen 62,9% und 79,6% mit der gefühlten Nationalität. Die Luxemburger haben die höchste Übereinstimmung, die Franzosen die niedrigste. Die Nicht-Luxemburger, die sich ihrer faktischen Nationalität nicht zugehörig fühlen, geben meistens an, sich als Luxemburger zu fühlen. Die zweithäufigste Antwort ist, dass sie sich als Europäer fühlen. Diejenigen Luxemburger, die sich nicht als Luxemburger empfinden, geben meistens an, sich als Europäer zu fühlen.

Die Studie zeigt, dass der Umstand im Land geboren zu sein, eine wichtige Rolle in der nationalen Identifikation spielt. Alle, die im Land geboren sind (Luxemburger und Ausländer) bezeugen ein größeres Zugehörigkeitsgefühl zum Land (54%), während die anderen sich weit weniger als Luxemburger fühlen (17%). Diese Resultate müssen mit Vorsicht interpretiert werden, da sie nur repräsentativ für junge Menschen in Luxemburg-Stadt sind. Sie weisen jedoch darauf hin, dass die nationale Identität von Faktoren wie dem Geburtsort abhängen und deshalb nicht pauschal am Ausweis abgelesen werden kann. Zahlen zur offiziellen Nationalität sollten also kritisch gelesen werden.

5.5 Eine Herausforderung für die Demokratie?

In Luxemburg sind die Parlamentswahlen immer noch den Luxemburgern vorbehalten. In der Zwischenzeit sind zwar die lokalen Wahlen (Gemeindewahlen) schrittweise für ausländische Bürger zugänglich geworden, allerdings ist die Beteiligung am Wahlgang noch immer an eine Mindestaufenthaltsdauer geknüpft. Diese Situation ist vor dem Hintergrund der luxemburgischen Bevölkerungsrealität kaum zufriedenstellend. Die luxemburgische Gesellschaft steht diesbezüglich unter Handlungsdruck, wenn sie nicht als undemokratisch gelten will.

Nur 60% aller in Luxemburg lebenden Menschen besitzen alle Bürgerrechte. Wenn man noch diejenigen abzieht, die nicht im wahlberechtigten Alter sind, so kommt man auf weniger als 50% der Gesamtbevölkerung, die zu den Parlamentswahlen wahlberechtigt ist. Weil in Luxemburg der Wahlgang allerdings obligatorisch ist, wählen auch die meisten luxemburgischen Bürger. Im Jahr 2004 waren 217.683 Wähler eingeschrieben, was ungefähr 48% der Gesamtbevölkerung entspricht. Eine Situation, wo die Hälfte der Bevölkerung vom Wahlgang ausgeschlossen ist, ist allerdings delikat, vor allem weil nur etwa 36% der Arbeitnehmer Luxemburgs an den Parlamentswahlen teilnehmen dürfen. Ein Land kann es sich auf Dauer nicht erlauben, 64% seiner Arbeitskraft permanent von politischer Einflussnahme auszuschließen, ohne erhebliche Legitimationsprobleme zu erzeugen.

5.6 Das Problem der Sprachenvielfalt

Die luxemburgische Sprachensituation ist etwas ungewöhnlich und mag für Außenstehende erstaunlich sein, jedoch ist sie in den Augen der meisten Luxemburger absolut logisch und das Resultat der Geschichte des Landes sowie seiner geographischen und kulturellen Situation. Drei Sprachen werden offiziell verwendet: Luxemburgisch, Französisch und Deutsch. Die Muttersprache der Luxemburger ist das Luxemburgische, ein mit dem Deutschen eng verwandter Dialekt mit französischen Einflüssen. Diese Sprache spielt jedoch keine Rolle in der Verwaltung oder der Presse, und die wenigsten sind in der Lage, sie grammatisch korrekt zu schreiben. Es handelt sich im Grunde um eine gesprochene Sprache, doch es ist auch die Sprache, in der die Parlamentssitzungen abgehalten und veröffentlicht werden. Aus historischen Gründen erfüllt Französisch die Rolle der Justiz- und Verwaltungssprache. Deutsch wird auch in den Verwaltungen verwendet, jedoch in geringerem Maße. Traditionell ist Deutsch allerdings die meistgeschriebene Sprache der Luxemburger, was sich in der Presselandschaft widerspiegelt, obwohl die Zahl der französischsprachigen Zeitungen angestiegen ist. Zur gleichen Zeit hat die Bedeutung des Englischen, der ersten eigentlichen Fremdsprache, auf dem Arbeitsmarkt zugenommen. In Luxemburg gibt es keine Sprachregionen, wie es der Fall in Belgien, Kanada oder der Schweiz ist. Die offiziellen Sprachen werden überall benutzt, und die meisten Einwohner sind mehrsprachig. Dies bedeutet jedoch nicht, dass alle Bewohner über die gleichen sprachlichen Kompetenzen verfügen.

Die Sprachensituation Luxemburgs ist für Ausländer verwirrend und erschwert deren Integration. 1997 wurde eine soziolinguistische Studie durchgeführt (Fehlen u.a. 1998). Eine kurze Beschreibung einiger Resultate dieser Studie ermöglichen ein besseres Verständnis der Komplexität der Sprachensituation.

Auf die Gesamtbevölkerung Luxemburgs bezogen, kann man Folgendes sagen:

- Französisch ist die meistbenutzte Sprache in Luxemburg: 96% der Einwohner sprechen sie
- Deutsch wird von 81% benutzt
- Luxemburgisch wird von 80% benutzt
- Französisch ist ebenfalls die meistbenutzte Sprache bei der Arbeit
- Einige Ausländer sprechen Luxemburgisch (69% der Deutschen geben an, Luxemburgisch zu sprechen, gegen 57% der Italiener und 40% der Franzosen)
- 10% der Nicht-Luxemburger glauben, dass Luxemburgisch die Sprache ist, die sie am besten beherrschen
- Die Beherrschung des Luxemburgischen ist mit der Aufenthaltsdauer im Land verbunden
- 20% der Bewohner geben an, nie Luxemburgisch zu sprechen.

Diese Sprachenvielfalt könnte sich in ein Sprachenchaos verwandeln und damit in der Zukunft eines der größten Probleme eines multikulturellen Luxemburgs werden. Premierminister Jean-Claude Juncker stellte daher 2002 in einer Ansprache fest, dass dem Luxemburgischen eine zentrale Bedeutung bei der Integration der Gesellschaft zukommen sollte:

> „Und so möchte ich, und ich sage dies nicht in Ermangelung etwas Besseren, ich sage es, weil es die Sprache des Landes ist, dass all diejenigen, die nach Luxemburg leben kommen, und alle die nach Luxemburg arbeiten kommen, das Luxemburgische beherrschen, in einer Weise dass sie sich in der Gesellschaft und bei der Arbeit verständigen können. (…) Mein Argument ist, dass wir, wenn wir das Leben in der Gesellschaft organisieren wollen, einen sprachlichen Schnittpunkt brauchen, der für jeden zugänglich ist, und wir müssen ab heute ernsthafte Anstrengungen unternehmen, um den Zugang zu diesem Schnittpunkt vorzubereiten."[9] (ASTI 2003, S. 8).

5.7 Das Bildungsproblem

Die Schulprobleme der Immigranten sind eng mit dem Sprachenproblem und ihrem gesellschaftlichen Hintergrund verbunden. Die meisten ausländischen Schüler sprechen romanische Sprachen (insgesamt 74% der ausländischen Schulbevölkerung).

Kritiker sind der Ansicht, dass romanischsprachige Schüler im Vergleich mit deutsch- und luxemburgischsprachigen Schülern benachteiligt sind (Weis 2006). Der Hauptgrund hierfür liegt in der Tatsache, dass Deutsch und Französisch nicht im gleichen Rythmus unterrichtet werden. In der Tat wird Deutsch früher und intensiver als Französisch unterrichtet, weil das Schulsystem für luxemburgischsprachige Schüler ausgelegt ist, denen Deutsch näher als Französisch liegt.

Tatsächlich sind die meisten Einwandererkinder mit vier Sprachen konfrontiert: ihrer Muttersprache sowie Französisch, Deutsch und Luxemburgisch. Sie dürfen keine dieser Sprachen vernachlässigen. Während Französisch und Deutsch in der Schule als Fach und später als Unterrichtssprache obligatorisch sind, wird ihre Muttersprache zu Hause benutzt. In vielen Fällen schicken die Eltern ihre Kinder sogar noch zusätzlich in Kurse, wo ihnen Sprache und Kultur

---

[9] „Et donc je voudrais, je ne dis pas faute de mieux, je le dis, parce que c'est la langue du pays, que tous ceux qui viennent s'établir au Luxembourg et que tous ceux qui viennent travailler au Luxembourg maîtrisent le luxembourgeois de façon à pouvoir se parler en société et en entreprise. (…) Mon point est que si nous voulons organiser la vie en société, il faudra une intersection linguistique accessible à tout le monde et nous devons dès aujourd'hui entreprendre de très sérieux efforts pour préparer l'accès à cette intersection linguistique."

ihres „Heimatlandes" vermittelt werden (z.b. die „école portugaise"). Luxemburgisch schließlich ist die Sprache, die trotz anderslautender Richtlinien gelegentlich im Schulunterricht benutzt wird, vor allem in der Primärschule, wo dies zum Teil erlaubt ist, und die die Kinder vor allem dazu benutzen, um mit ihren luxemburgischen Schulkameraden zu kommunizieren.

Nach einem Bericht des Europarats sind Sprachen in Luxemburg ein (zu) wichtiger Faktor beim schulischen Versagen (Division des Politiques linguistiques Strasbourg/Ministère de l'Education nationale et de la Formation professionnelle 2006). Die Mängel des aktuellen Systems sind mittlerweile von öffentlicher Seite anerkannt worden, und die aktuelle Regierung arbeitet an einer tiefgreifenden Reform der Schulpolitik. Die Öffentlichkeit ist sich der Notwendigkeit einer Veränderung des Schulsystems seit geraumer Zeit bewusst. In seinem Bericht des Jahres 2004 schrieb das Schulministerium:

> „Das Regierungsprogramm befürwortet eine Neuausrichtung des Sprachenunterrichts, um einer immer komplexer und sensibler werdenden Sprachensituation Rechnung zu tragen, die vor allem mit einer immer variierteren Einwanderung zusammenhängt."[10] (Ministère de l'Education nationale et de la Formation professionnelle 2005).

Ein Blick auf die Statistiken der Klassenwiederholer verrät, dass Kapverdianer, Portugiesen und Ex-Jugoslawen mit 7 bis 8% eine deutlich höhere Wiederholerrate haben als die Franzosen und Italiener mit 5%. Belgier und Deutsche fallen am wenigsten durch. Eine mögliche Interpretation dieser Zahlen ist, dass das luxemburgische Schulsystem germanischsprachige Schüler (Luxemburger und Deutsche) bevorteilt, während romanischsprachige (und slawischsprachige) Kinder benachteiligt sind. Andererseits darf man nicht vergessen, dass sich die verschiedenen Immigrantengruppen auch bezüglich ihrer sozioökonomischen Zusammenstellung stark unterscheiden. So sind portugiesische Eltern meist einfache Arbeiter und manchmal Immigranten der ersten Generation, während Belgier und Deutsche, die in Luxemburg leben und arbeiten, größtenteils gut bis sehr gut ausgebildet sind und dementsprechend bessere Stellen haben. Man kann davon ausgehen, dass die Kinder aus beiden letzteren Bevölkerungsgruppen von einem Umfeld profitieren, das gute Bedingungen zum Erfolg in der Schule bietet.

Die PISA-Studie von 2003 zeigte, dass das luxemburgische Schulsystem dazu tendiert, die Ungleichheiten der Gesellschaft zu reproduzieren. Wie bereits erwähnt gibt es zwei Typen des Sekundarunterrichts in Luxemburg: das secon-

---

[10] „Le programme gouvernemental préconise un réajustement de l'enseignement des langues pour tenir compte d'une situation linguistique de plus en plus complexe et sensible, en raison notamment d'une immigration toujours plus variée."

daire technique und das secondaire, früher secondaire classique genannt. Letzt-
genannter Typ hat ein höheres Prestige und soll dazu dienen, die Schüler auf ein
Universitätsstudium vorzubereiten. Während 64% der Schüler des klassischen
Sekundarunterrichts Kinder höherer Beamter oder Selbstständiger sind, sind nur
4,2% davon Kinder unqualifizierter Arbeiter und 5,1% Kinder qualifizierter
Arbeiter. Im technischen Sekundarunterricht haben 17,8% respektive 15,7% der
Schüler unqualifizierte oder qualifizierte Arbeiter als Eltern und nur 31,3% sind
Kinder von höheren Beamten oder Selbstständigen.

Der Einfluss des Berufsstands der Eltern auf die Schulresultate der Kinder
liegt in Luxemburg über dem OECD-Durchschnitt. Luxemburgische Schüler
weisen einen relativ großen Unterschied in ihren schulischen Leistungen im
Zusammenhang mit ihrem sozio-ökonomischen Hintergrund auf. Laut PISA-
Studie liegt der Unterschied in mathematischer Kompetenz z.B. bei 94 Punkten,
einer der höchsten Werte. In Deutschland liegt diese Diskrepanz mit 102 Punkten
zwar noch höher, allerdings liegt sie in den USA bei nur 82 und in Island bei nur
41 Punkten. (Ministère de l'Education nationale et de la Formation professionnelle, 2004).

6   Die Zukunft der Migration in Luxemburg

Wie viele andere europäische Nationen ist Luxemburg mit demographischen
Problemen konfrontiert, die mit einer alternden Bevölkerung einhergehen. Im
Mai 2001 hat Premierminister Jean-Claude Juncker eine Debatte über die Notwendigkeit eines 700 000-Einwohnerstaats in Luxemburg zur Rettung des luxemburgischen Sozialsystems angestoßen (Kollwelter 2005b). Diese Debatte hat
die Fragen der Notwendigkeit der fremden Arbeitskräfte und einer progressiven
„Überfremdung" Luxemburgs aufgeworfen.

Der aktuelle Trend scheint dahinzugehen, dass der Bevölkerungszuwachs
von einer Diversifizierung der Immigration in Sachen ethnische Herkunft, Nationalität und Religion begleitet sein wird. Luxemburg hat eine niedrige Einbürgerungsrate im Vergleich mit anderen Ländern. Die Gründe hierfür sind nicht ganz
klar. Es gibt zur Zeit eine Debatte über die Einführung der doppelten Staatsbürgerschaft. 2004 wurde im Auftrag der luxemburgischen Regierung von Experten
der Universität Louvain-la-Neuve in Belgien eine Studie über die Konsequenzen
der Einführung der doppelten Staatsbürgerschaft durchgeführt. Die Regierung ist

dabei, diese umzusetzen, auch wenn es noch politischen Widerstand gibt[11] (Klein 2006).

Luxemburg hat keine Staatsreligion, weist jedoch eine relativ homogene katholische Bevölkerung auf. Andere Konfessionen sind ebenfalls vertreten und einige Kirchen erhalten finanzielle Unterstützungen vom Staat. Nach Verhandlungen mit der Regierung erhalten folgende religiöse Gruppen eine solche Unterstützung: Katholiken, Griechisch- und Russisch- Orthodoxe, Juden sowie einige protestantische Gruppen. Ein Antrag der muslimischen Gemeinschaft auf Unterstützung wird seit einigen Jahren geprüft. Die Einigung der muslimischen Gemeinschaft, einen nationalen Stellvertreter zu nennen, soll die Diskussionen voranbringen.

Es gibt keine exakten Zahlen über religiöse Orientierungen in Luxemburg, weil das Gesetz vom 31. März 1979 zur Regulierung des Gebrauchs nominativer Daten in der EDV es verbietet, Datenbänke über politische, philosophische oder religiöse Meinungen der Bürger anzulegen. Man kann jedoch ableiten, dass die meisten Immigranten mit großer Wahrscheinlichkeit Katholiken sind (Portugiesen, Italiener, Franzosen, Belgier, Kapverdianer...). Die muslimischen Bosnier bilden eine Ausnahme.

Während in großen Teilen Europas Probleme durch Religionsverschiedenheiten existieren, hat Luxemburg diese Erfahrung bis heute nicht gemacht. Der Umstand, dass die beiden größten Immigrationsgemeinschaften, die Italiener und Portugiesen, aus katholisch geprägten Ländern kommen, hat sicherlich die Aufnahme in einem katholischen Gastland erleichtert. Mit einer diversifizierteren Immigration (aus Afrika zum Beispiel) muss sich Luxemburg auch auf vermehrt religiöse Diversität einstellen.

7   Schlussfolgerungen

Im Zusammenhang mit Immigration besteht in Luxemburg in einigen Bereichen Handlungsbedarf, vor allen Dingen, was die politische Partizipation der verschiedenen Menschen, die in Luxemburg leben, angeht, aber auch was das Erreichen einer gerechteren Chancenverteilung in der Schule für alle Schüler betrifft.

---

[11] Eine der großen Debatten der Regierungskoalition zum Thema doppelte Staatsbürgerschaft betraf die Länge der Aufenthaltsdauer derjenigen, die die doppelte Staatsbürgerschaft annehmen wollen. Die CSV, stärkste Partei im Parlament, verlangte eine Dauer von 10 Jahren, also doppelt so lang wie für die normale Einbürgerung. In Kombination mit anderen Bedingungen, wie eine gute Kenntnis des Luxemburgischen, scheint die Prozedur sich hauptsächlich an Ausländer der zweiten Generation zu wenden. ASTI schlägt vor, einfach das Bodenrecht einzuführen, um zu verhindern dass jedes Jahr „2500 Ausländer produziert werden", wie ihr Präsident Serge Kollwelter es nennt.

Der „analytical report on education" über Luxemburg, der von der ASTI für das European Monitoring Centre on Racism and Xenophobia (EUMC) durchgeführt wurde, kam zu folgenden Schlussfolgerungen:

> „Mit 37% der Einwohner, die nicht wählen, und einer alternden einheimischen Bevölkerung hat die politische Klasse eindeutige Entscheidungen getroffen: unter diesen Entscheidungen befindet sich kein Ansatz, eine Schule zu schaffen, die Kindern aus bescheidenem Hintergrund bessere Chancen gibt. Somit erlaubt die politische Klasse dem einheimischen intellektuellen Potential nicht, sich zu entfalten und die nötigen Kapazitäten für die Wirtschaft zu produzieren. Diese wendet sich den Grenzregionen zu, um seine qualifizierte, jedoch weniger polyglotte Arbeitskraft zu bekommen. Die Sprachensituation ist weitgehend mystifiziert worden, ist aber einer immer diverser werdenden Schulbevölkerung kaum angepasst. Ein Schulsystem, das auf Eliminierung und Auswahl basiert, produziert eine monoethnische Elite."[12] (ASTI 2004, S. 37).

Es besteht eine Tendenz in Luxemburg, die Abwesenheit von Zusammenstößen zwischen sozialen Gruppen als Zeichen einer guten Integration zu interpretieren. Dieser soziale Frieden bedeutet jedoch nicht, dass Luxemburg allen Bürgern Gleichheit und Demokratie bietet. Luxemburg hat den meisten seiner Immigranten einen guten Lebensstandard und ökonomische Integration zu bieten. Allerdings ist die gesellschaftliche und kulturelle Integration nicht immer gelungen. Es existieren Ungerechtigkeiten und negative gesellschaftliche Entwicklungen, die zu ernsten Problemen führen könnten, falls sie nicht erkannt werden.

Kritik von außen wird immer wieder hörbar, wie der bereits zitierte EUMC-Bericht zeigt. Die Berichte der European Commission against Racism and Intolerance (ECRI) sind ebenfalls ziemlich kritisch mit der luxemburgischen Ausländerpolitik und monieren Verzögerungen bei der Umsetzung von Verträgen und Gesetzen zur Ausländerdiskriminierung und zum Rassismus. Der Bericht des Europarats zum luxemburgischen Schulsystem unterstreicht die Notwendigkeit von Veränderungen, was die Resultate der ersten PISA-Studie bereits angedeutet hatten.

---

[12] „With 37% of residents who are not voters, an aging autochthonous population, the political class has made express choices: among those choices a school offering greater opportunity to children from modest backgrounds does not appear. So the political class does not allow resident intellectual potential to develop and produce the capacities necessary for the economy. The latter turns to the cross-border regions to get its qualified but less polyglot work force.The linguistic situation has been broadly mystified, but is hardly adapted to a more and more diverse population. Schooling based on elimination and selection produces a mono-ethnic elite."

Literatur

Allegrezza, S./Langers, J. (2004): Immigration and integration in Luxembourg: a success story? Retrieved September 2006 from http://www.lisproject.org/immigration/papers/Allegrezza.pdf.

Als, G. (1989): De la société traditionnelle à la crise de famille. In M. Gerges (Hrsg.), Memorial 1989: La société luxembourgeoise de 1839 à 1989, S. 105-130, Luxembourg.

Arbeitskräfte-Magnet Luxemburg: Die Flut von Grenzgängern auf unserem Arbeitsmarkt. (2006, February). Fonction publique, n°168, S. 8-11.

ASTI (2003): Migrations: les enjeux! Conférences/colloque 2002: les contributions. Ensemble (Serial n° 71-72), Luxembourg: Association de Soutien aux Travailleurs Immigrés.

ASTI (2004): Analytical Report on Education: National Focal Point for LUXEMBOURG. Retrieved September 2006 from http://eumc.eu.int/eumc/index.php.

Beirão, D. (1999): Les portugais du Luxembourg: Des familles racontent leur vie, Paris.

Berger, F. (2005): Développement de l'emploi transfrontalier au Luxembourg et portrait sociodémographique des frontaliers. Population/Emploi, n°8.

Besch, S. (1997): Le marché de l'emploi et les étrangers. Recherche Etude Documentation (n°1), Luxembourg.

Borsenberger, M./Pels, M. (2002): Rapport luxembourgeois 2002 pour la feantsa: Immigration et sans-abri, Luxembourg.

Cavet, M., Fehlen, F., Gengler, C. (2006): Leben in der Großregion: Studie der grenzüberschreitenden Gewohnheiten in den inneren Grenzräumen der Großregion Saar-LorLux/Rheinland-Pfalz/Wallonien. Kollektion/Schriftenreihe „FORUM EUROPA" (Serial n° 2), Luxembourg.

Cohen, J. (1999): Intégration: théories, politiques et logiques d'Etat. In: Ph. Dewitte (Hrsg.), Immigration et intégration: L'état des savoirs, Paris, S. 32-42.

Commission Européenne/eurostat. (2005): Régions: annuaire statistique 2005, Luxembourg.

Dewitte, Ph. (Hrsg.) (1999): Immigration et intégration: L'état des savoirs, Paris.

Division des Politiques linguistiques Strasbourg/Ministère de l'Education nationale et de la Formation professionnelle Luxembourg (2006): Profil de la politique linguistique éducative: Grand-Duché de Luxembourg, Strasbourg.

Esser, H. (1980): Aspekte der Wanderungssoziologie: Assimilation und Integration von Wanderer, ethnischen Gruppen und Minderheiten: Eine handlungstheoretische Analyse, Darmstadt.

Eurostat (2002): European social statistics: Migration, Luxembourg.

Fehlen, F. (1997): Grenzüberschreitende räumliche Mobilität als Infragestellung der sozialen Aufwärtsmobilität: Überlegungen zur Entwicklung eines supranationalen Arbeitsmarktes in Luxemburg. Cahier du Centre Universitaire, ISIS series n°3, S. 41-56.

Fehlen, F. (2002): Luxembourg, a multilingual society at the romance/germanic language border. Journal of multilingual and multicultural development, 23.

Fehlen, F., (1988): L'espace des langues: Analyse multivariée d'une enquête sociolinguistique. Unpublished manuscript, Centre de recherche publique Centre Universitaire at Luxembourg.

Fehlen, F., Piroth, I., Schmit, C./Legrand M. (1998): Le sondage „baleine": Une étude sociologique sur les trajectoires migratoires, les langues et la vie associative au Luxembourg. Recherche Etude Documentation (Hors série n°1), Luxembourg.

Fohl, A. (2005, October 17): Pendler verdienen weniger. Tageblatt, 241, S. 12.

Gerber, Ph./Ramm, M. (2003): Les déplacements domicile – travail des frontaliers du bassin de main d'œuvre luxembourgeois en 2002. Population & Territoire, n°1.

Gerber, Ph./Ramm, M. (2004): Vers une catégorisation des déplacements domicile – travail des frontaliers luxembourgeois en 2003. Population & Territoire, n°3.

Glesener, M., (2004): Interrelations entre immigration et marché de l'emploi au Luxembourg pour une société de bien-être partagé: Etude d'orientation politique. Retrieved May 2005 from http://www.gouvernement.lu/salle_presse/actualite/2004/04/22 biltgen/index.html.

Joachim, P./Meyers, Ch./Weis, Ch./Willems, H. (2004): Soziale Räume und soziale Welten: Analyse der sozialräumlichen Struktur der Stadt Luxemburg und der Veränderungen sozialer Milieus aus der Perspektive von Bewohnern.

Klein, R. (2006, May 26): Double nationalité, double tarif. Woxx, 851.

Kollwelter, S. (2005a): Active civic participation of immigrants in Luxembourg. Retrieved September 2006 from http://www.uni-oldenburg.de/politis-europe/9812. html.

Kollwelter, S. (2005b): Luxembourg migration country report 2005. Retrieved September 2006 from http://www.migpolgroup.com/infopages/3029.html.

Marx, L. (2005, October 8/9): 645.000 Einwohner, mindestens. Tageblatt, 234.

Meyers, Ch./Willems, H. (2004): Die Jugend der Stadt Luxemburg. Lebenslagen, Wertorientierungen, Freizeitmuster und Probleme, Luxemburg.

Ministère de l'Education nationale et de la Formation professionnelle (2005a): Rapport d'activité 2004. Retrieved June 2006 from http://www.men.lu/edu/fre/publications.

Ministère de l'Education nationale et de la Formation professionnelle (2005b): Les chiffres clés de l'éducation nationale: statistiques et indicateurs 2003-2004. Retrieved September 2006 from http://www.men.public.lu/publications/etude_rapport/chiffres _cles/index.html.

Ministère de l'Education nationale et de la formation professionnelle (2006): L'enseignement luxembourgeois en chiffres: Année scolaire 2004-2005, Luxembourg, SCRIPT.

Ministère de l'Education nationale et de la Formation professionnelle (2004): PISA 2003: Nationaler Bericht Luxemburg, Luxembourg, SCRIPT.

Moreau, G. (1999): Les politiques de naturalisation depuis 1945. In Ph. Dewitte (Hrsg.), Immigration et intégration: L'état des savoirs, Paris, S. 320-327.

Muller, J. (2006, January 9): Vers 100 000 frontaliers français. Le Quotidien.

OECD (2006): OECD Factbook 2006: Economic, Environmental and Social Statistics. Retrieved September 2006 from http://hermia.sourceoecd.org/vl=683706/cl=26/nw =1/rpsv/factbook/

Park, R. (1950): Race and Culture: Essays in the Sociology of Contemporary Man, Glencoe.

Rau, U. (2005): Das Pendler-Paradies. In: Trierischer Volksfreund, 16./17. Juli 2005.

Rhein, J. (2005): Les frontaliers sous la loupe. In: Le Quotidien, 27. September 2005.

Schorr, A. (1998): Grenzgänger zwischen den Sprachen. Eine Umfrage zur Sprachenwahl und zu Spracheinstellungen in der Saar-Lor-Lux-Region. In: R. Schneider (Hrsg.), „Grenzgänger", Saarbrücken, S. 181-206.

Schwadorf, S. (2004): Abgeschottet, sprachfaul, verkannt. In: Trierischer Volksfreund, 27./28. November 2005, S. 5.

STATEC (2005): Les salariés frontaliers dans l'économie luxembourgeoise. Luxembourg: Service central de la statistique et des études économiques.

STATEC (2006): Annuaire statistique du Luxembourg 2005. Luxembourg: Service central de la statistique et des études économiques.

Statistisches Landesamt Saarland, INSEE, STATEC, Statistisches Landesamt Rheinland-Pfalz, IWEPS. (2006): Statistiques en bref: Statistische Kurzinformationen 2006, Saarlouis.

Taft, R. (1957): A Psychological Model fort he Study of Social Assimilation. In: Human Relations, 10, S. 141-156.

Trausch, G. (Hrsg.) (2003): Histoire du Luxembourg: Le destin européen d'un „petit pays", Toulouse.

Treibel, A. (2003): Migrationen in modernen Gesellschaften: Soziale Folgen von Einwanderung, Gastarbeit und Flucht, Weinheim/München.

Waringo, K. (2005): MigPol-Report Luxembourg. Internetdokument: www.emz-berlin.de/themen/th_01.htm (September 2006).

Weis, Ch. (2006): Fostering social inclusion through a change of language education policies. Internetdokument: www.youth-debate.net/node/22 (September 2006).

Weis, Ch., Milmeister, M./Willems, H. (2004): Aspekte jugendlicher Freizeitwelten in der Stadt Luxemburg: Eine qualitative Analyse auf der Basis von Gruppendiskussionen, Luxemburg.

Wollems, H. (2005): Die gespaltene Stadt. Segregation und die Probleme benachteiligter Wohngebiete. In: W. Heitmeyer/P. Imbusch (Hrsg.): Integrationspotentiale einer modernen Gesellschaft, Wiesbaden.

Willems, H. (2004): Sozialräumliche Strukturen der Stadt Luxemburg: Soziale Ungleichheit, ethnische Heterogenität und sozialräumliche Differenzierung. In: M. Milmeister (Hrsg.), Aspects de la recherche jeunesse: Risques désavantages, opportunités. Documents de la journée Cesije, Luxemburg, S. 11-33.

Willems, H./Milmeister P. (2006): Migration and integration in Luxembourg: The evolution of a multicultural society and its challenges. Paper zum Symposium „Immigration and (Citizen) Identity in the EU and the USA" der ASKO EUROPE FOUNDATION und der Texas A&M University.

III. Politische Institutionen und Prozesse

Die Verfassung

Mario Hirsch/Marc Thewes[1]

1 Die Natur des Staatswesens

Laut seiner Verfassung ist das Großherzogtum ein demokratisches Staatswesen.[2] Die Nation ist der Souverän. Der demokratische Charakter ist eine relativ rezente Errungenschaft. Bis 1919 dominierten die autokratischen Merkmale, da zumindest gemäß der Verfassung alle Attribute der Souveränität in der Person des Großherzogs konzentriert waren. Erst 1919 wurde das Prinzip, „la puissance souveraine réside dans la Nation", in Artikel 32(1) der Verfassung festgeschrieben. Bis dahin galt der Zustand, den Paul Eyschen 1910 wie folgt beschreibt: „Auch heute noch, wie vor 1868, vereinigt der Großherzog in seiner Person alle jene Hoheitsrechte, die als natürliche Bestandteile der Staatsgewalt erscheinen. Diese Rechte sind dem Staatsoberhaupt eigen, ohne daß ein wahrer Mitbesitz oder Miteigentum an die Volksvertretung übergegangen wäre" (Eyschen 1910).

Die Nation ist natürlich ein abstrakter Begriff. Im Gefolge der Demokratisierung der Verhältnisse wurden die Grundlagen der repräsentativen Demokratie gelegt und die Wahrnehmung der Souveränitätsattribute an Stellvertreter übertragen.

Dies hatte zur Folge, dass der Souverän (das Volk), mit Ausnahme der Möglichkeit eines Referendums, nur alle fünf Jahre die Gelegenheit erhält, sich anlässlich der Parlamentswahlen zu den Staatsangelegenheiten zu äußern. Zwischen den Urnengängen vertritt die Abgeordnetenkammer das Land: „La Chambre des Députés représente le pays" (Artikel 50).

Das Großherzogtum ist eine konstitutionelle Monarchie. Die Regel, laut der die Funktion des Staatsoberhauptes erblich und Sache der Familie Nassau-Weilburg ist, ist nicht nur in der Verfassung festgelegt, sondern in einer Reihe

---

[1] Dieser Beitrag beruht auf einem längeren Text auf Französisch von Marc Thewes, der von Mario Hirsch übersetzt, gekürzt und angepasst wurde.
[2] „Le Grand-Duché de Luxembourg est un Etat démocratique, libre, indépendant et indivisible" (Verfassung, Artikel 1˙).

von internationalen Texten, die den völkerrechtlichen Status des Landes begrün-
den und auf die die Verfassung sich ausdrücklich bezieht.[3]

Laut dem Verfassungsrechtler Pierre Majerus beeinträchtigt der erbliche
Charakter der Funktion des Staatsoberhaupts keineswegs seine Rolle als Vertreter der Nation: „Le caractère représentatif du Grand-Duc repose sur l'inscription
dans la Constitution du principe de la dévolution héréditaire de la Couronne.
L'acceptation de ce principe par la nation est permanente et n'a pas besoin de se
manifester par des élections renouvelées. Cette situation juridique peut être qua-
lifiée de pacte constitutionnel entre le Chef de l'Etat et la Nation" (Majerus
1990).

Das politische System Luxemburgs entspricht im eigentlichen Sinne dem,
was der französische Verfassungsrechtler Georges Burdeau ein dualistisches
parlamentarisches System nennt (Burdeau 1974). Das bedeutet, dass die Regierung sowohl gegenüber dem Großherzog als auch gegenüber dem Parlament
verantwortlich ist.

2   Historische Entwicklung

Die heutige Verfassung entspricht in ihren Grundsätzen dem Text, der am 17.
Oktober 1868 vom König-Großherzog in Kraft gesetzt wurde. Es gab aber einige
Ansätze älteren Datums. 1815 wurde das Großherzogtum unter die Obhut des
Königs der Niederlande gestellt. Das holländische Grundgesetz („Grondwet")
vom 24. August 1815 galt auf seinem Territorium. Die belgische Revolution von
1830, an der das Großherzogtum beteiligt war, beendete diesen Zustand. Zwischen 1831 und 1839 fand die belgische Verfassung deshalb Anwendung in
Luxemburg. Dies betraf nicht die Festung Luxemburg, die den Holländern treu
geblieben war.

Durch den Londoner Vertrag vom 19. April 1839 wurde die Unabhängigkeit des Großherzogtums international verankert und der verfassungsrechtliche
Dualismus beendet. Die erste eigenständige luxemburgische Verfassung wurde
1841 vom König-Großherzog gewährt, auf die 1848 ein liberaler Text folgte, der
allerdings 1856 einem deutlich autoritäreren Text Platz machte. Die bis heute
gültige Verfassung von 1868, die der belgischen Verfassung von 1831 nachemp-
funden ist, markiert die Rückkehr zu einem liberalen Text. Dieser Text hat seit-

---

[3] „La Couronne du Grand-Duché est héréditaire dans la famille de Nassau, conformément au pacte du
30 juin 1783, à l'art. 71 du traité de Vienne du 9 juin 1815 et à l'art. 1er du traité de Londres du 11
mai 1867"(Verfassung, Artikel 3).

her zahlreiche Überarbeitungen erfahren, die aber an der ursprünglichen Ausrichtung festhalten.

Die wichtigste Verfassungsrevision geht, wie bereits erwähnt, auf 1919 zurück. Seither sind die Prärogativen des Großherzogs auf diejenigen beschränkt, die die Verfassung oder andere, von der Verfassung abgeleitete Texte ihm ausdrücklich zugestehen.[4] Diese Abänderung enthält weitere wichtige demokratische Elemente wie die Abschaffung des Zensuswahlrechts und die Einführung des allgemeinen Wahlrechts, des Frauenwahlrechts sowie die Möglichkeit des Referendums.

Eine andere wichtige Verfassungsreform fand 1948 statt. Sie strich den 1868 eingefügten Neutralitätsbezug („neutralité perpétuelle"), der die auswärtigen Beziehungen bis dahin regelte und führte einen Grundrechtekatalog ein, auf den sich gleichermaßen Luxemburger und in Luxemburg lebende Ausländern berufen können.

Die Revision von 1956 brachte eine, durch die europäische Integration notwendig gewordene Klärung des verfassungsrechtlichen Status von internationalen Verträgen. Sie sieht vor, dass der Großherzog zwar noch immer die internationalen Verträge schließt, diese aber nur Wirkung zeigen, wenn sie von einem Gesetz ratifiziert wurden. Artikel 49, der die vorübergehende Übertragung der Ausübung von Souveränitätsattributen an internationale Organisationen zulässt, wurde ebenfalls eingeführt, freilich unter der Maßgabe einer Zustimmung von zwei Drittel der Stimmen.[5]

Weitere Verfassungsänderungen beziehen sich auf die Senkung des aktiven Wahlrechtsalters auf 18 Jahre (1972), die Änderung des Eides des Großherzogs auf die Verfassung bei seiner Thronbesteigung (1983), die Begrenzung der Abgeordnetenzahl auf 60 (1988) und die Reform des Staatsrats (1989 und 1996).

Mit Ausnahme der Reform von 1998 über das Statut des Staatschefs[6] beziehen sich die Revisionen der letzten Jahre auf die Notwendigkeit, die Verfassungs- und Rechtsordnung an die Erfordernisse der europäischen Vorschriften anzupassen. So wurden die Bestimmungen des Maastrichter Vertrags über die

---

[4] „Le Grand-Duc n'a d'autres pouvoirs que ceux que lui attribuent formellement la Constitution et les lois particulières portées en vertu de la Constitution même, le tout sans préjudice de l'art. 3 de la présente Constitution" (Verfassung, Artikel 32, 2). Dies ist die geltende Formulierung nach der Revision vom 19. November 2003.

[5] „Les traités visés au Chapitre III, § 4, art. 49b, sont approuvés par une loi votée dans les conditions de l'art. 114, 2" (Verfassung, Artikel 37, 2). Artikel 114, 2 hält Folgendes fest: „Nulle révision ne sera adoptée si elle ne réunit au moins les deux tiers des suffrages des membres de la Chambre, les votes par procuration n'étant pas admis."

[6] „Le Grand-Duc est le chef de l'Etat, symbole de son unité et garant de l'indépendance nationale. Il exerce le pouvoir exécutif conformément à la Constitution et aux lois du pays" (Verfassung, Artikel 33).

europäische Staatsbürgerschaft (Wahlrecht für EU-Bürger bei Kommunal- und
Europawahlen) 1994 in die luxemburgische Verfassung eingeschrieben. Die
Revision von 1996 trug dem Umstand Rechnung, dass Luxemburg kurz vorher
vom Europäischen Gerichtshof für Menschenrechte in Straßburg wegen Miss-
achtung einer fundamentalen Bestimmung der Europäischen Menschenrechtskonvention über die Gewährleistung von Beschwerdemöglichkeiten vor unabhängigen Gerichtsbarkeiten gegen Verwaltungsentscheidungen verurteilt wurde.
In der Verfassung wurde eine unabhängige Verwaltungsgerichtsbarkeit und ein
Verfassungsgericht festgeschrieben, denen die Aufgaben, die bisher nur unzureichend vom Streitsachenausschuss des Staatsrats („comité du contentieux") wahrgenommen wurden, übertragen werden sollten. Die Straßburger Richter bemän-
gelten 1995 zu Recht, dass der Staatsrat befangen ist, da er im gesetzgeberischen
Verfahren als Gutachter eine wesentliche Rolle spielt.

3   Das Problem der Verfassungsrevisionen

Die luxemburgische Verfassung gehört zu den so genannten rigiden Verfassungen, da besonders strenge Auflagen für ihre Revision gelten. So sieht der
Text von 1868 vor, dass eine Absichtserklärung des Parlaments zu einer Verfassungsrevision automatisch eine Auflösung desselben zur Folge hat. Das neu
gewählte Parlament ist damit die verfassungsgebende Versammlung („constituante"). Es kann dieser Aufgabe nur nachkommen im Rahmen der zur Revision
freigegebenen Artikel, wenn bei der Abstimmung drei Viertel seiner Mitglieder
anwesend sind, die mit zwei Dritteln der abgegebenen Stimmen den Änderungsvorschlägen zustimmen.[7] Diese Prozedur war sehr schwerfällig und umständlich.
Michael Schroen spricht in diesem Zusammenhang von „Verfassungswahlen"
(Schroen 1999). Bei der Revision vom 19. Dezember 2003 wurde sie wesentlich
vereinfacht. Sie kann jetzt jederzeit ausgelöst werden durch zwei zeitlich getrennte Abstimmungen, die nicht mehr die Selbstauflösung des Parlaments zur
Folge haben.[8] Das spezielle Quorum wurde gleichzeitig abgeschafft, die Zwei-

---

[7] Verfassung, Artikel 114, alte Version: „Le pouvoir législatif a le droit de déclarer qu´il y a lieu de
procéder à la révision de telle disposition constitutionnelle qu´il désigne. Après cette déclaration, la
Chambre est dissoute de plein droit. Il en sera convoqué une nouvelle (dans les trois mois au plus
tard). Cette Chambre statue, de commun accord avec le Grand-Duc sur les points soumis à la révision. Dans ce cas, la Chambre ne pourra délibérer, si trois quarts au moins des membres qui la com-
posent ne sont présents, et nul changement ne sera adopté s'il ne réunit au moins les deux tiers des
suffrages."
[8] Verfassung, Artikel 114, Neufassung: „Toute révision de la Constitution doit être adoptée dans les
mêmes termes par la Chambre des députés en deux votes successifs, séparés par un intervalle d'au
moins trois mois. Nulle révision ne sera adoptée si elle ne réunit au moins les deux tiers des suffrages

drittelmehrheit aber beibehalten und die Möglichkeit einer Volksbefragung eröffnet, wenn 15% der Wahlbevölkerung sie beantragen. Das Referendum ist durch ein Gesetz von 2005 geregelt.

4 Die Gewaltenteilung

Die luxemburgische Verfassung ist stark von der Idee der Gewaltenteilung gemäß den Vorstellungen von Montesquieu geprägt, da sie die Gewalten im Staat (Legislative, Exekutive, Judikative) getrennt behandelt. Es handelt sich aber nicht um eine starre Gewaltenteilung, da es zahlreiche Brücken und Interaktionen zwischen Legislative und Exekutive gibt.

4.1 Der Gesetzgeber

Das Parlament trägt in Luxemburg den Namen „Chambre des Députés". Es handelt sich um ein Einkammer-System mit gegenwärtig 60 Abgeordneten. Die verschiedenen verfassungsgebenden Versammlungen vertraten immer die Auffassung, dass ein Zweikammer-System den Bedürfnissen des kleinen Landes nicht entsprach.[9] Die Verfassung hat aber zahlreiche Vorkehrungen getroffen, um das Parlament an einem allzu freien Vorgehen zu hindern. So sieht etwa Artikel 59 vor, dass über jede Gesetzesvorlage zwei Mal abgestimmt wird und drei Monate zwischen den beiden Voten verstreichen müssen.

Die Verfassung schreibt vor, dass das Parlament mindestens eine Sitzungsperiode pro Jahr abhalten muss, und sei es nur um den Staatshaushalt[10] und die Steuergesetze[11] zu verabschieden. Gemäß der Hausordnung wird die Sitzung in der zweiten Oktoberwoche vom Großherzog oder von einem Bevollmächtigten feierlich eröffnet. Gewöhnlich wird diese Rolle vom Regierungschef wahrge-

---

des membres de la Chambre, les votes par procuration n'étant pas admis. Le texte adopté en première lecture par la Chambre des députés est soumis à un référendum, qui se substitue au second vote de la Chambre, si dans les deux mois suivant le premier vote demande en est faite soit par plus d'un quart des membres de la Chambre, soit par vingt-cinq mille électeurs inscrits sur les listes électorales pour les élections législatives. La révision n'est adoptée que si elle recueille la majorité des suffrages valablement exprimés. La loi règle les modalités d'organisation du référendum."

[9] Die Constituante von 1868 etwa folgte nicht der Meinung des Staatsrats, der in einem Gutachten vom 26. Oktober 1867 eine zweite Kammer vorgeschlagen hatte.

[10] „Chaque année la Chambre arrête la loi des comptes et vote le budget. – Toutes les recettes et dépenses de l'Etat doivent être portées au budget et dans les comptes" (Artikel 104).

[11] „Les impôts au profit de l'Etat sont votés annuellement.Les lois qui les établissent n'ont de force que pour un an, si elles ne sont renouvelées" (Artikel 100).

nommen. Wenn das Parlament gerade nicht tagt, kann der Großherzog es zu einer außerordentlichen Sitzung einberufen. Er ist dazu verpflichtet, wenn ein Drittel der Abgeordneten einen entsprechenden Wunsch äußert. Laut Artikel 74 der Verfassung kann der Großherzog das Parlament auflösen. In diesem Fall finden spätestens drei Monate nach der Auflösung Neuwahlen statt. Vorgezogene Wahlen sind aber sehr selten.

Das Parlament arbeitet entweder in Form von öffentlichen Sitzungen oder von Ausschüssen. Die Hausordnung sieht vor, dass sowohl ständige Ausschüsse wie auch Sonderausschüsse gebildet werden können. Sie tagen nicht öffentlich. Bei Plenarsitzungen ist das Parlament nur beschlussfähig, wenn zu Sitzungsbeginn mindestens die Hälfte seiner Mitglieder anwesend ist. Wenn das Quorum erreicht ist, sind Stimmabgaben über den Weg einer Prokuration zulässig. Normalerweise tagt das Parlament öffentlich. Der Ausschluss der Öffentlichkeit kann von einer Mehrheit der Abgeordneten beantragt werden. Wenn das Parlament über Naturalisierungsanträge von Ausländern zu befinden hat, trifft es sich in geheimer Sitzung. Während der öffentlichen Sitzungen erteilt der Präsident der Reihe nach das Wort. Die Abgeordneten dürfen das Wort nur dann ergreifen, wenn sie sich vorher auf der Rednerliste eingetragen haben oder darum gebeten haben. Der Autor eines Gesetzes- oder Prozedurvorschlags hat das letzte Wort. Die Regierungsmitglieder haben Zugang zum Plenum und dürfen sich jederzeit äußern.

Das Kammer-Reglement sieht die Bildung von politischen oder technischen Gruppen vor, die allerdings über mindestens fünf Mitglieder verfügen müssen. Das Kammer-Büro stattet diese Gruppierungen entsprechend aus und gewährt ihnen Kredite proportional zur Zahl ihrer Abgeordneten. Es kommt auch bis zu einer bestimmten Höhe für den Personalaufwand auf.

Die Verfassung legt das Wahlsystem in seinen groben Zügen fest. Details sind im geltenden Wahlgesetz vom 18. Februar 2003 geregelt. Wahlen finden alle fünf Jahre am ersten Sonntag im Juni statt. Wahlberechtigt sind alle Luxemburger, die das Alter von 18 Jahren am Wahltag erreicht haben.

Die Verfassung bestimmt, dass das allgemeine Wahlrecht gemäß den Regeln der proportionalen Repräsentation und aufgrund von Wahllisten gilt.[12] Auffallend ist, dass die politischen Parteien an keiner Stelle Erwähnung in der Verfassung finden. Ihre Existenz und ihre Betätigungsmöglichkeiten können allerdings von einer Reihe von Verfassungsbestimmungen abgeleitet werden wie etwa der Presse- und Meinungsfreiheit (Artikel 24) oder dem Vereinigungsrecht

---

[12] Artikel 51(5): „(les élections ont lieu) au suffrage universel pur et simple, au scrutin de liste, suivant les règles de la représentation proportionnelle, conformément au principe du plus petit quotient électoral et suivant les règles à déterminer par la loi."

„ohne vorherige Ermächtigung" (Artikel 26). Für Christian Calmes hat die Nichterwähnung der Parteien auch Vorteile: „Die Parteien unterliegen nach geltendem Rechtsverständnis als de-facto-Vereinigungen dem Gesetz über die eingetragenen Vereine. Dementsprechend verfügen sie über den Vorteil, sich keiner staatlichen Kontrolle unterziehen zu müssen, so wie auch die Rechenschaftsablegung ausschließlich eine parteiinterne Angelegenheit ist" (Bossaert/Calmes 1996, S. 508).

4.2 Die Exekutive

Artikel 33 hält fest, dass der Großherzog Staatschef ist, Symbol der Einheit und Garant der nationalen Unabhängigkeit. Er übt sein Amt gemäß der Verfassung und der Gesetze des Landes aus. Er kann aber nicht alleine seines Amtes walten und ist auf die Gegenzeichnung („contreseing") eines Ministers angewiesen, der die politische Verantwortung vor dem Parlament übernimmt.

Die Artikel 76 bis 83 beziehen sich auf die Regierung. Artikel 76 hält fest, dass der Großherzog für die „Organisierung" seiner Regierung zuständig ist, die aus mindestens 3 Mitgliedern besteht. Artikel 77 sieht vor, dass der Großherzog die Mitglieder der Regierung ernennt und entlässt. Das Gestaltungsrecht „seiner" Regierung geht ziemlich weit und beinhaltet nicht nur die Schaffung von Ministerien und den dazu gehörenden Verwaltungen, sondern auch die Ernennung von Spitzenbeamten, die „conseillers de gouvernement", die gemäß ihrer Bezeichnung Teil der Regierung sind. Laut luxemburgischem Verfassungsrecht handelt es sich um eine autonome Prärogative[13], deren Ausübung weder in die Zuständigkeiten des Parlaments noch der Gerichte fällt. Die politische Realität sieht allerdings etwas anders aus, da heutzutage eine Regierung auf die Zustimmung und das Vertrauen des Parlaments angewiesen ist. „Da ein Zusammenwirken der Regierung und der Volksvertretung zum verfassungsmäßigen Staatsleben unerläßlich ist, so ist bei der Neubildung einer Regierung die Wahl der Mitglieder derselben durch die Verhältnisse auf solche beschränkt, bei denen ein Einverständnis mit der Volksvertretung möglich ist" (Eyschen 1910). Der Handlungsspielraum des Großherzogs bei der Regierungsbildung ist folglich durch die

---

[13] „Lorsqu'un arrêté grand-ducal a été pris en vertu de l'art. 76 de la Constitution qui abandonne au Grand-Duc la prérogative d'organiser son Gouvernement, il s'agit en l'occurrence d'un pouvoir autonome procédant de l'idée de la séparation des pouvoirs et devant permettre au Grand-Duc de déterminer en pleine indépendance du Parlement l'organisation de son Gouvernement; dans ce domaine son pouvoir est originaire et discrétionnaire et, par conséquent, les arrêtés y relatifs, basés sur ledit art. 76, sont des actes équivalents aux lois" (Conseil d'Etat 1976).

politischen Gegebenheiten eingeschränkt. So entstammt der Regierungschef in der Regel der stärksten politischen Fraktion.

Die Erfahrung lehrt, dass der Großherzog den politischen Umständen durchaus Rechnung trägt. So ernennt er nach den Wahlen einen „Formateur", der in der Regel aus den Reihen der Partei, die als Wahlsieger gilt, stammt. Er übernimmt gewöhnlich dessen Vorschläge bezüglich des Koalitionspartners und der Zusammensetzung der Regierung. In den meisten Fällen sind die Regierungsmitglieder Abgeordnete. Bei Eintritt in die Regierung müssen sie aber ihr Abgeordnetenmandat aufgeben, da ein Regierungsamt nicht vereinbar ist mit einem Richteramt, der Mitgliedschaft im Staatsrat oder dem Rechnungshof, einem kommunalen Mandat und eben einem Abgeordnetenmandat. Es ist aber keineswegs zwingend, dass Regierungsmitglieder aus dem Kreis der Abgeordnetenkammer entstammen.

Die Dauer eines Ministeramtes ist nicht festgelegt. Theoretisch kann der Großherzog jederzeit Minister abberufen, was aber selten vorkommt. In der Praxis ergreifen Minister, die nicht mehr tragbar sind oder die das Vertrauen des Parlaments verloren haben, selbst die Initiative zum Rücktritt, was dann anstandslos vom Großherzog akzeptiert wird.

Die Regierung kann sich aber selbst gezwungen sehen, dem Großherzog ihren Rücktritt vorzuschlagen, sei es, weil sie das Vertrauen des Parlaments verspielt hat, sei es wegen interner Zwistigkeiten zwischen den Koalitionspartnern. Es ist Ermessenssache des Großherzogs, derartige Rücktrittsgesuche anzunehmen.

Die Regierung ist angehalten, über alle Angelegenheiten, die dem Großherzog zu unterbreiten sind (Ernennungen, Verordnungen, Gesetze usw.), im Ministerrat zu beraten und Entscheidungen mehrheitlich zu treffen. Bei Pattsituationen in Angelegenheiten, die der Zustimmung des Großherzogs bedürfen, werden ihm die verschiedenen Standpunkte unterbreitet. Bei allen anderen Fragen ist die Stimme des Regierungschefs ausschlaggebend. Er trägt den Titel „Premier Ministre, Ministre d'Etat"[14]. Die Verfassung sichert ihm aber keineswegs eine herausragende Rolle zu. Pierre Majerus (1990) vertritt den Standpunkt, dieser Titel besage lediglich, dass der Regierungschef den Vorsitz des Regierungsrats wahrnimmt, also gewissermaßen ein „primus inter pares" ist. Jede andere Auffassung seiner Stelle würde gegen Artikel 79 der Verfassung verstoßen, der festhält, dass es keine zwischengeschaltete Autorität, keinen Mittelsmann zwischen den Regierungsmitgliedern und dem Großherzog gibt. Der ehemalige Minister Alex Bodry (LSAP) schlussfolgert: „Notre Constitution continue d'ignorer superbement la

---

[14] Artikel 6 des königlichen Erlasses von 1857 lautet: „Le Ministre d'Etat surveille la marche générale des affaires, et veille au maintien de l'unité des principes à appliquer dans les diverses parties du service de l'Etat."

fonction de Premier Ministre. Elle parle indistinctement des membres du Gouvernement" (Bodry 1996).

Die Handlungsfreiheit der Minister ist durch die Befugnisse des Parlaments eingeschränkt. So bestimmt Artikel 104 der Verfassung, dass die Regierung nur in den Grenzen des vom Parlament genehmigten Haushalts Ausgaben tätigen kann, eine lohnabhängige Stelle beim Staat nur auf der Grundlage einer legislativen Bestimmung geschaffen werden kann und jeder bedeutende Immobilienerwerb, große Infrastrukturarbeiten und Bauvorhaben durch ein Sondergesetz genehmigt werden müssen.

Praktisch heißt dies, dass sowohl der Großherzog bei der Oganisation seiner Regierung wie auch die Regierung bei der Wahrnehmung ihrer Aufgaben gesetzlichen Vorgaben, die vom Parlament bestimmt werden, unterworfen sind. Die politische Wirklichkeit lässt aber ein Missverhältnis im Rollenspiel zwischen Regierung und Parlament zu Gunsten der Exekutive erkennen. So verfügt der Großherzog, sprich die Regierung, über das Recht, das Parlament aufzulösen, ohne dass dem Parlament eine solche Möglichkeit eröffnet wird. Es kann zwar der Regierung das Vertrauen entziehen, indem es einen Text ablehnt, aber dies lähmt keineswegs die Regierung. Die Ursache hängt damit zusammen, dass die Vertrauensfrage in der Verfassung weder angesprochen noch festgelegt ist, demnach juristisch nicht zwingend und allenfalls eine politische Ermessensfrage ist. Ein erfolgreiches Misstrauensvotum des Parlaments lähmt keineswegs die Regierung und hat folglich keine unmittelbaren juristischen Folgen.[15]

4.3 Gesetzgebung und Verordnungsweg

Laut Verfassung ist ein Gesetz eine juristische Norm, die von der Abgeordnetenkammer abgestimmt, vom Großherzog gebilligt und verkündet wird. Der Staatschef und das Parlament teilen sich demnach die legislative Gewalt und sind bei ihrer Ausübung aufeinander angewiesen.[16] Beide haben das Initiativrecht. Wenn ein Gesetz vom Großherzog, sprich der Regierung, initiiert wird, spricht man von einem Gesetzesprojekt („projet de loi"), wenn es von einer parlamentarischen Initiative ausgeht, von einer Gesetzesvorlage („proposition de loi").

---

[15] Conseil d'Etat, 29. Juli 1971: „Aucune disposition constitutionnelle ne limitant les pouvoirs des ministres en exercice durant la période précédant l'acceptation par arrêté grand-ducal de la démission, la déclaration du Souverain du 30 octobre 1968 selon laquelle la démission offerte par le Gouvernement était acceptée et que les Ministres démissionnaires étaient chargés de l'expédition des affaires courantes ne saurait avoir d'effet que dans les relations entre le Chef de l'Etat et ses Ministres (...) et ne saurait être valablement invoquée par un tiers dans un recours."

[16] „L'assentiment de la Chambre est requis pour toute loi" (Artikel 46 der Verfassung).

Ehe ein Gesetzesprojekt im Parlament eingebracht wird, muss es dem Staatsrat zur Begutachtung vorgelegt werden. Dieser untersucht nicht nur dessen Konformität mit der Verfassung, sondern kann sich auch zur Opportunität äußern, da er bei seiner Gründung 1856 den politischen Auftrag erhielt, alle Fragen aufzuwerfen, die sich im Zusammenhang mit dem allgemeinen Interesse stellen.

Jeder Abgeordnete kann Gesetzesvorlagen einbringen. Der Leitungsausschuss des Parlaments befindet über ihre Zulässigkeit und reicht sie an den Staatsrat zwecks Begutachtung weiter. Genau wie bei den Regierungsprojekten muss das Gutachten des Staatsrats vorliegen, ehe darüber abgestimmt werden kann.

Das eigentliche gesetzgeberische Verfahren wird eingeleitet durch die Überweisung der Projekte und Vorlagen an einen parlamentarischen Ausschuss, der einen Berichterstatter ernennt. Die öffentliche Erörterung im Plenum wird durch den Bericht des Berichterstatters ausgelöst und findet in zwei Etappen statt. Erst wird über das Gesamtprojekt diskutiert, dann werden die einzelnen Artikel gesondert zur Diskussion gestellt. Während der Dauer der Prozedur können Änderungsanträge eingebracht werden, die von fünf Abgeordneten unterschrieben werden müssen. Nach Abschluss der Debatten schreitet das Parlament zu einem ersten Votum, Artikel für Artikel. Wenn es nach diesem Beschluss Abweichungen zum ursprünglichen Text gibt, muss die neue Version erneut dem Staatsrat zur Begutachtung zugestellt werden. Nachdem sein Zusatzgutachten vorliegt, kommt es zu einem zweiten Votum („second vote réglementaire"). Sofort danach findet eine namentliche Abstimmung über das Gesamtprojekt statt. Damit ist die Prozedur aber noch nicht abgeschlossen. Artikel 59 der Verfassung sieht vor, dass alle Gesetze einem zweiten Votum unterzogen werden (im Sprachgebrauch „deuxième vote constitutionnel" genannt), es sei denn, das Parlament erteilt im Einverständnis mit dem Staatsrat den Dispens vom zweiten Votum. Zwischen den beiden Voten müssen 3 Monate verstrichen sein.

Der Rückgriff auf ein zweites Votum ist eine Eigenart des öffentlichen Rechts des Großherzogtums. Wie bereits erwähnt, ist sie als Kompensation für die fehlende zweite Kammer gedacht und soll das Parlament vor unüberlegten Schritten bewahren. Dieses System hat den Vorteil, das Parlament „contre des résolutions précipitées et de permettre à l'opinion publique de se prononcer et aux Représentants du pays de se recueillir" zu bewahren (Bonn 1982). Den Verfassungsgebern von 1868 schwebte offensichtlich vor, das doppelte Votum zur Regel zu machen. Im Laufe der Zeit wurde es aber eher die Ausnahme, da in den meisten Fällen der Dispens vom zweiten Votum anstandslos erteilt wird. Nur wenn er seiner Missbilligung Nachdruck verleihen will, verweigert der Staatsrat den Dispens. Er begründet dies mit so genannten „oppositions formelles". Er kann also das gesetzgeberische Verfahren um drei Monate verzögern, wenn er dies für angebracht hält. Im Gegensatz zum Staatsrat verfügt der Großherzog aber, zumindest auf dem Papier, über ein regelrechtes Vetorecht. Ein Gesetz tritt erst dann in Kraft, nachdem es von ihm gebilligt und verkündet wurde. Tut er dies nicht innerhalb einer Frist von drei Monaten, wird das Gesetz hinfällig. Unter Verfassungsrechtlern gibt es erhebliche Meinungsverschiedenheiten über den praktischen Stellenwert dieses Vetorechts.[17] Übrigens hat kein Staatschef seit 1912 Gebrauch von dieser Möglichkeit gemacht. 1912 ließ Großherzogin Marie-Adelaïde die Billigungs- und Verkündungsfrist beim Schulgesetz tatenlos verstreichen, was eine Art Kulturkampf auslöste und mit dazu beitrug, dass sie 1919 auf den Thron zu Gunsten ihrer Schwester Charlotte verzichten musste.

Gesetze bedürfen Ausführungsbestimmungen. Sie werden auf dem Verordnungsweg getroffen. Man unterscheidet zwischen „règlement grand-ducal" und „arrêté grand-ducal". Ersteres ist allgemeiner Natur, letzteres eher auf Personen bezogen. Dann gibt es noch die „arrêtés" oder „règlements ministériels", abgeleitete Verordnungen, die es den Ministern erlauben, ihre Dienststellen und Verwaltungen zu organisieren sowie Ernennungen vorzunehmen, die nicht dem Großherzog vorbehalten sind. Artikel 35 der Verfassung erwähnt das Ernennungsrecht für zivile und militärische Ämter als eine der Prärogativen des Großherzogs: „Le Grand-Duc nomme aux emplois civils et militaires, conformément à la loi, et sauf les exceptions établies par elle. Aucune fonction salariée par l'État ne peut être créée qu'en vertu d'une disposition législative." Bis zur Verfassungsrevision von 2004 war diese Materie denkbar einfach geregelt. Artikel 36 der Verfassung gewährte einzig und alleine dem Großherzog das Recht, Verordnungen allgemeiner Natur zu erlassen.[18] Seit der Verfassungsänderung von 2004 wurde dieses Recht auch der Regierung, öffentlichen Körperschaften und Berufsvertretungen von Ärzten und Rechtsanwälten zugestanden. Der Verordnungsweg kann ebenfalls in Bereichen Anwendung finden, die bisher einer Regelung durch das Gesetz unterlagen. Dazu bedarf es aber einer Ermächtigung („habilitation") durch den Großherzog.

---

[17] So ist Paul Eyschen (1990) der Auffassung, dass dieses Vetorecht in seiner absoluten Form nur bei parlamentarischen Initiativen zum Tragen kommt: „Ein unbedingtes Veto steht dem Großherzog zu, bezüglich der aus der Initiative der Kammer hervorgegangenen Gesetze, sowie bezüglich der von der Kammer an den Regierungsvorlagen gemachten Abänderungen."

[18] Verfassungsrevision vom 19 November 2003. In seinem Gutachten vom 19. Februar 2002 zur Reform von Artikel 36 beschrieb der Staatsrat den bisherigen Stand der Dinge, wie folgt: „Dans le cadre de l'exercice de son pouvoir réglementaire d'exécution, le Grand-Duc s'est vu directement conférer par les articles 36 et 37, alinéa 4 de la Constitution le pouvoir général de prendre les règlements nécessaires pour l'exécution des lois et des traités. Sa mise en œuvre est subordonnée à la seule existence préalable des actes à exécuter. Elle ne saurait dépendre de l'assentiment d'un organe quel qu'il soit. Ce pouvoir réglementaire d'exécution ne doit être ni tenu en échec, ni conditionné, ni altéré par une instance, fût-elle une émanation de la Chambre des députés."

Trotz dieser Erleichterungen gibt es aber noch eine ganze Reihe von Feldern, deren Regelung gemäß Verfassung ausdrücklich dem Gesetz vorbehalten ist. In zwei Grundsatzentscheidungen hat das Verfassungsgericht 2003 die Möglichkeit, von Ermächtigungen Gebrauch zu machen, sprich über den Verordnungsweg anstatt über den Gesetzgebungsweg zu verfahren, deutlich eingeschränkt.[19]

Im Laufe der Zeit hatte sich eine Praxis eingebürgert, die darin bestand, dass die Minister über hausgemachte Verordnungen („arrêté ou règlement ministériel") die Bestimmungen von Artikel 36 der Verfassung umgingen, die Verordnungen allgemeiner Natur unter die Zuständigkeit des Großherzogs stellt. Auch hier hat das Verfassungsgericht mit dieser Praxis aufgeräumt[20], ehe die Verfassungsrevision von 2003 in diesen Fragen endgültig Klarheit schuf, indem in einem neuen Absatz 2 von Artikel 76 der Großherzog seine Befugnisse in Sachen Verordnungen allgemeiner Natur an die Minister übertragen kann.

Gesetze, Verordnungen und andere Verwaltungsakte unterliegen der Kontrolle durch die Gerichte. Die Normenkontrolle wird sowohl von den „normalen" Gerichten als auch von der Verwaltungs- und Verfassungsgerichtsbarkeit wahrgenommen. Das Gesetz vom 7. November 1996[21] gibt jedem Bürger das Recht, vor den Verwaltungsgerichten einen Verwaltungsakt anzufechten. Artikel 95 der Verfassung hält fest, dass die Gerichte die Gesetzesmäßigkeit von Verordnungen kontrollieren: „Les cours et tribunaux n'appliquent les arrêtés et règlements généraux et locaux qu'autant qu'ils sont conformes aux lois. "

Bis 1996 übte der Streitsachenausschuss („comité du contentieux") des Staatsrats die Funktionen eines Verwaltungsgerichts aus. Nach einem Urteil des Europäischen Gerichtshofs für Menschenrechte in Straßburg, in dem das Großherzogtum 1995 in einer Affäre um Milchquoten (Affäre Procola) unterlag, war diese Lösung nicht länger haltbar. Die Richter stellten die Unparteilichkeit des Staatsrats als Verwaltungsgericht in Frage, weil die Mitglieder des Streitsachen-

---

[19] Cour constitutionnelle, Urteile n° 15/03 vom 3. Januar 2003 und n° 18/03 vom 21. November 2003: „L'effet des réserves de la loi énoncées par la Constitution consiste en ce que nul, sauf le pouvoir législatif, ne peut valablement disposer des matières érigées en réserve...Le système des réserves de la loi énoncé par la Constitution empêche le pouvoir législatif de se dessaisir outre mesure de ses pouvoirs par la voie de l'habilitation; que ce pouvoir peut donc seul disposer valablement des matières érigées en réserve; qu'il est toutefois satisfait à la réserve constitutionnelle si la loi se borne à tracer les grands principes: elle ne met par conséquent pas obstacle aux habilitations plus spécifiques."

[20] Cour constitutionnelle, Urteil n° 01/98 vom 6. März 1998: „Le texte de l'article 36, dont le caractère explicite est encore appuyé par le fait qu'il s'agit du paragraphe premier du chapitre III de la loi fondamentale, paragraphe portant l'intitulé „de la prérogative du Grand-Duc", s'oppose à ce qu'une loi attribue l'exécution de ses propres dispositions à une autorité autre que le Grand-Duc."

[21] Loi du 7 novembre 1996 portant organisation des juridictions de l'ordre administratif, modifiée par la loi du 21 juin 1999.

ausschusses, die gleichzeitig Staatsräte sind, über die Rechtmäßigkeit von Gesetzen und Verwaltungsakten zu befinden hatten, die sie zuvor als Gutachter geprüft hatten. Da ihre Unvoreingenommenheit nicht sichergestellt sei, verstoße dies gegen Artikel 6.1. der Europäischen Menschenrechtskonvention.

Die sich aufdrängenden Konsequenzen wurden sofort gezogen. Der Staatsrat musste seine Rolle als Verwaltungsgericht aufgeben. Eine Verfassungsrevision schuf durch Einfügen eines neuen Artikel 95b eine unabhängige Verwaltungsgerichtsbarkeit in Form eines Verwaltungsgerichts (erste Instanz) und eines Verwaltungsgerichtshofs (zweite Instanz). Bei der gleichen Gelegenheit büßte der Staatsrat ebenfalls seine Rolle als Verfassungsgericht ein und schuf durch den neuen Artikel 95b ein eigenständiges Verfassungsgericht. Die neuen Gerichte nahmen ihre Arbeit bereits 1997 auf.

Literatur

Bodry, Alex (1996): La fonction du Premier ministre dans le système politique luxembourgeois, Luxembourg.

Bonn, Alex (1982): La Constitution oubliée, Luxembourg.

Bonn, Alex (1984): Der Statsrat des Großherzogtums Luxemburg, Luxemburg.

Bossaert, Danielle/Calmes, Christian (1996): Geschichte des Großherzogtums Luxemburg, Luxemburg.

Burdeau, Georges (1974): Droit constitutionnel, Paris.

Conseil d'État (1971): Avis du 29. 07 1971, Luxembourg.

Conseil d''Etat (1976): Avis, Luxembourg.

Constitution du Grand-Duché de Luxembourg (2006): Text a jour au 1er septembre 2006. Recueil réalisé par le Service Central de Legislation, Luxembourg.

Conseil d'État (1971), Gutachten vom 29. Juli 1971, Luxembourg.

Eyschen, Paul (1910): Das Staatsrecht des Großherzogtums Luxemburg, Leipzig.

Majerus, Pierre (1990): L'Etat luxembourgeois, Esch/Alzette.

Krecké, Jeannnot/Reimen, Frank (1999): Die Abgeordnetenkammer des Großherzogtums Luxemburg. Theorie und Praxis parlamentarischer Kontrolle, Luxemburg.

Schroen, Michael (2006): Das politische System Luxemburgs. In: Wolfgang Ismayr (Hrsg.), Die politischen Systeme Westeuropas, Nachdruck der 3., aktualisierten und überarb. Auflage, Opladen, S. 415-444.

Parlament, Regierung und Gesetzgebung

Michael Schroen

1 Parlament, Regierung, Staatsrat

1.1 Parlament

Luxemburgs Parlamentarismus weist eine hohe Stabilität auf. Seine Standbeine sind die drei Volksparteien CSV, LSAP und DP. Die kurzlebige „Nationale Union" – eine antifaschistische Allparteienregierung zwischen 29. August 1946 und 1. März 1947 – einmal ausgenommen, waren es stets zwei dieser drei politischen Kräfte, die stabile Koalitionsregierungen bildeten. Während die „Kommunistische Partei Luxemburgs" (KPL) von ihrer Gründung 1921 an bis zum Verlust ihres letzten Mandats 1994 die Rolle der Fundamentalopposition eingenommen hatte, gesteht das „trigonale Koalitionskartell" (Schroen 1986, S. 61 ff.) den anderen im Parlament vertretenen systemimmanenten Parteien, den Grünen und der „Alternativ-demokratischen Reformpartei" (ADR, früher"Aktionskomitee für Demokratie und Rentengerechtigkeit") bei der Regierungsbildung keine Mitspielerqualitäten zu.

Der Luxemburger Parlamentarismus vollzieht sich auf nationaler Ebene in einer Kammer (modifiziert durch die Institution eines Staatsrates), auf kommunaler Ebene in Stadt- und Gemeinderäten. Das Luxemburger Parlament wird alle fünf Jahre in vier Wahlbezirken gewählt. Das Wahlsystem mit den Instrumenten der eingeschränkten Kumulierung und des Panaschierens lässt verschiedene Wählerstrategien zu. Bis über ein Viertel der abgegebenen Wahlzettel sind panaschiert (1974 zum Beispiel 26,8%); wahlpsychologisch lässt sich bei diesen Wählern eine Vorliebe für Koalitionsregierungen erkennen (Schroen 1999, S. 400). Durch die Verfassungsreform von 1988 ist die ursprünglich an der Gesamtbevölkerung bemessene und damit lange Zeit veränderliche Zahl der Abgeordneten 1989 auf 60 festgelegt worden. Die Sitzordnung hat nicht das kontinentale Muster, vielmehr beschreibt sie ein Rechteck, bei dem sich jeweils Regierung und Präsidium sowie Oppositions- und Mehrheitsfraktionen gegenüber sitzen. Die Abgeordnetenkammer setzt sich nach den jüngsten Wahlen vom 13. Juni 2004 wie folgt zusammen:

Übersicht 1: Zusammensetzung der Kammer 2004

	REGIERUNG			OPPOSITION		
Total	CSV	LSAP	DP	Die Grünen	ADR	Unabhängige Abg.
60	24	14	10	7	4	1

Alle im Parlament vertretenen Parteien haben Fraktionsstatus. Die Mitte-Links-Mehrheit aus CSV und LSAP der Legislaturperiode zwischen 2004 und 2009 steht mit 38 Abgeordneten einer heterogenen Opposition mit insgesamt 22 Mandaten gegenüber. Das Präsidium des Abgeordnetenhauses besteht aus dem Präsidenten und seinen fünf Vertretern. Neben der Leitung der parlamentarischen Geschäfte sorgt der Parlamentspräsident auch für die Verbindung zwischen Parlament und Großherzog. Die Mindeststärke einer Fraktion liegt bei fünf Mitgliedern. Abgeordnete von Parteien, die nicht in Fraktionsstärke vertreten sind, können versuchen, sich einer bestehenden anzuschließen. Auf diese Weise werden auch sie bei der Zuteilung von Kommissionssitzen berücksichtigt, die sich zurzeit aus 11 bis 14 Abgeordneten zusammensetzen. Den luxemburgischen Parlamentarismus kennzeichnet, dass sich wenige Abgeordnete in vielen Politikbereichen sachkundig machen müssen, um im Gesetzgebungsprozess die Führungskompetenz der Politik gegenüber der „Expertenkompetenz" der Ministerialbürokratie mehr oder weniger wahren zu können. Unterstützung erhalten die Parlamentarier von einem bescheidenen Apparat und in der Kommissionsarbeit, indem sie externe Fachleute und außerparlamentarische Gremien konsultieren. Erst seit 1990 existiert ein Gesetz, wonach jeder Abgeordnete einen Referenten auf Teilzeitbasis einstellen kann. Die Sekretariate der Fraktionen sind klein, trotz ihrer weit reichenden Funktionen. 1966 wurden sie als Alternative zu einer staatlichen Parteienfinanzierung geschaffen. Der Fraktionssekretär spielt drei wichtige Rollen, zum einen als Generalsekretär der Fraktion, zum anderen als Vermittler zwischen Partei und Fraktion und drittens arbeitet er bei Bedarf seinen Abgeordneten als Referent zu. Dem Fraktionssekretär kommt eine herausragende Rolle im Spannungsfeld zwischen Partei, Fraktion und auch der Exekutive zu. Als Karrieremuster hat sich innerhalb der CSV herausgebildet, dass dieses jährlich von der Fraktion zu erneuernde politische Mandat von Juristen bekleidet wird und früher oder später zu einem Staatssekretärs- oder Ministerposten führt (Biltgen 1993).

Erschwerend für die Arbeit der Abgeordneten ist, dass sie in der Regel keine Berufspolitiker sind. Damit sie ihren eigentlichen Berufen nachgehen können, hat sich ein „DiMiDo-Parlamentarismus" herausgebildet. Die Fraktionssitzungen finden in der Regel am Dienstag vor Plenarbeginn statt. Institutionalisiert hat sich die Teilnahme von Regierungsmitgliedern an den Beratungen der internen Arbeitskreise der Koalitionsfraktionen, um einen unmittelbaren Informationsfluss zwischen Exekutive und Legislative zu gewährleisten. Nach der Verfassung können Gemeindepolitiker – auch Bürgermeister – Abgeordnete werden. Dies trifft auf die meisten Parlamentarier zu (1996: 71,5%) und ermöglicht eine enge Verzahnung von kommunaler und nationaler Politik. Bei Bedarf können sie als parteiübergreifende „kommunale" Lobby politischen Druck ausüben.

Die parlamentarische Sitzungswoche beginnt gewöhnlich mit einer Fragestunde am Dienstagnachmittag. Die Abgeordneten müssen ihre Fragen bis spätestens drei Stunden vor Sitzungsbeginn beim Kammerpräsidenten einreichen. Während der Fragestunde vergibt der Kammerpräsident das Rederecht abwechselnd zwischen den Mehrheitsfraktionen und der Opposition. An diese regelmäßige Fragestunde schließt sich die Aktuelle Stunde an. Die Arbeitsplanung des Parlaments obliegt dem ständigen Arbeitsausschuss (bureau – groupe de travail), dem drei Abgeordnete und der Generalsekretär des Parlaments angehören. Zu Beginn jeder Parlamentssitzung legt ein Sekretär die Liste der jüngsten, an das Parlament gerichteten Petitionen vor. Das Petitionsrecht ist in Art. 27 und 67 Lux. Verf. und in Art. 146 und 147 Parl. GO verankert. Es gilt als *droit naturel* (Naturrecht) für jeden Bürger, also auch für Nichtluxemburger. Die Verfassung nennt als kollektive Träger von Petitionen *autorités constituées*, ein Begriff, der juristisch nicht definiert ist, in der Praxis aber Institutionen meint, die auf der Grundlage von Gesetzen gegründet worden sind, wie zum Beispiel der Wirtschafts- und Sozialrat oder die Berufskammern (Andrich 2002). Eine Momentaufnahme der Beratungen des Petitionsausschusses vom 12. Juni 2002 zeigt pars pro toto die thematische Vielfalt der Eingaben: Sie bezogen Position gegen den Bebauungsplan der Stadt Grevenmacher, für die Anerkennung islamischer Religionsausübung in Luxemburg, gegen die steigende Gewalt und für eine biologische Landwirtschaft.

Der Kammerpräsident folgt den Empfehlungen des Petitionsausschusses und entscheidet, ob die Petitionen von der Regierung, einem Ausschuss oder vom Präsidiumsbüro des Parlaments bearbeitet werden sollen. Art. 41 GO Lux. Parl. bezieht sich auf die Öffentlichkeit der Sitzungen. Danach kann auf Antrag des Parlamentspräsidenten oder einer Gruppe von fünf Abgeordneten die Öffentlichkeit von der Debatte ausgeschlossen werden; in diesem Fall bildet das Parlament ein *comité secret*. Ebenfalls auf Antrag von mindestens fünf Abgeordneten entscheidet die Kammer darüber, ob sie eine Orientierungsdebatte zu einem aktuellen Thema durchführt. Zur Vorbereitung kann sie eine Kommission damit beauftragen, eine detaillierte Analyse des betreffenden Themas vorzulegen. Im Gegensatz zur Orientierungsdebatte kann eine parlamentarische Anfrage von einzelnen Abgeordneten zu einem Thema von allgemeinem Interesse eingereicht werden. Das Parlamentspräsidium kann dennoch beschließen, eine solche Anfrage zum Anlass für eine Orientierungsdebatte oder eine aktuelle Stunde zu nehmen. Komplementär zur Orientierungsdebatte verhält sich die „Konsultationsdebatte" (Art. 84, Parl. GO). Sie wird nicht aus den Reihen des Parlaments, sondern auf Initiative der Regierung einberufen, die die Debatte einleitet.

Neben Anträgen und Entschließungen, die im Verlauf der Gesetzeslesungen entstehen, hat jeder Abgeordnete auch das Recht, zu anderen Tagesordnungspunkten entweder Anträge an die Regierung zu richten oder die Kammer mit einem Entschließungsantrag zu befassen, falls er dafür mindestens vier Mitstreiter findet. Das Fragerecht der Abgeordneten gegenüber der Regierung (Art. 75-78 Parl. GO) bezieht sich auf mündliche und schriftliche Fragen. Die schriftliche Anfrage ist in der gegenwärtigen Luxemburger parlamentarischen Praxis die favorisierte Variante, die in der Regel innerhalb eines Monats auch eine schriftliche Antwort des von dem Sujet betroffenen Ministers nach sich zieht. Wird diese Frist überzogen, darf die Frage dem Minister mündlich gestellt werden. Dies ist auch der Fall bei so genannten dringenden Fragen, über deren Dringlichkeit der Parlamentspräsident entscheidet. Für Fragen mit Debatten reserviert die Kammer einen Teil ihrer öffentlichen Sitzungszeit. Diese Kategorie wird von der parlamentarischen Geschäftsordnung stark kontingentiert, indem sie allen politischen Kräften, seien sie in Fraktionsstärke oder nicht, ein Maximum an Fragen mit Debatten in Höhe der doppelten Anzahl ihrer Abgeordneten einräumt, also insgesamt bis zu 120 Mal pro Sitzungsjahr. In jedem einzelnen Fall muss die Regierung mindestens zwei Wochen vorher vom Kammerpräsidenten in Kenntnis gesetzt werden. Als Abgeordnete des mit Abstand kleinsten Parlaments in der Europäischen Union müssen Luxemburgs Parlamentarier einerseits Generalisten, andererseits aber auch Spezialisten in gleich mehreren Politikbereichen sein, um im Gesetzgebungsprozess ihre Artikulations- und Kontrollfunktion wahrnehmen zu können. Im Jahre 2005 umfassten die insgesamt 21 Parlamentskommissionen 255 Mitgliedsplätze, das heißt, dass auf den einzelnen Abgeordneten die Mitarbeit in durchschnittlich vier bis fünf Parlamentsausschüssen zukommt.

Die Parlamentskommissionen bilden die Mehrheitsverhältnisse im Kleinen ab; ihre Mitglieder verbindet ihren auf ein Ressort hin ausgerichteten politischen Gestaltungswillen und das hierzu erworbene Fachwissen, es trennt sie indessen, dass sie die Positionen ihrer Fraktion und Partei einbringen müssen. Von der Regel, dass der Kommissionsvorsitzende aus den Mehrheitsfraktionen stammt, wird in drei Fällen abgewichen: In dem für die Kontrollfunktion des Parlaments wichtigen Haushaltskontrollausschuss, dem ein Abgeordneter der Demokratischen Partei vorsteht, in der Petitionskommission (Die Grünen) und im Geschäftsordnungsausschuss (*commission du règlement*) mit einem Vorsitzenden aus der Fraktion der ADR. Als „Gesetzesschmieden des Parlaments" haben die Kommissionen die Aufgabe, Gesetzesvorhaben der Regierung und des Parlaments zu evaluieren und zu optimieren. Interessant ist, dass die jeweils 14 Mitglieder der Kommissionen für die Höhere Bildung/Forschung/Kultur, für die Außenpolitik und für die Wirtschaftsgesetzgebung zu gleichen Teilen aus den Mehrheits- und den Oppositionsfraktionen stammen. Offensichtlich gehören diese drei Politikfelder derart zum harten Kern des politischen Konsensus, wenigstens unter den Parteien des Koalitionskartells, dass man auf eine asymmetrische Zusammensetzung verzichten kann.

Falls eine Gesetzesinitiative in die Kompetenz von zwei oder mehreren Ausschüssen fällt, kann aus deren Mitgliedern eigens eine spezielle Kommission gebildet oder die weitere Bearbeitung von einer der ständigen Kommissionen übernommen werden, wobei die betroffenen Fachausschüsse beratend einbezogen werden. Der dritte Fall sieht vor, dass die betroffenen Kommissionen gemeinsam tagen. Die Ausschüsse halten ihre Sitzungen nicht öffentlich ab, können aber externe Fachleute oder außerparlamentarische Gremien zu Rate ziehen (Art. 25 Parl. GO). Auch die den Gesetzesentwurf initiierenden Regierungsmitglieder werden eingeladen, vor allem damit sie Details der Textvorlagen erläutern können. Die Opposition hat nur bescheidene Chancen, die Beratungen in den Ausschüssen zu beeinflussen. Zwar kommt aus ihren Reihen der Vorsitzende des Haushaltskontrollausschusses; auch können ihre Vertreter im Parlamentspräsidium die Einsetzung von Spezialkommissionen beantragen. Aber es gilt auch dort das Mehrheitsprinzip, das den betreffenden Antrag vereiteln kann (Art. 26 § 9 Parl. GO).

Die Fraktionsdisziplin ist weniger streng als beispielsweise in Deutschland (Biltgen 1995). Zustimmung oder Ablehnung von Gesetzesvorhaben verlaufen mitunter quer durch die Mehrheits- und Oppositionsfraktionen. Beispielsweise unterstützte die DP die Ausdehnung des Ausländerwahlrechts auf alle Berufskammern im zuständigen Ausschuss, aber die Hälfte der DP – Abgeordneten war gegen das Gesetz und enthielt sich der Stimme. Regierungskrisen, die mangels parlamentarischer Unterstützung entstehen, sind aber sehr selten, zuletzt 1968, als eine Mitte-Links-Koalition wegen Unstimmigkeiten innerhalb der LSAP auseinander fiel. Als hilfreich für die Kommunikation zwischen den Koalitionsfraktionen haben sich die regelmäßigen „interfraktionellen Treffen" herausgestellt (Dumont/De Winter 1997). Im weitesten Sinne gehören auch die sechs Luxemburger Abgeordneten des Europäischen Parlaments zur jeweiligen Fraktion. Zurzeit sind dies drei von der CSV und je einer von der LSAP, der DP und den Grünen. Um Fraktion, Partei, Europaabgeordnete und Regierung miteinander zu verklammern, finden jährlich so genannte Fraktionstage statt.

1.2 Regierung

Luxemburgs Regierungen sind aufgrund des spezifischen Parteienpluralismus Koalitionsregierungen. Eine Erklärung für die bemerkenswerte Stabilität des Luxemburger Regierungssystems liegt in der ausgeglichenen Verteilung von Konsens- und Dissensbereichen zwischen den drei potentiellen Regierungsparteien CSV, DP und LSAP (Schroen 2000, S. 337). Die Tradition von Koalitionsregierungen reicht weit in die Zeit vor dem Zweiten Weltkrieg zurück. Mit dem grundlegenden Kodex, dem zu Folge die CSV als stärkste Partei mit dem relativ erfolgreichsten Konkurrenten koaliert, ist in der Nachkriegsgeschichte erst einmal gebrochen worden: 1974 verzichtete die CSV auf eine Regierungsbeteiligung, obwohl sie mit 18 von 54 Sitzen stärkste Partei blieb. Daraufhin beauftragte Großherzog *Jean* den Spitzenkandidaten mit dem bemerkenswertesten persönlichen Wahlerfolg, *Gaston Thorn* von der „Demokratischen Partei", mit der Regierungsbildung. Dieses, die relative Gewinn-/Verlustrechnung der gewählten Parteien respektierende Bildungsmuster der Luxemburger Regierungen, erklärt auch, warum die Parteien vor den Wahlen selten Koalitionsaussagen machen.

Die Koalitionsbildung folgt in Luxemburg einem präzisen Ablaufplan. Die Hauptrollen spielt der zukünftige Premier in seiner Funktion als *Formateur*, assistiert von den Delegationsleitern der beiden jeweils koalierenden Parteien. Es vergehen etwa fünf Wochen zwischen dem Wahltermin und der Vereidigung des Regierungschefs durch den Großherzog. Während dieser Zeit unterrichtet der *Formateur* das Staatsoberhaupt regelmäßig über den Fortgang der Koalitionsverhandlungen. Das ausgehandelte Regierungsprogramm muss allerdings noch eine parteienplebiszitäre Legitimation erhalten. Das Kommuniqué wird nicht nur den Parteivorständen, sondern in außerordentlichen Nationalkongressen auch der Mitgliederbasis der beiden betroffenen Parteien zur Abstimmung vorgelegt. Gestritten wird während dieser Debatten weniger über die beabsichtigten Gesetzesvorhaben, sondern vielmehr um die Verteilung der Ministerämter auf die Koalitionspartner (Schroen 1986, S. 87 – 89). Bei den jüngsten Koalitionsverhandlungen sind bis zur Unterzeichnung des Koalitionsvertrages am 29. Juli 2004 in mehreren Politikbereichen Einigungen erreicht worden, die bis dahin zum Dissensbereich der Koalitionspartner CSV und LSAP gehört hatten. Gegen den Druck des sozialistischen Gewerkschaftsbundes OGB-L ist die als „Mammerent" bekannte Erziehungszulage über die Rentenkassen und nicht über den Staatshaushalt zu finanzieren und gegen die Haltung der katholischen Kirche sollte ab September 2005 im Rahmen des Pilotprojektes Ganztagsschule sowohl der Religionsunterricht als auch der Moralunterricht durch einen pluralistischen Werteunterricht ersetzt werden, der sich mit den Wertesystemen der großen Weltreligionen beschäftigt.

Koalitionsabkommen sind die Fahrpläne für die fünfjährige Legislaturperiode der neu gebildeten Regierung; sie sind gewissermaßen die mittelfristige Gesetzgebungsvision der Koalitionspartner und das Ergebnis zweimaliger Kraftakte innerparteilicher Willensbildung auf Seiten der betroffenen politischen Parteien. Regierungserklärungen sind wiederum Kompilationen der wichtigsten Koalitionsvereinbarungen und legen die beabsichtigten Gesetze offen. Der Regierungschef Luxemburgs trägt die Bezeichnung Staatsminister. Er übernimmt die Koordination zwischen den Ministerien und übt die Richtlinienkompetenz aus. Die Regierungsmitglieder, gegenwärtig sind es 14 Minister und ein Staatssekretär, leiten ihre Ressorts weitgehend autonom. Entscheidungen des gesamten Kabinetts mit Bindung für einzelne Ressorts sind selten. Sollten Kabinettsabstimmungen unentschieden ausgehen, gibt der Regierungschef den Ausschlag. Die Regierungsstatuten sehen auch die Möglichkeit vor, dass der Großherzog das Remis entscheidet. Dann nämlich, wenn der betroffene Minister für einen derartigen Antrag die Mehrheit der Minister hinter sich bringt. Doch käme das einem Misstrauensvotum gegenüber dem Premier gleich. Da die Regierungsmitglieder in Luxemburg mitunter zwei und mehr Ressorts leiten, ist die Frage relevant, welche Ressorts von den Regierungschefs übernommen wurden. Pierre Werner gab als Premier von vier Regierungen (1959 bis 1974 und 1979 bis 1984) sowohl Beispiele für Ämterhäufung als auch für Ämterabstinenz. Während er zwischen Juli 1964 und Januar 1967 neben seiner Funktion als Staatsminister noch Außen-, Finanz- und Justizminister war, konzentrierte er sich während seiner letzten Amtsperiode ganz auf die Aufgaben des Regierungschefs.

Luxemburgs Verfassung schreibt in Art. 54 die Unvereinbarkeit von Amt und Mandat vor. Damit ist die Funktion eines Regierungsmitglieds, eines Staatsrates oder anderer öffentlicher Ämter mit dem Abgeordnetenmandat unvereinbar. Die Regierungszentrale besteht aus dem Staatsministerium und einer Reihe von Dienstleistungszentren, wie dem *service des medias et de l'audiovisuel*, dem Informations- und Presseamt und dem Nachrichtendienst. Auch der zentrale Gesetzgebungsdienst versteht sich als eine Abteilung der Regierungszentrale; auch das *Institut für europäische und internationale Studien* und das *Studienzentrum für europäische Angelegenheiten „Robert Schuman"* unterstehen dem Regierungschef. Das Staatsministerium ist zuständig für die Koordination zwischen den Ministerien und für die Umsetzung der politischen Leitlinien der Regierung.

Das Außenministerium gehört zu den personell am stärksten ausgestatteten Ressorts; eines der kleineren Ministerien ist das zur Förderung der Gleichstellung der Frau mit 15 Personalstellen im Organigramm. Die 19 Luxemburger Ministerien lassen sich im Hinblick auf ihre Rolle im Gesetzgebungsprozess drei Gruppen zuordnen. Die erste Gruppe kennzeichnet, dass deren Verwaltungen mit

Rechtsetzung befasst sind und ihr Anteil an der legislativen Initiative dementsprechend besonders hoch ist. Zu dieser Gruppe gehören das Justiz-, Innen-, Finanz- und Wirtschaftsministerium sowie die Ressorts für Sozialversicherungen und für den öffentlichen Dienst/Verwaltungsreform. Unter den im Verwaltungshandbuch definierten Aufgaben für diese Gruppe steht der legislative Auftrag an erster Stelle. Die zweite Gruppe umfasst Politikbereiche, deren Gesetzgebung häufig ressortübergreifende Vorabstimmungen erfordert. Dies gilt vor allem für das Außen-, das Umweltministerium und das Ministerium für die Gleichberechtigung der Frauen. Die anderen Ministerien, Wissenschafts-, Bildungs- und Gesundheitsministerium, bilden eine dritte Gruppe, deren politische Domäne einerseits einen vergleichsweise großen Spielraum für Richtungsentscheidungen und daher für parlamentarische Initiativen eröffnet, andererseits seltener die Koordination mit anderen Ressorts verlangt.

Der bereits erwähnte Zentrale Gesetzgebungsdienst (*Service Central de Législation*) ist ein ebenfalls dem Staatsministerium, der Abteilung für Parlamentsbeziehungen, angeschlossenes Büro, das die legislative Kommunikation mit dem Parlament und dem Staatsrat unterstützt. Das Büro sammelt die legislative Korrespondenz zwischen diesen Akteuren, 1999 über 1.000 Briefe zu 90 Gesetzesentwürfen und zu 115 großherzoglichen Verordnungen. Der Zentrale Gesetzgebungsdienst schreibt gewissermaßen das legislative Tagebuch Luxemburgs und verwaltet hierzu eine detaillierte Datenbank. Das Büro gibt im Internet auch bekannt, welche Gesetzes- und Verordnungsvorhaben dem Staatsrat zur Begutachtung vorliegen. Die interessierte Öffentlichkeit kann dadurch die Evolution der Gesetzgebung zeitnah mitverfolgen (www.etat.lu/ME.LEG, Stichwort *projets*). Der Zentrale Gesetzgebungsdienst ist als eine intelligente institutionelle Verkörperung der *Gewaltenverschränkung* anzusehen, da er als Abteilung des Staatsministeriums maßgeblich der Arbeitskommission der Deputiertenkammer zuarbeitet.

1.3 Staatsrat

Schon die Verfassung von 1856 sah in Art. 76 vor, dass neben der Regierung ein „Rat" eingerichtet wird. Aber erst die Verfassungsrevision vom 13. Juni 1989 widmete dem Staatsrat ein eigenes Kapitel. Zuletzt ordnete die Verfassungsreform vom 12. Juli 1996 als Reaktion auf ein Urteil des Gerichtshofs für Menschenrechte seine Kompetenzen neu. Bis dahin verfügte der Staatsrat einerseits über eine beratende Funktion im Gesetzgebungsprozess, andererseits übte er aber auch eine Rechtsprechungsfunktion aus, denn der Streitsachenausschuss des Staatsrates, dem 11 der 21 Mitglieder angehörten, bildete auch die oberste Instanz für Verwaltungsstreitigkeiten. Im so genannten Procola-Urteil vom 28. September 1995 war der Europäische Gerichtshof für Menschenrechte in Straßburg zu der Auffassung gelangt, dass diese doppelte Kompetenz nicht in Einklang mit Art. 6 §1 der Europäischen Menschenrechtskommission steht. Der Kern der Begründung beruhte auf der Annahme, dass eine Vermischung von richterlicher und gesetzgebender Gewalt in der Person der Mitglieder des Streitsachenausschusses vorgelegen habe, wodurch die richterliche Unabhängigkeit beeinträchtigt worden sei. Mit der erwähnten Verfassungsreform reagierte das Luxemburger Parlament sehr schnell auf diese Rüge und schuf eine gesonderte Gerichtsbarkeit: ein Verwaltungsgericht und in zweiter Instanz einen Verwaltungsgerichtshof. Gleichzeitig stärkte das Parlament den Staatsrat in seiner Funktion als beratendes Organ in der Gesetzgebung. In Art. 2, Abschnitt 2 des Gesetzes zur Reformierung des Staatsrats vom 12. Juli 1996 (StRatges.) erhält er ausdrücklich die Aufgabe, in seinen Gutachten zu Gesetzes- und Verordnungsvorhaben deren Übereinstimmung mit der Verfassung, internationalen Vereinbarungen und Verträgen sowie mit allgemeinen Rechtsgrundsätzen zu überprüfen. Dieser a-priori-Kontrolle durch den Staatsrat wurde eine a-posteriori-Kontrolle der Verfassungsmäßigkeit der Gesetze durch ein Verfassungsgericht zur Seite gestellt, das ebenfalls 1996 gegründet worden ist. Gegenüber Staaten mit einem Zweikammersystem und einem Staatsrat wie Frankreich, Belgien oder den Niederlanden kennzeichnet den Luxemburger Staatsrat nunmehr eine konstitutionell hervorgehobene Funktion, nachdem mit der Verfassungsreform von 1996 sein Rang als Verfassungsorgan akzentuiert worden ist.

Der Staatsrat ist als ein monarchisch-judikatives Mischorgan anzusehen. Der Großherzog hat einen direkten Einfluss auf die Zusammensetzung des Organs. Im Falle einer vollständigen Erneuerung des Organs dürfte er sieben der 21 Mitglieder in direkter Form ernennen. Zweimal sieben weitere Mitglieder würde er aus jeweils zehn Namen umfassenden Listen auswählen können, die ihm einerseits die Abgeordnetenkammer und andererseits der Staatsrat selbst unterbreiten. Im Normalfall der Besetzung – nämlich einzelner frei werdender Sitze, falls ein Staatsrat eine Amtszeit von 15 Jahren erreicht oder das 72. Lebensjahre vollendet hat – tritt ein ähnlich zyklischer Ernennungsmodus durch den Großherzog in Kraft: direkte Ernennung, Ernennung eines von drei Kandidaten auf Vorschlag des Parlaments, Ernennung eines von drei Kandidaten auf Vorschlag des Staatsrats. Die „Vorgesetztenfunktion" des Monarchen wird auch im Detail deutlich, beispielsweise darf der Präsident des Staatsrates nicht länger als 15 Tage ohne Genehmigung des Großherzogs abwesend sein (Art. 12 StRatGes). Überdies kann der Großherzog selbst den Vorsitz des Staatsrates übernehmen, „wenn er dies als sinnvoll ansieht" (Art. 16 StRatGes). Dies ist in der Verfassungswirklichkeit noch nie der Fall gewesen, obwohl das Staatsoberhaupt von Zeit zu Zeit den Sitzungen des Staatsrechtlergremiums beiwohnt (Andrich 2002).

Es ist in Luxemburg eine politische Konvention, dass der Großherzog seinen Sohn, den Erbgroßherzog, nach dessen Volljährigkeit zum Staatsrat ernennt. Dies wird als eine Praxis angesehen, die der adäquaten Vorbereitung auf die Aufgaben des zukünftigen Staatsoberhauptes dienen soll. Die Mitgliedschaft im Staatsrat ist nicht mit der Funktion eines Regierungsmitglieds und nicht mit einem Abgeordnetenmandat vereinbar. Zur Wahrung der Unabhängigkeit des Organs geht das Staatsratsgesetz in Art. 18 noch einen Schritt weiter. Staatsräte dürfen dann nicht an Beratungen und Beschlüssen über Gesetzesvorhaben teilnehmen, wenn sie selbst bereits im Vorfeld in einer anderen Funktion mit deren Ausarbeitung befasst waren oder wenn deren Wirkungsbereich Verwandte bis zum vierten Grad begünstigen könnte. Die Aufgaben des Staatsrats im politischen System Luxemburgs sind andere als die eines Senats, auch wenn der Unikameralismus des Großherzogtums diese funktionale Lücke anbietet (Weil 1970, S. 203). Da der Staatsrat nicht aus allgemeinen Wahlen hervorgeht, besitzt er folglich auch keine mit dem Parlament konkurrierende Gesetzgebungskompetenz. Vielmehr trägt er den Charakter eines staatsrechtlich kompetenten, außerparlamentarischen Gesetzgebungsausschusses, dessen Aufgabe darin besteht, die Kompatibilität neuer Gesetzesvorhaben mit dem geltenden Recht zu überprüfen. Er kompensiert mit seinen Diensten zu einem guten Teil den dürftigen Abgeordneten- und Fraktionsapparat und arbeitet zugleich der Regierung zu.

Unabhängig vom Verfahrensprozess der Gesetzgebung im engeren Sinn hat der Regierungschef das Recht, Gespräche zwischen Staatsrat und Regierung anzuberaumen, in denen Fragen der Gesetzgebung und der Verwaltung besprochen werden (Art. 20 StRatGes). In diesen Treffen kann es zu einer Umkehrung des Initiativverfahrens kommen, da der Staatsrat auch ein legislatives Vorschlagsrecht hat, das sich auf die Optimierung schon bestehender Gesetze und Verordnungen oder auf die Opportunität neuer Gesetzesvorhaben bezieht. Für beide Fälle gilt, dass die Regierung den Staatsrat – falls sich beide Organe im Prinzip einig sind – sogar mit der Ausarbeitung eines Gesetzes- oder Verordnungsvorhabens befassen kann. Anders als die sechs Berufskammern oder der Wirtschafts- und Sozialrat vertritt der Staatsrat nicht die Interessen seiner Mitglieder, vielmehr ist ihm das Gemeinwohl als Ziel vorgegeben. Und anders als die gewählten Mandats- und Amtsträger des politischen Systems sind die Staatsräte frei davon, eventuelle politische und persönliche Nachwirkungen ihrer Entscheidungen bedenken zu müssen. Der Ernennungsmodus der Staatsräte führt dazu, dass es sich in aller Regel um Konsenskandidaten handelt. Da sie bis zu drei Legislaturperioden lang die Gesetzgebung mitgestalten, verstärken sie nochmals die Konzentrik, die dem politischen System von Luxemburg aus vielen anderen institutionellen und politikkulturellen Gründen bereits immanent ist.[1]

Alle Gesetzesvorhaben, die im Kabinett oder in Parlamentsausschüssen vorbereitet worden sind, darf das Parlament erst nach der Begutachtung durch den Staatsrat beschließen. Der Staatsrat gibt sein Gutachten in Form eines Berichts ab, der Empfehlungen oder sogar einen Gegenentwurf enthält. Hierzu kann er Experten von außen einladen, ebenso Beamte, die eigens von den Regierungsmitgliedern bezeichnet worden sind und den Auftrag haben, sich in den jeweils aktuellen Beratungsangelegenheiten sachkundig zu machen (Art. 21 StRatGes). Der Staatsrat hat nicht die Aufgabe, Gesetzes- oder Verordnungsinitiativen auf ihre politische Opportunität hin zu evaluieren. Dennoch hat es in der Geschichte dieses Verfassungsorgans eine bemerkenswerte Abweichung hiervon im Bereich der Vertragsgesetzgebung gegeben: In seinem Gutachten zum Vertrag über die Montanunion empfahl der Staatsrat, dass vor der Ratifizierung im Parlament noch einige Sicherheiten für Luxemburg erreicht werden sollten (Haas 1986, S. 151). Die Abgeordnetenkammer machte sich anlässlich der Ratifizierung am 13. Mai 1952 diese Kritik des Staatsrates zu Eigen und verlangte von der Regierung, bei den Vereinbarungen über die Anwendung des Vertrages genau definierte nationale Interessen durchzusetzen. In einem anderen Grenzbereich bewegt sich der Staatsrat, wenn er sein Gutachten über finanziell großdimensionierte Vorlagen abgeben soll und dabei auch zu deren Verhältnismäßigkeit Stellung bezieht (Andrich 2002). Dennoch kümmert sich das Staatsrechtlergremium in aller Regel allein um die formelle Kompatibilität der legislativen Vorlagen mit dem geltenden Recht und prüft sie inhaltlich auf Widersprüche gegenüber bereits wirksamen Gesetzen und besonders gegenüber der Verfassung. Die detaillierten Kommentare des Staatsrats werden im Parlament aufmerksam zur Kenntnis genommen, da darin häufig u.a. Gesetzesfolgenabschätzung geleistet wird.

2 Der Gesetzgebungsprozess

Aufgrund der weit entwickelten und leistungsfähigen zivilgesellschaftlichen Strukturen, zu denen ein stabiles Regierungssystem, ein innovationsfähiges Parteiensystem und Verbändenetzwerk sowie institutionalisierte Formen des Interessenausgleichs in legislativen Konsultativorganen gehören, ist auch das Gesetzgebungsverfahren in Luxemburg auf eine differenzierte Konsensbildung hin angelegt. Luxemburg hat zu einer Gesetzgebungskultur gefunden, die den

---

[1] Vgl. hierzu auch Kapitel II, Politische Kultur.

Rechtsstaat als ein Gemeinschaftsprojekt von öffentlicher Herrschaft und gesellschaftlichen Netzwerken versteht.

2.1 Staatsprinzipien

Aufgrund der Überschaubarkeit des politischen Systems findet die Gesetzgebung
beziehungsweise die Verordnungspraxis nur auf zwei Ebenen, der nationalen und
der kommunalen, statt. Direktdemokratische Teilhabe an der Gesetzgebung sieht
Luxemburgs Verfassung nur in Form konsultativer Referenden vor, die von einer
Kammermehrheit beschlossen werden müssen (Art. 51, Abs. 7 Lux. Verf.). Dies
ist erst dreimal geschehen, und in allen Fällen hat sich das Parlament dem Volks-
willen angeschlossen. Zum einen 1919, als fast 80% der gültigen Referendums-
stimmen die Beibehaltung der Monarchie befürworteten, dann 1937, als sich eine
knappe Mehrheit von 50,7% gegen das Ordnungsgesetz der Regierung *Joseph
Bech* wandte, das ein Verbot revolutionärer Parteien vorsah, aber allein gegen
die *Kommunistische Partei* gerichtet war, und schließlich 2005, als 56,6% der
Referendumsteilnehmer für den damaligen Entwurf einer europäischen Verfassung stimmten.

Der Luxemburger Staat trägt mit Hilfe seiner Dienstleistungseinrichtungen
zur Gewährleistung sozialer Grundrechte in bestimmten politischen Bereichen
bei. Hierzu gehören beispielsweise das Bildungswesen, kulturelle Einrichtungen
und der soziale Wohnungsbau. In der Staatspraxis werden möglichst viele
Dienstleistungen dezentral organisiert. Zu diesem Zweck bildete sich innerhalb
des Regierungssystems eine Vielzahl parastaatlicher Institutionen mit öffentlich-
rechtlichem Status heraus. Per Gesetz sind sie autorisiert, unter staatlicher oder
kommunaler Dienstaufsicht den Bürgern definierte Dienstleistungen bereitzustellen. Der Grad an finanzieller und operativer Eigenständigkeit dieser öffentlich-
rechtlichen Einrichtungen ist dabei nicht einheitlich. Beispielsweise beruht der
funktionale Nutzen der sechs Berufskammern für das politische System auf ihrer
sehr weitgehenden Unabhängigkeit vom Staat.

2.2 Gesetzesinitiativen

Der Gesetzgebungsprozess ist sowohl in der Luxemburger Verfassung als auch
in den Geschäftsordnungen des Parlaments, der Regierung und des Staatsrates
geregelt. Die Hauptakteure sind das Parlament, die Regierung, der Staatsrat und
der Großherzog, in zweiter Reihe aber auch die sechs Berufskammern, der Wirt-
schafts- und Sozialrat sowie das Verfassungsgericht. Obwohl diese Akteure in

der Verfassung ausdrücklich als Mitspieler im Gesetzgebungsprozess genannt werden, sind sie keinesfalls immer identisch mit dem tatsächlichen Impulsgeber für ein Gesetz: allen voran die Spitzengremien der politischen Parteien, aber auch Verbände und Interessengruppen. Die Initiative zu einem Gesetz kann von der Exekutive (Regierung oder Großherzog) oder der Legislative (Parlament) ausgehen. Die Sprachregelung der Verfassung unterscheidet hier zwischen einem Gesetzesprojekt (*projet de loi*) im ersten Fall und einem Gesetzesvorschlag (*proposition de loi*) im zweiten. Auch in Luxemburg werden die meisten Gesetze von der Regierung und der ihr unterstellten Ministerialbürokratie eingegeben (Theis 1974, S. 64). Nimmt man als Bezugszeitraum beispielsweise die ersten zehn Monate des Jahres 1995, so standen 81 Regierungsinitiativen nur sieben parlamentarische Initiativen gegenüber (Biltgen 1996).

Der Hauptanteil von Regierung und Großherzog am Verlauf der Gesetzgebung betrifft das Früh- und das Endstadium eines Gesetzes, zu Beginn wegen der Initiativdomäne der Exekutive und gegen Ende aufgrund des (theoretischen) Billigungs- und des (faktischen) Verkündigungsrechts des Großherzogs und des Veröffentlichungsrechts der Regierung. Neben dem eher sporadisch ausgeübten Recht zur Gesetzesinitiative obliegt es dem Parlament, über die inhaltliche Präzisierung und schließlich die Verabschiedung der Gesetze zu entscheiden. Denn so erstaunlich der rein zahlenmäßige Unterschied zwischen Gesetzesprojekten und Gesetzesvorschlägen auch erscheinen mag, so ist doch seit Mitte der 80er Jahre die parlamentarische Mitregierung über die Ausschüsse stärker geworden, da diese zunehmend den endgültige Wortlaut der Regierungsvorlagen bestimmen oder sogar schon nach der ersten Stellungnahme von Seiten des Staatsrates Gesetzesänderungen herbeiführen. Die Regierung spielt hierbei eher eine reagierende, beratende Rolle. Hinzu kommt, dass man durchaus von einer indirekten parlamentarischen Initiative sprechen kann, wenn die Mehrheitsfraktionen mit legislativen Impulsen auf die Ressortchefs zukommen. Der Staatsrat moderiert dann zwischen Regierung und Parlament, ohne dass seine Gutachten die Entscheidungen des Parlaments präjudizieren können.

Da jedem einzelnen Abgeordneten das legislative Initiativrecht zukommt, haben auch parlamentarische Minderheiten die Möglichkeit, Gesetzesvorschläge auf den Instanzenweg zu bringen. Doch die Chancen parlamentarischer Durchsetzbarkeit sind denkbar gering. Der Staatsrat hat allerdings in letzter Zeit begonnen, auch diese Vorschläge zu begutachten, so dass sie prinzipiell zur Abstimmung gelangen können. Gesetzesinitiativen können zuweilen auch aus Orientierungsdebatten, parlamentarischen Anfragen sowie aus Fragen einzelner Abgeordneter, Anträgen und Entschließungen hervorgehen. Mit Gesetzesvorlagen aus den Abgeordnetenreihen (Gesetzes*vorschläge*) befassen sich die Kommissionen in der Regel in dritter Instanz, nach der Entscheidung der Präsidentenkonferenz darüber, ob der Gesetzesvorschlag weiter behandelt werden soll, und dann nach der Begutachtung durch den Staatsrat. Bei der parlamentarischen Gesetzesinitiative kann mit der Regierung der Dringlichkeitsfall vereinbart werden. Dies bedeutet, dass die Gesetzesvorlage den Staatsrat zunächst übergeht und gleich einen Ausschuss beschäftigt. Dessen ungeachtet dürfen die Urheber eines Gesetzesvorschlags gemäß Art. 59 §1 der Parlamentarischen Geschäftsordnung das Parlamentsplenum zuvor noch mit einem ersten Meinungsaustausch befassen.

Unter Ausblendung des Dringlichkeitsfalles geht der legislative Weg einer Parlamentsinitiative als nächstes die folgenden Etappen: Der von einem Gesetzesvorschlag direkt betroffene Minister wird vom Zentralen Gesetzgebungsdienst aufgefordert, Stellung zu beziehen. Bevor die Stellungnahme an den Staatsrat und das Parlament weitergeleitet wird, muss sie von der Kabinettsmehrheit unterstützt worden sein, ein Verfahren, das erst am 14. Mai 1993 per Kabinettsbeschluss eingeführt worden ist und Alleingänge von Ressortchefs vermeiden soll. Nach Vorliegen des zweifachen Gutachtens des Staatsrates – zum einen über den Gesetzesvorschlag selbst und zum anderen über die Position der Regierung hierzu – geht die Gesetzesvorlage in den zuständigen Parlamentsausschuss zurück.

2.3 Ausarbeitung von Gesetzesentwürfen

Zur Vorbereitung von Gesetzen gibt es keine Kabinettsausschüsse; vielmehr agiert die gesamte Regierung als gesetzgebender Ausschuss. Der Erfolg einer Gesetzesinitiative in diesem Frühstadium der Gesetzgebung hängt erheblich vom Generalsekretär des Kabinetts (*secrétaire général du Conseil de Gouvernement*) ab, der vom Ministerpräsident aus den Reihen hoher Ministerialbeamter ernannt wird. Seine Aufgaben sind vor allem, die Beratungen und Beschlüsse des Kabinetts zu resümieren und dafür Sorge zu tragen, dass die Gesetzesvorlagen von den Verwaltungsfachleuten gemäß diesen Vorgaben präzisiert werden. Als Vertrauensperson des Regierungschefs sorgt er für einen möglichst reibungslosen Informationsfluss zwischen den Ministerien. Die Eingabe eines Gesetzesprojekts in das Parlament kann nur über eine großherzogliche Depotverfügung erfolgen (Art. 47 Lux. Verf), die der federführende Minister vorbereitet. Nach der Unterschrift des Großherzogs geht die Depotverfügung an den Premier, da das Staatsministerium mit den Beziehungen zum Hof beauftragt ist. Der Staatsminister teilt seinen Kabinettskollegen das Datum der großherzoglichen Unterzeichnung mit, worauf dieser dem Parlament die Depotverfügung, das Gesetzesprojekt und gegebenenfalls auch schon die Stellungnahme, mögliche Änderungsvorschläge, Zusätze oder auch einen Alternativentwurf des Staatsrats vorlegt. Sollte die politische Lage eine zügige Ratifizierung erfordern, können Parlament und Regierung den Dringlichkeitsfall erklären und den Staatsrat wiederum von dieser ersten Stellungnahme entbinden (Art. 53 Abs. 1; Art. 59 Abs. 3 Parl. GO). Gesetzesprojekte, bei denen eine Belastung des Haushalts voraussehbar ist, müssen von einem Exposé begleitet werden, aus dem hervorgehen soll, inwieweit die zu erwartenden Einkünfte und Ausgaben des betroffenen Ressorts mit den im Haushaltsplan ausgewiesenen Budget kompatibel sind. Außerdem muss eine kurz-, mittel- und langfristige Analyse der budgetären Folgen des Gesetzesprojekts beigefügt sein (Code Administratif 2, 2000, S. 15). Um die Konsequenzen eines neuen Gesetzes auch über budgetäre Aspekte hinaus besser abschätzen zu können, hat das Kabinett am 15.5.1998 beschlossen, dass ab 1.9.1998 jedes Gesetzesprojekt und jedes Verordnungsvorhaben von einem Evaluationsbogen begleitet sein muss. Dieser kompakte, aber aufschlussreiche „Steckbrief" gibt Informationen über die Motive für ein geplantes Gesetz. Zudem wird eruiert, welche anderen Ministerien betroffen und welche internen Kontrollorgane bereits einbezogen worden sind, ob die Berufskammern oder andere Institutionen konsultiert worden sind und ob es bereits Kontakte mit Firmen, Einzelpersonen oder öffentlichen Einrichtungen gegeben hat. Auch wenn es keinen für die Gesetzesfolgenabschätzung eigens einberufenen Ausschuss gibt, so kann die Exekutive mit diesem Evaluationsbogen besser die Opportunität, aber auch eventuelle Schwierigkeiten in der Ratifizierungs- und Anwendungsphase einer legislativen Initiative beurteilen. Expertisen von Seiten der Kommunalverwaltung werden nur dann eingeholt, wenn das Gesetzesvorhaben über das Staatsbudget hinaus auch die Finanzen einer oder mehrerer Gemeinden berührt. In diesen Fällen sucht der Innenminister in der Regel das Gespräch mit SYVICOL, dem Verband der Luxemburger Kommunen (z.B. anlässlich der Gemeindereform von 1988).

In der Legislaturperiode zwischen 1994 und 1999 brachte die Exekutive insgesamt 404 Gesetzesentwürfe ein. Deren Verteilung auf die fünf zehnmonatigen Sitzungsperioden dieses Zeitraums, jeweils zwischen Herbst und Sommer, hat die Form einer Welle. Während die neu gewählte Regierung sich im ersten Jahr mit 61 Initiativen warmlief, stieg im zweiten Jahr die Zahl der Gesetzeseingaben auf 80 und weiter bis auf 99 zur Halbzeit, um dann – im vierten Jahr – wieder auf 84 zurückzufallen und im letzten Jahr mit 80 Initiativen die Legislaturperiode wiederum auf einem niedrigeren Niveau zu beenden. Diese Phaseneinteilung zeigt zweierlei: Zum einen bewies die Regierung gegen Ende dieser Periode die Gelassenheit, nicht aus Angst vor einem Regierungswechsel noch möglichst viele Gesetzesvorschläge mit Hilfe der noch bestehenden Parlamentsmehrheit durchpeitschen zu wollen, ein Verhalten, das ganz sicher auf dem Koalitionskartell der drei großen Parteien beruht und vor allem die CSV kennzeichnet. Zum anderen kommt die sinusartige Verteilung der Gesetzesprojekte über fünf Jahre Regierungsmandat der legislativen Kapazität des Parlaments entgegen. Da zwischen der Eingabe eines Gesetzesprojekts und seiner Verabschiedung zwischen drei Monaten und mehreren Jahren vergehen, müssen Gesetzesvorhaben dem Parlament spätestens im März vor den Wahlen vorgelegt werden, um noch von den alten Mehrheitsverhältnissen getragen werden zu können. Das bedeutet für das Parlament in der Regel einen legislativen Stau; in den letzten Monaten vor den Wahlen muss es sich vor allem mit der Verabschiedung überfälliger Gesetze aus den Jahren zuvor beschäftigen.

Mehrheiten für Gesetzesinitiativen der Regierung sind in den Fraktionssitzungen der Koalitionsparteien, an denen regelmäßig Regierungsmitglieder teilnehmen, herzustellen. Dies ist in besonderem Maße für die fraktionsinternen, auf bestimmte Ressorts hin ausgerichteten Arbeitskreise zutreffend, in welchen die Minister die Mehrheitsfraktionen mit entscheidenden Informationen für die gesamtparlamentarische Ausschussarbeit versorgen. Deputierten der Oppositionsfraktionen steht hingegen nur ein vergleichsweise schwacher Informationskanal zur Verfügung, in erster Linie das oben beschriebene Frage- und Interpellationsrecht gegenüber der Regierung. Eine Interpellation, mit welcher das Zitationsrecht gegenüber Regierungsmitgliedern korrespondiert, zieht eine Aussprache nach sich, in deren Verlauf Anträge zur Abstimmung gelangen können. Die Verordnungskompetenz der Regierung ist begrenzt; die allgemeine Verordnungskompetenz, die die Verfassung der Regierung überträgt, gilt nur im Rahmen der Ausführung von Verträgen und Gesetzen. Im Zweifelsfall kann ein betroffener Bürger vor dem Staatsrat die Überprüfung der Rechtmäßigkeit einer Verordnung beantragen. Den größten Spielraum für Verordnungen erhält die Regierung dadurch, dass ihr das so genannte Habilitationsgesetz erlaubt, binnen eines Jahres wirtschaftliche und soziale Dringlichkeitsmaßnahmen zu erlassen (Biltgen 1996).

2.4 Parlamentarische Lesung

Der Vorsitzende des mit einem Gesetzentwurf befassten Ausschusses eröffnet die Plenardebatte mit einem Resümee, dem die Stellungnahmen der verschiedenen Fraktionen und schließlich des betroffenen Ministers folgen. In dieser ersten gesamtparlamentarischen Meinungsbildung geht es um die Zielperspektive des Gesetzes als Ganzes, danach um die Diskussion seiner einzelnen Artikel. Sollten im Verlauf der Gesetzeslesung Änderungs- oder Zusatzanträge gestellt werden, die von mindestens fünf Deputierten mitgetragen werden, muss sich der betroffene Ausschuss hierüber eine Meinung bilden. Stimmt der Ausschuss den Anträgen zu, hat der Parlamentspräsident sie dem Staatsrat zur Begutachtung zuzuspielen (Art. 19 §2 StRatGes). Auch von Regierungsseite können Änderungsvor-

schläge eingebracht werden, die über den Zentralen Gesetzgebungsdienst gleichzeitig an den Staatsrat und den Fachausschuss weitergeleitet werden. Die von
diesen Änderungsvorschlägen erweiterte Metamorphose eines Gesetzes führt zu
einer Art Schwebezustand des legislativen Prozesses, da die nächsten entscheidenden Impulse vom Staatsrat abhängen. Um Zeit zu gewinnen, kann das Parlament mit der Abstimmungsprozedur beginnen, die – dies resultiert aus der Kombination von Verfassungsnormen und Vorschriften der parlamentarischen Geschäftsordnung – bis zum 26.6.2004 bis zu vier Phasen hatte. Gemäß der damals
beschlossenen Reform von Art. 65 Verf wird die früher obligatorische erste Arti-
kel-für-Artikel-Abstimmung nur noch dann durchgeführt, wenn dies von mindestens fünf Abgeordneten verlangt wird. Der Regelfall besteht nunmehr in einer
Abstimmung über das Gesetz als Ganzes (Schleich 2006), denn auch die im
Kammerreglement in Art. 70 immer noch enthaltene (2006) zweite Abstimmung
mit der Bezeichnung *second vote réglementaire* findet keine Anwendung mehr.
Unverändert blieb hingegen das Prinzip der sogenannten „zweiten verfassungsmäßigen" Abstimmung (*second vote constitutionnel*, Art. 59 Verf.)

Der Parlamentspräsident lässt zunächst darüber abstimmen, ob über das Gesetz als Ganzes erneut entschieden werden soll. Entbindet die Kammer sich
selbst davon, braucht sie anschließend noch die Zustimmung des Staatsrats. Es
hat sich in der Verfassungswirklichkeit durchgesetzt, dass der Staatsrat von seinem suspensiven Vetorecht nicht Gebrauch macht, nur weil er ein Gesetzesvorhaben nicht für opportun hält. Er tut dies indes nur, wenn er (verfassungs-)recht-
liche Bedenken gegen das betreffende Gesetz geltend machen kann. Ist dies der
Fall, übermittelt der Zentrale Gesetzesdienst das Veto des Staatsrates an das
Parlament. Der zuständige Ausschuss ist beauftragt, zur Vorbereitung der zweiten Gesamtlesung des Gesetzes eine Erwiderung auf das Veto zu verfassen. Frü-
hestens nach drei Monaten steht es schließlich der Deputiertenkammer frei, sich
über den Staatsrat hinwegzusetzen und das Gesetz passieren zu lassen. Die verschiedenen Gesetzeslesungen und Abstimmungsergebnisse können die Bürger
des Großherzogtums zu Hause nachlesen, da jedem „Wählerhaushalt" die Proto-
kolle aller Parlamentsdebatten per Post zugestellt werden.

3 Staatsrat, Großherzog und Interessenverbände im Gesetzgebungsprozess

Der Staatsrat wirkt auf den Gesetzgebungsprozess allein durch die Autorität seiner staatsrechtlichen Expertisen ein. Er muss die Abgeordneten mit seinen Argu-
menten überzeugen, er kann sie jedoch nicht überstimmen. In vielen Fällen konnte der Staatsrat Parlament und Regierung mit seinen Gutachten auf Lücken in der

Gesetzgebung aufmerksam machen. Eine informative Fallstudie hierzu ist das Gesetzesprojekt über die Kooperationsvereinbarung zwischen Luxemburg und der deutschsprachigen Gemeinschaft Belgiens vom 19. November 2002 (No 46.517 Doc. Parl. 5289). Die Regierung hatte dem Staatsrat die Vorlage am 19. Januar 2004 für die spätere parlamentarische Ratifizierung eingereicht, worauf der Staatsrat mit seinem Gutachten vom 30. März 2004 reagierte. Hierin dokumentierte dieser zunächst die Verfassungsrevision Belgiens von 1993, die eine Definition der föderativen Entitäten des Nachbarlandes auf zwei Ebenen zur Folge hatte, namentlich gebietskörperschaftliche Kompetenzzuschreibungen zwischen Flandern, Wallonien und der Hauptstadt Brüssel sowie linguistische Festlegungen zwischen den französisch-, flämisch- und deutschsprechenden belgischen Staatsbürgern. Weiterhin erinnerte das Gutachten an drei bereits ratifizierte Verträge über die Kooperationen zwischen dem Großherzogtum und den Regionen Wallonien, Flandern und Brüssel. In diesem Zusammenhang erwähnt der Staatsrat, dass er in seinem Gutachten vom 30. April 2002 über den dritten und letzten Vertragsabschluss mit der Hauptstadtregion des Nachbarlandes bereits auf den Trugschluss aufmerksam gemacht habe, dass in die drei Abkommen auch die drei linguistischen Entitäten einbezogen worden seien. In stringenter Argumentationsführung zeigte er auf, dass mit den allein gebietskörperschaftlich motivierten Kooperationen nur zwei von drei Sprachgruppen korrespondierten, die deutsche Sprachgruppe hingegen nur indirekt berücksichtigt sei, nämlich nur insofern, als ihre Mitglieder auf dem Gebiet Walloniens lebten, nicht jedoch als föderative Entität, die verfassungsmäßig denselben Status wie die beiden anderen Sprachgruppen genieße. Offensichtlich hat diese konzise Analyse zu dem bereits oben erwähnten vierten Abkommen geführt. Wenn auch nicht Initiator, so war der Staatsrat hier doch Katalysator einer Vertragsgesetzgebung im Großherzogtum Luxemburg.

Wenn der Staatsrat in seinen Gutachten dem Gestz in seiner vorliegenden Form nicht zustimmt, spricht man von einer *opposition formelle*. In jüngerer Zeit hat der Staatsrat ein solches negatives Votum beispielsweise am 28. Januar 2003 zur Gesetzesinitiative von Seiten des Parlaments zur Herabsetzung der Altersgrenze für das aktive Wahlrecht eingereicht. Sollte das Parlament allerdings weiter auf seinem Entwurf bestehen, könnte der Staatsrat von seinem aufschiebenden Veto Gebrauch machen, dem *veto de temporisation* (Fusilier 1961). Nach Ende dieses dreimonatigen Aufschubs kann das Parlament das Gesetz endgültig ratifizieren. Allerdings ist die Kammer gehalten, eine erneute Nichtbeachtung dieser *opposition formelle* von Seiten des Staatsrates öffentlich zu erklären, sowohl schriftlich in einem Zusatzkommuniqué als auch im Rahmen eines Redebeitrags anlässlich der endgültigen Abstimmung. Hat das Gesetz auch diese Hürde passiert, so könnte es nur noch das Verfassungsgericht außer Kraft setzen, aber nur dann, wenn es damit befasst wird und wenn der Dissens zwischen Staatsrat und Parlament verfassungsrechtlich relevant ist. Art. 33 Lux. Verf. garantiert die Teilhabe des Großherzogs an der Legislative. Seine Kompetenzen liegen gemäß Art. 34 in erster Linie in der Bestätigung und Verkündigung der Gesetze. Der Bestätigungsakt eines Gesetzes muss spätestens drei Monate nach der Kammerentscheidung erfolgen. Formell verfügt der Großherzog über dieselbe legislative Entscheidungsgewalt wie das Parlament. Verfassungsrechtlich verfügt der Großherzog somit über ein Vetorecht, von dem er allerdings in der Verfassungswirklichkeit noch nie Gebrauch gemacht hat, da dies eine konstitutionelle Krise bedeuten würde. Gemäß staatsrechtlicher Definition ist der Großherzog unverletzlich; er untersteht somit keiner Gerichtsbarkeit. Mit dieser Sonderstellung korrespondiert seine politische Unverantwortlichkeit in der Verfassungswirklichkeit. Folglich muss im Gesetzgebungsprozess immer auch der betroffene Fachminister ein Gesetz gegenzeichnen, um damit die politische Verantwortung zu übernehmen. Das Datum der Unterzeichnung von Seiten des Großherzogs und des Ministers gilt als Tag des Inkrafttretens des Gesetzes. In dringenden Fällen wird das neue Gesetz noch am selben Tag im Gesetzesbuch, dem *Mémorial*, veröffentlicht. Das *Mémorial* trägt noch heute den traditionsreichen zweisprachigen Titel *„Journal Officiel du Grand-Duché de Luxembourg – Amtsblatt des Großherzogtums Luxemburg".* Am vierten Tag nach Unterzeichnung wird das Gesetz gültig.

Das erfolgreich diversifizierte Wirtschaftssystem des Großherzogtums, der stetig wachsende Dienstleistungssektor der Banken-, Versicherungs- und Europastadt Luxemburg und die geringe Arbeitslosigkeit (5% Ende 2005) haben Verteilungskämpfe abgemildert und die ausgeprägte politische Konsenskultur gestärkt. Davon profitieren Verbände und Interessengruppen, von denen viele über eine breite Mitgliederbasis verfügen und denen neben informellen Kontakten zu Parteien, Parlamentsausschüssen, Fraktionen und der Ministerialbürokratie auch institutionalisierte Beteiligungschancen bei der Vorbereitung von Gesetzen offen stehen. Zur politischen Integration des Verbändepluralismus tragen Personalunionen zwischen Partei-, Fraktions- und Verbandspolitikern, die von den Statuten vorgesehen sind, zeitweise einberufene Arbeitskreise der politischen Parteien und so genannte Konventionen (*conventions*) über regelmäßige Beratungen mit Ministerien bei. Für die Einbindung der Interessen von Arbeitnehmern und -gebern in den Gesetzgebungsprozess kennt das Großherzogtum ein duales System: Auf der einen Seite die privatrechtlichen Organisationen der Gewerkschaften und Arbeitgeberverbände und auf der anderen die öffentlichrechtlichen Institutionen der sechs Berufskammern. Letztere haben als parastaatliche Organe der politischen Willensbildung das Recht, sowohl zu Gesetzesvorhaben als auch zum Staatshaushalt Stellung zu beziehen. Die Regierung muss bei

Gesetzesinitiativen, die die Interessen von Berufsverbänden berühren, Gutachten bei den betreffenden Kammern einholen. An der Schnittstelle zwischen Exekutive und Legislative hat sich dieses pluralistische Modell beruflicher Interessenvertretung insgesamt bewährt (Schroen 2001, S. 255 ff.).

Übersicht 2: Gesetzgebungsprozess in Luxemburg

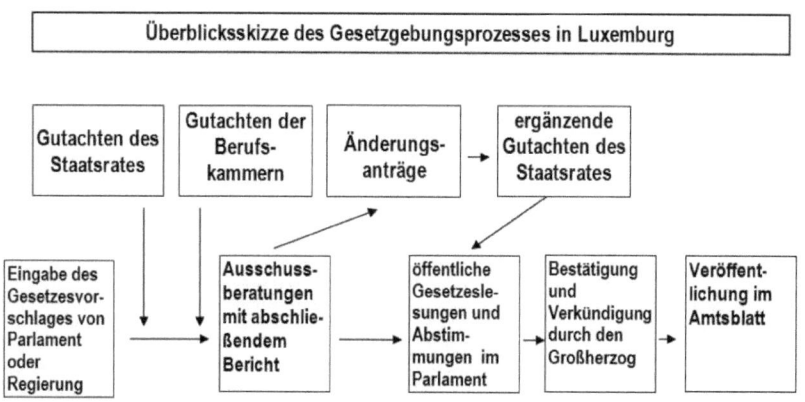

Übersicht 3: Gesetzgebungsprozess im Detail

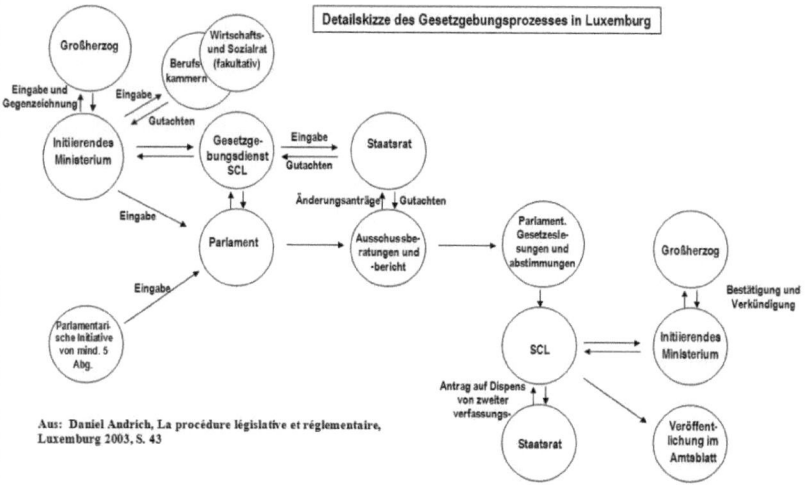

4   Die verfassungsändernde Gesetzgebung

Die verfassungsändernde Gesetzgebung unterlag bis zum 19.12.2003 noch einer besonderen Prozedur. Die jeweils amtierende Kammer durfte nämlich eine konstitutionelle Reform nur vorbereiten, aber nicht beschließen. Die Verfassung sah vor, dass dies nur eine so genannte verfassungsgebende Kammer darf. Zuerst musste das Parlament mit einfacher Mehrheit einen oder mehrere Verfassungsartikel als revisionsbedürftig erklären. Danach war die Legislative von Rechts wegen aufgelöst. Erst die neu gewählte war folglich als verfassungsgebend definiert und konnte mit qualifizierter Mehrheit zu jedem Zeitpunkt die freigegebenen Artikel abändern.

Da die Politiker eher selten vorgezogene Neuwahlen wollten, erstellten sie als letzten Akt vor regulären Wahlen eine Liste revisionsbedürftiger Artikel. Dadurch entschied der Wähler bei der Kammerwahl mit darüber, da ihm die freigegebenen Artikel sowie die konkurrierenden Reformvorstellungen der Parteien bekannt waren. Das Thema Verfassungsreform konnte bei der Wahlentscheidung unter Umständen traditionelle Parteibindungen überlagern. Von daher war der Verfassungswandel in Luxemburg zu einem beträchtlichen Grad plebiszitär legitimiert. Das retardierende Moment dieser Praxis führte im Einzelfall zu Problemen, wie beispielsweise anlässlich der Ratifizierung der Maastrichter Verträge. Da die Verfassung Luxemburgs in ihrer damaligen Form entgegen der EU-Richtlinie nur eigenen Staatsbürgern das Gemeindewahlrecht zuerkannte, hätte dieser Artikel vor der Ratifizierung als revisionsbedürftig erklärt werden müssen, was umgehend zu Neuwahlen geführt hätte. Die Parlamentsmehrheit entschied aber – gestützt durch ein affirmatives Gutachten des Staatsrats – bis zu den Wahlen vom 12. Juni 1994 zu warten. Seit dem 19.12.2003 verlangt Art. 114 Verf., dass auch die Abstimmung über eine initiierte Verfassungsreform innerhalb der selben Legislaturperiode stattfinden muss. Alle Verfassungsänderungen müssen seitdem von zwei, im Abstand von drei Monaten aufeinander folgenden Abstimmungen im Parlament mit einer Zweidrittelmehrheit bestätigt werden. Doch auch dem Volk steht seitdem prinzipiell eine direkte Einflussnahme auf den Verfassungswandel offen: Sollten innerhalb von zwei Monaten nach der ersten Abstimmung entweder ein Viertel der Abgeordneten oder 25.000 Wahlberechtigte dies beantragen, dann ist ein Referendum durchzuführen, das an die Stelle der sonst vorgesehenen zweiten Abstimmung im Parlament treten würde.

5   Vertragsgesetzgebung und völkerrechtliche Verträge

Luxemburgs Verfassung bekennt sich zum Subordinationsprinzip nationalen Rechts unter internationales Recht. Art. 49 der Luxemburger Verfassung legitimiert seit 1956 das Parlament, internationale Verträge zu ratifizieren, die eine zeitlich begrenzte Verlagerung nationaler Souveränitätsrechte auf supranationale Organisationen zur Folge haben. Hierfür bedarf es derselben Quoren wie in der verfassungsändernden Gesetzgebung (Dreiviertel-Anwesenheit und Zweidrittelmehrheit). Der außenpolitische Informationskanal zwischen Exekutive und Legislative ist der Auswärtige Ausschuss. Zwar ist dieser nicht an der inhaltlichen Gestaltung internationaler Verträge beteiligt (Woyke 1985, S. 278), aber jede Regierung wird daran interessiert sein, über ihn möglichst früh die Chancen parlamentarischer Unterstützung zu ermitteln. Allerdings hat es knappe Mehrheiten in der luxemburgischen Vertragsgesetzgebung nie gegeben. Es ist in diesem Zusammenhang aufschlussreich, dass die Wiederherstellung von Luxemburgs Souveränität nach dem Zweiten Weltkrieg auf einem internationalen Vertrag beruht, der „Deklaration der Vereinten Nationen", die bereits am 1. Januar 1942 die in London weilende Exilregierung unterzeichnet hat. Als die UNO am 17. Okt. 1945 geschaffen wurde, gehörte Luxemburg zu den Gründungsmitgliedern (Schroen 1987, S. 16). Für einen kleinen Staat ist es charakteristisch, dass internationale Themen viele Politikfelder durchdringen und die Kompetenzbeschreibungen der Ministerien im *annuaire officiel d'administration et de legislation* die internationale Zusammenarbeit und den Abschluss internationaler Verträge als wichtige Ziele benennen (Bildungs-, Kultur-, Umwelt- und Frauenministerium).

6   Haushaltsgesetzgebung und -kontrolle

Das Verfahren der Haushaltsgesetzgebung im weiteren Sinn schließt die Debatte zur Lage der Nation, die Debatte über die Finanzpolitik anlässlich des alljährlichen Gesetzesprojekts über die Einnahmen und Ausgaben des Staates und die Debatte über das jährliche Haushaltsgesetz ein (Parl. GO Art. 87). Die Diskussion zur Lage der Nation findet im ersten Halbjahr eines jeden Jahres statt. Die Minister sind hierbei aufgefordert, dem Parlament den Tätigkeitsbericht ihres Ministeriums bis zum 1. März vorzulegen. Drei Wochen vor der Regierungserklärung des Premiers müssen die Ressortchefs die Budgetplanung für das kommende Jahr einreichen. Der Finanzminister fügt dann seiner Prognose die neusten statistischen Daten des Staatshaushalts bei und bereitet die Haushaltsdebatte vor, indem er zunächst dem Parlament, dann dem Staatsrat und den Berufskammern das Gesetzesprojekt über die staatliche Einnahmen- und Ausgabenpolitik des kommenden Jahres, spätestens in der dritten Septemberwoche des laufenden Jahres, vorlegt. Die Berufskammern, der Staatsrat und der Luxemburger Rechnungshof reichen ihre Stellungnahmen innerhalb einer sechswöchigen Frist ein. Eine herausragende Rolle in der Haushaltsgesetzgebung spielt der 1999 gegründete Rechnungshof. Art. 105 Lux. Verf., in seiner Fassung vom 2. Juni 1999, ordnet dem Rechnungshof die oberste Kontrollbefugnis über die öffentlichen Finanzen zu, wobei er nicht nur über die Gesetzlichkeit staatlichen Finanzgebarens, sondern auch über die Effizienz und Qualität der Haushaltsführung (*la bonne gestion financière*) wacht. Der Rechungshof erstellt jedes Jahr ein Gutachten zum Haushaltsplan der Regierung, das er dem Parlament zusammen mit den diesbezüglichen Stellungnahmen der Regierung zuleitet (Rechnungshofgesetz 1999, Kap.2, Art. 5). Aber auch unabhängig von der jährlichen Verabschiedung des Staatshaushalts kann der Rechungshof entweder von sich aus oder auf Anfrage des Parlaments sein Haushaltskontrollrecht wahrnehmen. Es wird ausdrücklich hervorgehoben, dass der Rechungshof vor allem als ein Hilfsorgan des Parlaments zu verstehen ist, damit dieses seine Kontrollfunktion gegenüber der Regierung effektiver wahrnehmen kann (Annuaire Officiel 2000a, 2000b). Das Parlament kann den Rechnungshof auch mit der finanziellen Gesetzesfolgenabschätzung im Entwurfsstadium befindlicher Vorschläge beauftragen.

Literatur

Als, Georges/Philippart, Robert Léon (1994): La Chambre des Députés. Histoire et Lieux de Travail, Luxemburg.

Andrich, Daniel (2002): Schriftliche Antwort auf Fragen des Autors von Seiten des Direktionsbeauftragten des Zentraldienstes für Gesetzgebung im Luxemburger Staatsministerium, am 4.7.2002.

Annuaire Officiel (2000a): Département aux Relations avec le Parlement, Luxemburg.

Annuaire Officiel (2000b): Organisations internationales, Luxemburg.

Besch, Marc (2003): Guide practique de la technique législative luxembourgeoise, 2. rev. Aufl. Hrsg. vom Conseil d'Etat, Luxembourg

Biltgen, Francois (1993, 1995, 1996): Interviews des Autors mit dem damaligen Fraktionssekretär der CSV und heutigen Ministers für Arbeit und Beschäftigung sowie Präsidenten der CSV vom 12.5.1993, 28.10.1993, 10.2.1995 und 22.1.1996 in Luxemburg.

Dumont, Patrick/De Winter, Lieven (1997): Luxemburg: Stabile Koalitionen in einem Parteiensystem mit einer pivotalen Partei. In: Wolfgang C. Müller/Kaare Strom (Hrsg.), Koalitionsparteien in Westeuropa, Wien, S. 501-546.

Fusilier, Raymond (1960): Les Monarchies Parlementaires, Paris.

Haas, Ernest B. (1986): Beyond the Nation State. Functionalism and International Organization, Stanford.

Hammes, Léon (1957): Le Conseil dÉtat du Grand-Duché de Luxembourg, Luxemburg.

Hirsch, Mario (1983): Who is in Charge of the Destinies of Small States? The Case of Luxembourg, in: Otmar Höll (Hrsg.), Small States in Europe and Dependence, Wien, S. 130-139.

Koalitionsvereinbarung/Accord de coalition (1999): Mémorial B No 50 du 21 octobre 1999.

Regierungserklärung/Déclaration gouvernementale (1999): Mémorial B No 50 du 21 octobre 1999.

Schroen, Michael (1986): Das Großherzogtum Luxemburg. Portrait einer kleinen Demokratie, Bochum.

Schroen, Michael, (1999): Das politische System Luxemburgs, in: Wolfgang Ismayr (Hrsg.), Die politischen System Westeuropas, 2. Auflage, Opladen, S. 389-414.

Schroen, Michael (2000): Die Christlich-Soziale Volkspartei Luxemburgs. In: Hans-Joachim Veen (Hrsg.): Christlich-demokratische und konservative Parteien in Westeuropa 5, Paderborn, S. 337-404.

Schroen, Michael (2001): Luxemburg. Interessenvermittlung in einem Kleinstaat, in: Werner Reutter/Peter Rütters (Hrsg.), Verbände und Verbandssysteme in Westeuropa, Opladen, S. 241-262.

Servais, Emmanuel (2003): Schriftliche Antwort auf Fragen des Autors von Seiten des Hauptinspektors 1. Ranges im Sekretariat des Staatsrates am 26.3.2003, 2.4.2003, 7.4.2003 und am 8.4.2003.

Trausch, Gilbert (1989): Le Luxembourg: Emergence d'un Etat et d'une Nation, Antwerpen.

Weil, Gordon (1970): The Benelux Nations. The politics of small-country democracies, Santa Barbara.

Verfassung (1868): Verfassung des Großherzogtums Luxemburg vom 9. Juli 1848 in der Fassung vom 17. Oktober 1868, zuletzt geändert durch Gesetz vom 19. Dezember 2003. Internetdokument: www.verfassungen.de/lu/luxemb68.htm (13.8.2007).

Woyke, Wichard (1985): Erfolg durch Integration. Die Europapolitik der Benelux-Staaten von 1947 bis 1969, Bochum.

www.legilux.lu. Internetseite des Zentralen Gesetzgebungsdienstes der Regierung des Großherzogtums Luxemburg mit Informationen über aktuelle Gesetzesvorhaben.

Die öffentliche Verwaltung[1]

Danielle Bossaert

1 Merkmale des luxemburgischen Karrieresystems

Das vielleicht zentrale Merkmal der öffentlichen Verwaltung Luxemburgs besteht darin, dass sie zum einen, was ihre Größe betrifft, am besten mit der Verwaltung eines französischen *département* oder eines deutschen Bundeslandes verglichen werden kann, dass sie zum anderen jedoch sämtliche Funktionen eines souveränen Staates wahrnimmt. Seit der letzten Regierungsbildung im August 2004 setzt sich die Verwaltung der Regierung aus 19 Ministerien zusammen, die von einem Premierminister, 11 Ministern, einem delegierten Minister und einer Staatssekretärin geleitet werden. Einzelne Minister leiten mehrere Ministerien: zum Beispiel das Justiz- und Haushalts oder auch das Gesundheitsministerium und das Ministerium für soziale Sicherheit.

Die öffentliche Verwaltung Luxemburgs ist weiterhin gekennzeichnet durch eine zentralistische Struktur, die zur Folge hat, dass sämtliche Gesetzgebungskompetenzen auf der zentralen Staatsebene angesiedelt sind. Unterhalb dieser Ebene stellen die 118 Gemeinden das einzige Prinzip einer territorialen Dezentralisierung dar. Die hierarchische Koordinierung zwischen der zentralen Verwaltung und der lokalen Ebene obliegt drei Distriktskommissaren, die ebenfalls eine Aufsichtsfunktion gegenüber den Gemeinden wahrnehmen.[2] Sie werden vom Großherzog ernannt und unterstehen dem Innenministerium.

Die Entwicklung der Verwaltung und des öffentlichen Dienstes sind durch ein überaus hohes Maß an Kontinuität und Stabilität geprägt. So sind die Grundprinzipien des Rechts des öffentlichen Dienstes nicht nur gesetzlich, sondern auch in der Verfassung von 1868 verankert. In den Artikeln 30, 31, 35 und 110 des Grundtextes wurden grundlegende Merkmale des Beamtenrechts festgeschrieben: die Pflicht zur Ablegung einer Eidesformel[3], Unvereinbarkeitsregeln mit anderen Funktionen und auch, dass Beamte nur auf dem gesetzlich vorge-

---

[1] Die Aussagen dieses Artikels verpflichten nur die Autorin.
[2] Der Stadt Luxemburg kommt insofern ein Sonderstatus zu, als diese unter der direkten Aufsicht des Innenministeriums steht.
[3] „Ich schwöre Treue dem Großherzog, Gehorsam der Verfassung und den Gesetzen des Staates. Ich verspreche, mein Amt mit Rechtschaffenheit, Genauigkeit und Unparteilichkeit zu erfüllen."

schriebenen Weg ihrer Ämter, Ehrenauszeichnungen und Pensionen verlustig erklärt werden können.

Diese Prinzipien tragen, wie das Rechtssystem insgesamt, bis heute Züge des französischen, deutschen und belgischen Rechtes, was sich daraus erklärt, dass das luxemburgische Territorium seit dem 18. Jahrhundert von nicht weniger als vier verschiedenen politischen Systemen (dem französischen, dem belgischen, dem holländischen und dem deutschen) beeinflusst wurde (Conzemius 1994, S. 533). So gehen die Ursprünge einer eigenständigen luxemburgischen Verwaltungtradition erst auf das Jahr 1839 zurück, als im Londoner Vertrag das Großherzogtum zum unabhängigen Staat erklärt wurde.

Diese Tatsache sollte jedoch verwaltungsrechtlich keinen radikalen Bruch mit den bestehenden Traditionen darstellen, wie z.b. die Beibehaltung des komplexen Sprachengebrauchs mit einer starke Vorrangstellung des Französischen zeigt. Diese Situation lässt sich damit erklären, dass Luxemburg vor 1838 eine deutsch- und eine französischsprachige Bevölkerung umfasste (Kramer 1986, S. 233).[4] Bis heute werden alle Gesetze samt den Ausführungsverordnungen in französischer Sprache abgefasst. Das ist bis heute die schriftliche Verkehrssprache in der Verwaltung geblieben, die in der Außenpolitik ausschließlich zu verwenden ist. Jedoch können in Verwaltungsangelegenheiten alle drei amtlichen Arbeitssprachen (Französisch, Deutsch, Luxemburgisch) benutzt werden, und wo ein Verwaltungsantrag in luxemburgischer, französischer oder deutscher Sprache verfasst ist, muss die Verwaltung, „soweit wie möglich", in der gleichen Sprache antworten.

Das öffentliche Dienstrecht basiert in Luxemburg in seinen Grundzügen auf dem Statut von 1979[5], dessen Leistung darin zu sehen ist, einheitliche Regeln mit Bezug auf die Zugangsbedingungen zum öffentlichen Dienst, die Arbeitsbedingungen insgesamt und die sozialen Rechte in einem einzigen Rechtstext festgeschrieben zu haben. Diese Beamtencharta orientiert sich neben dem deutschen und französischen Dienstrecht auch am „Statut des europäischen Dienstes" des Europarates, welches zwischen 1963 und 1967 ausgearbeitet wurde. Vor dem Erlass dieser grundlegenden Charta waren die Rechte und Pflichten des luxemburgischen Beamten erstmals in einem Gesetz von 1872 geregelt worden, das sich ebenfalls an französische, belgische und deutsche Vorlagen anlehnt. Zu den bis heute geltenden Grundprinzipien des öffentlichen Dienstes gehören vor al-

---

[4] Der Sprachengebrauch in der Verwaltung stellte sich damals wie folgt dar: Während das Französische unbestritten die Sprache der amtlichen Sphäre war, wurde das Deutsche benutzt, um dem einzig rechtsgültigen französischen Text eine für die Bevölkerung bestimmte Fassung an die Seite zu stellen.

[5] Gesetz vom 16. April 1979 über das Statut der Staatsbeamten, welches jedoch in den Folgejahren mehrmals modifiziert wurde (www.legilux.public.lu).

lem: die Lebenszeiternennung, die Unkündbarkeit, Beförderung und Entlohnung gemäß des Senioritätsprinzips, die Pflicht zu Unabhängigkeit und Neutralität in der Amtsausübung, die Pflicht zur Disponibilität, das Prinzip der Amtsverschwiegenheit, die Rechte auf Unversehrtheit, die Zugehörigkeit zu einem spezifischen Sozial- und Pensionssystem sowie ein besonderes Disziplinarrecht.

Das luxemburgische System des öffentlichen Dienstes ist – wie die öffentlichen Dienste seiner drei Nachbarstaaten – als ein klassisches Karrieresystem zu definieren, welches in den meisten südlichen Mitgliedsstaaten der EU, wie in Spanien, Portugal und Griechenland, vorzufinden ist. Im Unterschied zum Positionssystem, das vor allem in Großbritannien, den Niederlanden und in den skandinavischen Staaten gegeben ist und in welchem die Arbeitsbedingungen von öffentlichem und privatem Sektor oftmals nur geringe Unterschiede aufweisen, unterscheidet das Karriere- oder Laufbahnsystem strikt zwischen öffentlich-rechtlichem Dienstrecht und privatrechtlichen Dienstverhältnissen. Luxemburg ist der Staatengruppe zuzuordnen, deren öffentlicher Dienst starke Züge eines klassischen Karrieresystems aufweist und dem Beamten eine besondere und oftmals prestigeträchtige Stellung in der Gesellschaft zukommt. Eine vergleichende Analyse von Verwaltungsreformen in den EU Mitgliedsstaaten zeigt, dass Karrieresysteme insgesamt verhaltener auf die Einführung eines stärker leistungsbetonten Managements und auch flexiblerer Arbeitsbedingungen reagieren als Positionssysteme (Bossaert/Demmke 2002, S. 19 ff.).

2   Die Personalressourcen des öffentlichen Dienstes

Ähnlich wie in der deutschen Verwaltung wird auch im luxemburgischen Karrieresystem zwischen mehreren Kategorien von Personal unterschieden. So stehen nicht alle der 21.514 (im Jahre 2006) öffentlich Bediensteten in einem öffentlich-rechtlichen Dienstverhältnis. Bereits in der ersten Hälfte des vorigen Jahrhunderts hatte die rigide Definition dieses Dienstverhältnisses die Schaffung eines flexibleren Angestelltenstatuts erfordert (Conzemius 1994, S. 544). Seitdem ist die Zahl der Angestellten stark angestiegen: zwischen 1970 und 2003 entwickelte sie sich sogar schneller als diejenige der Beamten. In dieser Periode stieg die Zahl der Beamten von 7.934 auf 13.579 (71%) und die Zahl der Angestellten von 931 auf 3.765 (304,4%) (Ministère de la Fonction publique et de la Réforme administrative 2004, S. 39 ff.).[6] Parallel zum Anstieg der Angestellten konnten auch deren Arbeitsbedingungen verbessert werden: Die Angestellten genießen

---

[6] Diese Zahl umfasst ebenfalls die Kategorie der Lehrbeauftragten.

heute in manchen Bereichen ähnliche Rechte wie die Beamten, z.b. bezüglich der Unauflösbarkeit des Arbeitsvertrages in der Regel nach zehn Dienstjahren. Die dritte Kategorie von öffentlich Bediensteten ist die Gruppe der Arbeiter, deren Arbeitsverhältnis durch einen Kollektivvertrag geregelt ist. Deren Zahl erhöhte sich ebenfalls seit 1970 um 13,7%, von 1970 bis 2003 von 2031 auf 2310. Es ist festzustellen, dass sich die Zunahme der öffentlich Bediensteten in Luxemburg prozentual seit den 70er Jahren mit 75,3% stärker entwickelte als im Nachbarstaat Frankreich (56,3%) (Ministère de la Fonction publique et de la Réforme administrative 2004, S. 145; Ministère de la Fonction publique et de la Réforme de l'Etat 2003, S. 25 ff.).[7] Eine Betrachtung der Größe des öffentlichen Dienstes in anderen kleinen Mitgliedsstaaten der EU macht deutlich, dass der öffentliche Dienst Luxemburgs nicht überproportioniert ist. So gilt zu bedenken, dass eine effektive Teilnahme am europäischen Integrationsprozess einen Beamtenapparat erfordert, der sich durch einen hohen Grad an Fachkompetenz und analytischen Fähigkeiten auszeichnen muss. Dies erfordert auch entsprechende quantitative Kapazitäten.

Übersicht 1: Der öffentliche Dienst in Kleinstaaten der EU

Staat	Bevölkerungszahl	Größe des öffentlichen Dienstes
Lettland	2,4 Mio.	27.378 (2002)
Estland	1,4 Mio.	20.472 (2001)
Malta	0,4 Mio.	30.839 (2001)
Zypern	0,8 Mio.	32.069 (2000)
Luxemburg	0,4 Mio.	18.934 (2001)

Quelle: Diese Zahlen sind den Antworten eines Fragebogens entnommen, welcher das Europäische Institut für öffentliche Verwaltung an die neuen Mitgliedsstaaten versandte.

Die größte Gruppe innerhalb der Beamtenschaft sind die Bediensteten des Bildungssektors, die im Jahre 2005 47% der Beamten darstellten, während sie gleichzeitig die größte Zuwachsrate verzeichneten. Im Jahre 1970 kam den in der allgemeinen Verwaltung beschäftigten Beamten noch die größte Bedeutung zu: diese haben heute nur mehr einen Anteil von 36%. Der Anteil der Justizbeamten ist prozentual leicht angestiegen, während der Anteil der Armee- und Polizeikräfte leicht abgenommen hat. Insgesamt setzt sich der öffentliche Dienst Luxemburgs zum überwiegenden Teil aus Beamten zusammen, die nach dem Le-

---

[7] Anzahl der Bediensteten in Luxemburg: 1970: 10.896; 2002: 19.102. Anzahl der Bediensteten in Frankreich: 1969: 3.200.000; 2002: 5.002.619.

benszeitprinzip eingestellt sind, gleich ob es sich um den Pförtner im Staatsministerium, den Lehrer oder den Verwaltungsdirektor handelt.

Übersicht 2: Entwicklung der öffentlichen Beschäftigungsverhältnisse in Luxemburg

	1970	1995	2005
Allgemeine Verwaltung*	3819 (48%)	4235 (38%)	5018 (35%)
Justiz	171 (2%)	296 (3%)	444 (3%)
Polizei- und Streitkräfte	1011 (13%)	1402 (13%)	1807 (13%)
Bildungssektor**	2558 (32%)	4931 (44%)	6667 (47%)
Kultus	364 (5%)	221 (2%)	276 (2%)
Spezielle Funktionen	11 (0%)	13 (0%)	16 (0%)

*Seit dem 1. Januar 1993 umfasst diese Zahl nicht mehr die Beschäftigten des Postwesens und des Versicherungskommissariats.
**Diese Zahl beinhaltet die nicht-unterrichtenden Beamten des Bildungssektors.
Quelle: Ministère de la Fonction publique et de la Réforme administrative 2004, S. 39 ff.

Ein Vergleich mit anderen EU-Mitgliedsstaaten macht deutlich, dass der Anteil der öffentlich Bediensteten an der gesamten aktiven Bevölkerung (Luxemburger, Grenzgänger und nicht-luxemburgische Arbeitnehmer) mit 6,7% recht niedrig ist.[8] Allerdings muss man hinzufügen, dass der gleiche Prozentsatz 21% beträgt, wenn man nur die aktive luxemburgische Bevölkerung in Betracht zieht.

Übersicht 3: Anteil des öffentlichen Dienstes an der Gesamtbevölkerung

Luxemburg	21, 09% (2003)
Frankreich	21,3% (1997)
Spanien	15,2 (1999)
Deutschland	12,3% (1999)
Italien	15,2% (1999)
Niederlande	12,2% (1999)
Großbritannien	12,6 (1999)

Quelle: OECD, Public Management Service, Paris 2001.

---

[8] Im Berechnungsjahr 2003 betrug die Gesamtzahl der aktiven Bevölkerung 290.642, während die aktive luxemburgische Bevölkerung nur 93.182 Arbeitnehmer umfasste. Die Gesamtzahl der öffentlich Bediensteten (Beamte, Angestellte, Arbeiter) umfasste 19.654 Arbeitnehmer. Diese Zahlen sind den Berichten des luxemburgischen statistischen Amtes (STATEC) entnommen.

3   Der öffentliche Dienst und der europäische Integrationsprozess

Die Mitgliedschaft Luxemburgs in der Europäischen Union hat Auswirkungen auf die öffentliche Verwaltung und den öffentlichen Dienst. Zu den wichtigsten Verpflichtungen zählen insbesondere die zeitgerechte Umsetzung der EU-Gesetzgebung, die Übernahme und Integration der Rechtsprechung des europäischen Gerichtshofes und das Management der EU-Präsidentschaft. Darüber hinaus erfordert die effektive Teilnahme an den verschiedenen Phasen des EU-Gesetzgebungsprozesses, der zu einem wesentlichen Teil in den etwa 350 Komitees und Arbeitsgruppen des Rates stattfindet, das Vorhandensein einer entsprechenden Zahl von Beamten mit den entsprechenden Fach-, Verhandlungs- und Sprachkompetenzen.

Mehr noch als für den öffentlichen Dienst Frankreichs oder Deutschlands bedeutet die aktive und engagierte Teilnahme am europäischen Integrationsprozess für den überschaubaren luxemburgischen öffentlichen Dienst eine große Herausforderung. Es sind vor allem die langjährige Erfahrung des Gründungsmitglieds Luxemburgs, die kontinuierlichen Kontakte mit den EU-Institutionen wie auch einige besondere Merkmale, welche die heutige Praxis bestimmen. Zu den spezifischen Eigenschaften des öffentlichen Dienstes, welche auch nicht ohne Einfluss auf den EU-Entscheidungsprozess blieben, zählen:

Die vergleichsweise flachen Hierarchien, welche die Kommunikations- und Entscheidungswege wesentlich verkürzen und gute Voraussetzungen für einen schnellen Informationsfluss schaffen. Direkte Absprachen zwischen Beamten, die ein bestimmtes EU-Dossier bearbeiten, und dem zuständigen Minister sind gängige Praxis. Die „Familiarität" der professionellen Beziehungen innerhalb der Verwaltung hat zu einem ausgeprägt informellen Umgangsstil in der Beamtenschaft geführt, und dies trotz der vorherrschenden legalistischen Kultur, die durch einen streng hierarchischen Verwaltungsaufbau gekennzeichnet ist. Die interministerielle Zusammenarbeit ist geprägt von einen pragmatischen Arbeitsstil, was sich zum Beispiel darin zeigt, dass es im Bereich der Koordinierung von EU-Politiken im Unterschied zu den meisten anderen EU-Mitgliedsstaaten fast keine formellen, regelmäßig tagende Gremien der Konsultation und gegenseitigen Abstimmung gibt.

Die Bedeutung informeller Netzwerke basiert darauf, dass wenigstens auf der Ebene der hohen Beamten, deren Zahl die 100 nicht überschreiten dürfte, fast „jeder jeden kennt". Die weitgehend in einer „intimen" Arbeitsatmosphäre stattfindenden Entscheidungsprozesse zwischen einer begrenzten Anzahl von Akteuren minimiert Koordinierungskosten im Vergleich zu relativ großen Verwaltungen.

Es dominiert der „Generalist", der in der Mehrzahl der Fälle über einen juristischen Abschluss verfügt und sich rasch in neue Themenbereiche einarbeiten
kann. Der luxemburgische öffentliche Dienst zeichnet sich im Vergleich zu den
öffentlichen Diensten der größeren Nachbarstaaten durch einen weit geringeren
Grad an technischer Spezialisierung in den einzelnen Politikfeldern aus.

Das luxemburgische Außenministerium, welches zirka 206 öffentlich Bedienstete beschäftigt, kann nicht den gleichen Überblick und die gleiche Expertise aufweisen wie z.b. der französische *Quai d'Orsay* mit seinen zirka 9.800
Beschäftigten (Thorhallson 2004, S. 63). Dies kommt in der viel begrenzteren
geographischen Ausdehnung der luxemburgischen diplomatischen Außenvertre-
tungen zum Ausdruck. Diese geringere Anzahl hat zur Konsequenz, dass sich
das Großherzogtum bei ökonomischen Fragen an belgische Vertretungen und bei
sonstigen Angelegenheiten an die niederländischen Vertretungen wendet. Im
militärischen Bereich macht die Größe der luxemburgischen Armee mit ihren
340 Rekruten und 100 Zivilisten auch deren Integration in die belgischen Strukturen notwendig.

Die begrenzten Ressourcen haben in Luxemburg zu einer Prioritätensetzung
in der Europapolitik geführt, die sich vor allem durch die Konzentration auf die
vitalen ökonomischen Interessen wie die Bereiche Finanz-, Medien- und Steuerpolitik ausdrückt. Nach dem Willen des nationalen Wirtschafts- und Sozialrats
sollte das mittelfristige Ziel der luxemburgischen Europapolitik auch in der Entwicklung einer pro-aktiven Strategie bestehen, nach welcher Fragen von nationalem Interesse möglichst früh im EU-Entscheidungsprozess zu identifizieren sind
und die es dann bei den europäischen Institutionen wie der Kommission einzu-
bringen gilt (Conseil économique et social 2004, S. 6).

4   Verwaltungsmodernisierung: Tendenzen und
Entwicklungsperspektiven

Die öffentlichen Dienste der meisten EU-Mitgliedsstaaten wurden seit den 80er
Jahren unter dem Druck der knapper werdenden öffentlichen Finanzen, der zunehmenden Europäisierung und Internationalisierung sowie der Ausbreitung der
New Public Management – Philosophie zum Teil grundlegend reformiert. Diese
Reformen betrafen einerseits die Organisationsstruktur der Verwaltungen und
das Management der Personalressourcen, andererseits das Management der Finanzen. Ein vorrangiges Ziel bestand darin, die Effizienz, Effektivität und Produktivität durch ein stärker ziel- und leistungsorientiertes Management zu optimieren. Ein weiterer wichtiger Aspekt betraf die Errichtung einer moderneren,
stärker bürgerorientierten Verwaltung und die Einführung von neuen Informa-

tionstechnologien und auch Bürgercharten, deren Ziel es ist, die Qualität der öffentlichen Dienstleistungen zu verbessern. Obwohl sich die einzelnen Reformen je nach Verwaltungskultur, vorherrschendem Verwaltungssystem (Karriere- bzw. Positionssystem), politischem und finanziellem Kontext stark unterscheiden, ist es möglich, einige gemeinsame Tendenzen festzustellen. Auf der organisatorischen Ebene besteht ein Trend, öffentliche Dienstleistungen, die einen stärker operationellen Charakter aufweisen, mit dem Ziel eines flexibleren und weniger bürokratischen Managements in finanziell und personalpolitisch unabhängige Agenturen auszulagern. Im Personalwesen ist die Entwicklung in dem letzten Jahrzehnt durch den Trend von einer einheitlichen Personalverwaltung hin zu einer stärkeren Flexibilisierung bei gleichzeitiger Berücksichtigung der individuellen Leistungen und Kompetenzen gekennzeichnet. Dazu werden Instrumente einer leistungsorientierten Beförderung und Bezahlung, eines objektiven Evaluationssystems und einer Übertragung von mehr Verantwortung auf den einzelnen Beamten eingeführt.

Im Vergleich zu den meisten anderen EU-Mitgliedsstaaten haben allerdings Ansätze eines stärker leistungsorientierten Managements bisher kaum Eingang in den luxemburgischen öffentlichen Dienst gefunden. Die in den letzten Jahrzehnten getätigten Änderungen beim Beamtenstatut beinhalten hauptsächlich Maßnahmen zur Verbesserung der Arbeitsbedingungen: die gesetzliche Festschreibung der Teilzeitarbeit, der Telearbeit, der Mitarbeitergespräche, der Gleichheitsbeauftragten oder auch des ganztags beschäftigten Arbeitsmediziners. Weitere wichtige Modernisierungsschritte im Bereich der Organisation des öffentlichen Dienstes betrafen die Einführung des Ombudsmannes als wichtigem Vermittler zwischen Bevölkerung und Verwaltung im Jahre 2003 und die weit reichende Reform des Disziplinarrechts, welche unter anderem die stärkere Verrechtlichung des bisher nur konsultativen Disziplinarrates vorsieht. Nicht zu vergessen ist ebenfalls die Einführung von arbeitsrechtlichen Maßnahmen, die eine bessere Vereinigung von Familien- und Berufsleben für Frauen und Männer vorsehen. Manche dieser Maßnahmen wurden durch das Gesetz vom 19. Mai 2003 eingeführt, welches darauf abzielte, das Beamtenrecht den gesellschaftspolitischen Entwicklungen anzupassen.

Trotz wichtiger Reformschritte wie der Erleichterung der Mobilität zwischen öffentlichem und privatem Sektor ist zu beobachten, dass die Verwaltung des Staatspersonals bisher kaum von moderneren Praktiken im Bereich der Personalressourcen berührt wurde. Insgesamt ist festzustellen, dass die Ideen des New Public Management, die einerseits eine engere Anlehnung des öffentlichen Sektors an die im privaten Sektor angewandten Managementtechniken vorsehen, wie andererseits auf ein besseres Preis-Leistungsverhältnis abzielen, wenig Akzeptanz in Luxemburg gefunden haben. Die Gründe für diese geringe Resonanz wie auch für das bisherige Fehlen einer umfassenden Verwaltungsreform dürften mehrere sein:

Karrieresysteme wie das französische, das deutsche, das belgische oder auch das luxemburgische reagieren verhaltener auf die marktorientierten Leitbilder des New Public Managements im Vergleich zu den vom angelsächsischen Modell geprägten politischen Systemen. In den skandinavischen Staaten gibt es im Bereich des generellen Managements und der Arbeitsbedingungen oftmals kaum mehr Unterschiede zwischen öffentlichem und privatem Sektor. Dies hat neben den unterschiedlichen Verwaltungskulturen und -traditionen auch damit zu tun, dass die rechtlichen Hindernisse in Karrieresystemen aufgrund der legalistischen Ausrichtung insgesamt höher sind als z.b. in Großbritannien. Daneben gibt es auch Gründe, die auf den spezifisch luxemburgischen Kontext zurückzuführen sind. Es darf nicht übersehen werden, dass die öffentlichen Finanzen, die in der Mehrzahl der Staaten Hauptauslöser für die Verwaltungsreform waren, im Großherzogtum immer noch vergleichsweise stabil sind. Der Handlungsdruck zur Erzielung nach höherer Effizienz und Produktivität ist dementsprechend geringer als in vielen anderen Staaten, deren wirtschaftliche Prosperitätskurve weitaus ungünstiger verlief und verläuft. Weitere wichtige Gründe sind die Existenz einer mächtigen Beamtenlobby, die tief verwurzelte Tradition des klassischen Karrieresystems und die „status-quo-orientierte" und wenig experimentierfreudige politische Kultur des Landes.

Doch trotz der hohen Kontinuität und Stabilität werden sich der öffentliche Dienst und die öffentliche Verwaltung Luxemburgs in Zukunft einigen grundlegenden Herausforderungen stellen müssen: Die Anpassung an den Europäisierungsprozess der nationalen öffentlichen Dienste ist eine EU weite Herausforderung und Aufgabe. Obwohl die EU bis heute keine Kompetenzen im Bereich der Organisation der öffentlichen Dienste in den Mitgliedsstaaten innehat, bedeutet dies nicht, dass sie keinen Einfluss auf das öffentliche Dienstrecht ausüben würde. Dies wird deutlich am Einfluss des Sekundärrechts der EU auf die Beschäftigungs- und Arbeitsbedingungen der öffentlich Bediensteten. Hier handelt es sich vor allem um Richtlinien[9], welche die Arbeitszeit der Arbeitnehmer allgemein regeln, welche die Herstellung der Gleichheit zwischen Mann und Frau im Arbeitsleben beinhalten oder welche die Koordination der Sozialversicherungssysteme regeln (Bossaert/Demmke 2002, S. 86). Diese EU-Rechtsakte sind alle unmittelbar anwendbar auf die nationalen öffentlichen Dienste. Weitere Beispie-

---

[9] Die folgenden Richtlinien beziehen sich auf die Beschäftigten des öffentlichen Dienstes: im Bereich der Arbeitszeit Richtlinie 93/104/EG; 96/34/EG, 97/81/EG; im Bereich der Arbeitsverträge 1999/70/EG; im Bereich der Dienstleistungsverträge 92/50/EWG; im Bereich der Arbeitsbedingungen 89/391/EWG; im Bereich des Gleichheitsprinzips 2000/43/EG; 2000/78/EG.

le eines direkten Einflusses von EU-Sekundärrecht sind die sich meist aus Rechtsakten ergebenden Verpflichtungen zur Errichtung spezifischer Kontrollbehörden, wie z.B. im Bereich der Telekommunikation und der Postdienste. Nicht zu vergessen sind auch die europäischen Bestimmungen im Bereich des öffentlichen Auftragswesens, deren Grundsätze von den nationalen Verwaltungen zu beachten sind.

Diese relevanten Einflüsse des europäischen Integrationsprozesses erfordern von den Entscheidungsträgern eine kontinuierliche rechtliche Anpassung an europäische Gesetzgebung und Rechtsprechung. Eine besondere Herausforderung für die luxemburgische Verwaltung stellt die Öffnung des öffentlichen Dienstes für andere EU-Bürger dar. So sieht die enge Auslegung von Artikel 39 EGV über die Freizügigkeit der Arbeitnehmer in der EU durch den Europäischen Gerichtshof in Paragraf 4 vor, dass die Beschäftigung in den nationalen öffentlichen Diensten nur insofern auf eigene Staatsangehörige beschränkt werden kann, als sie in Verbindung mit der Ausübung hoheitlicher Befugnisse und mit der Verantwortung für die Wahrung der allgemeinen Belange des Staates[10] stehen. Schätzungen zufolge unterliegen heute 60 bis 90% der Stellen im öffentlichen Dienst dem Freizügigkeitsgebot des Artikels 39 EGV (Polet 1999, S. 21).

Der Zugang von anderen EU-Staatsangehörigen zum öffentlichen Dienst ist in Luxemburg wie auch in anderen EU-Mitgliedsstaaten, die ein Karrieresystem aufweisen, ein ausgeprägt sensibles Thema, da der Anteil von anderen EU-Bürgern an der Gesamtbevölkerung mit zirka 34% außerordentlich hoch ist. Dennoch scheinen eine weitere Öffnung des öffentlichen Dienstes sowie die Einführung eines Konzeptes zur Definition von Stellen, welche von der Ausübung hoheitlicher Befugnisse gekennzeichnet sind, unumgänglich, wenn die aktuelle Rechtsprechung des Europäischen Gerichtshofes beachtet werden soll. Die weitere erfolgreiche Teilnahme Luxemburgs am europäischen Integrationsprozess erfordert ebenfalls eine Anpassung des internen Managements an wachsende Ansprüche des sich vertiefenden Integrationsprozesses. Angesichts der hohen Zahl an Vorschlägen für EU-Rechtsakte, welche die Europäische Kommission regelmäßig an die Hauptstädte weiterleitet und welche sich durch sektorenübergreifende Inhalte[11] auszeichnen, wird eine optimierte horizontale Kommunikation zwischen den verschiedenen Ministerien immer wichtiger für die effektive Koordinierung und Vorbereitung von Verhandlungen auf EU-Ebene. Diese ist auch eine wichtige Voraussetzung für eine zeitgerechte Umsetzung von europäischer Gesetzgebung. Umgekehrt kann sich eine defizitäre Koordinierung zwischen den

---

[10] EUGH, Rs. 149/1979, Kommission gegen Belgien.
[11] Diese Interdependenz zeigt sich vor allem darin, dass z.B. Agrarfragen immer mehr auch Umweltfragen hervorrufen, die wiederum auch mit Haushaltsfragen zusammenhängen.

Ministerien negativ auf die Wahrnehmung von nationalen Interessen auf der europäischen Ebene auswirken, wie z.b. durch die Nichtbeachtung wichtiger sektoraler Interessen.

Zum anderen dürfte eine dynamische Anpassung an neue Entwicklungen im Bereich der Verwaltungsmodernisierung auch in Luxemburg unumgänglich sein. In den letzten Jahrzehnten hat sich das Arbeitsumfeld der öffentlich Bediensteten in den europäischen Verwaltungen grundlegend gewandelt. Es ist vielseitiger und komplexer geworden infolge der zunehmenden Bedeutung neuer Informationstechnologien wie auch der Internationalisierung und des europäischen Integrationsprozesses. Es gibt kaum mehr einen Bereich der Innenpolitik, welcher nicht von europäischen Entwicklungen tangiert wird. Ein wichtiges Aufgabenfeld der nationalen Beamten besteht inzwischen darin, gemeinsam mit europäischen Beamten Maßnahmen in den Bereichen des Binnenmarktes, der Agrar- und der Umweltpolitik auszuhandeln und dabei auch Vorentscheidungen zu treffen. Neben den üblichen Fachkenntnissen, wie dem Verfassen von Gesetzesvorschlägen oder der politischen Beratung, erfordert diese Tätigkeit Verhandlungsgeschick, Artikulationsvermögen, soziale Kompetenzen, Fähigkeiten im *networking* mit der Beamtenschaft der EU und anderer EU-Staaten sowie solide Kenntnisse mindestens zweier Sprachen. Gute Englischkenntnisse werden immer wichtiger als Folge der zentralen Bedeutung der englischen Sprache in den meisten Arbeitsgruppen.

Eine weitere Entwicklung betrifft die tägliche Arbeitsbelastung der Beamten, die im Vergleich zu den 70er Jahren zugenommen hat. Europäisierung, Internationalisierung, neue Techniken, das Streben nach einer stärker bürgerorientierten Verwaltung und die sich verschlechternde Lage der öffentlichen Finanzen haben das Berufsbild des Beamten in der Mehrzahl der europäischen Staaten erheblich verändert. Während vor einigen Jahrzehnten vor allem dessen ausführende Tätigkeit im Mittelpunkt stand, muss der karriereorientierte Beamte heute zugleich ein Experte in seinem Arbeitsbereich, ein Vermittler zwischen Verwaltungs- und Bürgerinteressen, ein guter Manager, ein geschickter, redegewandter Verhandler sowie ein loyaler Mitarbeiter sein.

Die wachsenden Ansprüche an das Profil des modernen Beamten wie auch die sich verändernden Staatsaufgaben können nicht ohne Auswirkungen auf Struktur und Organisation des öffentlichen Dienstes bleiben. Gefordert ist ein fortschrittliches Personalmanagement, das diese Entwicklungen angemessen berücksichtigt. In der Mehrzahl der EU-Mitgliedsstaaten ist eine Tendenz hin zu einer Personalpolitik feststellbar, die nicht mehr nur das Personal verwaltet, sondern die sich dadurch auszeichnet, dass sie die Leistungen und Kompetenzen der einzelnen Beamten durch die Einführung einer ausgeprägteren Evaluationskultur

sowie durch eine gezielte Weiterbildungspolitik besser berücksichtigt und fördert. Die Entwicklung einer neuen Strategie im Bereich der Personalressourcen
bildet nach dem letzten Koalitionsabkommen der luxemburgischen Regierung
auch einen Schwerpunkt der folgenden Legislaturperiode (Gouvernement du
Luxembourg 2004, S. 60 ff.). Neben einer größeren Verantwortlichkeit der einzelnen Verwaltungen und Ministerien wird ebenfalls eine verstärkte Mobilität
innerhalb der Verwaltung sowie eine klarere Definition der Rolle und der Aufgaben des Staates angestrebt. Ein weiterer Schwerpunkt ist die stärkere Nutzung
der neuen Informationstechnologien, welche insgesamt darauf abzielt, die öffentliche Verwaltung bürger- und unternehmensfreundlicher zu gestalten. Weiterhin
wird angestrebt, die Modernisierung der öffentlichen Verwaltung stärker in Richtung Qualitätsorientierung zu fördern: durch die Nutzung von Qualitätsbewer-
tungssystemen wie dem Selbstevaluierungssystem CAF (Common Assessment
Framework) oder anderer Systeme wie dem EFQM (European Foundation for
Quality Management).

Zusammenfassend ist festzuhalten, dass sich der luxemburgische öffentliche
Dienst den neuen Entwicklungen in den Bereichen der Informationstechnologien,
des Personal-, Finanz- und Wissensmanagements mittelfristig kaum entziehen
kann, da diese Trends nicht nur zu einer Effizienz- und Effektivitätssteigerung der
Organisation beitragen, sondern ebenfalls positive Auswirkungen auf die Motiva-
tionssteigerung haben können. Vieles deutet darauf hin, dass die Nachwuchsgene-
ration der Beamtenschaft diesen innovativen Instrumenten offener gegenübersteht
als ihre Vorgänger und dass sie Themen wie die Verbesserung der interministeriellen Mobilität oder eine stärkere Leistungsorientiertheit eher als motivations-
fördernd betrachtet. Ein weiterer Grund, weshalb diese Instrumente erst langsam
Eingang in den kapazitätsbegrenzten öffentlichen Dienst Luxemburgs finden,
besteht auch darin, dass die vor allem von Juristen und Wirtschaftswissenschaft-
lern geprägte Verwaltungskultur bisher kaum das notwendige Fachwissen aufwies, um diese Neuerungen kontextgerecht zu formulieren und für deren Durchsetzung bei den Entscheidungsträgern zu werben. Erst allmählich zeichnet sich
ein Mentalitätswandel ab, was ebenfalls die eher zurückhaltende Beschäftigung
mit dem Thema Verwaltungsreform erklären dürfte. Diese Nachzüglerrolle hat
aber den Vorteil, dass sie Luxemburg vor manchen risikoreichen und kostspieli-
gen Modernisierungsexperimenten bewahrt und Fehlentwicklungen in anderen
Staaten zu Objekten des „Politik-Lernens" macht.

Literatur

Bossaert, Danielle/Demmke, Christoph (2002): Der öffentliche Dienst in den Beitrittsstaaten – Neue Trends und die Auswirkungen des Integrationsprozesses. Europäisches Institut für öffentliche Verwaltung, Maastricht.

Conseil économique et social (2004): Avis sur l'évolution économique, sociale et financière du pays, Luxembourg.

Conzemius, Jean-Paul (1994): Das Recht des öffentlichen Dienstes in Luxemburg, in: Siegfried Magiera/Heinrich Siedentopf (Hrsg.), Das Recht des öffentlichen Dienstes in den Mitgliedstaaten der Europäischen Gemeinschaft, Berlin, S. 531-600.

Gouvernement du Luxembourg (2004): Le programme gouvernemental du 4 août 2004, Luxembourg.

Kramer, Johannes (1986): Gewollte Dreisprachigkeit – Französisch, Deutsch und Lëtzebuergesch im Großherzogtum Luxemburg, in: Robert Hinderling (Hrsg.), Europäische Sprachminderheiten im Vergleich, Stuttgart, S. 229-250.

Ministère de la Fonction publique et de la Réforme administrative (2004): Rapport annuel, Luxembourg.

Ministère de la Fonction publique et de la Réforme administrative (2004): Fonction publique: fait et chiffres 2003, Paris.

Polet, Robert (1999): La Fonction Publique dans l'Europe des Quinze: Réalités et Perspectives, in: Eipascope, 19/2.

Thorhallson, Baldur (2004): Iceland and European Integration, London.

Kommunen im politischen Prozess

Rudolf Müller

Kommunalpolitik im demokratischen Staat bezeichnet die bürgerschaftliche Mitbestimmung und in Grenzen autonome Selbstregulierung der lokalen Angelegenheiten vor Ort. Sie unterliegt den vom Staat gesetzlich geregelten Rahmenbedingungen, wozu neben der Kommunalverfassung in besonderem Maße auch die Finanzbeziehungen zwischen Staat und Kommunen zählen. Ferner spielen für die konkrete Ausgestaltung der Kommunalpolitik Traditionen, Größenverhältnisse, Sozialstruktur und die allgemeine Wirtschaftsentwicklung eine ausschlaggebende Rolle. Kommunalpolitik wirkt ihrerseits gerade in einem kleinen Land wie Luxemburg in vielfältiger Weise auf die Landespolitik ein. Umgekehrt unterliegt sie angesichts der dynamischen Strukturveränderungen besonders in den letzten Jahren einem erheblichen Veränderungsdruck von Seiten des Staates. Kommunalpolitik ist in Luxemburg daher gegenwärtig nicht nur auf lokaler Ebene in Bewegung, sondern auch als Bestandteil des gesamten politischen Systems; erkennbar stehen aktuell Strukturveränderungen auf der politischen Agenda. Dem versucht auch die nachstehende Beschreibung und Analyse der luxemburgischen Kommunalpolitik Rechnung zu tragen, indem schwerpunktmäßig die aktuellen Reformdebatten aufgegriffen werden.

1 Stellung der Gemeinden im Staatsaufbau

Im Unterschied zu flächengroßen Territorialstaaten wie Deutschland und Frankreich ist das Verhältnis zwischen Staat und Gemeinden im Kleinstaat Luxemburg durch die Unmittelbarkeit, das heißt, das Fehlen von Zwischenebenen wie Landkreise oder Departements, gekennzeichnet. Den luxemburgischen Gemeinden sind daher in erheblichem Umfang staatliche Aufgaben übertragen, die in anderen Ländern von solchen Zwischenebenen erledigt werden. Daraus erwächst besonders den kleineren Gemeinden in Luxemburg ein grundsätzliches Funktionsproblem, weil die Erledigung staatlicher Aufgaben tendenziell zu einer Überforderung der begrenzten personellen und finanziellen Ressourcen dieser Gemeinden führt. In der Konsequenz wird deswegen auch in Luxemburg seit Jahrzehnten über eine Reform der Gemeindeebene debattiert, ohne dass bislang mehr als einige freiwillige gemeindliche Zusammenschlüsse zu verzeichnen waren.

Die Heranziehung der luxemburgischen Gemeinden bei der Erfüllung staatlicher Aufgaben korrespondiert mit einer umfassenden staatlichen Aufsicht über die Gemeinden, die von diesen nicht selten auch als „Gängelung" empfunden wird. Ausgeübt wird die staatliche Aufsicht im Falle der Hauptstadt Luxemburg direkt vom Innenministerium, ansonsten von den drei staatlichen Distriktkommissaren in deren jeweiligem Amtsbezirk. Die Unmittelbarkeit der staatlichen Aufsicht lässt – etwa im Unterschied zu Deutschland – den Gemeinden wenig Raum für experimentelle Lösungen, da diese rasch zu landesweiten Präzedenzfällen gemacht werden könnten.

Die Nähe der Gemeinden zum luxemburgischen Staat wird personalisiert in der Unmittelbarkeit des Zuganges der Gemeindebürgermeister zur Regierung, besonders zu den mit der Vergabe von Finanzzuweisungen befassten Ministerien. Nur wer als Bürgermeister ständige und gute Kontakte zur Ministerialbürokratie pflegt und diese bei Bedarf für seine Gemeinde zu aktivieren vermag, kann dauerhaft viel bewegen, das heißt: hohe staatliche Zuwendungen für kommunale Projekte akquirieren. Den Idealfall einer personalen Verflechtung stellt der dem Parlament angehörende Gemeindebürgermeister (député-maire) dar, der als berufsmäßiger Politiker auch für „seine" Gemeinde wirken und dabei seinen Einfluss als Abgeordneter mit dem Bürgermeisteramt geschickt kombinieren kann. In einer ähnlichen, jedoch noch stärker ausgeprägten Weise als etwa in Frankreich stellt der député-maire in Luxemburg das dominante personale Verbindungselement zwischen Staat und Gemeinden dar, auch wenn diese Doppelfunktion in jüngster Zeit beispielsweise von Innenminister Jean-Marie Halsdorf in Frage gestellt wurde.

Nicht verwunderlich ist daher, dass die einflussreiche Gruppe der Bürgermeister in den Parteien zugleich ein wichtiges Personalreservoir für die Besetzung von Regierungsämtern bietet, wie etwa am Beispiel des gegenwärtigen Innen- und des Außenministers ersichtlich ist, die beide als Bürgermeister und Abgeordnete politische Erfahrungen sammeln konnten. Für die Auswahl von Listenbewerbern bei den Parlamentswahlen greifen die Parteien in großem Umfang auf Kandidaten mit kommunalpolitischem Hintergrund und Bekanntheitsgrad zurück. Ein zentraler Pfad der Personalrekrutierung für politische Ämter und Mandate auf nationaler Ebene durch die Parteien beginnt in den Räten der Gemeinden und Städte. Diese stellen insoweit eine unverzichtbare Basis des demokratischen Staatsaufbaus in Luxemburg dar.

Grundlage für die Stellung der Gemeinden im luxemburgischen Staat ist die geltende luxemburgische Verfassung aus dem Jahre 1868 – mit den zwischenzeitlich erfolgten Änderungen und Ergänzungen. Nach Art. 107 der Verfassung sind die Gemeinden autonome Gebietskörperschaften mit eigener Rechtspersönlichkeit und eigenen Organen zur Verwaltung des Gemeindeeigentums und zur

Vertretung der gemeindlichen Interessen. Als repräsentatives Organ der Gemeinde ist der Gemeinderat unmittelbar von den Einwohnern zu wählen. Er beschließt jährlich den Haushalt, erlässt die Gemeindeverordnungen und kann die Gemeindesteuern festsetzen. Als exekutives Organ der Gemeinde fungiert das Bürgermeister- und Schöffenkollegium, dessen Aufgabe in der unmittelbaren Gemeindeverwaltung besteht. Zur praktischen Umsetzung bedient es sich des Gemeindesekretärs und der Gemeindebeamten. Mit dieser Ausgestaltung des Artikels 107 seiner Verfassung geht Luxemburg über das deutsche Grundgesetz hinaus, wo in Artikel 28 das Prinzip der kommunalen Selbstverwaltung garantiert ist. Weitergehende Grundsätze für das kommunale Verfassungsrecht enthalten in der Bundesrepublik Deutschland allerdings regelmäßig die Länderverfassungen. Die detaillierte Ausgestaltung des Kommunalrechts bleibt in Luxemburg ebenso wie in Deutschland einzelgesetzlichen Regelungen vorbehalten. Für Luxemburg grundlegend ist hier das loi communale vom 13. Dezember 1988.

Hinsichtlich ihrer Finanzausstattung können sich die luxemburgischen Gemeinden auf eigene Steuern (Grund- und Gewerbesteuer sowie Hunde- und Vergnügungssteuer) und auf Anteile an staatlichen Steuern stützen. Ferner fließen ihnen Erträge aus Gemeindevermögen sowie Gebühren und Abgaben für kommunale Dienstleistungen zu. Für kommunale Investitionsvorhaben können bei Bedarf Kredite aufgenommen werden. Vom Staat werden allgemeine und zweckgebundene Zuschüsse gewährt. Das Innenministerium überwacht die Aufstellung und Ausführung der kommunalen Haushaltspläne. Aus den kommunalen Haushalten müssen die Gemeindebediensteten, der Ausbau und die Unterhaltung des kommunalen Wegenetzes und der gemeindeeigenen Gebäude sowie die Beteiligung an den sozialen Aufgaben der staatlichen Ebene finanziert werden. Über die Frage der Auskömmlichkeit der kommunalen Finanzausstattung der Gemeinden gibt es in Luxemburg eine anhaltende Debatte. Die Gesamtverschuldung der luxemburgischen Kommunen hat sich nach Angaben des Innenministers von 260 Mio. Euro im Jahre 1990 bis 2002 verdoppelt, liegt aber im Vergleich zu den Nachbarländern immer noch relativ niedrig. Die luxemburgische Regierung sieht dennoch das Wachstum der kommunalen Schulden mit Sorge (Halsdorf 2005/II).

Ähnlich dem deutschen Städte- und Gemeindebund haben sich die luxemburgischen Kommunen im SYVICOL (Syndicat des villes et communes luxembourgeoises) zu einer gemeinsamen Interessenvertretung zusammengeschlossen. Durch SYVICOL werden die luxemburgischen Gemeinden auch in der interkommunalen EuRegio SaarLorLuxRhein der europäischen Großregion SaarLor-Lux-plus vertreten. Die Hauptstadt Luxemburg kooperiert seit 2001 mit Trier, Saarbrücken und Metz im grenzüberschreitenden europäischen Städtenetz Quattropole.

2   Grundzüge und Typologie der Kommunalverfassung

Wenn sich auch das luxemburgische kommunale Verfassungsrecht immer noch erkennbar an seine historisch bedingten französischen und belgischen Vorbilder anlehnt, so hat es doch spezifische Eigenheiten ausgebildet. Im typologischen Vergleich besitzt das luxemburgische Kommunalsystem die größte Ähnlichkeit mit der in einigen deutschen Bundesländern bis in die 90er Jahre praktizierten unechten Magistratsverfassung, allerdings mit einer markanten Abweichung: Während die Magistratsverfassung üblicherweise neben dem Bürgermeister als Magistratsvorsitzenden und Leiter der Kommunalverwaltung noch einen von der Gemeindevertretung gewählten eigenen Vorsitzenden kennt, nimmt der luxemburgische Bürgermeister den Vorsitz sowohl im Schöffenrat als auch im Gemeinderat wahr. Dass in Luxemburg die Mitglieder des Schöffenrates und der Bürgermeister zugleich auch dem Gemeinderat zwingend angehören, gleicht einer der in Deutschland ausgebildeten Variante der Magistratsverfassung – neben der strikten Inkompatibilität.

Gegen eine typologische Zuordnung des luxemburgischen Kommunalsystems zur heute in Deutschland praktizierten Bürgermeisterverfassung spricht besonders deutlich die Bestellung der Bürgermeister durch das Staatsoberhaupt, den Großherzog. Hingegen gilt seit dem Siegeszug der so genannten Süddeutschen Ratsverfassung in den 1990er Jahren in Deutschland die Urwahl des Bürgermeisters durch die Gemeindeeinwohner anstelle der früheren Ratswahl als allgemein üblicher Standard. Dem hat sich Luxemburg bislang ebenso wenig geöffnet wie den sonstigen im deutschen Kommunalverfassungsrecht eingeführten verbindlich direktdemokratischen Elementen wie Bürgerbegehren und Bürgerentscheid. Lediglich durch ein konsultatives Referendum kann der Bürgerwille zwischen den Wahlen in die luxemburgische Gemeindepolitik mittelbar einfließen. Ferner können Schöffenkollegium oder Gemeinderat eine Befragung unter den Gemeindebürgern durchführen lassen. Verbindlich für die Gemeindepolitik sind jedoch allein die Beschlüsse des Gemeinderates und des Schöffen- und Bürgermeisterkollegiums. Das luxemburgische kommunale Verfassungsrecht folgt demnach in seiner bisherigen Entwicklung durchgängig dem Repräsentationsprinzip. Dieses lässt für den luxemburgischen Staat im Verhältnis zu seinen Gemeinden am wenigsten unliebsame Überraschungen erwarten.

Zu den Eigentümlichkeiten des luxemburgischen Kommunalsystems zählt die Berufung der Bürgermeister sowie der Schöffen in den Städten durch den Großherzog sowie der Schöffen in den Gemeinden durch den Innenminister, ohne dass es ein formelles Vorschlagsrecht aus dem Gemeinderat hierzu gäbe. Tatsächlich „unterbreitet die politische Mehrheit aber immer der Obrigkeit ihre Vorstellungen, die dann in der Regel auch vom Großherzog oder dem Innenmi-

nister befolgt werden" (Graas 2005, S. 42). Die obrigkeitsstaatliche Ernennungspraxis der Bürgermeister und Schöffen verweist wiederum auf die Indienstnahme
der Gemeinden durch den Staat, denn Bürgermeister und Schöffen gelten gleichermaßen als kommunale Repräsentanten und Vertreter der Regierung auf lokaler Ebene. Vor Antritt des Bürgermeister- oder Schöffenamtes müssen die dazu
Ernannten einen gesetzlich vorgeschriebenen Eid leisten, dessen Verweigerung
zwingend den Amtsverzicht nach sich zieht.

Die staatliche Ernennungspraxis der Bürgermeister und Schöffen zielt in
den Majorzgemeinden im allgemeinen darauf ab, diejenigen Mitglieder des Gemeinderates mit den meisten Stimmen in solche Ämter zu berufen und damit
vordergründig dem artikulierten Wählerwillen Genüge zu tun. Andererseits bedarf das Bürgermeister- und Schöffenkollegium zur Beschlussfassung etwa über
den Gemeindehaushalt der Mehrheitsbildung im Gemeinderat. Hier kann es zu
nachhaltigen Friktionen kommen, wenn persönlicher Beliebtheitsgrad in der
Wählerschaft und Mehrheitswillen im Gemeinderat einander dauerhaft wider-
streiten. Als Ausweg aus einer solch personalen Funktionskrise in einer Gemeinde bleibt in manchen Fällen nur noch der Rücktritt vom Bürgermeister- oder
Schöffenamt mit anschließender Neuberufung anderer Personen in die Ämter
entsprechend den unter Umständen veränderten Mehrheitsverhältnissen im Gemeinderat. Aus eigener Kraft vermag der Gemeinderat eine derartige „politische
Rochade" im Bürgermeister- und Schöffenkollegium nur mittelbar herbeizufüh-
ren, indem er den vorgeschlagenen Haushaltsplan ablehnt und anschließend die
Absetzung des Schöffenrates fordert. Die Entscheidung darüber verbleibt indes
beim Innenminister.

Die Austarierung der politischen Kräfteverhältnisse zwischen Gemeinderat
einerseits und Bürgermeister- und Schöffenkollegium andererseits gestaltet sich
zwar nicht so sehr vom Rechtsrahmen, wohl aber von der Praxis her recht unterschiedlich zwischen den Proporz- und den Majorzgemeinden. Während es in den
kleinen und mittelgroßen Gemeinden schon aufgrund der durchgängigen Ehren-
amtlichkeit und der geringen Anzahl der Gemeinderäte im Normalfall zu einem
intensiveren Miteinander und auch zum integrativen Wechselspiel von Gemeinderat und Schöffenkollegium kommt, spielt sich die Kommunalpolitik in den
größeren Gemeinden und in den Städten in einem stärker formalisierten Rahmen
ab, bedingt schon durch die größere Professionalisierung und die Hauptamtlichkeit der Mitglieder des Bürgermeister- und Schöffenrates beispielsweise in der
Stadt Luxemburg. Konfliktbesetzte Themen werden somit in den Städten eher
politisiert, in den kleinen Gemeinden dagegen personalisiert. Die aktuelle politische Debatte um eine Reform der kommunalen Ebene in Luxemburg durch eine
deutliche Verminderung der Zahl der Gemeinden oder zumindest durch die Zu-
sammenfassung kleiner Gemeinden in größeren Verwaltungsgemeinschaften

zielt neben einer größeren Effektivität der Kommunalverwaltung auch auf eine
praktische Angleichung der inneren Gemeindeverfassung. Hierzu gehören neben
der Forderung nach einer Mindestgröße von 3000 Einwohnern je Gemeinde, was
zugleich den Wegfall des bisherigen Majorzsystems mit sich bringen würde,
auch die Vorstellungen nach einer generellen Einführung der Hauptamtlichkeit
der Bürgermeister sowie einer verbesserten Stellung der Schöffen und Gemeinderäte hinsichtlich beruflicher Freistellung und finanzieller Entschädigung.

In der Verwaltung spielt vor allem in den kleinen und mittelgroßen Gemeinden mit ehrenamtlichem Bürgermeister- und Schöffenrat der Gemeindesek-
retär eine wichtige Rolle. Daneben gibt es in jeder Gemeinde einen „Einnehmer"
sowie weitere Gemeindebeamte für die unterschiedlichen Aufgabenbereiche wie
Feuerwehr, Sozialdienste, Bauwesen etc.; die Gemeindebeamten werden – vorbehaltlich der ministeriellen Genehmigung – vom Gemeinderat berufen. Hinsichtlich des personellen Umfanges der Gemeindeverwaltungen gibt es wiederum landesweit sehr große Unterschiede je nach Größe der Gemeinde und Ausstattung mit Gemeindeeinrichtungen. Zur gemeinschaftlichen Aufgabenwahr-
nehmung in speziellen Bereichen wie etwa Wasserversorgung, Abfallbeseiti-
gung, Tourismus, Naturschutz und zum Betrieb von überlokalen kommunalen
Einrichtungen wie Krankenhaus, Altenheim, Schwimmbad usw. wurden zahlreiche gemeindliche Zweckverbände (Syndikate) gebildet. Dies erlaubte es auch
den kleineren Gemeinden, bislang ihre Selbstständigkeit zu bewahren, macht andererseits jedoch die Kommunalverwaltung in Luxemburg zunehmend unüber-
sichtlich und kompliziert. Diese vom Staat als unbefriedigend angesehene Entwicklung zu immer mehr Syndikaten ist einer der Ansatzpunkte zur aktuellen
Reformdebatte. Ein weiterer Ansatzpunkt dieser Debatte ist die den Gemeinden
zustehende Planungshoheit, die in der Aufstellung von gemeindlichen Bebau-
ungs- und Entwicklungsplänen konkreten Ausdruck findet. Das Bemühen des
Staates geht nun dahin, die bislang relativ große Eigenständigkeit der Gemeinden
im Planungsbereich durch regionale und sektorale Rahmenpläne einzuschränken,
was notwendigerweise zu einer erheblichen Beeinträchtigung der kommunalen
Autonomie führen muss und daher bei vielen Gemeinderepräsentanten auf wenig
Gegenliebe stößt.

3   Kommunales Wahlrecht und politische Repräsentation

Kommunalwahlen finden in Luxemburg alle sechs Jahre statt. Ihre Bedeutung
geht über die bloße Auswahl kommunaler Repräsentanten in den Gemeinden
weit hinaus und erreicht regelmäßig den Charakter eines landesweiten politischen Stimmungsbarometers für die im nationalen Parlament vertretenen Partei-

en. Entsprechend intensiv und kostenaufwändig werden die Kommunalwahl-
kämpfe geführt. Das besondere Augenmerk von Publizistik und Öffentlichkeit
gilt dabei stets der Hauptstadt Luxemburg, in etwas geringerem Maße auch den
Städten im Süden des Landes, besonders der zweitgrößten Stadt Esch/Alzette. In
den Städten kommt die „Politisierung" der Gemeindewahlen im Wettbewerb der
Parteien um die Mehrheit im Gemeinde- und im Schöffenrat jeweils am stärksten
zum Ausdruck. Das Bürgermeisteramt in der Hauptstadt Luxemburg gehört denn
auch zu den profiliertesten politischen Ämtern überhaupt im Land. Für die
Kommunalwahlen besteht ebenso wie bei den Parlamentswahlen eine Wahlpflicht, durch die eine vergleichsweise hohe, aber nicht hundertprozentige Wahl-
beteiligung herbeigeführt wird. Seit den Kommunalwahlen von 1999 besitzen in
Luxemburg dauerhaft wohnende Ausländer aus den Mitgliedstaaten der Europäischen Union in ihrer Gemeinde das aktive und passive Wahlrecht.

Grundsätzlich unterteilt das luxemburgische Kommunalwahlrecht die Gemeinden in zwei Gruppen: In den größeren Gemeinden und den Städten mit
mehr als 3000 Einwohnern gilt das Proporzsystem, das heißt: dort stellen sich
Parteien und sonstige Gruppierungen mit eigenen Listen zur Wahl. Dem gegenüber gilt in den kleineren Gemeinden das Majorzsystem, wobei sich Einzelbewerber in Konkurrenz zu anderen um ein Mandat im Gemeinderat bemühen.
Dabei benötigten die Kandidaten bis zur vorletzten Kommunalwahl in den Majorzgemeinden für eine erfolgreiche Direktwahl im ersten Durchgang die absolute Mehrheit der Stimmen. Falls auf diesem Wege nicht alle zu vergebenden Rats-
sitze besetzt werden konnten, fand eine Woche nach dem ersten Wahlgang eine
Stichwahl statt; in diesem zweiten Wahlgang reichte dann eine relative Mehrheit
der Stimmen aus, wobei die Bewerber mit den besten Stimmergebnissen gewählt
waren. Des Weiteren konnte es in einer späteren Runde zu Komplementärwahlen
kommen, wenn bei der Stichwahl in einer Gemeinde nicht mehr genügend Kandidaten zur vollzähligen Besetzung des Gemeinderates zur Verfügung standen.
Durch das Wahlgesetz vom 18.2.2003 ist eine Vereinfachung des Wahlverfah-
rens eingetreten, denn es gibt nun keine Stichwahlen mehr; Komplementärwahlen finden unter gewissen Voraussetzungen statt, wenn durch Wohnungswechsel,
Rücktritt oder Todesfall vakant gewordene Ratsmandate in Majorzgemeinden
wieder zu besetzen sind oder wenn in Proporzgemeinden auf einer Liste keine
Ersatzmitglieder mehr zur Verfügung stehen. Wird ein Gemeinderat durch den
Großherzog aufgelöst, müssen innerhalb von drei Monaten Neuwahlen in dieser
Gemeinde durchgeführt werden.

Aufgrund der steigenden Bevölkerungszahlen in Luxemburg ist auch die
Anzahl der Proporzgemeinden angewachsen, so von den Kommunalwahlen 1993
und 1999 zu 2005 von 27 und 32 auf 37. Dennoch sind weitaus die meisten luxemburgischen Gemeinden von ihrer Einwohnerzahl her weiterhin den Klein-

und Mittelgemeinden zuzurechnen, in denen das Majorzsystem praktiziert wird. Für die Einzelbewerber in den kleineren Gemeinden kommt es vornehmlich auf ihren persönlichen Bekanntheits- und Beliebtheitsgrad an. Wer sich dort zur Wahl stellt, muss sich einer ganz persönlichen Bewertung durch das Stimmverhalten der Wählerschaft seiner Gemeinde stellen. Für manche Bewerber kann das im Ergebnis auch eine persönliche Abfuhr im eigenen nahen Wohnumfeld bedeuten. Eine Kandidatur birgt also im Falle des Scheiterns das Risiko einer öffentlichen Bloßstellung des Bewerbers. Dies hat noch zu erörternde Folgen unter anderem für die Berufs- und die Altersstruktur der luxemburgischen Gemeinderäte. Kritische Publizisten in Luxemburg vertreten die Ansicht, dass das Proporzwahlrecht im Prinzip demokratischer sei als das Mehrheitswahlrecht, „weil es minoritären Positionen eine Stimme verleiht, statt die Kirchturmpolitik der Wahlsektionen zu verstärken. Außerdem stellt die parteipolitische Strukturierung der Wählerinteressen einen Fortschritt gegenüber den rein personbezogenen Seilschaften dar" (Hilgert 2005, S. 1).

Bei den letzten Kommunalwahlen am 9. Oktober 2005 traten in den 116 luxemburgischen Gemeinden für die landesweit 1136 zu besetzenden Ratsmandate insgesamt 3195 Kandidaten an. Davon kandidierten 1048 Einzelbewerber für die 661 Ratsmandate in den 79 kleineren Majorzgemeinden, während in den 37 größeren Proporzgemeinden und –städten für die dort zur Wahl stehenden 475 Ratsmandate insgesamt 2147 Bewerber über Listen aufgestellt wurden. Aus diesen Zahlen ergibt sich die Einsicht, dass sich im Vergleich wesentlich weniger Kandidaten dem ganz direkten persönlichen Auswahlverfahren als Einzelbewerber in den kleineren Gemeinden stellten, als dies für die anonymeren Listenplätze in den größeren Gemeinden und Städten der Fall war. Publizistische Beobachter sprechen denn auch von einem im Majorzsystem herrschenden „politischen Darwinismus" (Hansen 2005, S. 1), dem sich offenbar nicht übermäßig viele Interessenten aussetzen wollten. In den kleineren Gemeinden kam es im Anschluss an die Wahl der Gemeinderäte auch bei der Besetzung des Bürgermeisteramtes und der Schöffenräte zur öffentlichen Austragung persönlicher Streitigkeiten – ebenfalls ein Hinweis auf die problematischen Aspekte des reinen Majorzsystems, dem jedoch von seinen Verfechtern eine größtmögliche Bürgernähe nachgesagt wird.

Das Ergebnis der Kommunalwahlen im Oktober 2005 zeigte in der Tendenz landesweit ein sehr uneinheitliches politisches Bild: Die Sozialistische Partei (LSAP) wurde stärkste Kraft in den Proporzgemeinden; vor allem in den Städten des Südens behauptete sie ihre traditionellen Hochburgen und konnte dort Stimmen gewinnen. In der Hauptstadt Luxemburg dominierten die Liberalen (DP) und stellten dort erneut den Bürgermeister. Die Christlich-Sozialen (CSV) konnten ihre Position vor allem im Norden des Landes und in den kleineren Gemein-

den halten, sahen jedoch ihre Erwartungen in der Hauptstadt und im Süden enttäuscht. Als Gewinner der Kommunalwahlen 2005 waren die Grünen (Déi
Gréng) anzusehen; in der Hauptstadt Luxemburg stellten sie in einer Koalition
mit der DP erstmals auch den Schöffenrat. Linke Parteien (KPL und Déi Lénk)
sowie der ADR spielten eine eher marginale Rolle.

Hinsichtlich der Repräsentativität der kommunalen Gemeinderäte wurde in
einer im Dezember 2006 veröffentlichten Studie des Centre Intercommunautaire
festgestellt, dass der idealtypische Kandidat für die luxemburgischen Kommunalwahlen 2005 folgende Merkmale besitzt: männlich, ca. 50 Jahre alt, im öffentlichen Sektor angestellter Besserverdiener mit luxemburgischer Staatsangehörigkeit (Kommunalwahlen 2005). Dies bedeutet im Umkehrschluss eine massive
Unterrepräsentation von in Luxemburg wohnenden Ausländern und des Weiteren
generell von Frauen und jungen Erwachsenen. So waren von den insgesamt 3195
Kandidaten für die kommunalen Mandate in 2005 lediglich 189 Ausländer (=
5,9%); demgegenüber belief sich der Ausländeranteil an der Wohnbevölkerung
in Luxemburg 2005 bereits auf 39%. Wie in der Studie ebenfalls festgestellt
wurde, lassen sich in Luxemburg wohnende und dort wahlberechtigte Ausländer
nur sehr schwer zur Kandidatur für Ratsmandate motivieren. Daraus lässt sich
schlussfolgern, dass in der sehr geringen Ausländerquote bei Gemeinderatskan-
didaten sowohl eine mangelnde Integrationsfähigkeit der etablierten luxemburgischen Parteien als auch eine gering ausgeprägte Integrationswilligkeit der ausländischen Wahlberechtigten ersichtlich wird. Ferner stellt gerade für Ausländer
in den vielen kleineren Gemeinden das Majorzsystem mit Einzelbewerbern eine
besonders große Hürde dar, deren Überspringen zunächst einmal einen langjährigen und intensiven Integrationsprozess in der jeweiligen Wohngemeinde voraussetzt. Etwas leichter zu erreichen ist offenbar die Platzierung von Ausländern
auf den parteigebundenen Listen in den größeren Proporzgemeinden. Doch wurden die wenigsten der aufgestellten Ausländer dann in den Gemeinderat gewählt,
was wiederum das mangelnde Interesse der ausländischen Wählerschaft an den
eigenen Kandidaten widerspiegelt.

Nur 29% der Kandidaten zu den Kommunalwahlen 2005 waren Frauen,
wobei gegenüber den vorangegangenen Kommunalwahlen von 1999 immerhin
ein Zuwachs von 5% registriert wurde. An der luxemburgischen Wohnbevölkerung haben Frauen dagegen einen Anteil von 51%. Weibliche Kandidatinnen
hatten gegenüber ihren männlichen Konkurrenten zudem im Ergebnis einen
unterdurchschnittlichen Wahlerfolg zu verzeichnen: Während rund 40% der
männlichen Bewerber auch tatsächlich gewählt wurden, mussten sich die weiblichen Kandidatinnen mit einer Erfolgsquote von rund 25% bescheiden. Die luxemburgischen Wählerinnen geben nicht unbedingt den weiblichen Kandidatinnen ihre Stimmen.

Schließlich ist bei den Kandidaten zu kommunalen Mandaten insgesamt ein Alterungsprozess festgestellt worden. Dieser Befund lässt sich mit dem fortschreitenden Alterungsprozess der luxemburgischen Gesellschaft insgesamt verknüpfen, verweist aber auch auf das mangelnde Interesse in den jüngeren Generationen an kommunalpolitischer Partizipation. Diese Abseitshaltung könnte sich längerfristig zu einem gravierenden Problem für das Funktionieren der Demokratie auf lokaler Ebene ausweiten.

4 Funktionsprobleme der Kommunen und staatliche Reformansätze

Nachdem zu Beginn der 1970er Jahre eine Gebietsreform auf kommunaler Ebene in Luxemburg weitgehend versandet war, denn es kam damals nur zu vier freiwilligen gemeindlichen Zusammenschlüssen, setzte die aktuelle Reformdebatte tiefer und grundsätzlicher an, nämlich aus Sicht der Landesplanung und Raumordnung. Das staatliche Interesse an einer durchgreifenden Veränderung der kommunalen Strukturen wurde bereits im neuen Landesplanungsprogramm (programme directeur) von 1999 sichtbar. Die noch auf die napoleonische Zeit zurückgehende administrative Einteilung des Landes in 118 Gemeinden, 12 Kantone und drei Distrikte erschien nicht mehr zeitgemäß und sogar hinderlich für eine effektive Verwaltung zur Bewältigung der Zukunftsfragen des Landes. Dementsprechend wurde durch das neue Programm die Erarbeitung von regionalen Entwicklungsplänen für 12 neu zu bildende Planungsregionen, die Konzentration auf ein System der zentralen Orte sowie die Erarbeitung sektoraler Pläne für die Bereiche Verkehr, Umwelt, Naturschutz und ländliche Entwicklung vorgegeben. Dabei sollte die europäische Perspektive in der Großregion SaarLorLux-plus in grenzübergreifender Verzahnung mit den benachbarten Regionen in Deutschland, Frankreich und Belgien mit einbezogen werden (Ministère de l'Aménagement du Territoire 1999).

Seit der Verabschiedung des programme directeur ist die Reformdebatte weiter fortgeschritten, ohne indes schon einen aus staatlicher Sicht befriedigenden Abschluss erreicht zu haben. Mit der Vorlage des integrativen Konzeptes für eine Gebiets- und Verwaltungsreform im Großherzogtum Luxemburg (Concept intégratif pour une reforme territoriale et administrative du Grand-Duché de Luxembourg) eröffnete Innenminister Jean-Marie Halsdorf, CSV, im Frühjahr 2005 eine neue Runde im Bemühen um die Schaffung einer zeitgemäßen Verwaltungsstruktur für das 21. Jahrhundert. Die folgenden Elemente wurden bei der Ausarbeitung dieses Konzeptes zugrunde gelegt:

- eine Analyse der demographischen und ökonomischen Veränderungen in der Entwicklung des Landes während der letzten 20 Jahre,
- eine Betrachtung der Rolle der Gemeinden in der wirtschaftlichen, sozialen und territorialen Entwicklung des Landes,
- die Einbeziehung des programme directeur im Zusammenhang der Raumordnung und Landesplanung,
- die Berücksichtigung des integrativen Verkehrskonzeptes auf der Landesebene,
- die Verflechtungen des Landes in der Großregion SaarLorLux.

Nach zwei Jahrzehnten eines starken ökonomischen Wachstums und einer beträchtlichen Zuwanderung sei Luxemburg an einem Punkt angekommen, wo eine Strukturreform seiner Verwaltung unumgänglich werde, weil man das Staatsgebiet selbst nicht ausdehnen könne, heißt es im analytischen Teil des Konzeptes (Ministère de l'Intérieur et de l'Aménagement du Territoire 2005). Um das erreichte Wohlstandsniveau halten und weiter steigern zu können, müsse es vor allem eine Territorialreform nach den Vorgaben des programme directeur geben. Dazu solle eine „kritische Masse" für die Mindestgröße von Gemeinden bestimmt werden, welche laut Innenminister Halsdorf zwischen 3.000 und 5.000 Einwohnern liegen könnte, womit am Ende einer solchen Reform rund 40 Gemeinden landesweit übrig blieben (Halsdorf 2005/I). Mit dieser Größenordnung könnten die luxemburgischen Kommunen dann auch die gestiegenen Anforderungen an eine moderne kommunale Infrastruktur mitsamt der Beschäftigung von qualifiziertem und spezialisiertem Personal besser entsprechen. Im Interesse der Finanzen und der allgemeinen ökonomischen Entwicklung des Landes müssten die Kommunen dazu angehalten werden, ihren Beitrag zu liefern, heißt es in dem Konzept.

Trotz der eindeutigen Vorgaben hielt die Regierung öffentlich am Freiwilligkeitsprinzip für gemeindliche Zusammenschlüsse fest und vermied bislang eine gesetzlich verfügte Gebietsreform. Zwar sind weitere freiwillige Gemeindezusammenschlüsse avisiert worden, von einer breiten kommunalen Bewegung in diese Richtung kann jedoch keine Rede sein. Als Zwischenlösung auf dem Weg zu mehr gemeindlichen Fusionen sind vom Innenministerium so genannte Verwaltungsgemeinschaften (Communautés de communes) angedacht worden, welche vorübergehend die Selbständigkeit der Gemeinden nach außen bestehen ließen, aber über die Bedeutung von Syndikaten hinausgingen. Auch dieser Vorschlag hat aber noch keine breite Realisierung gefunden.

Ob mit der vornehmlich planungstechnischen Vorgehensweise der Regierung die luxemburgischen Kommunen auf breiter Basis zu einer freiwilligen Kooperation bei der als dringend notwendig erachteten Territorialreform gewonnen werden können, wird die Zukunft zeigen. Skepsis erscheint angebracht, wenn ein Beobachter feststellt: „Die Europatauglichkeit unserer Institutionen gestaltet sich noch schwieriger. Der Wirtschafts- und Sozialrat hatte eine ganze Reihe von Anregungen gemacht, von denen aber keine Einzige Gnade gefunden hat" (Hirsch 2005, S. 1). Die Landespolitik scheint gegenwärtig nicht gewillt zu sein, einen politischen Konflikt mit der kommunalen Ebene zu riskieren und durchzustehen. Angesichts der analysierten Funktionsdefizite kann dies auch als erneuter Beleg für die hohe Bedeutsamkeit der Kommunen und den politischen Einfluss der Kommunalpolitiker im luxemburgischen politischen System gelten.

Literatur

Dauphin, Edmond (1994): Luxemburg. In: Hans-Georg Wehling (Hrsg.), Kommunalpolitik in Europa, Stuttgart, S. 132-142.
Graas, Gusty (2005): Die kommunale Gesetzgebung, Luxemburg.
Hansen, Josée (2005) La vie des autres. In: d'Lëtzebuerger Land, 7.10.2005, S. 2 f.
Hilgert, Romain (2005): Trottuarspolitik. In: d'Lëtzebuerger Land, 9.9.2005, S. 1.
Hirsch, Mario (2005): Institutionelle Reformen angesagt. In: d'Lëtzebuerger Land, 12.8. 2005, S. 1.
Halsdorf, Jean-Marie (2005/I): Interview: „Starke und zukunftsfähige Gemeinden braucht das Land". Jean-Marie Halsdorf au sujet des élections communales d'octobre 2005. In: Luxemburger Wort vom 31.12.2005.
Halsdorf, Jean-Marie (2005/II): Interview: „Professionaliser la fonction de bourgmestre". Jean-Marie Halsdorf au sujet de l'interdiction de cumul des fonctions de bourgmestre et de député. In: „paperJam" vom 20.9.2005, Internetdokument: www. gouvernement.lu/functions/printVersion/index.php.
Kommunalwahlen 2005 – eine Männersache? SESOPI-Studie RED 10 deckt wahltechnische Unverhältnismäßigkeiten auf. In: Luxemburger Journal vom 15.12.2006.
Ministère de l'Aménagement du Territoire (1999): Programme directeur d'Aménagement du Territoire, Luxembourg.
Ministère de l'Intérieur (2004): IVL – ein integratives Verkehrs- und Landesentwicklungskonzept für Luxemburg (Bericht Januar 2004).
Ministère de l'Intérieur (2004): Rapport d'activité, Luxembourg.
Ministère de l'Intérieur (2005): Rapport d'activité, Luxembourg.
Ministère de l'Intérieur et de l'Aménagement du Territoire (2005): Concept integratif pour une Reforme territoriale et administrative du Grand-Duché de Luxembourg.
Müller, Rudolf (1994): Politische Strukturen in Luxemburg. Wie im „Ländchen" Kommunalpolitik funktioniert. In: Trier-Saarburger 1994, Heft 4, S. 18 f.
Ders. (1999): Grenzübergreifende kommunale Zusammenarbeit mit Luxemburg – am Beispiel der Verbandsgemeinde Trier-Land. In: Jahrbuch Kreis Trier-Saarburg 1999, S. 65-70.

IV. Parteien, politische Partizipation und Medien

Parteiensystem, politische Parteien und Wahlen

Patrick Dumont/Fernand Fehlen/Philippe Poirier[1]

1 Programmatische und gesetzliche Voraussetzungen

1.1 Programmatisch-ideologische Rahmenbedingungen

Von 1945 bis heute teilt das Luxemburger Parteiensystem alle Merkmale von Sartoris „moderate pluralism" (Sartori 1976, S. 173). Sämtliche Regierungen dieses Zeitraums bestanden aus Koalitionen, und die zentristische Tendenz des gesamten politischen Feldes begünstigte die am stärksten zentristische Partei (Christlich-Soziale Volkspartei – CSV), welche abwechselnd in Koalition mit den Sozialisten (Lëtzebuerger Sozialistesch Arbechterpartei – LSAP) oder den Liberalen (Demokratesch Partei – DP) regierte. Die geringe ideologische Distanz zwischen den Parteien ermöglichte jedoch das Zustandekommen verschiedener Zweierkoalitionen (CSV-LSAP, CSV-DP, aber auch DP-LSAP von 1974 bis 1979).

Die relativ geringe ideologische Distanz zwischen den Parteien hängt damit zusammen, dass Luxemburg eine Konsensdemokratie (Lijphart 1969, S. 210) ist. Da die Regierungspolitik sich hauptsächlich mit der Umverteilung materieller Ressourcen an Gesellschafts- und Berufsgruppen sowie spezifische Gemeinschaften befasst, beruht der Konsens der gewöhnlich die Regierungskoalitionen bildenden Parteien darauf, dass diese gruppenspezifische Interessen in politische Programme übersetzen und keineswegs darauf, dass sie einen öffentlichen Raum im Arendtschen Sinne (Arendt 1994) darstellen. Diese den Parteien zugeschriebene und von ihnen akzeptierte Funktion wurde mit der zunehmenden Ausweitung der staatlichen Intervention ausgeprägter: „On assiste chez nous à un affaiblissement des structures intermédiaires classiques que sont le parlement et les partis politiques au profit d'autres forums délibératifs où la représentation fonctionnelle supplée la représentation politique. Dans la mesure où ces structures ne présentent

---

[1] Aus dem Französischen von Dominique Schlechter und Ergänzungen von Wolfgang H. Lorig.

pas les mêmes garanties de transparence que l'enceinte parlementaire, le débat
public se voit inévitablement occulté (...)." (Hirsch 1995, S. 71)

Das politische System ist also gekennzeichnet von dem Bemühen der drei
wichtigsten Parteien, als nicht zu sehr ideologiegeleitet zu erscheinen, um ihre
Koalitionsfähigkeit nicht zu gefährden. Da die Kleinheit des Landes die Nähe
zwischen Wähler und Gewählten sowohl verstärkt als auch notwendig macht,
müssen die Parteien dauernd den Abstand zwischen ihren politischen Zielsetzungen und den von ihrem jeweiligen Wahlklientel vorgebrachten sozialen Forderungen im Auge behalten und dabei gleichzeitig eine catch-all-Parteienidentität
anstreben bzw. bewahren (Kirchheimer 1966).

Nichtsdestoweniger strukturierte sich das Parteiensystem in Luxemburg bis
in die 70er und 80er Jahre nach Maßgabe derselben gesellschaftspolitischen und
ökonomischen Konfliktlinien wie in anderen europäischen Ländern auch (Lipset/
Rokkan 1967). Es hat sich im Laufe der Zeit mehr oder minder ausgeprägt und
mit gewissen Anpassungen entlang von vier Konfliktlinien entwickelt, die mit
dem Werden des Nationalstaates und der parlamentarischen Demokratie einhergingen: Kirche vs. Staat, Zentrum vs. Peripherie, Landwirtschaft vs. Industrie
und „Besitzende" vs. „Arbeiter".

Der erste Gegensatz betraf die Parteien, die sich einer säkularisierten Sicht
der Politik verschrieben hatten sowie jene, die ihre Verbundenheit mit der Kirche
bzw. mit der sozialen Botschaft der Kirche betonten. Bis in die siebziger Jahre
des zwanzigsten Jahrhunderts war dies der Hauptgegensatz des politischen Systems von Luxemburg. In dem bis 1919 gültigen Zensus-Wahlsystem stand das
von liberalen Notabeln dominierte Parlament einer sich nahezu hundertprozentig
zur katholischen Kirche bekennenden Bevölkerung gegenüber. Zum Ausdruck
kam dies im Konflikt um das Schulgesetz von 1912 und in der Gründung der
Rechtspartei, der Vorgängerin der CSV, die seit der Einführung des allgemeinen
Wahlrechts das Parlament dominierte. Auch wenn die Zahl der Kirchgänger kontinuierlich abnimmt, bleibt der Einfluss der Kirche durch ihre starke Medienprä-
senz und die in Luxemburg vergleichsweise hohe Akzeptanz von religiösen Werten und Zeremonien erhalten (Legrand 2002). Der langsam aber sicher voran-
schreitende Prozess der Säkularisierung stellt für die Parteien eine Herausforderung dar. Die CSV muss sich immer weiter von ihren kirchlichen Bindungen
emanzipieren, ohne dabei ihre ältere und kirchennahe Wählerklientel zu brüskie-
ren, während die Sozialisten, und in geringerem Maße die Liberalen, eine laizis-
tische Klientel an sich binden möchten und ihre programmatisch-ideologischen
Eigenheiten betonen müssen, ohne sich aber zu sehr auf Themen festzulegen,
die, angesichts der allgemein diffusen Akzeptanz der katholischen Kirche als
einer der Grundpfeiler der nationalen Identität, politisch nicht durchzusetzen
sind.

Ein zweiter Gegensatz brachte auf der einen Seite Parteien hervor, die für eine starke Zentralisierung eintraten und auf der anderen Seite solche, die in einer regionalistischen, autonomistischen oder nostalgisch den alten Territorial- und Staatseinteilungen nachhängenden Sichtweise verharrten. Angesichts der territorialen Kleinheit Luxemburgs war dieser Gegensatz wenig prägend, auch wenn die regionale Frage – insbesondere wegen der Aufteilung in vier Wahlbezirke mit unterschiedlichen ökonomischen wie sozialen Entwicklungen – weiterhin Bestand hat (Fehlen u.a. 2001, S. 9-16).

Der dritte Gegensatz ist fundamentaler als die ideologische Opposition von Parteien und brachte vor allem die sozialen und ökonomischen Entwicklungen zum Ausdruck, die die luxemburgische Gesellschaft im Zuge der industriellen Revolution prägten. So entstand damals ein Graben zwischen sozialen Bewegungen, die für den Schutz und die Modernisierung der Landwirtschaft eintraten auf der einen Seite und Bewegungen sowie Gewerkschaften, die sich bald in Arbeiterparteien wandeln sollten auf der anderen Seite.

Der vierte Gegensatz steht in direktem Zusammenhang mit dem vorherigen und bezieht sich auf die Mobilisierung von gegensätzlichen Klasseninteressen. Nach marxistischer Sicht wären die Arbeiterparteien entstanden, um gegen die Vormachtstellung einer herrschenden Klasse vorzugehen und, umgekehrt, seien die bürgerlichen oder unabhängigen Parteien entstanden, um deren Privilegien zu wahren.

Die Gesamtheit dieser Gegensätze hat ein Vier-Parteien-System geschaffen, das von den 20er bis in die frühen 80er Jahre des 20. Jahrhunderts Bestand hatte. Die Sozialisten, die Liberalen und die Katholiken gaben sich zwischen 1902 und 1914 eine Parteistruktur, während die kommunistische Partei erst 1921 gegründet wurde.

Diese Veränderung machte sukzessive deutlich, dass mehr und mehr Luxemburger einen Wertewandel oder Werteverschiebungen erfahren, wozu u.a. die Themen Gleichheit der Geschlechter, der Umweltschutz, die Respektierung kultureller und sprachlicher Identitäten, aber auch das Bedürfnis nach Sicherheit und individueller Freiheit zu zählen sind. Angesichts des realen oder vermuteten Unvermögens der Parteien, der Gewerkschaften sowie der Kirchen, diese neuen Forderungen aufzugreifen, entstanden neue, plebiszitäre Formen der politischen Partizipation.

Diese neuen politischen Ausdrucksformen, die gleichzeitig eine Form der Entpolitisierung waren, ließen sich bei Sozialbewegungen und Nicht-Regierungsorganisationen, dem Nährboden der neuen Parteien, ausmachen. Diese „stille Revolution" bildet auch die Grundlage für eine neue Spaltung der politischen Formationen in so genannte „postmaterialistische" (die Umweltpartei z.B.) und „materialistische" Parteien (Christdemokraten und Sozialisten). Die letzteren wurden so tituliert, weil sie sowohl als die Depositare des alten, auf Gruppeninteressen beruhenden Gesellschaftsmodells (ob korporatistisch oder gewerkschaftlich ausgerichtet) als auch als die Initiatoren des Sozialstaates galten (Inglehart 1977, 1990).

1.2 Das Wahlsystem und seine politischen Folgen

1.2.1 Parlamentswahlen

60 Volksvertreter werden nach einem Verhältniswahlsystem für 5 Jahre von den Bürgern ab 18 Jahren in die Abgeordnetenkammer (Chambre des Députés) gewählt; es besteht Wahlpflicht[2]. Das Land ist in vier Bezirke oder Wahlkreise eingeteilt (Zentrum, Süden, Norden und Osten), in denen jeder Wahlberechtigte so viele Stimmen hat wie seinem Bezirk Mandate zustehen.

Bis 1954 dauerte eine Legislaturperiode sechs Jahre, wobei die Hälfte der Abgeordnetenkammer – zwei der vier Wahlbezirke – sich jeweils nach drei Jahren wieder zur Wahl stellen musste. Süd- und Ostbezirk sowie Zentrum und Norden bildeten jeweils ein Paar. Vor 1989 wurde die Zahl der Parlamentssitze pro Wahlbezirk an der Gesamtbevölkerung bemessen. Die Verfassungsreform von 1988 begrenzt ihre Gesamtzahl auf 60. Die Aufteilung der Sitze auf die Wahlbezirke wurde per Gesetz festgelegt. Seit 1989 zählt der Süden 23 Sitze, das Zentrum 21, der Norden 9 und der Osten 7. Die Mandatsberechnung erfolgt auf Wahlbezirks- und nicht auf Landesebene nach dem Hagenbach-Bischoff-Verfahren. Diese Form der Mandatsberechnung benachteiligt kleine Parteien und besonders in den zwei kleinen Wahlbezirken.

Dem Wahlberechtigten stehen mehrere Modalitäten der Stimmabgabe zur Verfügung. Er kann seine Stimmen geschlossen einer Partei geben, indem er ein zu diesem Zweck vorgesehenes Kästchen ankreuzt oder schwärzt. Damit erhält jeder Kandidat auf der Liste eine Stimme. Er hat sein Wahlrecht bzw. seine Wahlpflicht erfüllt, auch wenn er, im Falle einer unvollständigen Liste, eine partielle Wahlenthaltung begeht. Er kann aber auch seine Stimmen verteilen, indem er den Kandidaten seiner Wahl mindestens eine oder höchstens zwei persönliche Stimmen gibt. Werden die Stimmen innerhalb ein und derselben Liste verteilt, spricht man von personalisierten Stimmen, werden sie auf mehrere Lis-

---

[2] Das Wahlmindestalter wurde 1972 von 21 auf 18 Jahre herabgesetzt. 2003 wurde die Wahlpflicht von 70 auf 75 Jahre erhöht. Seit 1984 gibt es eine Unvereinbarkeit zwischen dem Mandat im nationalen Parlament und im Europaparlament. Abgeordnete verlieren ihr Mandat, wenn sie in zwei aufeinanderfolgenden Jahren mehr als der Hälfte der Sitzungen fern geblieben sind.

ten verteilt, spricht man von panaschierten Stimmen. Vom Wahlergebnis her ist es nicht möglich, unter diesen zwei Arten der Stimmabgaben zu unterscheiden, deshalb fasst man dieses Wählerverhalten meist unter dem Stichwort Panaschieren zusammen oder man spricht von panaschierten oder persönlichen Stimmen. Seit 1974 wird das Wahlverhalten des Panaschierens im Auftrag der Kammer aufgrund einer Stichprobe von Originalwahlzetteln untersucht.[3]

Übersicht 1:   Listenstimmen und persönliche Stimmen: Entwicklung von 1974-2004 in Prozent

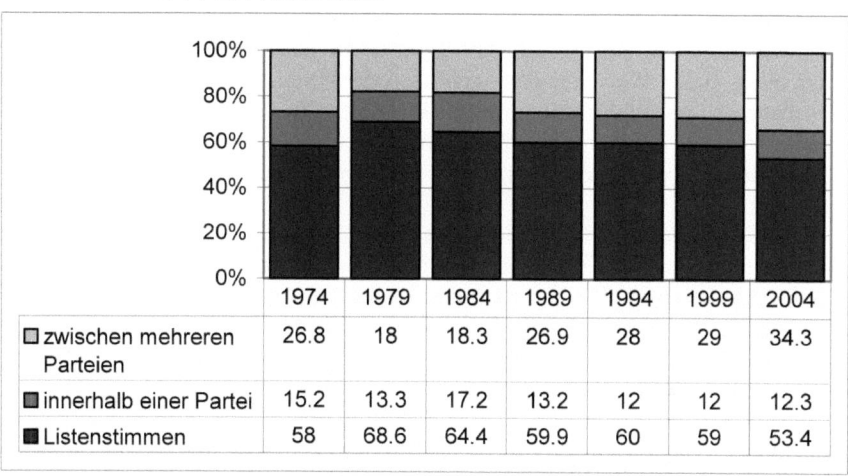

	1974	1979	1984	1989	1994	1999	2004
☐ zwischen mehreren Parteien	26.8	18	18.3	26.9	28	29	34.3
▨ innerhalb einer Partei	15.2	13.3	17.2	13.2	12	12	12.3
■ Listenstimmen	58	68.6	64.4	59.9	60	59	53.4

Quelle: CRISP (1974-1994) STADE (1999; 2004)

Wie die Übersicht 1 zeigt, hat die Listenwahl seit 1979 abgenommen. Von 68,6% im Jahre 1979 zu 59,9% (1989). Seitdem bleibt sie aber in etwa konstant. Das Panaschieren zwischen den Listen nimmt jedoch weiterhin zu.

Bei der Aufstellung der Listen gibt es keine politische, sondern meist eine rein alphabetische Rangordnung, höchstens wird ein Spitzenkandidat oder, bei den Grünen, gleichermaßen eine Spitzenkandidatin und ein Spitzenkandidat hervorgehoben. Auch findet man Listen, die jeweils Männer und Frauen alternierend aufführen. Die Demokratische Partei hat als erste 1974 einen Spitzenkandidaten aufgestellt. Da die panaschierten und personalisierten Voten bestimmen, welche Kandidaten ins Parlament einziehen, haben die Parteien weniger Einfluss

---

[3] Von 1974 bis 1994 wurde diese Wahlanalyse vom belgischen Centre de recherche et d'information socio-politiques durchgeführt (CRISP 1987). Seit 1999 hat STADE – Unité de recherche interdisciplinaire sur le Luxembourg diese Aufgabe übernommen (Fehlen u.a. 2001).

auf die personelle Zusammensetzung ihrer Parlamentarier als in den meisten anderen Ländern mit Listensystem. Auch kann die Zahl der personalisierten und panaschierten Stimmen für den Wahlausgang entscheidend sein.

Die Parteien, die bei den Wahlen von 2004 die Landes- oder Europawahlen gewonnen bzw. Sitze dazu gewonnen haben (CSV und Déi Gréng), weisen zwei gemeinsame Merkmale auf: Die Erstplazierten ihrer Listen vereinigen die meisten persönlichen Stimmen auf sich und bekommen mehr Listenstimmen als in der vorangegangenen Wahl. Diese Stimmenstruktur der gewinnenden oder aufsteigenden Parteien deutet daraufhin, dass die Wähler sich nicht nur an den Persönlichkeiten der Liste orientieren (und damit eine traditionelle Funktion der Parteien, nämlich die Bestimmung des politischen Personals, abschwächen), sondern auch an den Werten und Programmen der Partei. In einer nach den Wahlen im Rahmen des Wahlforschungsprojektes Elect2004 bei 1335 Luxemburgern durchgeführten Meinungsumfrage geben 77,7% der Befragten an, dass die Grundsätze der von ihnen favorisierten Partei mit ihren Überzeugungen übereinstimmen.

Die Regierungsparteien, die bei den Landes- und Europawahlen abgemahnt wurden, besitzen das besondere Merkmal, dass sie viel mehr persönliche Stimmen (Legislativwahl 58%) als Listenstimmen bekommen. Diese Struktur ihrer Stimmen deutet darauf hin, dass ihre Wähler sich stärker an real gefällten politischen Entscheidungen orientieren. Außerdem ist es für eine auf Schadensbegrenzung bedachte Regierungspartei immer interessant, arrivierte Politiker (Minister, Abgeordnete, Bürgermeister) als Kandidaten aufzustellen. Lässt sich die Popularität dieser Kandidaten anlässlich des Urnengangs nicht bestätigen, fallen die Sanktionen sehr hart aus.

Parteien, die nie Regierungsverantwortung getragen haben, wie der ADR, Déi Lénk und die KP, haben gemeinsam, dass sie vor allem Listenstimmen bekommen (bei den Nationalwahlen jeweils 69%, 58% und 67%), da sie auf ein oder zwei wirklich bekannte Kandidaten zurückgreifen können.

Übersicht 2: Listenstimmen und persönliche Stimmen: Parlamentswahl 2004 in Prozent

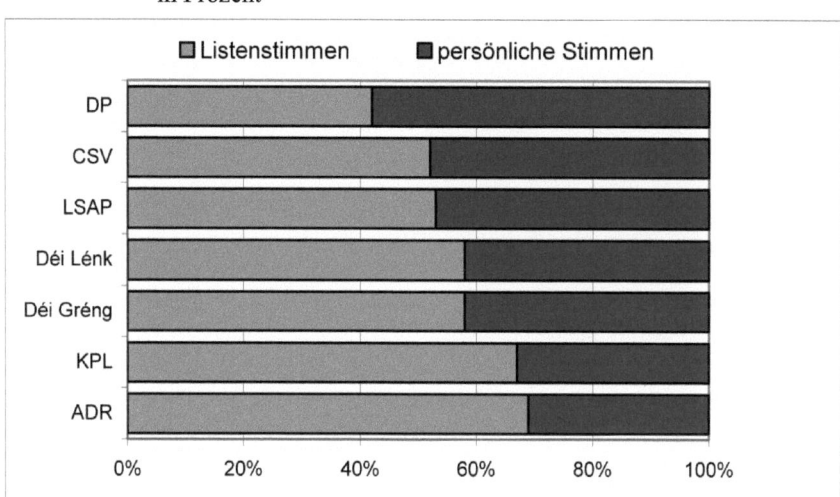

Quelle: STADE

Die Kandidatenauswahl der Parteien muss den Notwendigkeiten des Wahlsystems, insbesondere der Möglichkeit des Panaschierens, Rechnung tragen, indem es die gesellschaftliche Segmentierung sowie die mehr oder weniger ausgedehnten Netzwerke von Interessengruppen berücksichtigt. Die Parteien versuchen außerdem lokale Größen und aus Medien bekannte Persönlichkeiten, die nicht zu eng mit den genannten Netzwerken verbunden sind, für sich zu gewinnen, um ihre Panaschierchancen zu verbessern. Es gibt keine Altersbegrenzung nach oben, jedoch seit dem Oppositionsdasein in den Jahren 1974 bis 1979 entschied die CSV, sich programmatisch und personell zu erneuern, indem sie in ihren Parteistatuten festschrieb, nicht mehr als zwei Drittel der Kandidaten dürften über 40 Jahre alt sein.

Das Wahlsystem schränkt die Wirkung innerparteilicher Auswahlmechanismen ein und schafft ein enges Verhältnis der gewählten Abgeordneten zu den Wählern ihres Wahlbezirks. Es wird von ihnen erwartet, dass sie etwas für die lokalen Interessen erreichen, dass sie an lokalen gesellschaftlichen Ereignissen teilnehmen usw. Abgeordnete, die sich zugunsten von Interessen ihres Wahlbezirks von nationalen Positionen ihrer Partei entfernen, brauchen sich meistens keine Sorgen um ihr Wahlergebnis zu machen. Kandidaten der traditionellen Parteien (besonders von CSV und LSAP), die am häufigsten von Interessengruppen getragen werden, distanzieren sich manchmal von Positionen ihrer Partei, wenn diese als abträglich für besagte Interessengruppen angesehen werden. Andererseits würde eine Distanzierung gegenüber der Partei als Ganzes harsche Kritik in der einflussreichen „befreundeten Presse" nach sich ziehen. Deshalb sind abtrünnige Voten bei Abstimmungen im Parlament eher selten.

1.2.2   Europawahl

Der untergeordnete Charakter der Europawahlen ist eine direkte Folge des geltenden Wahlsystems (Reif/Schmitt 1980). Die Wahlen zum Europaparlament finden in der Tat am selben Tag statt wie die Legislativwahlen. Diese Überlagerung führt systematisch zu Doppelkandidaturen außer bei den kleineren Parteien, die sich eine Vertretung sowohl in der Abgeordnetenkammer wie im Europaparlament kaum erhoffen können (wie beispielsweise Déi Lénk, Mitglied der Partei der Europäischen Linken). Dies traf auch am Anfang (1984) auf die Grünen und (1989) auf das ADR, die europaskeptische Partei, zu. Je mehr jedoch beide Parteien sich etablierten, umso mehr nahmen auch bei ihnen die Doppelkandidaturen zu.

Es werden sechs Abgeordnete in einem einzigen landesweiten Wahlbezirk gewählt. Der Wähler hat 6 Stimmen, darf aber, anders als bei der Parlamentswahl, pro Kandidat nur eine vergeben. Eine vollständige Liste zählt 12 Kandidaten. Wie bei der Parlamentswahl kann der Wähler den Kreis schwärzen oder seine sechs Stimmen auf eine oder mehrere Listen verteilen.

Da es nur einen landesweiten Wahlbezirk gibt, kann das Europawahlresultat, besonders bei den Spitzenkandidaten der Parteien als unmittelbarer landesweiter Popularitätsgradmesser gewertet werden. Mit den 41.535 persönlichen Stimmen (= 9,51% der Gesamtheit dieser Stimmen), die Jean-Claude Juncker bei den Europawahlen von 2004 erhielt, erzielte er das höchste persönliche Ergebnis seit den ersten Europawahlen im Jahre 1979. Die offizielle Wahlkampagne der CSV bei den letzten Europa- und Parlamentswahlen stand unter dem Motto „Juncker on tour", und war vollständig auf diesen Spitzenkandidaten abgestimmt. Er hielt Dutzende von Wahlversammlungen quer durch das ganze Großherzogtum ab, mit 200 bis 400 Teilnehmern, während seine Rivalen kaum 50 Menschen mobilisieren konnten.

Die Spitzenreiter auf den Europawahllisten der drei staatstragenden Parteien – CSV, LSAP, DP – streben gleichzeitig auch das Ministerpräsidentenamt an. Die Wahl ins Europaparlament wird von diesen als Rückzugsbasis betrachtet, von der aus man einen späteren Neustart in eine nationale Karriere wagen kann. Außerdem stellt sie auch einen guten Test für den Premier dar, der hier, da es nur einen Wahlkreis gibt, auf Landesebene statt nur in einem von vier Wahlkreisen gewählt wird. Zudem erfüllt das Europaparlament die Funktion einer Art Zwischenstation auf dem endgültigen Rückzug aus der Politik. Die Erstgewählten geben ihr Europamandat ab, falls sie in die Abgeordnetenkammer gewählt werden, oder wenn sie die Chance haben, Mitglied der Regierung zu werden. Sie behalten jedoch ihr Mandat bis zur Bildung der Regierung, d.h. ein bis zwei Monate nach den Legislativ- und Europawahlen.

Der Verzicht auf einen Europaparlamentssitz fällt umso leichter als von Anfang an Ersatzkandidaten eingeplant sind. Bei den Debatten zum Gesetz, das die erste Europawahl von 1979 durch allgemeine Direktwahlen regelte, befürchteten die damaligen politischen Eliten, aufgrund der in Strassburg getroffenen Regelung (erst 2002 wirksam gewordenen) der Unvereinbarkeit von nationalem und europäischem Mandat, könnte der Fall eintreten, dass durch sukzessive Rücktritte kein Kandidat mehr für das Europaparlament zur Verfügung stünde (Conseil Européen 2003). Als Vorbeugemaßnahme entstand das heutige System mit 12 Kandidaten für 6 Mandate. Hinzu kommt eine zusätzliche Verfügung (Art. 289 des Wahlgesetzes), die es einem abtretenden Minister erlaubt, als erster Ersatzkandidat auf einer Liste zu fungieren. Infolgedessen sind die Parlamentarier, die schließlich die Legislaturperiode im Europaparlament verbringen, die den Wählern am wenigsten bekannten und von ihnen am geringsten geschätzten, ihren nationalen politischen Führungspersönlichkeiten ausgelieferten Kandidaten.

Ein weiteres Problem stellt die begrenzte Teilnahme der nicht luxemburgischen EU-Bürgern an dieser Wahl dar. Angesichts des außergewöhnlich hohen Anteils von EU-Staatsbürgern auf seinem Gebiet gilt für Luxemburg eine Ausnahmeregelung, die zu einer Nicht-Übereinstimmung der faktischen mit der potentiellen Wahlpopulation führt. Gemäß der am 18. Februar 2003 modifizierten Fassung des Wahlgesetzes müssen die EU-Bürger bei ihrem Antrag auf Eintrag in die Wahllisten ihren Wohnsitz seit mindestens fünf Jahren im Großherzogtum haben. Die Wahlberechtigung ergibt sich aus der Eintragung in die Wahllisten. Diese ist verpflichtend für die Luxemburger und freiwillig für die Bürger der EU. Sind sie aber erst einmal eingeschrieben, so ist die Teilnahme an den Wahlen für sie genauso obligatorisch wie für die Luxemburger.

1994, anlässlich der ersten Europawahl, zu der auch EU-Bürger zugelassen waren, betrug deren Anteil an den Wählern 3%[4]. Bei den Europawahlen von 1999 betrug er 4,3% (Sesopi 1999, S. 6), und im Jahre 2004 war er auf 5,1% gestiegen (Sesopi 2005, S. 2).

---

[4] Chambre des Députés, Question 250 (14.3.94) de M. Emile Calmes (DP) concernant le nombre de citoyens européens inscrits sur les listes électorales: Réponse de M. Jean Spautz, Ministre de l'Intérieur. Luxembourg: Chambre des Députés, Service Central des Imprimés de l'Etat, 20. April 1994.

*1.3 Die fehlende verfassungsrechtliche Grundlage der Parteien und ihrer
staatlichen Finanzierung*

Im Gegensatz zu Deutschland, wo die politischen Parteien Gegenstand des Artikels 21 des Grundgesetzes sind, und Frankreich, wo die legale Basis der Parteien
in Artikel 4 der Verfassung von 1958 festgehalten ist, erwähnt die luxemburgische Verfassung bis auf den heutigen Tag dieses Thema nicht. Es existiert auch
kein Gesetz zur Parteienfinanzierung.

Das im Februar 2003 revidierte Wahlgesetz sieht jedoch eine Finanzierung
im Rahmen der Parlaments- und der Europawahlen vor. Die Bezugsberechtigten
sind ungenau definiert, da Artikel 91 des besagten Gesetzes Parteien mit nur
vage definierten Kandidatengruppierungen gleichsetzt. Diesem Gesetz zufolge
bezahlt der Staat Luxemburg jeder Partei oder Kandidatengruppierung, soweit
sie eine vollständige Kandidatenliste in allen vier Wahlkreisen vorlegt sowie
mindestens 5% der gültigen Stimmen landesweit auf sich vereinigt, die Portokos-
ten für eine einzige gedruckte Mitteilung an die Wähler. Eine Dotierung erfolgt
nur, wenn die politische Partei oder Kandidatengruppierung bei den Legislativwahlen mindestens einen Sitz oder bei den Europawahlen mindestens 5% der
abgegebenen Stimmen bekommt. Die Höhe der Dotierung ist pauschal. Die Parteien oder Gruppierungen, die 5% der Stimmen auf nationaler Ebene erreicht
haben, bekommen 12.500 €, diejenigen, die 10% der Stimmen auf nationaler
Ebene erreicht haben, bekommen 25.000 €, etc. Schließlich wird noch ein zu-
sätzlicher Betrag von 12.500 € pro gewähltem Europaabgeordnetem vergeben
(Artikel 92 und 93 des Wahlgesetzes).

Zu dieser gesetzlichen Regelung kommt ein Gentleman-Agreement hinzu,
welches die Parteien meistens sechs Monate vor jeder Legislativ- oder Europawahl unterzeichnen. Außer Déi Lénk (2004), haben alle im Parlament vertretenen Parteien und die Kommunistische Partei Luxemburgs am 3. Februar 2004
eine solche Übereinkunft unterschrieben, jedoch ohne für die Höhe der Wahlkampfausgaben eine genaue Begrenzung festzulegen. Die DP hat sich einer solchen Festlegung widersetzt mit dem Argument, nicht alle Elemente zu kennen,
die in die Berechnung der Wahlkampfkosten eingehen würden (Lorang 2004).
Gemäß der von den Parteien mitgeteilten Zahlen belief sich für den Wahlkampf
2004 das Gesamtbudget der DP sowie der CSV auf ungefähr 800.000 €, dasjeni-
ge der LSAP auf 750.000 €, das des ADR auf 500.000€ und das der Grünen auf
400.000 €. Die beiden extrem linken Gruppierungen bekunden, jeweils weniger
als 100.000 € ausgegeben zu haben[5]. Die Parteien erklären 10% bis 15% ihres
Gesamtwahlkampfbudgets für die Europawahl verwandt zu haben. Mit Ausnah-

---

[5] La Voix du Luxembourg, *„Grand Angle: Campagne d'Affichage"*. Luxembourg, Juni 2004, S. 2.

me der Grünen bekennt keine luxemburgische politische Partei, finanzielle oder logistische Hilfe von einer politischen Partei oder parlamentarischen Gruppierung erhalten zu haben, mit der sie auf europäischer Ebene liiert ist.

Die staatliche und private Finanzierung der Parteien, sei es inner- oder außerhalb des Kontextes der Wahlen, ist eine umstrittene Frage in der öffentlichen Debatte (Frieden 1991, 1993). Im Jahre 1998 wurden dem Parlament zwei Gesetzesvorschläge unterbreitet. Derjenige von Robert Mehlen, dem Präsidenten des ADR, bezog sich auf die Reglementierung der Finanzierung der Parteien und des Wahlkampfs, während der, von Jean Asselborn, dem damaligen Vorsitzenden der sozialistischen Fraktion, die partielle Rückerstattung der Wahlkampfausgaben regeln wollte. Der sozialistische Vorschlag begrenzte die staatliche Unterstützung auf eine Kostenbeteiligung am Legislativ- und Europawahlkampf, während derjenige des anderen Abgeordneten weit darüber hinaus ging und sie auf den kommunalen Wahlkampf sowie eine umfassende Beteiligung des Staates an den Funktionskosten der Parteien außerhalb von Wahlkämpfen ausdehnte. Zu diesem letzten Punkt befand der Staatsrat, das Aufkommen des Staates für die normalen Betriebskosten der Parteien berge das Risiko einer Abhängigkeit der politischen Parteien von der öffentlichen Finanzierung und gefährde somit deren Handlungsfreiheit. Überdies gab die hohe Körperschaft zu bedenken, Parteien könnten dadurch mit öffentlichen Institutionen verwechselt werden[6]. Folgerichtig ließ die Regierung 1999 über ein Gesetz zur öffentlichen Finanzierung des Wahlkampfs abstimmen, das mehr oder weniger der sozialistischen Vorlage entsprach und deren zentralen Inhalte in das Gesetz vom 18. Februar 2003 eingefügt wurden.

In ihrer am 24. Januar 2002 an den Präsidenten der Abgeordnetenkammer gerichteten Stellungnahme hatten die Grünen ihrerseits die Notwendigkeit unterstrichen, „ein Höchstmass an Transparenz im Bereich der politischen Aktivitäten anzustreben. Angesichts der Diskussionen und Skandale der letzten Jahrzehnte, insbesondere was die Parteienfinanzierung betrifft, wird eine Kontrolle des Statuts und der Funktionsweise der Parteien unumgänglich". Die Grünen präzisierten, dass „dieses (Ausführungs-)Gesetz, um finanzielle Transparenz zu gewährleisten, alle Parteien oder politischen Gruppierungen zwingen müsste, jährlich ihre Konten offen zu legen. Außerdem müssen die Parteien dazu angehalten werden, ihre eigenen Statuten zu respektieren. Sie dürfen ihre Statuten frei bestimmen, mit der Einschränkung, dass sie mit den demokratischen Werten und der Verfassung übereinstimmen" (Déi Gréng 2002).

---

[6] Conseil d'Etat, *Avis du Conseil d'Etat Proposition de Loi portant réglementation du financement des partis et des campagnes électorale.* Luxembourg: Chambre des Députés, n°4401/1 4424/1, session ordinaire 1998-1999, Seite 2, 10 novembre 1998.

Obwohl seine Partei sich weigerte jenen Teil des Gesetzes zu den Wahlkampfausgaben zu unterschreiben, unterbreitete Jean-Paul Rippinger, der Präsident der DP-Fraktion, einen Gesetzesvorschlag, dessen Hauptpunkt die Parteienfinanzierung betraf. Neben der teilweisen Rückerstattung der Wahlkampfkosten
gemäß den Bedingungen des Gesetzes vom 7. Juli 1999 und deren Wiederholung
im Kapital IX des Wahlgesetzes vom Februar 2003, sah er eine ihrer Sitzstärke
im Parlament entsprechende staatlichen Finanzierung jeder politischen Partei und
jeder politischen Gruppierung vor. Außerdem dürfte jede Partei Spenden aus
privater Hand sowie von Gesellschaften annehmen. Das Spendenvolumen dürfte
jedoch die jährliche Summe von 10.000 €, Index 100, pro Spender nicht über-
steigen. Jährliche Bargeld- oder anonyme Spenden von über 1000 €, Index 100,
wären nicht zugelassen[7]. Im Koalitionsvertrag, der im August 2004 von CSV
und LSAP vereinbart wurde, ist die Verabschiedung eines Gesetzes zur Parteienfinanzierung vorgesehen.

2   Die politischen Parteien

Die CSV (Christlich-Soziale Volkspartei) hat immer eine Schlüsselposition im
politischen Systems Luxemburgs inne gehabt. Sie ist stets mit den meisten Sitzen
im Parlament vertreten gewesen, gewöhnlich gefolgt von den Sozialisten, den
Demokraten und den Kommunisten. Als zwischen 1969 und 1989 neue Parteien
erstmals besser abschnitten als die KP, ging der Stimmenanteil der vier traditionellen Parteien von 99,6% auf 80,2% zurück.
    Die Grünen betraten die politische Bühne im Jahre 1984, zogen 1989 mit
zwei getrennten Listen in den Wahlkampf und vereinigten sich wieder 1993. Das
Aktionskomitee für Demokratie und Rentengerechtigkeit (ADR) entstand 1987
als Lobbyorganisation für höhere Renten im Privatsektor und ist heute eine etablierte Partei. Die Kommunistische Partei (KPL) verlor 1994 ihre parlamentarische Vertretung, kehrte aber 1999 mit einem Sitz unter dem Namen Déi Lénk
(DL), einem Zusammenschluss von KPL und einigen linksradikalen Organisationen, ins Parlament zurück. Dieser Sitz ging bei der Wahl von 2004 wieder verloren. Die Kammerwahlen von Juni 2004 führten zu folgendem Ergebnis: Christlich-soziale Partei 24 Sitze (mit 36,11% der Stimmen), Luxemburger Sozialistische Arbeiterpartei 14 (23,7%), Demokratische Partei 10 (16,5%), Die Grünen 7
(11,58%), Aktionskomitee für Demokratie und Rentengerechtigkeit 5 (9,95%),

---

[7] Chambre des Députés, Proposition de Loi relative aux partis politiques et portant modification de la
Loi du 12 Décembre 1967 modifiée concernant l'Impôt sur le Revenu. Luxembourg: Chambre des
Députés, Chapitre 5 – Le financement du parti politique, Seite 3, 27. Januar 2004.

Die Linke 0 (1,9%), die Kommunistische Partei Luxemburgs 0 (0,92%), die Luxemburgische Freiheitspartei (0,12%). Die Wahlen zum Europaparlament gingen wie folgt aus: Christlich-soziale Partei 3 Sitze (mit 37,13% der Stimmen), Luxemburger Sozialistische Arbeiterpartei 1 Sitz (22,09%), Die Grünen 1 (15,02%), Demokratische Partei 1 (14,87%), Aktionskomitee für Demokratie und Rentengerechtigkeit 0 (8,03%), Die Linke 0 (1,69%), die Kommunistische Partei Luxemburgs 0 (1,17%).

Übersicht 3:   Parlamentswahlen: Nationales Ergebnis in % der gültigen Stimmen, Entwicklung von 1959-2004 in %

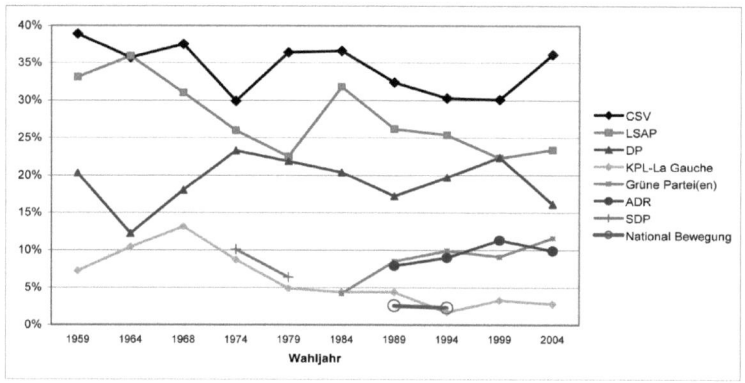

Quelle: STATEC

Übersicht 4:   Europawahlen: Nationales Ergebnis in %, Entwicklung von 1979-2004 in %

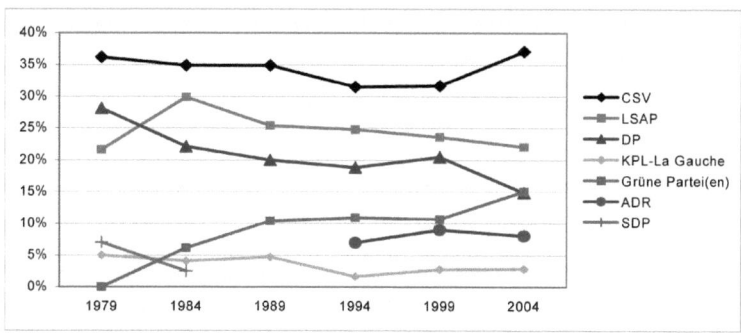

Quelle: STATEC

2.1 Aktionskomitee für Demokratie und Rentengerechtigkeit (ADR)

Das ADR startete im März 1987 als „Fënnef-sechstel Aktiounskomitee" (5/6 Aktionskomitee) eine Kampagne zur allgemeinen Festlegung der Rentenhöhe auf fünf Sechstel des Endgehalts. Einige seiner Führungspersönlichkeiten kamen von der Neutralen Gewerkschaft (Neutrale Gewerkschaftsbond Lëtzebuerg – Gast Gibéryen), von einer kleinen Bauernvereinigung (Fräie Lëtzebuerger Bauereverband – Robert Mehlen) und vom rechten Flügel der demokratischen Partei (Jacques Yves Henckes) (Theisen 1995, S. 22).

Neben Forderungen zur Rentenhöhe im Privatsektor versucht die Partei seit 1999 Themen des Wirtschaftsliberalismus zu besetzen, welche von der Demokratischen Partei teilweise vernachlässigt worden sind. Obwohl die Partei offiziell für soziale Gerechtigkeit eintritt, appelliert sie auch an die Staatsverdrossenheit ihrer potentiellen Wähler und will den Staat auf seine Kernbereiche zurückführen (dies sowohl auf luxemburgischer als auch auf europäischer Ebene).[8]

Das ADR vertritt die These, dass die wirtschaftliche und gesellschaftliche Entwicklung vor allem über die Unterstützung der kleinen und mittleren Unternehmen, der Autonomie der Schulen nach US-amerikanischem Muster und, allgemein, sämtlicher aus der Zivilgesellschaft hervorgehender Initiativen gewährleistet wird. Anders ausgedrückt: Entscheidungen sollen von den direkt Betroffenen gefällt werden und nicht von Technokraten. Es setzt sich für absolute Subsidiarität ein, deren Grundlage die lokale Initiative, das imperative Mandat und die Respektierung der kulturellen und sprachlichen Vielfalt sowie die Berücksichtigung des regionalen Gleichgewichts und der „kleinen Leute" (Rentner, Geschäftsleute, Handwerker, mittlere Angestellte und Landwirte) ist. Dies macht es in den Augen seiner Konkurrenten zu einer populistischen Partei. Seine umfassende Kritik an der Funktionsweise des Staates und des Verwaltungsapparates in Luxemburg lässt es als eindeutig als „politische Bewegung mit einer politischen Heilsvision" erscheinen (Canovan 1999).

Indem sie von der zunehmenden Zahl von Rentnern unter den Wählern profitierte, errang diese rechte Partei bei den 1989er Wahlen vier Sitze und fünf bei der Parlamentswahl von 1994. Bei den Wahlen im Juni 1999 erlangte sie sieben Sitze mit einem Stimmenanteil von 10,5%. Bei der gleichzeitig stattfindenden Europawahl bekam sie, bei 8,99% der Stimmen, kein Mandat. Bei den letzten Wahlen im Juni 2004 verlor sie zwei Sitze, und bei der parallelen Europawahl erreichte sie 8% der Stimmen und wiederum kein Mandat. Seinen Wahlkampf konzentrierte das ADR auf ein Nein zur Europäischen Verfassung, die Verteidigung der luxemburgischen Sprache, die Ablehnung des Beitritts der Türkei zur

---

[8] ADR Wahlprogramm (2004): Internetdokument: www.adr.lu/index_wahl.htm.

EU sowie der Zuwanderung von Immigranten von außerhalb der Europäischen Union. Im Jahre 2003 trat die Partei der „Union für das Europa der Nationen" bei. Ihre Wählerschaft besteht aus eher älteren Menschen, die sich von der Politik vernachlässigt und von den Erträgen des Wirtschaftsbooms ausgeschlossen fühlen, den das Großherzogtum seit den 90er Jahren erlebt. Sie leiden in gewisser Weise an sozialer Anomie (Perrineau 1995) und bangen um ihre soziale Sicherheit, die sie durch Harmonisierungsbestrebungen der EU, das Steuersystem oder die reformierten Systeme der sozialen Sicherung gefährdet wähnen.

Obwohl sie sich auf die Nähe zum Wähler beruft, hat die Partei es nicht, wie andere luxemburgische Parteien, geschafft, auf kommunaler Ebene sich zu organisieren. Deshalb stellen die vier, von ADR-Abgeordneten geleiteten Bezirksvorstände die organisatorische Basis dar. Beim jährlichen Nationalkongress wird der Nationalvorstand gewählt, das Ausführungsorgan der Partei, bestehend aus einem Präsidenten, einem Generalsekretär und einem Kassierer. Das wirkliche Entscheidungsgremium der Partei ist jedoch die Gruppe der Parlamentarier und deren Präsident, die über die von der Kammer vergebenen Gelder verfügen und die Parteiverwaltung leiten, die verschmolzen ist mit dem Sekretariat der Parlamentsfraktion. Hinzu kommen zwei besondere Untergliederungen der Partei, die ADR-Frauen und die ADR-Jugend, – beide nach 1994 gegründet, um das Image als Rentnerpartei des Privatsektors zu korrigieren – sowie die Monatszeitung Pefferkär, deren erklärtes Ziel die Schaffung eines Gegengewichts zum Einfluss der Tageszeitungen ist, die in Luxemburg sämtlich einer der vier traditionellen Parteien nahe stehen (Das Luxemburger Wort steht der CSV nahe, das Tageblatt der LSAP, der Lëtzebuerger Journal der DP, und die Zeitung vum Lëtzebuerger Vollek ist das Sprachrohr der KP.).

2.2 Christlich-Soziale Volkspartei (CSV)

Die CSV[9] hat sich einer „nach christlichen und humanistischen Prinzipien ausgerichteten Politik der Solidarität und des sozialen Fortschritts" verschrieben und gilt als der Garant des gesellschaftspolitischen Status quo. Mit einer Ausnahme (1974) war sie immer die stärkste Partei Luxemburgs. Ihre soziale Basis bilden die konservative Mittelschicht, die Staatsbeamten, die katholischen Arbeiter und die Landwirte (Poirier 2004b). Die Partei ist ein Verfechter der europäischen Wirtschafts- und Währungsunion, mit dem Vorbehalt, dass das luxemburgische

---

[9] Statuten: Internetdokument: www.csv.lu/publikatiounen/statuten.pdf und Wahlprogramm: Internetdokument: www.csv.lu/publikatiounen/Walprogramm_2004.pdf.

Bankgeheimnis gegen jedwede Beeinträchtigung seitens der EU geschützt werden sollte.

Die CSV, die als „Rechtspartei" gegründet worden war, nahm im Dezember 1944 ihren gegenwärtigen Namen an. Seit 1919 ist sie mit unterschiedlichen Partnerparteien an Koalitionsregierungen beteiligt und stellte im Laufe der Zeit folgende Staatsminister: Émile Reuter (1919-25), Joseph Bech (1926-37), Pierre Dupong (1937-53), Joseph Bech (1953-58), Pierre Frieden (1958-59), Pierre Werner (1959-74 und 1979-84), Jacques Santer (1984-94) und Jean-Claude Juncker (seit 1995). Es ist bemerkenswert, dass sich die CSV im Jahre 1974 nach einem unbefriedigenden Wahlergebnis, obwohl noch immer stärkste Partei, für die Oppositionsbank entschied. Damals bildeten die Demokraten, unter der Leitung von Gaston Thorn, dem späteren Präsidenten der Europäischen Kommission, mit den Sozialisten eine Koalitionsregierung.

Nach den Juni-Wahlen von 1984 löste eine Koalition von CSV-LSAP die vorige Koalition von CSV und DP ab. Der Stimmenanteil der CSV betrug im Juni 1984 34,9%, während sie bei den gleichzeitig stattfindenden Europawahlen drei der sechs luxemburgischen Sitze gewann. Bei den Wahlen von 1994 fiel ihr Sitzanteil auf 21 Sitze (bei 31,4% der Stimmen), während sie bei der parallel stattfindenden Europawahl einen der drei Sitze verlor. Nachdem er eine weitere Koalitionsregierung mit der LSAP gebildet hatte, wurde Jacques Santer überraschend ab Januar 1995 zum Präsidenten der Europäischen Kommission berufen und an der Spitze der Luxemburger Regierung sowie der CSV wurde er durch Jean-Claude Juncker, bis dahin Finanzminister, ersetzt.

Die Wahl von Juni 1999 ließ die Anzahl der CSV-Sitze auf 19 Sitze (und 30,1% der Stimmen) sinken; sie blieb jedoch stärkste Partei in der Abgeordnetenkammer, so dass Juncker wieder die Regierung bilden durfte, diesmal mit der DP. Bei den Europawahlen gewann die CSV mit einem Stimmenanteil von 31,7% wieder zwei der sechs luxemburgischen Sitze. Einer der CSV-Sitze wurde von J. Santer eingenommen, der im März 1999, zusammen mit seinen Kommissionskollegen, von seinem Amt als Kommissionspräsident zurückgetreten war, nachdem ein vom Europaparlament eingeleitetes Untersuchungsverfahren gegen die Kommission Fälle von Korruption und Betrug aufgedeckt hatte.

Nach zehn Jahren ununterbrochenem Wirtschaftswachstum (das höchste in der EU) ist die letzte Wahl von 2004 zum Erdrutschsieg für Premier Jean-Claude Juncker geworden. Seine Partei gewann sechs zusätzliche Sitze im Nationalen Parlament und einen weiteren im Europaparlament. Die letzte Legislaturperiode war durch fünf politische Ereignisse gekennzeichnet, die nicht ohne Wirkung auf den nationalen wie europäischen Urnengang blieben. Erstens wurde ein Gesetz über ein neues Statut für die Staatsbeamten, die beinahe 40% der Wähler darstellen, verabschiedet. Zweitens wurde eine Rentenreform durchgeführt, die größere

Ausgewogenheit zwischen öffentlichem und privatem Sektor zugunsten des letzteren schaffen sollte. Drittens setzte sich die aus dem Amt scheidende Regierung für die Erhaltung des luxemburgischen Bankgeheimnisses sowie für eine Gleichbehandlung des heimischen Finanzzentrums mit seinen internationalen Konkurrenten (inner- und außerhalb der EU wie der Schweiz oder den Kanalinseln) ein, um den Verlust von Wettbewerbsvorteilen zu verhindern. Viertens organisierte die Regierung im April 2003 ein Treffen mit den Staatschefs von sieben Ländern (Österreich, Benelux, Irland, Finnland und Portugal) in Luxemburg, um eine gemeinsame Position für den Europarat in Athen auszuarbeiten. Die Gruppe dieser sieben forderte (gegen die französisch-deutsche Vormachtstellung) eine Gleichbehandlung für alle Mitgliedsstaaten im künftigen europäischen Entscheidungsprozess und die Beibehaltung bzw. den Ausbau der Gemeinschaftsmethode. Schließlich erklärte der Premier im Jahre 2002, er sei für die doppelte Staatsangehörigkeit. Dies ist eine wichtige Frage, denn beinahe 41% der Wohnbevölkerung des Großherzogtums sind Ausländer, davon 85% aus einem EU-Mitgliedsland. Die CSV ist Mitglied der Europäischen Volkspartei und der internationalen demokratischen Union. Ihre drei Vertreter im Europaparlament gehören zur Parlamentariergruppe der Fraktion der Europäischen Volkspartei (Christdemokraten) und europäischer Demokraten.

Mit mehr als 9.500 Mitgliedern ist die CSV bei weitem die stärkste Partei des Landes. Als Vergleich: die LSAP und die DP geben an, ihre Mitgliederzahl würde sich zwischen 6.500 und 7.000 bewegen. Zwischen 1995 und 2003 war die Parteileitung zum ersten Mal in den Händen einer Frau, Erna Hennicot-Schoepges, gleichzeitig Ministerin für Kultur- und Hochschulpolitik in der letzten Legislaturperiode. Während dieser verabschiedete die Partei eine neue Grundsatzerklärung und gab eine öffentliche Stellungnahme zur Frauenförderung ab. Wie die Grünen und die extremlinke Partei führte sie eine innerparteiliche Gleichstellungspolitik zwischen Männern und Frauen durch, die auch eine Quotierung der Wahllisten beinhaltete (CSV Statuten, Artikel 82).

Auf lokaler Ebene ist die CSV in Sektionen eingeteilt, deren Hauptaufgabe es ist, Bürgernähe zu praktizieren und die Wahlen dort vorzubereiten. Die Jugendorganisation (Chrëschtlech Sozial Jugend) konzentriert sich auf gesellschaftliche Themen wie Sterbehilfe, gleichgeschlechtliche Partnerschaft und Umwelt und fordert traditionsgemäß eine bessere Vertretung der Jugend bei der Kandidatenaufstellung. Daneben gibt es die Frauenorganisation (Chrëschtlech Sozial Fraen) als einzige wirklich unabhängige Organisation der Partei. Ihre Gemeindevertreter sind in der Chrëschtlech Sozial Gemengeréit zusammengefasst, wo hauptsächlich die lokalen Amtsträger und Kandidaten ausgebildet werden. Die CSV-Senioren-Gruppierung wurde erst 1998 gegründet, mit dem Ziel, für die Rentner des öffentlichen und privaten Sektors ein Gegengewicht zum ADR zu schaffen.

Die CSV hat eine sehr verbindliche Struktur der internen demokratischen Willenbildung, die auch auf dem jährlichen Nationalkongress deutlich wird. Auf dem Kongress sind die verschiedenen Sektionen, die Regionalkomitees und sonstigen Unterorganisationen vertreten. Seine Hauptaufgabe ist die Berufung der Mitglieder der beiden Exekutivorgane der Partei, dem Nationalkomitee und dem Nationalrat. Die Tagesordnung des Nationalkongresses wird allerdings von diesen beiden Organen vorgegeben.

Das Nationalkomitee ist das zentrale Gremium der Partei, das über die interne Postenvergabe mitentscheidet. Es kontrolliert das Generalsekretariat, zeichnet verantwortlich für sämtliche Dokumente, seien sie für den internen („Am Bléckpunkt", ein internes Kommunikationsorgan) oder externen Gebrauch (Pressemitteilungen und Wahlkampagne). Die höchsten Führungskräfte der Partei, gemeinsam mit den CSV-Ministern, monopolisieren das Nationalkomitee. Der Nationalrat ist das erweiterte Komitee, der spezifische Themen berät und die Grundsatzentscheidungen fasst. Die Hauptakteure der Partei sind die Regierungsmitglieder, an erster Stelle der Premier. Die Anwerbung von neuem politischem Personal erfolgt hauptsächlich über die wichtigsten von CSV-Ministern geführten Ministerien.

Die Strukturen und die Funktionsweise der Partei zeugen von der Entwicklung einer Volkspartei zu einer Partei der Führungskräfte, wobei letztere nicht als Parteikader, sondern als Funktionsträger in Regierung und Verwaltung zu verstehen sind. In der Tat, wenn man auf die Dichotomie von Maurice Duverger (1976) zurückgreift, wird die Entwicklung der Christlich-Sozialen Partei nachvollziehbar. In ihrer Gründerzeit beruhte die soziale Basis der CSV auf dem Einfluss der Kirche und einem Netzwerk von Notabeln, die kraft ihrer Autorität Wähler mobilisieren konnten. Danach schaffte es die CSV, dieses Netzwerk von Notabeln durch eines von Gemeinderäten, Vereinsvorsitzenden und hohen Staatsbeamten zu ersetzen, die es ihr ermöglichten, zwischen den Alltagssorgen der Wähler und der politischen Thematik der Modernisierung des Wirtschafts- und Gesellschaftslebens Brücken zu schlagen. Mit ihrem erheblichen Einfluss auf die Administration des Landes zieht sie Männer und Frauen an, die motiviert sind, eine politische Karriere einzuschlagen (im Sinne einer Professionalisierung der Politik), ohne notwendigerweise aus dem katholischen Milieu zu stammen und die damit eine neue Wählerschaft erschließen. Dies bleibt nicht ohne Auswirkungen auf Programmatik und Identität der Partei.

Innerhalb der CSV gibt es zwei programmatische Strömungen. Auf der einen Seite gibt es die soziale und technokratische Strömung, die glaubt, dass die Politik nicht nur eine Arena für die Konfrontation zwischen Ideologien und Par-

teien ist, sondern auch möglichst viele gesellschaftliche Gruppierungen zu berücksichtigen hat. Dieser Ansatz steht für einen breiten demokratischen Konsens
über Themen wie Sozialstaat, Europäische Union, Integration der Ausländer in
die Partei und in die luxemburgische Gesellschaft etc. und geht von einem
Schwinden der ideologischen Gegensätze aus. Die wichtigsten Befürworter dieser Richtung sind zu finden in den der Kirche nahe stehenden Vereinigungen,
wie etwa der LCGB-Gewerkschaft, und, in geringerem Maße, in der CARITAS
sowie in der öffentlichen Verwaltung. Sie finden Gehör sowohl bei der traditionellen ländlichen, teilweise katholisch motivierten Klientel der Partei, als auch
bei den Befürwortern einer nachhaltigen Entwicklung. Diese Strömung beobachtet mit viel Interesse die politischen Entscheidungen der Nachfolgeorganisation
der Democrazia Cristiana in Italien, vor allem jener Christdemokraten, die es
vorzogen in die Mitte-Links-Koalition einzutreten statt in eine Allianz mit Silvio
Berlusconis Casa Delle Libertà. Diese soziale und technokratische Strömung
dominiert die Partei seit dem Rückzug von Pierre Werner als Premier im Jahre
1984. Der gegenwärtige Premier, Jean-Claude Juncker, und der im Februar 2003
gewählte Parteipräsident und gegenwärtige Arbeitsminister François Biltgen sind
die Hauptvertreter dieser Richtung.

Die liberal-konservative Strömung, auf der anderen Seite, nahm bisher eine
zweitrangige Position ein. Mit der Gründung des unabhängigen think-tank
„Cercle Joseph Bech" hat sie ihr Image verbessert. Ihre Hauptvertreter sind oft
30-Jährige, die dabei sind, in Schlüsselpositionen innerhalb der Partei aufzustei-
gen, wie z.B. Frank Engel, Sekretär der Parlamentsfraktion. Es muss darauf hingewiesen werden, dass in der Vergangenheit Jacques Santer, Jean-Claude Juncker und François Biltgen auch diesen Posten inne gehabt hatten. Jean-Louis
Schiltz, der gegenwärtige Generalsekretär der Partei, gehört diesem Flügel an,
ebenso wie Luc Frieden, gegenwärtig Justiz- und Finanzminister. Viele politische Beobachter sehen in letzterem den künftigen Premierminister. Die liberal-
konservative Strömung wirft ihrem Gegenpart vor, zu rnachlässigenv, dass jede
soziale und ökonomische Forderung gesamtpolitische Implikationen habe. Was
die Rolle des Staates betrifft, so kritisieren sie, dass dieser als allgegenwärtig
empfunden werde. Sie wenden sich gegen gesellschaftliche Neuerungen (Sterbehilfe, gleichgeschlechtliche Eheschließungen), unterstreichen die Wichtigkeit
individueller Verantwortung und Initiative und unterstützen ein Wertesystem,
welches auf Familie, Nation und europäischer Integration beruht.

Die programmatischen Spannungen zwischen den innerparteilichen Strömungen stoßen selten offen aufeinander, zumindest nicht in der Öffentlichkeit.
Dies ist einerseits erklärbar durch das Image der CSV als Partei der klassenüber-
greifenden Harmonie und andererseits durch die kleine Dimension des Marktes
für politische Ideen. Es wäre sehr schwer für die einzelnen Kandidaten sich un-

abhängig von der Partei darzustellen, nur auf das eigene Charisma oder die eigenen Ideen vertrauend. Im Oktober 2002 hat die Partei zum ersten Mal seit 1974 ein neues Grundsatzprogramm angenommen. Es ist eine Mischung aus beiden Strömungen und trägt der strukturellen Entwicklung in seiner Wählerschaft Rechnung.

Obwohl die Partei sich als Volkspartei, d.h. zentristische Partei darzustellen bemüht, wird sie 2004 von der Mehrheit der Wähler klar auf der rechten Seite positioniert (77% sehen sie rechts, 17% in der Mitte). Die gleiche Sicht herrscht bei ihren eigenen Wählern, die sie auf derselben Skala als rechts einstufen (80% rechts und 16% in der Mitte). Bei den Legislativwahlen von 2004 hat die Partei am meisten zugelegt in den gut situierten Kommunen, d.h. in denen der allgemeine Ausländeranteil und insbesondere derjenige an internationalen Beamten hoch ist, wo die Wohnpreise am höchsten sind und die (gesamte, nicht nur die Luxemburger betreffende) Arbeitslosenzahl vergleichsweise niedrig ist. Diese Kommunen zeichnen sich auch durch einen hohen Bildungsstand der luxemburgischen Bewohner aus. Umgekehrt hat die CSV weniger Zuwachs (teilweise sogar Verluste) in den schlechter gestellten Kommunen zu verzeichnen. Diese sind ländlich oder durch die Präsens luxemburgischer Arbeiter geprägt, und der Anteil der weniger qualifizierter Luxemburger und Rentner ist vergleichsweise hoch.

2.3 Demokratische Partei (DP)

Ihre Ursprünge gehen zurück auf die Anfangszeit der parlamentarischen Demokratie in Luxemburg in den 1840er Jahren. Im 19. Jahrhundert war sie eine etablierte Partei unter dem Namen Ligue libérale, die sich wenig erfolgreich der Durchsetzung des allgemeinen Wahlrechts widersetzte und dies bei den Wahlen von 1919 mit einer empfindlichen Niederlage bezahlen musste. Nach einem Anpassungsprozess wurde die Partei eine der drei Hauptparteien in der Abgeordnetenkammer nach dem Zweiten Weltkrieg. Sie gehörte mehreren Koalitionsregierungen an: der Regierung der Nationalen Einheit von 1945 bis 1947, der Koalition mit der CSV in den Jahren 1947 bis 1951, (unter der Bezeichnung Groupement Patriotique et Démocratique) sowie 1959-64 und 1968-74, der Koalition mit der Luxemburger Sozialistischen Arbeiterpartei (LSAP) 1974-79 und wieder mit der CSV 1979-84. Die liberal-sozialistische Regierung, welche von dem liberalen, national und international hoch angesehenen Premierminister Gaston Thorn geleitet wurde, initiierte zahlreiche gesellschaftspolitische Reformen: u.a. die Abschaffung der Todesstrafe, verabschiedete Gesetze zur Legalisierung von Scheidung und Schwangerschaftsunterbrechung, Einführung der 40-Stunden-

Woche und einer fünften Woche bezahlten Urlaubs sowie 1977 einen neuen Konsultationsprozess zwischen Regierung, Arbeitgebern und Gewerkschaften, institutionalisiert im Comité de coordination tripartite, kurz „Tripartite" genannt. Dieses Organ sollte als Instrument zur Bewältigung der Wirtschaftskrise dienen und seine wichtigste Leistung war die Umgestaltung des Stahlsektors (wo in der Periode von 1975 bis 1982 beinahe 18.000 Stellen abgebaut wurden) auf der Grundlage eines Konsenses zwischen den Sozialpartnern. Heute steht der Begriff „Tripartite" für die Grundlage des Luxemburger Sozialmodells.

Bei den Wahlen vom Juni 1984 rutschte die DP auf 14 Sitze (und von 21,3% auf 18,7% der Stimmen) und trat in die Opposition zu einer Koalitionsregierung aus CSV und LSAP. Gleichzeitig bekam sie einen der sechs luxemburgischen Sitze im Europaparlament. Nach den Wahlen von 1989, bei der sie auf 11 Sitze zurückfiel und auch nach derjenigen von 1994, in der sie wieder 12 Sitze bekam (und 18,9% der Stimmen), blieb sie in der Opposition. Bei beiden Europawahlen behielt sie ihren Sitz in Straßburg. Auf nationaler Ebene kam mit der Wahl von 1999 der Durchbruch. Sie avancierte mit 15 Sitzen (und einem Stimmenanteil von 22,4%) zur zweitstärksten Partei. Nach 15 Jahren Opposition kehrte sie in die Regierung zurück und bekam die Hälfte der Ressorts in einer von der CSV geleiteten Koalition. Lydie Polfer wurde Vize-Premier dieser Koalition. Bei der zeitgleichen Europawahl behielt sie ihren einzigen Europasitz mit einem Stimmenanteil von 20,5%. Dieser Wahlsieg beruhte auf der Aufgabe des traditionellen Wirtschaftsliberalismus zugunsten eines starken Einsatzes für die Partikularinteressen der Staatsbeamten, die 1999 ca. 40% der Wähler darstellten (Poirier 2002). Auch eine versprochene Bildungsreform, die vielen Eltern angesichts des Stillstandes in diesem Politikbereich überfällig schien, hat vermutlich zu ihrem Wahlsieg beigetragen.

Die Struktur der Partei[10] baut auf Lokalsektionen und Regionalkomitees auf, die der Territorialeinteilung in Kommunen und Wahlbezirke entsprechen. An der Spitze steht das Leitungskomitee, das aus einem Exekutivbüro, mit dem Präsidenten, dem ersten Vize-Präsidenten sowie dem Generalsekretär und dem Kassierer, die alle beim jährlich stattfindenden Nationalkongress gewählt werden, den Präsidenten der Regionalkomitees, und dem Nationalpräsidenten der Jugendorganisation (Jeunesse Démocrate et Libérale) besteht. Weitere Mitglieder werden beigeordnet: 16 vom Nationalkongress gewählte (d.h. vier pro Wahlbezirk) und je zwei von den Regionalkomitees delegierte Vertreter pro Wahlbezirk, die Abgeordneten, die Regierungsmitglieder der Partei sowie die Mitglieder der DP im Europaparlament und der Europäischen Kommission, zwei weitere Vertreter der Jugendorganisation (Jeunesse Démocrate et Libérale) und (nicht mehr

---

[10] Parteistatuten: Internetdokument: www.dp.lu/downloads/pdf/statuts.pdf.

als drei) kooptierte Mitglieder sowie die ehemaligen Nationalpräsidenten. Das Exekutivbüro entscheidet über die wichtigsten Fragen der Landespolitik. Es allein ist entscheidungsberechtigt in Sachen Koalitionsregierung, in allen anderen Angelegenheiten kann es als Berufungsinstanz fungieren und als letzte Instanz, falls es sich zuständig erachtet. Zudem wählt es aus seinem Kreis den nationalen Schatzmeister. Zu dieser internen Organisationsstruktur kommen zwei Gruppierungen hinzu, die – zumindest offiziell – finanziell und handlungsmäßig unabhängig sind: die Gruppierung der Kommunalpolitiker (Fédération des Conseillers Communaux Démocrates) und die Jugendorganisation (Jeunesse démocrate libérale)

Während ihrer letzten Koalition mit der CSV konnte die DP diese überzeugen, ein Gesetz vorzubereiten, das, ähnlich wie der neue „Pacte civil de solidarité" (PACS) in Frankreich, einen Vertrag zwischen unverheirateten, auch homosexuellen Paaren, vorsah. Unter ihrem Einfluss wurde auch 2003 das Staatsbeamtenstatut reformiert. Das Rentensystem im öffentlichen Sektor wurde für eine weitere Periode von 35 Jahren festgeschrieben, und die Dienstordnungen wurden modernisiert (z.b. Zulassung von Teilzeitarbeit und Computer-Heimarbeit). Das Zulassungsverbot für Ausländer im Staatsdienst wird aufrechterhalten (dies war eine spezielle Forderung der Staatsbeamtengewerkschaft CGFP – Confédération Générale de la Fonction Publique –, die damals der DP sehr nahe stand). Um auf der anderen Seite die Wettbewerbsfähigkeit der luxemburgischen Wirtschaft zu fördern, setzte sie eine einschneidende Steuerreform durch, die sich unmittelbar von den konservativ-liberalen Reformen zu Beginn der 90er Jahre in England und den USA inspirieren ließ. Die Reform wurde von folgenden Grundsätzen geleitet: Das Staatsbudget muss jederzeit im Gleichgewicht sein, und das Wachstum der gewöhnlichen Ausgaben muss niedriger sein als die Erhöhung des Gesamtbudgets. Schließlich wurde die Steuerlast der Gesellschaften von 37,45% auf 30,38% reduziert.

Eine politische Partei ist Interessenvermittler, Vertreter von sozialen Forderungen und Träger eines kulturellen Erbes (Lamizet 1997). Sie hat die Funktion, Forderungen und Wünsche der Gesellschaft in einem politischen Diskurs zusammenzuführen, der von philosophischen und kulturellen Grundsätzen – im Falle der DP von jenen des politischen und wirtschaftlichen Liberalismus – bestimmt wird. Die DP entfernte sich allerdings mehr oder weniger während ihrer letzten Regierungsbeteiligung zwischen 1999 und 2004 von diesen Grundsätzen, um die Interessen der Staatsbeamten zu favorisieren, die 40% der Wahlberechtigten repräsentierten. Damit hat sie ihrer Konkurrenz ein weites politisches Feld überlassen.[11] Die Partei wurde im Juni 2004 abgestraft, sowohl bei den National- als auch bei den Europawahlen. Bei den Nationalwahlen verlor sie fünf Sitze. Bei den Europawahlen bekam sie 14,87% der Stimmen gegenüber 20,4% im Jahre 1999. Zum ersten Mal wurde die DP von den Grünen überholt. Die DP ist der Liberalen Internationalen angeschlossen, und ihr Mitglied im Europaparlament sitzt bei der Fraktion der Allianz der Liberalen und Demokraten für Europa.

2.4 Die Grünen

Die organisierten Grünen nehmen ihren Anfang im Juni 1983, als einige Einzelpersonen und Gruppen, darunter ehemalige Sozialisten (Jean Huss, ehemaliges Mitglied der LSAP-Leitung), die Grün-Alternativen (Déi Gréng Alternativ Partei, GAP) gründeten. Die neue Partei gewann zwei Sitze und 5,2% der Stimmen bei den Nationalwahlen 1984, während sie bei der Europawahl im gleichen Monat 6,1% der Stimmen, aber keinen Sitz erreichte. Am Rotationsprinzip, das sie von den deutschen Grünen übernommen hatte, entzündete sich ein Konflikt, der zur Spaltung führte. Neben der GAP trat 1989 die weniger radikale Gréng Lëscht Ekologesch Initiativ (GLEI) an. Beide Parteien gewannen jeweils zwei Sitze. Als Bündnis errangen sie 1994 fünf Sitze im nationalen Parlament und erreichten bei der Europawahl 10,9% der Stimmen bzw. einen der sechs Sitze des Großherzogtums im Europaparlament.

Die luxemburgischen Ökologiebewegungen erheben ihre Forderungen vor dem Hintergrund eines generellen Strebens nach „einer die natürlichen Gleichgewichte achtenden Produktionsweise". Auch wenn diese Organisationen am Anfang sich eher von Umweltkonzepten leiten ließen (Kampf gegen eine die Naturressourcen und die Landschaften zerstörende Industriepolitik), so haben sie sich doch schnell radikalisiert. Diese politische „Radikalisierung" (Dieser Begriff ist nicht unbedingt negativ aufzufassen.) ging einher mit einer Kritik an der Atompolitik und insbesondere dem Widerstand gegen den geplanten Bau einer Atomzentrale in Remerschen an der Mosel. In der Folge stellte diese Bewegungen die politischen Strukturen generell in Frage. So setzten sie sich ein, und tun es weiterhin, für die Verlagerung der Machtbefugnisse von der nationalen auf die lokale Ebene. Dadurch wollen sie unterstreichen, dass eine demokratische Gesellschaft sich nur dort festigt, wo die Entscheidungsprozesse möglichst nah am Wähler stattfinden. Zur Kritik an der Industrie und am politischen System gesellte sich eine fundamentale Infragestellung der Gesellschaftsstrukturen in einem

---

[11] Bei den Parlamentswahlen von 2004 sind 34% der Wähler, die 1999 DP gewählt hatten, zur CSV übergewechselt und 12% zu den Grünen. 62% der DP Wähler arbeiten im öffentlichen Dienst.

libertären Geiste (Kitschelt 1988). Deshalb konnten die verschiedenen ökologischen Parteien auch spezifische Interessen anderer Sozialbewegungen (Frauen-
bewegung, Immigranten usw.) für sich mobilisieren.

Diese tendenziell antiliberale und partiell apokalyptisch anmutende Haltung
– daher auch das ursprüngliche Gewicht des Pazifismus und des Antiatomkamp-
fes – ermöglichte es den luxemburgischen Ökologiebewegungen, mehrere unterschiedliche Klientele an sich zu binden, deren gemeinsamer Nenner die Gesell-
schaftskritik war. Dazu gehören Marxisten, die mit dem Kommunismus gebrochen hatten, Linke, die mehr wollten als die Sozialdemokratie, Linkskatholiken,
für die der durch Vatikanum II ausgelöste konziliare Prozess die Initialzündung
für eine Theologie der Befreiung war, umweltbewusste Stadtbewohner mit hoher
Kaufkraft auf der Suche nach einem umweltfreundlichen Lebensstil, Dritte-Welt-
Aktivisten und libertär Gesinnte, die es nicht ertrugen, dass der Liberalismus sich
auf die Förderung des freien Marktes und des Parlamentarismus beschränken
sollte und zudem noch zur Apanage der CSV zu gehören schien. Dieses soziale
und kulturelle Patchwork bildet noch immer die soziale Basis des grünen Spektrums mit der Besonderheit, dass 70% seiner Wähler bei den Legislativwahlen
von 2004 dem öffentlichen Dienst angehörten.

Vor den 1999er Wahlen kam es zur Vereinigung der beiden Gruppierungen
GAP und GLEI gegen den Willen des grünen Europaabgeordneten Jup Weber,
der eine separate Grüne und Liberale Allianz (Gréng a Liberal Allianz, GaL) ins
Leben rief. Unter seiner Führung sollte diese neue Formation eine zentristisch
ökologische Partei werden. Die GaL bekam bei den Wahlen 1999 kein einziges
Mandat (1,1% bei den Kammerwahlen und 1,8% bei der Europawahl). Nach
dieser bitteren Wahlniederlage löste die Partei sich auf. Obwohl die Grünen fünf
Sitze behielten, sank ihr Wahlergebnis auf 9,1% der Stimmen. Bei den Europawahlen bekamen sie 10,7% der Stimmen und wiederum einen Sitz. Ihr Vertreter
im Europaparlament trat der Fraktion der Grünen/Freie Europäische Allianz bei.

Die Originalität der grünen Partei auf organisatorischer Ebene besteht darin,
dass sie sich weigert, einen Vorsitzenden an ihre Spitze zu stellen; dieses Amt
ersetzt sie durch eine Parteisprecherin und einen Parteisprecher. Sonst unterscheidet sie sich jedoch kaum von den anderen Parteiorganisationen. Der jährlich
tagende Parteikongress wählt das Exekutivkomitee, den Exekutivrat und die
Kontrollkommission. Die Zusammensetzung dieser Gremien erfolgt nach dem
Grundsatz der Parität zwischen Männern und Frauen. Hinzu kommen die Gruppe
der Abgeordneten, der Frauenrat, die jungen Grünen, die Lokal- und Regional-
sektionen (wobei letztere nicht mit den Wahlbezirken übereinstimmen) sowie die
thematischen Arbeitsgruppen. Das Exekutivkomitee vertritt über die Sprecher
die Partei nach außen und gewährleistet das interne Funktionieren. Es verwaltet
die laufenden Angelegenheiten zwischen den Kongressen. Es trifft seine Ent-

scheidungen auf der Grundlage der Entscheidungen des Kongresses und in Einklang mit der Prinzipienerklärung, den Programmen und Resolutionen der Partei. Das Exekutivkomitee besteht aus 12 Mitgliedern: den Sprechern, sieben vom Kongress ernannten Mitgliedern, einer Vertreterin des Frauenrats, dem/der Schatzmeister/In, einem Mitglied der parlamentarischen Gruppe. Der Exekutivrat repräsentiert die Partei zwischen den Kongressen. Er hat auch Schiedsrichterfunktion bei Streitigkeiten innerhalb des Exekutivkomitees oder der parlamentarischen Fraktion. Der Exekutivrat besteht aus den Mitgliedern des Exekutivkomitees, neun vom Kongress ernannten Personen und je einem Vertreter der Wahlbezirke, der Arbeitsgruppe Immigration und der jungen Grünen. Die Sprecher der Partei stellen die Verbindung zwischen Partei und Öffentlichkeit her. Sie präsentieren der Öffentlichkeit die Positionen der Partei; diese müssen in Einklang mit den Statuten, dem Grundsatzprogramm, den Resolutionen und Wahlprogrammen der Partei sein. Die Kontrollkommission ist gemäß den Statuten Kontrollorgan, Finanzkommission und Schiedsorgan der Grünen. Die Mitglieder dieser Kommission dürfen nicht gleichzeitig dem Exekutivkomitee angehören oder Mitglied der parlamentarischen Gruppe, bezahlte/r Mitarbeiter/in der Partei oder der parlamentarischen Gruppe sein. Die Partei der Grünen hat auch einen Kreis der Gemeinderäte[12].

Um die Isolierung der Grünen im politischen System Luxemburgs zu durchbrechen, hat der bekannteste grüne Politiker, François Bausch, die Vorstellung von Jup Weber wiederaufgegriffen, die Partei in eine ökologische Gruppierung der politischen Mitte zu verwandeln. Er unterstützte die wirtschafts- und gesellschaftspolitischen Reformen der letzten CSV-DP-Regierung und berücksichtigte den linken Flügel wenig. Ein anderes Anzeichen für diese Mutation: Im letzten Wahlkampf trat die Partei unter dem Slogan „Neues Kapital für Luxemburg" an. Dieses Motto sollte die traditionelle ethische und soziale Einstellung mit der Förderung des luxemburgischen Finanzplatzes sowie libertären Werten in Einklang bringen. Im Juni 2004 gewann die Partei zwei weitere Sitze im Parlament. Bei den Europawahlen stieg sie stimmenmäßig von 10,1% 1999 auf 15,2% 2004, was allerdings nicht für einen zweiten Sitz im Europaparlament reichte. Nachdem die grüne Partei bei den letzten Wahlen die DP überrundet hat, ist sie die drittstärkste Partei im luxemburgischen politischen System. Sie gehört zum Bund der Grünen Parteien Europas.

---

[12] Statuten: Internetdokument: greng.lu/document_center.php?iddownload=1006.

2.5 Luxemburger Sozialistische Arbeiterpartei (LSAP)

1902 wurde die Luxemburgische Sozialdemokratische Partei auf Initiative von Michel Welter, einem vom Fabianismus beeinflussten Arzt, gegründet. Am Anfang machte die Partei wenig Fortschritte, da ihre Wähler hauptsächlich in der Industrieregion des Landes (im Süden des Landes genannt „Minett", mit der Stadt Esch-sur-Alzette als Zentrum) konzentriert waren. Während des ersten Weltkriegs gehörte Michel Welter der kaum ein Jahr währenden Nationalen Koalitionsregierung an. Seine Mitwirkung und seine Politik wurden von der wichtigsten Stahlarbeitergewerkschaft, dem Luxemburger Metallarbeiterverband, heftig kritisiert. Der Gründer der Sozialdemokratischen Partei verlor schließlich die Kontrolle über die sozialistische Bewegung, nachdem die Gewerkschaftsführer beschlossen hatten, eine internationalistische Partei zu gründen unter der Bezeichnung „Section Luxembourgeoise de l'Internationale Socialiste". Nachdem 1921 beim Kongress von Differdingen eine Minderheit sich abgespalten hatte, um die Kommunistische Partei Luxemburg zu bilden, entwickelte sich aus der SPL schließlich die Arbeiterpartei. Ab Ende 1937 war sie an der Regierung beteiligt, und die sozialistischen Minister legten die Grundlage für eine moderne Sozialgesetzgebung. Während der Nazi-Okkupation wurde die Partei – wie alle anderen auch – aufgelöst; nach dem Zweiten Weltkrieg erstand sie neu unter dem heutigen Namen und gehörte der Regierung der Nationalen Einheit bis 1947, als sie in die Opposition zurückkehrte, an. Danach trug sie in den Jahren 1951-59 und 1964-69 wieder Regierungsverantwortung.

Von ihrer Gründung bis zu den 70er Jahren unterscheidet sich die Entwicklung der sozialistischen Bewegung Luxemburgs also wenig von derjenigen der anderen sozialistischen oder sozialdemokratischen Parteien Westeuropas[13]. Die Industrialisierung (obgleich in Luxemburg später einsetzend) schuf am Ende des 19. Jahrhunderts die Bedingungen für die Entstehung eine Arbeiterkultur, in der allerdings die reformistische Strömung der Gewerkschaftsbewegung[14] vorherrschend war.

Eine erste Strömung der sozialistischen Bewegung Luxemburgs war durch die starke Stellung der Arbeitergewerkschaft innerhalb der Partei geprägt. Dies hatte nicht nur Auswirkungen auf die personelle Zusammensetzung der Leitung und der Abgeordnetengruppe (Pierre Krier, der Vorsitzende der Metallarbeitergewerkschaft, des Berg- und Metallindustriearbeiterverbandes – BMIAV, war 1937 der erste sozialistische Minister einer luxemburgischen Regierung.), son-

[13] Zur Diversität der europäischen sozialistischen Parteien und zur Verortung der Luxemburger Sozialisten in diesem Spektrum siehe Dreyfus (1991).
[14] Zum Ursprung und den protosozialistischen Vorläufern siehe Fayot (1983-1984).

dern auch auf die politische Orientierung der Partei, die sich ab 1924 an den reformistischen, sozialdemokratischen Kurs der belgischen Arbeiterpartei und der österreichischen sozialistischen Arbeiterpartei anlehnte.

Die zweite Strömung, die man als linksliberal bezeichnen könnte (wegen ihres Festhaltens an öffentlichen Freiheiten und an mit der Selbstbestimmung des Individuums verbundenen politischen Rechten), suchte in gesellschaftlichen Fragen immer das Bündnis mit den Liberalen oder in Fragen der sozialen Marktwirtschaft den Kompromiss mit den Christdemokraten. So boten beispielsweise die Schulfrage im Jahre 1912, die Mobilisierung gegen das „Maulkorbgesetz" im Jahre 1937 sowie die Einführung des Laienmoralunterrichts im Jahre 1968 Gelegenheiten für eine Allianz mit der liberalen Liga und deren Nachfolgeorganisation, der Demokratischen Partei[15]. Diese liberale oder nichtgewerkschaftliche Linke – zuerst, nach dem Zweiten Weltkrieg unter der Führung von Michel Rasquin und dann unter dem Einfluss von Henry Cravatte, Präsident der Partei zwischen 1959 und 1967 – versuchte, die bis dahin auf das „Minett" konzentrierte Arbeiterpartei in eine Partei aller Lohnabhängigen zu wandeln. Die liberale Linke wünschte zudem, dass die Leitung der sozialistisch orientierten Gewerkschaft (damals LAV) der Partei nicht mehr ihre politischen Optionen aufzwinge, wie sie das auf unmittelbare Weise bis 1964, bis zum Zeitpunkt der neuen CSV-LSAP-Koalitionsregierung, getan hatte. Diese Strömung, die sich seit dieser Zeit als sozialdemokratisch bezeichnete, forderte auch, dass die gewerkschaftlichen Allianzen zwischen Kommunisten und Sozialisten aus den 50er Jahren aufgekündigt würden, ebenso wie die kommunalpolitischen Bündnisse zwischen LSAP und KP, insbesondere in der zweitgrößten Stadt des Landes, in Esch/Alzette. Diese Forderung nach einem zweifachen Bruch mit der Vergangenheit wurde auf dem außergewöhnlichen Nationalkongress 1970 in Esch-sur-Alzette vereitelt. Der gewerkschaftliche Flügel und die Sektionen des industriellen Südens setzten sich mehrheitlich gegen die Parteileitung unter Henry Cravatte durch. Zusammengeschlossen in einer sozialdemokratischen Konvention verließen der Präsident und fünf Abgeordnete die Partei. Sie bildeten eine neue Partei unter dem Namen Sozialdemokratische Partei Luxemburgs (SDP), die bis zu den Wahlen 1984 Bestand hatte. Einzelne Führungspersönlichkeiten (wie Astrid Lulling) wechselten schließlich zur CSV (Fayot u.a. 2003, S. 36).

Die Abspaltung des liberal-bürgerlichen Flügels und die Durchsetzung des gewerkschaftlichen Flügels sowie der angeblich linksextremen jungen Gruppe unter der Führung von Robert Krieps und Jacques Poos verhinderten keineswegs die weitere sozialdemokratische Transformation der Partei. 1972 spricht die neue

---

[15] Für diese Strömung stehen Namen wie R. Blum, E. Mark und J. Gremling (Fayot/Hoffman 1997, S. 55).

Leitung sich für eine Mitte-Links-Koalition mit der DP aus. Der Kongress von Wormeldingen im selben Jahr stellt in einem gewissen Sinne das Bad Godesberg der LSAP dar. Im Wormeldinger Programm wurde in einem Kompromiss die Rivalität zwischen den zwei historischen Strömungen der Partei überwunden.

Anlässlich der Wahlen von 1974 verzeichnete die neue LSAP Stimmengewinne und trat in eine Koalitionsregierung mit der Demokratischen Partei (DP) ein. Nach Verlusten bei den Juniwahlen des Jahres 1979 kehrte sie in die Opposition zurück, kam jedoch wieder in die Regierung (in Koalition mit der CSV), nachdem sie bei der Landeswahl 1984 erheblich zugelegt hatte und von 14 auf 21 Sitze sowie von 24,3% auf 33,6% der Stimmen angestiegen war. Bei den zeitgleichen Europawahlen erhielt sie zwei der sechs luxemburgischen Sitze. In einer verkleinerten Kammer besetzte sie 1989 18 Sitze (25,5% Stimmen) und rutschte auf 17 Sitze in 1994, behielt bei beiden Wahlen ihre zwei Europasitze und blieb Juniorpartner in der Koalition.

Die CSV-LSAP-Regierung blieb für nahezu 15 Jahre an der Macht. Was die Wirtschaftspolitik dieser Regierung betraf, so führte sie 1984 die 1979 abgeschaffte automatische Inflationsanpassung der Löhne und Renten wieder ein. Jedoch mit der Einschränkung, dass die Regierung diese Maßnahme aufheben kann im Falle einer Verschlechterung der wirtschaftlichen und sozialen Lage, bei einer starken Abweichung der internen Inflationsrate von der durchschnittlichen Inflationsrate ihrer Haupthandelspartner oder bei einem Wettbewerbsverlust der luxemburgischen Unternehmen im internationalen Umfeld. Außerdem erzielten beide Koalitionspartner eine Übereinkunft über die Annahme eines Programms zur wirtschaftlichen Diversifikation, über ein Gesetz zur Schaffung von Investmentfonds, welches Luxemburg in den Rang eines der Hauptfinanzzentren Europas heben sollte, zur Privatisierung des Telekommunikationssektors, zur Energiepolitik und zur nachhaltigen Entwicklung durch verschärfte Regeln im Umweltschutz.

Auf dem Gebiet der Sozialreformen führte die Regierung ein soziales Mindesteinkommen (revenu minimum garanti) für Personen und Familien in prekären Finanzlagen ein. Es wurden auch Initiativen ergriffen, um die Gleichheit zwischen Männern und Frauen im Rahmen des sozialen Sicherungssystems herzustellen, es wurden Maßnahmen bezüglich der Frührente, zur Harmonisierung zwischen den Rentensystemen des privaten und öffentlichen Sektors (speziell in Bezug auf Staatsbeamte) und die Schaffung einer Pflegeversicherung beschlossen. Die Familienpolitik (z.B. eine Zulage für Schulmaterial) war einer der Schwerpunkte der Regierung während dieser Periode. Forschungs- und Kulturpolitik bekamen einen bis dahin nicht gekannten Stellenwert mit umfangreichen Investitionen in Infrastrukturen, insbesondere im Kulturbereich. Ziel dieser Regierungspolitik war die Wahrung der sozialen und nationalen Kohäsion des

Großherzogtums. Es war auch ein deklariertes Ziel dieser Regierung, die Diversifikation der Luxemburger Wirtschaft auf dem Gebiet der neuen Technologien zu fördern. Öffentlich-rechtliche Forschungszentren wurden ins Leben gerufen, der Kulturbesitz und die Kulturinstitutionen wurden neu geordnet, ein nationaler Forschungsfonds wurde geschaffen, die Hochschulbildung wurde vorangetrieben und ein neues Rundfunkgesetz ermöglichte die Pluralisierung der Programmanbieter und schuf erstmals einen öffentlich-rechtlichen Rundfunksender.

Die LSAP war die Hauptverliererin der Wahlen von 1999. In der Kammer fiel sie auf den dritten Rang nach CSV und DP, indem sie nur 13 Sitze gewann bei einem wenig verringerten Stimmenanteil von 24,3%. Bei den zeitgleichen Europawahlen behielt sie mit 23,6% der Stimmen ihre beiden Sitze. Bei den Wahlen im Juni 2004 avancierte sie wieder zur zweiten Partei Luxemburgs und trat in eine Koalition mit der CSV ein. Trotzdem war ihr Wahlergebnis enttäuschend. Bei der Landeswahl gewann sie nur einen Sitz hinzu. Bei der Europawahl ging sie prozentmäßig von 23,4% (1999) auf 22,9% zurück, verlor allerdings ihren zweiten Sitz. Die LSAP ist Mitglied der Sozialistischen Internationalen. Ihr Vertreter im Europaparlament gehört der Sozialdemokratischen Fraktion an.

Basiselement der Parteistruktur und der innerparteilichen Willensbildung ist die lokale Sektion[16], die, wie bei den anderen Parteien, durch die Gesamtheit der Mitglieder einer oder mehrerer Kommunen gebildet wird. An ihrer Spitze steht das Sektionskomitee. Die Gesamtheit der Sektionsvertreter kommt beim Bezirkskongress zusammen, wobei die Parteibezirke deckungsgleich sind mit den Wahlbezirken. Der Nationalkongress, der einmal im Jahr die Bezirksvertreter versammelt, ist de jure das oberste Organ der Partei. Er entscheidet in letzter Instanz über alle die Partei betreffenden Fragen, wählt die Mitglieder des Direktoriums und der Kontrollkommission und hat die Aufgabe der internen Verwaltung und des Disziplinarrates. Der Landeskongress wählt auch direkt und in getrennten Wahlgängen den Präsidenten, den Vize-Präsidenten, den Generalsekretär sowie den Schatzmeister.

Das Direktorium befasst sich mit den laufenden Angelegenheiten der Partei und verwaltet deren Finanzen. Auf der Grundlage der Entscheidungen des Landeskongresses, der Statuten und gegebenenfalls der Empfehlung eines Aufsichtsrates, legt das Direktorium die Leitlinien der politischen Aktionen sämtlicher Gremien, Mandatsträger und Mitglieder der Partei fest. Seine Mitglieder werden vom Nationalkongress für zwei Jahre gewählt (jedes Geschlecht muss mit mindestens zehn Mitgliedern im Direktorium vertreten sein). In ihm finden sich

---

[16] Parteistatuten: Internetdokument: www.lsap.lu/forcedownload.php?iddownload=21&type=_pdf_.

außerdem zwei Vertreter für jeden Bezirk, ein Vertreter für die Jungsozialisten und drei für die sozialistischen Frauen.

An seiner Spitze steht das Exekutivkomitee, die wahre Parteileitung, bestehend aus neun Mitgliedern: dem Parteipräsidenten, zwei Vize-Präsidenten, dem Generalsekretär, dem Generalschatzmeister sowie vier weiteren Mitgliedern, die das Direktorium vertreten und von diesem ernannt werden. Jedes Geschlecht muss mit mindestens drei Vertretern repräsentiert sein. Der Fraktionsvorsitzende und der Fraktionssekretär sowie der Organisationssekretär und der Präsident der Kontrollkommission haben Beobachterstatus. Das Amt des Parteipräsidenten ist inkompatibel mit demjenigen des Kammerpräsidenten, des Fraktionsvorsitzenden und des Mitglieds der Regierung.

Neben dem Exekutivkomitee gibt es noch einen Verwaltungsrat, ein beratendes Gremium, das die Kandidaten für die National- und die Europawahlen eruiert und aus diesen in einer direkten Wahl den Spitzenkandidaten für die Landeswahl auswählt. Auf Vorschlag des Direktoriums sucht es, im Falle einer Regierungsbeteiligung der LSAP, die Regierungsmitglieder aus sowie die von der LSAP vorzuschlagenden Kandidaten für den Staatsrat. Zum Verwaltungsrat gehören die Mitglieder des Direktoriums, die Fraktionsmitglieder, die amtierenden Minister und Staatssekretäre, die amtierenden Abgeordneten des Europaparlaments, die Mitglieder des Staatsrates, je zwei Vertreter der Bezirkskomitees, zusätzliche Vertreter proportional zur Mitgliederzahl des Bezirks (einen pro Fraktion von 500), die Mitglieder der Kontrollkommission, zwei Vertreterinnen der sozialistischen Frauen, eine zusätzliche Vertreterin pro Fraktion von 500 Frauen, zwei Vertreter der Jungsozialisten (JSL), einen zusätzlichen pro Fraktion von 500 JSL-Mitgliedern, zwei Vertreter der FCCS (Fédération des conseillers communaux socialistes) und die sozialistischen Bürgermeister.

Zu erwähnen sind noch folgende Untergliederungen: die Jungsozialisten (JSL), die „Femmes socialistes", die sozialistischen Frauen Luxemburgs und die „Fédération des conseillers communaux socialistes", das sind die LSAP-Gemeinderäte. Die LSAP verfügt über einen think tank: die Robert-Krieps-Stiftung, die im Sommer 2005 ihre erste université d'été (eine Reflexions- und Diskussionsveranstaltung in Form einer Summer-School, wie sie bei französischem Parteien üblich ist) durchführen wird.

2.6 Die extreme Linke und weitere kleine Parteien

Déi Lénk (die Linke), die den Terminus Partei nicht für sich gelten lässt, wurde vor den Wahlen im Juni 1999 ins Leben gerufen von linken Gruppen und Einzelpersonen sowie mit Unterstützung der Kommunistischen Partei, die seit den

Wahlen von 1994[17] keinen Repräsentanten mehr in der Kammer hatte. Die neue Gruppierung erreichte 3,3% der Stimmen und gewann einen Sitz, während sie bei den zeitgleichen Europawahlen nur 2,5% der Stimmen erzielte. Im Laufe des Jahres 2003 fiel dieser politische Zusammenschluss auseinander. Der sozialistische Flügel, die Anti-Globalisierungsbewegung und die kommunistischen Reformer beschlossen eine „wirkliche" Partei zu gründen mit dem Ziel, sozialistische und ökologische Wähler, die von ihren eigenen Parteien desillusioniert waren, von diesen abzuwerben. Die Zielsetzung in Bezug auf die Wahlen war kombiniert mit einer programmatischen Reform. Die Linke möchte eine neue radikale linke Partei werden ohne jeglichen direkten Bezug zur kommunistischen Ideologie. Die ehemaligen Führungskräfte der Kommunistischen Partei Luxemburg (KPL) verweigerten sich dieser neuen Strategie und verließen das Bündnis. Im Juni 2004 konnte die Linke ihren Sitz in der Kammer nicht bewahren. Bei den Europawahlen verlor sie Stimmen (1,68% 2004 gegenüber 2,7% 1999). Die Linke ist „beobachtendes Mitglied" in der Partei der Europäischen Linken.

Die Kommunistische Partei Luxemburg (KPL) entstand 1921 als Ergebnis einer Spaltung der Luxemburger Sozialistischen Arbeiterpartei (LSAP). Sie errang zum ersten Mal 1934 einen Sitz in der Abgeordnetenkammer, aber ihr Wahlergebnis wurde von der Kammermehrheit annulliert. Der Vorschlag jedoch, die Partei auszuschließen, schlug anlässlich eines Referendums im Jahre 1937 fehl. Seit 1945 war die Partei in der Kammer vertreten, ihre Sitzzahl variierte zwischen drei in den Jahren 1954-64 und sechs in den Jahren 1968-74 und ging dann 1979 auf zwei zurück. Sie nahm Teil an der Regierung der Nationalen Einheit in den Jahren 1945-47, danach blieb sie in der Opposition, kooperierte aber mit der LSAP auf lokaler Ebene (Wehenkel 1999). 1979 bekam sie bei den Wahlen 5,8% (verglichen mit 10,4% 1974), während ihr Anteil 1984 auf 5% fiel. Bei den 1989er Wahlen schwand ihre Sitzanzahl auf eins, und der Tod ihres Altpräsidenten René Urbany (Sohn des vorigen Parteivorsitzenden) war ein weiterer Schlag für die Partei. Nachdem sie 1994 ihre erste große Wahlniederlage (kein Sitz mehr in der Kammer) nach dem Krieg einstecken musste, trat die Partei bei den Wahlen von 1999 nicht selbst an, sondern unterstützte die linke Liste, die einen Sitz gewann. Im Dezember 2003 entschied sie bei den kommenden Landes- und Europawahlen allein anzutreten. Die KPL warf der linken Liste Verrat am kommunistischen und revolutionären Erbe vor und die Vernachlässigung der Interessen der Arbeiterklasse. Weder bei der Landes- noch bei der Europawahl konnte sie einen Sitz gewinnen (0,92% bzw. 1,17% der Stimmen). Neben der Linken war sie die einzige politische Vereinigung, die auf ihren Listen zu den Europawahlen ausländische Kandidaten antreten ließ. Die Partei verdankt ihr

---

[17] Parteistatuten: http://www.dei-lenk.lu/IMAGES/SUJET/doc_0009.pdf.

Überleben ihrer Tageszeitung „Zeitung vum Lëtzebuerger Vollek", die über die staatliche, den Pressepluralismus gewährleistende Pressehilfe finanziert wird. Nach dem völligen Zusammenbruch anlässlich der Wahl von 2004 spaltete sich die Partei erneut. Einige Mitglieder gründeten eine neue Bewegung unter dem Namen „Roude Fiisschen" (Roter Kleiner Fuchs, in Anlehnung an die Hauptfigur des Nationalepos Renert).

Die Kleinstaatlichkeit des Landes und die Besonderheit des Wahlsystems fördern das Entstehen und Vergehen kleiner Parteien. Karikaturistisches Beispiel ist der Zusammenschluss einer Handvoll Unzufriedener unter dem Namen „Freie Partei Luxemburg" (Fräi Partei Lëtzebuerg – FPL) vor den Wahlen im Frühjahr 2004. Sie wollten sich für niedrige Staatsausgaben und eine ökonomisch ausgeglichene Entwicklung zwischen sozialen Klassen und Regionen einsetzen. Eine Kandidatenliste hatte diese Vereinigung nur bei den Kammerwahlen und auch nur im Wahlbezirk Norden, wo sie 0,12% der Stimmen bekam. Nach dieser bitteren Niederlage löste die „Partei" sich auf. Die bedeutendste von allen kleinen Wählergruppierungen der letzten Wahlen war die Nationale Bewegung (National Bewegong – NB), eine rechte Gruppierung, die 1989 2,6% und 1994 3,1%, jeweils bei der Landeswahl und 1994 2,7% bei der Europawahl erzielte.

3   Zusammenfassung

Das Luxemburger Parteiensystem ist durch die relative Schwäche seiner Parteien gekennzeichnet. Dies hat zwei wesentliche Gründe. Einerseits das Wahlsystem, das durch die Möglichkeit des Panaschierens charismatischen Persönlichkeiten und Vertretern aller denkbaren Korporatismen ein großes Gewicht verleiht; andererseits ein fehlender konstitutioneller und rechtlicher Rahmen für das Parteienwesen sowie die fehlende staatliche Finanzierung der Parteiorganisationen.

Nach dem Zweiten Weltkrieg hat sich mit CSV, LSAP und DP eine Konstellation von drei staatstragenden Parteien herausgebildet. Die Christdemokraten bildeten, mit Ausnahme einer Legislaturperiode, immer mit einem Juniorpartner die Regierung. Dies führte zu einem hohen Stabilitätsgrad des Systems und zu einer großen Konsensfähigkeit dieser drei Parteien, leistet aber auch dem Aufkommen von neuen Oppositionsparteien Vorschub. So haben sich im Laufe der letzten Jahre eine starke grüne Partei und eine rechtspopulistische Partei etablieren können. Letztere scheint aber angesichts der hervorragenden wirtschaftlichen Lage, die den Wählern wenig Anlass für Unzufriedenheit gibt, ihr Potential ausgeschöpft zu haben, wie dies ihr empfindlicher Sitzverlust bei den letzten Wahlen dokumentierte. Die Christlich-Soziale Volkspartei hat unter der Führung von Jean-Claude Juncker erfolgreich ihre Wählerschaft erneuert und eine Hegemonialstellung im luxemburgischen Parteiensystem erreicht, die, aufgrund ihrer lang-jährigen Durchdringung des Staatsapparates und ihrer Verankerung in der Ge-werkschaftsbewegung, über das bloß quantitative Gewicht von 36% der Stimmen bei der letzten Wahl hinausgeht.

Da ein Hauptkennzeichen der Luxemburger Gesellschaft der hohe Anteil der Ausländer an der Wohnbevölkerung (und der noch größere an der Erwerbs-bevölkerung) ist, gelten als die größten Herausforderungen für das politische System die Implementierung solider Politikkonzepte für die soziale Integration und die politische Beteiligung der nicht luxemburgischen Staatsbürger.

Literatur

Arendt, Hannah (1994): Zwischen Vergangenheit und Zukunft. Übungen zum politischen Denken 1, München.

Canovan, Margaret (1999): Trust the people! Populism and the Two Faces of Democracy. In: Political Studies 47. 1, S. 2-16.

Conseil Européen (2003): Décision du Conseil du 25 juin 2003 et du 23 septembre 2003, modifiant l'Acte portant l'élection des représentants au Parlement européen au suffrage universel direct, annexé à la décision 76/78/CECA, CEE, Euratom. In: Journal Officiel des Communautés Européennes L283/1. 21 octobre 2003.

CRISP (1987): Grand-Duché de Luxembourg, systèmes et comportements électoraux: Analyse et synthèse des scrutins de 1974, 1979 et 1984, Luxembourg: Chambre des Députés.

Déi Gréng (2002): Financement des Partis: Qui a peur de la transparence? Luxembourg: Publications Déi Gréng, collection Démocratie et Institutions.

Déi Lénk (2004): Stellungnahme von déi Lénk/la Gauche zum Wahlkampfabkommen der Parteien für die Landes- und Europawahlen vom 13. Juni 2004, http://www.dei-lenk. lu/sujet/article.asp?id=401&sub=19 (2. Februar 2004).

Dumont, Patrick/De Winter, Lieven (2002): Luxembourg. European Journal of Political Research. Political Data Yearbook 2001. 41, 7-8, S. 1028-1032.

Dumont, Patrick/Hirsch, Mario (2003): Luxembourg. European Journal of Political Research. Political Data Yearbook 2002. 42, 7-8, S. 1021-1025.

Dumont, Patrick/De Winter, Lieven (2003): Luxembourg: Stable Coalitions in a Pivotal Party System. In: W. Müller/K. Strøm (Hrsg.): (2003), S. 399-432.

Dumont, Patrick/De Winter, Lieven (2003): Luxembourg: A Case of More 'Direct' Delegation and Accountability. In: K. Strøm u.a. (2003), S. 474-497.

Dumont, Patrick/Poirier, Philippe (2004): Luxembourg. European Journal of Political Research. Political Data Yearbook 2003. 43, 7-8, S. 1069-1076.

Duverger, Maurice (1976 [1951]): Les partis politiques. Paris: Editions Armand Colin.

Fayot, Ben (1983-1984): D'où vient le socialisme luxembourgeois? Galerie. 2. 2, S. 1103-1110.

Fayot, Ben/Hoffman, Serge (1997): 100 Joër. Dictionnaire biographique des députés socialistes à la Chambre des Députés, Luxembourg, S. 55.

Fayot, Ben/Schroeder, Etienne/Kersch, Dan (2003): 100 Joër sozialistesch Partei zu Lëtzebuerg: LSAP 1902 – 2002. Le LSAP hier et aujourd'hui, Luxembourg.

Fehlen, Fernand/Piroth, Isabelle/Poirier, Philippe (2001): Les élections au Grand-Duché de Luxembourg. Rapport sur les élections communales, législatives et européennes de l'année 1999, Luxembourg: Chambre des Députés.

Frieden, Luc (1991): Le droit constitutionnel et les partis politiques au Parlement. In: Annales du droit luxembourgeois 1, S. 123-153.

Frieden, Luc (1993): Le prix de la démocratie pluraliste. In: Annales du droit luxembourgeois 3, S. 173-181.

Gerard, Emmanuel/Van Hecke, Steven (Hrsg.) (2004): Christian Democratic Parties In Europe since the End of the Cold War, Leuven.

Hirsch, Mario (1995): La société dépolitisée. In: Nos Cahiers 16. 4, S. 69-73.

Inglehart, Ronald (1977): The Silent Revolution. Changing Values and Political Styles Among Western Publics, Princeton.

Inglehart, Ronald (1990): Culture Shift in Advanced Industrial Society, Princeton.

Kirchheimer, Otto (1966): „The Transformation of the western European party systems". In: Robert A. Dahl, Political Opposition in Western Democracies, New Haven, S. 177-200.

Kitschelt, Herbert (1988): Left-libertarian Parties. Explaining Innovation in Competitive Party Systems. In: World Politics XL. 2, S. 94-234.

Lamizet, Bernard (1997): La Médiation Politique, Paris.

Legrand, Michel (Hrsg.) (2002): Les valeurs au Luxembourg. Portrait d'une société au tournant du 3e millénaire, Luxembourg.

Lijphart, Arend (1969): Consociational democracy. In: World Politics XXI. 2, S. 210.

Lipset, Seymour Martin/Rokkan, Stein (1967): Party Systems and Voter Alignment. Cross national perspectives, New York.

Lorang, Pierre (2004): Seid nett zueinander. Luxemburger Wort, 4. Februar 2004, S. 4.

Müller, Wolfgang C./Strøm, Kaare (Hrsg.) (2003): Government Coalitions in Western Europe, Oxford, S. 399-432.

Perrineau, Pascal (1995): La dynamique du vote Le Pen: le poids du gaucho-lepénisme. In: Perrineau/Ysmal (1995), S. 243-262.

Perrineau, Pascal, Ysmal, Colette (Hrsg.) (1995): Le vote de crise, l'élection présidentielle de mai 1995, Paris.

Poirier, Philippe (2002): Quelle(s) identité(s) politiques pour le Parti démocratique luxembourgeois? In: Pascal Delwit (Hrsg.) (2002): Les libéralismes en Europe, partis et cultures politiques, Bruxelles, S. 247-262.

Poirier, Philippe (2004a): La révolution tranquille. In: D'Lëtzebuerger Land, 9. Januar, S. 4-5.

Poirier, Philippe (2004b): At the Centre of the State: Christian Democracy in Luxembourg. In: E. Gerard u.a. (2004), S. 179-195.

Reif, Karlheinz/Schmitt, Hermann (1980): Nine Second Order National Elections. A Conceptual Framework for the Analysis of European Election Results. In: European Journal of Political Research, 8, S. 3-44.

Sartori, Giovanni (1976): Parties and party systems. A framework for analysis, Cambridge.

Sesopi (1999): Bilan des Inscriptions aux Elections Communales et Européennes de 1999. Cahiers du Sesopi, série recherche, étude, documentation, 4.

Sesopi (2005): Les inscriptions des étrangers sur les listes électorales, Luxembourg: Commissariat du Gouvernement aux Etrangers.

Strøm, Kaare/Müller, Wolfgang C./Bergman, Torbjörn (Hrsg.) (2003): Delegation and Accountability in Parliamentary Democracies, Oxford.

Theisen, Dan (1995): Das luxemburgische Parteiensystem (1974-1989), Ruprecht-Karls-Universität Heidelberg, Philosophisch-Historische Fakultät, Institut für politische Wissenschaft: Magisterarbeit.

Wehenkel, Henri (1999): Le parti communiste luxembourgeois. La difficile recherche d'une nouvelle jeunesse. In: Problèmes politiques et sociaux. 830-831, S. 86-92.

Organisierte Interessen, Kammern und „Tripartite"

Mario Hirsch

1 Streben nach Konsens

Die Politik in Luxemburg ist von einem sehr starken Hang zum Konsens geprägt, besonders in Bereichen wie Sozialpolitik und Arbeitsrecht. Die Konsensbildung ist in einem hohen Grad institutionalisiert, manchmal auf Kosten der Verfassungsordnung. Kritiker, wie der amtierende Premierminister Jean-Claude Juncker, plädieren für eine politische Streitkultur. Der Konsens als politische Handlungsmaxime wird gewöhnlich im vorpolitischen Raum ausgelotet und ausgehandelt, typischerweise in so genannten Dreierrunden oder Tripartite-Treffen zwischen der Regierung und den Sozialpartnern. In der Regel entwickeln sich daraus Kompromisse auf dem kleinsten gemeinsamen Nenner.

Das Parlament wird mit vollendeten Tatsachen konfrontiert. Nur wenn es nicht zu einer Konsensfindung kommt, verfügt die Volksvertretung über einen größeren Gestaltungsspielraum und gewinnt ihre verfassungsmäßige Vormachtstellung zurück. Die Regierung und die sie tragende parlamentarische Mehrheit müssen dann in der Regel ihre politische Verantwortung wahrnehmen. Im Sprachgebrauch wird die Bedeutung von außerparlamentarischen Entscheidungsstrukturen mit der Bezeichnung „Luxemburger Modell" gewürdigt, was eine gewisse Einmaligkeit suggerieren soll, auf die man in Luxemburg sehr stolz ist. Tatsächlich werden nirgendwo sonst in Europa die Spielregeln der parlamentarischen Demokratie und die herausragende Rolle des Parlaments derart häufig und tief greifend umgangen.

Die Verlagerung von politischen Entscheidungen in den außerparlamentarischen Raum findet auch bei Ad-hoc-Gremien wie den zahlreichen Quadripartite-Treffen (im Gesundheitswesen oder im Zusammenhang mit der Zukunft der nationalen Eisenbahngesellschaft CFL) oder in so genannten Rundtischen statt, wie zuletzt dem Rententisch von 2001. Hier sollte der nationale Konsens an einer Problematik vorgeführt werden, die die Nation wie kein anderes Thema seit Jahrzehnten spaltet und zu einer Verwerfung der politischen Landschaft mit dem Entstehen einer Einpunktepartei, dem ADR 1989, führte, welcher vorschlug, die Renten im Privatsektor an diejenigen des öffentlichen Sektors anzugleichen und der auf Anhieb Fraktionsstärke im Parlament (mindestens 5 Abgeordnete) erreichte. Die soziale Konzertierung, die in der Dreierkonferenz oder Tripartite seit den siebziger Jahren ihre Krönung fand, wurde um eine zusätzliche Dimension bereichert. Neben der Regierung und den Sozialpartnern nahmen auch die politischen Parteien von Regierung und Opposition in einer gewissermaßen nationalen Einheitsfront am „Rententisch" Platz.

Die Idee einer Einheitsfront in Form einer Quadripartite unter Einschluss der Opposition tauchte übrigens auch in den Anfangsjahren der Tripartite auf. Als die Stahlkrise sich zuspitzte, machte John Castegnaro, Chef des sozialdemokratisch orientierten OGB-L, der größten Gewerkschaft des Landes, im Februar 1979 den Vorschlag, die erst knapp zwei Jahre vorher ins Leben gerufene Tripartite unter Einschluss der parlamentarischen Opposition (damals CSV und KPL) zu „entpolitisieren". Beide Parteien hatten die Tripartite heftig kritisiert. Die Christdemokraten äußerten verfassungsrechtliche Bedenken und monierten die Entmachtung des Parlaments, während die Kommunisten darin einen unstatthaften Pakt mit dem Großkapital sahen. Castegnaro begründete seinen Vorstoß damit, die 1975 ausgebrochene Stahlkrise stelle ein derart gravierendes nationales Problem dar, dass keine Partei und keine Gewerkschaft sich ihrer Verantwortung für das Gemeinwohl entziehen dürften. Die bevorstehenden Parlamentswahlen im Juni 1979 führten aber beide Oppositionsparteien dazu, diesen Vorschlag eines „Waffenstillstands" abzulehnen, da sie sich nicht in die Pflicht nehmen lassen wollten und nicht erpicht waren, die Verantwortung für die Rettung der Stahlindustrie mit der Regierung zu teilen (Hirsch 1986).

Dreiseitige Foren zwischen Regierung, Gewerkschaften und Arbeitgebern zur Bekämpfung der Arbeitslosigkeit, zur Reform des Arbeitsmarktes und des Sozialstaates gibt es mittlerweile in vielen europäischen Ländern und die Europäische Kommission testet in der Regel frühzeitig Ideen und Initiativen bei den im EU-Wirtschafts- und Sozialausschuss vertretenen Sozialpartnern und Interessengruppen. In den meisten kontinentaleuropäischen Ländern gibt es zudem eine mehr oder weniger ausgeprägte Tradition der Sozialpartnerschaft, die in Luxemburg auf die zwanziger Jahre des vorherigen Jahrhunderts zurückgeht. Darin enthalten sind gesetzliche Regelungen von Betriebsausschüssen und ab 1936 von Kollektivverträgen.

Die Gründe für die verbreitete Suche nach nationalem Konsens ähneln sich immer stärker von Land zu Land. Dazu gehören die Verschärfung des Wettbewerbs in internationalisierten und globalisierten Märkten sowie die fortschreitende Integration der EU-Länder. Beide Entwicklungen haben den Sozialstaat arg in Mitleidenschaft gezogen oder zumindest Zweifel an seinem Fortbestand aufkommen lassen, angesichts der Besorgnis erregenden demografischen Entwicklung. Die Währungs- und Wirtschaftsunion (WWU) hatte eine weit reichende Beschränkung des monetären und fiskalen Handlungsspielraums auf nationaler Ebene zur Folge. Die Spielregeln der WWU führen dazu, dass die unumgänglichen

Anpassungen in Bereichen wie dem nationalen Arbeitsmarkt und dem Beschäftigungssystem nicht mehr indirekt über Wechselkursanpassungen, Zins- und Steuerpolitik stattfinden, sondern unmittelbar Verhandlungsgegenstand zwischen den Sozialpartnern und der Regierung sind. Die Regierung, die für die Sicherung der Rahmenbedingungen der nationalen Wettbewerbs- und Beschäftigungsfähigkeit auf möglichst hohem Niveau verantwortlich ist, gibt in der Regel den Anstoß zu dreiseitigen Abstimmungen über die Ausrichtung der Wirtschafts-, Finanz-, Sozial-, Steuer-, Einkommens- und Arbeitsmarktpolitik. Im Idealfall kommt es zu verbindlichen Absprachen über konzertiertes Verhalten der beteiligten Parteien in den relevanten Politikbereichen, in einem größeren Zusammenhang und in längerfristigen Perspektiven, was auf Gegenseitigkeit beruhende Zugeständnisse voraussetzt.

2   Konzertierung als prägendes Element des politischen Systems

In Luxemburg ist die Konsenssuche ein prägendes Element des politischen Systems. Es gibt wohl kaum ein anderes Land, das auch nur annähernd vergleichbare Mechanismen und Institutionen zur Konsensfindung kennt, zudem noch auf der höchsten Entscheidungsebene und fast alle Politikbereiche berührend, die unter normalen institutionellen Bedingungen unter die Prärogativen des Gesetzgebers fallen würden. Die Themen, mit denen die Konzertierungsorgane sich gemeinhin zu befassen haben, gehen aber in Luxemburg meistens über die herkömmliche Agenda von Beschäftigungsbündnissen hinaus. Natürlich steht auch hier die Anpassung der Lohnpolitik an die Erfordernisse der Produktivitätsentwicklung zwecks Beschäftigungssteigerung sowie die Anpassung der sozialen Sicherungssysteme an veränderte demografische Bedingungen und an neue Formen der Beschäftigung, Arbeitszeitregelung usw. im Mittelpunkt der Verhandlungen. Seit sich die Tripartite aber von einem Kriseninstrument zu einer dauerhaften Einrichtung entwickelt hat, hat sie sich eine allumfassende Zuständigkeit, eine Art „Kompetenz-Kompetenz" angeeignet, die fast keinen Politikbereich ausspart.

Die Konsensfindungsmaschinerie, die auf einen großzügigen Sozialstaat (seit den Anfängen des 20.Jahrhunderts) und eine gut funktionierende Sozialpartnerschaft, aber auch auf ständestaatliche Elemente in Form von sechs Berufskammern[1] (Die „Chambres professionnelles" entstanden in den zwanziger Jahren des vorherigen Jahrhunderts nach österreichischem Muster.) und in FN und den 1966 geschaffenen Wirtschafts- und Sozialrat[2] (Conseil économique et

---

[1] Loi du 4 avril 1924, Mémorial A, n°21, 3 mai 1924.
[2] Loi du 21 mars 1966, Mémorial A, n°14, 26 mars 1966.

social) aufgebaut ist, erfuhr Mitte der siebziger Jahre eine zusätzliche und entscheidende Institutionalisierung mit der förmlichen Gründung der Dreierkonferenz, oder besser gesagt dem „Comité national de coordination tripartite".[3]

Die unterschiedlichen Ausprägungen des Sozialdialogs und gesetzlich geregelter „relations industrielles" gibt es in Luxemburg in der ganzen Bandbreite, von der mehr oder weniger unverbindlichen Konsultation der Gremien wie der Berufskammern oder dem Wirtschafts- und Sozialrat bis zur Konzertierung im Rahmen der Tripartite, die zu verbindlichen Entscheidungen nach Verhandlungen zwischen den drei beteiligten Parteien führt oder führen soll. Im Falle der Konsultation geht es im wesentlichen darum, dass die Regierung im Vorfeld von Entscheidungen mit weit reichenden Folgen, die ihre Interessen direkt berühren, die Meinung der so genannten „Forces vives de la nation" einholt. Die Konsultation ist mehr oder weniger unverbindlich. Es ist eine Art der Abstimmung, der Rechnung getragen wird oder auch nicht. Im Fall der Konzertierung strebt die Regierung, nach Verhandlungen mit den Sozialpartnern, deren Zustimmung für Maßnahmen einschneidender Natur an, die gesamtwirtschaftliche Rahmenbedingungen betreffen.

Es gibt im „Luxemburger Modell" mit der Überwachung oder dem sozioökonomischen Monitoring („surveillance") noch eine dritte Ebene, die den beiden anderen Ebenen vorgelagert ist und sich teilweise mit der Konsultationsebene überschneidet. Dazu gehören der auf 1975 zurückgehende Konjunkturrat („Comité de conjoncture"), der 1984 ins Leben gerufene Ausschuss für Frauenarbeit („Comité du travail féminin") sowie der Ständige Beschäftigungsausschuss („Comité permanent de l'emploi"), den es seit 1995 gibt. In letzter Zeit wurde die Überwachungsebene durch zwei neue Organe ergänzt, den „Observatoire des relations professionnelles et de l'emploi" (2003) sowie den „Observatoire de la compétitivité" (2005).[4]

Diese Gremien sind nach dem Tripartite-Muster zusammengesetzt: ein Drittel ihrer Mitglieder sind Regierungs-, ein Drittel Arbeitgeber- und ein Drittel Arbeitnehmervertreter. Sie sollen den Sozialdialog auf allen Ebenen begleiten, objektive Fakten ausarbeiten und eine Diskussionsgrundlage schaffen, die sowohl Konsultation als auch Konzertierung erleichtern und zur Konsensfindung beitragen soll. Besonders in letzter Zeit, im Zusammenhang mit den fast zwei Jahre lang andauernden Diskussionen über die sich verschlechternde Wettbe-

---

[3] Loi du 24 décembre 1977 autorisant le gouvernement à prendre les mesures destinées à stimuler la croissance économique et à maintenir le plein emploi, Mémorial A, n°79, 28 février 1978. Die Ausführungs- und Funktionsbestimmungen dieses Gremiums sind in einer großherzoglichen Verordnung vom 26. Januar 1978 festgehalten: Mémorial A, n°9, 7 mars 1978.

[4] Clément (2003) unterscheidet die verschiedenen Formen und Ebenen des Sozialdialogs nach drei Kriterien: „surveillance, consultation, concertation".

werbssituation Luxemburgs im internationalen Vergleich[5], hat sich gezeigt, wie
wichtig das Einvernehmen bei der Diagnose für einen erfolgreichen Abschluss
der dreiseitigen Verhandlungen ist. Ohne eine mehr oder weniger übereinstim-
mende Einschätzung der wirtschaftlichen und sozialen Lage und des notwendigen Handlungsbedarfs ist eine Problemlösung im Konsens ziemlich aussichtslos.
Das luxemburgische Beispiel zeigt aber auch, wie hilfreich für das Gelingen von
konzertierten Aktionen im Wirtschafts- und Sozialbereich gemeinsame Einrichtungen zwischen der Regierung und den Sozialpartnern sind, in denen, wie z.B.
im Wirtschafts- und Sozialrat und den erwähnten Monitoring-Gremien, die beteiligten Parteien auch außerhalb von Konflikt- und Verhandlungssituationen zu-
sammenarbeiten, was natürlich der gegenseitigen Vertrauensbildung förderlich
ist.

3   Kleine Dimensionen fördern den Schulterschluss

Es ist sinnvoll, sich mit den Reflexen und Gedankengängen der anderen Seite
vertraut zu machen. Dies kennzeichnet auch die dreiseitigen Verhandlungs- und
Konsensfindungsstrukturen. In der politikwissenschaftlichen Literatur wird ein
Zusammenhang zwischen der Größe (respektive Kleinheit) eines Landes und der
Intensität von korporatistischen oder neo-korporatistischen Arrangements hergestellt (Katzenstein 1984). Es dürfte klar sein, dass die kleinen Dimensionen Luxemburgs mit Reflexen wie „Wir sitzen alle im gleichen Boot" oder „devant
l'adversité, il faut serrer les rangs" den Konsensualismus begünstigen. Am deutlichsten hat dies der Wirtschafts- und Sozialrat zum Ausdruck gebracht:

> „Die geringen Dimensionen des Landes und die extreme Auslandsabhängigkeit ver-
> langen nach einer wohl durchdachten und kontinuierlichen Strukturanpassung an die
> internationalen Gegebenheiten und einem ausgeprägten Solidaritätsdenken aller so-
> zialen Gruppen. Dies ergibt sich aus einer lückenlosen Information und einem mög-
> lichst umfassenden Konsens, der im permanenten Dialog angestrebt werden muss."
> (Service Information et Presse 1982)

Natürlich ist nicht nur die kleine Dimension dem Konsensdenken förderlich,
sondern auch Strukturmerkmale, die daraus resultieren, wie etwa die moderate
Gesinnung und Haltung der Gewerkschaften, die gemeinhin sehr viel Entgegen-
kommen und Verständnis für die Sorgen und Nöte des Patronats erkennen lassen.
Sie haben dem klassenkämpferischen, auf Konfrontation ausgerichteten Denken

---

[5] Siehe z.B. den Global Competitiveness Report 2006-2007 des World Economic Forum, Davos
2006.

seit Jahrzehnten abgeschworen, nicht zuletzt dank des beschwichtigenden Effekts der auf gegenseitigem Vertrauen basierenden Zusammenarbeit in den bereits erwähnten Dreierorganen, aber auch in den paritätisch zusammengesetzten Gremien, wie etwa die selbstverwalteten Krankenkassenorganisationen oder die Pensionskassen. Der langjährige Regierungschef Pierre Werner (CSV) hatte dies während eines denkwürdigen Rundtischgesprächs im November 1981 auf den Punkt gebracht: „ Eine wesentliche Aufgabe der Tripartite liegt darin, in diesem kleinen Lande jedem klar zu machen, dass es ohne Solidarität nicht weiter geht, und dass es in jedem Fall besser ist, miteinander statt gegeneinander zu marschieren."[6]

Zu den günstigen Faktoren für Lösungsansätze im Gleichklang zwischen Patronat und Gewerkschaften, dem immer wieder erfolgreich bemühten Schulterschluss, gehört auch die in kleineren Ländern stark entwickelte Organisierung der Arbeitnehmer in Gewerkschaften, die dementsprechend entschlossen und selbstbewusst auftreten. In Luxemburg ist die Repräsentativität der Gewerkschaften, insbesondere der Lohnabhängigen mit luxemburgischem Pass eindeutig. Bei dem bereits erwähnten Rundtischgespräch brachte John Castegnaro (OGB-L) dies in aller Deutlichkeit zum Ausdruck: „Die wirkliche Legitimierung der heutigen Tripartite fußt auf der historischen Tatsache, dass Gewerkschaften in Luxemburg traditionell Massenorganisationen sind: rund 70 Prozent des Luxemburger Salariats sind gewerkschaftlich organisiert, die Luxemburger Gewerkschaften sind also anerkannt repräsentative Salariatssprecher (Castegnaro 1981). Der Gewerkschaftsführer sah in der Tatsache, dass nach dem 1979 erfolgten Regierungswechsel (Eine CSV/DP-Koalition löste die seit 1974 amtierende Mitte/Links-Regierung aus LSAP und DP ab.) die CSV, die sich in der Opposition gegen die Tripartite ausgesprochen hatte, sie jetzt „als Institution voll anerkannte und sie, bis auf einige Änderungen, auf Anhieb verlängerte" (Castegnaro 1981), eine Bestätigung für die Unverzichtbarkeit dieses Instruments.

Das Patronat teilt diese überschwängliche Einschätzung der Tripartite nur bedingt. Beim Rundtischgespräch von 1981 beschränkte Norbert von Kunitzki, der Finanzdirektor der Stahlgesellschaft ARBED, ihre Rolle lediglich auf eine Beraterfunktion: „Die Tripartite ist nichts anderes als ein Instrument zur Beratung der Regierung." Er räumte allerdings ein, dass sie auch eine Art „Kontrollinstanz" darstellt, „die verhindern soll, dass die Probleme einer Berufsgruppe auf dem Buckel einer anderen ausgetragen werden" (Kunitzki 1981). Die Zurückhaltung des Patronats erklärt sich vor allem aus dem Umstand, dass während dem Höhepunkt der Stahlkrise (1977-1984) das ARBED-Management es hinnehmen

---

[6] „Die Tripartite – Ein Modell und seine Geschichte", Protokoll eines Rundtischgesprächs. In: d'Lëtzebuerger Land, 53/1981.

musste, dass fast alle industriepolitischen Entscheidungen bezüglich der Stillle-
gung von Produktionsanlagen oder Investitionen auf Drängen der Gewerkschaften und mit wohlwollender Billigung der Regierung der Tripartite zur Begutachtung und manchmal sogar zur Genehmigung vorgelegt werden mussten. Damit
waren Aktionariat und Verwaltungsrat des Stahlunternehmens gewissermaßen
unter Kuratel gestellt. Dies war die Gegenleistung für die beträchtliche Unterstützung der nationalen Kollektivität bei der Rettung der Stahlindustrie, die auf
insgesamt 1,5 Milliarden Euro geschätzt wird.

4   Außergewöhnliche Maßnahmen für außergewöhnliche Situationen

Die Stahlkrise der siebziger und achtziger Jahre konfrontierte Luxemburg angesichts des Übergewichts der Montanindustrie mit Fragen existenzieller Natur.
Bei Ausbruch der Stahlkrise Ende 1975 erwirtschaftete die Stahlindustrie 15 Prozent des Bruttosozialprodukts, beschäftigte mit ihren rund 24 000 Mitarbeitern
an die 15 Prozent der aktiven Bevölkerung, kam auf für mehr als die Hälfte der
Industrieproduktion und 57 Prozent der Exporte, ganz zu schweigen von zahlreichen mittelständischen Betrieben, die als Zulieferer im Schatten des übermächti-
gen Hüttensektors gediehen. Das Schicksal dieses Wirtschaftszweigs konnte
unter diesen Umständen niemanden gleichgültig lassen. ARBED, die die Indust-
riegeschichte und die junge Geschichte des unabhängigen Luxemburgs geprägt
hatte, begriff sehr schnell, dass das Überleben ihrer luxemburgischen Werke nur
um den Preis einer drastischen Restrukturierung zu bewerkstelligen sei. Unter
normalen Umständen und bei einer Umsetzung des Sanierungsprogramms im
Rahmen der Prozeduren einer parlamentarischen Demokratie und der herkömm-
lichen Verfahren, die Massenentlassungen unvermeidbar gemacht hätten, war
vorauszusehen, dass der soziale Zusammenhalt der Nation gefährdet sein würde.
    Im Rückblick ist die kollektive Leistung zur Rettung des wichtigsten Wirt-
schaftszweigs beeindruckend. In den Krisenjahren 1975-1985 wurde die Beleg-
schaft der Stahlindustrie in Luxemburg halbiert (von 24.000 auf knapp 12.000),
genau wie die Produktionskapazität, die von einem Jahresausstoß von 6 Millionen Tonnen Rohstahl auf 3 Millionen reduziert wurde. Werksschließungen waren die Folge. Dank der im Rahmen der Tripartite in die Wege geleiteten sozialen Abfederung der Konsequenzen der Restrukturierungsmaßnahmen konnten
Massenentlassungen weit gehend verhindert werden. Man verlegte sich stattdessen auf Vorruhestandsregelungen und ein ausgedehntes Programm von Not-
standsarbeiten, die sowohl die soziale Absicherung als auch die Weiterbeschäfti-
gung der überschüssigen Stahlarbeiter mit großzügiger Unterstützung der öffentlichen Hand erlaubten. In den langen Krisenjahren überschritt die offizielle Ar-

beitslosenstatistik nie die Marke von zwei Prozent (Allegrezza/Hirsch/von Kunitzki 2003).

Die Opferbereitschaft der Nation machte sich bezahlt. Bereits 1985, dem ersten Geschäftsjahr nach Bewältigung der Krise, schrieben die stark geschrumpften luxemburgischen Werke des ARBED-Konzerns, der in den Krisenjahren mehr als einmal hart an den Rand der Zahlungsunfähigkeit geraten war, dank einer dramatischen Verbesserung ihrer Produktivität wieder schwarze Zahlen. Dass diese Herausforderung ohne größere soziale Auseinandersetzungen bewältigt werden konnte, ist im wesentlichen das Verdienst des Ende 1977 eingeführten Kriseninstrumentariums, insbesondere des Gesetzes vom 24. Dezember 1977, das die Regierung ermächtigte, Maßnahmen zur Stimulierung des Wirtschaftswachstums und zur Sicherung der Vollbeschäftigung zu treffen. Dieses Gesetz gab der ein halbes Jahr vorher auf informeller Basis geschaffenen Tripartite die Rechtsgrundlage und institutionalisierte den Koordinierungsausschuss der Tripartite („Comité de coordination tripartite"), der mit umfassenden Kompetenzen ausgestattet wurde.

5   Verfassungsrechtliche Kontroversen

Es war klar, dass die aus der Notlage einer gefährlichen Krisensituation gefundenen Arrangements, die es mit den verfassungsrechtlichen Prinzipien nicht sehr genau nahmen, auf vehementen Widerstand seitens der größten Oppositionspartei stoßen würden. Die CSV, die sich nicht ganz ohne Grund als staatstragende Partei schlechthin versteht, drückte seit den Wahlen von 1974 die Oppositionsbank, eine eher ungewohnte Erfahrung für eine erfolgsverwöhnte Partei, die wie keine andere seit Einführung des allgemeinen Wahlrechts Anfang des 20. Jahrhunderts die politischen Geschicke des Landes maßgeblich bestimmt hatte. Seit 1974 war eine sozialliberale Koalition LSAP/DP unter Ministerpräsident Gaston Thorn (DP) im Amt. Für die CSV war dies eine von der sozialistischen Gewerkschaftszentrale ferngesteuerte, widernatürliche Koalition, in der die Liberalen von Gaston Thorn ihrer Meinung nach lediglich eine Feigenblattfunktion wahrnahmen, um dem Wunsch der Stahlbarone entsprechen zu können. Die CSV sah ihre Wahlniederlage von 1974 in direktem Zusammenhang mit der am 9. Oktober 1973 vom sozialistischen LAV (Vorgänger des während der sozialliberalen Koalition entstandenen OGB-L) organisierten Großdemonstration gegen den Reformstau.

Obwohl die CSV keineswegs den Ernst der durch die Stahlkrise herauf beschworenen Notlage verkannte, lieferten ihr die vom sozialliberalen Kabinett unter Gaston Thorn getroffenen außergewöhnlichen Maßnahmen den Vorwand einer, in ihrer Vehemenz bis dahin und seither in Luxemburg kaum übertroffenen radikalen Ablehnung des abgestimmten Vorgehens der Regierung und der Sozialpartner. Erstaunlich war es schon, dass die CSV, deren Vorgängerin, die „Rechtspartei", in den Zwischenkriegsjahren mit ständestaatlichen Modellen österreichischer Prägung liebäugelte, sich nunmehr als Verfechterin der verfassungsrechtlichen Orthodoxie und der uneingeschränkten Prärogativen des Parlaments aufspielte. Sie nahm sogar in Kauf, auf Distanz zu ihrem gewerkschaftlichen Ableger, dem christlichsozialen LCGB, immerhin zweitgrößte Gewerkschaft des Landes und von Anfang an in die Tripartite-Arrangements eingebunden, zu gehen. Im Vorfeld der parlamentarischen Abstimmung des Gesetzprojektes Nummer 211, die zum Gesetz vom 24. Dezember 1977 führte, kam es zu heftigen Kontroversen. Das Gesetz, das nicht nur die Tripartite und deren Koordinierungsausschuss institutionalisierte, sondern auch ein Ermächtigungsgesetz („Loi habilitante") war, wurde von der CSV als verfassungswidrig abgelehnt, weil Artikel 21 den Sozialpartnern ein Vetorecht bei der Ausrufung des Notstands („Crise manifeste") gewährte. Für den Fall, dass die Arbeitslosenzahl die Schwelle von 2500 überschreitet, wird die Regierung ermächtigt, vorbehaltlich der Zustimmung der Sozialpartner, über den Verordnungsweg weit reichende Maßnahmen wie die vorübergehende Suspendierung der Indexierung der Löhne und verschiedener Sozialleistungen an die Lebenshaltungskosten sowie das Einfrieren von Margen, Preisen und Mieten in die Wege zu leiten.

Auch der Staatsrat, der unter anderem über die Verfassungsmäßigkeit zu befinden hatte, war gespalten. Er veröffentlichte am 24. November 1977 ein Mehrheitsgutachten, das grünes Licht erteilte, und ein Minderheitsgutachten, das die verfassungsrechtlichen Bedenken der CSV bekräftigte.[7] Das Mehrheitsgutachten setzte sich mit den Verfassungsbedenken auseinander, kam aber zum Schluss, dass der vorübergehende Charakter der umstrittenen Bestimmungen sie erträglich und mit der Verfassung verträglich mache: „Wenn der Staatsrat, trotz der Bedenken über diese strittige Frage, dem Gesetzesprojekt zustimmt, dann wegen dem ausschlaggebenden Grund, dass der Koordinierungsausschuss der Tripartite Bestand eines Gesetzes vorübergehender Natur ist, also irgendwann verschwinden wird." Das Minderheitsgutachten lässt sich nicht von dieser Begründung beeindrucken: „Es liegt auf der Hand, dass die gesetzliche Festschreibung eines Vetorechts einer bestimmten sozioprofessionellen Gruppe nicht zu vereinbaren ist mit der grundsätzlichen Philosophie unserer Verfassung, die jegliche Organisationen der Gewalten auf korporatistischer Basis ablehnt." Bei den parlamenta-

---

[7] Avis du Conseil d'Etat du 24 novembre 1977 sur le projet de loi numéro 2118 autorisant le gouvernement à prendre les mesures destinées à stimuler la croissance économique et à maintenir le plein emploi. Siehe zu den verfassungsrechtlichen Kontroversen Hirsch (1986) sowie Hirsch (2003).

rischen Debatten stützte sich Oppositionsführer Pierre Werner auf diese Auffassung: „Wir sind nicht einverstanden mit diesem Verstoß („entorse") gegen unsere Verfassungsprinzipien. Die Regierung muss in der Lage sein, Maßnahmen zu treffen, inklusive nicht populäre, wenn sie der Auffassung ist, dass das Wohl des Landes sie erforderlich macht. Man darf ihr auf keinen Fall und unter keinen Umständen die Hände binden und keine Instanz darf ein Veto gegen eine Gesetzgebung egal welcher Natur aussprechen. Wir beugen uns auf keinen Fall einem ‚Diktat', egal von wo."[8] Werner schlug stattdessen vor, bei der Anwendung von Artikel 21 den Wirtschafts- und Sozialrat zu Rate zu ziehen, da er repräsentativer sei.

6   Bewährungsprobe nicht bestanden

Nach den Wahlen von 1979, als die CSV wieder an der Seite der DP in die Regierungsverantwortung zurückkehrte, machte sie ihr Versprechen wahr, Artikel 21 des Gesetzes vom 24.Dezember 1977 zu ändern. Aus dem „Vetorecht" wurde ein einfaches konsultatives Gutachten des Koordinierungsausschusses der Tripartite, was in den Augen der CSV die Rückkehr zur verfassungsrechtlichen Normalität bedeutete.[9] Die beiden Oppositionsführer Benny Berg und Jacques F.Poos (LSAP) sahen in diesem Schritt eine „Emaskulierung" der Tripartite-Gesetzgebung und das Ende des „Luxemburger Modells": „Es ist das Ende des ‚breiten Konsens', der unentbehrlich ist bei der geordneten Anwendung der schwerwiegenden Maßnahmen von Artikel 21. Wir verabschieden uns von einem Modell, wo nicht nur die Regierung, sondern auch die beiden Sozialpartner nicht nur mitreden, sondern auch mitbestimmen konnten."[10]
    Die weitere Entwicklung und besonders die Zuspitzung der Stahlkrise ab 1980 sowie die von Belgien einseitig verfügte Abwertung des gemeinsamen Franken am 21.Februar 1982, die eine unkontrollierte Inflationsentwicklung befürchten ließ, sollte ihnen Recht geben. Die Tripartite war nicht mehr in der Lage, den Konsens herzustellen, und ab 1982 musste die Regierung alleine und ohne Rückendeckung der Sozialpartner die Verantwortung für drakonische Maßnahmen in Sachen Einkommenspolitik übernehmen: u.a. 1983 die Einführung einer Solidaritätssteuer von 10 Prozent und verschiedene Steuererhöhungen, darunter die Mehrwertsteuer. Bereits im März 1982 stellte der parlamentarische

---

[8] Chambre des Députés, Compte rendu, Séance du 20 décembre 1977.
[9] Diese Änderung wurde durch das Gesetzesprojekt Nummer 2359 vollzogen, aus dem das Gesetz vom 8. März 1980 entstand.
[10] Chambre des Députés, Compte rendu, Séance du 28 février 1980.

Sonderausschuss der Tripartite den Totenschein aus. Die Berichterstatter zum Gesetzesprojekt Nummer 2576, das eine ganze Reihe von drastischen Maßnahmen vorschlug, die Mehrheitsabgeordneten Jean Hamilius (DP) und Fernand Rau (CSV), zogen die sich aufdrängenden Schlussfolgerungen angesichts des Scheiterns der Dreierkonferenz: „Bei Licht betrachtet hat das ‚Luxemburger Modell', manchmal als Wundermittel betrachtet, das uns erlauben würde, die Krise unbehelligt zu überstehen, sich als Illusion entpuppt. Die großzügige Inspiration der nationalen Solidarität, eigentlich die Grundlage des ‚Modells', wurde grausam missbraucht durch sozio-professionelle Egoismen. Kurzum: die nationale Solidarität, genau wie die Steuern, ist nur gerecht, wenn sie zu Lasten der Anderen geht. Die Kommission erlaubt sich, daran zu erinnern, dass die Sozialpartner nicht nur Rechte und Pflichten gegenüber ihren Anhängern haben, sondern Verantwortung gegenüber dem Land tragen. Angesichts der durch die Krise verursachten, wachsenden Spannungen zwischen den verschiedenen sozio-professionellen Gruppen, können Regierung und Parlament nicht untätig zuschauen. Ihre Rolle und ihre Verantwortung sind diejenigen eines Schiedsrichters."[11]

Den Gewerkschaften, die bis 1981 Konzession auf Konzession zur Rettung der Stahlindustrie machten, gelang es nicht länger, ihre Basis still zu halten. Sie kündigten die Gefolgschaft auf und endlose Konzertierungsversuche endeten in dieser Zeit meist erfolg- und ergebnislos. Besonders in den Jahren 1982-83 wurde die Kaufkraft durch die permanenten Modulierungen der automatischen Lohnindexierung arg in Mitleidenschaft gezogen. Angesichts der Verzögerungen von fälligen Indextranchen war sie praktisch außer Kraft gesetzt. Das Krisenmanagement geriet immer mehr zum einseitigen Verzicht der Arbeitnehmer auf lieb gewonnene soziale Errungenschaften, die Gegenleistungen blieben aus und das Ganze nahm stark asymmetrische Züge an. Im Juni 1983 ließ der Staatsrat seinerseits die Totenglocke für die Tripartite läuten:

„Das ‚Luxemburger Modell', mit seiner Ausrichtung auf eine einvernehmliche Vorgehensweise und als Grundlage des sozialen Friedens, konnte so lange gut funktionieren, wie man hoffen konnte, dass die wirtschaftlichen Schwierigkeiten nur vorübergehender oder marginaler Natur waren. Weil dies leider nicht der Fall war, hatte der Tripartite-Geist noch den zusätzlichen Nachteil als Anästhetikum zu wirken, das die öffentliche Meinung daran hinderte, sich der steten Verschlechterung der Lage bewusst zu werden. Man muss sich eingestehen, dass die Tripartite keine Regierungsmethode ist. Man muss zum normalen Funktionieren unserer Verfassungsorgane zurückkehren. Die Tripartite-Methode hatte noch einen zusätzlichen, weitaus

---

[11] Chambre des Députés, Rapport de la commission parlementaire spéciale Tripartite relatif au projet de loi n° 2576 fixant des mesures spéciales en vue d'assurer le maintien de l'emploi et de la compétitivité générale de l'économie, 31.3.1982.

gravierenderen Nachteil. Indem sie den Staat auf den gleichen Rang wie die Sozialpartner herab stufte, wurde er zu ihrer Geisel. Allerdings obliegt es der Regierung,
die öffentlichen Angelegenheiten wahrzunehmen und im allgemeinen Interesse voll
und ganz zu ihren Verantwortungen zu stehen, ohne ihre Handlungsfreiheit durch
Partikularinteressen (Patronat und Gewerkschaften) einschränken zu lassen."[12]

7   Ist die Tripartite eine Schönwetter-Einrichtung?

1985 war die Stahlkrise überwunden, und die Wirtschaftskonjunktur war während der nächsten fünfzehn Jahre überdurchschnittlich. STATEC spricht in diesem Zusammenhang von einem „Cycle conjoncturel vertueux". Während dieser
Periode regierte relativ unbelastet eine Große Koalition aus CSV und LSAP. Es
gab kaum Umverteilungskämpfe und kaum soziale Spannungen. Die Tripartite
wurde beibehalten, aber eigentlich nur der Form und der Bequemlichkeit halber;
bei vollen Kassen war der Konsensualismus ein willkommenes Nebenprodukt.
Nach der Jahrtausendwende verdüsterte sich allerdings der Konjunkturhorizont,
und es begannen sich ernsthafte Spannungen und Meinungsverschiedenheiten in
den Tripartite-Gremien abzuzeichnen, die zwar an die Jahre der Stahlkrise erinnerten, ohne dabei eine ähnlich dramatische Intensität zu erreichen.

Trotz immer wieder neuer Instrumente und Strukturen zur Konsensfindung
erweist sich dieses Unterfangen in letzter Zeit schwieriger, besonders seit sich
die öffentlichen Finanzen in einer Schieflage befinden. Der Staatshaushalt weist
seit 2001 wachsende Defizite auf, die zwar noch unter der Schwelle der Maast-
richt-Kriterien liegen, aber Anlass zu Sorge geben, da es der Regierung nicht
nachhaltig gelingen will, die Ausgabenpolitik in Einklang mit den Steuereinnahmen zu bringen. Auch mit dieser Problematik wurde die Tripartite befasst, da
die Regierung interessiert war, die Unterstützung der Sozialpartner für Strukturreformen zu bekommen, die das Budget entlasten sollten. Die Diskussionen wurden 2004 ausgelöst durch eine von der Regierung bei Professor Lionel Fontagné
(Université Paris-Dauphine) in Auftrag gegebene Untersuchung über die Wettbe-
werbslage der luxemburgischen Volkswirtschaft, die den Nachweis lieferte, dass
in zahlreichen Bereichen strukturelle Anpassungen unumgänglich geworden
sind, wenn die Konkurrenzfähigkeit des Wirtschaftsstandort auf Dauer gesichert
werden soll.

Die von Professor Fontagné aufgedeckten Schwachstellen sind die gleichen,
die bereits seit Jahren in den Gutachten internationaler Organisationen wie Welt-

---

[12] Avis du Conseil d'Etat du 13 juin 1983 sur le projet de loi n° 2712 concernant des mesures à
favoriser la restructuration et la modernisation de la sidérurgie ainsi que le maintien de la compétitivité générale de l'économie.

bank, IMF, EU-Kommission oder OECD in Form von Empfehlungen an die Adresse der Regierung auftauchen (Fontagné 2004). Sie betreffen Politikfelder wie Sozialpolitik, Arbeitsrecht, Lohnpolitik (insbesondere die in Luxemburg noch immer geltende automatische Indexierung der Löhne und Gehälter an die Entwicklung der Lebenshaltungskosten), das Rentenwesen, die Erziehungs- und Ausbildungspolitik und die Politik gegenüber Ausländern (Luxemburg ist wie kaum ein anderes Land auf ausländische Arbeitskräfte angewiesen, die, egal ob Gastarbeiter oder Grenzgänger, 67 Prozent der aktiven Bevölkerung und fast 40 Prozent der Gesamtbevölkerung stellen).[13]

Die Tripartite war natürlich mit der überbordenden Reformagenda überfordert und brauchte fast zwei Jahre, ehe sie sich Ende April 2006 auf einen Maßnahmenkatalog verständigen konnte, der allerdings nur einen Teil der von Premierminister Jean-Claude Juncker (CSV) am 12. Oktober 2005 vor dem Parlament zur Diskussion gestellten Reformansätze berücksichtigte.[14] Darunter befand sich aber auch das Einverständnis, seit langem wieder Modulierungen bei der automatischen Lohnindexierung vorzunehmen, wie etwa das Aussetzen von Indextranchen, die zeitliche Verzögerung von Lohnanpassungen oder Nullrunden bei den Lohnverhandlungen im öffentlichen Dienst. Abgesehen von diesem Durchbruch, der eine gewisse Verlangsamung der Lohnentwicklung zur Folge haben wird, entspricht das von Regierungschef Juncker im Parlament am 2.Mai 2006 anlässlich seiner „Erklärung zur Lage der Nation" kommentierte Paket allenfalls einem „minimalistischen Konsens", wie die Industriellenvereinigung FEDIL sich ausdrückte. Die Patronatsorganisationen vermissten wirklich strukturelle Maßnahmen, und Charles Krombach, der FEDIL-Präsident, formulierte prägnant: „Herr Juncker verkauft eine Mogelpackung. Er meint, wenn er denn die Indextranchen in der Zeit verschiebt, würde er die Betriebe mit weniger Belastungen beeindrucken können. Aber das ist keine strukturelle, sondern eine punktuelle Reform, mit der wir das Problem nur vor uns herschieben. Wir haben damit das Problem des defizitären Budgets kurzfristig gelöst. Wir haben auch Jean-Claude Junckers Problem der Wiederwahl gelöst, aber die Probleme des Landes haben wir lediglich nach hinten gedrückt oder verdrängt."

Das Patronat hatte vergeblich versucht, weit reichende Reformen der automatischen Lohnindexierung durchzusetzen, etwa mit seinem Vorschlag, maximale Indextranchen einzuführen, d.h. Lohnanpassungen lediglich bis zu 1,5 Mal des

---

[13] Am deutlichsten kritisiert die OECD in regelmäßigen Abständen die Reformresistenz in Luxemburg. In ihrer Serie „Etudes économiques" stellte sie 2003 grundsätzliche Überlegungen über „Migrationen" an und sprach sich für eine pro-aktive Politik zur Förderung der Integration der Gastarbeiter und ihrer Familien aus (OCDE 2003, OCDE 2006). Zur Erziehungspolitik Etudes économiques de l'OCDE – Luxembourg, Volume 2003/15 und Volume 2006/9, Paris.
[14] Comité de coordination tripartite: Accord du 28 avril 2006.

gesetzlichen Mindestlohns vorzusehen. Diese Idee wurde von den Gewerkschaften verworfen. Die Salariatsorganisationen nehmen für sich den Verdienst in Anspruch, dass die Sanierung der Staatsfinanzen nicht um den Preis eines „sozialen Raubbaus" erzielt wurde. Jean-Claude Reding, der Vorsitzende des OGB-L, die Gewerkschaftszentrale mit engen Beziehungen zur sozialdemokratischen Regierungspartei LSAP, drückt dies folgendermaßen aus: „Von Bedeutung für uns war, dass die Diskussion über die finanzielle Situation des Staates nicht dazu benutzt wurde, um einfache Lösungen für anders gelagerte Fragen zu finden und Einschnitte in das soziale System vorzunehmen. Das ist uns gelungen." (Reding 2006)

Allerdings konnten die Gewerkschaften nicht verhindern, dass die Tripartite-Vereinbarungen vom Frühjahr 2006, neben den Indexmodulierungen bei den Löhnen, eine ganze Reihe von Sozialleistungen von der automatischen Anbindung an die Entwicklung der Lebenshaltungskosten abkoppelten. Dies trifft auf die Desindexierung der Familienzulagen und der Erziehungszulage zu, aber auch auf die zeitliche Verzögerung der Anpassung der Renten. Hinzu kommen die Erhöhung der Solidaritätssteuer, des Beitrags zur Pflegeversicherung, der Fahrzeugsteuer und der Besteuerung von Kraftstoff. Luxemburg, das als eines der letzten Länder an einem System der Lohnindexierung festhält und einen relativ großzügigen gesetzlichen Mindestlohn kennt, sieht sich seit Jahren mit einer Diskussion über den Impakt dieser Maßnahmen auf die Preisentwicklung konfrontiert. Die Gegner der automatischen Indexierung führen regelmäßig das Gespenst der „Lohn-Preis-Spirale" ins Feld. Es ist eine Tatsache, dass die Inflation in Luxemburg seit 2000 deutlich über dem Durchschnitt der Eurozone liegt und der STATEC liefert regelmäßig empirische Beweise für einen Zusammenhang zwischen der Höhe des Mindestlohns und der Entwicklung des allgemeinen Lohnniveaus, welches zudem in der Regel deutlich über der Produktivitätssteigerung liegt.[15]

Jean-Claude Reding (OGB-L) sprach aber auch ein anderes Problem an, das nicht unwesentlich dazu beitrug, dass die Diskussionen im Rahmen der Tripartite, die ausgelöst wurden durch den Fontagné-Bericht, fast 2 Jahre andauerten. Es gab eine fundamentale Meinungsverschiedenheit zwischen Gewerkschaften und Patronat über Qualität der Herausforderungen, die Gravität der Wirtschaftslage und die erforderlichen Maßnahmen. Während die Gewerkschaften bis zuletzt davon ausgingen, dass es sich im Grunde genommen nur um eine „vorübergehende konjunkturelle Delle" handelte und die wirtschaftlichen „Fundamentals" eigentlich solide seien, sahen Patronat und Regierung gravierende Strukturprobleme gegeben, die es zu beheben gelte. Noch einmal Reding: „Es wurde eine Stim-

---

[15] L'économie luxembourgeoise en 2003-2004.Un kaléidoscope, Luxembourg 2005.

mung geschürt, vor der wir immer gewarnt haben. So hat die Regierung immer wieder gesagt, man habe es mit einem strukturellen Problem zu tun, während wir von konjunkturell bedingten Schwierigkeiten gesprochen haben. Es wurde seit Oktober 2005 eine negative Stimmung geschürt und tiefe Einschnitte im Sozialetat als Lösung in Aussicht gestellt. Viele unserer Mitglieder, die große Hoffnungen in eine Regierungsbeteiligung der LSAP gesetzt hatten, fühlen sich heute fürchterlich enttäuscht."

8   Konsens hat seinen Preis

Auch Premierminister Juncker konnte sowohl in seiner Regierungserklärung vom 2. Mai 2006 vor dem Parlament und in Interviews die vielfach geteilte Meinung nicht entkräften, „der Berg habe eine Maus geboren." Er machte keinen Hehl aus einer gewissen Enttäuschung: „Ich hätte mir ein schnelleres Vorankommen gewünscht; eine schnellere Einsicht bei den Sozialpartnern über unsere finanzpolitischen Zwänge. Erst ganz zum Schluss wurde die Feststellung, dass wir die Ausgaben des Staates in den Griff bekommen müssen, von allen am Verhandlungstisch geteilt. Ich hätte mir auch einen resoluteren Einstieg in die Debatte über die künftige Finanzierung unserer Alterssicherungssysteme gewünscht. Hier wurde sich aber immerhin darauf verständigt, in den nächsten Monaten eine Diskussion über den Impakt der demografischen Entwicklung auf die Vorsorgesysteme zu führen." (Juncker 2006)

Für Herbst 2006 wurde ein zweiter „Rententisch" einberufen. Er soll, wie damals vereinbart, die Beschlüsse des „Rententischs" von 2001 auf ihre Nachhaltigkeit hin überprüfen. Die Grundlage der damaligen wie auch der heutigen Rentendiskussion war die so genannte BIT-Studie, die von einer Unterorganisation der ILO (International Labour Organisation) im Auftrag der Regierung erstellt wurde und die eindringlich vor weiteren strukturellen Rentenerhöhungen gewarnt hatte, die auf Dauer nicht mehr zu bezahlen wären. Der „Rententisch" von 2001 hatte diese Warnungen in den Wind geschlagen, gegen die Meinung von Juncker, der öffentlich zugegeben hatte, dies sei der „größte Fehler meiner Amtszeit" (Juncker 2003). Tatsächlich stützten sich die Beschlüsse des „Rententischs" langfristig auf die Hypothese eines Wirtschaftswachstums, das kurzfristig nicht mehr gegeben und das nicht unbedingt erstrebenswert ist, genau wie die ebenfalls zugrunde liegende Hypothese eines stetigen Wachstums der Arbeitsplätze und der Bevölkerung in einem Jahresrhythmus von ebenfalls 5%. Juncker hatte, um zu verdeutlichen, was dies alles beinhaltet, die Schreckensvision des 700.000-Einwohnerstaates an die Wand gemalt und prompt bewirkt, dass die Luxemburger sich der Folgekosten des Erhalts ihres beneidenswerten Wohlstands auf hohem Niveau bewusst wurden. Der Staatsminister ging schon damals davon aus, dass die Beschlüsse „in ein paar Jahren hinfällig" sein würden. Es gelang ihm lediglich durchzusetzen, dass die Verbesserungen in den Rentenleistungen unter der Bedingung angenommen wurden, dass sie je nach Wirtschaftslage auch wieder rückgängig gemacht werden könnten.

Juncker, der sich bewusst ist, dass ein kleines Land in fundamentalen Politikbereichen nicht ohne eine „breite Konsensbasis mit allen Sozialpartnern" auskommen kann, will aber den Konsens nicht um jeden Preis anstreben. Während seiner bisherigen Amtszeit hat er wiederholt den „Konsensualismus" in Luxemburg kritisiert, also den Hang, sich mit dem kleinsten gemeinsamen Nenner zu begnügen. In dem erwähnten Gespräch spielte er auf die Grenzen der Konsensfindung im Rahmen der Tripartite an und machte deutlich, dass die fundamentalen Entscheidungen von der Regierung getroffen werden, „notfalls auch gegen den Willen der Sozialpartner." Diese Warnung äußerte er mehrfach während den langwierigen Verhandlungen der letzten Tripartite-Runde, die zu dem Abkommen vom 28. April 2006 geführt haben. Im Gespräch mit Christian Ginter gab er bereits eine gewisse Ernüchterung in seinem Umgang mit der Tripartite zu erkennen, die sich seither verstärkt haben dürfte: „Die Mehrzahl der Luxemburger ist geblendet von diesem Gremium und glaubt in ihm ein Allheilmittel für alle bestehenden Probleme zu sehen. Um den sozialen Frieden zu wahren, wird in der Tripartite oft sehr lange diskutiert und verhandelt. Führen die Gespräche unterdessen zu keiner Einigung, so entscheidet die Regierung eben via Parlamentsmehrheit." (Juncker 2003)

Der Regierungschef, der die Tripartite im Jahre 2000 in seiner Erklärung zur Lage der Nation als „Luxemburger Konsensfabrik" bezeichnete, gewährte denn auch interessante Einblicke über die Rolle der Regierungsvertreter in den Tripartite-Verhandlungen: „Die Luxemburger Konsensfabrik bereitet Entscheidungen vor, die vom Parlament abgeändert werden können. Als Beispiel sei nur das so genannte PAN-Gesetz (nationaler Beschäftigungsplan) aus dem Jahr 1998 erwähnt. Einerseits versteht sich die Regierung im Parlament als Hüterin der Tripartite-Abmachungen. Andererseits versucht sie, den Parlamentswillen in die Vereinbarungen mit einfließen zu lassen. Kurzum, die Regierung verkörpert innerhalb der Tripartite eine Art Katalysator." (Juncker 2003)

Diese Bewertung lässt erkennen, dass die Regierung in der Tripartite ein unverzichtbares Instrument sieht. Sie verdeutlicht aber auch, dass diese Einrichtung, 1977 als außergewöhnliche Reaktion auf eine außergewöhnliche Krisensituation geboren, noch ein langes Leben vor sich hat, obwohl die heutigen Wirtschaftsprobleme in keinem Verhältnis zu der Stahlkrise der siebziger und achtziger Jahre stehen.

9   Ernüchterung und kritische Bewertung

Seit ihrer Gründung in den siebziger Jahren unter dem Eindruck der Stahlkrise ist
die Tripartite umstritten und ihre Tauglichkeit als konsensuelles Krisenüberwin-
dungsinstrument keineswegs über alle Zweifel erhaben. So gibt es immer wieder
Stimmen, die davon ausgehen, dass die Tripartite sich als Kriseninstrument über-
lebt hat und abgeschafft gehört. Ein diesbezüglicher Vorschlag kam 2005 aus
den Reihen des „Cercle Joseph Bech", einer Denkfabrik, die der CSV nahe steht
(Cercle Joseph Bech 2005). Der Studienzirkel plädiert, wie andere Kritiker zuvor, für eine Aufwertung des Wirtschafts- und Sozialrats CES, der ähnlich zusammengesetzt ist wie die Tripartite (Regierung plus Sozialpartner) und der
eigentlich der Konzertierung und Abstimmung der unterschiedlichen Standpunkte Genüge tut. Dies muss unter der Voraussetzung geschehen, dass seine Zusammensetzung um Vertreter der „Société civile" ergänzt wird und er aus seinem
Schattendasein herausfindet, in das ihn die Tripartite verdrängt hat.
    Der „Cercle Bech" ist nicht gerade begeistert von der Tripartite und ihrer
Leistungsfähigkeit: „Viel von dem, was das so genannte Luxemburger Modell
kennzeichnet, ist im Endeffekt nur ein überholter Korporatismus. Hinzu kommt,
dass die paritätische Zusammensetzung vieler Organe der sozialen Konzertierung
zu sterilen Konfrontationen zwischen Patronats- und Salariatsvertretern führt.
Greifbare Resultate lassen für gewöhnlich sehr zu wünschen übrig." (Cercle
Joseph Besch 2005)
    Diese Auffassung, die in dem Vorwurf gipfelt, die Tripartite trage zur
„Emaskulierung" des Parlaments als Inspirator der wirtschaftlichen und sozialen
Gesetzgebung bei, wird inzwischen von vielen Beobachtern geteilt. Und dies
besonders,seit anzunehmen ist, dass ihr Beitrag zur Modernisierung des Landes
eher dürftig ausfällt, da sie auf Zeitgewinn setzt und überfällige Maßnahmen auf
später vertagt, in der Hoffnung, dass eine Verbesserung der wirtschaftlichen
Umstände diese erübrigten. Aber die Tripartite hat sich längst verselbstständigt
und ist seit über zwanzig Jahren über ihre ursprüngliche Rolle als vorübergehen-
des Kriseninstrument hinausgewachsen.

Literatur

Allegrezza, Serge/Hirsch, Mario/von Kunitzki, Norbert (Hrsg.) (2003): L'histoire, le
    présent et l'avenir du modèle luxembourgeois, Luxembourg.
Castegnaro, John (1981): Die Tripartite – ein Modell und seine Geschichte. Protokoll
    eines Rundtischgesprächs. In: d'Lëtzebuerger Land.
Cercle Joseph Bech (2005): Un Etat dans son siècle: Refonder le Luxembourg, Luxem-
    bourg.

Clément, Franz (2003): Le dialogue social au Luxembourg, Differdange.

Fontagné, Lionel (2004): Compétitivité du Luxembourg – Une paille dans l'acier, Rapport pour le Ministère de l'Economie du Grand-Duché, Luxembourg.

Ginter, Christian (2003): Das Großherzogtum Luxemburg: Konkurrenz- oder Konkordanzdemokratie, Magisterarbeit an der Universität München.

Hirsch, Mario (1986): Tripartism in Luxembourg: The Limits of Social Concertation. In: West European Politics, Vol. 9, No.1, S. 54-66

Hirsch, Mario (2003): Le modèle luxembourgeois et ses limites. In: Serge Allegrezza/Mario Hirsch/Norbert von Kunitzki (Hrsg.) (2003), S. 139-159.

Katzenstein, Peter (1984): Corporatism and Change, Ithaca.

Katzenstein, Peter (1995): Small States in World Markets, Ithaca.

Krombach, Charles (2006): Zitiert nach: Tageblatt vom 9.5.2006.

Kunitzki, Norbert von (1981): Die Tripartite – ein Modell und seine Geschichte. Protokoll eines Rundtischgesprächs. In: d'Lëtzebuerger Land.

OCDE (2003): Etudes économiques de l'OCDE-Luxembourg, Paris.

OCDE (2006): Etudes èconomiques de l'OCDE-Luxemboug, Paris.

Reding, Jean-Claude (2006): Zitiert nach: Tageblatt vom 28.4.2006.

Service Information et Presse (SIP) (1982): Le CES dans le cadre des organismes de consultation au Grand-Duché, Luxembourg.

STATEC (2005): L'économie luxembourgeoise en 2003-2004. Un kaléidoscope, Luxembourg.

World Economic Forum (2006): Global Competitiveness Report 2006-2007, Davos.

Medien und Medienpolitik

Christof Barth/Martine Hemmer

1 Einleitung

Luxemburgs Medienlandschaft ist durch eine ganze Reihe von Besonderheiten gekennzeichnet. Luxemburg hat eine Gesamtbevölkerung von ca. 451.600 Einwohnern, wovon nur knapp zwei Drittel Luxemburger sind (ca. 277.400). Mit 2.586 km² ist Luxemburg etwa so groß wie das Saarland. Die Größe bzw. Kleinheit des Landes bedeutet: Erstens ist die Zahl der potenziellen Mediennutzer verglichen mit anderen Ländern sehr klein – für die Funkmedien in luxemburgischer Sprache entspricht die Größe der Zielgruppe etwa einer Stadt wie Karlsruhe – und gleichzeitig wegen des hohen Ausländeranteils sehr heterogen. Zweitens sind wegen der überschaubaren Fläche die Medien in Luxemburg meist lokale und nationale Medien zugleich.

Drittens ist die Medienlandschaft geprägt durch drei Medienhäuser: die mehrheitlich im Besitz des Erzbistums Luxemburg befindliche Imprimerie Saint-Paul (ISP), Radio-Télé Lëtzebuerg (RTL), mittlerweile zur Bertelsmann-Gruppe gehörig, sowie die Editpress-Gruppe, die mehrheitlich im Besitz von Gewerkschaften (OGBL/FNCTT-FEL) ist. Diese drei Häuser dominieren 90% des Marktes für gedruckte Medien, zwei Drittel des Hörfunkmarktes und über 37% des Fernsehmarktes (Europäisches Medieninstitut 2004, S. 138f.).

Viertens zeichnet sich die Presselandschaft durch eine ungewöhnliche Vielfalt aus. Sechs Tageszeitungen, drei Wochenzeitungen und eine ganze Reihe weiterer Printtitel stehen den Luxemburgern zur Auswahl – in Deutschland wird eine Region vergleichbarer Größe in der Regel durch eine Monopolzeitung bedient. Dies ist auch durch die Tradition der parteinahen Presse bedingt. Fast alle Publikationen stehen einer politischen Partei besonders nahe – wenn sie nicht sogar Eigentum der Parteien sind. Möglich wird die Vielfalt durch eine die bestehenden Strukturen stützende Mediengesetzgebung und die in ihr verankerten Pressesubventionen. Erst mit einer Gesetzesnovelle für elektronische Medien 1991 wurde das De-facto-Monopol des Rundfunkanbieters RTL abgeschafft und der Markt für neue Anbieter geöffnet.

Der nachfolgende Beitrag gliedert sich in zwei Teile. Zunächst wird die Medienlandschaft Luxemburgs skizziert, wobei der Schwerpunkt auf aktuellen journalistischen Medien liegt.[1] Tabellen zu den einzelnen Mediengattungen im Anhang ergänzen diesen Teil. Der zweite Teil des Beitrags betrachtet die Medienpolitik der letzten Jahre und damit den Entstehungskontext der jetzigen Situation.

2 Luxemburgs Presse

2.1 Strukturen und Rahmenbedingungen

Garant für die Vielfalt in Luxemburgs Presselandschaft sind die vom Staat gewährten Pressesubventionen, wie sie in vielen europäischen Ländern üblich sind.[2] Häufig wird die Presse, beispielsweise auch in Deutschland, indirekt über niedrigere Mehrwertsteuersätze oder günstige Versandtarife subventioniert. In Luxemburg wird die Presse sowohl indirekt über reduzierte Mehrwertsteuersätze und Posttarife als auch direkt über an die Verlage ausbezahlte Hilfen unterstützt. Subventionsempfänger müssen dabei folgende Kriterien erfüllen:

- Die Publikation muss in Luxemburg von einem Luxemburger herausgegeben werden und mindestens wöchentlich erscheinen;
- der Verlag muss mindestens fünf Journalisten unbefristet beschäftigen;
- der Titel muss national vertrieben werden sowie in den luxemburgischen Amtssprachen Deutsch, Französisch oder Luxemburgisch verfasst sein;
- er muss ein universelles, nationales und internationales Themenangebot vorweisen;
- die Finanzierung erfolgt überwiegend aus dem Verkauf und aus Anzeigen, wobei Werbung nicht mehr als 50% der gesamten Druckfläche einnehmen darf;
- die Publikation darf nicht ausschließlich an Mitglieder einer Organisation oder Partei vertrieben werden.

---

[1] Weitergehende Informationen bietet der Jahresbericht des Service des Médias (Ministère d'Etat 2004).
[2] Vgl. die Dokumentation des französischen Senats unter http://www.senat.fr/rap/r03-406/r03-406.html.

Die Subventionen werden von der Politik demokratietheoretisch begründet: ein
schlecht informiertes Volk führe zu schlechten Einschätzungen und schlechten
Entscheidungen.[3]
    Maßstab für die Höhe der Subventionen ist neben einem Sockelbetrag im
Wesentlichen der jährliche Ausstoß an redaktionell gestalteten Seiten. Der Sockelbetrag errechnet sich aus den Kosten für die vorgeschriebenen fünf Journalisten sowie für 120 Tonnen Zeitungspapier. So erhält die Presse im Jahr 2004
ca. 120.000 € als Sockelbetrag sowie ca. 100 € Pressehilfe pro Seite. Dabei werden unterhaltende Seiten (z. B. Rätsel) in geringerem Maße berücksichtigt wie
informierende Seiten. Insgesamt erhielt die Presse im Jahr 2003 über 6 Mio.
Euro Pressehilfe, wobei über 75% der Pressehilfe auf die beiden großen Verlags-
häuser Imprimerie Saint Paul (39%) und Editpress (37%) entfallen.

2.2 Pressetitel, Reichweite und Verbreitung

Älteste noch erscheinende und gleichzeitig auflagenstärkste sowie meistgelesene
Tageszeitung in Luxemburg ist das 1848 gegründete „Luxemburger Wort". Die
Zeitung gehört zur Imprimerie Saint-Paul und ist damit mehrheitlich im Besitz
des Bistums Luxemburg. Das „Luxemburger Wort" sieht sich dementsprechend
als „katholische Zeitung" (Hellinghausen 1998).
    Die zweitgrößte Tageszeitung Luxemburgs, das „Tageblatt", erscheint im
industriell geprägten Süden des Landes und sieht sich als Gegenpol zum „Luxemburger Wort" – laizistisch und sozialdemokratisch.
    Beide Häuser publizieren neben den genannten deutschen Ausgaben auch
französischsprachige Tageszeitungen: die ISP „La Voix du Luxembourg", die
sich wie eine etwas modernere Ausgabe des „Worts" gibt, sowie Editpress mit
„Le Quotidien", einer leicht boulevardisierten Tageszeitung. Weitere Tageszeitungen sind das „Lëtzebuerger Journal" sowie die „Zeitung vum Lëtzebuerger
Vollek". Sie stehen der Demokratischen Partei (Journal) bzw. der Kommunistischen Partei (Zeitung) nahe.
    Die Wochenpresse gliedert sich in verschiedene Typen: die drei Wochen-
zeitungen „Woxx", „Le Jeudi" sowie „d'Lëtzebuerger Land", die beiden Famili-
en- und Fernsehzeitschriften „Télécran" und „Revue", die in portugiesischer
Sprache erscheinenden Publikationen „Contacto" und „Correio" sowie die

---

[3] Le „pouvoir politique se doit de se rendre compte que la forme de ses décisions dépend du consen-
sus de chaque citoyen. Voilà pourquoi un Etat démocratique moderne se doit d'être un Etat où chaque
citoyen bénéficie du maximum d'information. Un peuple mal informé comprend mal, juge mal et
décide mal." (doc. parl. 1944, sess. ord. 1975-1976, S. 1), zitiert nach Internetdokument:
www.cc.etat.lu/html/43313.HTML.

Satirezeitschrift „Den neie Feierkrop". Auch für diese Publikationen gilt, dass
die meisten aus den beiden großen Verlagshäusern kommen. Die Editions Revue
ist teils im Besitz der Editpress, teils gehört der Verlag indirekt zu RTL. Einzig
d'Land, Woxx und Feierkrop erscheinen in eigenständigen Verlagen.

Im internationalen Vergleich gehört Luxemburg zu den Ländern mit mittlerer Zeitungsnutzung (das Medium Zeitung erreicht 63% der Bevölkerung über 14
Jahre, also weniger als in Deutschland (76%), jedoch mehr als in Frankreich
(31%). Der größte Teil davon entfällt auf einen Anbieter: Die Groupe Saint-Paul
erreicht mit ihren beiden Tageszeitungen „Luxemburger Wort" und der französischsprachigen „La Voix du Luxembourg" täglich etwa die Hälfte der in Luxemburg lebenden Bevölkerung, wobei der größte Anteil auf das deutschsprachige „Luxemburger Wort" entfällt (45%).[4]

3   Hörfunk und Fernsehen in Luxemburg

In der Außenwahrnehmung sind luxemburgischer Rundfunk und RTL Synony-
me. Aufgrund des besonderen Verhältnisses zwischen Regierung und RTL und
der damit verbundenen liberalen Lizenzierungspolitik schrieb Luxemburg europäische Rundfunkgeschichte. Mit seinem seit 1958 auch für die Bundesrepublik
in deutscher Sprache verbreiteten Hörfunkprogramm bereitete RTL den Weg für
englischsprachige Popmusik ins deutsche Radioprogramm. Denn erst durch den
Druck dieses kommerziellen Programms erweiterten die öffentlich-rechtlichen
Anbieter in Deutschland ihr Repertoire für die Musik, die die Jugend hören wollte (vgl. Gushurst 2000).

Inzwischen hat sich mit der Liberalisierung des Rundfunkmarktes in Europa
die Bedeutung dieser Lizenzen verringert. Sie sind für RTL jedoch nach wie vor
attraktiv, weil Luxemburg die EU-Fernsehrichtlinie[5] ohne weitere Einschränkungen umgesetzt hat und damit immer noch äußerst liberale Lizenzbedingungen
bietet. Immer noch von Luxemburg ausgehend sendet die RTL Group verschiedene Programme für andere Länder, u.a. für Frankreich und die Niederlande
(vgl. Ministère d'Etat 2004, S. 24). Die Lizenzierung des niederländischen RTL-
Ablegers in Luxemburg ermöglicht etwa den Einsatz von Werbeformen, die in
den Niederlanden nicht zulässig sind.

Besondere Bedeutung hat der Rundfunkempfang per Kabel: die Kabeldichte
beträgt ca. 95% (Ministère d'Etat 2004, S. 26). Dort werden nicht nur die luxemburgischen Programme eingespeist, sondern auch die in den Nachbarländern

---

[4] TNS Plurimedia Luxembourg 2003 & 2004.
[5] http://europa.eu.int/eur-lex/de/consleg/main/1989/de_1989L0552_index.html.

angebotenen, so dass in luxemburgischen Haushalten beispielsweise ca. 40 Fern-
sehprogramme empfangbar sind.

3.1 Fernsehen

Beim Fernsehen dominiert das Programmangebot von RTL. Allerdings macht
sich in diesem Bereich die ausländische Konkurrenz am stärksten bemerkbar.
Die Reichweite von RTL Télé Lëtzebuerg beträgt ca. 26%.[6] Auf deutsche Anbieter entfallen ca. 46%, auf französische 34%. Dabei ist zu berücksichtigen, dass
RTL Télé Lëtzebuerg kein 24-Stunden-Programm produziert. Vielmehr konzentriert sich das Programm an normalen Werktagen auf eine zweistündige zwischen
18 und 20 Uhr ausgestrahlte Sendestrecke (vgl. Übersicht 1). Sie besteht in der
ersten Stunde überwiegend aus einer Musiksendung mit Interviews, in der zweiten Stunde aus einer eher unterhaltungsorientierten Magazinsendung zu verschiedenen Themen und der Nachrichtensendung „De Journal". Während der
anderen Tageszeiten werden entweder Elemente der 2-stündigen Sendestrecke
wiederholt oder Sendungen aus anderen RTL-Programmen übernommen. 2004
begann RTL mit der Ausstrahlung eines zweiten Programms. Die Unterschiede
zwischen den beiden Programmen sind noch gering. Es richtet sich an ein jünge-
res Publikum, da anstelle der Wiederholung journalistischer Programme eher
Musiksendungen eingespeist werden.

Übersicht 1: Programmschema des Fernsehprogramms RTL Télé Lëtzebuerg
2005 (werktags)

Beginn	Sendungstitel
ca. 18:00	Newsflash
ca. 18:01	Planet Music
ca. 18.30	Newsflash
ca. 18:50	Planet Boulevard
ca. 19:00	De Magazin
ca. 19.05	Specials zu wechselnden Themen
ca. 19.15	Météo
ca. 19.18	Newsmag
ca. 19:30	De Journal
ca. 20:00	Beginn der Wiederholungen

[6] TNS Plurimedia 2003.

Mit den Lizenzen zur Verbreitung von Rundfunkangeboten für Luxemburg selbst sind in der Regel Auflagen verbunden. Diese Auflagen werden in einem Lastenheft (Cahiers des Charges) festgehalten. In dem Lastenheft für RTL-Fernsehen sind verschiedene Auflagen zur Programmgestaltung enthalten. Es muss Information, Servicesendungen und Unterhaltung bieten und sich an die breite Bevölkerung („au public résident le plus large possible") richten. Das Heft schreibt weiter vor, im Rahmen der zu leistenden Grundversorgung durch RTL Luxemburg (Fernsehen) bestimmte Programmelemente aus den Bereichen Information, Kultur und Sport anzubieten sowie Sendungen zu Belangen der Ausländer und zu besonderen Ereignissen auszustrahlen.

Wesentlich lockerer sind die Vorgaben für die anderen luxemburgischen Fernsehanbieter. Allen Anbietern ist wie RTL gemein, dass sie kein 24-Stundenprogramm produzieren. TTV, Uelzechtkanal, Nordliicht TV und der erst 2004 gestartete „offene Kanal" DOK senden nur zu bestimmten Zeiten ein heterogenes Programm mit unterschiedlichen Programmelementen. So bietet beispielsweise DOK seinem Namen entsprechend die Möglichkeit, Sendezeit für eigene Fernsehsendungen zu buchen. Ein weiteres staatlich initiiertes Fernsehprogramm ist Chamber TV, das Parlamentssitzungen ausstrahlt.

3.2 Hörfunk

Die Hörfunklandschaft Luxemburgs wird ebenfalls geprägt durch das Programm von RTL: RTL Radio Lëtzebuerg, das insgesamt 43% der Bevölkerung erreicht. Neben RTL gibt es zwei weitere national verbreitete Hörfunkprogramme: das öffentlich-rechtliche „Radio 100,7" sowie das zur ISP gehörige „Den neie Radio" (DNR). Weitere Programme richten sich an Teilsegmente der Bevölkerung: Eldoradio an Jüngere, Radio Latina überwiegend an die portugiesischstämmige Bevölkerung. Insgesamt 17 Lokalradios, die nur in einem Teil des Landes zu empfangen sind, ergänzen das Hörfunkangebot, wobei ihr Sendegebiet teilweise nur 5 km Umfang aufweist (Europäisches Medieninstitut 2004, S. 138).

Betrachtet man die inhaltliche Zusammensetzung der nationalen Hörfunkprogramme, zeigen sich verschiedene Konzeptionen (vgl. Übersicht 2): DNR gestaltet sein Programm wie eine deutsche Servicewelle; 100,7 und RTL Radio Lëtzebuerg setzen Schwerpunkte bei der Information zu Lasten der Musik.

Übersicht 2: Verteilung der Programmbestandteile am 22.5.2003 von 6.00 bis
20.00 Uhr (vgl. Barth/Bucher 2003b, S. 8f.).

Beitragszuordnung	100,7	DNR	RTL Radio Lëtzebuerg
Information	31,00%	13,51%	28,83%
Jingles/Trailer	2,87%	6,06%	3,34%
Moderation	5,83%	8,23%	8,49%
Musik	47,37%	63,09%	49,56%
Service/Dienste	2,92%	1,39%	3,32%
Sonstiges	0,23%	0,05%	0,10%
Unterhaltung	9,78%	0,63%	1,37%
Werbung	0,00%	7,05%	4,98%

Die gesetzlichen Vorgaben für RTL Radio sind vergleichbar mit denen des Fern-
sehens. DNR hat kaum inhaltliche Auflagen zu erfüllen. Wesentlich ausführli-
cher sind die Regelungen für das Programm von 100,7 (De soziokulturelle Radio). Basierend auf denselben Grundanforderungen wie RTL sieht das Lastenheft
neben den generellen Genres Information, Kultur und Unterhaltung insbesondere
die Berücksichtigung der kulturellen Identität Luxemburgs vor. Dazu gehören
die luxemburgische Sprache, die Nationalgeschichte sowie die Beziehungen zu
benachbarten Regionen. Bei der Gestaltung des Informationsangebots ist ein
Integrationsauftrag für bestimmte Zielgruppen, etwa Ältere, Behinderte und
Minderheiten zu berücksichtigen. Weitere Anforderungen an das Programm sind
die Schärfung eines kritischen Bewusstseins gegenüber gesellschaftlichen und
politischen Entwicklungen sowie ein gezielter Bildungsauftrag. 100,7 ist qua
Lastenheft werbefrei.

4   Journalismus in Luxemburg

Journalistische Arbeitsweisen und Rollenvorstellungen unterscheiden sich in den
verschiedenen Ländern und Kulturen genauso wie das Selbstverständnis der
Journalisten (vgl. Weaver 1998). Eine empirische Bestandsaufnahme insbesondere zum Selbstverständnis luxemburgischer Medien, des journalistischen Quali-
tätsbewusstseins sowie der kulturspezifischen Qualitätsstandards verweist auf
weitere Besonderheiten der Medienlandschaft Luxemburgs (Barth/Bucher
2003a). In der Studie wurden die Chefredakteure der wichtigsten Publikationen
schriftlich sowie in halbstandardisierten Leitfadeninterviews befragt, deren Ver-
schriftlichung die Zitate weiter unten entnommen sind.

Die Überschaubarkeit des Landes zieht verschiedene Konsequenzen nach sich. So weisen die Chefredakteure luxemburgischer Medien viel häufiger Entscheidungsträger in ihrem privaten Bekanntenkreis auf als beispielsweise in Deutschland. Unterschieden nach Entscheidungsträgern aus Politik/öffentliche Verwaltung, Kirche, Gewerkschaft, Wirtschaft, Bürgerinitiativen, Parteien und Medien zeigte sich, dass die Hälfte der Chefredakteure in jedem der genannten Bereiche private Bekannte haben, also sehr viele Verbindungen dahin aufweisen.

Ein Vergleich mit Befragungsdaten der Studie „Journalismus in Deutschland" zeigt, dass die Verbindungen zwischen den Systemen Journalismus und Gesellschaft in Luxemburg enger sind als in Deutschland: Während knapp die Hälfte der deutschen Chefredakteure Entscheidungsträger aus Politik und Wirtschaft zu ihrem privaten Bekanntenkreis zählen, gaben über drei Viertel der luxemburgischen Chefredakteure an, private Bekannte unter diesen Personen zu haben. Die Befunde setzen sich hinsichtlich der Entscheidungsträger aus anderen Bereichen entsprechend fort (vgl. Übersicht 3).

Übersicht 3:   Bekanntschaft mit Entscheidungsträgern

	Chefredakteure L	Chefredakteure D[7]
Entscheidungsträger aus der Politik und der öffentlichen Verwaltung	80%	46%
Entscheidungsträger aus der Gewerkschaft	75%	15%
Entscheidungsträger aus Kirchen	60%	-
Entscheidungsträger aus der Wirtschaft	70%	44%
Entscheidungsträger von Bürgerinitiativen und alternativen Gruppierungen	70%	43%
Entscheidungsträger von Parteien	80%	-
Kollegen/Kolleginnen aus dem Journalismus	100%	84%

Diese engen Verflechtungen zwischen Journalismus und gesellschaftlichen Entscheidungsträgern deuten auf eine für Luxemburg spezifische Kommunikationsstruktur hin, die durch die Übersichtlichkeit des kleinen Landes bedingt sind:
„Das Problem hier in Luxemburg ist, dass jeder jeden kennt. Wenn man z.B. politische Berichterstattung macht, kennt man jeden Abgeordneten oder jeden Minister. Sehr viele Journalisten duzen den Minister, den Staatsminister oder andere Abgeordnete", skizziert beispielsweise einer der befragten Chefredakteure die Situation. Diese Nähe ist Vor- und Nachteil zugleich. Sie birgt die

---

[7] Sonderauswertung aus der Befragung „Journalismus in Deutschland" (vgl. Scholl/Weischenberg 1998).

Gefahr von Bruderschaften, ist jedoch gleichzeitig kommunikationsbegünstigender Faktor: Die Nähe zu den politischen und gesellschaftlichen Akteuren ermöglicht eine unkomplizierte und schnelle Informationsbeschaffung. Die engen Kontakte bestehen nicht nur zwischen Politik und Journalismus, sondern auch zwischen den Journalisten. Qualitätssichernde Medienkritik hat sich deshalb im luxemburgischen Journalismus kaum etabliert. Regelmäßige Medienkritik wird vor allem einem Medium zugeschrieben: der Satirezeitschrift ‚Feierkrop'.

Luxemburg hat bislang keine eigene Journalistenausbildung. Diejenigen, die in den Journalismus wollen, studieren im umliegenden Ausland. Dort werden sie jedoch nicht auf die spezifischen luxemburgischen Berufsanforderungen vorbereitet: dazu gehören die Beherrschung von drei Sprachen (Luxemburgisch, Französisch und Deutsch), das Wissen im Bereich europäischer Themen sowie – wegen der Ressourcenknappheit – die Kompetenz, Nationales und Internationales gleichermaßen abdecken zu können. Während sich die Presse teilweise auf dem deutschen und französischen Journalistenmarkt bedienen kann, ist den Rundfunkanbietern dieser Weg verstellt. Sie benötigen Personal, welches in fehlerfreiem Luxemburgisch moderieren und präsentieren kann.

5 Medienpolitik

In den meisten Ländern Europas hat sich Rundfunk vom monopolistischen Staatsfunk oder öffentlich-rechtlichen Rundfunk zu einem pluralistischen Nebeneinander von öffentlich-rechtlichen und privat-kommerziellen Anbietern entwickelt. Das Großherzogtum Luxemburg konnte als einziger europäischer Staat langjährige Erfahrungen mit einem rein kommerziellen Mediensystem sammeln.

5.1 Die Beziehungen zwischen dem Staat und der RTL Group

Sowohl die Medien als auch die Telekommunikation fallen in den Zuständigkeitsbereich des Staatsministeriums bzw. des delegierten Ministers für Medien und Kommunikation und der ihm unterstehenden Dienstelle, dem ‚Service des Médias et des Communications'.[8]

Das Rundfunksystem Luxemburgs zeichnet sich primär durch die anhaltende Vormachtstellung der RTL Group (vormals CLT bzw. CLT-Ufa) und die privilegierten Beziehungen, die dieses Privatunternehmen zur Luxemburger Regierung unterhält, aus. Die CLT verfügte seit den 30er Jahren bis zur 1991 er-

---

[8] Seit der Regierungsbildung im Sommer 2004 hat Jean-Louis Schiltz (CSV) dieses Amt inne.

folgten Liberalisierung der elektronischen Medien über ein gesetzlich abgesichertes Sendemonopol. Ihre Aktivitäten beruhen auf einem Konzessionsvertrag mit dem Staat. 1959 ging RTL mit einem nationalen Radioprogramm auf Sendung, erst seit 1996 bietet es ein 24-Stunden-Hörfunkprogramm. Ein luxemburgisches Fernsehprogramm wurde 1969 eingeführt. Das sonntäglich ausgestrahlte ‚Hei Elei, Kuck Elei'[9] avancierte sehr schnell zu einer festen Institution in den luxemburgischen Fernsehhaushalten. 1995 wurde die Sendezeit auf eine Stunde täglich angehoben, nachdem die Regierung RTL im Rahmen des neuen Konzessionsvertrages die Zusage erteilt hatte, keine Lizenzgebühren mehr entrichten zu müssen. Im Gegenzug verpflichtete sich RTL sowohl im Hörfunk als auch im Fernsehen einen öffentlich-rechtlichen Sendeauftrag in den Kernbereichen Information, Kultur und Bildung, der die ‚Grundversorgung' der luxemburgischen Bevölkerung gewährleistet, zu übernehmen und finanziell zu tragen (Hirsch 2002, S. 420).

Anders als in Deutschland ist die Bezeichnung ‚Grundversorgung' wörtlich zu nehmen. Denn neben den obligatorischen Sendebeiträgen, die im Lastenheft definiert und in ihrer Dauer vorgegeben sind, darf RTL die restliche Sendezeit nach Maßgabe der gesetzlichen Beschränkungen frei mit thematischen Inhalten füllen. Das luxemburgische Rundfunksystem ist durch die einzigartige Situation geprägt, dass einem Privatunternehmen allein der öffentliche Programmauftrag übertragen wurde. Nicht nur, dass der Luxemburger Staat mit dieser Lösung sehr viel Geld spart, bis zur Änderung des Lizenzierungsmodus im Jahr 1995 gestattete ihm das Abkommen mit der CLT sogar, Einnahmen zu erzielen. Ob sich das kleine Land sonst keine öffentlich-rechtliche Anstalt hätte leisten können, ist in Expertenkreisen umstritten. Das rundfunkpolitische Sondermodell entspricht einer liberalen Haltung, die spezifische Bereiche der Politik des Großherzogtums zu prägen scheint.

5.2 Der öffentlich-rechtliche Radiosender 100,7

Während in allen anderen europäischen Ländern zuerst öffentlich-rechtliche Anstalten geschaffen wurden und erst viel später private Anbieter zugelassen wurden, ging Luxemburg den umgekehrten Weg.

Im Mediengesetz von 1991 wurde die Schaffung eines ersten öffentlich-rechtlichen Hörfunksenders unter der Bezeichnung ‚Etablissement public de radio socioculturelle' rechtlich verankert. Als geistiger Vater des Senders mit

---

[9] Ein Zitat aus dem Libretto der luxemburgischen Operette „Mum Séis", das auf Deutsch so viel bedeutet wie „Da schau her!"

gesellschaftlicher und kultureller Mission gilt der verstorbene LSAP-Minister Robert Krieps. Dieser hatte bereits 1975 die Forderung erhoben, den „forces vives de la nation" ein Sprachrohr in den Medien zur Verfügung zu stellen. Den Anstoß für derartige Überlegungen in Regierungskreisen hatte ein Zusammenschluss von luxemburgischen Bürgerinitiativen und sozialen Vereinigungen gegeben, welche vom belgischen Arlon aus das ‚Radio Grénge Fluesfénkelchen' betrieben. Sehr bald forderten die Verantwortlichen von „Fluesfénkelchen" eine luxemburgische Sendelizenz für ein assoziatives Radio, das von der öffentlichen Hand über eine Konvention subventioniert werden sollte. Durch intensives Lobbying gelang es den Befürwortern eines Radios mit soziokultureller Ausrichtung, die mächtigen Gewerkschaften sowie den Verbraucherschutz für ihr Anliegen zu sensibilisieren (Garcia 1989, S. 24-25).

1988 hatte das Kulturministerium die Ausarbeitung eines Weißbuches zur „Klärung der Vorstellungen über die möglichen Programme und Strukturen eines nationalen soziokulturellen Senders" in Auftrag gegeben (Garcia 1989, S. 20).

Die Entstehung des sozio-kulturellen Radios, wie der Sender die ersten zehn Jahre hieß, war von heftigen politischen und öffentlichen Kontroversen begleitet, die erst in den letzten Jahren abebbten. Nicht nur seine Verwaltungsstrukturen waren umstritten, sondern auch seine kostspielige Finanzierung. Da in Luxemburg keine Rundfunkgebühren erhoben werden, wird der öffentliche Hörfunk direkt aus der Staatskasse finanziert. Hinter dem Engagement des sozialistischen Kulturministers Robert Krieps ließen sich nicht nur altruistische Motive vermuten, sondern auch das politische Kalkül angesichts eines sich im Zuge der Liberalisierung des audiovisuellen Sektors bildenden katholisch-konservativen Medienverbundes um die Imprimerie Saint-Paul und eines bereits bestehenden liberal orientierten Verbundes um die CLT, ein Gegengewicht zugunsten seiner Partei zu schaffen (Kesseler 1999, S. 93). Tatsächlich stand die liberale DP dem Projekt von Anfang an vollkommen ablehnend gegenüber. Noch 1996 forderte die DP-Abgeordnete Anne Brasseur im Parlament die Abschaffung des öffentlich-rechtlichen Radios mit der Begründung, die Kosten des Senders stünden in keinem Verhältnis zu dessen tatsächlichen Nutzen für die Bevölkerung, angesichts der damals verschwindend geringen Einschaltquote von knapp einem Prozent (Hansen 2001; Kesseler 1999, S. 107). Die CSV bevorzugte zunächst die alternative Lösung, den sozialen Vereinigungen ‚Fenster' im Programm der regionalen kommerziellen Sender einzuräumen, zog letztlich doch mit dem Koalitionspartner LSAP an einem Strang, weil die Schaffung eines sozio-kulturellen Radios im Koalitionsvertrag festgehalten war.

In der Öffentlichkeit wurde besonders die Zusammensetzung des Verwaltungsrates kritisiert. Dieser setzt sich aus fünf staatlichen Vertretern, den Vorsitzenden inbegriffen und vier Repräsentanten des öffentlichen Lebens und der

Kultur zusammen. Für die Verwaltung sowie die Programmgestaltung zeichnet ein Direktor verantwortlich. Ein Regierungskommissar, der für die finanziellen und rechtlichen Angelegenheiten zuständig ist, besitzt auf diesen Gebieten ein Vetorecht (vgl. Réglement grand-ducal du 19 juin 1992). Die Tatsache, dass die Programmaufsicht dem Nationalen Programmrat (CNP) übertragen wurde, der sich aus ehrenamtlichen Vertretern der wichtigsten gesellschaftlichen Strömungen zusammensetzt, konnte nicht mit dem Verdacht aufräumen, dass es sich beim sozio-kulturellen Radio um einen verdeckten Staatssender handelt. Erst am 19. September 1993 ging das sozio-kulturelle Radio nach zahlreichen Startschwierigkeiten auf der Frequenz 100,7 auf Sendung.

Seit die liberale Partei in den Jahren 1999-2004 selbst Koalitionspartnerin war, sind auch in ihren Reihen die kritischen Stimmen größtenteils verstummt (vgl. Hansen 2001). Im Gegenteil, Anfang 2003 hat Radio 100,7" – wie der Sender nun heißt – neue, mit digitaler Technik ausgestattete Studios bezogen. Sein Budget wird 2004 auf 2,3 Millionen Euro beziffert. Die Hörerzahlen von „100,7" steigen, wenn auch auf niedrigem Niveau: 2003 konnte es eine Einschaltquote von 3 Prozent verzeichnen (TNS Plurimedia 2003). Die größten Schwierigkeiten von „100,7" liegen darin, dass es dem Sender nicht gelingt, ein breiteres Publikum anzusprechen, sondern nur eine gebildete Minorität. Bedingt durch die strengeren Programmauflagen, vor allem im Bereich Kultur, lässt sich das Zuhörerspektrum nur schwer erweitern. Für „100,7" scheint sich also seit seiner Gründung bewahrheitet zu haben, was für den öffentlich-rechtlichen Rundfunk im Allgemeinen vorausgesagt wird: es konnte sich in einer Nische etablieren, von wo aus es lediglich eine gebildete Minderheit zu bedienen vermag. Statt akustischer Berieselung lädt es als klassisches Einschaltradio zum Hinhören ein.

5.3 Die privatisierte Grundversorgung

Luxemburg weicht in der Umsetzung des Public-Service-Prinzips im Rundfunk von der europäischen Tradition ab. Die Verantwortung liegt weder – nach deutschem Modell – in den Händen gesellschaftlich relevanter Gruppierungen noch ist der Staat wie in Frankreich Träger des Rundfunkgeschehens. Die Erfüllung des öffentlichen Auftrags durch ein privates Unternehmen wird in der luxemburgischen Tradition als Garantie für Neutralität und Staatsferne gesehen. Angesichts einer Reform des Mediengesetzes von 1991 wird diese Position jedoch auch immer wieder hinterfragt. Anlässlich eines vom Nationalen Programmrat organisierten Symposiums unterstrich der Staatsminister Jean-Claude Juncker, er sei gegen ein Fernsehen, hinter dem die politischen Parteien stünden: „Ich habe Grund genug, mich über RTL stundenlang zu beklagen, aber ich glaube, wenn es

ein Regierungsfernsehen gibt, dann wird es noch schlimmer. Ich kenne beide,
Fernsehen und Regierung", so der augenzwinkernde Kommentar Junckers. Deshalb reagiere er „allergisch" auf die Debatte um einen öffentlich-rechtlichen
Rundfunk. Er sei einverstanden, dass es Auflagen von staatlicher Seite gebe, die
aber genauso gut, wenn nicht besser von privaten Anbietern erfüllt werden könnten (Conseil National des Programmes 2002, S. 21-22). Auch der Medienaus-
schuss im Parlament hat sich gegen ein ausschließlich von öffentlicher Hand
finanziertes Fernsehen ausgesprochen (Chambre des Députés 2002, S. 52). Die
geplante Reform des Mediengesetzes soll demnach ermöglichen, dass sich neben
RTL auch andere Privatanbieter mit Programmelementen bewerben, die den
journalistischen und qualitativen Ansprüchen eines Public Service genügen. Der
Begriff Public Service soll zu diesen Zwecken genauer definiert werden, als dies
in den Konzessionsverträgen von RTL und „Honnert,7" bisher der Fall ist, und in
das Lastenheft einfließen, nach dem sich die Bewerber im Rahmen eines Vertrages mit dem Staat in ihrer Programmgestaltung zu richten haben. Im Abschluss-
papier der parlamentarischen Orientierungsdebatte zur Novellierung des Mediengesetzes steht dazu:

> „Il est évident que le service public à prester devra être défini par convention de
> même qu'un éventuel financement public dont le prestataire pourrait bénéficier. Ce
> même prestataire devra évidemment faire une distinction nette et claire entre les
> éléments de service public et les autres parties éventuelles de son programme."
> (Chambre des Députés 2002, S. 52)

Es sei darüber hinaus denkbar, dass über den noch gültigen Konzessionsvertrag
hinaus, RTL ab 2010 weiterhin als Hauptanbieter fungiere und mit selbständigen
Produktionsfirmen kooperiere. Im Hinblick auf eine solche Entwicklung hat RTL
im März 2004 eine zweite TV-Frequenz in Betrieb genommen, über die derzeit
noch Wiederholungen des RTL-Jugendprogramms „Planet RTL" gesendet werden.
    Das Konzept von Public Service wird in Luxemburg nicht über seine öffent-
lich-rechtliche Organisationsstruktur definiert, sondern erfährt eine funktionale
Bedeutung unabhängig vom Anbieter oder Produzenten.

6   Medienpolitik als Standortpolitik?

Die Vorzugsbehandlung von RTL durch den Luxemburger Staat hat ihren Ursprung vor allem in wirtschaftspolitischen Erwägungen. Als Pionierin des kommerziellen Rundfunks in Europa hat die CLT das Großherzogtum Luxemburg
während Jahrzehnten fast ausschließlich als Ausgangspunkt für internationale

Geschäfte genutzt. Medienpolitik wurde im Großherzogtum trotz konträrer Grundsatzhaltungen der drei großen Parteien, die in der Debatte um die Schaffung eines öffentlich-rechtlich organisierten sozio-kulturellen Radios offen hervortraten, in erster Linie als Wirtschafts- und Standortpolitik betrieben. Innenpolitisch führt die Medienpolitik, die aktive Förderung der einheimischen Presse ausgenommen, ein bescheidenes Dasein, außenpolitisch ist sie ein wichtiges Standbein der Luxemburger Wirtschaft. Tatsache ist, dass sich Luxemburg nach den Strukturproblemen in der Stahlindustrie in den siebziger Jahren nach neuen wirtschaftlichen Nischen umsah. Zunächst etablierte die Regierung den Finanzplatz Luxemburg, um zuletzt das Land als attraktives Investitionsterrain für die Medien- und Telekommunikationsbranche international bekannt zu machen. Neben der RTL Group ist vor allem der Betreiber des ASTRA-Satellitensystems SES (Société Européenne des Satellites) weltbekannt. Aber auch internationale Filmproduktionen hat es in den letzten Jahren nach Luxemburg gezogen, da der Luxemburger Staat über den 1991 gegründeten „Fonds national de soutien à la production audiovisuelle" großzügige Fördermittel für alle Etappen eines Filmprojektes vergibt, vom Drehbuch über die Produktion bis zum Vertrieb. 2003 belief sich der Gesamtbetrag der staatlichen Filmförderung auf 3,2 Millionen Euro (Ministère d'Etat 2004, S. 71).

Was die RTL Group anbelangt, rechnen Beobachter mit einer Gefährdung des Standortes Luxemburg. Die Produktion der für den Export bestimmten Programme wurde bereits durch die Fusion der CLT mit der Bertelsmann Tochtergesellschaft Ufa ins Ausland verlagert, und zwar nach Deutschland, Belgien, Frankreich, in die Niederlande usw. Auch die Medienkommission der Abgeordnetenkammer hat sich diesbezüglich besorgt geäußert mit der Frage, welche Rolle Luxemburg in der Geschäftsstrategie von RTL überhaupt noch spiele (Chambre des Députés 2002, S. 16). Es wäre zwar übertrieben zu behaupten, derzeit erinnere nur noch das „L" im Firmennamen an das Großherzogtum, gewährt dessen Regierung doch insgesamt sieben RTL-Programmen und zwei Radiosendern[10] nicht nur die Frequenzen, sondern auch die Sendelizenzen (Ministère d'Etat 2004, S. 24f; 31f.). Die Verlagerung der Aktivitäten der Gruppe ins Ausland könnte auch den Fortbestand des nationalen Fernsehangebots von RTL tangieren, da dieses lediglich durch die Verlaufsdauer des Konzessionsvertrages bis 2010 gesichert ist. Die Bedingungen für eine weitere Nutzung der Frequenz müssen dann neu ausgehandelt werden. „RTL Télé Lëtzebuerg" wirft keine für

---

[10] Dabei handelt es sich im Bereich des Fernsehangebotes um das deutschsprachige RTL Television, die frankophonen Programme RTL 9, RTL Shopping, RTL Tvi, Club RTL sowie die niederländischen Programme RTL 4 und RTL 5. Zurzeit werden nur zwei Radiosender der RTL Group unter Luxemburger Lizenz ausgestrahlt: Das französische RTL und das deutsche RTL Radio.

Christof Barth/Martine Hemmer

einen Großkonzern nennenswerten Gewinne ab. Ungefähr die Hälfte der Programmkosten wird durch Werbeeinnahmen gedeckt, der Rest wird von der Muttergesellschaft bezuschusst. Zum Schutz des Luxemburger Zeitungsmarktes wurde dem Fernsehsender eine Obergrenze bei den Werbeeinnahmen verordnet, die 2003 bei 5.591.000 € lag und jährlich um sechs Prozent steigt (Ministère d'Etat 2004, S. 23). Mehreinnahmen müssen zurückgelegt werden, um zukünftig auftretende Defizite im Haushalt des Senders gegebenenfalls zu tilgen. Die Rundfunkpolitik der Regierung hat sich in den letzten Jahren zwischen „Protektionismus und Liberalismus" eingependelt (Hansen 2001). Ob dieses Gleichgewicht auf einem globalen, von wirtschaftlichen Interessen bestimmten Medienmarkt Bestand haben wird, ist noch nicht abzusehen.

7 Kleiner Staat – große Vielfalt?

Ein besonderes Charakteristikum der demographischen Struktur Luxemburgs ist der sehr hohe Ausländeranteil. Seit Ende des 19. Jahrhunderts ist Luxemburg ein Einwanderungsland. Von den 451.600 Einwohnern haben 38,6% eine ausländische Staatsbürgerschaft. 63,8% der ausländischen Bevölkerung stammen aus Portugal, 21,6% aus Frankreich, 18,9% aus Italien, 16% aus Belgien und 10,3% sind deutscher Herkunft (vgl. STATEC 2004, S. 7). Hinzu kommen 106.900 Grenzgänger aus Frankreich, Deutschland und Belgien, die sich an Werktagen in Luxemburg aufhalten (STATEC 2004, S. 10). Der größte Teil entstammt dem romanischen Sprachraum. Die ausländische Bevölkerung konnte sich im Zuge der Liberalisierung ihre eigenen „Spielwiesen" erschaffen. Als Beispiel wären „Radio Latina" und das auf zivilgesellschaftliche Strukturen aufbauende „Radio Ara"[11] mit seinem offenen Redaktionskonzept zu nennen.

Fremdsprachige Formate, wie das früher im RTL-Fernsehprogramm gesendete italienische „Buena Domenica", sind auch unter dem Aspekt diskutiert worden, ob diese Lösung nicht viel mehr isoliere als integriere. Stattdessen bietet RTL nun die Übersetzung der Fernsehnachrichten im Zweikanalton. Es bleibt die Frage, ob innerhalb der Berichterstattung dem Leben und der Probleme ausländischer Bevölkerungsteile angemessen Rechnung getragen wird.

Die Sprachsituation Luxemburgs ist weiter dadurch gekennzeichnet, dass drei Sprachen offiziell anerkannt sind: Luxemburgisch, Deutsch und Französisch. Dem moselfränkischen Dialekt „Lëtzebuergesch" ist erst 1984 gesetzlich verbrieft der Rang einer Nationalsprache zugesprochen worden. Die linguistische Beson-

---

[11] Trägerschaft von Radio Ara ist Alter Echos s.à.r.l, in der sich unter anderem Menschenrechtsgruppen und Naturschutzverbände zusammengeschlossen haben.

derheit Luxemburgs im Vergleich zu anderen mehrsprachigen europäischen Staaten liegt darin, dass der gebürtige Luxemburger neben seiner Muttersprache auch die französische und die deutsche Sprache fließend beherrscht und sie in unterschiedlichen Lebenssituationen verwendet, während in Ländern wie Belgien oder der Schweiz verschiedene ethnische Gruppen in verschiedenen Regionen unterschiedliche Sprachen anwenden. Der moselfränkische Dialekt „Lëtzebuergesch" hat zumindest unter den Einheimischen bisher nicht an Bedeutung eingebüßt. Während die Sprachen der beiden großen Nachbarstaaten im Laufe einer durch Fremdherrschaft geprägten Geschichte angenommen wurden, symbolisiert das „Lëtzebuergesch" nationale Identität. Das erklärt sicherlich den großen Zuspruch, den das einheimische RTL-Programm erfährt. RTL Télé Lëtzebuerg verzeichnet am Abend einen Zuschaueranteil von 25% unter den luxemburgischen Bewohnern (IP 2005)[12], was beträchtlich ist, wenn man bedenkt, dass 95,7% der Haushalte verkabelt sind und über ein ausländisches Fernsehangebot von mehr als 30 Programmen verfügen (Ministère d'Etat 2004, S. 26).

In der Presse sind Deutsch und Französisch die am häufigsten verwendeten Sprachen. Spezielle Publikationen in Portugiesisch und Englisch erweitern das Angebot. Im Rundfunk herrscht bis auf wenige Ausnahmen das Luxemburgische vor. Gegen die Gefahr, als kleiner Medienmarkt von den aus den großen angrenzenden Nachbarstaaten stammenden Angeboten überschwemmt zu werden, hat sich Luxemburg gewappnet. Zumindest was das politische Informationsangebot anbelangt, können die Luxemburger auf eine bedeutende Auswahl an medialen Quellen zurückgreifen.

Angesichts des Ungleichgewichts zwischen national orientiertem Fernsehangebot und dem vielsprachigen Presseangebot, kann die Hypothese aufgestellt werden, dass es vor allem die Zeitungen sind, die die ausländischen Mitbürger potentiell in den gesellschaftlichen Diskurs einbinden. Die Neuerscheinung von zwei Tageszeitungen 2001 in französischer Sprache („La Voix" und „Le Quotidien") sprechen zumindest dafür. Inwieweit diese Publikationen auch Themen aufgreifen, die speziell den nicht-luxemburgischen Teil der Bevölkerung betreffen, bleibt zu prüfen. Durch das luxemburgische Mediengesetz von 1991 wurden vier unabhängige Organe ins Leben gerufen: eine Rundfunkkommission (CIR), ein nationaler Programmrat (CNP), eine beratende Medienkommission (CCM) sowie die bereits erwähnte ministerielle Dienststelle, die seit 1999 offiziell „Service des médias et de la communication" (SMC) genannt wird. Der technische

---

[12] Am Abend (19 bis 23 Uhr) erreicht RTL Télé Lëtzebuerg einen Zuschaueranteil von 18% in der Bevölkerung (einheimische und ausländische Bürger gleichermaßen berücksichtigt), unter den Luxemburgern sind es sogar 25%. Die Zahlen sind darauf zurückzuführen, dass in der Sendezeit der Erstausstrahlung des Abendprogramms zwischen 19 und 20 Uhr der Zuschaueranteil auf 53 bzw. 70% hochschnellt (IP 2005).

224 Christof Barth/Martine Hemmer

Fortschritt auf dem Mediensektor, insbesondere die rasante Entwicklung und Verbreitung des Internets, haben das Gesetz von 1991 schnell veralten lassen.

Außerdem ist das luxemburgische Lizenz- und Aufsichtsmodell derzeit noch geprägt von einer Zerstückelung der Kompetenzen, die die alltägliche Praxis des Regulierungsapparates schwerfällig und bürokratisch macht. Die „Commission Indépendante de la Radiodiffusion" (CIR) entscheidet als regierungsunabhängiges Gremium über die Vergabe von Sendelizenzen mit geringer Reichweite, d.h. an die Regional- und Lokalsender, und überwacht die Einhaltung der gesetzlichen Vorschriften und der Lastenhefte, insbesondere was die technischen Reichweiten anbelangt. Programme, die international ausgestrahlt werden sollen, bedürfen einer Konzession durch die Regierung. Ebenso jene Fernseh- und Radioprogramme mit großer Reichweite, die ein einheimisches Publikum ansprechen, darunter auch das sozio-kulturelle Radio. Über beide Konzessionsarten wacht der unabhängige „Conseil National des Programmes" (CNP), dessen ehrenamtliche Mitglieder aus nahezu allen in Luxemburg existierenden gesellschaftlichen Strömungen kommen.[13]

Die „Commission Consultative des Médias" (CCM) fungiert als Vertreterin der Medien gegenüber der Regierung. Sie setzt sich zusammen aus Vertretern von CLT-Ufa, SES, Presserat, Multimediavereinigung, Kabelbetreibern, Presse, audiovisuellen Produzenten und aus Vertretern der verschiedenen Ministerien. Darüber, wie die neue, einheitlich organisierte und unabhängige Regulierungsbehörde in ihren Grundzügen organisiert werden soll, herrscht bereits Konsens (vgl. Chambres des Députés 2002). Die Bereiche der Sendegenehmigung, der Aufsicht und der Sanktionsgewalt werden in einer einzigen Behörde öffentlich-rechtlichen Charakters („établissememt public"), der „Autorité de Régulation Indépendante" (ARI) übertragen. Die Vorschläge der Regierung zur Struktur der neuen Behörde sehen als Exekutivorgan ein Direktorium vor, das sich aus drei fachlich hochqualifizierten, hauptberuflich tätigen Personen zusammensetzt. Das Mandat soll nicht auf eine Periode beschränkt bleiben, da es im kleinen Luxemburg voraussichtlich schwer sein wird, Bewerber für das Amt zu finden, die juristisch gebildet sind und sich gleichzeitig in der Luxemburger Medienlandschaft auskennen. Dem Direktorium wird ein beratendes Gremium, der „Conseil consultatif", zur Seite gestellt. Dieser setzt sich genau wie der CNP aus Vertretern aller Bereiche der Gesellschaft zusammen. Ein dreiköpfiger „Conseil de Surveillance" soll die Geschäftsführung der Behörde kontrollieren.

---

[13] Parteien, Kirchen, Gewerkschaften, Berufskammern, dem Schriftstellerverband, den Vereinigten Luxemburger Musikvereinen (UGDA), der Verbraucherschutzorganisation (UCL), dem Olympischen Komitee (COSL), dem Familienbund, den Frauenbund, den Jugend- und Seniorenorganisationen, dem Kinderschutzbund, dem Ausländerkomitee, der Umweltschutzbewegung sowie einem Zusammenschluss der großen Wohlfahrtsverbände (vgl. Arrêté grand-ducal vom 23. Mai 2002).

War eine Revision des Gesetzes für elektronische Medien bereits nach 10 Jahren fällig, so mussten die Luxemburger Journalisten bis vor kurzem mit einem Gesetz aus dem Jahr 1869 vorlieb nehmen – „ein im Kern repressives Gesetz, das nicht mehr konform zu den Menschenrechten und hoffnungslos veraltet war", fasst der Berichterstatter der Medienkommission im Parlament, Laurent Mosar, zusammen. Grundidee des Pressegesetzes vom 8. Juni 2004 sei, Grundrechte – das Recht auf freie Meinungsäußerung und den Schutz der Privatsphäre – in Einklang zu bringen (Telecran 20/2004). Das Pressegesetz von 2004 führt erstmals in Luxemburg den Quellenschutz ein, d.h. Journalisten müssen nicht mehr offen legen, woher sie ihre Informationen bezogen haben sowie eine Gewissensklausel, nach der der Journalist fristlos kündigen darf, wenn er die redaktionellen Richtlinien nicht mehr mit seinem Gewissen vereinbaren kann und die ihm das Recht einräumt, seine Unterschrift unter einem Beitrag zu verweigern, der ohne sein Einverständnis substanziell verändert wurde.

Der Presserat wird mit seinen Rechten und Pflichten per Gesetz institutionalisiert und ein Beschwerdeausschuss eingesetzt. Des Weiteren wird das Antwortrecht neu geregelt und auf Fernsehen und Hörfunk ausgedehnt. Neu ist auch die Verpflichtung des Journalisten, falsche Informationen schnellstmöglich richtig zu stellen. Artikel, die eigentlich im Zivil- und Strafrecht ihren Platz hätten, wurden außerdem ins Pressegesetz aufgenommen. Das Pressegesetz hat noch einmal kurz vor seiner Verabschiedung für heftige Debatten gesorgt und die Journalistenverbände gespalten. Mit seinen 96 Artikeln ist das neue Gesetz besonders detailliert, Kritiker sprechen gar von Überregulierung und Praxisferne (Sold 2004; Woxx 2004).

8   Fazit: Vielfalt = Meinungsvielfalt?

In der Systemtheorie Luhmann'scher Prägung wird den Massenmedien die Funktion zugeschrieben, Themen für die öffentliche Diskussion bereitzustellen und damit die notwendige Selbstbeobachtung der Gesellschaft zu ermöglichen. Zentrale Aufgabe der Medien ist die Nachrichtenselektion und ihre Verbreitung. Mit einer Subvention der Presse nach insgesamt beschriebenen Seiten nimmt der Subventionsgeber letztendlich Einfluss auf die Selektionskriterien der Medien. Kriterium für die Veröffentlichung einer Nachricht ist dann möglicherweise nicht mehr die Relevanz für die Selbstbeobachtung der Gesellschaft, sondern die prinzipielle Eignung für die Steigerung des Outputs und damit die Maximierung der Subventionszahlungen.

Dementsprechend kritisieren die luxemburgischen Chefredakteure vor allen Dingen den Verteilungsmodus der Pressehilfe. Da als Berechnungsgrundlage für

die Pressehilfe die Anzahl der gedruckten Seiten verwendet wird, führe das zu
einer Bevorzugung der großen Blätter und zu einer „Vervielfältigung des Selben", nicht aber zu mehr Vielfalt. „Weil die Presse abhängig ist von der Zahl der
gedruckten Seiten, wird alles gedruckt, was auch nur zu drucken ist". Trotz der
Pressehilfe sind die ökonomischen und personellen Ressourcen der meisten Ver-
lagshäuser beschränkt. Die Qualität des Journalismus in Luxemburg wird deshalb von seinen Chefredakteuren selbst sehr kritisch betrachtet: Sie charakterisieren den luxemburgischen Journalismus als Verlautbarungsjournalismus und weniger als recherchierenden, investigativen Journalismus. Hinsichtlich des Um-
gangs mit Pressematerialien wird von ihnen vermerkt, dass „Copy und Paste"
eine dominierende Ausdrucksform des luxemburgischen Journalismus geworden
sei. Defizite merken einzelne Chefredakteure auch bezüglich der handwerklichen
Qualität journalistischer Darstellungen an: „Es muss stimmen, was in der Zeitung steht. Wie es geschrieben ist, wie es dargestellt wird, das interessiert fast
niemanden", fasst etwa ein Chefredakteur seinen Eindruck zusammen. Als Erklärung für diese negativen Einschätzungen können verschiedene Gründe angenommen werden. Zunächst ist wegen der geringen Bevölkerungszahl der Luxemburger schon die Menge aus der Journalisten rekrutierbar sind, vergleichsweise klein; Stellen sind teilweise schwer zu besetzen.

Vielfalt ist die große Stärke des luxemburgischen Mediensystems. Bei
450.000 Einwohnern ist aber zu fragen: ereignet sich in Luxemburg genug, so
dass Journalisten dazu individuelle, intelligente und gut geschriebene Beiträge
für sechs verschiedene Tageszeitungen produzieren können? Oder bestehen sie
vielmehr nur deshalb (noch), weil noch keine der Interessengruppen ‚ihre' Zeitung aufgeben will. Eine genauere Betrachtung der selbst eingeräumten Defizite
führt jedoch zu einer Frage, die sich keiner offen zu stellen traut: erkauft man
sich die Vielfalt nicht auf Kosten der Medienqualität? Oder anders formuliert:
Wie viel Vielfalt kann oder will Luxemburg sich leisten?

Auf der anderen Seite wird der Markt für audiovisuelle Medien trotz Liberalisierung nach wie vor von der RTL Group dominiert. In diesem Sinne kann
die ausgeprägte Vielfalt auf dem Printsektor auch als Korrektiv verstanden werden.

Literatur

Barth, Christof/Bucher, Hans-Jürgen (2003a): Forschungsbericht und Entwurf eines Ver-
  haltenskodex für Funkmedien des Großherzogtums Luxemburg, Trier: öffentlicher
  Forschungsbericht.
Barth, Christof/Bucher, Hans-Jürgen (2003b): Bericht zur Programmanalyse von Funkmedien im Großherzogtum Luxemburg, Trier: Forschungsbericht.

Chambre des Députés (2002): Débat d'Orientation sur le bilan de la loi du 27 juillet 1991 sur les médias electroniques. Rapport de la commission des médias et des communications. N° 4850, Luxembourg.

Garcia, Robert (1989): Baukasten für ein soziokulturelles Radio. In: Ministère des Affaires Culturelles: Radio Nationale 100,7. Livre blanc sur l'opportunité et les moyens de créer une radio nationale publique à vocation culturelle, Luxembourg, S. 16-216.

Europäisches Medieninstitut (2004): Final report of the study on „the information of the citizen in the EU: obligations for the media and the Institutions concerning the citizen's right to be fully and objectively informed", Düsseldorf: Europäisches Medieninstitut.

Gushurst, Wolfgang (2000): Popmusik im Radio: Musik-Programmgestaltung und Analysen des Tagesprogramms der deutschen Servicewellen 1975-1995, Baden-Baden.

Hansen, Josée (2001): Entre protectionisme et libéralisation. In: Lëtzebuerger Land vom 7. Dezember 2001.

Hellinghausen, Georges (1998): Selbstverständnis und Identität einer Zeitung: 1973-1998. Luxemburg.

Hirsch, Mario (2002): Das Mediensystem Luxemburgs. In: Hans-Bredow-Institut (Hrsg.): Internationales Handbuch Medien 2002/2003, Baden-Baden, S. 419-425.

IP Luxembourg (2003): Luxembourg Media Key Facts 2003, Luxemburg.

IP Luxembourg (2004): Luxembourg Media Key Facts 2004, Luxemburg.

IP Luxembourg (2005): Luxembourg Media Key Facts 2005, Luxemburg.

Kesseler, Serge (1999): Die luxemburgische Radiolandschaft. Eine Bestandsaufnahme sechs Jahre nach dem Fall des Radiomonopols von RTL in Luxemburg. Diplomarbeit, Wien.

Loi du 27 juillet 1991 sur les médias électroniques. In: Mémorial A – N° 47, Luxembourg, S. 971-986.

Ministère d'Etat (2002): Orientations pour une nouvelle législation sur la radio et la télévision, Luxembourg.

Ministère d'Etat (2004): Rapport d'activités 2003, Luxembourg.

Réglement grand-ducal du 19 juin 1992 fixant les modalités de structure et de fonctionnement de l'établissement public crée par l'article 14 de la loi du 27 juillet 1991 sur les médias électroniques. In: Mémorial A – N° 46, Luxembourg, S. 1486-1488.

Scholl, Armin, Weischenberg, Siegfried (1998): Journalismus in der Gesellschaft: Theorie, Methodologie und Empirie, Opladen.

Sold, Alvin (2004): Das neue Mediengesetz ist nicht gut. In: „Tageblatt" vom 6. März 2004.

STATEC (2004): Le Luxembourg en chiffres, Luxembourg.

Télécran 20/2004.

„Une grande stabilité" (2003). TNS Plurimedia Luxembourg. Etude sur la consommation des médias au Luxembourg. In: „La voix du Luxembourg" vom 7.10.2003.

Weaver, David H. (Hrsg.) (1998): The Global Journalist: News around the World, Cheskill, NJ.

Woxx (2004): Kritik verpennt, 13.2.2004.

Anhang: Übersichten zur Medienlandschaft

Print

Titel	Verlag	Erscheinungsweise	Typ	Auflage 2003 (1)	Subventionen	Sprache	Reichweite (3)
Contacto	Saint-Paul Luxembourg S.A.	wöchentlich	Zeitung	ca. 16.000 (2)	nein	P	8%
Correio	Editpress Luxembourg S.A.	wöchentlich	Zeitung	ca. 15.000 (2)	nein	P	3%
d'Lëtzebuerger Land	Editions d'Lëtzebuerger Land S. à r.l.	wöchentlich	Zeitung	ca. 7.100 (2)	200.215 €	D/F	3%
Den Neie Feierkrop	Verlagsgenossenschaft Den neie Feierkrop	wöchentlich	Satirezeitschrift	ca. 14.000 (2)	nein	D/F	*
Le Jeudi	Editpress Luxembourg S.A.	wöchentlich	Zeitung	10890	265.059 €	F	10%
Revue	Editions Revue S.A.	wöchentlich	Familien- & Fernsehzeitschrift	30528	276.102 €	D	27%
Télécran	Saint-Paul Luxembourg S.A.	wöchentlich	Familien- & Fernsehzeitschrift	47630	282.379 €	D	40%
Woxx	Grengespoun SC	wöchentlich	Zeitung	ca. 3.000 (2)	179.343 €	D	*
La Voix	Saint-Paul Luxembourg S.A.	werktäglich	Zeitung	8911	922.354 €	F	3%
Le Quotidien	Lumédia S.A.	werktäglich	Zeitung	8938	824.324 €	F	5%
Luxemburger Wort	Saint-Paul Luxembourg S.A.	werktäglich	Zeitung	81947	1.159.497 €	D	45%
Lëtzebuerger Journal	Editions Lëtzebuerger Journal S.A.	werktäglich	Zeitung	ca. 5.000 (2)	494.147 €	Di(F)	*
Tageblatt	Editpress Luxembourg S.A.	werktäglich	Zeitung	25302	1.141.418 €	Di(F)	17%
Zeitung vum Lëtzebuerger Vollek	Zeitung S.A.	werktäglich	Zeitung	ca. 8.000 (2)	296.146 €	Di(F)	*
Editpress Pressehilfe					2.230.801 €		37%
ISP Pressehilfe					2.364.230 €		39%
andere					1.445.953 €		24%

(1) vgl. www.cim.be
(2) vgl. www.ipl.lu
(3) TNS Plurimedia 2003

Fernsehen

Titel	Betreiber	Eigner	Sendezeiten	Verbreitung	Typ	Sprache	Reichweite (1)
RTL Télé Lëtzebuerg	CLT-UFA S.A.	RTLGroup	täglich	T/K/S/I	kommerziell	L (D/F)	24,2
Nordliicht TV	Nordliicht TV		Mi, So	K/(S)	kommerziell	L (D/F)	0,6
dok - den oppene Kanal	DOK S.A.			K	kommerziell	L (D/F)	* (2)
Uelzechtkanal	Lycée des Garcons, Esch-sur-Alzette		Mo	K	kommerziell	L (D/F)	0,2
Tango TV (4)	Everyday Media S.A.	Tele2 AB, Stockholm	täglich	K/S	kommerziell	L (D/F)	1,5
Chamber TV			unregelmäßig	K	staatlich	L/F/D	* (3)
TTV (5)							

weitere in Luxemburg lizensierte aber fürs Ausland bestimmte Programme (vgl. Ministère d'Etat (2004))

(1) ILReS TV 2002
(2) 2002 noch nicht auf Sendung
(3) keine Werte, da keine regelmäßigen Sendungen
(4) bis 11/2004
(5) ab 11/2004

Hörfunk

Titel	Betreiber	Programmangebot	Verfassung	Finanzierung	Typ	Verbreitung	Sprache	Reichweite (1)
100,7	Etablissement de Radiodiffusion Socioculturelle, établissement public	24-Stundenprogramm	öffentlich-rechtlich	Steuern	Kultur- und Informationsprogramm	national	L	4%
DNR	Société de Radiodiffusion Luxembourgeoise s.à r.l.	24-Stundenprogramm	privat-rechtlich	Werbung	Servicewelle	national	L	9%
RTL Radio	CLT-UFA S.A.	24-Stundenprogramm	privat-rechtlich	Werbung	Service- und Infowelle	national	L	42%
Eldoradio	Luxradio s.à r.l.	24-Stundenprogramm	privat-rechtlich	Werbung	Jugendwelle	div. Regionen	L	9%
Radio Latina	Société européenne de communication sociale s.à r.l.	24-Stundenprogramm	privat-rechtlich	Werbung	Programm für	div. Regionen	P/E/F	3%
Radio ARA	Alter Echos s.à r.l.	24-Stundenprogramm	privat-rechtlich	Werbung	diverse	div. Regionen	diverse	1%
	17 weitere Programme (Lokalfunk m. ca. 100 W Sendeleistung) (2)	n/a	n/a	n/a	n/a	lokal/regional	n/a	3%

(1) Reichweite in der Gesamtbevölkerung ab 12 Jahre, Mo-Fr, ILReS Radio 2003. (vgl. IPL 2004)

(2) vgl. http://www.mediacom.public.lu/

V. Wirtschafts-, Arbeitsmarkt- und Regionalpolitik

Wirtschafts- und Finanzpolitik

Gerhard Michael Ambrosi

1 Einleitung

Wirtschaftspolitisch gesehen scheint Luxemburg eine „Insel der Seligen" zu sein. Die großen Probleme der großen Nachbarländer: übermäßige Budgetdefizite, hohe Arbeitslosigkeit, unsichere Finanzierung der Sozialsysteme – um nur einige der anderwärts aktuellen Probleme zu nennen – scheinen hier kein Gewicht zu haben. Ist Luxemburg wirklich in so einer glücklichen Lage – und wenn ja, wird es so bleiben? Kann man aus Luxemburgs Befindlichkeit Schlüsse ziehen für andere Länder der Europäischen Union? In der folgenden Darstellung soll auf diese Fragen genauer eingegangen werden.

2 Diskussions- und Wirkungszusammenhänge der Wirtschaftspolitik

Die Wirtschaftspolitik Luxemburgs wird zum einen von seinen Bürgern und Interessengruppen im Rahmen der nationalen politischen Auseinandersetzungen evaluiert und kommentiert. Von daher ergibt sich ein parteipolitischer Aspekt der wirtschaftspolitischen Debatten, der in diesem Band weiter oben im Kapitel „Parteien, Interessenverbände und Medien" bereits eingehender erörtert wurde. Zum anderen hat sie transnationale Aspekte, die hier besonders betont werden sollen. Ihren stärksten Ausdruck haben die transnationalen Bezüge der Wirtschaftspolitik Luxemburgs in der Europäischen Gemeinschaft gefunden. In Art. 99 EGV wird festgestellt:

> „Die Mitgliedstaaten betrachten ihre Wirtschaftspolitik als eine Angelegenheit von gemeinsamem Interesse und koordinieren sie ..."

Allerdings ist dieser gemeinschaftliche Bezug ein relativ loser im Vergleich zur Außenhandelspolitik und zu großen Teilen der Wettbewerbpolitik, die ja seit 1958 mit Errichtung der Europäischen Wirtschaftsgemeinschaft in gemeinschaft-

liche Kompetenz übergegangen waren. Demgegenüber bleibt die Wirtschaftspolitik als makroökonomische Wachstums- und Beschäftigungspolitik auch in der EU
prinzipiell der nationalen Souveränität jedes einzelnen Mitgliedsstaates unterstellt.
Die Vereinbarkeit von nationaler Souveränität und gemeinschaftlichen Belangen im Sinne der soeben zitierten Passage soll im Kontext des EU-Vertrages
durch die Methode der „offenen Koordinierung" bewirkt werden. Gemeint ist
damit ein recht kompliziertes und zeitaufwendiges internationales Interaktions-
muster, das übrigens in einer seiner wichtigen Ausprägungen auch als Luxem-
burg-Prozess bezeichnet wird, weil seine prinzipielle Konzipierung zurückgeht
auf eine Vorgehens weise, die auf dem Gebiet der Beschäftigungspolitik 1997
vom Europäischen Rat in Luxemburg beschlossen wurde. Eine schematische
Darstellung dieses Prozesses wird in Abb. 1 geboten, die der mittlerweile umfangreichen Literatur zu diesem Thema entnommen ist (Schmid and Kull 2004),
wo auch eine eingehendere Darstellung des Hintergrundes des Luxemburgpro-
zesses zu finden ist. Hier sei nur kurz festgehalten: Diese Methode einer gemeinschaftlichen und damit internationalen Abstimmung von nationaler Beschäftigungspolitik wird in Artikel 125 ff. EGV detailliert beschrieben und ist damit
primärrechtlich verbindlich gemacht worden. Ihr wesentliches Merkmal ist das
Zusammenspiel von gemeinschaftlichen Zielsetzungen einerseits und nationaler
Aktionsplanung im Hinblick auf die gemeinschaftlichen Ziele andererseits. Do-
kumentiert und koordiniert wird diese transnationale Interaktion durch die Europäische Kommission in Brüssel, und zwar sowohl was die Beschäftigungspolitik
im Besonderen als auch was die Wirtschaftspolitik im Allgemeinen betrifft.

Übersicht 1:   Luxemburgprozess/Offene Koordinierung nach
                 Schmid/Kull (2004)

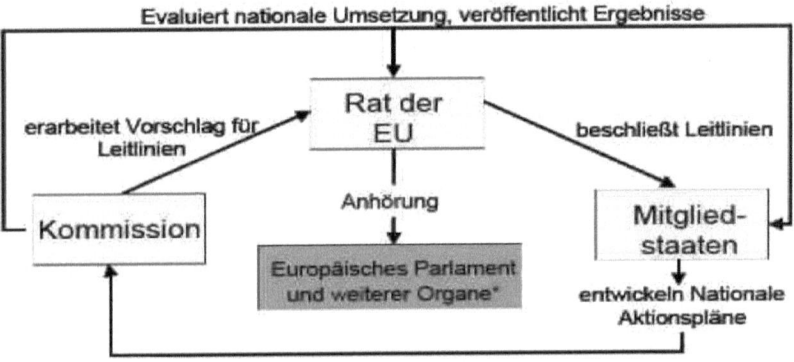

*Ausschuss der Regionen, Wirtschafts- und Sozialausschuss, Beschäftigungsausschuss

Die Koordinationsprozesse generieren mittlerweile erstaunlich weit gehende gemeinschaftliche Festlegungen von wirtschaftspolitischen Zielen, denen sich die einzelnen Mitgliedsländer widmen sollen. Aktuell werden von der Europäischen Kommission die folgenden drei Hauptrichtungen genannt:

1. Wachstums- und stabilitätsorientierte makroökonomische Politik
2. Reformen zur Erhöhung des Wachstumspotential Europas
3. Umweltpolitik zur Verbesserung der Nachhaltigkeit.

Sie werden in insgesamt 23 „Leitlinien" weiter zerlegt und diese werden dann auf jedes einzelne Mitgliedsland in länderspezifischen Empfehlungen für konkretes wirtschaftspolitisches Handeln gegebenenfalls angewendet (z.B. EU-Kommission, 2003a). Hintergrund dieser weiten Formulierung der Zielsetzungen der Offenen Koordinierung ist die „Lissabon – Agenda", wonach die EU bis zum Jahre 2010 zum dynamischsten Wirtschaftsgebiet der Welt werden soll. Die Unterschiede zu den traditionellen Zielsetzungen, in deren Rahmen es in der Europäischen Gemeinschaft vorwiegend um handelspolitische Zielsetzungen ging, werden in Übersicht 2 schematisch dargestellt. Besonders bemerkenswert in unserem Zusammenhang ist die letzte Zeile, wonach aktuell die Instrumente zur Verwirklichung gemeinschaftlicher Politik vorwiegend national angesiedelt sind. Dies scheint eine verstärkte Betonung nationaler Wirtschaftspolitik auszudrücken. Tatsächlich ist das Gegenteil der Fall: dadurch, dass für jedes Mitglied die nationale Verpflichtung besteht zur Umsetzung gemeinschaftlicher Ziele, haben wir den Anspruch des Kollektivs der Mitglieder auf das einzelne Mitgliedsland, sich gemeinschaftskonform zu verhalten. Aus dem daraus resultierenden Geflecht der gegenseitigen Verpflichtungen geht ein kleines Mitgliedsland wie Luxemburg eher gestärkt hervor.

Die Europäische Union schafft Luxemburg über die Prozesse der Offenen Koordinierung im Prinzip beträchtliche Einwirkungsmöglichkeiten auf die Wirtschaftspolitik seiner Partnerländer. Besonders als Inhaberin der EU-Präsidentschaft im ersten Halbjahr von 2005 hatte Luxemburg gute Möglichkeiten, Diskussionsgegenstände und Ausgangspositionen in der gemeinschaftlichen wirtschaftspolitischen Debatte zu prägen. Auch wenn dieser Aspekt noch an anderer Stelle dieses Bandes eingehender behandelt wird, ist er doch auch ein wesentlicher Teil des Luxemburger wirtschaftspolitischen Diskussionszusammenhangs und erfordert eine Berücksichtigung im vorliegenden Kontext.

Übersicht 2:   Der „Binnenmarkt '92"-Prozess und „Luxemburg-Lissabon" –
Prozesse der Offenen Koordinierung – ein Vergleich

	Binnenmarkt	Luxemburg - Lissabon
Endziele	- Integration und Wachstum	- Wachstum, sozialer Zusammenhang und Beschäftigung
Zwischen-ziele	- Senkung der Kosten von grenzüberschreitenden Transaktionen für Güter und Dienste	- Bessere Ausbildung, Innovationen - Zunahme von F & E - Ausgaben - Liberalisierungen für Dienstleistungs-industrien - Zunahme der Partizipationsraten, der Beschäftigung usw.
Mittel	- Beseitigung von Grenzkontrollen - Harmonisierung und Angleichung von Gesetzen	- Definition gemeinsamer Ziele - Erfolgsberichte, Benchmarking - Gemeinsame Erfolgskontrolle
Instrumente	- EU Richtlinien - Durchsetzung durch Rechtsprechung	- zumeist national (Ausgaben, Steuern, Vorschriften)

Quelle: Sapir u.a. 2003, S. 83

In den turnusmäßigen Berichten für die und von der Europäischen Kommission
und deren Erörterung im Prozess der Offenen Koordinierung liegt ein interessan-
tes Vergleichsmaterial vor für Entwicklung und Auswirkung nationaler Wirtschaftspolitik. Auf dieser Grundlage – so die Hoffnung der Initiatoren dieser
Methode transnationaler Interaktion – soll dann die 'beste Praxis' EU-weit Anerkennung und Nachahmung finden. Diese Konzipierung von EU-weitem Erfah-
rungsaustausch gibt gerade einem kleinen Land wie Luxemburg interessante
Wirkungsmöglichkeiten auf wirtschaftspolitischem Gebiet. Wegen des geringen
Gewichts seiner Volkswirtschaft scheint eine materielle Wirkungsmöglichkeit
kaum gegeben zu sein, so dass die 'Macht des Faktischen' zu einer nicht nur
politischen, sondern auch ökonomischen Einschränkung nationaler Souveränität
kleiner Länder führen müsste. Es zeigt sich aber, dass die großen Nachbarn Luxemburgs keineswegs die vermutbare Nivellierungswirkung haben. Ganz im Gegenteil: Immer wieder ergibt der Vergleich mit den Nachbarn eine bemerkenswert erfolgreiche Sonderstellung Luxemburgs auf dem Gebiet der Wirtschaftspolitik (siehe auch die folgende Übersicht 5). Wenn nun der europäische Erfah-
rungsaustausch auf diesem Gebiet tatsächlich zu einem 'Export' guter Praxis
führen sollte, hätte man hier eine Wirkungsmöglichkeit, die weit über das relati-

ve Volumen der Wirtschaft Luxemburgs hinausgeht. Auf jeden Fall lenkt die Methode der „offenen Koordinierung" in der EU immer wieder die gemeinschaftliche Aufmerksamkeit auf die wirtschaftliche Entwicklung in Luxemburg. Die EU bietet jedoch nicht das einzige Forum für ein 'Monitoring' der Luxemburger Wirtschaftslage und -politik. Sowohl die in Paris ansässige Organization for Economic Cooperation and Development (OECD) als auch der IMF in Washington, D.C., publizieren turnusmäßig Einschätzungen der wirtschaftlichen Lage der Mitgliedsländer bzw. der Weltwirtschaft. Dabei setzen sie sich auch mit Luxemburgs Wirtschaftspolitik auseinander. Daraus kann sich dann wiederum ein interessanter Vergleich ergeben, der das Monitoring selber zum Gegenstand nimmt und es am Beispiel der jeweiligen Einschätzung der vermeintlich wichtigen wirtschaftlichen Problemfälle Luxemburgs betrachtet (Fahrholz/Mohl 2003).

Schließlich ist in diesem Zusammenhang noch darauf einzugehen, dass Luxemburg auch Mitglied der Europäischen Währungsunion (EWU) ist. Dadurch ergeben sich weitere Bezüge, in denen nationale Wirtschaftspolitik in einen internationalen Diskussions- und Entscheidungszusammenhang gestellt wird. Ein besonders wichtiger Bezug ergibt sich aus der Tatsache, dass vor Eintritt in die EWU alle Mitglieder sich auf den Stabilitäts- und Wachstumspakt von 1997 verpflichten mussten. Demzufolge müssen die Länder, die an der Euro-Zone teilnehmen, dem Rat und der Kommission Stabilitätsprogramme vorlegen. Im November 2004 hat Luxemburg die sechste Aktualisierung solch eines Programms vorgelegt (Finanzministerium 2004). Darin wird die aktuelle wirtschaftliche Lage zur Diskussion im Europäischen Rat und zur Kommentierung durch die Europäische Kommission gestellt unter dem Blickwinkel des Stabilitäts- und Wachstumspakts, insbesondere der Preisniveaustabilität und der Solidität der Staatsfinanzen. In diesem Zusammenhang ist auch das in der Öffentlichkeit viel beachtete Verfahren zur Überprüfung übermäßiger öffentlicher Defizite durch die Europäische Kommission zu nennen. Es gibt der EU-Kommission das Recht, gegebenenfalls sogar Geldstrafen vorzuschlagen. Materiell betrifft dieses letztere Verfahren zwar Luxemburg im Augenblick und auf absehbare Zukunft gesehen nicht, wie noch darzustellen ist. Prinzipiell zeigt es aber auf, dass der Diskussions- und Entscheidungszusammenhang von Wirtschaftspolitik heutzutage von allen Mitgliedern der EU nicht mehr als nationale Angelegenheit betrachtet werden kann.

Ein weiterer wichtiger transnationaler Bezug ergibt sich in der EWU aus der Tatsache, dass alle ihre Mitglieder sich eines wichtigen Teilbereichs der Wirtschaftspolitik begeben, indem sie die Kompetenz für die Geldpolitik an die Europäische Zentralbank in Frankfurt und an das Eurosystem der nationalen Zentralbanken abgegeben haben. Allerdings stellt Luxemburg einen interessanten Sonderfall in dieser Hinsicht dar. Da es sich zuvor in einer Währungsunion mit Belgien befand, verfügte es bis zur Verwirklichung der EWU gar nicht über eine eigene Zentralbank, sondern nur über ein Monetäres Institut, welches der Belgischen Zentralbank unterstellt war. Erst die EWU machte die Gründung einer eigenständigen Luxemburger Zentralbank erforderlich. Abgesehen von der Wahrnehmung ihrer europabezogenen Aufgaben im Rahmen der EWU widmet sich die Luxemburger Zentralbank (BCL) auch der Beobachtung der generellen wirtschaftspolitischen Entwicklung im eigenen Land. Sie ist damit ein neues Organ der Auseinandersetzung mit der nationalen Wirtschaftspolitik geworden. Besonders intensiv widmet sie sich der Frage der Konsolidierung der Staatsfinanzen. So erklärt sie (BCL 2004, S. 7) in diesem Zusammenhang:

„La réalisation de cet objectif revêt une importance considérable dans une petite économie ouverte, vulnérable à d'éventuels chocs asymétriques..."

Sie betont also die latent prekäre wirtschaftspolitische Lage eines kleinen Landes wie Luxemburg, das im Prinzip mit verstärkten wirtschaftspolitischen Störungen rechnen müsse. Die tatsächliche Lage substantiiert allerdings wenig den prinzipiellen Aspekt solcher Befürchtungen.

3   Wirtschaftslage und konjunktureller Ausblick

Bei der Vielzahl von Kommentatoren zur Luxemburger Wirtschaftsentwicklung kann es natürlich auch entsprechend viele unterschiedliche Einschätzungen geben. Teilweise betreffen sie grundlegende Wirtschaftsdaten. So ging beispielsweise der Weltwährungsfonds (IMF 2004, S. 6, Tab. 1.2) davon aus, dass Luxemburgs reales Bruttoinlandsprodukt im Jahre 2004 mit einer Rate von 2,8% wächst, während die Europäische Kommission für das selbe Jahr 2004 eine Wachstumsrate von 4,0% publizierte und die OECD gar von 4,2% BIP-Wachstum ausging (OECD 2004, S. 137). Die realisierte Zahl lag dann bei 3,6% (Siehe Übersicht 3, „BIP zu Marktpreisen").

Übersicht 3: Nachfrage, Produktion und Preisentwicklung in Luxemburg

	2003 Mrd.€ [2]	2004	2005	2006	2007	2008
		Änderung in %, Volumen (Preise von 2000)				
Privater Konsum	10,5	2,8	3,4	3,4	2,5	2,5
Staatskonsum	4,2	3,2	4,8	2,3	2,5	2,3
Bruttoanlageninvestitionen	5,5	0,5	2,2	1,4	4,1	2,2
Inländischer Endverbrauch	20,2	2,3	3,4	2,6	2,9	2,4
Lagerhaltung [1]	0,1	0,1	1,2	-2,6	0,2	0,0
Gesamte Inlandsnachfrage	20,3	2,4	4,9	-0,7	3,2	2,4
Exporte v. Gütern u. Diensten	34,3	10,1	8,0	15,0	9,1	8,3
Importe v. Gütern u. Diensten	29,0	10,3	9,3	12,7	9,4	8,5
Nettoexporte [1]	5,3	1,8	0,1	6,4	2,2	2,4
BIP zu Marktpreisen	25,6	3,6	4,0	5,2	4,3	4,0
BIP Deflator		1,7	4,7	7,1	3,1	3,9
Erinnerungsposten						
HVPI		3,2	3,8	3,3	2,0	2,2
Arbeitslosenquote		4,2	4,6	4,6	4,7	5,0
Saldo des allg. Staatshaushalts [3]		-1,1	-1,0	-1,3	-0,8	-0.4

[1] Beitrag zur Veränderung des realen BIP gegenüber Vorjahr. Ausgangswert in Spalte 2003
[2] laufende Preise; [3] in Prozent des BIP

Quelle: OECD, Economic Outlook 80, 2006

Die genannten Unterschiede in der Vorhersage der wirtschaftlichen Daten sind zwar interessant für die Diskussion des „Monitoring" durch supranationale Organisationen. Sie sind aber nicht wesentlich für die Einschätzung der Wirtschaftslage Luxemburgs. Der Grundtenor aller Kommentare ist ziemlich einheitlich: die wirtschaftliche Lage und der Ausblick sind für Luxemburg vergleichsweise gut. Das Luxemburger Statistikamt STATEC (2003, S. 18 f.) referierte in einer Aufstellung, dass sowohl nach OECD als auch nach EUROSTAT im Jahre 2001 bzw. 2002 das Bruttoinlandsprodukt (BIP) pro Einwohner in Luxemburg im internationalen Vergleich am höchsten war. Auch andere Indikatoren des internationalen Vergleichs („World Competitiveness Scoreboard", „Growth Competitiveness Index", „Index of Economic Freedom") weisen für Luxemburg Spitzenwerte aus, wie an gleicher Stelle belegt wird.

238 Gerhard Michael Ambrosi

Übersicht 3 legt im Einzelnen dar, dass nach Einschätzung der OECD die Wachstumsaussichten für die Luxemburger Wirtschaft besser sind als in dem im Vergleich zu den meisten der oben zitierten Erwartungen etwas unbefriedigendem Jahr 2004. Dabei schwanken die Wachstumskomponenten jedoch beträchtlich über den Betrachtungszeitraum. Während für 2005 die heimische Nachfrage mit fast 5% wuchs, wird sie 2006 eventuell sogar zurückgehen. Eine wichtige Rolle spielt dabei die Bekämpfung der relativ hohen Inflationsrate. Sie tendiert in Luxemburg dazu, beträchtlich über dem Durchschnitt der Euro-Länder zu liegen. Man kann Übersicht 3 entnehmen, dass damit gerechnet wird, dass nach 2006 die beiden aufgeführten Inflationsmaße (BIP-Deflator und HVPI-Harmonisierter Verbrauchspreisindikator) jedoch zurückgehen werden. Woher kommt diese Zuversicht? Sie speist sich zum Teil aus einer besonderen Einrichtung Luxemburgs, dem „Tripartiten Koordinationskommittee", einem Gremium, das Vertreter der Regierung, der Gewerkschaften und der Arbeitgeber zusammenführt. In diesem Rahmen wurde im April 2006 vereinbart, dass die bisherige Lohnindexierung in Luxemburg aufgegeben wird. Man rechnet daher mit einer sonst nicht zu erwartenden Lohnzurückhaltung ab 2007 (Finanzministerium 2006, S. 7). Wenn diese Erwartungen zutreffen, wäre also mit dem Jahr 2006 der Höhepunkt des Anstiegs des BIP-Deflators überschritten.

Allerdings ist es fraglich, ob der lokale Lohndruck allein verantwortlich ist für die überdurchschnittliche Inflationsrate in Luxemburg. Es dürften also noch andere strukturelle Besonderheiten in Luxemburgs Wirtschaft vorliegen. Auf sie geht die EU-Kommission (2003a, S. 50) mit „Länderspezifischen Empfehlungen für Luxemburg" ein. Ihren Ausführungen zufolge hat Luxemburg die „Reform des Wettbewerbsrechts vollständig umzusetzen und zu gewährleisten, dass die Wettbewerbs- und Regulierungsbehörden über ausreichende Unabhängigkeit, Mittel und Befugnisse verfügen, um ihre Aufgaben zu erfüllen" und „Maßnahmen zu ergreifen, um die Schaffung von KMU zu fördern und zu erleichtern und ihnen den Zugang zu Risikokapital zu ermöglichen". Diese Empfehlungen werden zwar nicht nur im Hinblick auf die inhomogene Preisniveauentwicklung formuliert, sondern als Empfehlung für eine diversifiziertere Wirtschaftsstruktur. Ihre Umsetzung dürfte jedoch auch bezüglich einer Senkung des länderspezifischen Inflationsunterschieds wirksam werden durch erhöhten inländischen Wettbewerbsdruck und durch Kostensenkungen im organisatorischen Bereich.

4 Längerfristige Charakteristika im Vergleich

Vergleicht man Luxemburg mit seinen Nachbarländern, so fällt immer wieder seine relativ große Wirtschaftsdynamik auf. Die Europäische Kommission hat in ihren turnusmäßigen Wirtschaftsberichten das Kapitel über Luxemburg zwei mal mit der Überschrift „Still growing faster than its neighbours" versehen (European Economy 2004, Nr. 5 und 2005, Nr. 2) und mit Übersicht 4 illustriert:

Übersicht 4:   Luxemburgs reales Wirtschaftswachstum (yoy % change – jährliche Änderungsraten) im Vergleich zum Durchschnitt der benachbarten Wirtschaften (Abkürzungen werden im Text erklärt)

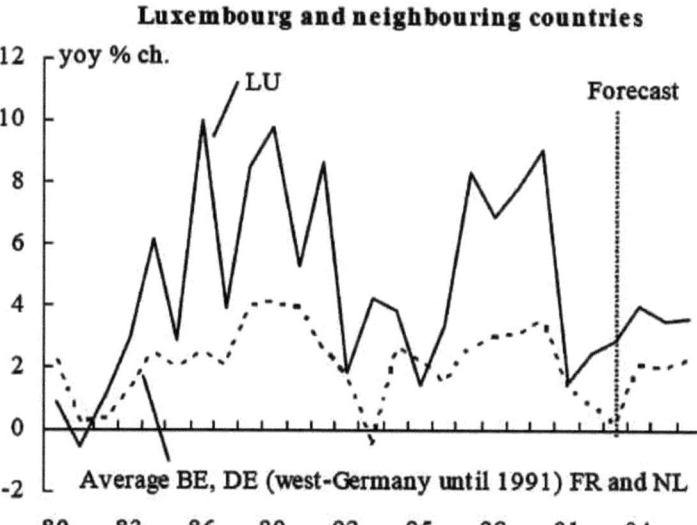

Quelle: European Economy 2004, Nr.5

Aus dieser Darstellung geht deutlich hervor, dass nicht nur aktuell, sondern auch in der Vergangenheit die Wirtschaft Luxemburgs (LU) zumeist stärker gewachsen ist als die des Durchschnitts seiner Nachbarn (Belgien BE, Deutschland DE, Frankreich FR, Niederlande NL).

Man mag gegen diese Darstellung einwenden, sie sei zu undifferenziert, da auf großflächigen Durchschnittswerten basierend. Aber gerade aus regional orientierten Vergleichen geht die relativ günstige Wirtschaftslage Luxemburgs deutlich hervor, wie Übersicht 5 zeigt. Im Jahr 2000 war das in Kaufkrafteinheiten gemessene Pro-Kopf-Einkommen in Luxemburg fast doppelt so hoch wie der EU-Durchschnitt. Dagegen lag es in den Nachbarregionen Trier und Lothringen weit unter dem EU-Durchschnitt. Selbst im Bundesland Saarland war das Einkommen mit einem relativen Wert von 97 nur halb so groß wie im benachbarten Luxemburg.

Die wirtschaftliche Spitzenstellung Luxemburgs wird nach einhelliger Kommentatorenmeinung für die absehbare Zukunft anhalten.

Übersicht 5: BIP (in KKS) pro Einwohner 2000 (EU-15 = 100)

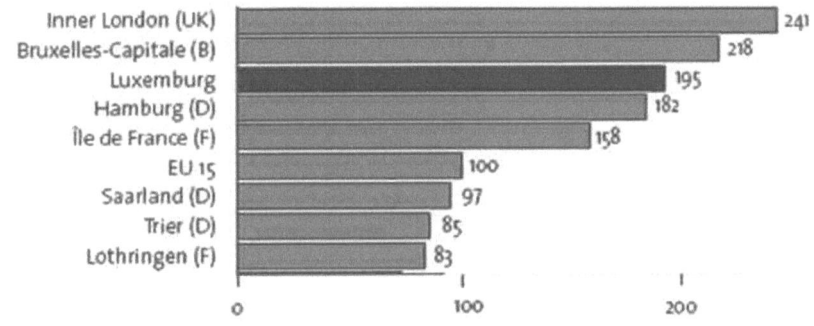

Quelle: STATEC 2003, S. 32

5   Dienstleistungen und der Wandel der Wirtschaftsstruktur

Über lange Jahrzehnte hinweg war die Industrialisierung und da insbesondere die Montanindustrie die tragende Komponente der Wirtschaftsentwicklung Luxemburgs. In dieser Hinsicht unterschied sich Luxemburg übrigens kaum von den benachbarten Regionen Frankreichs (Lothringen), Deutschlands (Saarland) und Belgiens, die ebenfalls Zentren der Montanindustrie darstellten. Seit den 1970er Jahren hat es aber in Luxemburg eine dramatische (relative) Deindustrialisierung gegeben, die dazu führte, dass der Anteil der Industrie an der sektoralen Beschäftigung so niedrig ist wie vor 130 Jahren zu Beginn der Industriellen Revolution in Westeuropa, wie aus Übersicht 6 hervorgeht.

Übersicht 6: Sektorale Beschäftigung in Luxemburg in langfristiger
Betrachtung

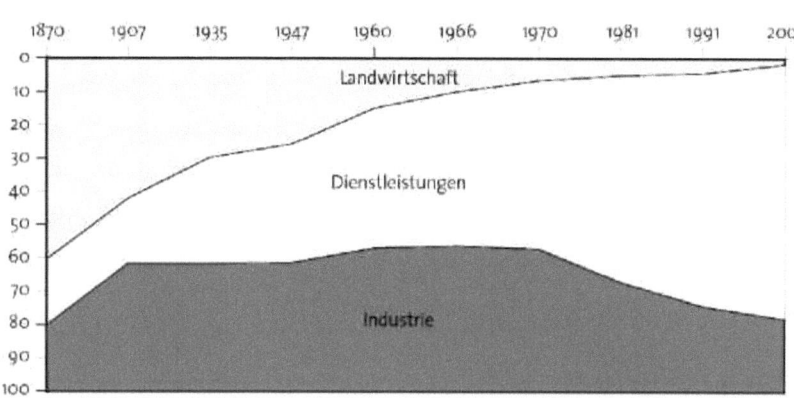

Quelle: STATEC 2003, S. 9

Diese Entwicklung ergab sich zum einen durch ein absolutes Zurückfahren des
Montanbereichs. So wurde z.b. 1981 das letzte Eisenerzbergwerk in Luxemburg
stillgelegt (STATEC 2003, S. 12). Zum anderen ergab sie sich durch eine besonders dynamische Entwicklung einer Anzahl von Dienstleistungsbereichen.

Der Anteil der einzelnen Wirtschaftszweige am Wachstum der Bruttowertschöpfung Luxemburgs in den Jahren 1985 bis 2000 wird in Übersicht 7 wiedergegeben. Daraus geht hervor, dass in diesem Betrachtungszeitraum ca. 50-60%
des Wirtschaftswachstums durch die Dienstleistungszweige „Verkehr und Nachrichtenübermittlung", „Finanzdienstleistungen" und „Grundstücks- und Woh-
nungswesen, Leasing und unternehmensbezogene Dienstleistungen" erbracht
wurden.

Der Sektor „Produzierendes Gewerbe (Industrie)" ist aber nach wie vor be-
deutsam für das Wirtschaftswachstum Luxemburgs. Er hat 1992-1996 beispielsweise 11,2% dazu beigetragen. Da der Sektor „Finanzdienstleistungen" großen
Schwankungen ausgesetzt ist, die sich aufgrund der globalen Mobilität des Kapi-
tals kaum durch gezielte wirtschaftspolitische Maßnahmen verlässlich stabilisie-
ren lassen, erscheint eine Förderung des gewerblichen Sektors durchaus empfeh-
lenswert, wie das insbesondere die EU-Kommission (2003a, S. 50) – wie oben
bereits zitiert – ausgedrückt hat.

242   Gerhard Michael Ambrosi

Übersicht 7: Anteile der Wirtschaftszweige am Wachstum der
            Bruttowertschöpfung 1985-2000
            (in % des Gesamtwachstums ≈ 100%)

	1986-1992	1992-1996	1996-2000
Landwirtschaft	1,3	0,4	0,0
Förderprodukte	0,5	-0,3	0,2
Produzierendes Gewerbe (Industrie)	9,7	11,2	6,2
Elektrizitäts-, Gas-, und Wasserversorgung	1,5	2,3	0,7
Baugewerbe	3,2	5,5	4,4
Handel	10,8	-1,0	15,8
Gastgewerbe	1,0	1,3	0,4
Verkehr und Nachrichtenübermittlung	14,4	32,9	17,5
Finanzdienstleistungen	26,5	15,6	26,1
Grundstücks- u. Wohnungswesen, Leasing, unternehmensbezogene Dienstleistungen	11,0	14,4	15,5
Dienstleistungen der öffentlichen Verwaltung	4,3	3,0	3,0
Erziehung und Unterricht	4,0	2,9	2,3
Gesundheits- und Sozialwesen	7,5	14,2	3,1
Gemeinschaftseinrichtungen, sonstige öffentliche und persönliche Dienste	-0,1	-2,3	1,1
häusliche Dienste	0,0	0,1	0,1

Quelle: STATEC 2003, S. 23

Diese Tabelle (Übersicht 7) zeigt zwar sehr deutlich die unterschiedliche dynamische Bedeutung einzelner Wirtschaftssektoren Luxemburgs. Das dadurch gewonnene Bild muss jedoch vervollständigt werden, will man nicht einem Trugschluss erliegen, der sich aus der Betrachtung der Zeile „Gemeinschaftseinrichtungen ..." ergeben könnte. Es handelt sich hierbei zu einem großen Teil um die
in Luxemburg angesiedelten Dienststellen der Europäischen Gemeinschaft(en).
Insgesamt scheint diese Position im Betrachtungszeitraum mit den Werten -0,1
bzw. -2,3 und dann +1,1 einen eher negativen Beitrag geleistet zu haben und
man könnte daher meinen, sie stellt einen unbedeutenden Bereich dar. Das Gegenteil ist jedoch der Fall, wenn wir uns der Übersicht 8 zuwenden, wo nicht
mehr die Beiträge zum Wirtschaftswachstum, sondern die prozentuale Höhe des

spezifischen Beitrags zum Wert der Bruttowertschöpfung (jeweils = 100) ausgewiesen wird.

Übersicht 8: Anteil der verschiedenen Wirtschaftszweige an der Bruttowertschöpfung (in %, insgesamt jeweils = 100)

	1970	1985	2001
Landwirtschaft	3,8	2,0	0,6
Industrie*	53,2	28,1	17,9
davon: Eisen- und Stahl	27,9	9,8	1,9
Bau	6,2	4,3	5,9
Sonstige	19,1	14,0	10,1
Dienstleistungen	43,0	69,9	81,5
davon: Finanzen	4,6	21,6	24,9
Handel und Reparatur	10,7	12,2	9,5
Verkehr und Nachrichtenübermittlung	4,9	6,0	10,8
Sonstige	22,8	30,1	36,3

* Industrie einschließlich Energie und Bau
Quelle: STATEC 2003, S. 15

Wir entnehmen Übersicht 8 noch einmal die gewaltigen Umstrukturierungen, die die Luxemburger Wirtschaft in den letzten dreieinhalb Jahrzehnten durchlaufen hat: Der Industriesektor schrumpfte relativ, und zwar von einem Anteil von 53,2% auf einen Anteil von 17,9%, während die Dienstleistungen im Betrachtungszeitraum auf einen Anteil von 81,5% stiegen. Zweifellos haben Finanzdienstleistungen mit einem Wertschöpfungsbeitrag von 24,9% im Jahre 2001 einen beträchtlichen Anteil an dieser Entwicklung. Einen weit größeren Beitrag stellen da aber die „sonstigen" Dienstleistungen mit 36,3% dar. Hier sind nun die Beiträge der Gemeinschaftsdienststellen enthalten. Diese Position ist von 22,8% im Jahre 1970 um 59,2% angestiegen.

Die aktuellen EU-Erweiterungen von 15 auf 27 Mitglieder wird dazu führen, dass die Gemeinschaftsdienste beträchtlich ausgeweitet werden müssen, so dass damit zu rechnen ist, dass das Gewicht der sonstigen Dienste tendenziell vorerst weiter ansteigen wird – es sei denn, es komme zu einer beträchtlichen Auslagerung von Gemeinschaftsdiensten, wofür es aber aktuell keine Anzeichen gibt. Ganz im Gegenteil, wie in einem Zeitungsbericht nach der 2004er Erweiterungsrunde bemerkt wurde (Linz 2005):

„Wie keine zweite Stadt des Westens des Kontinents profitiert Luxemburg von der EU-Osterweiterung. „Allein der Europäische Gerichtshof benötigt tausend zusätzliche Dolmetscher", rechtfertigt [Plateau de Kirchberg – Architektin] Marianne Brausch die Dimension der [aktuellen Neubau-] Projekte."

Ganz ähnlicher Erweiterungsbedarf ergibt sich für den Europäischen Rechnungshof, für die Verwaltung des EU-Parlamentes, für das Amt für Amtliche Veröffentlichungen, für EUROSTAT, zudem zu einem gewissen Grad aber auch für die Europäische Investitionsbank und für eine Anzahl von weiteren Dienststellen mit jeweils zusätzlichen Beamten, Dolmetschern, Hilfskräften, deren Zuwachs sich eben aus der Erweiterung der EU von 15 auf aktuell 27 Mitgliedsstaaten ergibt. Für eine Wirtschaft von 450.000 Einwohnern ist dies natürlich eine segensreiche finanzkräftige Mehrnachfrage, die ganz sicher nicht als negativer Wachstumsfaktor auftreten wird. Ganz im Gegenteil wird Luxemburg unabhängig von der eigenen Wirtschaftspolitik in dieser Hinsicht einen beträchtlichen Wachstumsschub erfahren.[1]

Im Vergleich zu dem eben besprochenen Dienstleistungssektor und Immobiliennachfrager „EU-Verwaltung", der in den zitierten STATEC-Aufstellungen relativ wenig Beleuchtung erfährt und unter „anderen Dienstleistungen" zum Teil fast inkognito firmiert, findet der Finanzdienstleistungssektor in luxemburgischen und auswärtigen Kommentaren mehr explizite Beachtung. Sein Wachstum ist zweifellos das Produkt bewusster strukturpolitischer Bemühungen der Luxemburger Regierungen. Diese schlugen sich darin nieder, dass besonders günstige juristische (Bankgeheimnis) und fiskalische Konditionen geboten wurden. Es sind insbesondere ausländische Finanzinstitute, die von den geschaffenen Möglichkeiten Gebrauch machten. Bundrock (2004, S. 7) zitiert aus dem Jahresbericht 2003 der Commerzbank die Einschätzung:

„Ein stabiles politisches Umfeld, die zentrale Lage mitten im Herzen Europas verbunden mit einer breiten Palette an Dienstleistungen und einer in vielen Jahren gewachsenen Infrastruktur machen die Bedeutung des Finanzplatzes Luxemburg aus. Weitere Pluspunkte sind die durch das Bankgeheimnis gewährte Diskretion und Vertraulichkeit sowie ein wettbewerbsfähiger Steuerrahmen."

Die relative Gewichtung der Bedeutung dieser Standortfaktoren kann hier nicht ausführlich untersucht werden. Es ist aber bemerkenswert, dass kürzlich die Deutsche Bank Luxemburg konstatierte: „Besonders der Finanzsektor ist noch mehr gefordert, innovative Produkte und Dienstleistungen anzubieten und sich so einen Wettbewerbsvorteil zu sichern." (Bundrock, 2004, S. 6) Man ist geneigt daraus zu schließen, dass zumindest für diese Bank das bestehende Angebot an

---

[1] Der beschriebene „Erweiterungsboom" könnte nahe legen, die Forderung nach höheren Nettozahlungen Luxemburgs neu zu erheben. Siehe in diesem Sinne z.B. Mattila (2004).

innovativen Produkten nicht der entscheidende Standortvorteil des Finanzplatzes Luxemburg war.

Es ist jedenfalls ein wiederkehrendes Motiv in der Diskussion um den Finanzplatz Luxemburg, dass die rechtlichen und steuerlichen Harmonisierungen in der EU seine Bedeutung reduzieren könnten.[2] Die immer wieder virulenten Befürchtungen dieser Art haben sich aber bislang nicht bewahrheitet. Es ist vielmehr die Unzuverlässigkeit des globalen Finanzmarktes selber – also nicht so sehr innereuropäische Entwicklungen –, die zuweilen für beträchtliche konjunkturelle Ausschläge im Finanzbereich Luxemburgs sorgen. Übersicht 9 zeigt, dass dessen Beitrag zum Wachstum der Bruttowertschöpfung Luxemburgs zwischen 1995 und 2001 zwischen ca. +14% und ca. -3% schwankte und dabei bei weitem die größte Schwankungsbreite auswies. Im Sinne einer Stabilisierung der konjunkturellen Ausschläge wird es also eine wichtige Aufgabe sein, einerseits die Wirtschaftsstruktur Luxemburgs dahingehend zu diversifizieren, dass konjunkturelle Ausschläge dieser Art das Gesamtergebnis nicht nennenswert beeinflussen können. Andererseits wird man vermeiden wollen, dass aus dem Land selber Zweifel an der Stabilität des Wirtschafts- und Finanzsystems aufkommen. Letzteres Problem ist allerdings nicht sehr aktuell, da in der Zwischenzeit die Finanzdienstleistungen in Luxemburg wieder kräftig gewachsen sind und eine wichtige Komponente im Dienstleistungsexport darstellen. Einige der diesbezüglichen Maßnahmen sollen im folgenden Abschnitt näher betrachtet werden.

---

[2] Siehe hierzu beispielsweise die Diskussion um die Richtlinie (2003). Zur Diskussion um diese Richtlinie selber siehe Rehm (2003).

Übersicht 9: Jährliche Veränderungen der realen Bruttowertschöpfung nach
Wirtschaftssektoren (in %) nach STATEC 2003, S. 26

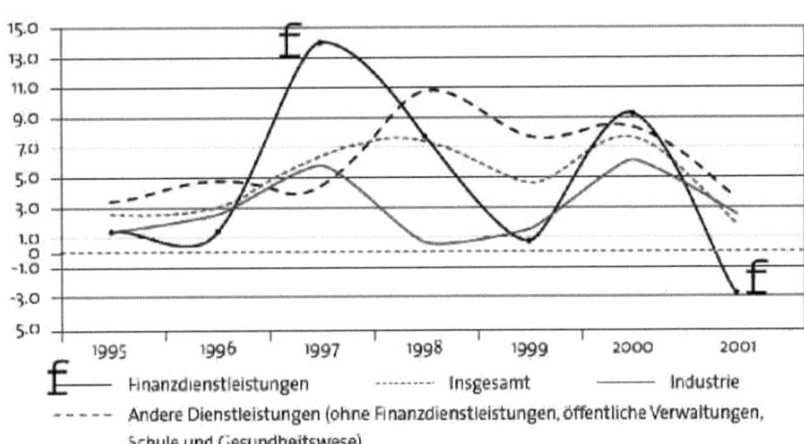

6   Wirtschaftspolitische Herausforderungen

In Abschnitt 2 ist darauf hingewiesen worden, dass im Zuge der „offenen Koordinierung" der EU zum Teil sehr detaillierte Erwartungen an die Luxemburger
Wirtschaftspolitik gestellt werden. Sie fallen unter zwei große Kategorien:

▪   Stärkung der EU-Wirtschaft
▪   Euro-Raum spezifische Herausforderungen.

Die drei Zielbereiche der Wirtschaftspolitik, die in Abschnitt 2 bereits genannt
wurden, fallen in den ersten Bereich, während zum zweiten Bereich vor allem
fiskalpolitische Flankierungen der Geldpolitik und Beseitigung von Inflationsra-
tendifferenzen im Euro-Raum fallen. In diesem großen Rahmen hat nun die Europäische Kommission Luxemburg zwei Aktionsgebiete besonders angeraten,
nämlich a) eine Reform des Wettbewerbsrechts und b) bessere Rahmenbedingungen für die KMU. In beiden Problembereichen hat Luxemburg nach Meinung
der Europäischen Kommission (ECOFIN 2004, S. 62) bislang versagt: „Overall,
Luxembourg does not yet seem to be addressing sufficiently both identified policy challenges."
    Die EU-Kommission hat verschiedentlich ihr Missbehagen ausgedrückt be-
züglich einer mangelhaften luxemburgischen Umsetzung ihrer Empfehlungen.

So erklärte sie beispielsweise ein Jahr zuvor in noch deutlicheren Worten (EU-Kommission 2003b):

> „Luxemburg gehört zu der Gruppe von Mitgliedstaaten, die die länderspezifischen Teile der Grundzüge der Wirtschaftspolitik alles in allem am schlechtesten umgesetzt haben. Bei der Umsetzung der Empfehlungen zu den öffentlichen Finanzen sind gewisse Fortschritte zu verzeichnen.
> Luxemburg hat bei der Umsetzung der Empfehlungen zu den Produktmärkten, der unternehmerischen Initiative und der wissensbasierten Wirtschaft kaum Fortschritte erzielt. Bei der Reform des Wettbewerbsrechts und der Überarbeitung der Rechtsvorschriften für das öffentliche Beschaffungswesen sind keine entscheidenden Fortschritte zu verzeichnen. Es wurden einige Maßnahmen ergriffen, um den nach wie vor relativ hohen bürokratischen Aufwand für Unternehmen zu verringern und um Behördendienste online anzubieten. Keinerlei Fortschritte wurden hingegen beim Abbau der Zahl der nichtumgesetzten Binnenmarktrichtlinien erzielt."

Insgesamt scheint man es hier also mit einer vernichtend klingenden Kritik zu tun zu haben, die so gar nicht zu passen scheint zu den positiven Befunden, die oben wiedergegeben wurden. Die EU-Kommission spricht diesen Widerspruch an, wenn sie erläutert (ECOFIN 2004, S. 59):

> „... a Member State can be performing relatively well compared with other Member States, but nevertheless has not implemented or planned measures to tackle the policy challenges and the countryspecific recommendations."

Natürlich ist es ein ordnungspolitisches Ärgernis, wenn gerade das am besten situierte EU-Mitglied keinerlei Fortschritte bei der Verwirklichung einiger Aspekte des Binnenmarktes erzielt, wie aus dem zuvor wiedergegebenen Zitat hervorgeht. Dennoch fragt es sich, wie sinnvoll das hier gewählte Mittel der Kommission ist, durch Anprangern nationale Verhaltensmuster beeinflussen zu wollen. Wenn konsequenzlose Kritik zum Dauerthema der Evaluation wird, dann kann man damit rechnen, dass der aufwendige Prozess der Offenen Koordinierung zu einer richtungslosen Selbstbeschäftigung der EU-Organe wird. In der Tat kann man bereits Anzeichen für eine selbstkritische Reflexion der Kommission erkennen, die mit dem Sapir-Bericht (Sapir u.a. 2003) die prinzipielle Frage nach der Wirksamkeit der bisher praktizierten Offenen Koordinierung vorsichtig zur Diskussion stellte.

Man kann die soeben referierte Kritik der Kommission zum Anlass nehmen für eine Evaluation ihrer selber im Vergleich zu anderen Beobachtern der Luxemburger Wirtschaftspolitik, ein Ansatz, den man zumindest andeutungsweise bei Fahrholz and Mohl (2003) findet.

248   Gerhard Michael Ambrosi

Übersicht 10: Der regionale Arbeitsmarkt in Luxemburg, 2005

	(In Tausend)	(In Prozent [1])
Einheimische Arbeiterschaft	210.9	100.0
Beschäftigte Einwohner	201.9	95.8
Arbeitslose Einwohner	8.9	4.2
Pendelnde Arbeiter (netto)	109.4	51.9
Arbeitslosigkeit in der Großregion [2]	650.0	308.3

Quellen: STATEC und IMF Staff Berechnungen. Zitiert nach IMF 2006
[1] der einheimischen Arbeiterschaft
[2] Lothringen (Frankreich); Saarland und Rheinland-Pfalz (Deutschland); Wallonien und die Französisch und Deutsch sprechenden Gemeinden Belgiens; Großherzogtum Luxemburg

Auf eine große Herausforderung hat kürzlich der Weltwährungsfonds (IMF 2006) hingewiesen. Sie ergibt sich aus der Struktur des regionalen Arbeitsmarktes, die in Übersicht 10 wiedergegeben wird: einer regionalen Arbeiterschaft von ca. 211 000 Personen steht eine regionale Arbeitslosigkeit von 650 000 Personen gegenüber, betrachtet man die grenzüberschreitende Großregion. Zwar ist die lokale Arbeitslosenquote von 4,2% relativ niedrig im Vergleich zu den Nachbarländern. Sie wird tendenziell steigen (siehe Übersicht 3, oben). Bei einem Arbeitsangebot von Arbeitslosen der Großregion, das mehr als dreimal so groß ist wie die lokale Beschäftigung, erfordert dies ein vorausschauendes Qualifizierungsangebot für die lokalen Einwohner. Tatsächlich sind die Rahmenbedingungen für Weiterqualifikation recht ungünstig: hohe Mindestlöhne und Sozialleistungen, die weit über dem EU-Durchschnitt liegen, sind sicher nicht anreizkompatibel für eine intensive Bemühung um Partizipation am lokalen Arbeitsmarkt.

7 Die Nachhaltigkeit der Staatsfinanzen

In einer Mitteilung über die öffentlichen Finanzen in der Wirtschafts- und Währungsunion (WWU) stellte die EU-Kommission (EU-Kommission 2004, S. 6) fest:

„Im Jahr 2004 wurde bei der alljährlichen haushaltspolitischen Überwachung zum dritten Mal auch die langfristige Tragfähigkeit der öffentlichen Finanzen auf der Grundlage der aktualisierten Stabilitäts- und Konvergenzprogramme bewertet. ... Die Analyse führte alles in allem zu dem Ergebnis, dass die langfristige Tragfähigkeit in neun Ländern immer noch gefährdet ist... Sechs Länder schließlich (Irland, Dänemark, Finnland, Österreich, Luxemburg und Schweden) scheinen auf Basis der gegenwärtigen Politik vergleichsweise gut in der Lage, die mit einer alternden Gesellschaft verbundenen Kosten zu bewältigen."

Dem widersprechen andere Kommentatoren. In seiner letzten Studie über Luxemburg stellt der Weltwährungsfonds (IMF 2006 S. 13 ff.) fest, dass die Nachhaltigkeit der Staatsfinanzen Luxemburgs durchaus nicht gewährleistet sei. Die zunehmende Alterung der Bevölkerung wird auch in diesem Land die Pensionskassen zunehmend belasten. Gleichzeitig sind die Sozialausgaben in Luxemburg weit über dem EU-Durchschnitt. Dies betrifft nicht nur die Ausgabenseite des Sozialsystems. Auch die Einnahmenseite leidet darunter, da damit zuweilen der Anreiz zu sozialversicherungspflichtiger Tätigkeit reduziert wird. Dies mag bei hohem Wirtschaftswachstum angehen. Aber die Prognose, dass über die relevante Zukunft hinweg mit einem Sozialproduktswachstum von ca. 5% gerechnet werden kann wie in den früheren Jahren, ist unrealistisch.

In seinem letzten Stabilitätsbericht widersprach des Finanzministerium Luxemburgs solchem Skeptizismus u.a. mit den Daten der Übersicht 11.

Übersicht 11: Zyklische Entwicklung der Staatsfinanzen Luxemburgs

in % des BIP	2005	2006	2007	2008	2009
Reales Wirtschaftswachstum	4,0	5,5	4,0	5,0	4,0
Nettostaatsverschuldung	-1,0	-1,5	-0,9	-0,4	0,1
Zinsausgaben	0,2	0,1	0,1	0,2	0,2
Wachstum des BIP-Potentials	4,1	4,2	4,5	4,8	5,2
Outputlücke	-1,6	-0,4	-0,8	-0,6	-1,7
Zyklische Budgetkomponenten	-0,8	-0,2	-0,4	-0,3	-0,8
Zyklisch angepasstes Budgetsaldo	-0,2	-1,3	-0,5	-0,1	0,9
Zyklisch angepasstes Primärsaldo	0,0	-1,2	-0,4	0,1	1,1

Quelle: Finanzministerium 2006, Tabelle 5, S. 30

Demnach kann man ab 2009 wieder mit einem Budgetüberschuss rechnen. Man wird wohl zustimmen können, dass in diesem Jahrzehnt noch keine gravierenden Budgetprobleme auf Luxemburg zukommen. Die weitere Entwicklung der Staatsfinanzen wird natürlich zu einem großen Teil vom Wirtschaftswachstum und von dem damit verbundenen Steueraufkommen zusammenhängen. Ganz sicher wird es den besonderen Wachstumsimpuls lange nicht wieder geben, den die aktuelle EU-Erweiterung für Luxemburgs Wirtschaft bedeutete. Wie sich der typischerweise stark fluktuierende Finanzdienstleistungssektor entwickeln wird, ist ungewiss. Natürlich hängen die Staatsfinanzen auch von dem Anspruchsniveau der Bevölkerung ab. Das Finanzministerium ist zuversichtlich, dass es auf der Basis des Tripartiten Abkommens vom April 2006 eine tragfähige Lösung bezüglich Mindestlohnanpassung und Lohnanspruch gefunden hat. Auf jeden Fall ist Luxemburg mit einer Staatsschuldenquote von weniger als 10% im EU-Vergleich in einer beneidenswerten Ausgangsposition, wie auch immer sich die Staatsfinanzen entwickeln werden. Dramatische Umbrüche wird es auf diesem Gebiet in Luxemburg nicht geben, abgesehen von der Tatsache, dass man sich in Luxemburg damit anfreunden muss, dass die nächsten Jahre Budgetdefizite von moderater Höhe erwarten lassen.

8   Schlussbemerkungen

Luxemburg bietet das Paradebeispiel eines Landes, das den Strukturwandel von der industriellen zur postindustriellen Wirtschaft vollzogen hat. Während früher Stahlerzeugung und Landwirtschaft die tragenden Säulen des Erwerbslebens waren, sind es heute Dienstleistungen, und zwar einerseits in Verbindung mit den in Luxemburg angesiedelten Gemeinschaftseinrichtungen, andererseits im Bereich der Finanzdienstleistungen. Das weit über EU-Durchschnitt liegende Einkommensniveau der Luxemburger Bevölkerung weist den Erfolg dieser Umstrukturierung aus. Sie ist aber nicht ohne Gefahren. Die EU-Erweiterung hat vorerst Luxemburg eine drastische Erweiterung ihrer Funktionen als eine der drei Funktionshauptstädte der EU bzw. EG beschert. Die Organe und Institutionen der Gemeinschaft müssen nun fast die doppelte Anzahl von Mitgliedsländern betreuen als noch Anfang 2004. Es ist denkbar, dass in einer Gemeinschaft, die nun an das Schwarze Meer reicht, eine so starke Konzentration der gemeinschaftlichen Funktionen, wie wir sie derzeit in Luxemburg haben, zur Diskussion gestellt werden wird. Die andere Säule des Dienstleistungssektors, die in Luxemburg floriert, nämlich die Bankdienstleistungen, haben sich in der Vergangenheit als stark schwankend in ihrem Beitrag zum Sozialprodukt Luxemburgs erwiesen. Die damit einhergehenden zyklischen Unheilsprognosen auf diesem Gebiet haben sich aber als ungerechtfertigt erwiesen. Dennoch muss man gewärtig sein, dass Finanzkrisen nicht ausgeschlossen sind und einen der sehr wichtigen Teile des heutigen Wirtschaftslebens Luxemburgs potentiell schwer treffen könnten. Vorerst wird man aber die Betrachtung von Luxemburgs Wirtschafts- und Finanzpolitik abschließen können mit Zustimmung für E.F. Schumachers oft zitiertem Motto: „Small is beautiful".

Literatur

BCL, (Hrsg.) (2004): Editorial, Nr. 2004-4 of Bulletin. Banque Centrale de Luxembourg, Luxembourg.

Bundrock, J.-P. (2004): Auswertung der Jahresabschlüsse 2003 der deutschen Eurobanken in Luxemburg. PriceWaterhouseCoopers, Luxemburg.

ECOFIN, Hg (2004): Report on the implementation of the 2003-05 broad economic policy guidelines (presented in accordance with Article 99(3) of the EC Treaty), Nr 2004-1 von European Economy. Europäische Kommission, Directorate-General for Economic and Financial Affairs, Brüssel.

EGV (2002): Vertrag zur Gründung der europäischen Gemeinschaft. In T. Läufer (Hrsg.), Vertrag von Nizza, S. 53-219. Bundeszentrale für politische Bildung, Bonn, 7. Februar 1992 in der Fassung vom 26. Februar 2001.

EU-Kommission (Hrsg.) (2003a): Empfehlung der Kommission für die Grundzüge der Wirtschaftspolitik der Mitgliedstaaten und der Gemeinschaft (im Zeitraum 2003-2005), Nr. KOM (2003) 170 endgültig der Reihe Dokumente. Kommission der Europäischen Gemeinschaften, Brüssel.

EU-Kommission (Hrsg.) (2003b): Mitteilung der Kommission über die Umsetzung der Grundzüge der Wirtschaftspolitik 2002 (vorgelegt nach Artikel 99 Absatz 3 des EG Vertrages), Nr. KOM (2003) 4 endgültig der Reihe Dokumente. Kommission der Europäischen Gemeinschaften, Brüssel.

EU-Kommission (Hrsg.) (2004a): Öffentliche Finanzen in der WWU – 2004, Nr. KOM (2004) 425 endgültig der Reihe Mitteilung der Kommission an den Rat und das Europäische Parlament. Kommission der Europäischen Gemeinschaften, Brüssel.

EU-Kommission (2004b): „Economic Forecasts Autumn 2004", European Economy, Nr.5.

EU-Kommission, (2005): „Economic Forecasts Spring 2005", European Economy, Nr.2.

Fahrholz, C./Mohl, P. (2003): Fiscal and Monetary Policy in Belgium, France, Germany, Luxembourg, and The Netherlands, Nr. 17C der Reihe Econplus Working Paper. Berlin Free University Jean Monnet Centre of Excellence, Berlin, Ihnestr. 22.

Finanzministerium (2006): 8th Update of the Luxembourg Stability and Growth Programme 2006-2009. Le Gouvernement du Grand Duché de Luxembourg, Luxembourg.

IMF (Hrsg.) (2004): World Economie Outlook September 2004, Nr. Sept 2004 der Reihe World Economie Outlook: A Survey by the Staff of the International Monetary Fund. IMF, Washington D.C.

IMF (Hrsg.) (2006): IMF Country Report Luxembourg: Selected Issues, Nr. 06/165 IMF, Washington D.C. (Article IV Consultation with Luxembourg)

Linz, H.-P. (2005): Klotzen auf dem Kirchberg. In: Trierischer Volksfreund, 15.-16. Januar, S. 33.

Mattila, M. (2004): Fiscal Redistribution in the European Union and the Enlargement. International Journal of Organization Theory and Behavior, 7(4). Erscheinen angekündigt.

OECD (Hrsg.) (2004): Lageeinschätzung und künftige Aussichten, Nr. 76 der Reihe OECD Wirtschaftsausblick. OECD, Paris, vorläufige Ausgabe.

OECD (Hrsg.) (2004): Lageeinschätzung und künftige Aussichten, Nr. 80 der Reihe
OECD Wirtschaftsausblick. OECD, Paris, vorläufige Ausgabe.

Rehm, H. (2003): Die Zinsbesteuerung in der Europäischen Union, Nr. 281 der Reihe
Diskussionspapier. Norddeutsche Landesbank, Friedrichswall 10, D-30159, Hanno-
ver.

Richtlinie (2003): Richtlinie 2003/48/EG des Rates vom 3. Juni 2003 im Bereich der
Besteuerung von Zinserträgen. Amtsblatt, Nr. L 157 vom 26/06/2003:38-48.

Sapir, A./Aghion, P./Bertola, G./Hellwig, M./Pisani-Ferry, J./Rosati, D./Vinals, J./Wal-
lace, H. (2003): An Agenda for a Growing Europe – Making the EU Economic System Deliver. European Commission, Brüssel. Report of an Independent High-Level
Study Group established on the initiative of the President of the European Commission.

Schmid, G./Kull, S. (2004): Die Europäische Beschäftigungsstrategie -Anmerkungen zur
‚Methode der Offenen Koordinierung'. Wissenschaftszentrum Berlin für Sozialforschung (WZB) Forschungsschwerpunkt: Arbeit, Sozialstruktur und Sozialstaat Abteilung: Arbeitsmarktpolitik und Beschäftigung, Berlin, Internetdokument: http://
skylla.wz-berlin. de/pdf/2004/i04-103.pdf.

STATEC (Hrsg.) (2003): Wirtschafts- und Gesellschaftsporträt Luxemburgs, Luxembourg.

Arbeitsmarktpolitik

Paul Zahlen

1 Einleitung

Wie andere Bereiche der Luxemburger Politik ist die Arbeits- und Beschäftigungspolitik von der Kleinstaatlichkeit des Landes mitbestimmt. Der Luxemburger Arbeitsmarkt konnte früher und kann auch heute nicht die für das Wirtschaftswachstum benötigten Arbeitskräfte liefern. Die Wirtschaft musste – und konnte – auf ein ausländisches Arbeitskräftereservoir zurückgreifen. Luxemburg ist in den regionalen und internationalen Arbeitsmarkt eingebettet. Die folgenden Ausführungen sollten in diesem Licht gesehen werden. Es ergibt sich vor allem aus dieser Besonderheit dass, trotz einiger wissenschaftlicher Arbeiten über Einwanderer und Grenzgänger (Fehlen 1995), verschiedene Aspekte nur unvollständig dargestellt werden können. So beruhen auch viele Statistiken, welche Aufschluss über die Struktur des Arbeitsmarktes und der Arbeitslosigkeit geben, auf der von EUROSTAT koordinierten Arbeitskräfteerhebung, welche aber nur die Wohnbevölkerung betrifft. Grenzgänger sind ausgenommen und tauchen nicht in diesen Statistiken auf.

Nachstehend ist zunächst auf das außergewöhnliche Wirtschafts- und Beschäftigungswachstum der letzten Jahre sowie auf die sich daraus ergebende Arbeitsmarktstruktur einzugehen. Die Besonderheiten der Luxemburger Arbeitsverhältnisse werden in einem zweiten Punkt behandelt. Aktuelle beschäftigungspolitische Fragen, wie Arbeitslosigkeit, atypische Arbeitsverhältnisse und Beschäftigungsquoten sind Thema des letzten Kapitels.

2 Außergewöhnliches Wirtschafts- und Beschäftigungswachstum

2.1 *Beschäftigungsintensität, Arbeitsproduktivität und Dominanz der Dienstleistungen*

Die konjunkturelle Wende im Jahre 2001 – das Wachstum des Bruttoinlandsproduktes (BIP) fiel von über 8% im Jahr 2000 auf 2,5% 2001 – sollte nicht darüber hinwegtäuschen, dass das durchschnittliche Wachstum der Luxemburger Wirtschaft in den Jahren 1985-2006 bei weitem das der anderen westeuropäischen

Staaten (mit Ausnahme von Irland) übertraf. Es lag bei über 5% jährlich gegenüber 2,2% in der EU-15 (siehe Übersicht 1). Dass das Wirtschaftswachstum das Beschäftigungswachstum positiv beeinflusst, bedarf keines Kommentars. Die Beschäftigungsintensität des Wachstums in Luxemburg fällt aber auf. Der jährliche Zuwachs der Beschäftigung lag bei über 3,5% in Luxemburg gegenüber etwa 1% durchschnittlich in den Ländern der EU-15. Die Gesamtzahl der Beschäftigten in der Luxemburger Wirtschaft stieg von 161.000 im Jahr 1985 (davon 147.200 Lohnabhängige) auf 293.500 (davon 273.600 Lohnabhängige) im Jahr 2003. Im Juli 2004 erreichte die Zahl der Beschäftigten 301.569.

Die Beziehungen zwischen Arbeitsproduktivität und Beschäftigung sind komplexer als jene von BIP-Wachstum und Beschäftigung. Die in Übersicht 2 benutzten Daten lassen auch keinen Schluss auf die Stundenproduktivität zu, welche sich in Europa (gegenüber den USA) nicht so negativ entwickelt hat, wenn man von den letzten Jahren des Zeitraums absieht. Diese Entwicklung ist im Zusammenhang mit der Reduzierung der Jahresarbeitszeit und der Entwicklung der Teilzeitarbeit in Europa zu sehen. In den Niederlanden zum Beispiel belief sich die Teilzeitbeschäftigung 2002 auf etwa 44% der Gesamtbeschäftigung. Im selben Jahr arbeiteten in Luxemburg nur etwa 11% der Beschäftigten auf Teilzeitbasis.

Nichtsdestotrotz scheint eine hohe Beschäftigungsintensität generell und auf lange Sicht mit einem geringeren Wachstum der Arbeitsproduktivität pro Beschäftigten einher zu gehen. Aber auch in dieser Hinsicht nehmen vor allem Irland, aber auch Luxemburg eine Sonderstellung ein. Trotz der sehr hohen Beschäftigungsintensität lag der durchschnittliche jährliche Zuwachs der Arbeitsproduktivität (BIP/Beschäftigte) für die Jahre 1985-2003 bei 1,9% in Luxemburg, aber nur bei etwas über 1,5% in der EU-15. Dies ist umso erstaunlicher, weil die Verlagerung der Beschäftigung nicht in Richtung von hochproduktiven Sektoren geht, sondern vor allem in Richtung von unternehmensbezogenen Dienstleistungen und EDV-Dienstleistungen, d.h. Wirtschaftszweige deren Produktivitätsniveaus und -zuwächse relativ gering, teilweise sogar negativ sind (STATEC 2003a, S. 124-128). Die Erklärung der trotzdem relativ hohen Produktivitätssteigerung in Luxemburg liegt in der Schaffung und Entwicklung einiger hochproduktiver Wirtschaftszweige, wie zum Beispiel die Transport- und Kommunikationsbranche, oder auch im Gebiet der finanziellen Dienstleistungen die Versicherungsbranche.[1] Wirtschaftszweige mit sehr hohem Produktivätszuwachs

---

[1] Zur Frage des Beschäftigungs- und Produktivitätszuwachses findet man interessante Erläuterungen im Kapitel 2 „Beschäftigungs-Spezialisierung und Produktivitätszuwachs" des Beschäftigungsberichts 2003 der Europäischen Kommission (Europäische Kommission 2003) sowie in einem „Occasional Paper" der Europäischen Zentralbank von 2004 (Europäische Zentralbank 2004).

(mit relativ niedrigem Beschäftigungszuwachs oder Beschäftigungsrückgang) koexistieren mit Zweigen mit sehr hohem Beschäftigungszuwachs (und niedrigem oder negativem Produktivitätszuwachs).

Übersicht 1: Wirtschafts- und Beschäftigungswachstum 1985-2003

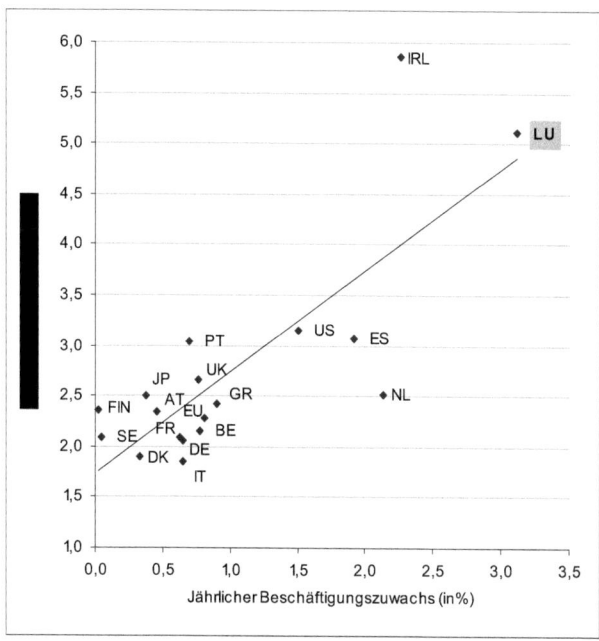

Quelle: Europäische Kommission (AMECO)

Übersicht 2: Produktivitäts- und Beschäftigungswachstum

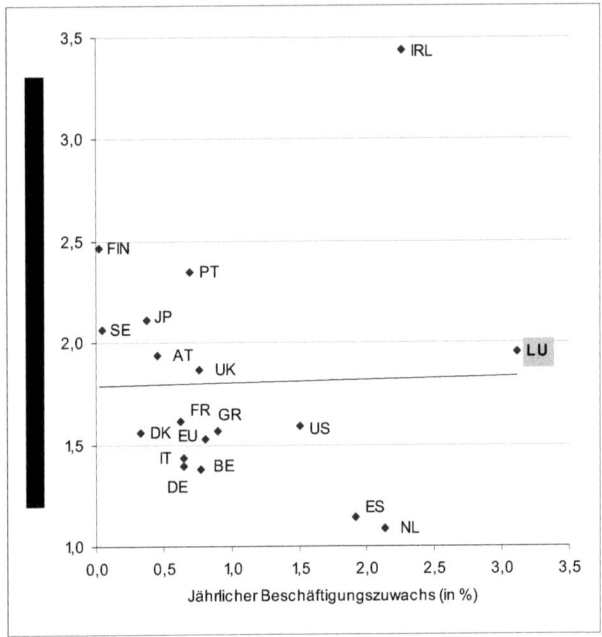

Quelle: Europäische Kommission (AMECO)

Zu den Sektoren mit sehr hohem Produktivitätszuwachs muss die Industrie im Allgemeinen gezählt werden: die jährliche Produktivitätswachstumsrate lag zwischen 1985 und 2003 bei über 4%. In der EU lag das jährliche Produktivitätswachstum in der Industrie in derselben Zeit nur bei etwa 2,5%. In diesem Sektor soll besonders die Stahlindustrie erwähnt werden, welche durch hohe Investitionen und Personalabbau (von 25.000 Beschäftigten 1985 auf etwa 5.000 im Jahr 2004) einen jährlichen Produktivitätszuwachs von über 8 Prozent erreichte. In konstanten Preisen von 1995 stieg die Bruttowertschöpfung der Textilindustrie von 29,2 Millionen Euro auf 193,8 Millionen Euro, wohingegen die Beschäftigung in diesem Sektor konstant bei etwas unter 1000 Beschäftigten lag. Die sichtbare Arbeitsproduktivität (Bruttowertschöpfung zu laufenden Preisen/ Beschäftigung) im Textilgewerbe lag 2001 bei 126.200 € in Luxemburg gegenüber 45.200 € in Belgien, 38.700 € in Deutschland und 35.000 € in Frankreich.

Übersicht 3: Beschäftigung nach Wirtschaftssektoren

	Personen (in 1 000)		Wachstum (1985 = 100)	
	1985	**2003**	**1985**	**2003**
Landwirtschaft	**6.8**	**3.9**	**100**	**57**
Industrie, einschliesslich Energie	**38.2**	**34.6**	**100**	**91**
Baugewerbe	**14.2**	**28.5**	**100**	**201**
Handel, Reparatur von Kfz und Gebrauchsgütern, Gastgewerbe, Transport und Nachrichtenübermittlung	**46.9**	**79.3**	**100**	**169**
Handelsleistungen, Reparatur von Kfz und Gebrauchsgütern	*27.0*	*41.2*	*100*	*153*
Gastgewerbe	*8.7*	*13.6*	*100*	*156*
Transport und Nachrichtenübermittlung	*11.2*	*24.5*	*100*	*219*
Finanzdienstleistungen, Immobilien-, Vermietungs- und unternehmensbezogene Dienstleistungen	**19.9**	**81.7**	**100**	**411**
Finanzdienstleistungen	*11.2*	*33.3*	*100*	*297*
Immobiliendienstleistungen	*0.9*	*2.8*	*100*	*311*
Vermietungsdienstleistungen	*0.3*	*0.9*	*100*	*300*
EDV-Dienstleistungen	*0.3*	*4.9*	*100*	*1633*
Unternehmensbezogene Dienstleistungen	*7.2*	*39.8*	*100*	*553*
Sonstige Dienstleistungen	**35.0**	**65.6**	**100**	**187**
Öffentliche Verwaltung	*11.0*	*15.3*	*100*	*139*
Bildung und Unterricht	*7.6*	*12.8*	*100*	*168*
Gesundheits- und Sozialwesen	*7.3*	*19.2*	*100*	*263*
Gemeinschaftseinrichtungen + a. öffentliche und persönliche Dienstleistungen	*5.0*	*11.2*	*100*	*224*
Häusliche Dienste	*4.1*	*7.1*	*100*	*173*
Gesamtbeschäftigung	**161.1**	**293.5**	**100**	**182**

Quelle: STATEC (Volkswirtschaftliche Gesamtrechnungen) N.B.: Beschäftigte = Selbständige + Lohnabhängige

Paul Zahlen

Auch wenn in Luxemburg der durchschnittliche Produktivitätszuwachs im Dienstleistungssektor um die Hälfte geringer war als in der Industrie gibt es dennoch einige Dienstleistungsbranchen mit sehr hohen Zuwächsen. Im „Großhandel" wuchs die Arbeitsproduktivität um etwa 5% durchschnittlich pro Jahr von 1985 bis 2003. Das Produktivitätsniveau lag 2001 bei 74.400 € pro Beschäftigten, zu vergleichen mit 63.100 € in Belgien, 57.600 € in Deutschland und 53.200 € in Frankreich.[2] Auch im Dienstleistungsbereich „Transport und Kommunikation" liegt das Wachstum der Arbeitsproduktivität mit über 7% pro Jahr sehr hoch. Es ist festzustellen, dass viele der luxemburgischen Wirtschaftszweige mit hohen Produktivitätszuwächsen von multinationalen Unternehmen dominiert werden, welche in ihrer Branche auf Weltebene mit zu den führenden Unternehmen zählen: Arcelor in der Stahlindustrie, DuPont de Nemours in der Textilbranche und SES-Global in der Telekommunikationsbranche. Die Finanzdienstleistungen als wichtigster Sektor der Luxemburger Wirtschaft (die mehr als ein Drittel der gesamten Bruttowertschöpfung ausmachen), weisen zwar ein sehr hohes Produktivitätsniveau aus – im Jahr 2003 lag die Bruttowertschöpfung bei mehr als 246.900 € pro Beschäftigten, gegenüber etwa 91.100 € im Durchschnitt für die gesamte Wirtschaft Luxemburgs –, können aber langfristig keine sehr hohen Produktivitätszuwächse verzeichnen.

Im Vergleich zu den anderen europäischen Ländern liegt die Arbeitsproduktivität in Luxemburg generell auf einem hohen Niveau. Im Jahre 2003 erreichte das Bruttoinlandsprodukt pro Beschäftigten um die 81.000 € in Luxemburg, 74.240 € in Irland, 70.300 € in den Niederlanden, 65.810 € in Frankreich, 65.120 € in Belgien, 55.670 € in Deutschland und etwa 56.000 € pro Beschäftigten im EU-15 Durchschnitt (Europäische Kommission 2004b, STATEC 2004b). Das Niveau der Arbeitsproduktivität je geleistete Arbeitsstunde in Luxemburg reiht sich ebenfalls am oberen Ende der europäischen Skala ein, auch wenn der Konjunktureinbruch ab 2001 zu sehen ist (dazu die Übersicht 4). Diese Entwicklung kann aber auch so interpretiert werden, dass sich die Höhe der Arbeitsproduktivität nach dem außergewöhnlichen Boom der Jahre 1996-2000 auf das „normale", aber hohe Niveau zurückentwickelt hat.

---

[2] Die vergleichenden Daten über den Großhandel stammen aus: EUROSTAT (2004): Der Großhandel in der EU, Statistik kurz gefasst, Thema: Industrie, Handel und Dienstleistungen, Nr. 34/2004.

Übersicht 4: Arbeitsproduktivität je geleistete Arbeitsstunde (EU-15 = 100)

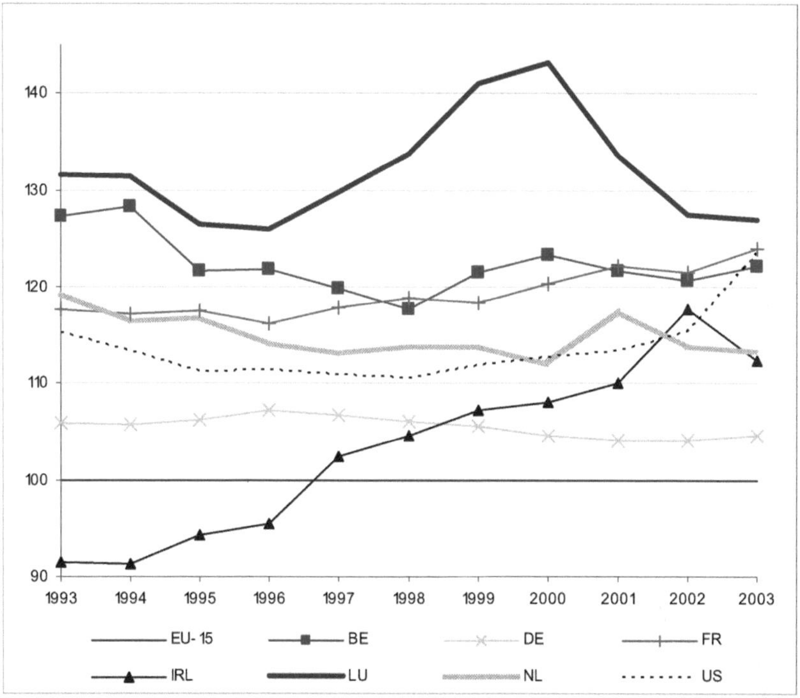

Quelle: EUROSTAT (Strukturindikatoren – geschätzt)
N.B: Arbeitsproduktivität = BIP in KKS je geleisteter Arbeitsstunde im Vergleich zu EU-15 (EU-15=100)

Die Wirtschaftszweige mit überdurchschnittlichem Beschäftigungszuwachs (Übersicht 3) sind vor allem die unternehmensbezogenen Dienstleistungen (Sicherheitsdienste, Buchhaltung, Juristische Dienstleistungen, Werbung etc.), die EDV-Dienstleistungen, in geringerem Maße die Finanzdienstleistungen sowie das Gesundheits- und Sozialwesen. Global gesehen ist die Luxemburger Beschäftigungsstruktur stärker als in andern europäischen Ländern vom Dienstleistungssektor geprägt. In der verarbeitenden Industrie (einschließlich Energie, aber ohne Baugewerbe) arbeiteten 2003 in Luxemburg nur noch etwa 12% der Beschäftigten. Der Prozentsatz der Industriebeschäftigten lag bei etwa 20%, in der EU bei 15%, in Belgien und Frankreich um die 17% und in Deutschland etwas über 20%.

2.2 Rückgriff auf ausländische Arbeitskräfte: Einwanderer und Grenzgänger

Die hohe Beschäftigungsintensität des Wachstums der Luxemburger Wirtschaft geht mit einem Rückgriff auf ausländische Arbeitskräfte einher. Luxemburg hat seit dem Beginn der Industrialisierung stets auf Einwanderung gesetzt, um den Arbeitskräftemangel zu beheben. Die Einwanderer waren zuerst Deutsche und später Italiener, als die Stahlindustrie vor dem ersten Weltkrieg boomte. Der Anteil der Ausländer an der Gesamtbevölkerung betrug 1913 schon über 15%. Die Wachstumsperioden der 20er Jahre, ab dem zweiten Weltkrieg bis 1974, sowie von 1985 bis 2000 waren ebenfalls von starken Einwanderungswellen gekennzeichnet. Anfang der 70er Jahre lösten portugiesische Staatsbürger die Italiener als Hauptgruppe der Einwanderer ab. Der Ausländeranteil an der Wohnbevölkerung Luxemburgs wuchs von 18% im Jahr 1970 auf 38,5% im Jahre 2004. Zum Vergleich: In der Schweiz erreicht der Ausländeranteil ungefähr 20%, in fast allen andern Ländern liegt der Anteil unter 10%. Auf 451.600 Einwohner Luxemburgs kommen am 1. Januar 2004 174.200 Ausländer, davon 63.760 Portugiesen, 21.880 Franzosen und 18.890 Italiener. In den 1990er Jahren erreichte der positive jährliche Wanderungssaldo nach Luxemburg über 10%, nach der EU-15 durchschnittlich nur 2,3%. Die absolute Zahl der Nicht-EU-Bürger auf dem luxemburgischen Arbeitsmarkt bleibt relativ gering, aber die Zuwachsrate übertrifft jene der EU-15-Bürger (Vgl. Übersicht 5).

In Luxemburg war und ist Einwanderungspolitik auch immer Arbeitsmarktpolitik. Aber erst in den 70er Jahren schlug dies sich deutlich in der Gesetzgebung nieder. 1972 wurde ein „Einwanderungsdienst" („Commissariat aux étrangers") gegründet, der im Familienministerium angesiedelt ist, und sich vor allem um die sozialen Belange der Immigranten zu bemühen hat. Im selben Jahr wurde auch die 1970 mit Portugal ausgehandelte Konvention über die Einwanderung portugiesischer Arbeiter nach Luxemburg ratifiziert, sowie das Gesetz über den Aufenthalt von Ausländern und die Beschäftigung ausländischer Arbeitnehmer verabschiedet. Dieses Gesetz, das ein System von gestaffelten Arbeitserlaubnissen vorsieht, ist auch heute noch zum großen Teil für Bürger aus Nicht-EU-Ländern gültig. Die enorme Zunahme der Anzahl ausländischer Arbeitnehmer steht in starkem Kontrast mit der eher „defensiven" Einwanderungspolitik. So handelte sich Luxemburg z.B. bei jedem Beitritt von Drittländern zur EU – auch letztlich bei dem Beitritt der 10 neuen EU-Länder – Übergangsbestimmungen aus, um etwaige, „nicht gewollte" Einwanderungswellen verhindern zu können.[3]

---

[3] Die demografischen und wirtschaftlichen Konsequenzen der Einwanderung sind beachtlich. Nicht nur das Wachstum der Bevölkerung, sondern auch die demografische Struktur der Bevölkerung ist durch die Zuwanderung geprägt (Langers 1999, 2003). Die im arbeitsfähigen Alter, also relativ jung

Übersicht 5: Lohnempfänger nach Wohnort und Nationalität

	1990	2003	Zuwachs 1990 - 2003
		Personen	in % pro Jahr
In Luxemburg Wohnhafte	**134 903**	**167 765**	**1.7**
davon Luxemburger	90 411	93 182	0.2
Eu-Bürger	40 872	65 817	3.7
Nicht-EU-Bürger	3 620	8 766	7.0
Grenzgänger	**32 973**	**105 662**	**9.4**
davon Deutsche	5 983	21 022	10.1
Franzosen	15 378	55 633	10.4
Belgier	11612	29 007	7.3
Gesamt	**167 876**	**273 427**	**3.8**

Quelle: Generalinspektion der Sozialversicherungen

Ab Beginn der 1980er Jahre konnte die Einwanderung der Nachfrage an Arbeitskräften nicht mehr genügen. Die so genannten Grenzgänger (Personen welche in Deutschland, Frankreich und Belgien im Grenzgebiet zu Luxemburg leben und in Luxemburg arbeiten) drängten zunehmend auf den Arbeitsmarkt. Im März 2003 lag die Zahl der Grenzgänger bei 105.662 und im Juli 2004 bei 112.664. Der Zuwachs der Beschäftigung von Lohnempfängern zwischen 1990 und 2003 lag bei 3,8% pro Jahr im Durchschnitt, der Zuwachs der Grenzgänger bei 9,4%.

eingewanderte Bevölkerung hat einen positiven Einfluss auf die Alterspyramide. Die Altersstruktur der eingewanderten Bevölkerung hat auch zur Folge, dass die jährliche Geburtenziffer der Ausländer seit 1985 steigt. 2001 war die Geburtenziffer zum ersten Mal höher als diejenige der Einheimischen. Der Geburtenüberschuss der Ausländer stieg parallel dazu, von etwa 1.000 im Jahr 1985 auf 2.200 im Jahr 2001, wohingegen bei den Einheimischen eher ein Geburtendefizit besteht. Diese Faktoren bewirken, dass die Abhängigenquote der älteren Menschen heute geringer ist als in andern Ländern. Diese Quote (Bevölkerung über 65 Jahre/Bevölkerung 15 bis 64 Jahre) lag 2000 bei 21% in Luxemburg, aber bei 26% in Belgien und 24% in Deutschland und Frankreich. Der Beschäftigungszuwachs und der Rückgriff auf die Grenzgänger bewirkten, dass die Zahl der Pensionen auf hundert Versicherte von 48,5 im Jahr 1995 auf 41,2 im Jahr 2002 fiel. Die Ausgaben der Sozialversicherung und die Gesundheit der öffentlichen Finanzen werden dadurch positiv beeinflusst, was wiederum eine wettbewerbsfähige Steuer- und Abgabenpolitik erlaubt (STATEC 2003a, S. 40-42).

Übersicht 6: Anteil der Grenzgänger, Luxemburger und Ausländer nach
Wirtschaftszweigen (März 2003)

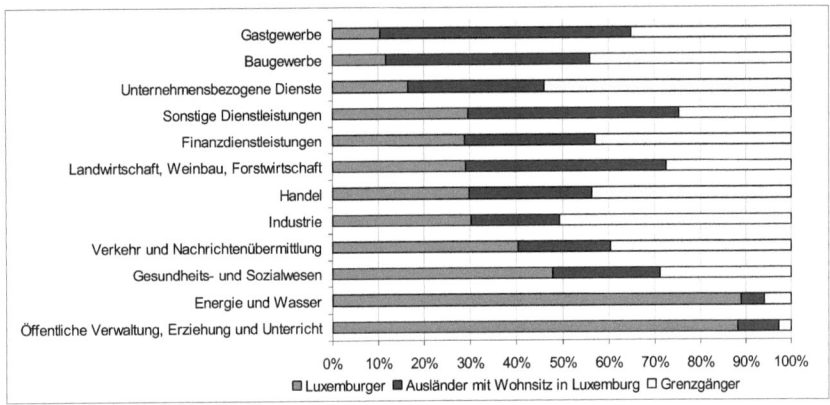

Quelle: Generalinspektion der Sozialversicherungen

Dass Luxemburg die Grenzgänger anlockte, liegt einerseits an der Attraktivität
Luxemburgs (Arbeitsstellenzuwachs, hohe Löhne), aber auch an der wirtschaftlichen Entwicklung der Nachbarregionen. Die Binnenbeschäftigung Luxemburgs
wuchs zwischen 1990 und 2000 um über 40%, in Rheinland-Pfalz um etwa 15%,
in Lothringen, Wallonien und Saarland lag diese Zahl bei unter 5%. (STATEC
2003a, S. 73). Die Arbeitslosenquote lag 2002 im Durchschnitt bei 10,5% in
Wallonien, 8,3% im Saarland, 7,8% in Lothringen, 5,9% in Rheinland-Pfalz,
aber nur bei 2,6% in Luxemburg (EUROSTAT 2003c). Ende 2003 gab es mehr
als 550.000 Arbeitsuchende in der Großregion SaarLorLux (ADEM 2004). Im
März des Jahres 2003 lag der Anteil der in Luxemburg wohnhaften Ausländer an
der Gesamtbeschäftigung von Lohnabhängigen bei ungefähr 27% und der Anteil
der Grenzgänger bei 39%. Nur ein Drittel der in Luxemburg angestellten Lohnempfänger hatte die luxemburgische Nationalität (siehe Übersicht 5). Eine gewisse Segmentierung des Arbeitsmarktes begleitete den Rückgriff auf eingewanderte Arbeitskräfte und Grenzgänger. Die Übersicht 6 zeigt, dass die Luxemburger sich dem „geschützten" Sektor (öffentliche Verwaltungen, Eisenbahngesellschaft) sowie dem halböffentlichen Sektor (Sozialdienste, Energie- und Wasserversorgung) zuwenden konnten. Etwa 40% aller Luxemburger Staatsangehörigen
arbeiten in diesen Sektoren. Grenzgänger sind vor allem in der Industrie, in den
unternehmensbezogenen Dienstleistungen und im Handel präsent. In Luxemburg
wohnhafte Ausländer sind überproportional im Baugewerbe und im Gastgewerbe
angestellt.

2.3 Luxemburg, ein Hochlohnland?

Das Wirtschaftswachstum wirkt sich natürlich auf die Löhne aus. Die volkswirtschaftlichen Gesamtrechnungen geben Aufschluss über die Entwicklung der Lohnkosten pro Beschäftigten (STATEC 2004b). Die Lohnkosten in jeweiligen Preisen steigen von 22.200 € pro Beschäftigtem im Jahr 1985 auf 45.300 € im Jahr 2003, das heißt nominal um 105%. Dies gibt aber keinen Aufschluss über die Entwicklung der Kaufkraft, einerseits weil es sich hier nicht um Nettolöhne handelt, andererseits weil die Preisentwicklung nicht berücksichtigt wird. Wenn man die Inflation in Betracht zieht, kommt man auf einen Anstieg der Lohnkosten von etwa 40%. Andere Daten liefern ein präziseres Bild der Kaufkraftsteigerung der Löhne: die realen Monatsgehälter der Angestellten im Finanzsektor stiegen um etwa 50% zwischen 1980 und 2001, die realen Stundenlöhne der Arbeiter allerdings nur um 10% (STATEC 2003a, S. 162). Eine von EUROSTAT erstellte Studie gibt Aufschluss über die Jahresbruttoverdienste der im produzierenden Gewerbe arbeitenden Vollzeitbeschäftigten im europäischen Vergleich: Mit einem Durchschnitt von 31.807 € Jahresverdienst im Jahr 2000 befinden sich die Luxemburger in der europäischen Spitzengruppe. Die Bruttoverdienste in der Schweiz (43.267 €), in Dänemark (39.162 €), Großbritannien (35.465 €) und Deutschland (35.880 €) waren aber höher. Jene in Portugal (10.631 €), Italien (19.128 €), Frankreich (25.402 €), den Niederlanden (30.750 €), Belgien (31.181 €) und Schweden (30.643 €) waren niedriger. (EUROSTAT 2003b). Die Nettoverdienste sind allerdings in Luxemburg höher als in den anderen Ländern (mit Ausnahme der Schweiz und Norwegen), weil die Steuerlast und die Sozialabgaben in Luxemburg geringer als in fast allen andern europäischen Ländern sind. (EUROSTAT 2004b).

Nominale Brutto- oder Nettojahresverdienste sollten allerdings nicht herangezogen werden, um Folgerungen für die Lohnkosten im internationalen Vergleich zu ziehen. Die Stundenlohnkosten stellen sicher die bessere Vergleichsbasis dar. Die europäische harmonisierte Arbeitskostenerhebung erlaubt diesen Vergleich. Eine vordergründige Interpretation der Übersicht 7 würde zum Schluss kommen, dass Luxemburg zur Spitzengruppe der Hochlohnländer gehört. Im Jahre 2000 beliefen sich die Arbeitskosten je Stunde (welche die indirekten Kosten, d.h. vor allem die Sozialabgaben der Arbeitgeber, einschließt) auf 24,23 €; diese Arbeitskosten liegen über dem EU-15 Durchschnitt von 22,19 €. Aber auch dieser Vergleich hinkt, weil die unterschiedliche Höhe der Arbeitsproduktivität (Wertschöpfung je Arbeitnehmer) nicht in Betracht gezogen wird. Das Niveau des BIP pro Beschäftigtem in Luxemburg ist aber sehr hoch im europäischen Vergleich (2003 in Luxemburg 81 000 € und etwa 56 000 € im EU-15 Durchschnitt). Die Lohnstückkosten, welche Ausdruck des Verhältnisses zwischen den Arbeitskosten je Arbeitnehmer und der Arbeitsproduktivität sind, erlauben einen besseren Vergleich der Lohnkosten. Wenn man die Lohnstück-kosten in der Industrie betrachtet (Übersicht 8), schneidet Luxemburg gegenüber den andern Ländern der EU-15 keineswegs schlecht ab.

Luxemburg kann aber im internationalen Lohnkostenvergleich nur mit-halten, weil die indirekten Kosten (Sozialbeiträge der Arbeitgeber) wesentlich geringer sind als in allen andern europäischen Ländern (außer Dänemark). Sie lagen 2002 bei 14% der Gesamtarbeitskosten in Luxemburg, erreichten aber 23% in Deutschland, 28% in Frankreich, 30% in Schweden und 21% in Finnland (EUROSTAT 2004c). Die Konjunkturflaute ab 2001 hatte negative Auswirkun-gen auf die Produktivität, weil der Faktor Arbeit sich nicht sofort an die niedrige-ren BIP-Wachstumsraten anpasste. Die Lohnstückkosten wuchsen, weil die No-minallöhne weiter stiegen. Dies war allerdings auch der Fall in vielen andern Ländern, und man muss abwarten, auf welchem Niveau sich die Lohnstückkos-ten in Luxemburg im Vergleich mit diesen Ländern einpendeln werden.

Die Struktur der Löhne nach Wirtschaftszweigen in Luxemburg entspricht den verschiedenen Produktivitätsniveaus. Die den volkswirtschaftlichen Gesamt-rechnungen entnommenen Daten ergeben folgendes Bild: der Lohn pro abhängig Beschäftigtem lag im Durchschnitt bei 45.300 € im Jahr 2003 in der gesamten Wirtschaft. Die Spanne geht aber von den 76.900 € der Bankangestellten zu 32.600 € im Baugewerbe und 25.700 € im Gastgewerbe.

Übersicht 7:   Arbeitskosten je Stunde in Industrie und Dienstleistungen 2000

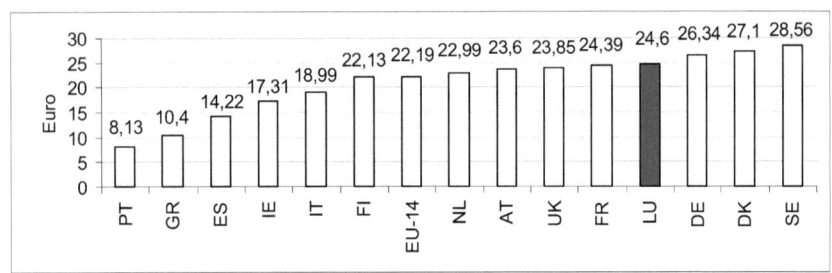

Übersicht 8: Lohnstückkosten in der Industrie 2000

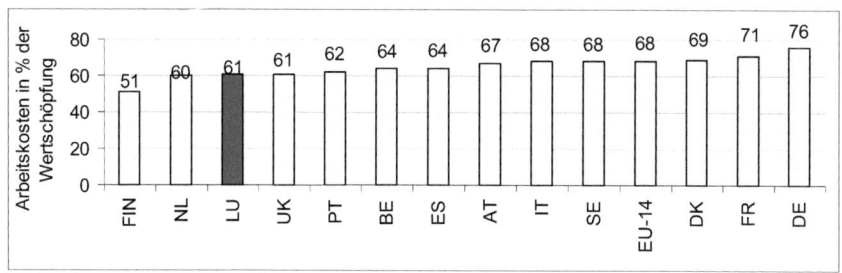

Quelle: EUROSTAT (Statistik kurz gefasst, Bevölkerung und soziale Bedingungen, n 18/2003), STATEC (2003b)

3   Institutionelle Ausgestaltung der Arbeitsverhältnisse

3.1 Zwei viel diskutierte Grundpfeiler: Indexierung der Löhne und Mindestlohn

Wie in anderen Ländern Europas fallen die entscheidenden Entwicklungen der Arbeitsgesetzgebung Luxemburgs in Krisenzeiten bzw. in Zeiten sozialen oder kulturellen Aufbruchs- oder Umbruchs. So wurde nach dem ersten Weltkrieg der Achtstundentag für die Arbeiter in der Großindustrie, d.h. in der Stahlindustrie, eingeführt (1918) und dann auf die Angestellten im Allgemeinen ausgedehnt (1919). In die Zeit von 1918 bis 1926 fallen außerdem die Gesetzgebung über die Vertretung der Arbeiter in den Fabriken (1921 und 1925), die Gründung der Berufskammern (1924), die automatische Lohnangleichung an die Lebenshaltungskosten für öffentlich Bedienstete (1921), das Recht auf bezahlten Urlaub, erst für Angestellte (1919), dann für Arbeiter (1926) sowie die erste Gesetzgebung über Arbeitslosenhilfe (1921) (STATEC 1999, S. 124-174). Im Jahr 1936 wurde der Nationale Arbeitsrat („Conseil national du Travail") gegründet. In diesem Rat wurde eine paritätische Kommission bestimmt, die eine Schlichtungsfunktion bei Arbeitskämpfen innehatte. Im selben Jahr wurden ebenfalls die ersten Kollektivverträge in der Stahlindustrie und in den Eisenerzgruben –Wirtschaftszweige, welche das Wirtschaftsgefüge Luxemburgs dominierten, unterzeichnet. In Folge des Zweiten Weltkriegs wurde 1944 der Mindestlohn („salaire social minimum") eingeführt. Das Recht auf Arbeitslosenhilfe, die bis dahin nur Personen zugänglich war, die keine anderen Ressourcen hatten, wurde 1945 auf alle Arbeitnehmer ausgedehnt. Weiterhin wurde das Nationale Schlichtungsamt („Office national de conciliation") in dem genannten Jahr gegründet.

1965-1975 konzentrierte sich die sozialpolitische Diskussion auf die Frage nach der (Um-)Verteilung der Ergebnisse des hohen Wachstums der vorangegangenen Jahre. Die automatische Lohnanpassung an die Lebenshaltungskosten (Indexierung oder „gleitende Lohnskala") war durch die gesetzlichen Bestimmungen von 1921 auf öffentliche Angestellte begrenzt. Das Gesetz über das Kollektivvertragswesen von 1965 bestimmte, dass in allen Kollektivverträgen eine Indexierungsklausel vorzusehen ist. Durch ein Gesetz vom 27. Mai 1975 wurde die automatische Indexierung der Gehälter auf alle Lohnabhängigen ausgedehnt und im Laufe der Zeit auch bei viele Sozialleistungen angewendet.[4] Ab 1966 wurde auch die Urlaubsgesetzgebung erweitert und 1975 eine fünfte Urlaubswoche festgelegt. Die Wochenarbeitszeit für Angestellte und Arbeiter wurde 1971 bzw. 1975 auf 40 Stunden begrenzt. Die Gesetze vom 26. Juli 1975 und 24. Dezember 1977 (welche 1998 modifiziert wurden) sehen außerdem eine zeitlich begrenzte Arbeitslosenunterstützung bei „Teilarbeitslosigkeit" vor, welche durch konjunkturelle oder strukturelle Gründe in Wirtschaftszweigen und/ oder Unternehmen entstehen kann. In der Zeit der Weltwirtschaftskrise (1974-1984) wurde das „luxemburgische Modell" ins Leben gerufen. Es beruht auf der „Tripartite", d.h. einem trilateralen Koordinierungsausschuss aus Vertretern der Regierung, der Arbeitnehmer und der Arbeitgeber. Aus dieser Zeit stammen einige beschäftigungspolitische Bestimmungen, welche heute noch gültig sind: die Frühpensionierung („préretraite"), welche die Reduzierung der Beschäftigung in der Stahlindustrie auffangen und sozial verträglich gestalten sollte. In den 1980er Jahren wurde das System der vorgezogenen Pensionierung („pension de vieillesse anticipée") ausgebaut, deren Bestimmungen heute mitverantwortlich gemacht werden für eine sehr niedrige Beschäftigungsquote der älteren Erwerbsbevölkerung.

Die zwei Grundpfeiler der Arbeitsverhältnisse in Luxemburg sind die Indexierung der Löhne und der Mindestlohn. Von Arbeitgeberseite wurde die automatische Anpassung der Löhne an die Lebenshaltungskosten seit jeher als für die Wettbewerbsfähigkeit des Landes schädliche Bestimmung kritisiert. Die Indexierung fördere eine negative Preis-Lohn Spirale, würde die Inflation anheizen und die Lohnkosten in die Höhe treiben. Für die Arbeitnehmer ist die „Gleitskala" ein Instrument der sozialen Gerechtigkeit und des sozialen Friedens. Da es noch keine fundierten Forschungsergebnisse hierzu gibt, basiert jede Beurteilung auf subjektiven Einschätzungen. Es ist aber nicht von der Hand zu weisen, dass durch die gesetzliche Indexierung der Löhne in den Kollektivvertragsverhandlungen ein potentieller Dissens entfällt und die Verhandlungspartner sich vor

---

[4] Die Löhne, Gehälter und viele Sozialleistungen werden automatisch der Inflation angepasst, wenn die Lebenshaltungskosten um 2,5% gestiegen sind.

allem dem makroökonomischen Dialog widmen können, also der Erörterung der Vereinbarkeit von Lohnentwicklung und Produktivitätszuwachs. Ausgenommen die Zeit der weltweiten Wirtschaftskrise Mitte der 1970er Jahre gibt es im Trend keine Anzeichen für eine nicht zumutbare Abweichung zwischen den Zuwachsraten dieser beiden Größen, auch wenn die jüngste Entwicklung (ab 2001) Anlass zur Sorge geben kann. Allerdings resultierte die Erhöhung der realen Lohnstückkosten Mitte der 1970er Jahre aus einem parallelen Auseinanderdriften der realen Löhne und der Produktivität (starke Erhöhung der realen Löhne bei negativer Entwicklung der Produktivität), wohingegen der rezente Zuwachs der realen Lohnstückkosten im Wesentlichen auf die negativen Produktivitätsveränderungen zurückzuführen ist. Fundamental beruht die Lohnfestsetzung aber auf Angebot und Nachfrage von Arbeitskräften. Die Möglichkeit auf den regionalen und internationalen Arbeitsmarkt zurückgreifen zu können, erlaubte es der luxemburgischen Wirtschaft den Lohndruck zu mindern. Was die Verbraucherpreise anbelangt, unterscheidet sich die Inflation in Luxemburg langfristig nicht wesentlich von der seiner wichtigsten Handelspartner, Belgien, Frankreich und Deutschland (STATEC 2003a, S. 32-33).

Der zweite Pfeiler der Arbeitsmarkt- und Lohnpolitik ist der Mindestlohn. Wirtschaftswissenschaftler assoziieren generell „zu hohe" Mindestlöhne mit negativen Folgen für die Volkswirtschaft und den Arbeitsmarkt: zum einen würde die Beschäftigung niedrig Qualifizierter dadurch beeinträchtigt, zum anderen würde die nötige Lohnspanne und die Flexibilität bei der Lohnfestsetzung verloren gehen. Außerdem würde eine Erhöhung des Mindestlohns sich automatisch auf die höheren Löhne auswirken und die Lohnkosten global steigern. Wie die andern Gehälter unterliegt der Mindestlohn in Luxemburg der automatischen Anpassung an die Lebenshaltungskosten. Außerdem erfolgt eine Anpassung des Mindestlohns im Prinzip jede zwei Jahre aufgrund eines von der Regierung erstellten Berichts über die Gesamtentwicklung der Löhne in der luxemburgischen Wirtschaft. Im europäischen Vergleich steht Luxemburg an der Spitze, was den nominalen Wert angeht. Gemessen am Unterschied der Bruttowertschöpfung pro Beschäftigtem zwischen Luxemburg und den andern Ländern der EU ist die Spanne aber relativ klein. Der Luxemburger Mindestlohn liegt 2002 bei 49% des durchschnittlichen Monatsverdienstes in Industrie und Dienstleistungen. Dieser Prozentsatz ist in etwa auf dem Niveau der Niederlande und Irlands (EUROSTAT 2004d). Die Lohnspanne scheint nicht erheblicher als in andern Ländern vom Mindestlohn beeinträchtigt zu sein. Die Erhebung zur Lohnstruktur, welche 1995 auf Gemeinschaftsebene durchgeführt wurde, bestätigt, dass Luxemburg eher zu den Ländern gehört, in denen bei den Bruttolöhnen relativ große Ungleichheiten bestehen (STATEC 2003a, S. 167).

Die Frage der Höhe des Mindestlohns stellt sich auch im Hinblick auf „Arbeitslosigkeitsfalle" und „Inaktivitätsfalle", welche sich aufgrund zu geringer Differenz zwischen Lohnersatzeinkommen und potentiellem Erwerbseinkommen in Niedriglohngruppen auftun kann. Eine zu kleine Differenz könnte von der Suche nach einer legalen Arbeit abschrecken. Als Hauptursachen dieser beiden Phänomene werden oft hohe Steuersätze auf Arbeitseinkommen und der Verlust von Sozialleistungen bei Aufnahme einer Beschäftigung genannt. 1986 wurde in Luxemburg ein garantiertes Mindesteinkommen („revenu social mimimum" – RMG) geschaffen, welches aber potentiellen anderen Einkommensquellen Rechnung trägt. Eine Studie aus dem Jahr 2002, die unter anderem die Attraktivität des Mindestlohns im Vergleich zum RMG untersucht, erlaubt folgende Schlussfolgerungen: Für eine allein lebende Person ist der Mindestlohn in der Zeitspanne 1991-2002 attraktiver als diese Sozialleistung (RMG) geworden. Gegenüber dem RMG ist der Mindestlohn auch attraktiver geworden für einen Haushalt mit zwei Erwachsenen und zwei Kindern. Allerdings ist dies nicht der Fall für einen Haushalt von 2 Erwachsenen mit nur einem Lohnempfänger. (ACORD International 2002a, S. 34-40). Bei der Verteilung der Mindestlohnempfänger auf Wirtschaftssektoren weisen Handel und Gastgewerbe (Hotels, Restaurants, Cafés etc.) den höchsten Anteil auf. Diese beiden Wirtschaftszweige beschäftigen nicht einmal 20% aller Beschäftigten, aber mehr als 40% aller Mindestlohnbezieher. Insgesamt lag der Anteil der Mindestlohnempfänger in der Gesamtzahl der vollzeitbeschäftigten Lohnempfänger im Jahre 2002 bei etwa 15% in Luxemburg. Dieser Prozentsatz ist hoch im Vergleich zu anderen Ländern, in denen ein Mindestlohn besteht. In den Niederlanden lag der Prozentsatz der Mindestlohnempfänger bei 2,3%, in Portugal bei 4% und im Vereinigten Königreich bei 1,9%.

Die Arbeitslosenunterstützung in Luxemburg ist im internationalen Vergleich durch überdurchschnittliche Einkommensersatzquoten (dem Verhältnis vom Arbeitslosengeld zum früheren Nettoerwerbseinkommen) gekennzeichnet. Ende der 1990er Jahre errechnete die OECD auf der Basis eines Einkommens das dem des Durchschnittseinkommens eines Arbeiters entspricht, eine Nettoeinkommensersatzquote von 82% für Alleinstehende und 87% für ein Paar mit zwei Kindern im ersten Monat der Auszahlung des Arbeitslosengeldes. Die entsprechenden Ersatzquoten lagen in Frankreich bei 71% bzw. 74%, in Deutschland bei 60% resp. 74%, in Großbritannien aber nur bei 50% und 64% (OECD 1999). Die bereits erwähnte ACORD-Studie kommt aber zum Schluss, dass die Gefahr einer „Arbeitslosigkeitsfalle" – die durch hohe Ersatzquoten enstehen kann – abgeschwächt wird, weil im Prinzip in Luxemburg eine Begrenzung der Auszahlung des Arbeitslosengeldes auf 365 Tage besteht. Außerdem unterliegt die Auszahlung des Arbeitslosengeldes verschiedenen Auflagen, und die Ersatzquote ist abnehmend gestaltet (ACORD International 2002a, S. 40).

3.2 Steuerpolitik als Arbeitsmarktpolitik

Einer der Hauptgründe für die verbleibende (und sich sogar teilweise steigernde) Attraktivität der Niedriglöhne (also dem Mindestlohn) gegenüber den Sozialleistungen in Luxemburg ist die relativ niedrige Abgabenbelastung auf Arbeitseinkommen, und besonders auf Niedrigeinkommen. In dieser Hinsicht kann Luxemburg sogar zu den „frühen Reformern" gerechnet werden. Das Wachstum des impliziten Steuersatzes auf Arbeitseinkommen – welcher die Sozialversicherungsbeiträge der Arbeitgeber und Arbeitnehmer und die Lohnsteuern beinhaltet – wurde in Luxemburg schon Mitte der 70er Jahre gestoppt und in den 90er Jahren war der Steuersatz sogar rückläufig. Die Steuerreform der Jahre 2001-2002 geht in dieselbe Richtung. Allerdings konnte diese Politik nur betrieben werden, weil der implizite Steuersatz auf den Konsum – Mehrwertsteuer und vor allem Monopolsteuern – wuchs (Martinez-Mongay 2000; STATEC 2003a, S. 57) und das außergewöhnliche Wirtschaftswachstum insgesamt hohe Steuereinnahmen ermöglichte. Die heute OECD-weit vorgetragene Forderung nach niedrigen Abgabenbelastungen für die Arbeitseinkommen[5] scheint in Luxemburg seit langem und mit einem gewissen Erfolg betrieben worden zu sein.

Einer der „Strukturindikatoren" der Europäischen Gemeinschaft ist die Steuerlast auf Lohnkosten, präziser, die relative Steuerlast für einen Niedriglohnempfänger. In Luxemburg beläuft sich die Steuerquote – d.h. Einkommenssteuer, Sozialabgaben des Arbeitgebers und des Arbeitnehmers – eines Alleinstehenden (ohne Kinder, mit einem Lohn von 67% des durchschnittlichen Lohns eines vollzeitlich tätigen Arbeiters im verarbeitenden Gewerbe) auf etwa 27,3% der Lohnkosten im Jahre 2003. In der EU-15 erreichte die Steuerquote im selben Fall mehr als 37% im Durchschnitt; in Deutschland waren es 46,7%, in Frankreich 37,7% und in Belgien 47,5%. Allerdings ist in Irland (16.7%), dem Vereinigten Königreich (26,2%) und den Vereinigten Staaten (27,1%) die Steuerquote noch niedriger.

3.3 Gewerkschaftsdichte, Tarifbindung und Kollektivvertragswesen

Der OECD zufolge ging die Gewerkschaftsdichte (Prozentsatz der Gewerkschaftsmitglieder in der Gesamtzahl der Lohnabhängigen) seit Anfang der 1970er Jahre (und vor allem ab 1980) in fast allen der OECD-Zone zugehörigen Ländern zurück: im Durchschnitt der OECD-Länder von 32% im Jahr 1980 auf

---

[5] Zur Frage der Abgabenbelastung auf den Lohnkosten (bzw. den Bruttoöhnen) findet man weitere Daten in OECD (2004b).

21% im Jahr 2000; in Frankreich im selben Zeitraum von 18% auf 10% und in Deutschland von 35% auf 25%. Nur in 4 Ländern soll die Gewerkschaftsdichte zugenommen haben: in Belgien (von 41% 1970 auf 56% 2000), Dänemark (von 60% auf 74%), Finnland (51% auf 76%) und Schweden (68% auf 79%). Die OECD erklärt dies mit dem „Gent-System", d.h. die Verwaltung der Arbeitslosenunterstützung durch die Gewerkschaften, die in diesen Ländern üblich ist (OECD 2004a, S. 158-160).

Die Daten der OECD sind kritisch zu nutzen, da die Statistiken von den Gewerkschaften stammen und oft Inaktive (Ruheständler) mit umfassen. Für Luxemburg geht die OECD-Studie von einem Rückgang der Gewerkschaftsdichte von 52% im Jahr 1980 auf 34% im Jahr 2000 aus. Einer EIRO-Studie aus dem Jahr 2004 zufolge hat sich die Gewerkschaftsmitgliederzahl in Luxemburg allerdings positiver entwickelt. Wenn man die Ziffern der EIRO zu Grunde legt, hätte die Gewerkschaftsdichte in Luxemburg sich bei etwas über 50% gehalten (EIRO 2004a). Den Gewerkschaften scheint es gelungen zu sein, einen Teil der Berufspendler (Grenzgänger) anzusprechen. Dies dürfte insofern schwierig gewesen sein, da in Deutschland, Frankreich und Belgien unterschiedliche Gewerkschaftstraditionen bestehen und die relativ geringen Gewerkschaftsbindungen in Deutschland und besonders in Frankreich zu beachten sind. Die Tarifbindung (Prozentsatz der Lohnabhängigen, die einem Kollektivvertrag unterliegen) ist generell gesehen höher als die Gewerkschaftsdichte, weil die ausgehandelten Kollektivverträge in den meisten Ländern, so auch in Luxemburg, durch eine administrative Entscheidung ausgedehnt werden. Der EIRO zufolge lag die Tarifbindung in Luxemburg bei etwa 60%. Es handelt sich aber hierbei um eine „bereinigte Quote", welche die Lohngruppen ausschließt, welche kein Recht auf Kollektivvertragsverhandlungen haben. Die „normale" Quote der Tarifbindung läge in Luxemburg bei etwa 50% (EIRO 2002).[6] Es gibt zwischen 250 und 300 Kollektivverträge in Luxemburg, wovon jedes Jahr ca. 100 erneuert werden. Die meisten dieser Kollektivverträge werden auf Unternehmens- bzw. Betriebsebene unterschrieben, einige auf Branchenebene (Baugewerbe, Banken, Spitäler, Transport). Luxemburg scheint sich, was die Gewerkschaftsdichte und die Tarifbindung anbelangt, im Mittelfeld der OECD-Länder zu bewegen.[7]

---

[6] Nach einer anderen Studie (ACORD International 2002b, S. 29) läge die „nicht-bereinigte" Tarifbindungsquote im Jahr 2001 bei 43,1%, und nicht bei 50%, wie die EIRO schreibt. Bei Nutzung dieser Zahl würde der Platz Luxemburgs im internationalen Vergleich sich aber nicht wesentlich verändern.

[7] Daten über Tarifbindung und Gewerkschaftsdichte wurden auch in der Ausgabe 2003 der Publikation „Beschäftigung in Europa" veröffentlicht (Europäische Kommission 2003, S. 77-79). Diese weichen nur marginal von den OECD-Daten ab, welche aber den Vorteil haben, auch nichteuropäische Länder mit einzubeziehen.

Übersicht 9: Gewerkschaftsmitgliederzahlen in Luxemburg 1993-2003

	1993	1998	2003	
OGB-L	39 000	46 000	55 000	+41,0%
LCGB	32 000	36 000	40 000	+25,0%
CGFP	18 000	20 000	24 000	+33,3%
ALEBA/UEP-NGL-SNEP	8 000	10 000	20 000	- (s. Hinweis)
Gesamt	97 000	112 000	139 000	+43,3%

Quelle: EIRO – Gewerkschaftsmitgliederzahlen 1993-2003, März 2004 (www.eiro.eurofound.eu.int)

OGB-L: Verband Unabhängiger Gewerkschaften Luxemburg (Onofhängege Gewerk-schafts-Bond Lëtzebuerg)
LCGB: Verband Christlicher Gewerkschaften Luxemburg (Lëtzebuerger Chrëschtleche Gewerkschafts-Bond)
CGFP: Allgemeiner Verband des Öffentlichen Sektors (Confédération générale de la fonction publique)
ALEBA: Vereinigung von Bank- und Versicherungsangestellten Luxemburg (Associati-ons lux. des employés de banque et d'assurances)
UEP: Gewerkschaft der Privatwirtschaftlichen Angestellten (Union des employés privés)
NGL: Neutrale Arbeitergewerkschaft Luxemburg (Neutral Gewerkschaft Lëmbourg,)
SNEP: Nationale Gewerkschaft der Privatwirtschaftlichen Angestellten (Syndicat natio-nal des employés privés-Rénovateurs)[8]

Es gibt keine Einheitsgewerkschaft in Luxemburg; die Gewerkschaftslandschaft ist aber auch nicht extrem zersplittert. In der Privatwirtschaft dominieren zwei sektorübergreifende Gewerkschaften, der OGB-L (welcher der sozial-demokrati-schen Bewegung nahe steht) und der LCGB (christlich-sozial orientiert) welche zusammen im Jahr 2003 über 70% aller Gewerkschaftsmitglieder stellten. Im öffentlichen Dienst dominiert die CGFP; daneben gibt es die ALEBA, welche bei den Bankenangestellten führend ist. Das Kollektivvertragsgesetz von 1965 sollte eine mögliche Zersplitterung der Gewerkschaftsszene verhindern, indem es das Prinzip der „nationalen Vertretung" („gewerkschaftliche Organisation mit der besten Vertretung auf nationalem Plan") festlegte. Kollektivverträge im Pri-vatsektor hatten nur Gültigkeit, wenn sie von einer Gewerkschaft unterschrieben

---

[8] N.B.: Die überwiegende Mehrheit der Gewerkschaftsmitglieder gehört untergeordneten Organisati-onen der vier aufgeführten Gewerkschaftszentren an. Der 'Gesamt'-Wert für das Jahr 2003 dürfte dem tatsächlichen Wert sehr nahe kommen, aber in den Jahren 1993 und 1998 bestand der Verband ALE-BA-UEP-NGL-SNEP noch nicht, und im Gesamtwert für das Jahr 1993 sind die Mitglieder von UEP, NGL und SNEP nicht enthalten; ebenso fehlen im Gesamtwert für 1998 die Mitglieder von NGL und SNEP (Daten nicht verfügbar). Im Februar 2003 wurde die Gewerkschaftsföderation ALEBA-UEP-NGL-SNEP gegründet. Die Daten wurden von den Gewerkschaften selbst zur Verfü-gung gestellt.

wurden, welcher diese „nationale Vertretung" von der Regierung zuerkannt wurde (OGB-L und LCGB). „Nationale Vertretung" wurde dahin gedeutet, dass die unterzeichnende Gewerkschaft in mehreren Wirtschaftsbereichen vertreten sein musste. Eine starke Bereichsvertretung genügte nicht, um einen Kollektivvertrag abzuschließen. Diese Praxis führte zu Klagen der ALEBA, der wichtigsten Bereichsgewerkschaft im Bankensektor, beim Internationalen Arbeitsamt und beim Verwaltungsgericht in Luxemburg.[9] Nach dem Urteil des Verwaltungsgerichts vom 24. Oktober 2000 (bestätigt am 28. Juni 2001) ist eine vertretende Gewerkschaft gekennzeichnet durch den Umfang der Mitgliedschaft und eine Gewerkschaft mit nationaler Vertretung durch die Möglichkeit, Kollektivverträge zu unterzeichnen, die zu einer allgemeinen Verpflichtung werden können. Die Interpretation der „nationalen Vertretung" als „plurisektorielle Vertretung" wurde also zurückgewiesen. Folgerichtig fasst das neue Kollektivvertragsgesetz vom 30. Juni 2004 das Prinzip der „nationalen Vertretung" genauer und sieht auch die Möglichkeit der sektoriellen Vertretung (Bereichsvertretung) in „bedeutenden" Wirtschaftssektoren vor, welche mehr als 10% der Gesamtzahl der Lohnabhängigen in Luxemburg beschäftigen. Außerdem wurde das Verhandlungsprozedere dahingehend modernisiert, dass eine Verhandlungs-Kommission eingesetzt wird, zu welcher mit vollem Recht die national oder sektoriell repräsentativen Gewerkschaften gehören sowie die Gewerkschaften, welche bei den letzten Personalausschusswahlen im fraglichen Bereich allein oder zusammen 50% der Stimmen erreicht haben. Grundsätzlich soll ein Kollektivvertrag von allen Teilnehmern an der Verhandlung unterschrieben werden. Auf der Basis des alten Gesetzes von 1965 wurden bis dahin die Kollektivverträge im Prinzip nur von einer Gewerkschaft unterschrieben. Auf Patronatsseite wurde im Juni 2000 der Unternehmerdachverband „Union des entreprises luxembourgeoises" (UEL) gegründet, welcher das losere Verbindungskomitee („Comité de liaison patronal"), was nur sporadisch in Erscheinung trat, ersetzte. Im Unternehmerverband haben sich mehr als 80% der Unternehmen organisiert, welche 85% des BIP erwirtschaften (EIRO 2003a).

Die Auswirkungen dieser institutionell-korporatistischen Aspekte von Lohnbestimmung und Lohnverhandlungen auf Wirtschaft und Arbeitsmarkt werden seit Jahren kontrovers diskutiert. Manche sehen – ausgehend vom Modell des „Gewerkschaftsmonopols" – in einer hohen Gewerkschaftsdichte und einer starken Tarifbindung negative Auswirkungen auf die Lohnkosten, die Infla-

---

[9] Zur Argumentation der ALEBA kann man den interessanten Text von Rechtsanwalt Fernand Entringer auf der Internetseite der ALEBA lesen: „Die Entstehung des Gesetzes vom 12. Juni 1965, dessen Auslegung über die Jahre hinaus und dessen Übertragung auf das gewerkschaftliche Umfeld des Jahres 2001" (www.aleba.lu unter ALEBA-Berichte, Bericht 2001/2).

tion und die Beschäftigung. Doch auch die OECD muss zugeben, dass die Auswirkungen sehr unterschiedlich eingeschätzt werden können und ein hoher Ko-
ordinierungsgrad bei Lohnverhandlungen negative Effekte zu minimieren in der
Lage ist. Die OECD schlussfolgert, dass „die Zerbrechlichkeit der Elemente
welche eine Beziehung zwischen Kollektivvertragsverhandlungen und wirtschaftlicher Leistung herstellen, zu großer Vorsicht mahnt, wenn man daraus
politische Schlussfolgerungen ziehen will" (OECD 2004a, S. 146). Es scheint
aber einen relativen Konsens darüber zu geben, dass ein hoher Koordinierungs-
grad der Kollektivvertragsverhandlungen und der Lohnfestsetzung einen eher
positiven Einfluss auf Wirtschaft und Beschäftigung hat. Diese Koordinierung
erlaube es nicht nur sektorielle Interessen in die Verhandlungen einfließen zu
lassen, sondern auch die gesamtwirtschaftliche Situation. Kritiker meinen allerdings, dass eine Dezentralisierung der Lohnverhandlungen auf die Unterneh-
mensebene hin bessere makroökonomische Resultate bringen könnte, weil so der
spezifischen Situation des einzelnen Betriebes Rechnung getragen würde. Luxemburg kann man eher einer Zwischenzone zuordnen, wenn man die Gewerkschaftsdichte und den Tarifbindungsgrad betrachtet. Die Kollektivvertragsverhandlungen sind dezentralisiert, haben aber zugleich einen hohen Koordinie-
rungsgrad, der durch die „Tripartite" und durch die geringe Zersplitterung der
Gewerkschaftslandschaft bewirkt wird.

3.4 Konturen eines Normalarbeitsverhältnisses: Stabilität oder mangelnde Flexibilität?

Die auf der europäischen Arbeitskräfteerhebung basierenden Statistiken ergeben
folgendes Bild (Eurostat):

- die Arbeitslosenquote (% der Erwerbsbevölkerung 15+) lag 2002 bei 2,8%
  in Luxemburg, in der EU-15 bei 7,7%;[10]
- die Teilzeitbeschäftigung macht in Luxemburg nur 10,6% der Gesamtbeschäftigung aus, in der EU-15 18,1%;
- die befristeten Arbeitsverhältnisse entsprechen nur etwa 5% der Gesamtbeschäftigung in Luxemburg, gegenüber 13% im Durchschnitt in der EU-15;

---

[10] Es handelt sich um die von EUROSTAT veröffentlichte, harmonisierte Arbeitslosenquote. Die
Arbeitslosen, welchen verschiedene Arbeitsbeschaffungsmassnahmen zugute kommen, sind nicht
berücksichtigt. Ausserdem sind Grenzgänger nicht erfasst, weil sie an ihrem Wohnort eingetragen
sind.

- die Zahl der Selbständigen in Luxemburg liegt bei 5,9% der Gesamtbeschäftigung; in der EU-15 erreicht diese Quote 14,6%;
- die Quote der Schichtarbeit verrichtenden Beschäftigten in Luxemburg
  beträgt 6,5%; in der EU-15 sind es 13,8%;
- in Luxemburg waren im Jahre 2002 44,5% der Beschäftigten mehr als 10
  Jahre im selben Betrieb beschäftigt, in der EU-15 waren dies nur 39,4%, im
  Vereinigten Königreich sogar nur 30% und in den Vereinigten Staaten
  26,2%.

Es sei noch einmal daran erinnert, dass die Arbeitskräfteerhebung nur die Wohnbevölkerung (ausschließlich der Grenzgänger) betrifft. Diese Daten, welche eine
hohe Stabilität der Arbeitsverhältnisse sowie eine geringe Dichte atypischer
Arbeitsverhältnisse in Luxemburg (besser: der Luxemburger Wohnbevölkerung)
widerspiegeln, sollten auch im Kontext der Wirtschafts- und Beschäftigungsstruktur Luxemburgs gesehen werden. So sind Schichtarbeit und Sonntagsarbeit
eher in Industriebetrieben (welche von der Auslastung der Maschinen abhängig
sind) als in Dienstleistungsbetrieben üblich. Die Quote der Industriebeschäftigten
ist aber niedriger in Luxemburg als in anderen Ländern Europas. Die geringe
Zahl der Selbständigen ist nicht gleichbedeutend mit mangelnder wirtschaftlicher
Dynamik. Diese Zahl beinhaltet zum Beispiel nicht die außerhalb Luxemburgs
wohnenden Selbständigen. Die Unternehmensdemografie gibt schon eher Aufschluss über die Wirtschaftsdynamik. Die Gründungsquoten (Neugründungen/
Bestand an aktiven Unternehmen) in der Industrie lagen in Luxemburg bei 7,4%
im Jahr 1999, bei 7,5% im Jahr 2000 und 6,8% im Jahr 2001. Im europäischen
Durchschnitt waren die Gründungsquoten im Bereich der Industrie in denselben
Jahren 6,0%, 6,0% und 5,6%.[11] Trotz der Dynamik der Gesamtwirtschaft gibt es
sektorale Probleme, insbesondere im Handwerk, wo geeignete Kandidaten zur
Übernahme von Betrieben fehlen.

Die Arbeitszeiten scheinen in Luxemburg durch „traditionelle" Merkmale
gekennzeichnet zu sein. Die regelmäßige Arbeitszeit ist einheitlich begrenzt auf
acht Stunden pro Tag und 40 Stunden in der Woche. Diese Bestimmungen gehen
auf die Jahre 1971 – 1975 zurück. 1999 wurde durch die Umsetzung des nationalen Beschäftigungsplanes das Prinzip der Referenzperiode (Bezugszeitraum)

---

[11] Es handelt sich um den Durchschnitt folgender Länder: Dänemark, Spanien, Italien, Luxemburg,
Niederlande, Finnland, Schweden. Quelle: Eurostat, Unternehmensdemografie in 10 Mitgliedstaaten
und Norwegen – Ergebnisse von 1997-2001. *Statistik kurz gefasst*, (Thema: Industrie, Handel und
Dienstleistungen), n° 32/2004. N.B. Auch die Überlebensquoten der Unternehmen sind positiv im
europäischen Vergleich. Der Anteil der im Jahr 1998 gegründeten Industrieunternehmen welche 3
Jahre später (2001) noch aktiv waren lag bei 76,3% in Luxemburg, aber nur bei 60,3% in Dänemark,
64,3% in Finnland und 64,5% in Italien.

eingeführt, während der eine Schwankung der Arbeitszeit um diesen Durchschnitt erlaubt ist, ohne eine zulässige Höchstarbeitszeit von 48 Stunden pro Woche und 10 Stunden am Tag zu überschreiten. Mit dieser wöchentlichen Höchstarbeitszeit von 48 Stunden liegt Luxemburg auf derselben Ebene wie Deutschland, Frankreich, Italien und die Niederlande (EIRO 2004b, 2003b). Außerdem sieht die neue Gesetzgebung vor, dass in den Kollektivvertragsverhandlungen über Arbeitszeitgestaltung – aber ohne Erfolgszwang – zu reden ist. Im Jahre 2002 betrug die durchschnittliche tarifvertraglich geregelte Wochenarbeitszeit in Luxemburg 39 Stunden und lag damit etwa im EU-15 Durchschnitt. Die durchschnittliche gewöhnliche Wochenarbeitszeit der Vollzeitbeschäftigten von 39,5 Stunden im Jahr 2002 ist in Luxemburg niedriger als in Deutschland (39,9 Stunden) und vor allem in Großbritannien (43,3 Stunden). Sie ist aber höher als in Frankreich (37,7 Stunden), Belgien (39,3 Stunden), Dänemark (39,1 Stunden) und Italien (38,5 Stunden) (Europäische Kommission 2003, S. 143).

Die 40-Stunden-Woche und der Acht-Stunden-Tag sind in Luxemburg noch die Regel. Im Jahr 2002 gaben 88% der Beschäftigten an, 40 Stunden in der Woche zu arbeiten. Im Vergleich zu 1985, als 93% der Beschäftigten dies angaben, sind die Veränderungen also relativ gering. In andern Ländern sind die Wochenarbeitszeiten viel differenzierter. So geben in den Niederlanden nur 40% der Beschäftigten an, 40 Stunden zu arbeiten. (OECD 2004a, S. 41)

Die durchschnittliche Wochenarbeitszeit vermittelt aber nur einen ersten Eindruck über die Arbeitszeit. Die Jahresarbeitszeit ist der wesentlich aussagekräftigere Indikator. Die Jahresarbeitszeit wird durch die Wochenarbeitszeit bestimmt, aber auch durch Ferien- und Feiertage beeinflusst. Generell ist ab 1950 in allen industrialisierten Ländern eine Verkürzung der Jahresarbeitszeit festzustellen, wobei in den meisten Ländern die Reduzierung in den Jahren 1950-1975 stärker ausgeprägt ist als in der Zeit danach.[12] Die Jahresarbeitszeit liegt heute in Luxemburg in der Nähe von Ländern wie Frankreich, Dänemark und Deutschland. Im Vergleich zu den angelsächsischen Ländern und Japan ist diese Jahresarbeitszeit relativ niedrig. Die Jahresarbeitszeit in den Niederlanden und Norwegen ist aber wesentlich niedriger als in Luxemburg.

---

[12] Nach OECD-Schätzungen lag die Gesamtjahresarbeitszeit pro Beschäftigtem (einschliesslich Teilzeitarbeit) im Jahre 2002 bei 1.582 Stunden in Luxemburg. In Deutschland waren dies 1.480 Stunden, in Frankreich 1.467 Stunden und in den Niederlanden, mit einem hohen Anteil von Teilzeitbeschäftigten, 1.223 Stunden. Nach denselben Schätzungen ist diese Gesamtjahresarbeitszeit pro Beschäftigten von 1990 bis 2002 um 4,8% in Luxemburg gesunken; davon gehen 1,8% auf eine Senkung der Arbeitszeit der Vollbeschäftigten, 2,3% auf die Zunahme der Teilzeitarbeit und 0,7% auf die Senkung der Jahresarbeitszeit der Teilzeitbeschäftigten zurück. Es ist noch zu beachten, dass die Veränderung der Jahresarbeitszeit der *Vollzeitbeschäftigten* von –1,7% in Luxemburg geringer ist als in Belgien (-3,4%) und in Frankreich (-4,2%), aber höher als in Deutschland (-1,3%) (OECD 2004a, S. 36, 38).

Das Gesetz vom Februar 1999, das den nationalen Beschäftigungsplan –
welcher im Kontext der europäischen Beschäftigungsstrategie ausgearbeitet
wurde – umsetzt, soll eine Modernisierung und Flexibilisierung der Arbeitszeitgestaltung bringen. Die Umsetzung dieser neuen Bestimmungen scheint jedoch
nur langsam voran zu kommen.[13]

4   Aktuelle beschäftigungspolitische Themen

Aus den bisherigen Ausführungen geht hervor, dass die Arbeitsverhältnisse in
Luxemburg im Allgemeinen von einer relativ großen Stabilität geprägt sind,
welche sich auch darin widerspiegelt, dass harte Arbeitskämpfe und Streiks selten sind. Dies darf jedoch nicht über einige aktuelle beschäftigungspolitische
Probleme hinwegtäuschen.

4.1 Zuwachs der Arbeitslosigkeit

Die Anzahl der beim Arbeitsamt gemeldeten Arbeitssuchenden, die keine Arbeit
fanden, stieg von 1094 im Jahr 1980 (eine Arbeitslosenquote von 0,7%) auf 2060
im Jahr 1990 (Arbeitslosenquote bei 1,3%). Im Jahr 2000 gab es im Durchschnitt
4964 Arbeitslose, was einer Arbeitslosenquote von 2,6% entspricht. Der Kon-
junkturumschwung im Jahr 2001 verursachte einen Einbruch des Beschäfti-
gungszuwachses. Dies gilt, obwohl – im Gegensatz zu andern Ländern – noch
neue Arbeitsplätze geschaffen werden konnten. Parallel dazu gab es einen
schnellen Anstieg der Arbeitslosigkeit. (Übersicht 10). Dieser Anstieg erreichte
über 30% von 2002 bis 2003: im Jahr 2002 waren im Durchschnitt 5.823 Personen arbeitslos; 2003 waren es 7.587 Personen, wovon 3.938 (etwa die Hälfte der
Arbeitslosen) Recht auf Arbeitslosenunterstützung hatte. Mitte des Jahres 2004
lag die Arbeitslosenquote bei etwa 4,2%, das heißt weit unter dem EU-Durchschnitt, aber auf einem, für luxemburgische Verhältnisse, sehr hohen Niveau.

---

[13] Zur Umsetzung der Bestimmungen des nationalen Beschäftigungsplanes im Bereich der Arbeits-
zeitorganisation siehe ACORD International (2002b).

Übersicht 10: Beschäftigung und Arbeitslosigkeit

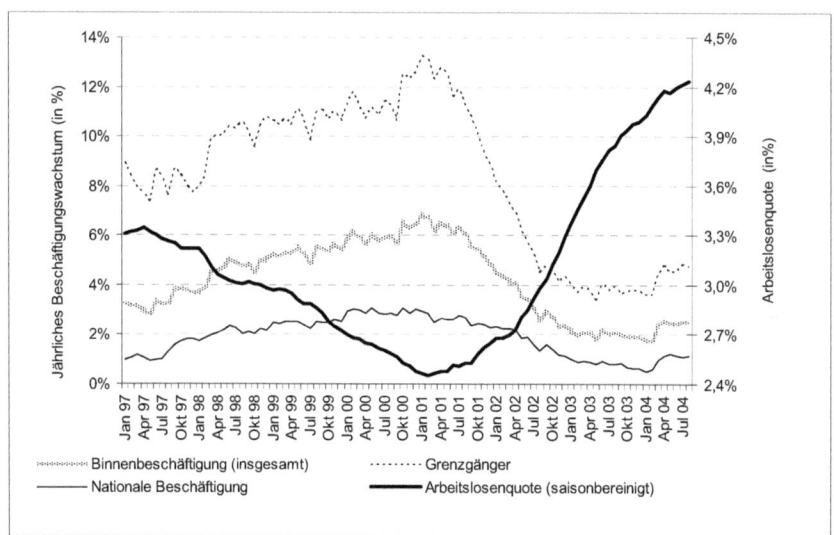

Quelle: STATEC, Arbeitsamt, Generalinspektion der Sozialversicherungen

Die offizielle Arbeitslosenquote beinhaltet nicht die Zahl der Arbeitslosen, denen aktive Arbeitsbeschaffungs-Maßnahmen bzw. Weiterbildungsmaßnahmen zugute kommen. Dies waren 2003 im Durchschnitt 2.931 Personen.[14] Würde man diese Gruppe zu den „offiziellen" Arbeitslosen hinzuzählen, hätte Mitte 2004 die Arbeitslosenquote über 5,5% betragen. Die Grenzgänger scheinen mit den in Luxemburg wohnhaften Erwerbstätigen auf dem luxemburgischen Arbeitsmarkt in Konkurrenz zu treten. Mangelnde Qualifikation der Wohnbevölkerung wurde als einer der Gründe dieser Entwicklung ausgemacht. Der europäische Strukturindikator „Höchster erreichter Bildungsgrad der Jugendlichen" – definiert als der Prozentsatz der Bevölkerung im Alter von 20-24 Jahren mit mindestens Sekundarstufe-II-Abschluss – erlaubt folgenden Vergleich: Im Jahr 2002 hatten in Luxemburg 69,8% der 20-24 Jährigen wenigstens einen Sekundarabschluss der Stufe 2; der Prozentsatz in Deutschland betrug 73,3%, in Frankreich 81,7%, in Belgien 81,1% und in der EU-15 im Durchschnitt 73,8%. Der Prozentsatz der „frühen Schulabgänger" ist in Luxemburg höher als in den Nachbarländern: Er

---

[14] Weitere Informationen über die Arbeitsbeschaffungsmassnahmen und Arbeitsaktivierungsmaßnahmen findet man in: ACORD International 2002a, S. 4-22. Der Bericht „Beschäftigung in Europa 2004" der Europäischen Kommission enthält einige interessante Hinweise zu den aktiven Arbeitsbeschaffungsmassnahmen (Europäische Kommission 2004a, S. 66-77).

beträgt 17% in Luxemburg, 12,6% in Deutschland und 13,4% in Frankreich. (EUROSTAT 2004a).

Eine statistische Studie über das Bildungsniveau der Grenzgänger und der in Luxemburg wohnhaften Erwerbsbevölkerung hat gezeigt, dass 54% der Grenzgänger, aber nur 46% der in Luxemburg wohnhaften Erwerbstätigen einen Bildungsabschluss der oberen Sekundarstufe haben. Darüber hinaus haben nur 29% der Wohnbevölkerung, aber 33% der Grenzgänger einen tertiären Bildungsabschluss. Es fällt auf, dass bei den in Luxemburg wohnenden Erwerbstätigen nur 34% der Ausländer, aber 53% der Luxemburger (im Durchschnitt 46%) einen Sekundarabschluss der oberen Stufe haben. Bei der portugiesischen Wohnbevölkerung haben sogar nur 29% einen solchen Schulabschluss.[15] Die relative niedrige durchschnittliche Qualifikation der in Luxemburg wohnenden Erwerbstätigen ist also sicher teilweise auf die Einwanderung gering Qualifizierter zurückzuführen. Das schlechte Abschneiden bei der PISA-Studie zeigt aber, dass dieses Qualifikationsproblem nicht nur exogener Natur ist und somit beschäftigungs- und bildungspolitische Antworten erforderlich macht. Vor allem das schulische Weiterkommen von Kindern aus in Luxemburg wohnhaften ausländischen Familien stellt eine große aktuelle gesellschaftspolitische Herausforderung dar.

Im schulischen Bereich drücken die bildungspolitischen Antworten sich bisher eher in pädagogischen Reformen als in Strukturreformen aus. Um die Arbeitsfähigkeit der erwerbstätigen Wohnbevölkerung zu erhöhen, setzt man aber auch auf berufliche Weiterbildung. Seit dem 1. Januar 2000 (Gesetz vom 22. Juni 1999, modifiziert am 10. Juni 2002) können die luxemburgischen Unternehmen eine staatliche Unterstützung für ihre Investitionen im Bereich der beruflichen Weiterbildung in Anspruch nehmen in Form von „Direkthilfen" oder Steuernachlässen. Die Zahl der angenommenen Anträge auf diese Hilfe stieg von 152 im Jahr 2000 auf 280 im Jahr 2002 (Ministère du travail et de l'emploi 2003, S. 35). Diese Maßnahmen sind auch angebracht: der Prozentsatz der an Aus- und Weiterbildungsmaßnahmen teilnehmenden Bevölkerung im Alter von 25-64 Jahren in den vier Wochen vor der jährlichen Arbeitskräfteerhebung lag in Luxemburg im Jahr 2003 bei 6,3%, das heißt ein wenig unter dem EU-Durchschnitt von 9,7%, aber weit unter den Prozentsätzen von Ländern wie Dänemark (18,9%) und Finnland (17,6%) (EUROSTAT 2004a).

---

[15] Zu den Bildungsdifferenzen zwischen den Grenzgängern und der Wohnbevölkerung weitere Details in: Mireille Zanardelli, Les niveaux de formation de la main-d'oeuvre active et potentielle au Grand-Duché de Luxembourg, Population et emploi, Nr. 3/2004.

Übersicht 11: Leiharbeit 1995 – 2004

	Jahr				
	1995	2001	2002	2003	2004
Zahl der Leiharbeiter	2483	4758	4720	5055	5081
Arbeitsstunden (1000)	342	660	650	693	679
Leiharbeit nutzende Unternehmen	560	1144	1172	1214	1224

Quelle: Generalinspektion der Sozialversicherungen, Ministerium für Arbeit und Beschäftigung

N.B.: Die Zahlen betreffen den Durchschnitt der am Ende des Monats sozialversicherten Leiharbeiter.
Für das Jahr 2004: Durchschnitt der ersten 4, bzw. 5 Monate

4.2 Entwicklung „atypischer" Arbeitsverhältnisse?

Oben wurde ausgeführt, dass „typische" oder „traditionelle" Arbeitsverhältnisse auf dem Luxemburger Arbeitsmarkt dominieren. Allerdings gibt es Hinweise auf eine Veränderung seit Beginn der 1990er Jahre: Die Zahl der befristeten Arbeitsverhältnisse erhöhte sich von 3,4% der Gesamtbeschäftigung im Jahr 1992 auf 5,1% im Jahr 2002. Absolut gesehen ist die Zahl noch gering, aber der Zuwachs ist beträchtlich. Die Teilzeitbeschäftigung betrug 2002 10,6% der Gesamtbeschäftigung gegenüber 6,5% im Jahr 1992 (Europäische Kommission 2003, S. 209, 220). Auch hier ist die absolute Zahl im Vergleich zu anderen europäischen Ländern gering. Die Durchschnittsquote der Teilzeitarbeit lag bei 18,1% der Gesamtbeschäftigung in der EU-15. Das Wachstum der Teilzeitarbeit in den letzten zehn Jahren ist aber nicht unerheblich, besonders weil zwischen 1973 (als die Teilzeitarbeit bei 5,8% der Beschäftigung lag) und 1992 fast keine Veränderung zu verzeichnen war. Die Quote der Teilzeitbeschäftigungen ist insbesondere bei den Männern sehr niedrig, im Jahr 2002 2,0% in Luxemburg, aber bei 21,2% in den Niederlanden und 6,5% im Durchschnitt der EU.

Die Zahl der Leiharbeiter, der geleisteten Arbeitsstunden und der Unternehmen, welche Leiharbeit nutzen, verdoppelte sich in zehn Jahren. Das Wachstum der Leiharbeit (Zeitarbeit) ist auch ein europaweites Phänomen (EIRO 1999). Die in Übersicht 11 hervorgehobenen Zahlen betreffen die am Ende des Monats sozialversicherten Leiharbeiter. Wenn man den monatlichen Durchschnitt zu Grunde legt, ist die Zahl der Leiharbeiter wesentlich höher, weil die Dauer der Leihverträge relativ kurz ist. Nach dieser Leseart wuchs die Zahl der Leiharbeiter von 3858 im Jahr 1998 auf 7208 im Jahr 2003. 30% der Leiharbeiter waren 2003 im Baugewerbe angestellt, 25% in der Industrie, 10% im Handel, 8% in den unternehmensbezogenen Dienstleistungen und 7% im Gastgewerbe

(STATEC 2004a, S. 119-120). Man kann noch vermerken, dass fast 80% der Leiharbeiter Grenzgänger sind (Clément 2004). Im Dezember 1997 wurde ein Abkommen zwischen dem Arbeitsamt und den Leiharbeitsfirmen unterzeichnet, welches vorsieht, dass die Leiharbeitsangebote von über zwei Wochen dem Arbeitsamt mitzuteilen sind. Die Leiharbeitsfirmen verpflichten sich auch ein Kontingent von Langzeitarbeitslosen, bei gleicher Qualifikation, bevorzugt bei der Arbeitsvermittlung zu behandeln. Das Arbeitsamt seinerseits verpflichtet sich, die Unternehmen, welche sich an Leiharbeitsfirmen wenden, nicht direkt zwecks Arbeitsvermittlung zu kontaktieren.

4.3 Beschäftigungsquoten

Eines der Ziele der europäischen Beschäftigungsstrategie ist es, die Beschäftigungsquoten in Europa zu erhöhen:

- die globale Beschäftigungsquote (Männer und Frauen,15-64 Jahre) soll 67% im Jahre 2005 und 70% im Jahr 2010 betragen;
- die Beschäftigungsquote der Frauen (15-64 Jahre) soll 57% im Jahr 2005 und 60% im Jahr 2010 erreichen;
- die Beschäftigungsquote der älteren Arbeitnehmer (Männer und Frauen, 55-64 Jahre) soll 2010 50% erreichen.

Bei den älteren Arbeitnehmern und bei den Frauen liegen die Beschäftigungsquoten in Luxemburg weit unter denen der meisten anderen europäischen Länder. Die sehr niedrige Beschäftigungsquote bei den älteren Erwerbstätigen – 28.3% im Jahre 2002 in Luxemburg, gegenüber 40% im EU-Durchschnitt – resultiert aus der Vorruhestandsgesetzgebung („préretraite") und dem System der vorgezogenen Pensionierung („pension de vieillesse anticipée"). Diese Regelungen liegen in der wirtschaftlichen Krisenzeit 1975-1985 begründet und sollten unter anderem den Personalabbau in der Stahlindustrie sozial erträglich gestalten. In der Folge wurden diese Bestimmungen ausgeweitet und im Jahr 2003 lag das durchschnittliche Erwerbsaustrittalter in Luxemburg bei 59,3 Jahren[16], gegenüber 60,8 Jahren in der EU-15. Die niedrige Beschäftigungsquote älterer Arbeitnehmer beruht auch auf der massiven Zuerkennung von Invalidenrenten bis zur Mitte der 1990er Jahre. Im Jahr 2002 wurden insgesamt 79561 persönliche Pen-

---

[16] Das „normale" Pensionsalter liegt in Luxemburg im Prinzip bei 65 Jahren. Ein Anspruch auf die vorgezogene Alterspension besteht mit 57 Jahren, wenn der Antragsteller 40 Jahre altersversichert ist.

sionen von der luxemburgischen Sozialversicherung ausbezahlt. Davon waren
19672 (etwa 25%) Invalidenpensionen. Das Durchschnittsalter bei der Zuerkennung der Invalidenrente lag im Jahr 2001 bei etwa 50 Jahren. Eine konstante
Jurisprudenz der Sozialgerichte, welche die gesetzliche Definition der Invalidität[17] restriktiver auslegt, hat dazu beigetragen die Tendenz bei der Zuerkennung
der Invalidenrente ab dem Jahr 1997 nach unten zu revidieren (Generalinspektion der Sozialversicherungen 2003). Bis dahin genügte es, im zuletzt ausgeübten
Beruf arbeitsunfähig zu sein; heute muss erwiesen sein, dass man unfähig ist, den
zuletzt ausgeübten Beruf als auch eine andere Beschäftigung auszuüben.

Auch der Gesetzgeber hat sich eingeschaltet, um die Beschäftigungsquote
der älteren Arbeitnehmer zu erhöhen. Das Gesetz vom 25. Juli 2002 über die
Arbeitsunfähigkeit und die berufliche Wiedereingliederung ist eine Antwort auf
die restriktivere Zuerkennungsprozedur bei Invalidenpensionen und soll, bei
beruflicher Arbeitsunfähigkeit, die interne Integration im Betrieb oder eine Wiedereingliederung über den Arbeitsmarkt durch Rehabilitations- oder Umschu-
lungsmaßnahmen fördern. Ein Gesetz vom 28. Juni 2002 führt das Prinzip einer
gestaffelten Erhöhung der Pension bei längerer Lebensarbeitszeit ein und soll
dazu beitragen, die Berufsausübung zu verlängern. Die Fortschritte beim Zuwachs der Beschäftigungsquote älterer Arbeitnehmer ab 1997 sind spürbar: allerdings bleibt Luxemburg mit Belgien am Schluss des europäischen Feldes.[18] Die
niedrigen Beschäftigungsquoten der Frauen haben sozio-kulturelle Gründe, sind
aber auch abhängig von der Möglichkeit flexibler Arbeitszeitgestaltung, zum
Beispiel Teilzeitarbeit, die es erlaubt, Familie mit Beruf zu kombinieren. Die
luxemburgische Frauenbeschäftigungsquote liegt zwischen jener der südeuropäi-
schen Länder, in denen sich das traditionelle Familienmodell am längsten gehalten hat und die Teilzeitarbeit am wenigsten entwickelt ist, wie Italien, Griechenland und Spanien und jener der „fortschrittlicheren" nordeuropäischen Länder
(Dänemark, Schweden, Niederlande).

Die rezenten politischen Prioritäten in Luxemburg sind unter anderem auf
die Bekämpfung der Diskriminierung am Arbeitsplatz und die Gleichbehandlung
von Frauen und Männern ausgerichtet. Das Gesetz vom 26. Mai 2000 soll Frauen
vor sexueller Belästigung am Arbeitsplatz schützen. Durch das Gesetz vom 28.
Juni 2001 (welches eine europäische Richtlinie von 1997 umsetzt) wurde die Be-
weislast bei Diskriminierung aufgrund des Geschlechts umgedreht, das heißt,
dass die beklagte Partei nachweisen muss, dass keine Verletzung des Gleichbe-

---

[17] Art. 187 der Sozialversicherungsgesetzbuches: „Als von Invalidität betroffen wird der Versicherte
angesehen, der ... eine Minderung der Arbeitsfähigkeit erlitten hat, die ihn daran hindert seinen
zuletzt ausgeübten Beruf oder eine andere seinen Kräften und Fähigkeiten entsprechende Beschäftigung auszuüben".
[18] Weitere Informationen zum Problem der älteren Arbeitnehmer in OECD (2004c).

handlungs-Grundsatzes vorgelegen hat. Außerdem gibt es seit September 1998 in jedem Betrieb, der über 15 Personen beschäftigt, eine(n) Delegierte(n) des Gewerkschaftsausschusses, welcher für die Gleichbehandlung zuständig ist. Gemäß Gesetz vom 12. Februar 1999 (das den nationalen Beschäftigungsplan umsetzt) muss während der Kollektivvertrags-Verhandlungen auch über die Möglichkeit eines „Planes für Gleichbehandlung" im Unternehmen diskutiert werden.

Im Bereich der Arbeitsgestaltung schuf dasselbe Gesetz einen Elternurlaub von 6 bzw. 12 Monaten (bei Halbtagsarbeit), welcher während der Erziehung eines Kindes von unter 5 Jahren vom Vater und/oder der Mutter in Anspruch genommen werden kann. Während des Elternurlaubs hat der Arbeitnehmer eine Wiedereinstellungsgarantie und ist vor einer Entlassung geschützt. Der Urlaub gibt auch Anrecht auf eine Entschädigung, welche Mitte 2004 bei etwa 1.700 € monatlich lag (bei Halbstagsarbeit die Hälfte dieser Summe). Von 1999 bis 2001 haben 30% der potentiellen Anspruchsberechtigten (5,3% der Väter und 68% der Mütter) den Elternurlaub in Anspruch genommen. 89% der Elternurlaube wurden im Anschluss an einen Mutterschaftsurlaub genommen. Nach einer Studie von KPMG wurden 44% der Personen, die den Elternurlaub nutzten, durch eine externe Lösung an ihrem Arbeitsplatz ersetzt (KPMG 2002). Auch wenn die beschäftigungspolitische und familienpolitische Wirkung des Elternurlaubs nicht zu unterschätzen ist, zeigt die Verteilung des in Anspruch genommenen Urlaubs zwischen Frauen (88%) und Männern (12%), dass die traditionelle Rollenverteilung weiterhin besteht.

Eine andere Zielsetzung, welche aus den Beschäftigungsplänen hervorgeht, ist die Ausweitung und Diversifizierung der institutionellen Kinderbetreuungsmöglichkeiten. Zwischen 1996 und 2002 ist die Zahl der staatlich geförderten und kontrollierten Kinderkrippen und Kindertagesstätten von 39 auf 54 gestiegen. Die Zahl der Betreuungsplätze hat sich fast verdoppelt: 1.133 im Jahr 1996, 2070 im Jahr 2002, davon 1.108 Plätze für 0-4-jährige Kinder und 961 Plätze für 4-12 Jährige. Diese Zahlen sollten aber nicht darüber hinwegtäuschen, dass die Infrastruktur für Kinderbetreuung noch sehr ungenügend ist. Die vom Staat geförderten Kinderkrippenplätze für 0-4 Jährige reichen nur für 4% der Bevölkerung dieser Altersgruppe aus (1.108 Plätze auf 27.936 Kinder im Jahr 2002). Auch wenn man die privaten Kinderkrippen hinzuzählt (1680 Plätze) liegt der Prozentsatz noch unter 10% (Ministère du travail et de l'emploi 2003, S. 47-48).

5 Schlussfolgerung

Das außergewöhnliche Wirtschafts- und Beschäftigungswachstum in Luxemburg seit Mitte der 1980er Jahre ist verantwortlich für eine, im europäischen Ver-

gleich, sehr hohe Stabilität der Arbeitsverhältnisse und eine relativ niedrige Arbeitslosenquote. Die große Nachfrage der Luxemburger Betriebe konnte durch
den Rückgriff auf Einwanderer und vor allem Grenzgänger ausgeglichen werden.
Dies erlaubte es auch den Druck auf die Lohnkosten in Grenzen zu halten. Wenn
man die realen Lohnstückkosten betrachtet, scheinen auch die automatische Indexierung der Gehälter und der Mindestlohn langfristig keine wettbewerbsschä-
digende Wirkung gehabt zu haben. Die letzten Jahre sind aber von der Entwicklung „atypischer" Arbeitsverhältnisse (Leiharbeit, Teilzeitarbeit u.a.m.) sowie
vom Zuwachs der Arbeitslosigkeit gekennzeichnet. Luxemburg scheint sich in
dieser Hinsicht der Entwicklung auf europäischer Ebene anzupassen. Die be-
schäftigungspolitischen Maßnahmen (Arbeitszeitflexibilität, gewünschte Erhöhung der Beschäftigungsquoten von Frauen und älteren Arbeitnehmern, Arbeitsaktivierungsmaßnahmen), welche ab 1998 im Zuge der Umsetzung der europäischen Beschäftigungsstrategie getroffen wurden, zeigen jedoch erste Erfolge.

Literatur

ACORD International s.a. (2002a): Evaluation nationale de la stratégie européenne de
    l'emploi. Analyse des développements stratégiques, de la performance et de l'im-
    pact. Rapport final au Ministère du travail et de l'emploi, Luxembourg
    (http://europa.eu.int/comm/employment_social/news/2002/may/eval_lu.pdf; und
    http://europa.eu.int/comm/employment_social/news/2002/may/eval_2_lu.pdf).
ACORD International s.a. (2002b): Analyse de la mise en oeuvre des dispositions relati-
    ves au travail et à l'emploi qui en vertu de la loi du 12 février 1999 expirent au 31
    juillet 2003. Rapport II, (http://www.mt.etat.lu/Nouveausurserveur/EtudePAN-
    OT.doc).
ADEM (2004): Les activités de l'administration de l'emploi en 2003, Administration de
    l'emploi, Luxembourg (http://www.adem.public.lu/publications/brochures/divers/
    rapport_annuel_2003.pdf).
Clément, Franz und De Marneffe Joël (2004): Le travail intérimaire au Luxembourg
    1999-2003, Eures, Ceps/Instead, Luxembourg (http://www.eureslux.org/documents/
    FR/Par23.pdf).
EIRO (1999): Zeitarbeit in Europa, European Industrial Relations Observatory on-line
    (http://www.eiro.eurofound.eu.int/1999/01/study/tn9901249s.html).
EIRO (2002): Collective bargaining coverage and extension procedures, European Indus-
    trial Relations Observatory on-line (http://www.eiro.eurofound.ie/2002/12/study/tn0
    212102s.html).
EIRO (2003a): Arbeitgeberverbände in Europa, European Industrial Relations Observato-
    ry on-line (http://www.eiro.eurofound.ie/2003/11/study/tn0311102s.html).
EIRO (2003b): Das Konzept der Jahresarbeitszeit in Europa, European Industrial Relati-
    ons Observatory on-line (http://www.eiro.eurofound.eu.int/2003/08/study/tn030810
    2s.html).

EIRO (2004a): Gewerkschaftsmitgliederzahlen im Zeitraum 1993 bis 2003, European Industrial Relations Observatory on-line (http://www.eiro.eurofound.ie/2004/03/up date/tn0403114u.html).

EIRO (2004b): Entwicklungen im Bereich der Arbeitszeit 2003, European Industrial Relations Observatory on-line (http://www.eiro.eurofound.eu.int/2004/03/update/tn 0403113u.html).

Europäische Kommission (2003): Beschäftigung in Europa 2003 (15. Ausgabe), Brüssel (http://europa.eu.int/comm/employment_social/employment_analysis/employ_2003 _de.htm).

Europaïsche Kommission (2004a): Beschäftigung in Europa 2004 (16. Ausgabe), Brüssel (http://europa.eu.int/comm/employment_social/employment_analysis/employ_2004 _de.htm).

Europaïsche Kommission (2004b): AMECO-Datenbank (Internetseite der Europäischen Kommission im Oktober 2004) (http://europa.eu.int/comm/economy_finance/indica tors/ annual_macro_economic_database/ameco_en.htm).

Europäische Zentralbank (2004): Sectoral specialisation in the EU. A macroeconomic perspective, MPC task force of the ESCB, Occasional Paper Series, n° 19, July (http://www.ecb.int/pub/pdf/scpops/ecbocp19.pdf).

EUROSTAT (2003a): Arbeitskostenerhebung 2000. EU-Mitgliedstaaten und Beitritts-kandidaten, Statistik kurz gefasst, Thema: Bevölkerung und soziale Entwicklung, n° 18/2003.

EUROSTAT (2003b): Bruttojahresverdienste. Ergebnisse der Mitgliedstaaten, der Bei-tritts- und Kandidatenländer und der Schweiz, Statistik kurz gefasst, Thema: Bevöl-kerung und soziale Entwicklung, n° 25/2003.

EUROSTAT (2003c): Regionale Arbeitslosigkeit in der Europäischen Union im Jahr 2002, Statistik kurz gefasst, Thema: Bevölkerung und soziale Entwicklung, n° 9/2003.

EUROSTAT (2004a): Strukturindikatoren (EUROSTAT – Internetseite im September 2004).

EUROSTAT (2004b): Nettojahresverdienst im verarbeitenden Gewerbe, Statistik kurz gefasst, Thema: Bevölkerung und soziale Entwicklung, n° 4/2004.

EUROSTAT (2004c):Arbeitskosten in Europa 1996-2002, Statistik kurz gefasst, Thema: Bevölkerung und soziale Entwicklung, n° 9/2004.

EUROSTAT (2004d): Mindestlöhne. EU-Mitgliedstaaten, Kandidatenländer, USA 2004, Statistik kurz gefasst, Thema: Bevölkerung und soziale Entwicklung, n° 10/2004.

Fehlen, Fernand und Jacquemart, Erik (1995): La main d'oeuvre frontalière au Luxem-bourg. Exploitation des fichiers de la sécurité sociale, Cahiers économiques du STATEC, n° 84.

Inspection générale de la sécurité sociale (2003): Rapport général sur la sécurité sociale 2002, Luxembourg (http://www.etat.lu/MSS/publications.htm).

KPMG (2002): Etude d'évaluation de l'impact du congé parental au Grand-Duché de Luxembourg, Luxembourg, (http://www.mt.etat.lu/Nouveausurserveur/Etude-PAN-CP.doc).

Langers, Jean (1999): Emploi et population active: l'apport des étrangers. In: L'économie luxembourgeoise au 20e siècle, STATEC, Luxembourg, S. 220-254.

Langers, Jean (2003): Aspects socio-démographiques de la croissance économique au Luxembourg. In: Bulletin du STATEC, n° 1/2003 (http://www.statec.lu/html_fr/ statistiques/bulletin/bull1_2003.pdf).

Martinez-Mongay, Carlos (2000): ECFIN'S effective tax rates. Properties and Comparisons with other tax indicators, in: European Commission, Directorate General for Economic and Financial Affairs, Economic papers, n° 146, October (http://europa. eu.int/comm/economy_finance/publications/economic_papers/economicpapers146_ en.htm).

Ministère du travail et de l'emploi (2003): Plan d'action national pour l'emploi. Rapport national 2003, Luxembourg (http://europa.eu.int/comm/employment_social/employ ment_strategy/nap_2003/nap_lux_fr.pdf).

OECD (1999): Systèmes de prestations et incitations au travail. Edition 1999, Paris.

OECD (2004a): Employment perspectives 2004, Paris.

OECD (2004b): Taxing wages 2002-2003, 2003 Edition, Paris.

OECD (2004c): Luxembourg. Vieillissement et politiques de l'emploi. Ageing and Employment Policies, Directorate for Employment, Labour and Social Affairs (ELS), Paris (http://www.mt.etat.lu/Nouveausurserveur/OECD-Rapport.pdf).

STATEC (1999): L'économie luxembourgeoise au 20e siècle (sous la dir. de Robert WEIDES), Luxembourg.

STATEC (2003a): Wirtschafts-und Gesellschaftsportrait Luxemburgs, Luxembourg (http://www.statec.lu/html_de/statistiques/portrait_economique/portrait2003_de.pdf).

STATEC (2003b): Enquête sur le coût de la main-d'oeuvre 2000, Bulletin du STATEC, n° 6/2003 (http://www.statec.lu/html_fr/statistiques/bulletin/bull6_2003.pdf).

STATEC (2004a): L'économie luxembourgeoise en 2003 et évolution conjoncturelle récente, Note de conjoncture, n° 1/2004 (http://www.statec.lu/html_fr/statistiques/ note_de_conjoncture/ndc1_2004.pdf).

STATEC (2004b): Volkswirtschaftliche Gesamtrechnungen. Ausgabe 04_2. (Internetseite des STATEC im Oktober 2004) (http://www.statec.lu/html_fr/statistiques/statisti ques_par_domaine/comptabilite_nationale/download.html).

Zanardelli, Mireille (2004): Les niveaux de formation de la main-d'oeuvre active et potentielle au Grand-Duché de Luxembourg, Population et emploi, n° 3/2004.

Raumentwicklung, Regionalpolitik und Landesplanung

Thiemo W. Eser/Maryse Scholtes

1 Einführung

Regionalpolitik setzt sich idealerweise aus einem koordinierten Einsatz von regionaler Wirtschaftspolitik und Raumordnungspolitik zusammen (Spehl 1984). Aufgrund der Zuordnung dieser Aufgaben an unterschiedliche Ministerien war bis in die 90er Jahre die praktische Politik in beiden Bereichen in Deutschland und im angelsächsischen Raum unzureichend koordiniert. In Frankreich hingegen war diese Kluft aufgrund eines umfassenderen Verständnisses des Aménagement du Territoire nicht existent, denn hier wurde schon immer im Sinne einer Ausstattung des Territoriums auch regionale Wirtschaftspolitik betrieben – wenn auch mit anderem Zielverständnis. Luxemburg folgte, obwohl der französische Begriff des Aménagement du Territoire (mit Landesplanung übersetzt) verwendet wird, in der praktischen Politik eher dem deutschen Modell. Doch setzt sich seit der Reform der Landesplanung im Jahr 1999 ein wesentlich umfassenderes Verständnis der Raumentwicklung durch, das die Kluft zunehmend durch integriertes Denken und Handeln überbrückt, was im Rahmen dieses Beitrags aufgezeigt werden soll.[1]

Das Verständnis von Landesplanung hat sich dahingehend verändert, dass sich Planung im engeren Sinne zunehmend auf die Koordination von Fachpolitiken im Hinblick auf ihre räumlichen, wirtschaftlichen und gesellschaftlichen Aspekte und Wirkungen konzentriert, denn die Durchsetzung von gewünschter räumlicher Entwicklung hängt wesentlich auch davon ab, dass die politischen Akteure alle Politikfelder den räumlichen Zielen verpflichten, denn eine Raumordungspolitik ist gegen Fachpolitiken faktisch nicht durchsetzbar und auch nicht wünschenswert. Diesen Geist versucht die reformierte Landesplanung in den letzten sieben Jahren umzusetzen.

Das integrative Verständnis, das dem zugrunde liegt, kann folgendermaßen charakterisiert werden: Wirtschaftsentwicklung findet im Raum statt und ist abhängig von den räumlichen Entwicklungsbedingungen. Das ist in Luxemburg deutlich zu erkennen, wo sich der Schwerpunkt wirtschaftlicher Aktivitäten vom

---

[1] Der Beitrag gibt die persönliche Meinung der beiden Autoren wieder und basiert auf dem Stand Anfang 2005.

Süden mit den Montanstandorten der 60er und 70er Jahre mit dem wachsenden Bankensektor in den 80er und 90er Jahren ins Zentrum der Stadt Luxemburg und an dessen Rand verlagert hat. Die Standortattraktivität Luxemburgs hat zudem in den 90er Jahren zu einem immensen Wachstum an Arbeitsplätzen geführt. Weitere Prognosen schließen einen Bevölkerungszuwachs von 400.000 auf 700.000 Einwohner in den nächsten 20 Jahren nicht aus (PD 2003, S. 27). Vor diesem Hintergrund müssen für Menschen und Unternehmen, aber auch für ökologische Funktionen Flächen zur Verfügung stehen. Und Flächen bzw. Boden lassen sich neben anderen Umweltressourcen als Produktionsfaktor weder erweitern noch vergrößern. Es besteht also Handlungsbedarf für die Raumentwicklung.

2 Raumentwicklung

Das Erscheinungsbild Luxemburgs wird durch die räumliche Verteilung der Bevölkerung, der Arbeitsplätze und Infrastrukturen mit ihren Standorten und räumlichen Verflechtungen als den wesentlichen siedlungsstrukturbildenden Komponenten geprägt. Die heute erkennbaren Raumstrukturen sind Ergebnisse langfristiger Prozesse und Kräfte, die die Raumentwicklung beeinflussen (IVL 2004, S. 5).[2]

2.1 Bevölkerung und Wirtschaft

Im Jahr 2003 lebten in Luxemburg ca. 448.300 Einwohner auf der Fläche von 2.586km². Damit lag die durchschnittliche Bevölkerungsdichte bei ca. 170 Einwohnern/km² und somit deutlich über dem Durchschnitt der Europäischen Union (2000: ca. 120 Einwohner/km²). Allerdings variiert die Bevölkerungsdichte innerhalb Luxemburgs beträchtlich: in den ländlichen Regionen (Nord, Ost und West) lebt etwa ein Fünftel der Bevölkerung bei einer Dichte von 81 Einwohnern/km², in den verdichteten Regionen (Zentrum und Süd) sind es etwa vier Fünftel der Bevölkerung bei einer Dichte von 315 Einwohnern/km². Aufgrund von intraregionalen Wanderungen zwischen der Stadt Luxemburg und ihrem Umland sind hier Suburbanisierungstendenzen erkennbar. Sie werden maßgeblich verursacht von generell zunehmender Mobilität, von Mangel an verfügbarem Bauland und hohen Baulandpreisen in den verdichteten Räumen gegenüber einer hohen Baulandverfügbarkeit und niedrigeren Baulandpreisen im Umland (IVL 2004, S. 11; Europäische Kommission/Eurostat 2004, S. 40).

---

[2] Der Dank geht an Michaela Gensheimer für ihren Beitrag zu diesem Abschnitt.

Zwischen 1991 und 2001 ist die Bevölkerung Luxemburgs um 14% gewachsen. Damit verzeichnet Luxemburg eine weit überdurchschnittlich positive Bevölkerungsentwicklung im europäischen Vergleich. Der Bevölkerungszuwachs findet vornehmlich in den ländlichen Räumen statt, während in der Hauptstadt und den angrenzenden Gemeinden, im Süden und in einigen zentralen Orten die Bevölkerungsentwicklung unter dem Landesdurchschnitt lag. Wesentlicher Faktor des Wachstums sind die Wanderungsgewinne von außen. Jedoch beeinflussen die Wanderungsbewegungen die Bevölkerungsentwicklung regional unterschiedlich. Vor allem im Süden gelegene Gemeinden haben von der Zuwanderung profitiert, während im Norden und in der Mitte die größte Zahl der Abwanderungen zu verzeichnen waren (IVL 2004, S. 12).

Die luxemburgische Wirtschaft zeichnet sich durch eine Leistungsfähigkeit aus, die im stets guten Abschneiden des Landes in internationalen Vergleichen zum Ausdruck kommt. Bis 2001 konnte das Großherzogtum ein EU-weit überdurchschnittliches BIP-Wachstum von jährlich 6,8% verzeichnen. Diese Entwicklung wurde vor allem durch Expansionen im Bankensektor begünstigt, wodurch die Folgen des industriellen Strukturwandels aufgefangen werden konnten. Mit Beginn der internationalen Konjunkturschwäche 2001 fiel auch das jährliche BIP-Wachstum geringer aus, was jedoch bislang noch keine größeren Auswirkungen auf die Wirtschaftskraft des Landes hatte (PD 2003, S. 30; STATEC 2003, S. 26).

Die Leistungsfähigkeit der luxemburgischen Wirtschaft spiegelt sich überdies in einer niedrigen Inflation, einem stabilen öffentlichen Finanzhaushalt, einem konstanten bis moderat wachsenden privaten Konsum und einer der niedrigsten Arbeitslosenquoten in der EU. Die Arbeitslosenquote in Luxemburg lag 2003 bei ca. 5% bei den Frauen und ca. 2% bei den Männern und damit deutlich unter dem EU-Durchschnitt von ca. 8 bzw. 7%. Auch die direkt an Luxemburg angrenzenden Regionen der Nachbarstaaten Belgien, Deutschland und Frankreich weisen höhere Quoten auf. Innerhalb Luxemburgs sind die höchsten Arbeitslosenquoten in der Hauptstadt, in der Südregion und in den Grenzgemeinden zu Deutschland zu finden (STATEC 2003, S. 30; IVL 2004, S. 13; Europäische Kommission/Eurostat 2004, S. 89).

Der einst in Luxemburg dominierende industrielle Sektor wurde im Zuge der Stahlkrise in den 1970ern abgelöst vom dynamisch wachsenden Bankensektor. Der luxemburgische Dienstleistungssektor wuchs im Laufe der 1990er schnell an. Neben Banken und Finanzdienstleistungen gewannen auch die Immobilienwirtschaft, unternehmensbezogene Dienstleistungen, der Handel sowie der Verkehrs- und Telekommunikationssektor an Bedeutung. Mittlerweile ist die Tertiärisierung der Wirtschaft sehr weit fortgeschritten und nimmt weiter zu. 2003 waren ca. 77% aller Beschäftigten im tertiären Sektor tätig. Zur weiteren

Diversifizierung der Wirtschaftsstruktur erfolgt eine gezielte Förderung kleinerer und mittelgroßer Unternehmen (KMU) des sekundären Sektors. Aber auch der primäre Sektor, in dem 2003 nur ca. 1,5% aller Erwerbstätigen beschäftigt waren, wird in Anerkennung seiner Bedeutung für den Funktionserhalt des ländlichen Raums unterstützt (PD 2003, S. 31; STATEC 2003, S. 80 ff.; Europäische Kommission/Eurostat 2004, S. 88).

Das Großherzogtum zeichnet sich durch einen sehr dynamischen Arbeitsmarkt aus. So stieg die Zahl der Erwerbstätigen zwischen 1985 und 2001 um jährlich 7.500 Personen. Die Zahl der Grenzgänger, die in den angrenzenden Regionen Belgiens, Frankreichs und Deutschlands leben und in Luxemburg arbeiten, hat sich im gleichen Zeitraum mehr als vervierfacht. Die Integration dieser Arbeitskräfte in den luxemburgischen Arbeitsmarkt trägt erheblich dazu bei, die Arbeitslosigkeit in den Herkunftsregionen der Nachbarstaaten zu verringern (PD 2003, S. 33).

Luxemburg-Stadt weist mit einem Anteil von ca. 44% den Großteil aller Arbeitsplätze im Großherzogtum auf. Diese hohe Konzentration spiegelt vor allem die starke Entwicklung des Bankensektors in der Hauptstadt wider. Insgesamt waren im Jahr 2002 289.000 Arbeitsplätze vorhanden. Bezogen auf 1.000 Einwohner entspricht dies einem Arbeitsplatzbesatz von 650. Die Erwerbsquote (Anzahl der Erwerbstätigen je 1.000 Einwohner) liegt mit ca. 425 deutlich niedriger. Das bedeutet, dass die erwerbstätige Wohnbevölkerung Luxemburgs nicht ausreicht, um die im Lande verfügbaren Arbeitsplätze zu besetzen. Entsprechend muss das vorhandene Arbeitsplatzangebot zu etwa einem Drittel durch Pendler aus dem benachbarten Ausland gedeckt werden (IVL 2004, S. 13).

2.2 Infrastruktur

Luxemburg verfügt über ein dichtes Straßennetz in überwiegend gutem baulichen Zustand. Das Netz der Autobahnen und wichtigsten Nationalstraßen ist ebenso radial auf die Hauptstadt ausgerichtet wie das Schienennetz. Das Großherzogtum ist in das europäische Autobahnnetz und den europäischen Schienenfernverkehr gut eingebunden. Ab 2007 soll das Land an den TGV-Est angebunden werden, womit täglich vier Direktverbindungen nach Paris und zurück zur Verfügung stehen werden. Darüber hinaus steht das Projekt Eurocap-Rail (Verbesserung der Strecke Brüssel – Luxemburg – Straßburg) auf der Liste der EU-Kommission, welche die mit Priorität zu verwirklichenden Projekte aufzählt (IVL 2004, S. 15).

Das bestehende Angebot des Öffentlichen Personennahverkehrs (ÖPNV) bietet insgesamt eine gute flächenhafte Erschließung des Landes. Die meisten

Strecken im luxemburgischen Schienenverkehr werden ganztägig und stündlich bedient. Alle Gemeinden sind überdies an das regionale Busnetz angeschlossen. Im ländlichen Raum ist allerdings die Bedienungshäufigkeit durch Bus und Bahn teilweise zu gering und die Umsteigemöglichkeiten zwischen beiden Transportmitteln bedürfen noch weiterer Abstimmungen. Im grenzüberschreitenden Bahnverkehr ist das Angebot richtungsspezifisch auf die Spitzenzeiten des Berufsverkehrs ausgerichtet und entspricht damit der Nachfrage der ausländischen Einpendler (IVL 2004, S. 18). Der Pkw ist das am stärksten genutzte Verkehrsmittel in Luxemburg, auch im Nahbereich. Der hohe Anteil des Pkw am Modal Split (88%) lässt sich u.a. erklären „durch die disperse Siedlungsstruktur außerhalb von Luxemburg und der Südregion, den international überdurchschnittlich hohen Motorisierungsgrad von 628 Pkw pro 1.000 Einwohner sowie die niedrigen Kraftstoffkosten" (IVL 2004, S. 23).

Die Erreichbarkeit der verschiedenen Zentren des Landes ist insgesamt positiv einzuschätzen. Die eher ländlich strukturierten Regionen im Nordwesten und Osten könnten jedoch besser an den öffentlichen Verkehr angeschlossen werden.

Das Großherzogtum ist, auch was das Angebot an Infrastruktur auf kommunaler Ebene angeht, überwiegend gut ausgestattet. Durch den wirtschaftlichen Aufschwung in den 1990ern hat sich die finanzielle Situation zahlreicher Kommunen in dem Maße verbessert, dass sie notwendige Infrastrukturanpassungen vornehmen konnten. Diese Entwicklung hatte jedoch vereinzelt auch eine Überversorgung zur Folge und es wurde keine Notwendigkeit zu interkommunalen Kooperationen gesehen. Mittlerweile reicht insbesondere im ländlichen Raum die existierende Infrastruktur oft nicht mehr aus, um den veränderten Bedürfnissen der Bevölkerung zu begegnen. So besteht vor allem im sozialen, aber auch im Freizeit- und Sportbereich eine qualitativ und quantitativ andere Nachfrage nach spezielleren Einrichtungen. Die Schaffung neuer Infrastruktur hängt dabei u.a. von einer guten Kooperation zwischen den Kommunen ab, ebenso wie von der Inwertsetzung bestehender Einrichtungen und ihrer effizienten Nutzung (PD 2003, S. 50).

2.3 Siedlungs- und Zentrenstruktur – räumliche Organisation

Der wesentliche Einflussfaktor für die Entwicklung der Siedlungs- und Zentrenstruktur in Luxemburg liegt im überdurchschnittlichen Bevölkerungswachstum in den ländlichen Regionen in den 1980er und 1990er Jahren. Die Folgen sind einerseits die Dispersion von Wohnstandorten und andererseits das Hinterherhinken des begleitenden Verkehrsinfrastrukturausbaus. Ein weiterer wichtiger

Faktor ist die hohe Anziehungskraft von Luxemburg-Stadt für wirtschaftliche Tätigkeiten und für den Arbeitsmarkt. Dies verursacht ein erhebliches Pendler- und Verkehrsaufkommen in Richtung Hauptstadt und einen starken Siedlungsdruck auf die Randbereiche der Stadt.

Übersicht 1: Luxemburger Tendenzen der Raumentwicklung

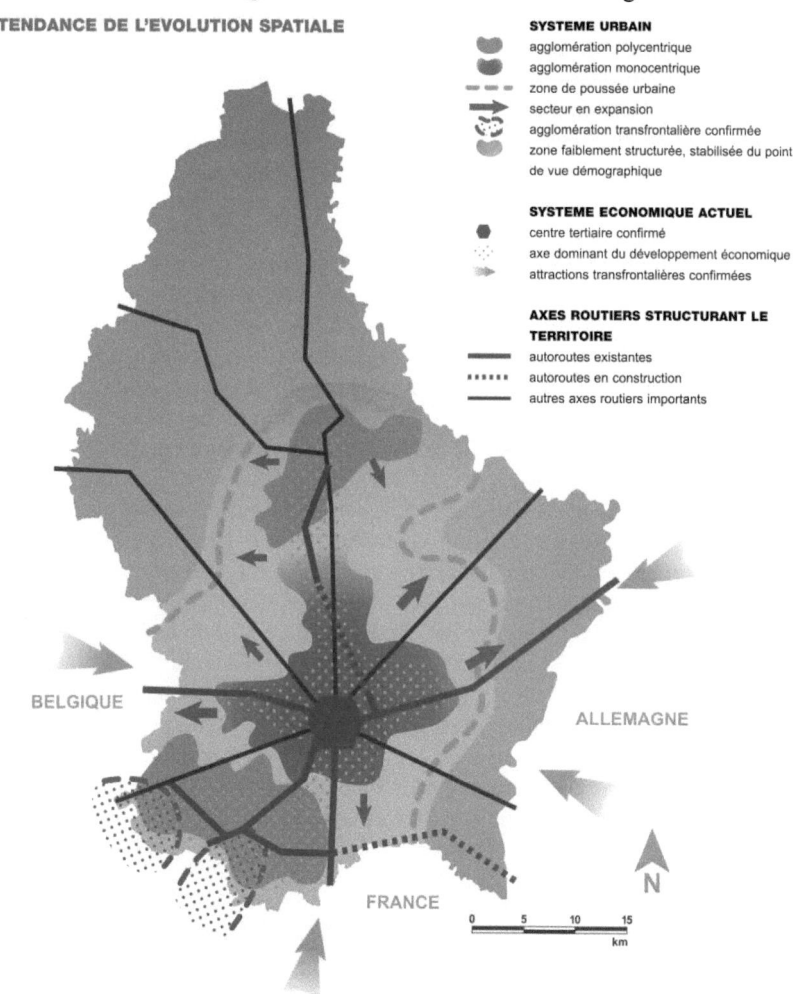

Quelle: IVL 2004, S. 6

Die Raumstruktur kann in fünf Typen untergliedert werden: (a) stark verdichteter städtischer Raum (espace urbain très dense): Gemeinden und Regionen mit hoher Bevölkerungsdichte, hohem Arbeitskräftepotenzial und sehr guter Verkehrsanbindung, (b) verdichteter städtischer Raum (espace urbain dense): Umland der stark verdichteten Räume mit überdurchschnittlicher Bevölkerungsdichte und guter Verkehrsanbindung, (c) ländlicher Raum mit Verdichtungsansätzen (espace rurbain): Übergangsbereich zwischen ländlichem und urbanem Raum mit guter verkehrstechnischer Anbindung und signifikantem Anteil von Landwirten an den Erwerbstätigen, (d) ländlicher Raum (espace rural): Gebiete mit geringer Bevölkerungszahl und –dichte und begrenztem Angebot an Arbeitsplätzen und Dienstleistungen, (e) städtische Zentren im ländlichen Raum (centre urbain en milieu rural): Zentrale Orte im ländlichen Raum mit städtischem Charakter und spezifischer Bedeutung für die nähere Umgebung, höhere Bevölkerungsdichte als im ländlichen Raum.

Zur Förderung der dezentralen Konzentration dient das 3-stufig aufgebaute System der zentralen Orte, das als Steuerungsinstrument für raumwirksame Standortentscheidungen eingesetzt wird. (a) Oberzentrum: Stadt mit hochwertigen, spezialisierten Einrichtungen im wirtschaftlichen, kulturellen, sozialen und politischen Bereich mit landesweiter Bedeutung, (b) Mittelzentrum: Gemeinde mit mittlerer Anziehungskraft, (c) Regionales Zentrum: Gemeinden mit Konzentration von Einrichtungen der überörtlichen Grundversorgung mit Gütern und Dienstleistungen.

Die Zentren der angrenzenden Nachbarländer beeinflussen das Grundgerüst der zentralen Orte Luxemburgs nur marginal. Jedoch bestehen intensive und vielfältige Verflechtungen mit den Nachbarregionen, die sich in Zukunft quantitativ und qualitativ erhöhen werden. Die zwölf regionalen Zentren des Großherzogtums sind für die Mehrheit der Bevölkerung gut, d.h. innerhalb einer Viertelstunde, erreichbar. Die Erreichbarkeit der beiden Mittelzentren Ettelbrück/Diekirch und Esch/Alzette ist für die Gemeinden im Nordwesten und im Osten des Landes schlechter zu beurteilen. Die Erreichbarkeit des Oberzentrums Luxemburg wird zum Norden des Landes hin zunehmend schlechter. Damit ist die Hauptstadt für ein Viertel der Gemeinden nicht gut erreichbar, allerdings betrifft dies lediglich 9% der Einwohner des Landes (PD 2003. S. 24).

Übersicht 2: Das Zentrale-Orte-Konzept für Luxemburg

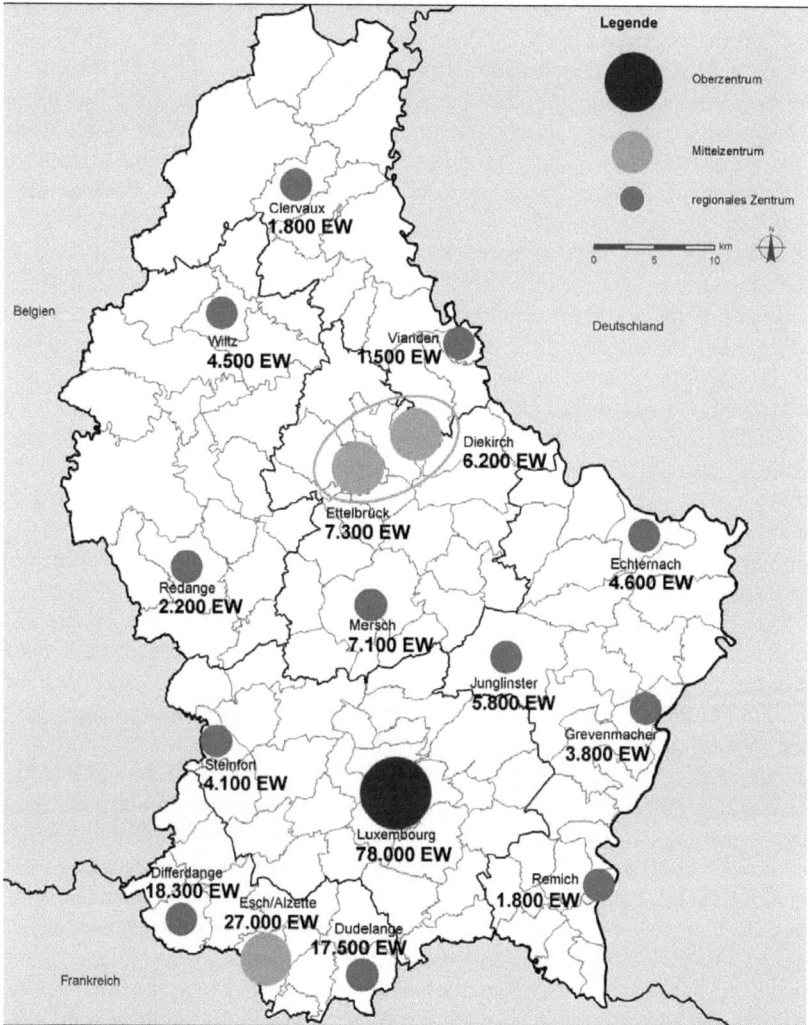

Quelle: IVL 2004, S. 7

Die räumliche Entwicklung wird bedingt durch die oben bereits angesprochenen Faktoren der Bevölkerungsentwicklung, der Verteilung der Standorte wirtschaftlicher Aktivität und der sich daraus ergebenden Verteilung der Arbeitsplätze, der

Verkehrsbewegungen sowie der administrativen Strukturen. Nachdem die ländlichen Regionen ab Ende der 1940er bis Anfang der 1980er Jahre rund 20% ihrer Bevölkerung verloren hatten, lag das Bevölkerungswachstum dort ab 1981 sogar über dem nationalen Durchschnitt. Im Osten des Landes ist die Bevölkerungszahl in diesem Zeitraum eher stabil geblieben. Ab den 1970ern wuchs die Bevölkerung dort jedoch auch an, begünstigt durch die räumliche Nähe zu den städtischen Agglomerationen. Die zentrale Region des Großherzogtums erlebte von 1970 bis in die 1990er Jahre ein schnelles und regelmäßiges Bevölkerungswachstum (PD 2003, S. 45).

Diese demographische Entwicklung ermöglichte eine Revitalisierung des ländlichen Raums. Die Mitte des 20. Jahrhunderts vorherrschende Landflucht wurde von der Stadtflucht abgelöst und Suburbanisierungstendenzen der letzten Jahre verändern zunehmend die Raumstruktur im Umkreis der Agglomerationen. Die Bevölkerungsdichte ist von 122 Einwohnern/km² 1961 auf 170 Einwohner/km² 2001 angestiegen. Dadurch veränderte sich auch die Gemeindestruktur im Großherzogtum. Der Anteil kleinerer Gemeinden mit weniger als 2.000 Einwohnern ging von 77% 1960 auf 52% 1998 zurück, während die Gemeinden mit 2.000 – 5.000 Einwohnern und solche mit 5.000 – 10.000 Einwohnern den größten Zuwachs erlebten. Diese strukturellen Veränderungen begünstigten das Aufkommen interkommunaler Kooperationen. Jede Gemeinde gehört mittlerweile mindestens zwei interkommunalen Zweckverbänden an (PD 2003, S. 46).

Die Agglomeration der Hauptstadt bildet nun das dynamische Zentrum des Großherzogtums, was sowohl in den Verkehrsbewegungen als auch im Verhältnis der Einwohner zur Anzahl der Arbeitsplätze zum Ausdruck kommt. So haben rund ein Drittel aller zurückgelegten Wege der Luxemburger die Hauptstadt zum Ziel. Während 2001 lediglich 17,5% der Einwohner des Großherzogtums in Luxemburg-Stadt wohnten, waren rund 57% der Bevölkerung dort beschäftigt. Die Attraktivität der Zentralregion des Landes stieg in dem Maße, wie Esch/Alzette als regionales Zentrum im Süden durch den industriellen Strukturwandel an Attraktivität verlor. Die industriellen Brachflächen in dieser Region des früheren Kohlebeckens eröffnen heute aber auch Chancen zur räumlichen Neuordnung. Im Sinne einer nachhaltigen Entwicklung kann die Inanspruchnahme neuer Flächen vermieden werden, indem man die, in der Regel gut erschlossenen und günstig zu den Zentren gelegenen Brachflächen einer neuen Nutzung zuführt. Insbesondere angrenzende Städte könnten diese Flächen im Rahmen ihrer Stadtentwicklung nutzen, um städtische Funktionen räumlich besser zu verteilen und damit auch Verkehr zu reduzieren (PD 2003, S. 48). Es folgt ein Blick auf die planerischen Instrumente zur Begleitung dieser Prozesse.

3 Raumordnung und Landesplanung

3.1 Landesplanung und integratives Verkehrs- und Landesplanungskonzept

Den Ausgangspunkt stellt das Landesplanungsgesetz vom 21. Mai 1999 (Loi du 21 mai 1999, aktualisiert 19 juillet 2005) dar, das die Landesplanung grundlegend reformierte und im Sinne einer Leitfunktion für die Raumordnung wesentlich stärkte. Die dort genannten Ziele sind weit reichend (Art. 1), denn die nationale räumliche Entwicklung soll unter Berücksichtigung der Besonderheiten und vorhandenen Ressourcen in den Regionen gesteuert werden. Der Bevölkerung des Landes sollen optimale Lebensbedingungen geboten werden auf der Basis einer harmonischen Inwertsetzung und nachhaltigen Entwicklung der Regionen unter Einsatz ihrer Ressourcen bei einer Erhaltung des strukturellen und wirtschaftlichen Gleichgewichts.

Die Politik der Landesplanung zielt auf alle Maßnahmen ab, welche die Flächennutzung betreffen (Art. 3). Dies schließt die kommunale Planung und die Gesetzgebung zum Schutz der Umwelt ein. Explizit werden öffentliche Investitionen in folgenden Bereichen angesprochen: Flächen mit wirtschaftlichen Aktivitäten, Verkehrs- und Kommunikationsinfrastruktur, Bereitstellung von Wasser und Energie, Abfall- und Abwasserentsorgung, Freizeit und Tourismusflächen, Bebauung sowie die Ausstattung mit Verwaltungsinfrastruktur, Schulen, soziokulturellen Einrichtungen, Militär, Gesundheitsinfrastruktur, Krankenhäusern, Sporteinrichtungen und Wohnungen.

Organe (Art. 23-25), die im Rahmen der Landesplanung neben den verfassten Gebietskörperschaften tätig werden, sind das Conseil Supérieur de L'Aménagement du Territoire (CSAT), ein Beirat, in dem Vertreter der gesellschaftlichen Gruppen (Stakeholder) vertreten sind, und das Comite Interministériel pour l'Aménagement du Territoire (CIAT), ein Ausschuss, in dem die raumentwicklungsrelevanten Fachministerien vertreten sind. Zudem sind die Kommunen aufgefordert, zur Umsetzung der o.g. Regionalpläne jeweils eine Vereinigung (Syndicat) zu gründen.

Die Landesplanung stützt sich auf folgende Instrumente: Programme Directeur (PD-Leitplanung für die Landesplanung), Plan régionaux et sectoriels (regionale und sektorpolitische Leitpläne) sowie Flächennutzungspläne (plan d'occupation du sol). Das PD und die Sektorpläne verkörpern die Top-down-, während die Regionalpläne die Bottom-up-Elemente darstellen.

Bei der Aufstellung von Plänen ist die Vorbereitungs-, Entwurfs- und Planaufstellungsphase zentral für die nachfolgende Umsetzung. Insofern dürfen die relativ langen Zeiträume für die Ausarbeitung nicht als kritisch angesehen werden, da sich dahinter ein umfassender Konsultationsprozess mit den betroffenen

Stakeholdern (seien es Gemeinden, Interessengruppen oder Fachministerien) verbirgt. Die Erfahrungen in den siebziger und achtziger Jahren zeigen deutlich, dass eine schnelle Planaufstellung ohne Einbeziehung der Betroffenen zu einer Umgehung bis Nichtbeachtung der Pläne führen kann, insbesondere, wenn keine entsprechenden Sanktionsmechanismen zur Verfügung stehen. Allerdings darf dies nicht zu einer Verschleppung führen.

Nach dem Planungsgesetz (Art. 3) sollen zudem Wirksamkeitsstudien für Großinvestitionen, die durch die jeweiligen Fachministerien betreut werden, die Orientierungen des PD und die Optionen aus den regionalen Leitplänen in gleicherweise wie auch die fachpolitischen Leitpläne und die Flächennutzungspläne berücksichtigt werden. Außerdem berichtet der Minister einmal im Jahr in der Abgeordnetenkammer über die Landesentwicklung. Eine Koordination mit den Nachbarländern im Hinblick auf die räumliche Entwicklung soll so vornehmlich auf interkommunaler Ebene stattfinden.

Neben den Planungsdokumenten, die als Instrumente aus dem Gesetz zur Landesplanung abgeleitet sind, ist in Luxemburg ein weiteres Dokument von maßgeblicher Bedeutung: das Integrative Verkehrs- und Landesplanungskonzept (IVL). Es stellt eine inhaltliche Verbindung zwischen PD sowie regionalen und sektoralen Plänen her. Das Konzept wurde federführend von der Landesplanung in intensiver Zusammenarbeit mit den Ministerien für Transport, öffentliche Bauten, Umwelt, Wirtschaft, Wohnungsbau und der Straßenbauverwaltung ausgearbeitet und implementiert. Die Regierung traf im Jahr 2002 die Entscheidung zur Ausarbeitung des IVL, nachdem die von ihr im Jahr 1999 eingesetzte Arbeitsgruppe Mobilität zu dem Schluss gekommen war, dass eine zukunftsfähige Verkehrspolitik nur in Zusammenhang mit der Raumplanung gestaltet werden kann. Das IVL, im Frühjahr 2004 verabschiedet, stellt einen Meilenstein für die Landesplanung dahingehend dar, als hier eine Langfristperspektive bis zum Jahr 2020 avisiert wurde, welche die Wechselwirkungen zwischen Siedlungsstruktur und Verkehr sowie die Anforderungen der Umwelt- und Landschaftsentwicklung berücksichtigt.

3.2 Leitplanungen: Programme Directeur, Plans régionaux, sectoriels et d'occupation du sol

Das so genannte Programme Directeur du Territoire – PD, das räumliche Leitbild bzw. Programm, legt die grundsätzlichen Orientierungen der staatlichen Prioritäten im Hinblick auf die o.g. Ziele dar. Dieses über 200 Seiten umfassende und durch einen Band mit Politikoptionen ergänzte Dokument wurde unter Einbeziehung interministerieller Arbeitsgruppen erstellt und bietet damit die Ansatzpunkte für deren räumliche Koordination. Es wurde 1999 in einer Entwurfsfassung vorgelegt und 2003 nach umfassenden Konsultationen mit Gemeinden und Fachministerien verabschiedet. Das PD stellt das Rückgrat der nun folgenden Instrumente dar.

Die regionalen und sektoralen Leitpläne/Fachleitpläne (Plans Directeurs Regionaux et Plans Directeurs Sectoriels), in der Folge des PD gemacht, stellen komplementäre Dokumente dar und werden auch auf Vorschlag des Ministers als Gesetzesverordnung (Reglement Grand Ducal) verabschiedet. Die Entwürfe der Regionalen Leitpläne, zu denen das Land in sechs Regionen aufgeteilt wurde, werden durch Expertengruppen unter Einbeziehung der Kommunen erarbeitet. Danach äußern sich die kommunalen Entscheidungsträger der betroffenen Kommunen, der CSAT sowie der CIAT, bevor der Minister die Regierungsentscheidung vorbereitet.

In drei Regionen wurden bisher Schritte zur Aufstellung der Regionalen Leitpläne unternommen. Der Auftakt der Aufstellung des Regionalplans Süden erfolgte durch eine Regionalkonferenz im Jahr 1999, welche die planerischen Schwerpunkte erfasste. Ein weiterer Grundstein lag in der Ausarbeitung einer Stärken-Schwächenanalyse. Im Vordergrund stehen Konversionsfolgen des industriellen Strukturwandels und die Entwicklung und Umsetzung von neuen Entwicklungspfaden. Die Kommunen gründeten 2003 zur Umsetzung das Syndicat PROSUD. Die vorbereitenden Arbeiten zum Regionalplan Zentrum-Süden wurden bis Mai 2003 abgeschlossen. Hier steht die starke Konzentration von Arbeitsplätzen in der Stadt Luxemburg im Vordergrund. Gegenwärtig werden Entwürfe auf der Ebene der Agglomeration der Stadt Luxemburg (AGGOLUX) diskutiert, die ca. zwei Drittel der Gemeinden einschließt. Der Regionalplan Norden liegt im Vergleich zu den Arbeiten der anderen beiden Regionen etwas zurück. Das Hauptanliegen dieses Plans besteht in der Definition von Entwicklungsperspektiven einer Region, die aus Hauptstadtsicht am weitesten abgelegen und zwar reich an Natur-, aber weniger an wirtschaftlichen Entwicklungspotentialen ausgestattet ist. Die Regionalkonferenz, abgehalten im Mai 2003 auf der Basis einer Stärken-Schwächenanalyse, führte zu einer Liste von wichtigen Orientierungen. Die Abstimmung und Zusammenarbeit mit den Kommunen ist schwerfällig, da die Interdependenzen zwischen den manchmal konfligierenden Entwicklungsperspektiven offensichtlich werden.

Die sektoralen Leitpläne werden auf Initiative des Ministers in Arbeitsgruppen, welche die Fachministerien einbeziehen, entworfen und den Kommunen zur Stellungnahme zugeleitet. Auch der CSAT erarbeitet eine Stellungnahme und schickt diesen dem CIAT zu, bevor der Minister den Plan der Regierung zur Entscheidung vorlegt.

Die sektoralen Pläne werden mit Blick auf das Programme Directeur, das IVL und der daraus abzuleitenden Handlungserfordernisse aufgestellt. Sie konkretisieren seine Inhalte und dienen dazu, Maßnahmen auf nationaler Ebene rechtsverbindlich festzusetzen. Dies muss in wechselseitiger Abstimmung mit den anderen Fachplänen und durch Rückkopplung mit der Aufstellung bzw. Weiterbearbeitung der Regionalpläne geschehen, um Widersprüche zu vermeiden und Synergieeffekte zu nutzen. Zu den Plänen erster Priorität gehören laut PD der Leitplan Transport, der jedoch mit Blick auf die Ausarbeitung des IVL zunächst zurückgestellt war. Es ist jetzt vorgesehen, ihn Ende 2007 fertiggestellt zu haben. Die neue gewählte Regierung hat sich darauf verständigt, in der neuen Legislaturperiode den Leitplan für das Wohnen unter Berücksichtung der Ergebnisse des IVL in Angriff zu nehmen. Eine Arbeitsgruppe für den Leitplan „Schutz größerer Freiräume für Natur- und Landschaftsschutzgebiete" und Naherholung war bereits im Jahr 2005 zusammengekommen. Die offizielle „Groupe interministériel" traf zum ersten Mal am 3.Juli 2006 zusammen.

Zu den Plänen zweiter Priorität gehört der Fachplan Sekundarschulen, der relativ konfliktfrei die Planungsphasen durchschritt. Der Fachleitplan für die Mobilfunkantennen in Luxemburg wurde in relativ kurzer Zeit seit der offiziellen Berufung der entsprechenden interministeriellen Arbeitsgruppe unter Einbeziehung von Mobilfunkanbietern in einem Zeitraum von eineinhalb Jahren erstellt. Der Fachleitplan für das „Établissement Seveso" beinhaltet Maßnahmen, die größere Unfälle verhindern helfen und ihre Folgen begrenzen, ist noch nicht in Angriff genommen, aber die Arbeitsgruppe für einen Fachleitplan Erddeponien hat bereits einen Planentwurf vorgelegt (Ministère de l'Interieur 2004). Insgesamt ist festzustellen, dass der Stellenwert der Sektorpläne in den Fachministerien nicht sehr hoch angesiedelt ist und dementsprechend innerhalb der ersten fünf Jahre des neuen Gesetzes nur der Schulplan verabschiedet werden konnte.

Die Aufstellung eines Fachleitplans Zonen wirtschaftlicher Aktivität ist nicht im Programme Directeur vorgesehen. Erste Überlegungen, einen solchen zu erstellen, wurden bereits Mitte der neunziger Jahre unternommen, indem ein Inventar der in den Gemeindeplänen ausgewiesenen Industriezonen und Gewerbegebiete erstellt wurde, auf dessen Grundlage planerische Vorgaben definiert werden sollten (IVL 2004). Da die im Rahmen des IVL erstellten Analysen allerdings belegen, dass eine stärkere staatliche Steuerung der räumlichen Verteilung der Arbeitsplätze notwendig ist, hat die neue Regierung diesen Plan in ihr Regierungsprogramm aufgenommen (Declaration 2004). Dieser Plan soll dazu dienen, die Gewerbeflächenentwicklung unter Berücksichtigung der Ergebnisse des IVL insbesondere in der Gemeindeplanung zu steuern.

Die Flächennutzungspläne (Plan d'Occupation du Sol) hingegen sind parzellenscharfe Pläne mit der präzisen und detaillierten Festlegung von Nutzungen.

Der Minister initiiert die Ausarbeitung eines solchen Planes, um den öffentlichen Nutzen der Flächenbeanspruchung zu sichern. Eine Stellungnahme des Schöffenrates der betroffenen Gemeinden ist erforderlich, bevor der Regierungsbeschluss zur Durchführung des Verfahrens erfolgen kann. Der Plan wird in besonderen (Konflikt-) Fällen eingesetzt und mit dem Tag der Eröffnung des Verfahrens müssen alle Aktivitäten auf der betroffenen Fläche eingestellt werden. Im Rahmen des Verfahrens sind verschiedene Anhörungen auf kommunaler Ebene durchzuführen, deren Ergebnisse in Form eines Planentwurfs über den Minister dem Regierungsrat zur Entscheidung vorgelegt werden. Sollte das Verfahren nicht zu einem Ergebnis führen, kann der Minister einen Beauftragten (Commissaire Spécial) bestimmen, der die Durchführung des Planungsverfahrens anleitet. Ein Flächennutzungsplan in diesem Sinne ist mit dem Luxemburger Flughafen und seinem Umfeld in der Aufstellungsphase (Ministère de l'Intérieur 2004). Umweltgutachten und -pläne stehen im Widerspruch zu der Vorstellung des Flughafenbetreibers und der anliegenden Kommunen. Parallel zum Bau eines zweiten Terminals, der bereits abgeschlossen ist, wurde ein Syntheseplan zur Flächennutzung erstellt, dessen Aufgabe darin besteht, die Ziel- und Wirkungskonflikte des Flughafenausbaus und des Umfeldes um den Flughafen so weit wie möglich auszuräumen.

Die genannten Instrumente der Landesplanung können zur Änderung von kommunalen Bebauungsplänen führen. Die Durchsetzung der Landesplanung (Art. 20-22) im Sinne des öffentlichen Interesses erlaubt zudem die Zwangsenteignung und Entschädigung, die jedoch dann durch eine Gesetzesverordnung fixiert werden muss.

3.3 Stadtentwicklung, Gemeindeplanung und Contrat de développement

Zur Schaffung einer städtebaulich hochwertigen und integrierten Planung auf flächensparenden Grundstücksgrößen dient die Aufstellung von Gemeinde- und Stadtentwicklungsplänen. Eine gesetzliche Verpflichtung zu deren Aufstellung besteht nach dem Gesetz zur städtebaulichen Entwicklung der Gemeinden (Loi de 19 juillet 2004 concernant le développement urbain et l' aménagement communal, aktualisiert 19 juillet 2005), welches das 1937er Gesetz ablöst und die Gemeinden wesentlich stärker an die Landesplanung bindet. Es verpflichtet die Kommunen, Bauleitpläne (Plan de l'aménagement général – (PAG), Loi Titre 3) und Bebauungspläne (Plan de l'aménagement particulier (PAP), Loi 2004, Titre 4) zu erstellen. Der Plan Directeur oder Leitplan stellt das planerische Bindeglied zwischen PAG und PAP oder Teilbebauungsplänen dar. Er soll die Integration eines PAP in den vom PAG gesetzten räumlichen Kontext gewährleisten und die funktionalen Verknüpfungen des PAP mit den Nachbarzonen bestimmen.

Die PAG folgen einem modernen Verständnis in der Hinsicht, dass sie auf Basis einer umfassenden technischen, umweltorientierten und sozioökonomischen Analyse eine Entwicklungsstrategie für eine kurz-, mittel- und langfristige Perspektive im Rahmen der Regionalen Leitpläne (siehe Abschnitt 3.2.) vorschlagen sowie konkrete Vorschläge für die Umsetzung einer Strategie beinhalten sollen. Dies wird ergänzt durch eine Verordnung über Gebäude, öffentliche Wege und Standorte (Loi 2004, Titre 5). Die Instrumente zur Umsetzung der Pläne (Loi 2004, Titre 6) geben den Kommunen weit reichende Möglichkeiten, wie die Definition von Entwicklungsgebieten (zones de développement), Umstrukturierungsgebieten (zones à restructurer), städtischer Flurbereinigung (remembrement urbain), Grundstücksbegradigung (rectification de limites de fonds), Enteignung im öffentlichen Interesse, Bodenbevorratung (disponibilités foncières) sowie Parzellierungs- und Aufteilungspläne (Plans de lotissement, de relotissement et de morcellement), die jeweils in Koordination mit der Landesplanung und dem Innenministerium ein- bzw. umgesetzt werden.

Grundsätzlich hat das neue Gesetz die Kompetenzen und Beziehungen zwischen Staat und Kommunen im Hinblick auf die Raumentwicklung reorganisiert (Déclaration gouvernementale 2004, S. 70), die Möglichkeiten zur interkommunalen Kooperation und zur Reorganisation von Kommunen zur Umsetzung bestimmter Aufgaben erweitert und den Zug zu einer besser auf die Landesplanung abgestimmten kommunalen Politik erhöht. Auch das IVL baut auf enge Abstimmung, indem bspw. Stadtentwicklungsmaßnahmen mit der Einrichtung von ÖPNV-Haltestellen verbunden werden sollen (IVL 2004, Déclaration gouvernementale 2004, S. 67). Verkehrskonzepte, die den Anforderungen einer nachhaltigen Verkehrsentwicklung genügen, sollen finanziell unterstützt werden. Allerdings sind viele Kommunen (unter 10.000 Einwohner; PD 2003, S. 196) nicht in der Lage, den erhöhten Anforderungen der Planung mit entsprechender eigener Fachkompetenz entgegenzutreten, weswegen eine höhere Qualifikation auf Gemeindeebene unumgänglich ist.

Um die Kosten für raumordnungspolitisch wichtige Investitionen und für Infrastrukturmaßnahmen zumindest anteilig finanzieren zu können, besteht für die Gemeinden die Möglichkeit, mit dem Staat einen sogenannten „Contrat de développement" abzuschließen, wie er im PD beschrieben wird. Bei dem Contrat werden Mittel und Kredite von einem oder mehreren Fachministerien gebündelt (Déclaration gouvernementale 2004, S. 67) und Gemeinden zur Umsetzung von raumordnerisch bedeutsamen Maßnahmen im Rahmen eines Vertrags zur Verfügung gestellt. Ein solcher Vertrag stärkt einerseits die gemeindliche Autonomie, indem Kompetenzen des Staates im Bereich der Raumplanung zum Teil auf die

Region übertragen werden. Andererseits sichert er damit auch, dass die gemeindliche Autonomie im Sinne des Staates eingesetzt wird. Der Contrat soll ebenfalls von „Syndicats" eingesetzt werden, um eine regionale Vorgehensweise zu unterstützen. So wird es der Region ermöglicht, Ziele der Regionalpläne durch ein neues System der Kofinanzierung zu implementieren. Der Contrat, der die Entwicklungsmaßnahmen steuert, wird in Frankreich bereits erfolgreich eingesetzt. Durch die Schließung von Verträgen mit Flächeneigentümern bzw. Investoren haben die Gemeinden wiederum die Möglichkeit festzulegen, dass die vom Staat gewährten finanziellen Unterstützungen in dafür bestimmte Maßnahmen bzw. Planungen investiert werden (IVL 2004). In diesem Zusammenhang spielt auch die Ausweisung von Entwicklungs- und Umstrukturierungsgebieten eine Rolle, an welche die finanzielle Unterstützung gekoppelt werden kann. Damit schließt sich wiederum der Kreis zur Gemeindeentwicklungsplanung. Die Regierung prüft derzeit, inwieweit ein Fonds zur Unterstützung der städtischen Entwicklung eingereicht werden kann (Déclaration gouvernementale 2004, S. 70).

3.4 Grenzüberschreitende Aspekte

Luxemburg ist als kleines Land in der besonderen Situation, im Vergleich zu anderen Ländern praktisch nur aus Grenzregionen zu bestehen. Die schon mit der Größe verbundenen räumlichen und landesplanerischen Effekte (Eser 2000) werden durch hohe wirtschaftliche Anziehungskraft für Unternehmen und Arbeitskräfte verstärkt (Gerber/Ramm 2004). Dies zieht Verkehrsprobleme nach sich und hat spezifische Auswirkungen auf den Wohnungsmarkt. Auch ergeben sich Probleme, wenn bspw. Flächen für überregional bedeutsamen Einzelhandel in Nachbarländern direkt an der Grenze ausgewiesen werden. Insofern ist Luxemburg, wie es auch im PD (2003, S. 155, 196) mit Planungsentwürfen und Szenarien hervorgehoben wird, nicht nur darum bemüht, im Rahmen der Großregion SaarLorLux eine grenzüberschreitend abgestimmte Raumentwicklungsperspektive zu entwickeln, sondern auch die im Rahmen der EU-Strukturfonds finanzierten Interreg-Programme im grenzüberschreitenden Bereich, Interreg IIIA (Wallonie-Lorraine-Luxembourg, Deutschland-Luxemburg) in der transnationalen Zusammenarbeit, im Rahmen von Interreg IIIB Nordwest Europa sowie in der Interregionalen Zusammenarbeit Interreg IIIC Westzone zu nutzen. Zudem wird das European Spatial Planning Observation Network (ESPON) unter der Federführung des Innen- und Landesplanungsministeriums Luxemburg von Esch-sur-Alzette aus koordiniert.

4   Regionale Wirtschaftspolitik

Die Federführung bei der regionalen Wirtschaftspolitik liegt im Wirtschaftsministerium. Sie ist eng mit der Strukturpolitik zur Förderung von Innovationen
und dem Einsatz von neuen Technologien sowie mit der Politik im Hinblick auf
Energieeffizienz verwoben, wobei je nach Themenbereich eine Zusammenarbeit
mit der Landesplanung, dem Forschungsministerium oder sonstigen öffentlichen
Funktionen erfolgt (Ministère de l'Economie 2004, S. 49).

4.1   Wirtschaftsnahe Infrastruktur

Bei der wirtschaftnahen Infrastrukturpolitik werden Investitionen in die Erschließung und Infrastruktur von Industrie- und Gewerbegebieten (zone d`ac-
tivités économiques) von (a) nationalem (ZIN – Zones industrielles à caractère
national) und (b) regionalem Charakter unterschieden (ZAER – Zones d'activités
économiques à caractère regional), wobei jeweils 15 Zonen klassifiziert worden
sind (Min Econ 2004, S. 53f)[3]. Die ZIN wurden Ende der 1970er Jahre eingeführt, um in den vom Strukturwandel betroffenen Bergbauregionen im Süden des
Landes Möglichkeiten der wirtschaftlichen Erneuerung zu bieten. Seit der zweiten Hälfte der 1980er Jahre werden insbesondere im Norden und Osten des
Großherzogtums ZAER ausgewiesen. Sie sollen zur wirtschaftlichen Diversifizierung dieser Regionen beitragen, die sich durch einen gewissen Entwicklungs-
rückstand und einen Mangel an Arbeitsplätzen auszeichnen. ZAC (Zones d'activités communales) sind in allen Landesteilen zu finden (PD 2003, S. 34). Sie
spielen in diesem Zusammenhang eine untergeordnete Rolle. Aktuelle Schwerpunkte bei den ZIN sind: Begleitung und Unterstützung des Erwerbs von Flächen für eine Flächenaufbereitung und -entwicklung („Krakelshaff" in Bettem-
bourg, „Gadderscheier" in Sanem-Differdange) und den Wiederverkauf an Firmen, Beteiligung an Fonds zur Reaktivierung alter Industrieflächen („Fonds
Belval"), Public-Private Partnerships („société Agora", Belval), Finanzierung
von hochwertiger Infrastruktur für Unternehmen in der Startphase sowie die
(Belval-Ouest und Ecostart).
        Eng verknüpft sind Aktivitäten im Bereich der Technologie und Innovati-
onspolitik. Hier versucht das Wirtschaftsministerium im Förderprogramm
CLUSTER Schlüsseltechnologien und technologische Cluster durch die Bereit-

---

[3] Bei den nationalen Industrieflächen handelt es sich um insgesamt 480,6 ha nutzbare Fläche (surfaces utilisées ou en option), von denen 260 ha >(surfaces disponibles) noch verfügbar sind. Bei den
regionalen Gewerbeflächen sind von 134,8 ha nutzbarer Fläche 125,9 ha verfügbar.

stellung von Technologietransfer und Infrastruktur sowie Unternehmensförderung zu stimulieren. Darüber hinaus wird die Forschung durch Wettbewerbe unter eLëtzebuerg zur Definition eines Internetportals „Innovation" zur Unterstützung des Einsatzes neuer Technologien oder der verstärkten Forschungsförderung zur Innovation im Rahmen des Nationalen Forschungsfonds (Recherche et développement dans le secteur public 31 mai 1999 Fonds National de la recherche) unterstützt, in dem acht technologische Schwerpunkte von der Bio- und Nanotechnologie über Sicherheit bei der Ernährung, Technologien zur Flächensanierung bis zu sozioökonomischen Fragestellungen ausgewählt wurden. Eine weitere Unterstützung erfolgt durch die nationale Innovationsagentur „Luxinnovation" und Technologiezentren wie der „Schlassgoat" in Esch-sur-Alzette.

Eine Förderung dieser Aktivitäten kann in den sogenannten Ziel-2-Gebieten durch den Europäischen Fonds für Regionalentwicklung erfolgen, der für den Zeitraum von 2001-2006 ca. 40 Mio. Euro an Fördermitteln zur Verfügung stellt und durch mindestens 50% nationale Förderung kofinanziert werden muss. Eine Koordination mit der Landesplanung ist in der Weise gesichert, dass hier das Innenministerium im Projektauswahlkomitee vertreten ist (Ministère de l'Economie 2004, S. 68). Umgekehrt hält die Landesplanung die Federführung der unter dem EFRE finanzierten Interreg-Programme.

Darüber hinaus unterhält der Staat eine Infrastruktur, welche die Ansiedlung von nicht ansässigen Unternehmen begleitet. Der Ausschuss für wirtschaftliche Entwicklung (Comité de développement économique) mit seinem Sekretariat und Verbindungsbüros in verschiedenen Ländern treibt externe Ansiedlungen mit verschiedenen Maßnahmen von der Informationspolitik (Messebeteiligung, Informationsmaterial) bis zur Begleitung von Ansiedlungen voran.

4.2 Förderung von Unternehmen

Das Wirtschaftsministerium verfügt über zwei wichtige Förderinstrumente zur Subventionierung von Unternehmen, die Einfluss auf die räumliche Entwicklung haben. Es handelt sich hierbei um das am 27. Juli 1993 abgeänderte Gesetz vom 21. Februar mit dem Ziel 1 der Entwicklung und Diversifizierung der Wirtschaftsstruktur und dem Ziel 2 der Verbesserung der Basisstruktur und dem regionalen wirtschaftlichen Gleichgewicht („ayant pour objet 1. le développement et la diversification économique, 2. l' amélioration de la structure générale et de l' équilibre régional de l' économie") sowie um das Gesetz vom 22. Dezember 2000 zur wirtschaftlichen Entwicklung bestimmter Regionen des Landes („ayant pour objet le développement économique de certaines régions du pays"). Zusätzlich ist eine Förderung über die europäischen Strukturfonds für das luxemburgische Ziel-2-Gebiet möglich. Bei allen Maßnahmen sind jedoch Grenzen durch die Beihilfepolitik der EU- Kommission gesetzt.

Übersicht 3: Aufteilung der förderwürdigen Projekte nach Förderregime im Antragszeitraum 2003

Förderung	Anzahl der Projekte	Geplante Investitionen, in Euro	Erwartete Arbeitsplätze	Vorgesehene Förderungen, in Euro
Regionalförderung (Gesetz vom 22.12.2000)	17	253.273.644	423	28.994.555
De Minimis Förderung (Art. 3, Gesetz mod. am 27.7.1993)	1	1.500.00	4	100.000
Kleine und mittlere Unternehmen (Art. 4, Gesetz mod. am 27.7.1993)	20	27.028.666	104	2.659.500
Forschung und Entwicklung (Art. 6, Gesetz mod. am 27.7.1993)	16	26.291.267	22	5.675.300
Gesamt	54	308.093.577	553	37.429.355

Quelle: Ministère de l'Economie 2004, S. 47.

Das Wirtschaftsministerium hat für das Regionalförderungsgesetz vom 22. Dezember 2000 mit dem Süden, Norden und Osten drei Förderregionen definiert, wobei sich allerdings nur im Süden die Abgrenzung der Förderregion mit derjenigen der Planungsregion deckt. Die regionale Verteilung der Mittel des Regionalförderungsgesetzes vom 22. Dezember 2000, welche dem größten Teil der Gesamtförderung aus Tabelle 1 entspricht, zeigt bei einer groben Aufgliederung mit 75% der Fördermittel einen klaren Schwerpunkt im Süden, wohingegen 21,7% in den Osten fließen und 3,3% in den Norden. Die Höhe der Beihilfen sowie die Ausweisung der Regionen wird weitgehend von der Wettbewerbs- und Beihilfepolitik der EU bestimmt, insofern überrascht der hohe Förderanteil für den Süden nicht.

Das Gesetz vom 27. Juli 1993 sieht neben möglichen finanziellen Unterstützungen (direkte Subventionierung, Ausgleich von Belastungen durch Zinszahlungen, Unterstützung bei der Vermarktung und Umstrukturierung, staatliche

Garantie) in seinem Artikel 13 auch vor, dass der Staat und die Gemeinden gemeinsam oder getrennt den Kauf und die Erschließung von Gewerbegebieten durchführen können. In diesem Zusammenhang weist das Gesetz ausdrücklich darauf hin, dass dies auf der Rechtsgrundlage der Landesplanung, der Gemeindeplanung und des Naturschutzes fußen muss. Für einen Ankauf kommen allerdings auch Flächen außerhalb dieser ausgewiesenen Gebiete in Frage, soweit dies für einen Tausch sinnvoll ist. Diese Ankäufe sind von öffentlichem Nutzen (utilité publique) und können somit, falls erforderlich, auf der Grundlage des entsprechenden Gesetzes von 1979 enteignet werden. Der Staat und die Gemeinden können diese Grundstücke an bestimmte Unternehmen, deren Tätigkeit im Interesse einer strukturellen Verbesserung der Wirtschaft oder einer besseren geografischen Verteilung der wirtschaftlichen Aktivitäten liegt, verkaufen oder vermieten. Auch hier ist ein Tausch möglich.

Das Gesetz von 2000 sieht ergänzend dazu regionalspezifische direkte Beihilfen zur Gründung, Erweiterung, Modernisierung und Diversifizierung von Industrieunternehmen vor, die einen positiven Beitrag zur wirtschaftlichen Entwicklung ihrer Standortregion leisten oder zu einer besser ausgewogenen geografischen Verteilung der wirtschaftlichen Aktivitäten beitragen.

In beiden Gesetzen wurde das Kriterium einer besseren geografischen Verteilung ausdrücklich aufgenommen. Damit ist die Möglichkeit gegeben, sowohl bei der Ausweisung und Erschließung von Grundstücken als auch bei der Unterstützung von Unternehmen die Umsetzung der Ziele des Programme Directeur bzw. des IVL zu unterstützen. Dies gilt insbesondere für eine ausgewogenere Verteilung der Arbeitsplätze, die Förderungen des endogenen Potenzials der Regionen sowie eine Stärkung der zentralen Orte.

Letztes Instrument der Regionalpolitik stellt die „Société National de crédit et d'Investissement" (SNCI) dar, die hauptsächlich Kredite vergibt, und zwar an Unternehmen aus dem Industriebereich, aber auch Handel, Handwerk und Tourismus sowie Serviceeinrichtungen, welche die wirtschaftliche Entwicklung unterstützen. Der Zuwachs des Vergabevolumens von 47,6 € im Jahr 2002 auf 135,9 € im Jahre 2003 ist insbesondere auf die hohe Zunahme von mittel- und langfristigen Krediten zurückzuführen (78,1%). Nennenswerte Anteile gehen zudem an Ausstattungsinvestitionen (15,1%) und Innovationen (3,7%).

4.3 Industrie- und Gewerbegebiete – Zones d'activités économique

Die Verfügbarkeit von regionalwirtschaftlichen Fördermitteln für öffentliche Investitionen auf staatlicher und kommunaler Seite und die Möglichkeiten der Unternehmensförderung drängt die Frage nach einer räumlichen Koordinierung

auf. Diese könnte über die Industrie- und Gewerbegebiete stattfinden, die in einen
Fachplan Wirtschaftszonen eingebunden sind. Der bereits erwähnte Plan Sectoriel
„Zones d' activités économiques" sollte aufbauend auf einem Inventar der Landesplanung im Zusammenspiel mit den genannten Fördermaßnahmen als syste-
matisierte Grundlage für eine räumlich koordinierte Entwicklung und gegebenenfalls Umstrukturierung von allen, sowohl den regionalen und nationalen als auch
den vielen kommunalen Aktivitätszonen genutzt werden (Déclaration gouvernementale 2004, S. 35). Hier wäre auch eine Verknüpfung mit der Rechtsgrundlage
herzustellen, über die das Mittelstands- und Tourismusministerium verfügt, um
die Niederlassung und Schaffung bzw. Ausweitung von Einkaufszentren und
Supermärkten zu steuern. Die Wirtschaftsfördermittel sollen laut Regierungserklärung zukünftig verstärkt im Zusammenhang mit den „Contrats de développement" verausgabt werden (Déclaration gouvernementale 2004, S. 66).

5   Von Zielen zur Umsetzung integrierter Maßnahmen

Materielle Ausgangspunkte der Überlegungen zur integrierten Landesplanung
sind die im PD festgelegten Ziele nach Aktionsfeldern. Das erste Aktionsfeld
bezieht sich auf die städtische und ländliche Entwicklung und widmet sich der
Schaffung und Erhaltung von dynamischen, attraktiven und wettbewerbsfähigen
Städten, Agglomerationen und Regionen, Diversifizierung der wirtschaftlichen
Aktivitäten in ländlichen Regionen mit der Perspektive einer nachhaltigen Entwicklung, der Entwicklung urbaner und ländlichen vergleichbarer Strukturen, die
den Anforderungen einer nachhaltigen Landesentwicklung entsprechen (diversifizierte Funktionen, Verdichtung und kurze Verbindungen), der Schaffung von
Städten und Dörfern, die den sozialen Anforderungen genügen, eine hohe Le-
bensqualität bieten und eine Politik der sozialen Integration unterstützen, Förderung des Polyzentrismus und der dekonzentrierten Konzentration, der Entwicklung einer Partnerschaft zwischen Stadt und Land im Verständnis der nachhaltigen Entwicklung und der Förderung der interkommunalen Kooperation auf loka-
lem regionalem und grenzüberschreitendem Niveau mit der Perspektive einer
Komplementarität zwischen den Kommunen.
    Das zweite Aktionsfeld Transport und Telekommunikation zielt auf die
Verminderung von Immission durch eine Verringerung des Verkehrs, die Verlagerung auf umweltfreundliche Verkehrsmittel sowie die Verbesserung der Erreichbarkeit an allen Orten des Raumes.
    Im letzten Aktionsfeld Umwelt und natürliche Ressourcen liegt der
Schwerpunkt auf der Bewahrung, Wiederherstellung und Entwicklung der räumlichen Funktionen, die Fähigkeit der natürlichen Räume, ihre ökologischen und

darüber hinaus ihre wirtschaftlichen und sozialen Funktionen zu erfüllen, die nachhaltige Sicherung des Bodens und der natürlichen Ressourcen in ihrem funktionellen Zusammenhang, dem Schutz und der Entwicklung der Bereiche von hohem ökologischem Wert sowie die Sicherung ihrer Integration in einem funktionellen ökologischen Netz.

Die Ziele des PD werden weiter zu Unterzielen und Maßnahmen verfeinert. Allerdings wird seine koordinierende Funktion erst in der räumlichen Integration der verschiedenen Aktionsfelder deutlich. Eine Abgrenzung von sechs Raumentwicklungsregionen orientiert sich an bestehenden Kooperationen, die auch den Kriterien eines funktionalen Zusammenhangs standhält. Damit entsteht ein System an Entwicklungs- und Anziehungszentren auf drei Ebenen: auf hoher (Luxemburg-Stadt), mittlerer (Esch/Alzette, Ettelbruck/Diekirch) und regionaler Ebene (weitere 12 Orte). Das PD definiert zudem Aktionsräume (Espaces d'action) in städtischen (Entwicklungs-, Regenerations- und Umstrukturierungsräume) und in ländlichen Bereichen (Entwicklungsräume und Naturparks) sowie einen Freiflächenplan mit Referenz zur städtischen Entwicklung und einem Netzwerk an Naturräumen.

Inwieweit diese Entwicklungsvorstellungen sich in regionalen und sektoralen Leitplänen und der kommunalen Planung niederschlagen und damit die Koordinationsfunktion tatsächlich erfüllen, wird derzeit erprobt. Das PD formuliert hier einen sehr hohen Anspruch und das IVL setzt dabei den ersten Prüfstein; dessen Schlüsselprojekte wurden in die Priorität der neuen Regierung gehoben (IVL 2004, S. 128, Déclaration gouvernementale 2004, S. 67).

Im Projekt Entwicklungsplan Nordstad (Ettelbruck-Diekirch) findet sich die Idee einer konzentrierten Dekonzentration wieder, um ein Gegengewicht zum Entwicklungsdruck im Zentrum und im Süden zu bilden. Hier werden nun die Potentiale für die wirtschaftliche Entwicklung erfasst und ermittelt, wo die Schwächen und Engpässe bzw. die Potentiale einer entsprechenden polyzentrischen Entwicklung liegen. Das Ziel ist dabei, eine mit der Bevölkerungsentwicklung eng abgestimmte Strategie zu fahren.

Der Südwesten der Stadt Luxemburg (Cessange, Cloche d'Or) soll für eine Rolle im europäischen Kontext fit gemacht werden, indem verdichteter Wohnraum bereitgestellt und die nahverkehrlichen Voraussetzungen geschaffen werden. Ein zu entwickelnder Masterplan „Luxemburg – Südwest" gilt als Kristallisationspunkt für die Beteiligung der regionalen Akteure, die Koordination der Fachpolitiken und die Abstimmung mit den umliegenden Gemeinden.

Das in der Südregion liegende altindustrialisierte Umstrukturierungsgebiet Belval Ouest in Esch-sur-Alzette ist mit 120 ha eines der derzeit anspruchvollsten Projekte in Luxemburg, in dem Wohn- und gewerbliche Nutzungen sowie eine Wissenschaftsstadt verwirklicht werden sollen, um die Entwicklungspolitik im Süden aufzuwerten und Komplementarität mit dem Südwesten der Stadt Luxemburg herzustellen.

Ein weiteres Schlüsselprojekt liegt in der Innenentwicklung des Landes. Darunter ist zu verstehen, dass sich in Luxemburg Wohnraum und Gewerbeflächen außerhalb der Zentren praktisch nur eng an den Verbindungsstraßen ansiedeln. Potentiale in der zweiten Reihe bleiben oft aufgrund von baulichen oder planerischen Engpässen ungenutzt, was durch entsprechende Fördermaßnahmen aktiviert wird und damit einen Beitrag zur konzentrierten Dekonzentration leistet.

Weiter soll die Umsetzung eines Regionalparks als Instrument zur Gestaltung von Freiflächen Freiraumsicherung, Kulturlandschaft, ganzheitliche Gestaltung von Naturschutz, Erholung, Landwirtschaft, städtebauliches Wachstum und wirtschaftliche Potentiale mit einander verbinden helfen.

Die letzte der sechs Aktionen bezieht sich auf Schlüsselprojekte zur Entwicklung ländlicher Siedlungsstrukturen und Diversifizierung von Arbeitsplätzen durch beispielsweise die Umnutzung von Höfen und die strategische Vermarktung von gewerblichen Flächen. Diese kurze Übersicht zeigt den Anspruch, der mit der Umsetzung des IVL und des PD verbunden ist. Es erfordert die Kooperation über die Grenzen der Fachpolitik hinweg.

6   Ausblick

Der Überblick zeigt den hohen qualitativen Anspruch, den Luxemburg im Hinblick auf eine ausgewogene und nachhaltige Raumentwicklung nach der Reform der maßgeblichen Gesetze verfolgt. Die Koordinationserfordernisse und das Planwerk stellen zudem einen Quantensprung dar, der für alle Akteure eine große Herausforderung bedeutet. Die Praxis muss erweisen, ob tatsächlich das Gegenstromprinzip, räumlich koordinierte Fach- bzw. Sektorleitpläne „von oben" und regionale Leitpläne „von unten" sich im Gleichgewicht halten und im thematisch-inhaltlichen „Gelenk" des IVL eine gemeinsame Basis finden.

Der für Landesplanung verantwortliche Minister hat aus diesem Grund eine klare Strategie für die neue Legislaturperiode ab August 2004 ausgegeben: Eine große Debatte soll im Land und in der Großregion über die Grenzen hinweg über das IVL geführt werden, um die Akteure auf Ebene der Fachministerien und der Gemeinden, aber auch die allgemeine Öffentlichkeit auf die landesplanerischen Prioritäten aufmerksam zu machen. Zudem wird angestrebt, prioritär den Transport- und Freiflächenleitplan sowie die Regionalleitpläne Süden, Nordwesten und Zentrum-Süd mit dem Ziel einer Verabschiedung bis 2009/2010 voranzutreiben (Luxemburger Wort 2004, S. 13). Der Erfolg wird sehr von der Kooperationsbereitschaft aller abhängen. Doch gerade aufgrund der Größe des Landes müsste der Mehrwert einer solchen koordinierten Vorgehensweise vermittelbar sein, welche die nachhaltige Entwicklung mit Blick auf wirtschaftliche, soziale und Umweltdimensionen ernsthaft umzusetzen sucht.

Literatur

Déclaration gouvernementale (2004): Déclaration prononcée par Monsieur Jean-Claude Juncker, Premier Ministre, Ministre d'Etat, le 4 août 2004 à la chambre des députés.

Eser, Thiemo W. (2000): The emergence of trans-border spatial development policies for small EU Member States: The case of Luxembourg, Trier.

Europäische Kommission/Eurostat (2004): Eurostat Jahrbuch 2004. Der statistische Wegweiser durch Europa, Luxemburg.

Gerber, P, Ramm, M. (2004): Vers une catégorisation des déplacements domicile-travail des frontaliers luxembourgeois en 2003. In: Population et Territoire no°3.

Luxemburger Wort vom 30.10.2004: Innenminister Halsdorf: „Jetzt wird es ernst", S. 13.

IVL – Innenministerium, Transportministerium, Ministerium für Öffentliche Bauten, Umweltministerium (2004): Ein integratives Verkehrs- und Landesentwicklungskonzept für Luxemburg, Luxemburg.

Loi cadre de développement et diversification économiques modifiée du 27 juillet 1993.

Loi du 21 mai 1999 concernant l'aménagement du territoire.

Loi du 22 décembre 2000 ayant pour objet le développement économique de certaines régions du pays.

Loi du 19 juillet 2004 concernant l'aménagement communal et le développement urbain.

Ministère de l'Economie (2004): Rapport d'activité 2003, Luxembourg.

Ministère de l'Intérieur (2004): Rapport d'activité 2003, Luxembourg.

Ministère de l'Intérieure, Direction d'Aménagement du Territoire et Urbanisme (2003): Programme Directeur d'Aménagement du Territoire, Luxembourg.

PD – Ministère de l'Intérieur (2003): Programme Directeur d'Aménagement du Territoire, Luxembourg.

STATEC (2003): Economic and social portrait of Luxembourg, Luxembourg.

VI. Luxemburg und die Europäische Union

Entwicklung der Europapolitik[1]

Jean-Marie Majerus

Vorbemerkung: Der folgende Beitrag wurde im Jahr 2004 verfasst. Er trägt also dem luxemburgischen Referendum über den europäischen Verfassungsvertrag, das am 10. Juli 2005 stattfand, keine Rechnung. Nach den vorangegangenen negativen Volksentscheiden in Frankreich und in den Niederlanden stimmtem immerhin 56,52% der Luxemburger dem Verfassungstext zu. Für eine eingehende Analyse des Referendums sei verwiesen auf Dumont 2007.

1   Einleitung

Bis zum Beitritt Maltas im Mai 2004 war Luxemburg das kleinste Land der EU mit nur 2586 km^2 und 450.000 Einwohnern, von denen knapp 60% einen luxemburgischen Pass besitzen (STATEC 2004). Mehr als die Hälfte der arbeitenden Bevölkerung sind zurzeit Nichtluxemburger. Hat dieser multinationale Kleinstaat überhaupt eine Überlebenschance? Ist ein solcher Ministaat nicht eine „quantité négligeable" in einer globalisierten Welt? Kann ein Staat wie Luxemburg überhaupt das Ziel haben, „Europapolitik" betreiben zu können? Ist das nicht eine erhebliche Anmaßung? Welches Gewicht besitzen die Kleinen der EU? Luxemburg ist nicht nur ein Gründungsmitglied der EU, wie die Bundesrepublik Deutschland, sondern im Gegensatz zur Bundesrepublik auch eines der Vereinten Nationen! Es ist ebenso Gründungsmitglied des Europarates, der OECD, der NATO und anderer Organisationen. Seit seinem Austritt aus dem deutschen Zollverein nach dem Ende des Ersten Weltkrieges bildet Luxemburg eine Wirtschaftsunion mit Belgien. Wie kann der Kleinstaat Luxemburg überhaupt unabhängig sein?

Wie viele Kleinstaaten der Welt ist Luxemburg kaum bekannt. Allenfalls der Finanzplatz Luxemburg mit dem Beigeschmack eines Steuerparadieses ist den meisten geläufig. Dieses Vorurteil des unrechtmäßigen Profiteurs nährte

---

[1] An der Endfassung des Textes wirkten mit: Wolfgang H. Lorig und Martin Heuskel.

schon der deutsche Historiker Heinrich von Treitschke im 19. Jahrhundert, als er schrieb: „und so nährt sich an Deutschlands mächtigem Stamme die Schmarotzerpflanze der „nation luxembourgeoise". Relativ unbekannte Kleinstaaten wie Luxemburg erscheinen selten in geschichtlichen Handbüchern, wenn überhaupt, dann nur aus zwei Gründen: wenn sie eine aktive Rolle in der internationalen Geschichte spielen oder wenn sie zu Spielbällen der Großmächte wurden.

Das britische *Foreign Office* schätzte die Wichtigkeit der staatlichen Unabhängigkeit Luxemburgs nicht sehr hoch ein, wie das Zögern Londons bei der Verurteilung der deutschen Invasion Luxemburgs 1914 oder die Anzweiflung der Berechtigung einer Völkerbundsmitgliedschaft Luxemburgs 1920 zeigen. Diese Zweifel an der Existenzberechtigung Luxemburgs mussten den politisch Verantwortlichen Anlass zur Reflexion gegeben haben. Die luxemburgische Frage wurde nach dem Ersten Weltkrieg wieder einmal gestellt! War die Existenz des Staates Luxemburg wirklich nur ein Zufall der Geschichte?

Im Mittelalter und der Frühen Neuzeit war Luxemburg viermal größer als heute. Das Territorium des heutigen Großherzogtums verringerte sich in Folge sukzessiver Gebietsabtretungen. Jeder der drei Nachbarn nutzte die Gunst der Stunde, um seinen Besitz zu erweitern. Frankreichs Sonnenkönig Ludwig XIV. nutzte den Pyrenäenfrieden von 1659, um Diedenhofen (Thionville) und andere südliche Grenzgebiete an Frankreich anzuschließen, Preußen den Wiener Kongress 1815, um sich Bitburgs und anderer östlicher Grenzgebiete zu bemächtigen; schließlich konnte Belgien durch den Londoner Vertrag von 1839 Arlon und die westliche Hälfte des damaligen Staates, die heutige Provinz Luxemburg, erwerben. Napoleon III. versuchte Luxemburg 1867 zu annektieren, scheiterte jedoch am Widerstand Bismarcks. Belgien versuchte das gleiche 1919, musste sich aber, aufgrund des französischen Drucks, mit einer Wirtschafts- und Währungsunion zufrieden geben. Deutschland eroberte und besetzte Luxemburg gleich zweimal im zwanzigsten Jahrhundert: 1914-1918 und 1940-1945. Doch die deutsche Niederlage in den beiden Weltkriegen beendete jeweils diesen Zustand.

Diese historischen Umstände erklären die Haltung Luxemburgs im europäischen Einigungsprozess. Gerade die bitteren Erfahrungen des Zweiten Weltkriegs, insbesondere die Versuche des Chefs der deutschen Zivilverwaltung, des Gauleiters, die luxemburgische Nation als solche „auszurotten" und das Gebiet dem deutschen Reich einzuverleiben, waren prägend für die Zukunft (Dostert 1985). Jedwede Sympathie für die Aufrechterhaltung des nutzlos gewordenen Neutralitätsstatus war nach 1945 verschwunden. Die Luxemburger waren sich bewusst geworden, dass sie nur im Verbund mit einflussreichen Alliierten als Nation weiter existieren konnten. Luxemburg änderte daraufhin seine Verfassung, damit eine Aufgabe der ihm von gewichtigeren Staaten aufoktroyierten

Neutralität möglich wurde (Trausch 1975, S. 167). Der europäische Einigungs-
gedanke schien der geeignete Weg zu sein, um die wiedergewonnene Freiheit
und Unabhängigkeit zu bewahren. Denn die europäische Integration bedeutet
Sicherheit für kleinere Staaten. Die europäische Gemeinschaft ist eine Werte-
und Rechtsgemeinschaft, in der das Primat des gleichen Rechtes für alle gilt,
gleichgültig ob sie groß oder klein sind. Das waren die Argumente Luxemburgs
1950, als Robert Schuman seine allseits bekannte Erklärung veröffentlichte. Der
Vergleich mit anderen kleineren Staaten (Finnland, baltische Staaten) zeigt, dass
nur die günstigere geopolitische Lage Luxemburg im Kalten Krieg erlaubte, sich
dem Schuman-Plan anzuschließen. Der britische Historiker Alan Milward hat
gezeigt, dass die europäischen Nationalstaaten, die größeren wie die kleinen, sich
nur behaupten konnten, indem sie gemeinsame Institutionen schufen (Milward
1992, S. 433 ff.).

2 Die Situation Luxemburgs zu Beginn der Europäischen Gemeinschaft

Die Gründung des Europarates 1949 war eine erste wichtige Etappe auf dem
Weg zur europäischen Einheit. Die zehn Gründungsmitglieder, zu denen auch
Luxemburg gehörte, vereinbarten gemeinsam den sozialen und ökonomischen
Fortschritt zu fördern. Doch der Europarat konnte die in ihn gesetzten Erwartungen nicht erfüllen (Loth 1991). Von Supranationalität, wie sie noch von den
Föderalisten auf dem Haager Kongress 1948 gefordert wurde, war nicht viel
übrig geblieben. Auch Luxemburgs Föderalisten waren sich wenigstens in diesem Punkt einig: sie forderten eindringlich die Schaffung der Vereinigten Staaten
Europas (Majerus 1984). Doch die politische Einigung Westeuropas gestaltete
sich schwierig, weil die beteiligten Staaten nur unter großen Vorbehalten nationale Souveränitätsrechte an supranationale Institutionen abtreten wollten (Metzler 2004). Die wirtschaftliche Integration schritt jedoch umso schneller voran.
Der wirtschaftliche Wiederaufbau Westeuropas machte grenzübergreifende Initiativen notwendig. Die drei Staaten Belgien, Niederlande und Luxemburg be-
schritten als erste den Weg einer Zollunion.

2.1 Benelux und die EGKS

Die Benelux, noch von den Exilregierungen 1944 in London als Wirtschaftsunion Belgiens, der Niederlande und Luxemburgs verabredet, war eine künstliche
Vereinigung, welche von kriegsbedingten, günstigen politischen und ungünstigen wirtschaftlichen Rahmenbedingungen vorbelastet war (Grosbois 1994, auch

1995)[2]. Einerseits waren die Partner relativ gleichwertig: die Niederlande auf der
einen und Belgien/Luxemburg auf der anderen Seite. In den ersten Verhand-
lungsrunden trat Luxemburg nicht eigenständig, sondern nur innerhalb einer
gemeinsamen Delegation der belgisch-luxemburgischen Wirtschaftsgemeinschaft (UEBL – Union économique belgo-luxembourgeoise) auf. Es gab wohl
Schnittmengen zwischen den Zollgesetzen der beiden Partner, doch hatte die
niederländische Wirtschaft ungleich mehr unter den Folgen des Zweiten Weltkriegs gelitten. Die ersten, mit hehren Zielen begonnenen, Versuche mussten
recht schnell wieder relativiert werden. Nach 1949 wurde Luxemburg als vollwertiger Partner angesehen. Die Wirtschaftsunion trat am 3. Februar 1958 in
Kraft, also zu einer Zeit, als die viel größere EWG der Benelux bereits den
„Rang abgelaufen" hatte. Trotzdem wuchs das Handelsvolumen unter den drei
Partnern viel schneller als die Volumina jedes der drei Staaten mit jedem anderen
Land. Dieser Erfolg der Benelux-Staaten darf aber nicht die Misserfolge verde-
cken: so gab es keine einheitlichen Verbrauchsteuern, weswegen die Grenzkon-
trollen erhalten bleiben mussten. Zudem wurde besonders das Ausbleiben eines
gemeinsamen Agrarmarktes als herbe Niederlage angesehen, blieb doch damit
das Ergebnis weit hinter den kühnen Erwartungen der Gründerväter der Benelux
(Spaak, Bech) zurück. Die organisierte luxemburgische Landwirtschaft, in der
Person von Mathias Berns, Generalsekretär der neu gegründeten Bauernzentrale,
verlangte einen besonderen Schutz der luxemburgischen Bauern zu Lasten einer
engeren Zusammenarbeit mit den Benelux-Partnern (Majerus 1984). Erst die
Gemeinsame Agrarpolitik der EWG sollte die Lösung bringen (Majerus 1995, S.
223-239).

   Die Beneluxunion zeigt anschaulich, mit welchen Schwierigkeiten der
Übergang von einer Zollunion zu einer Wirtschaftsgemeinschaft verbunden ist.
Trotzdem gilt gerade die Benelux-Union vielen Beobachtern als nachahmens-
wertes Beispiel. Die politische Annäherung der drei Partner zwischen 1945 und
1955 schien vielen sehr viel versprechend zu sein, sozusagen eine notwendige
Folge der wirtschaftlichen Annäherung. In der Zeit, als die drei Partner begannen, mit größten Schwierigkeiten über das Stadium der einfachen Zollunion zu
einer Wirtschaftsunion heranzuwachsen, gelang es problemlos, eine enge politische Zusammenarbeit zu Wege zu bringen, welche die Abstimmung über den
Marshall-Plan, den Brüsseler Pakt, die deutsche Frage oder die Belebung der
europäischen Einigungsbestrebungen möglich machte. Die Verbesserung der
wirtschaftlichen Zusammenarbeit der westeuropäischen Staaten war, besonders
im Kontext des „Kalten Krieges", auch im Interesse der amerikanischen Regie-

---

[2] Zur Exilregierung Luxemburgs: Georges Heisbourg, Le gouvernement luxembourgeois en exil, vol.
4, Luxembourg 1986-1991.

rung. Sie wurde deshalb auch durch verschiedene Programme (ERP u.a.) gefördert, an denen Luxemburg immer wieder aktiv partizipierte (Neuss 2000).
Zu dieser Zeit konnte die Benelux-Union sich durch ihre kollektive Haltung
gegenüber einflussreichen europäischen Staaten (Frankreich, Deutschland, Italien, Großbritannien) profilieren. Die Benelux war nun eher eine Organisation
auf der politischen als auf der wirtschaftlichen Bühne, welche ihre eigentliche
Existenzberechtigung darstellte. Dies war die Zeit des „Benelux-Mythos" (Gilbert Trausch).

Luxemburg stand vor einer Wahl, die de facto keine war: eine Nichtteil-
nahme am Gemeinsamen Markt, der 95% seiner Stahlproduktion abnahm, wäre
einem wirtschaftlichen Selbstmord gleichgekommen. Nicolas Hommel, einer der
luxemburgischen Verhandlungsteilnehmer, unterstrich die Bedeutung der Stahlindustrie für die Wahrung der nationalen Unabhängigkeit (Hommel 1951). Luxemburg brauchte die deutsche Ruhrkohle: sie hat bessere Brenneigenschaften
als die belgische. Die Lage Luxemburgs in der Montanunion kann am besten
durch zwei Tatsachen bewertet werden. Erstens, Luxemburg ist der kleinste
Partner der Montanunion. Mit 0,2% der Bevölkerung der sechs EGKS-Staaten
(300.000 von 150.000.000 Einwohnern). Zweitens, Luxemburg hat überhaupt
keine Kohle, aber der Kleinstaat ist ein großer Stahlproduzent. Im Jahre 1950
produziert Luxemburg mit 2.500.000 Tonnen mehr Stahl als die Niederlande
oder Italien in absoluten Zahlen (STATEC o.J.).[3]

In der „Gemeinsamen Versammlung" der L'économie industrielle, dem
Vorläufer des Europaparlamentes, erhielt Luxemburg vier Sitze von 78, das
waren 5% der vorhandenen Mandate, obwohl seine Bevölkerung gerade mal
0,2% der Bevölkerung aller Mitgliedstaaten umfasste. Joseph Bech erwähnte
gerne zwei Faktoren, um diese außergewöhnliche Stellung Luxemburgs zu recht-
fertigen: „Die juristische Gleichbehandlung der Mitgliedsstaaten und die überra-
gende Rolle der Stahlindustrie in der Volkswirtschaft Luxemburgs rechtfertigten
eine Vertretung Luxemburgs, welche sein demographisches Gewicht bei weitem
übersteigt" (Trausch 1978). Luxemburg versuchte von Anfang an, seine guten
Absichten zu demonstrieren und ohne Vorbehalte am Aufbau der Gemeinschaft
mitzuwirken. Albert Wehrer, der Leiter der luxemburgischen Delegation, glaubte, dass auf diese Weise das Großherzogtum als vollwertiger Partner anerkannt
werden würde. Dabei konnte er auf die Erfahrungen aus den Benelux-Ver-
handlungen reflektieren. Auch hier hatte die luxemburgische Verhandlungsgrup-

---

[3] Siehe auch: L'économie luxembourgeoise en 1950. In: Bulletin du service des études et de documentation économiques et de l'office de la statistique générale, No. 4, Luxembourg 1950, S. 219-
276.

pe die gemeinsame UEBL-Delegation verlassen, um sich als autonomer Partner zu profilieren.

Während der Verhandlungen wurden Luxemburgs nationale Interessen von seinem belgischen Nachbarn und Wirtschaftspartner massiv gefährdet. Die Transportkosten der belgischen Kohle stellten zu einem bestimmten kritischen Moment der Verhandlungen eine scheinbar unüberwindliche Komplexität dar. Luxemburgs Metallverband GISL war besorgt über die ungleichen Verkaufsbedingungen für die Produkte der luxemburgischen und die der belgischen Stahlindustrie. 1950 lieferte Luxemburg die Hälfte seiner Jahresproduktion nach Belgien. Der luxemburgische Verhandlungsführer Albert Wehrer drohte: „Die luxemburgische Regierung könnte dem Parlament die Ratifizierung eines internationalen Vertrages nicht vorschlagen, wenn die Volkswirtschaft des Landes aufs Höchste gefährdet ist, und diese Konvention den Ruin unserer Stahlindustrie bedeutet" (Wehrer 1950). Realpolitisch konnte die Drohung Wehrers nicht ernst gemeint sein: Die fünf restlichen Staaten konnten eine Montanunion auch ohne Luxemburg verwirklichen; Luxemburg aber hatte seinerseits keine Wahl. Bei seinem Austritt aus dem Schuman-Plan würde die UEBL wahrscheinlich auseinander brechen. Vielleicht aber würde Belgien ohne Luxemburg nicht unterschreiben? Robert Schuman, der in Luxemburg geborene französische Außenminister, hatte es aber schließlich doch erreicht, einen Kompromiss in der Frage der luxemburgischen Stahlindustrie zu kreieren: „Die Hohe Behörde sollte der überragenden Rolle der Stahlindustrie in der luxemburgischen Volkswirtschaft Rechnung tragen und alles unternehmen, um ihre Benachteiligung im Rahmen der UEBL zu vermeiden."[4] Eine ziemlich fluide Formulierung, die Luxemburg zufrieden stellen musste. In der Praxis wurde die Hohe Behörde nie zum Eingreifen genötigt; diese Klausel hatte keinerlei praktische Bedeutung, sie diente lediglich dazu, Luxemburgs Gesicht zu wahren.

2.2 Die Wiederbelebung der europäischen Idee durch die Kleinstaaten

Nach dem Scheitern der EVG waren es die kleineren Partner der Gemeinschaft, die Benelux-Staaten und besonders der belgische Politiker Paul-Henri Spaak, die es schafften, den europäischen Einigungsprozess wieder in Bewegung zu bringen. Das von ihnen verfasste Benelux-Memorandum war ein Meilenstein auf dem Weg zur europäischen Integration. Dieses Dokument schlug die Ausdehnung der Zuständigkeit der Gemeinschaftspolitik in weitere Bereiche wie Landwirtschaft, Transport, Energie u.a.m. vor.

---

[4] Vgl. §§ 29 und 31 der Konvention.

Auf der Tagung der europäischen Außenminister in Messina 1955 wurde der belgische Minister Spaak beauftragt, eine Arbeitsgruppe zu leiten und Vorschläge zur Weiterentwicklung der Europäischen Gemeinschaft zu unterbreiten (Gerbet 1989). Einerseits konnte er auf die Arbeit einer Expertengruppe zurückgreifen, andererseits auf die nationalen Delegationen der sechs Mitgliedstaaten (Trausch 2002, S. 206). Luxemburgs Haltung zeichnete sich durch ein großes Misstrauen gegenüber den Expertenarbeitsgruppen aus. Diese waren eigentlich nur an globalen Lösungen interessiert und hatten wenig Verständnis für die Sonderwünsche der Luxemburger, die vor allem Ausnahmeregelungen verlangten. Das Benelux-Memorandum kam wieder auf die ursprüngliche Synthese Monnets zurück, auch wenn es auf die wenigen dirigistischen Elemente, die darin enthalten waren, verzichtete und den Freihandel implementieren wollte (Magnette 2000, S. 51).

In den Verhandlungen, welche schließlich auf die Errichtung einer EWG abzielten, konnte Luxemburg seine Interessen auf wirtschaftlichem, sozialem und politischem Gebiet wahren. Die neue Gemeinschaft war mehr als nur eine bloße Zollunion. Neben Waren konnten nun auch Dienstleistungen und Personen im Gebiet des Gemeinsamen Marktes frei zirkulieren, was ohne Zweifel die Kommunikation innerhalb Westeuropas befördert hat. Die sechs Mitglieder der Gemeinschaft verpflichteten sich des Weiteren, ihre wirtschaftspolitischen Ziele und Instrumente miteinander abzustimmen, eine gemeinsame Landwirtschaftspolitik zu betreiben und die Zusammenarbeit auf dem Gebiet der Verkehrspolitik, der Währungspolitik und der Sozialpolitik zu intensivieren. Nach dem Scheitern der EVG war die Unterzeichnung der Römischen Verträge ein Durchbruch, der auch für Luxemburg von entscheidender Bedeutung werden sollte.

Auf wirtschaftlichem Gebiet stellte die luxemburgische Landwirtschaft das Hauptproblem dar: sie war seit Jahrzehnten durch protektionistische Maßnahmen geprägt und vor dem Wettbewerb geschützt; vom Zollverein zum GATT über die UEBL zur BENELUX. Immer hatten die jeweiligen großherzoglichen Regierungen Maßnahmen ergriffen, welche die Landwirtschaft vor dem Eintritt in den Wettbewerb schützten. Die luxemburgische Delegation erhoffte sich auch bei den EWG-Verhandlungen wieder Ausnahmebestimmungen für die von den naturräumlichen Vorraussetzungen und den Agrarstrukturen her nennenswert benachteiligte Landwirtschaft des Großherzogtums. Doch Luxemburg konnte nur noch Teilzugeständnisse heraushandeln (Weber 1950). Den luxemburgischen Bauern wurde ein Zeitfenster von zehn Jahren für die Implementierung der Maßnahmen gegeben, welche sie den anderen Mitgliedsländern gleichstellen sollte. Diese Schutzklausel wurde 1970 als Folge der durch das Agrargesetz von 1965 ergriffenen und ausgeführten Regelungen abgeschafft (Ries 1970).

Luxemburg suchte eine sozialpolitische Harmonisierung, die vor allem zu Lasten der Stahlarbeiter ausgefallen wäre, zu verhindern. Die Einführung der Freizügigkeit der Arbeitskräfte innerhalb der EWG sollte unbedingt unterbunden werden. Doch Luxemburg war seit dem Ende des 19. Jahrhunderts ein Einwanderungsland. Zur Zeit der EWG-Verhandlungen waren etwa 11% der Bevölkerung und 27% der arbeitenden Bevölkerung Nichtluxemburger. Im Jahre 2004 sind 38% der Bevölkerung und mehr als 50% der arbeitenden Bevölkerung Ausländer (STATEC o.J., S. 2). Die luxemburgischen Behörden befürchteten eine Flut ausländischer Arbeitnehmer, insbesondere eine der Italiener. Um dieser Entwicklung Einhalt zu gebieten konnte Luxemburg eine Übergangsbestimmung in einem Zusatzprotokoll heraushandeln. Darin wurde festgehalten, dass der besonderen demographischen Lage Luxemburgs Rechnung getragen werden sollte. Natürlich fand die befürchtete Einwanderungswelle nicht statt. Eine immer geringere Zahl von italienischen Arbeitnehmern kam ins Land, so dass Luxemburg gezwungen war, neue Einwanderungswillige zu finden, um den Arbeitskräftemangel seiner Wirtschaft abzumildern. Hierbei war man vor allem in Portugal erfolgreich: in den frühen siebziger Jahren begann die massive Einwanderung portugiesischer Gastarbeiter nach Luxemburg. Doch beim Beitritt Portugals zur EWG 1986 befürchtete man wieder eine unbegrenzte Immigration und handelte erneut Übergangs- und Schutzbestimmungen aus. Auch in diesem Fall beantragte die Regierung später die vorzeitige Aussetzung dieser Schutzbestimmungen (Pauly 1986). Der Familiennachzug und die große Zahl der Neueingewanderten verhinderte allerdings eine schnelle Integration der Neuankömmlinge, dies umso mehr, als die spezielle Sprachensituation Luxemburgs die Integration der Neubürger besonders im schulischen Bereich erschwerte.

Auf politischem Gebiet war die wichtigste Frage der neuen EWG-Verträge die Vertretung des Landes in den europäischen Institutionen. Luxemburgs Stellung in der EGKS und in der EVG ermöglichten es dem Kleinstaat, einen der neun Kommissare zu bestimmen. Das Stimmenverhältnis bei Abstimmungen im Ministerrat war für Luxemburg immer sehr günstig. Es hat sich zwar im Verlauf der Erweiterungen der Gemeinschaft immer weiter verschlechtert; doch auch heute wiegt eine luxemburgische Stimme immer noch mehr als die eines anderen Mitgliedlandes, wenn man sie in Relation zur Einwohnerzahl sieht. Gleiches gilt auch in der parlamentarischen Versammlung Europas. Im ersten Europaparlament hatte Luxemburg sechs Mandate von 142, also 4,2%. Im Europa der 12 waren es noch immer sechs Abgeordnete, was aber bei 518 Volksvertretern nur noch 1,2% der Mandate ausmacht. Heute verfügt Luxemburg über sechs von 626 Mandaten in Straßburg und Brüssel (0,96%). Im Europaparlament der 24 hat Luxemburg die Zahl seiner Mandatsträger halten können. Bei 732 Parlamentariern macht dies allerdings nicht einmal 0,81% aus. Wenn man aber die Zahl der

Staatsbürger in Rechnung stellt, die ein Europaabgeordneter vertritt, spricht ein luxemburgischer Parlamentarier für 80.000, ein Deutscher für ungefähr 808.080 Bürger. Luxemburgs Argument gegen eine Reduzierung seiner Mandate war immer, dass in diesem Fall die großen politischen Strömungen nicht mehr vertreten sein könnten (Trausch 2002).

Die außergewöhnlich hohe Quote von EU-Ausländern in Luxemburg (35%) hatte bei der Einführung des Ausländerwahlrechts (1992) bei Gemeinde- und Europawahlen Ängste und Befürchtungen einer Dominanz durch Nichtluxemburger ausgelöst. Es gibt manche Ortschaften im Großherzogtum (z.b. die Hauptstadt Luxemburg oder die zweitgrößte Stadt Esch-sur-Alzette, der Ort Larochette usw.), in denen die Luxemburger bereits jetzt eine Minderheit sind (STATEC 2004). Besondere Schutzbestimmungen wurden Luxemburg im Maastricht-Vertrag zuerkannt (so kann z.b. der Bürgermeister einer Gemeinde nie ein Nichtluxemburger sein). Doch das geringe Interesse der in Luxemburg lebenden EU-Ausländer an den Wahlen hat diese Ängste ad absurdum geführt und der luxemburgische Gesetzgeber konnte einen Schritt weiter gehen, als es das EU-Recht verlangte: Er hat kürzlich das kommunale Wahlrecht auch auf Nicht-EU-Bürger ausgedehnt, wenn sie bestimmte Auflagen erfüllen.

2.3 Eine mögliche deutsch-französische Hegemonie

Nach der Machtübernahme des Generals Charles de Gaulle in Frankreich 1958 deuteten sich unabsehbare Folgen für das Fortbestehen der EWG an. Die Politik De Gaulles belastete den Fortgang der europäischen Integration in den 1960er Jahren. Der französische Präsident verhinderte gleich zweimal einen Beitritt Großbritanniens zur EWG (Loth 2001). Die auf die Institutionen der EWG bezogenen Reformpläne de Gaulles konnten die kleinen Mitgliedsstaaten – sprich die Benelux Staaten – nur verunsichern (Bossuat 1994). Besonders die Niederlande schauten mit Argusaugen auf die französischen Reformpläne. De Gaulle befragte den damaligen luxemburgischen Premierminister Pierre Werner bei dessen Antrittsbesuch im Elysée-Palast zu dessen Haltung bezüglich der französischen Initiative (Werner 1991, S. 24). Dabei achtete er besonders darauf, den Luxemburger nicht als „quantité négligeable" zu behandeln. Pierre Werner bekannte, dass er gerne Frankreich „eine gewisse Leadership-Rolle" zubilligte, Luxemburg könne sich aber seinen Verpflichtungen, die es in internationalen Verträgen, z. B. der NATO gegenüber, eingegangen ist, nicht entziehen (Werner 1991, S. 23). Während Le Monde (20. September 1960) darin ein Lob für die Europapolitik De Gaulles erkannte und die britische Times Luxemburg als Unterstützer Frankreichs sah, neigte De Gaulle selbst dazu, Werner und seinen Außenminister Eugène Schaus in seinen Memoiren als „les prudents Luxembourgeois Werner et Schaus" zu titulieren (Werner 1991, S. 24). Die Belgier lenkten wegen der für sie unabdingbaren französischen Unterstützung in der Kongokrise ein. Es blieben also nur noch die Niederländer, welche den französischen Plänen einen entschiedenen Widerstand entgegen setzten. Doch die Fouchet-Pläne brachten schließlich alle Partner derart gegen Frankreich auf, dass dieses allein stand (Bloes 1969).

Der Elysée-Vertrag zwischen Adenauer und De Gaulle ließ Luxemburg und die anderen kleineren Staaten aufhorchen: eine deutsch-französische Hegemonie drohte und konnte die Beziehungen unter den sechs Mitgliedstaaten der EWG nachhaltig stören (Agulhon 2002). Doch der deutsche Bundestag setzte vor den Vertrag eine Präambel, die das eigentliche Unterfangen des Generals, nämlich den Einfluss der Vereinigten Staaten von Amerika auf Westdeutschland deutlich zu reduzieren, zum Scheitern brachte.

2.4 Luxemburger Kompromiss und Werner–Plan

Die guten Beziehungen Pierre Werners zu General De Gaulle konnte dieser nutzen, als während der luxemburgischen Präsidentschaft 1966 die Krise des leeren Stuhls beendet und der so genannte „Luxemburger Kompromiss" gefunden wurde (Wermeister 2004). Werner war als „ehrlicher Makler" geeignet, eine Lösung zu suchen, die Frankreich einen Gesichtsverlust ersparte und das Weiterbestehen der EWG ermöglichte. Im Sitzungssaal des Stadtrates der Stadt Luxemburg war man sich am 30. Juni 1966 einig geworden: der französische wie der deutsche Außenminister, Couve de Murville und Schröder, unterschrieben das Kompromisspapier (Werner 1991, S. 73). Nach dem Amsterdamer Gipfel 1970 beauftragten die Regierungschefs der sechs Mitgliedstaaten Pierre Werner, eine Arbeitsgruppe zu leiten, welche die Möglichkeiten einer Währungsunion analysieren sollte. Werner musste die gegensätzlichen deutschen und französischen Philosophien auf dem Gebiet der Währungspolitik harmonisieren. Dass dieses Unterfangen eine große Herausforderung darstellte, erklärt sich von selbst. Im Werner-Bericht, dem Abschlussbericht der Arbeitsgruppe, der nur ein Kompromisspapier sein konnte, wurde eine Wirtschafts- und Währungsunion der EWG-Staaten ins Auge gefasst (Werner 1991). Doch die monetären Schwankungen der Siebziger sollten diesen frühen Plänen der Europa- und Finanzpolitiker noch keine konkreten Folgen bescheren. Niemand kann jedoch bestreiten, dass der luxemburgische Premier- und Finanzminister Pierre Werner einer der Väter des Euro ist (Magnussen 2001).

3 Die Strategie Luxemburgs beim Aufbau der europäischen Gemeinschaft

Ein wesentlicher Vorteil für Luxemburg war, dass die europäische Einigung mit Kohle und Stahl begann. Als großer Stahlproduzent musste der Kleinstaat Luxemburg gehört und als Vollmitglied trotz seiner geringen Größe akzeptiert werden. Hätte die Gemeinschaft ihren Anfang im Bereich der Landwirtschaft, des Transports oder der Atomenergie genommen, wäre Luxemburgs Beitrag eher unbedeutend gewesen. Es gelang Luxemburg in der Folge, sich beim Aufbau der Gemeinschaft als sehr aktives Mitglied auszuzeichnen. Es konnte deshalb auf dem internationalen diplomatischen Parkett eine Rolle spielen, die weit über der liegt, welche ihm seiner Größe nach zustehen würde.

Eine Reihe führender luxemburgischer Politiker hatten die Gelegenheit, sich aktiv am Aufbau eines geeinten Europas zu beteiligen. Joseph Bech, enger Vertrauter Robert Schumans und Konrad Adenauers – Außenminister von 1926-1959 – war einer der Gründerväter der Europäischen Gemeinschaft (Trausch 2002). Premierminister Pierre Werner (1959 bis 1974 und von 1979 bis 1984) war einer der Väter der gemeinsamen europäischen Währung Euro und Vorsitzender der nach ihm benannten Kommission, welche eine Wirtschafts- und Währungsunion vorschlug (Werner 1991). Gaston Thorn, Premierminister (1974-79) der ersten sozial-liberalen Koalition Luxemburgs nach dem 2.Weltkrieg und Außenminister von 1979 bis 1981, war erster luxemburgischer Präsident der Europäischen Kommission (1981-85) (Thorn 1976) und Präsident der UNO-Vollversammlung. Jacques Santer, Premierminister von 1984 bis 1995, war zweiter luxemburgischer Präsident der Europäischen Kommission (1995-1999) und an der Einführung des Euro maßgeblich beteiligt. Er musste schließlich, wegen des Fehlverhaltens einiger Kommissare, mitsamt der Kommission zurücktreten (Siweck 1997, auch Romand 1998 und Santer/Delors 1991). Schließlich war Jean-Claude Juncker, Premierminister Luxemburgs seit 1995, der Wunschkandidat vieler europäischer Politiker für den Posten des Kommissionspräsidenten. Er lehnte mit Blick auf seine luxemburgischen Wähler ab, nahm aber später den Posten des Vorsitzenden der Euro-Gruppe an, weil er in dieser Funktion noch weiterhin luxemburgischer Premier- und Finanzminister bleiben konnte.

Seit 1958 hat Luxemburg regelmäßig die rotierende Präsidentschaft von EWG, EG, bzw. EU inne gehabt, die letzte im ersten Halbjahr 2005; internationale Beobachter haben Luxemburg immer eine seriöse Vorbereitung dieser Funktionen, basierend auf einem europäischen Geist, attestiert. Von vielen, insbesondere von den großen Mitgliedstaaten, wurde immer wieder gefordert, die rotierende Präsidentschaft abzuschaffen. Doch niemand konnte der Verhandlungsführung während der Präsidentschaft kleiner Staaten, insbesondere der

Luxemburgs, einen Vorwurf machen (Manners 2000). Im Gegenteil, trotz seiner sehr beschränkten diplomatischen und politischen Möglichkeiten, besonders aufgrund der angespannten Personaldecke, konnte Luxemburg immer seiner europäischen Mission gerecht werden. Natürlich wurde die Handlungsweise Luxemburgs manchmal belächelt, manchmal mit Spott bedacht. Der luxemburgische Außenminister Jacques Poos musste sich im jugoslawischen Bürgerkrieg in Zagreb oder Sarajevo manch abfällige Bemerkung anhören, als er dort als Mitglied der EU-Troika versuchte, eine EU-Außenpolitik des kleinsten gemeinsamen Nenners zu vertreten.

Neuere EU-Mitglieder bedauern, dass sie nicht Sitz verschiedener europäischer Institutionen sind. Die Provinzstadt, die die Stadt Luxemburg 1950 war, und für manche heute noch ist, wurde von den Gründervätern als erster Sitz der europäischen Institutionen ausgewählt. 1952 nahmen die Hohe Behörde, der Ministerrat und der Europäische Gerichtshof ihre Arbeit in Luxemburg auf (Schirtz 1989). Die Strategie des Kleinstaates Luxemburg lässt sich am besten anhand eines Fallbeispieles belegen; dazu wählen wir die von Joseph Bech angewandte Taktik beim Versuch, den Sitz der europäischen Institutionen nach Luxemburg zu holen (Trausch 2002). Zuerst galt es die Bereitschaft zur Beherbergung der Institutionen zu erklären, dann den eigenen Vorschlag in der Schwebe zu lassen, ohne ihn zu konkretisieren. Am Morgen des 23. Juli 1952 in Paris konnten sich Europas Gründungsväter nicht auf einen Ort einigen. Nach neun Monaten Verhandlungen, konnte die Montanunion nicht mit der Arbeit beginnen, weil sie noch keinen Sitz hatte. Diese Situation nutzte Bech zu einer Offensive und fand dabei die Unterstützung Adenauers: Bech schlug den überraschten Verhandlungspartnern vor, in Luxemburg zu beginnen, ohne eine formelle Entscheidung über die Angelegenheit treffen zu müssen.

Luxemburg hatte eine hervorragende Startposition in der Auseinandersetzung um die Suche nach einem geeigneten Standort. Adenauer unterstützte Luxemburg, um Saarbrücken als Sitz einer europäischen Institution zu verhindern. Dies hätte die endgültige Abtrennung des Saarlandes von der Bundesrepublik Deutschland bedeuten können. Luxemburg war nur eine provisorische Lösung, aber eine für alle akzeptable. Eine finale Lösung war zu diesem Zeitpunkt unmöglich zu finden. Einige Sitzungen der Vollversammlung wurden bis 1979 in Luxemburg abgehalten, wo auch das Sekretariat des Parlaments arbeitete. Seit geraumer Zeit finden die Fraktionssitzungen in Brüssel statt. Dort befinden sich auch die Arbeitsräume der Abgeordneten. Das EU-Parlament bestätigte 1992 den anlässlich des Gipfeltreffens der Staats- und Regierungschefs in Edinburgh gefundenen Kompromiss der festschrieb, dass die Vollversammlungen des Parlaments in Straßburg, die Kommissionssitzungen in Brüssel und das Sekretariat des Parlamentes in Luxemburg disloziert sein sollten.

Der Sitz der EWG-Kommission ist seit 1958 Brüssel. Luxemburg konnte demnach seinen Anspruch auf den alleinigen Sitz nicht aufrechterhalten. Eine fortwährend tradierte Erzählung referiert, dass Joseph Bech den Vorschlag Jean Monnets abgelehnt hätte, einen extraterritorialen Bundesbezirk in Luxemburg zu errichten, als Gelände kam z.b. das Kirchberg-Plateau in Frage. Hier hätten dann alle Europabehörden ihren Sitz erhalten, zehntausende Europabeamte hätten sich endgültig in Luxemburg niedergelassen. Bech habe diesen Vorschlag aus Sorge um die Erhaltung der nationalen Souveränität und Identität Luxemburgs abgelehnt. Luxemburg behielt einige Europabehörden auch nach der Fusion der Exekutive 1965. Doch die Auseinandersetzung um den Sitz der europäischen Behörden war erneut in vollem Gange. Luxemburg versuchte Kompensationen für die Verlagerung von Dienststellen nach Brüssel zu erhalten.

Folgende europäische Institutionen sind zurzeit in Luxemburg angesiedelt (Guillaume 1989): das Sekretariat des Europaparlamentes, der Ministerrat (drei Monate im Jahr), einige Behörden der Kommission (z.b. EUROSTAT sowie der Übersetzungsdienst), der Europäische Gerichtshof, die Europäische Investitionsbank, das Amt für Veröffentlichungen der Gemeinschaft und der Europäische Rechnungshof (Georgakis 2002). Luxemburg bekam nicht den Sitz der Europäischen Zentralbank (EZB), obschon ihm 1965 vertraglich zugesichert wurde, dass in Zukunft alle Institutionen mit rechtlichen und finanziellen Aufgabenfeldern nach Luxemburg kommen sollten. Als Deutschland 1992 forderte, dass die EZB nach Frankfurt kommen sollte, konnte sich Luxemburg nicht gegen das wiedervereinigte Deutschland durchsetzen. Luxemburg hat, dies lässt sich als Fazit ohne Zweifel ziehen, mehr bekommen als seinen Mindestanteil. Präsident Mitterrand sagte einmal zu Staatsminister Santer: „Wenn man an die vielen europäischen Behörden in Luxemburg denkt, muss man anerkennen, dass die luxemburgischen Diplomaten die besten aller Mitgliedstaaten sind" (Santer 2004). Während der ersten 20 Jahre der EG gab es nur sechs Mitgliedstaaten, was es für Luxemburg einfach machte, temporäre Ausnahmeregeln auszuhandeln. Besonders in der Landwirtschaft gelang es Luxemburg bis 1970, die Schutzbestimmungen fortzuschreiben, die es im Rahmen der Benelux-Wirtschaftsgemeinschaft 1947 ausgehandelt hatte und die der luxemburgischen Landwirtschaft kostendeckende Preise garantierten. Mit der steigenden Zahl der Mitglieder schwanden diese Möglichkeiten zusehends. Das erklärt vielleicht, warum manche Luxemburger der Erweiterung von 2004 eher skeptisch gegenüberstanden. Andererseits gelang es Luxemburg, gerade dank der größeren Zahl der Mitglieder, vor allem aus den kleinen und mittelgroßen Staaten, neue Partner bei der Durchsetzung seiner Interessen zu finden. Luxemburg verfügt in Europa über Einfluss, jedoch nicht über Macht im eigentlichen Sinne.

Im Allgemeinen kann Luxemburg seine Mitgliedschaft in der Europäischen Gemeinschaft als Erfolgsgeschichte werten. Das Großherzogtum wurde als gleichberechtigter, souveräner Staat Mitglied der Europäischen Gemeinschaft, einer Gemeinschaft gleichberechtigter Partner. Eine, von vielen als peinlich apostrophierte, Diskussion, wie wir sie noch 1920 beim Eintritt in den Völkerbund erlebten, gibt es heute nicht mehr. Vitale Interessen des Landes wurden nicht verletzt. Gerade der von Frankreich erstrittene „Luxemburger Kompromiss" erlaubte es Luxemburg sehr lange, und zum Teil heute noch, vitale Interessen auch gegen eine Mehrheit der Mitgliedstaaten durchzusetzen. Die nationale Identität Luxemburgs war nicht, wie einige Abgeordnete in den fünfziger Jahren befürchteten, in Gefahr. Es gab in Luxemburg kein großes Misstrauen gegenüber der Europäischen Gemeinschaft wie dies in den skandinavischen Staaten der Fall gewesen ist.

Luxemburg konnte in gewisser Hinsicht seine nationale Identität sogar durch die EU stärken. Es gewann an Selbstvertrauen und Selbstsicherheit durch seine aktive Präsenz auf dem internationalen diplomatischen Parkett. Es wurde in den internationalen Beziehungen endlich ernst genommen, was ein britischer Politologe als „the upgrading of Luxembourg" bezeichnet (George 1998). Durch die Einführung des Euro bekam Luxemburg eine eigene Zentralbank, die es aufgrund der Währungsunionen mit Deutschland (bis 1918) und Belgien (seit 1921) nie hatte. Der Gouverneur der luxemburgischen Zentralbank sitzt heute mit seinem portugiesischen und belgischen Kollegen am gleichen Tisch. Für den Vertreter Luxemburgers war vorher nur am Katzentisch Platz, weil Luxemburg keine eigenständige Währung hatte (Palmer 1991). Nicht zuletzt die Rolle als ehrlicher Makler schien den luxemburgischen Europapolitikern in besonderer Weise angemessen zu sein. Die Wahrung der Interessen Luxemburgs in der Union wird zusehends schwieriger. Das Verständnis der Partner für die speziellen Forderungen des kleinsten Mitgliedes ist vielleicht auch deshalb geringer geworden, weil Luxemburg sich dank der Mitgliedschaft in der Europäischen Union zu einem der reichsten Staaten der Welt entwickelt hat.

Durch den Ausbau des internationalen Finanzplatzes konnten in Luxemburg die Folgen der Wirtschaftskrise der siebziger Jahre abgefedert werden. Der Finanzplatz musste trotz des massiven Wachstums von einer unabhängigen staatlichen Finanzbehörde überwacht werden (Commission de surveillance du secteur financier 1999). Der Erfolg Luxemburgs erklärt sich nicht nur durch die rasche Anpassung der nationalen Gesetzgebung an die neuesten EU-Vorschriften. Stetige Innovation durch das Angebot immer neuer Finanzprodukte ist im harten Konkurrenzkampf mit den Finanzmetropolen London, Paris, Frankfurt oder Zürich unabdingbar. Luxemburg beherbergt die meisten Investmentfonds außerhalb der Vereinigten Staaten und setzt auf das Wachstum dieser Branche. Die atypische Volkswirtschaft des Großherzogtums hat einen ständigen Bedarf an qualifizierten Arbeitskräften. Die stetige Nachfrage verhindert jedoch nicht, dass viele ungenügend Ausgebildete keinen Arbeitsplatz finden. Doch die Zahl der Arbeitslosen bleibt trotz eines geringen Anstieges immer noch gering. Die steigende Zahl der täglichen Grenzpendler aus Frankreich, Belgien und Deutschland trägt wesentlich zum ständigen Wachstum der luxemburgischen Volkswirtschaft bei. Aus diesem Grund hatte Luxemburg nie sonderlich viele Schwierigkeiten, die Maastrichtkriterien zu erfüllen. Dank seiner geringen Staatsschuld und der in den Jahren des Wirtschaftsbooms anlegten Reserven konnte der Lebensstandard auch in Zeiten der Stagnation gehalten werden.

Einige der wichtigsten strittigen Themen der 1980er und 1990er Jahre waren die Quellensteuer für Nichtluxemburger und das Bankgeheimnis. Die luxemburgische Regierung und die Vereinigung der in Luxemburg ansässigen Banken „Association des banques et banquiers du Luxembourg" (ABBL) präferierten natürlich ein Durchsetzen der Luxemburger Auffassung in beiden Fragen (ABBL 2000, S. 95). Luxemburg musste aber, nolens volens, dem Brüsseler Kompromiss vom 22. Januar 2003 zustimmen. Von der Quellensteuer werde nur eine begrenzte Zahl von Produkten erfasst, so Schatzminister Frieden. Zum Beispiel sind die Erträge aus Investmentfonds aus der Quellensteuerregelung ausgeschlossen. In einem Stufenplan wird diese Steuer für Nichtluxemburger zunächst von 0 auf 15% (2004-2007) von 15 auf 20% (2007-2010) und schließlich nach 2010 auf 35% erhöht, so wie dies im Kompromiss vereinbart worden ist. Minister Luc Frieden glaubte, dass Luxemburg jetzt seinen zweifelhaften Ruf als „Hort für unversteuertes Geld" verlieren werde. Es war nur bereit, diesem Kompromiss zuzustimmen, um das, als viel wichtiger befundene, Bankgeheimnis zu retten. Jean-Claude Juncker konnte aber in Kooperation mit seinem Schatzminister erreichen, dass dieses Gesetz erst dann wirklich implementiert werden muss, wenn alle Verhandlungen mit Drittstaaten (z.b. der Schweiz) abgeschlossen sind, und diese dann auch die gleichen Wettbewerbsbedingungen in ihrer Gesetzgebung integriert haben wie Luxemburg. Mit dieser Regelung sollen Wettbewerbsverzerrungen verhindert werden. Auch nach dem Abschluss dieser Verhandlungen hat der Finanzplatz keine merklichen Einbußen hinnehmen müssen. Banker stellen fest, dass die aufstrebende „Fondsindustrie" Luxemburg trotzdem neue Wachstumsmöglichkeiten eröffnet.

Luxemburg ist sicher ein Gewinner der Einführung der Wirtschafts- und Währungsunion (WWU). Durch die Einrichtung der Europäischen Zentralbank hat Luxemburg über diesen Umweg endlich eine erweiterte währungspolitische Hoheit erhalten. Zudem konnte die Abhängigkeit von der Belgischen Nationalbank durch die Einrichtung einer eigenen luxemburgischen Zentralbank beendet werden. Die für Luxemburg äußerst nachteilige 8,5-prozentige Abwertung des belgischen Franc von 1982, gegen die Luxemburg keine Handhabe hatte, obwohl dies eine seinen eigenen Interessen widersprechende Maßnahme gewesen ist, galt es in Zukunft zu verhindern. Die mögliche Entkoppelung des luxemburgischen vom belgischen Franc war damals zwar angedacht, aber nicht realisiert worden, da in diesem Fall Milliardenverluste für luxemburgische Finanzinstitute entstanden wären. Trotzdem wurde nun eine Währungsreserve angelegt. Die Bankkonten der Nichtluxemburger wurden in belgischen Franc geführt, so dass bei einer Wiederholung der Zwangsabwertung durch Belgien für Luxemburg eine größere Wahlfreiheit bestanden hätte.

In der Regierungskonferenz 1996/1997 forcierte die luxemburgische Regierung zunächst die Konsolidierung des Binnenmarktes, flankiert durch die Wirtschafts- und Währungsunion und die Verstärkung der zweiten und dritten Säule. Hingegen wehrten sich die Vertreter Luxemburgs zu dieser Zeit gegen ein so genanntes Europa der zwei Geschwindigkeiten oder eine Schwächung der europäischen Kommission. Jean-Claude Juncker war von Anfang an ein starker Befürworter der Währungsunion und sah darin auch eine ernst zunehmende Grundlage für eine Gemeinsame Außen- und Sicherheitspolitik.

4   Schlussfolgerungen

Die Europapolitik Luxemburgs nach dem Zweiten Weltkrieg beruhte auf den historischen Erfahrungen des Kleinstaates im 19. und frühen 20. Jahrhundert, als seine nationale Existenz mehrmals in Frage gestellt war. Auch die Einsicht, dass die luxemburgische Volkswirtschaft nur in einem größeren europäischen Rahmen existieren kann, prägt das Bewusstsein der Regierenden wie der Regierten. Wie ein roter Faden durchzieht der Wunsch nach Gleichberechtigung und nach Berücksichtigung der nachteiligen naturräumlichen Bedingungen, der geringen Bevölkerungszahl und des hohen Ausländeranteils die Europapolitik des Großherzogtums.

Luxemburg konnte der europäischen Integration manchen Dienst erweisen. Sehr oft waren es gerade luxemburgische Politiker, welche es als „ehrliche Makler" verstanden, Kompromisse auf den Weg zu bringen, weil sie keine oder nur wenige Eigeninteressen zu verfolgen hatten. Es gelang Luxemburg während der ersten 50 Jahre des Bestehens der Europäischen Gemeinschaften, seine eigenen Interessen zu wahren und seine nationale Souveränität teilweise sogar auszubauen. Den einzigartigen wirtschaftlichen Wohlstand und den Sitz vieler Europabehörden in der Hauptstadt verdankt Luxemburg u.a. seiner frühen Mitgliedschaft in der Gemeinschaft. Neuerdings aber hat die Auseinandersetzung um das Bankgeheimnis und die Zinssteuer gezeigt, dass die Partner des Großherzogtums nicht länger gewillt sind, besondere Rücksichten auf die außergewöhnliche Lage des, jetzt nicht mehr kleinsten, Mitgliedsstaates zu nehmen. Luxemburg muss sich neuen Herausforderungen stellen. Dabei hilft es ihm wenig, nur im Bündnis mit den anderen „Kleinen" gegen die „Großen" zu kämpfen; es muss je nach Sachlage Zweckbündnisse schließen, um einerseits den europäischen Einheitsgedanken weiterzubringen, ohne andererseits seine nationalen Interessen völlig aus dem Auge zu verlieren.

Literatur

ABBL -association des banques et banquiers du Luxembourg (2000): Luxembourg financial products and services – a guide, Luxemburg u.a.

Agulhon, Maurice (Hrsg.) (2002): Charles De Gaulle et la Nation, Paris.

Bloes, Robert (1969): Le „Plan Fouchet" et le problème de l'Europe politique, Brügge.

Bossuat, Gérard (1994): Les fondateurs de l'Europe, Paris.

Commission de surveillance du secteur financier (1999): Organisation et fonctions, Luxemburg u.a.

Dostert, Paul (1985): Luxemburg zwischen Selbstbehauptung und nationaler Selbstaufgabe. Die deutsche Besatzungspolitik und die volksdeutsche Bewegung 1940-1945, Luxemburg.

Dumont, Patrick u.a. (2007): Le référendum sur le Traité établissant une Constitution pour l'Europe Rapport élaboré pour la Chambre des Députés Stade – Études sociologiques et politiques sur le Luxembourg Université de Luxembourg.

Georgakis, Didier (Hrsg.) (2002): Les métiers de l'Europe politique. Acteurs et professionnalisations de l'Union européenne, Strasbourg.

George, Stephen (1998): Luxembourg and the European Presidency. In: Gerald Newton u.a. (Hrsg.): Luxembourg and the Luxembourg Presidency, Sheffield, S. 5-25.

Gerbet, Pierre (1989): La „relance" européenne jusqu'à la conférence de Messine. In: Enrico Serra (Hrsg.), Il rilancio dell'Europa e i Tratti di Roma, Mailand.

Grosbois, Thierry (1994): Les négociations de Londres pour une Union douanière Benelux (1941-1944). In: Regards sur le Benelux 50 années de coopération, o.O., S. 341-348.

Grosbois, Thierry (1995): La politique étrangère du Grand-duché de Luxembourg entre 1940-1944 dans son contexte international. In: Les années trente, base de l'évolution économique du Luxembourg d'après-guerre (Actes du colloque de l'ALEH du 27 au 28 octobre 1995), o.O.

Guillaume, Henri (1989): Institutions et fonctionnaires européens à Luxembourg. In: Mémorial 1989: la société luxembourgeoise de 1839-1989, Luxembourg.

Heisbourg, Georges (1986-1991): Le gouvernement luxembourgeois en exil, vol. 4, Luxembourg.

Hommel, Nicolas (1951): Le Luxembourg et le Plan Schuman. Ministère d'Etat Luxemburg, Luxembourg, S. 42-52.

Loth, Wilfried (1991): Der Weg nach Europa. Geschichte der europäischen Integration 1939-1957, Göttingen.
Loth, Wilfried (2001): Crises and Compromises. The European Project 1963-1969, Baden-Baden u.a.
Magnette, Paul (2000): L'Europe, l'Etat et la démocratie – Etudes documentaires –, Brüssel u.a.
Magnussen, Lars/Strath, Bo (2001): From the Werner Plan to the EMU – In search of a Political Economy for Europe, Frankfurt.
Majerus, Jean-Marie (1984): L'opinion publique luxembourgeoise face à l'idée européenne 1945-1950. Mémoire de maîtrise, Nancy u.a.
Majerus, Jean-Marie (1995): The Green Pool and the Luxembourg Farmer's Union. In: Richard T. Griffith/Brian Girvin (Hrsg.): The Green Pool and the Origins of the Common Agricultural Policy, London, S. 223-239.
Majerus, Jean-Marie (2004): Interview mit Jacques Santer.
Manners, Ian (2000): Small states and the internal Balance of the European Union: Institutional issues. In: Jackie Gower/John Redmond (Hrsg.): Enlarging the European Union – the way forward, Aldershot.
Metzler, Gabriele (2004): Einführung in das Studium der Zeitgeschichte, Paderborn.
Milward, Alan (1992): The European Rescue of the Nation-State, London u.a.
Neuss, Beate (2000): Geburtshelfer Europas? Die Rolle der Vereinigten Staaten im europäischen Integrationsprozess 1948-1958, Baden-Baden.
Palmer, Michael (1991): The Banque centrale du Luxembourg in the European system of Central Banks, Luxembourg.
Pauly, Michel (Hrsg.) (1986): Lëtzebuerg de Lëtzebuerger? Le Luxembourg face à l'immigration, Luxembourg.
Ries, Adrien (1970): L'agriculture luxembourgeoise dans le marché commun. In: Cahiers économiques No. 45, Luxemburg u.a., S. 82 ff.
Romand, Didier (1998): Jacques Santer ou l'Europe de l'An 2000, Paris.
Santer, Jacques/Delors, Jacques u.a. (1991): Subsidiarité: défi du changement, Maastricht (European Institute of Public Administration), o.O.
Schirtz, Edmée (1989): Le siège de la Communauté européenne à Luxembourg (1950-1958), Magisterarbeit, Luxemburg.
Siweck, Jean-Louis (1997): Jacques Santer dans la presse européenne. Des premières rumeurs à la prestation de serment du président de la Commission européenne (juin 1944-janvier 1995), Brüssel.
STATEC/CEPS-INSTEAD/UNI.LU (2004a): Populations et territoires, No. 4, Décembre 2004, Luxembourg.
STATEC (2004): Le Luxembourg en chiffres, Luxembourg.
STATEC (o.J.): L'économie industrielle du Luxembourg 1948-1966, Luxembourg.
Thorn, Gaston (1976): L'intégration européenne entre dépérissement et l'espoir, Lausanne.
Trausch, Gilbert (1975): Le Luxembourg à l'époque contemporaine, Luxemburg.
Trausch, Gilbert (1978): Joseph Bech. Un homme dans son siècle cinquante années d'histoire luxembourgeoise 1914-1964, Luxemburg.
Trausch, Gilbert (2002): Histoire du Luxembourg, Toulouse u.a.

Weber, Paul (1950): Histoire de l'économie luxembourgeoise, Luxemburg.

Wehrer, Albert (1950): Brief an Jean Monnet vom 20. Januar 1950, AEL #11384, Luxemburg.

Wermeister, Daniel (2004): La crise de la chaise vide et les réactions du Luxembourg et de la Belgique (1956-1966), Luxemburg.

Werner, Pierre (1991): Itinéraires luxembourgeois et européens – Evolutions et souvenirs 1945-1985, Bd. I, Luxemburg u.a.

Luxemburg und die europäische Integration

Mario Hirsch

1   Europäisches Engagement mit Schattenseiten

Parlamentswahlen und die Direktwahlen zum Europaparlament (seit 1979) haben bisher keine grundlegende Veränderung in der Europapolitik verursacht. Europäische Fragen sind traditionell Bestandteil des nationalen Konsenses, der viele Politikbereiche im Großherzogtum kennzeichnet. Über Europa wird kaum kontrovers diskutiert, nicht zuletzt weil die Wahlen zum Europäischen Parlament mit den Wahlen zum nationalen Parlament zusammenfallen. Es gibt aber auch Kräfte, die betont auf die nationalistische Karte setzen, wie etwa das mit fünf Sitzen im Parlament vertretene Aktionskomitee für Demokratie und Rentengerechtigkeit (ADR) oder die Beamtengewerkschaft CGFP, die sich vehement der Öffnung des öffentlichen Dienstes für EU-Bürger widersetzt. Wegen dieses Widerstands tut sich Luxemburg schwer mit der Anpassung seiner Gesetzgebung und der administrativen Praxis an die europäischen Freizügigkeitsbestimmungen, nicht nur beim Zugang zur Beamtenlaufbahn, sondern auch bei der Niederlassungsfreiheit für Rechtsanwälte und andere liberale Berufe. Es wurde wiederholt vom Europäischen Gerichtshof wegen Verstoß gegen die einschlägigen Bestimmungen verurteilt.

Das lange in der Bevölkerung auf eine breite Zustimmung stoßende europäische Engagement ergab sich aber auch aus dem Bewusstsein oder Wissen um die eigene Kleinheit. Luxemburgs Politiker berufen sich auf ein Bonmot, das dem ehemaligen belgischen Premierminister Théo Lefèvre zugeschrieben wird: „Alle Länder in Europa sind inzwischen klein geworden. Es gibt einige, die das bereits wissen, aber eben auch einige, die es noch nicht wissen." Unter Berufung auf Lefèvre hat der ehemalige Regierungschef und EU-Kommissionspräsident Jacques Santer (CSV) aus dieser Erkenntnis seine eigene Definition des Kleinstaates abgeleitet: „Ein Kleinstaat ist ein Staat, der sich seiner geografischen Kleinheit und all der daraus resultierenden Vor- und Nachteile, beziehungsweise aller sich daraus ergebenden Probleme und Chancen bewusst ist" (Santer 2006).

Das Augenmerk der politischen Parteien gilt den nationalen Wahlen. Die Europawahlen, bei denen das Land einen einzigen Wahlbezirk bildet, im Gegensatz zu vier Wahlbezirken beim nationalen Urnengang, dienen in erster Linie als nationaler „Schönheitswettbewerb", bei dem die landesweite Popularität der

Spitzenpolitiker getestet wird. Sie treten alle an, obwohl bekannt ist, dass sie, vor
die Wahl gestellt, in der Regel ein nationales Mandat, insbesondere einen Ministerposten, vorziehen. Demzufolge gehören die sechs Vertreter Luxemburgs im
Europäischen Parlament nur in den seltensten Fällen zu den direkt gewählten
Kandidaten. So waren unter Luxemburgs sechs Europaparlamentariern in der
Periode 1999-2004 nur zwei (der Christdemokrat Jacques Santer und der Sozial-
demokrat Robert Goebbels) direkt gewählt. Bei den Europawahlen von 1999 und
2004 wurde Jean-Claude Juncker regelrecht plebiszitiert. Er gab aber dem Regie-
rungsvorsitz den Vorzug. Auf der liberalen Liste gelang es dem ehemaligen Parteivorsitzenden Charles Goerens (DP) 1999, seine Nachfolgerin Lydie Polfer zu
überflügeln. Goerens, der genau wie Juncker und Polfer einem Ministeramt den
Vorzug gab, war in der vorletzten Regierung Verteidigungsminister, Umweltmi-
nister und Minister für Entwicklungshilfe, Polfer Vizeregierungschefin und Außenministerin. Die gleiche Situation wiederholte sich nach den Wahlen von
2004. Unter den sechs luxemburgischen Europa-Abgeordneten sind lediglich
zwei, und zwar der Grüne Claude Turmes und die Liberale Lydie Polfer, direkt
gewählt.

Die Parlaments- und Europawahlen vom 13. Juni 2004 wurden von der Frage dominiert, welche Partei künftig an der Seite der CSV regieren würde und von
den Spekulationen über Junckers europäische Ambitionen. Er ist der am längsten
dienende Regierungschef und wurde im Vorfeld der Wahlen immer häufiger als
Nachfolger von Kommissionspräsident Romano Prodi oder aber als geeigneter
Kandidat für andere hohe europäische Funktionen gehandelt, obwohl er mit
schöner Regelmäßigkeit derartige Gerüchte dementiert und betont, er sei lediglich Kandidat für seine eigene Nachfolge als luxemburgischer Regierungschef.

2   Prinzipien und Überzeugungen

Luxemburg ist Gründungsmitglied der Europäischen Gemeinschaften, angefangen
bei der Europäischen Gemeinschaft für Kohle und Stahl, die ihre Tätigkeiten ab
1952 in der Stadt Luxemburg aufnahm. Seit dieser Zeit ist die Hauptstadt eine der
drei offiziellen Standorte europäischer Institutionen und Organe. Aus der Anfangszeit der europäischen Integration stammt auch die Übervertretung des kleinen Landes in den Entscheidungsgremien, die, obwohl gefährdet, noch immer als
Leitmotiv der luxemburgischen Außenpolitik unter dem Stichwort „égalité statu-
taire" (statutarische Gleichheit der Mitglieder) gilt. Seiner Eigenschaft als Gründungsmitglied hat das Land auch zu verdanken, dass es gemäß dem Vertrag von
Nizza neben der Bundesrepublik als einziges Land bei der Neufestlegung der

Abgeordnetenmandate im Europäischen Parlament seinen Status nicht verschlech-
terte. Unter Berufung auf das Gleichheitsprinzip vertritt die Regierung die Auffassung, dass bis auf weiteres jedes Land in den Gemeinschaftsorganen, insbesondere in der Kommission, vertreten sein muss. Sollte es zu Abweichungen
kommen, dann habe dies gleichermaßen für große und kleine Länder zu gelten,
anhand eines Rotationsprinzips bei der Besetzung der Organe, wie bereits im
Vertrag von Nizza und besonders im Entwurf für einen Verfassungsvertrag vorgesehen. Bei der Ausarbeitung dieses Dokuments gelang es den luxemburgischen Unterhändlern die Aufrechterhaltung dieser Prinzipien zu gewährleisten,
was u.a. erklärt, warum die Regierung ohne Bedenken und mit großer Zuversicht
die Ratifizierung des Verfassungsvertrags über den Weg eines Referendums im
Juli 2005 in die Wege leitete.

Die Luxemburger galten laut Meinungsumfragen bis vor kurzem als die
„Europäischsten" unter den Europäern. Allerdings hält sich ihre Begeisterungs-
fähigkeit für Europa neuerdings in Grenzen, da sich herauskristallisiert hat, dass
Opfer auf dem Altar der Integration abverlangt werden könnten. Besonders deutlich wird der Gesinnungswandel in letzter Zeit bei den Eurobarometer-Umfragen
zur Erweiterung der EU. Sie stößt auf wachsende Ablehnung und eine Mitgliedschaft der Türkei wird inzwischen von zwei Dritteln der Luxemburger abgelehnt.

Dass Europa in der politischen Auseinandersetzung kaum thematisiert wird,
hängt auch damit zusammen, dass Premierminister Jean-Claude Juncker es vorzieht, sich im Ausland zu europäischen Fragen zu äußern, vorzugsweise zu Themen, die weit über die nationale Agenda hinausreichen. Zu den Dauerbrennern
gehören seit Jahrzehnten die so genannte Sitzfrage der europäischen Institutionen, der anhaltende Einflussschwund in den Entscheidungsgremien, die Kosten-
Nutzen-Rechnung, Fragen von vitalem Interesse wie die Harmonisierung der
Zinsbesteuerung und die Verteidigung der nationalen Eigenart.

Bereits seit Jahren befindet sich Luxemburg – was seine historische Rolle als
Sitz- und Arbeitsort von europäischen Institutionen angeht – in der Defensive,
bedingt durch die steten Abwanderungsbewegungen des Generalsekretariates des
Europäischen Parlamentes und neuerdings auch von Kommissionsdienststellen.
Eng verbunden mit dieser Problematik ist die Frage, ob Luxemburg, das über das
höchste Pro-Kopf-Einkommen in der EU verfügt, als Nettonutznießer oder aber
als Nettozahler zu gelten hat. Je nachdem, wie man die Auswirkungen der Präsenz
von rund 10 000 europäischen Beamten und ihrer Dienststellen auf die lokale
Ökonomie veranschlagt, kommen recht unterschiedliche Resultate heraus. So gilt
Luxemburg in den Darstellungen der Kommission als Nettonutznießer. Die Regierung hält es aber eher mit der Analyse des Europäischen Rechnungshofes, der
es zu den Nettozahlern rechnet. Dennoch weigerte sich Juncker, das Schreiben

von sechs Nettozahlern, den EU-Haushalt bis 2013 auf 1 Prozent des BSP der EU einzufrieren, mitzutragen, das nach dem Scheitern des EU-Gipfels von Dezember 2003 an die Kommission geschickt wurde. Für ihn hätte dies eine unzulässige Entmündigung und Schwächung der Kommission bedeutet.

Die Frage der mittelfristigen Finanzplanung beherrschte auch den luxemburgischen EU-Ratsvorsitz des ersten Semesters 2005 (Hirsch 2004, Poirier/Dumont 2005 und Ludlow 2005). Luxemburgs Vermittlungsversuche scheiterten am britischen Widerstand. Der Ratsvorsitzende Juncker, der eine Reform des Stabilitäts- und Wachstumspaktes erfolgreich durchgesetzt und die letzten Hindernisse bei den Beitrittsverhandlungen mit Bulgarien und Rumänien überwunden hatte, scheiterte an den radikalen Vorstellungen von Tony Blair über die künftige Gestaltung des EU-Haushalts und an der Kontroverse über das angelsächsische und das kontinentale Sozialmodell, die den britischen Ratsvorsitz im zweiten Halbjahr 2005 beherrschte. Erst unter österreichischem Ratsvorsitz in der ersten Jahreshälfte 2006 konnte der Haushaltsstreit beigelegt werden und Juncker sollte Recht behalten mit seiner Prognose, das Endergebnis würde nur unwesentlich von dem luxemburgischen Kompromissvorschlag abweichen.

Luxemburg schafft es immer wieder, seinen europäischen Verpflichtungen nachzukommen. Jedes Mal, wenn es den Ratsvorsitz innehat, entledigt es sich trotz seiner bescheidenen Mittel dieser Aufgabe zur vollsten Zufriedenheit seiner Partner und schafft es sogar, Akzente zu setzen (siehe Reform des Stabilitäts- und Wachstumspakts). Am Beispiel Luxemburgs, das bisher elf Mal den Ratsvorsitz wahrgenommen hat, lässt sich belegen, dass ein erfolgreicher Ratsvorsitz Abstand von einer allzu engen Ausrichtung auf die Verteidigung nationaler Interessen und eine Ausrichtung am allgemeinen Interesse voraussetzt (Heintz/ Hirsch 1998 und Hirsch 2004). Unter luxemburgischem Vorsitz wurde der Durchbruch bei entscheidenden Integrationsschritten wie der „Einheitlichen Akte" (1985) und dem Vertrag von Maastricht (1991) vollzogen.

Man kann natürlich auch die Dinge etwas zynischer sehen, wie der Journalist von Le Monde, Luc Rosenzweig (1997): „Die Komplimente, die den kleinen Ländern wegen eines ‚gelungenen' Ratsvorsitzes entgegengebracht werden, stehen im Zusammenhang mit der Beflissenheit, mit der die ‚Kleinen' die Ideen der ‚Großen' umsetzen, und nicht mit ihrer Fähigkeit, eigenen Vorstellungen auf europäischer Ebene zum Durchbruch zu verhelfen." Allerdings verkennt diese Analyse den eigentlichen Mehrwert, den luxemburgische Europapolitiker in kritischen Zeiten bringen können. Er liegt nicht nur in der Vermittlerrolle des kleinen Landes, sondern auch in seinem Beitrag zur Verbesserung der Verhandlungsatmosphäre. Ein Beispiel unter vielen: Premierminister Pierre Werner, damals gleichzeitig Außenminister, gelang es 1966 in seiner Eigenschaft als Vorsitzender des Ministerrats die wohl schwerwiegendste Krise in der Geschichte

der europäischen Integration zu entschärfen. Ihm ging es darum, die Empfind-
lichkeit des damals hoffnungslos isolierten Frankreichs zu schonen und so eine
offene Krise zu vermeiden. Bei dem „Treffen der letzten Chance" der Außenminister der sechs Länder in Luxemburg schlug er den so genannten Kompromiss
von Luxemburg vor, der sich damit begnügte, die Meinungsverschiedenheiten
zwischen Frankreich und seinen fünf Partnern zu dokumentieren, was einen
Ausweg aus der Krise ermöglichen sollte.[1]

Luxemburgs prominente Rolle in europäischen Angelegenheiten, die in keinem Verhältnis zu seinem bescheidenen Gewicht steht, hat es vor allem der großen Erfahrung seiner Regierungschefs wie Pierre Werner, Gaston Thorn, Jacques
Santer und Jean-Claude Juncker und dem Respekt, den sie im Kreis der Staats-
und Regierungschefs genießen, zu verdanken. Seine sprichwörtliche politische
Stabilität kommt Luxemburg in europäischen Angelegenheiten sehr gelegen, da
sie für politische Langlebigkeit bürgt. Die meisten Minister sind so lange im
Amt, dass sie vielfach als Veteranen in den europäischen Räten gelten.

Jean-Claude Juncker ist immerhin bereits seit 1982 Regierungsmitglied in
verschiedenen Funktionen. Regierungschef ist er seit Anfang 1995 als Nachfolger von Jacques Santer, dem zweiten luxemburgischen Premierminister, dem der
Vorsitz der EU-Kommission anvertraut wurde. Der erste war Gaston Thorn
(DP), Premierminister in den Jahren 1974-1979 und Kommissionspräsident zwischen 1981 und 1984. Thorn war elf Jahre Außenminister, ein Amt das er übrigens beibehielt, als er 1974 Regierungschef der Mitte-Links-Koalition LSAP/DP
wurde. Thorn war der erste Außenminister, dem es gelang, die luxemburgische
Außenpolitik aus ihrem Schattendasein zu befreien und ihr eine aktivere Rolle
auf dem europäischen Parkett zu verordnen. An diese Rolle konnte Juncker,
obwohl selbst nie Außenminister, ab 1995 erfolgreich anknüpfen.

---

[1] In seinen Memoiren von 1992 (Itinéraires luxembourgeois et européens, Band II, Luxembourg, S.
78) beschreibt Pierre Werner seine Rolle bei der Ausarbeitung dessen, was er als „accord sur un
désaccord" bezeichnet, wie folgt: „J'ai conçu l'exercice de ma présidence comme devant assurer
surtout la création d'une ambiance et d'un climat de négociation tenant compte des sensibilités à fleur
de peau de partenaires aspirant à une entente. Celle-ci ne devait pas laisser de perdant dans une
empoignade de subtilités de langage camouflant un désaccord fondamental persistant."

3 Integrationspolitische Prüfsteine

3.1 Luxemburg als Finanzplatz: die Zinsbesteuerung

Aus Luxemburger Sicht ist die europäische Debatte seit 1989 vor allem von der Diskussion über die Besteuerung von Zinserträgen gekennzeichnet. Gleich zum Auftakt der Erörterungen dieser Fragen machte Luxemburg 1989 Gebrauch von seinem Vetorecht, um einen diesbezüglichen Richtlinienvorschlag zu vereiteln. Fast 15 Jahre später, nämlich im Dezember 2002, drohte Juncker noch einmal mit dem Vetorecht. Kurz danach, während der Ecofin-Sitzung vom 21. Januar 2003, lenkten Luxemburg sowie Österreich und Belgien dann doch ein und stimmten der Richtlinie unter gewissen Bedingungen zu.

Die Richtlinie trat erst am 1. Juli 2005 in Kraft. Während der jahrelangen Diskussion setzte Luxemburg auf Zeitgewinn. Es konnte sich insofern durchsetzen, als der vereinbarte Kompromiss eine Übergangsfrist bis 2011 gewährt. In diesem Zeitraum darf man eine Quellensteuer statt dem geplanten Übergang zum verallgemeinerten Informationsaustausch einführen. Die Quellensteuer soll von anfänglich 15% auf 35% in der Endphase steigen. Bis dahin hat das Bankgeheimnis integral Bestand. Angesichts der großen volkswirtschaftlichen Bedeutung seines Finanzplatzes hat diese Frage eine geradezu existenzielle Bedeutung für das kleine Land. Noch unter portugiesischem Ratsvorsitz gelang auf dem Gipfel in Feira im Juni 2000 ein erster Durchbruch. Dort wurden die Bedingungen und Etappen festgelegt, die Ende 2002 zur Verabschiedung einer Richtlinie führen sollten.

Die luxemburgische Regierung hatte immer wieder unterstrichen, dass sie dem nur zustimmen würde (in Fiskalfragen ist Einstimmigkeit erforderlich), wenn die vorgesehenen Maßnahmen auch in Drittländern Anwendung finden. Die Verhandlungen mit Ländern wie der Schweiz waren daher ausschlaggebend dafür, ob und wann die Richtlinie, deren Konturen beim Ecofin-Rat Ende November 2000 in Brüssel festgelegt wurden, in Kraft treten würde. Bei dieser Tagung war es Luxemburg gelungen, die für den Finanzplatz äußerst wichtige Investmentfonds-Industrie weitgehend von den Auswirkungen der geplanten Richtlinie zu verschonen. Damit fällt die Hälfte des beträchtlichen, in Luxemburg domizilierten Fondsvermögens nicht in deren Anwendungsbereich. Außerdem konnte die Regierung die Partner unwidersprochen daran erinnern, dass sie, wie vereinbart, das Bankgeheimnis nur „im Gleichschritt mit Drittstaaten" abzuschaffen gedenkt, wenn überhaupt.

3.2 Groß gegen Klein

Im Vorfeld des Gipfels von Nizza hatten Regierung und Parlament die Gefahr des schwelenden Konfliktes zwischen großen und kleinen Ländern, bei dem Luxemburg Gefahr lief, marginalisiert zu werden, thematisiert. Das Außenministerium hatte in zwei Memoranden die Schmerzgrenze aus luxemburgischer Sicht definiert.[2] Zusätzlich hatte die luxemburgische Diplomatie sich mit den beiden Benelux-Partnern in Fragen der Regierungskonferenz über die institutionellen Reformen abgesprochen und gemeinsame Positionen entwickelt.[3] Der Ausschuss für auswärtige und europäische Angelegenheiten der Abgeordnetenkammer hatte seinerseits in einem ausführlichen Bericht zur Vorbereitung einer parlamentarischen Orientierungsdebatte die luxemburgischen Minimalforderungen argumentativ unterstützt (Chambre des Députés 2000).

Diesen Stellungnahmen war die Sorge gemeinsam, dass das Gleichgewicht zwischen großen und kleinen Ländern aus dem Lot geraten könnte. So wurde das Prinzip „ein Kommissar pro Land" bekräftigt, zumindest solange, wie die EU unter der Schwelle von 27 Mitgliedern bleibt. Erst dann soll ein „gleichberechtigtes Rotationsverfahren" eingeführt werden, dem sich alle zu unterwerfen haben. Es wurde zwar eingeräumt, dass die unterschiedliche demographische Stärke besser zur Geltung kommen soll, aber ohne das bestehende allgemeine Gleichgewicht zwischen großen und kleinen Staaten anzutasten. Bei der Vertretung im Europaparlament sollte ein bestimmtes Minimum garantiert bleiben, sprich die sechs Abgeordneten, über die Luxemburg bisher verfügte, um die politischen Sensibilitäten adäquat zu reflektieren.

Vor allem das gemeinsame Vorgehen der drei Benelux-Regierungen hatte sich in Nizza bezahlt gemacht. Aus luxemburgischer Sicht war besonders wichtig, dass die Benelux-Staaten zusammen mit 29 Stimmen genauso viele Stimmen haben wie ein großes Land. Premierminister Juncker bezeichnete die Ergebnisse als „gut für Luxemburg – ausreichend für Europa": „Die Position Luxemburgs wurde nicht geschwächt. Die Befürchtungen jener, die uns ein Pygmäendasein vorausgesagt hatten, haben sich nicht bewahrheitet" (Juncker 2000). Erfolgreich konnte er sich gegen das Ansinnen des französischen Ratsvorsitzes wehren, die Zahl der Luxemburger Stimmen im Rat lediglich von zwei auf drei zu erhöhen, also nur um 50%, während für alle anderen mehr als eine Verdoppelung vorgesehen war. Mit seinen vier Stimmen findet sich Luxemburg seit der Erweiterung

---

[2] Vgl. Aide-mémoires du gouvernement luxembourgeois sur la Conférence intergouvernementale, vom November 1999 und Oktober 2000.
[3] Vgl. die Benelux-Memoranden über die Regierungskonferenz und die institutionellen Reformen vom Dezember 1999 und September 2000.

zusammen in einer Gruppe mit Estland, Lettland, Slowenien und Zypern wieder, also alles Länder mit einer deutlich höheren Einwohnerzahl. Damit ist es der luxemburgischen Diplomatie bis heute gelungen, einem Prinzip, das von Anfang an den europäischen Integrationsprozess bestimmte, über die Runden zu retten. Um in einer wie auch immer gearteten Föderation die Rechte der kleinen Mitglieder zu wahren, muss ihnen eine überproportionale Repräsentation in den gemeinsamen Gremien zugestanden werden, die nicht einfach an die Einwohnerzahl angepasst sein kann (Hirsch 1974a, 1974b, 1976).

3.3 Gemeinsame Sache mit den großen Nachbarn

Im Verlauf der Verhandlungen des Europäischen Konvents und unter dem Eindruck der Irak-Krise kam es zu einem radikalen Kurswechsel der bisher von Luxemburg vertretenen Positionen. Den Auftakt bildeten die Ereignisse kurz vor dem Irak-Krieg. Zum Jahresanfang 2003 machte Luxemburg im NATO-Rat gemeinsame Sache mit den „Neinsagern" Belgien, Deutschland und Frankreich – ein erstaunlicher Vorgang, da seine Außenpolitik traditionell betont amerikafreundlich war. Ein paar Monate später beteiligte sich das Land an dem so genannten Pralinengipfel vom 29. April 2003 in Brüssel: Diese Initiative Belgiens, Deutschlands und Frankreichs hatte zum Ziel, Europas sicherheits- und verteidigungspolitische Identität unabhängig von der NATO zu etablieren und eine autonome Handlungsfähigkeit Europas zu entwickeln.

Der Schulterschluss mit Paris und Berlin wurde im Herbst 2003 offensichtlich, als Regierungschef Juncker die deutsch-französische Wachstumsinitiative vom September 2003 überschwänglich begrüßte, und indem er bei den Auseinandersetzungen über den Stabilitätspakt und dem von der EU-Kommission angestrengten Defizitverfahren ein erstaunliches Verständnis für die deutsch-französische Position zeigte. Beim entscheidenden Ecofin-Rat vom 24./25. November 2003 war Luxemburgs Position als Mehrheitsbeschaffer ausschlaggebend, um Deutschland und Frankreich vor verbindlichen Auflagen und Sanktionen zu bewahren.[4] Juncker begründete seinen Gesinnungswandel damit, dass wenn die größten Volkswirtschaften des Euroraumes vor sich hinkränkeln, dies nicht ohne Auswirkungen auf die anderen Länder bleiben kann und folglich eine Konjunkturbelebung, sprich eine vorübergehende Abkehr vom Pfad der haushaltspolitischen Tugenden, statthaft sei. Er nahm es in Kauf, völlig konträr zu den Positionen anderer kleinerer Länder zu reagieren, die, wie Österreich und die Niederlande, von einer Vorzugsbehandlung nichts wissen wollten.

---

[4] Le Monde vom 29. November 2003 und d'Lëtzebuerger Land vom 5. Dezember 2003.

338 Mario Hirsch

Aber auch in institutionellen Fragen kam dieser Gesinnungswandel deutlich zum Vorschein. Bei den Beratungen des Konvents ging Luxemburg, zusammen mit Belgien und den Niederlanden, auf Distanz zu den von anderen kleineren Ländern vertretenen Positionen. Noch am 1. April 2003 hatte Premierminister Juncker ein Treffen „gleich gesinnter" Länder in Luxemburg veranstaltet, an dem die Regierungschefs Belgiens, Finnlands, Irlands, Österreichs, der Niederlande und Portugals vertreten waren. Seine Absicht war, durch eine Koordinierung ihrer Standpunkte einen prägenden Einfluss auf die Konventsdebatten auszuüben. In Wirklichkeit ging es aber darum, eine breitere Unterstützung für die bereits in einem gemeinsamen Memorandum der drei Beneluxländer am 4. Dezember 2002 vertretenen Positionen zu gewinnen.

In diesem Dokument war bereits die Abkehr von der bisher von Luxemburg und anderen kleineren Ländern vertretenen Position „Ein Kommissar pro Land" vorweggenommen und das Prinzip eines gleichberechtigten Rotationsverfahrens bei der Zusammensetzung einer verkleinerten Kommission festgeschrieben worden. Die Begründung dieser Benelux-Position, die nicht von anderen kleineren Ländern geteilt wurde, wurde noch einmal am 2. Oktober 2003, zwei Tage vor dem Auftakt der Regierungskonferenz in Rom, nachgereicht. In dem aus diesem Anlass veröffentlichten Pressekommuniqué heißt es, die Beneluxländer hätten sich im Konvent von der „Überzeugung leiten lassen, dass die Stärkung der Institutionen, die sich der Verteidigung des allgemeinen Interesses der Union verschrieben haben (sprich die Kommission, Anmerkung des Autors), vorrangig ist und konsolidiert gehört. Die Verstärkung der ‚méthode communautaire' war und ist der Leitfaden von Benelux".[5]

3.4 Das Referendum zum EU-Verfassungsvertrag

Die europapolitische Diskussion in Luxemburg stand 2005 ganz unter dem Eindruck des Referendums vom 10. Juli 2005 zum EU-Verfassungsvertrag. Die Volksbefragung hatte zwar nur einen konsultativen Charakter, endete aber mit einem überraschend knappen Ausgang (56,52% der Wähler dafür, aber immerhin 43,48% dagegen). In einer ersten Lesung am 28. Juni 2005 hatten 95% der Abgeordneten den Vertragsentwurf ratifiziert. Sie wiederholten diese überwältigende Zustimmung in zweiter Lesung am 25. Oktober 2005, obwohl dazwischen der Text von fast der Hälfte der Wähler abgelehnt wurde. Die politische Klasse sah sich konfrontiert mit dem Problem eines bemerkenswerten Auseinanderdriftens

[5] Zu Luxemburgs Position im Konvent und in der anschließenden Regierungskonferenz siehe das Interview mit Jean-Claude Juncker in: d'Lëtzebuerger Land vom 3. Oktober 2003.

zwischen „pays réel et pays légal", und dies ausgerechnet in europäischen Angelegenheiten, die bisher eher konsensträchtig waren. Es wurde offenkundig, dass die Einstellung der Luxemburger zu Europa im Wandel begriffen ist und eine gewisse Skepsis sich ausbreitet, gepaart mit Indifferenz und offener Ablehnung.

Die Politiker konnten aber ohne weiteres zur Tagesordnung übergehen, da die Verfassungsgegner nicht in der Lage waren, ihren Achtungserfolg in politisches Kapital umzumünzen. Die Ablehnungsfront war ein Sammelsurium von sehr unterschiedlichen gesellschaftlichen Gruppen, geeint durch diffuse Ängste über Globalisierung, Erweiterung und liberale Orientierung der EU. Die etablierten politischen Kräfte gelobten aber, die Sorgen der Bürger ernst zu nehmen und sie verständigten sich darauf, fortan Parlaments- und Europawahlen zeitlich zu trennen, um die Europapolitik aufzuwerten. Seit 1979, den ersten Direktwahlen zum Europaparlament, wurden sie am gleichen Tag organisiert wie die Parlamentswahlen, was unweigerlich dazu führte, dass europäische Anliegen in der Regel stiefmütterlich behandelt wurden. Allerdings war die Läuterung nur von kurzer Dauer. Zurückbehalten wird wahrscheinlich nur der Vorschlag, künftig auf Doppelkandidaturen zu verzichten und die Kandidatenzahl auf die zu verteilenden Mandate zu beschränken, also statt bisher zwölf nur mehr sechs Kandidaten pro Liste für die sechs Europamandate ins Rennen zu schicken. Bisher war es so, dass zwar Spitzenpolitiker kandidierten, diese aber in Wirklichkeit nie daran dachten, ihr Mandat im Europaparlament anzutreten. Von den anderen guten Vorsätzen blieb eigentlich nur eine Initiative der Regierung übrig, im Rahmen des „Forum Europa" die Jugend wieder für die europäische Idee zu begeistern. Beim Verfassungsreferendum stimmten 67% der Jugendlichen unter 25 Jahren mit Nein.

Die Nachwehen des zwiespältigen Verfassungsreferendums machten sich aber auch auf einer anderen Ebene bemerkbar. Die Eurobarometer-Meinungsumfrage vom Frühjahr 2006 weist einen deutlichen Einbruch der sprichwörtlichen Europabegeisterung der Luxemburger auf. Während die positive Einstellung der Bürger zur EU sich in den meisten Mitgliedstaaten seit der letzten Erhebung im Herbst 2005 insgesamt positiv entwickelte, geht der Trend in Luxemburg in die andere Richtung. Die EU-Mitgliedschaft gilt zwar für 72% der Befragten als „gute Sache", aber bei der vorherigen Erhebung waren es noch 82%. Die Zahl der Unschlüssigen hat deutlich von 10 auf 18% zugenommen. Nur mehr 54% haben ein positives Image von der EU (minus 3%), während die Zahl derjenigen, die ihr schlechte Zensuren ausstellen, von 10 auf 15% gestiegen ist. Dies alles ist natürlich noch nicht dramatisch, überrascht dennoch in einem Lande, das wie kaum ein anderes von seiner Zugehörigkeit zur EU profitiert hat. Dramatisch ist allerdings die sehr stark ausgeprägte Ablehnung von erneuten EU-Erweiterungen. Sie stoßen bei 65% der Befragten auf Ablehnung und die Zustimmung ist auf 27% gesunken. Zusammen mit Österreich teilt Luxemburg damit die niedrigste Unterstützungsrate für Erweiterungen der EU, insbesondere die Mitgliedschaft der Türkei, was erstaunlich und nur schwer nachvollziehbar ist.

Diese „Frilosität" hat die Regierung Ende April 2006 veranlasst, die 2004 beim EU-Beitritt der acht osteuropäischen Länder eingeführten Übergangsbestimmungen in Sachen Beschränkung der Arbeitnehmerfreizügigkeit um weitere zwei Jahre zu verlängern und diese Einschränkungen auch auf Bulgarien und Rumänien auszudehnen. Diese restriktive Haltung mag verwundern in einem Lande, dessen aktive Bevölkerung sich zu 67% aus Ausländern zusammensetzt (Grenzgänger und Gastarbeiter; letztere kommen überwiegend aus Ländern der EU-15).

4 Perspektiven

Die Luxemburger Abgeordnetenkammer hatte am 12. Juli 2001 mit großer Mehrheit den Gesetzesvorschlag zur Ratifizierung des Vertrages von Nizza angenommen. 57 Abgeordnete stimmten für die Vorlage, zwei Abgeordnete enthielten sich und ein Abgeordneter stimmte dagegen. Luxemburg war das dritte Land nach Dänemark und Frankreich, das dem Vertrag seine Zustimmung gab. Wie die damalige Außenministerin Lydie Polfer vor den Abgeordneten wiederholte, „liegt die Finalität des Vertrages darin, die Erweiterung der Union zu ermöglichen". In der parlamentarischen Debatte bezeichnete die Ministerin das Resultat der Verhandlungen in Nizza als guten Kompromiss. „Worauf es ankommt ist, dass es uns gelungen ist, einen ausgewogenen und für alle annehmbaren Kompromiss zu schmieden. Die Geschichte lehrt uns, dass Kompromisse die bei weitem besseren Lösungen darstellen, besser als solche, die durch Gewalt erzwungen werden und notwendigerweise Sieger und Besiegte hinterlassen." (Polfer 2001)

Während der Debatte kam aber auch das Problem der Gleichgültigkeit der Bevölkerung gegenüber dem europäischen Integrationsprozess zur Sprache, die selbst im bisher sehr von Europa begeisterten Luxemburg beängstigende Fortschritte macht. Laut Eurobarometer geben inzwischen fast 70% an, Europa lasse sie gleichgültig oder interessiere sie nicht weiter, was den damaligen Vorsitzenden des Außen- und Europapolitischen Ausschusses, den liberalen Abgeordneten und Bürgermeister der Stadt Luxemburg, Paul Helminger, zu der Feststellung verleitete, Irland sei überall. Die Situation hat sich seither verschlechtert, besonders unter dem Eindruck des eher glimpflich verlaufenen Referendums zum EU-Verfassungsvertrag von 2005.

Jean-Claude Juncker war einer der ersten europäischen Regierungschefs, der in seiner Erklärung zur Lage der Nation am 6. Mai 2003 ankündigte, den Verfassungstext per Referendum ratifizieren zu lassen, mit der erklärten Absicht, endlich eine Grundsatzdebatte im eigenen Lande zu führen. Nach dem gescheiterten EU-Gipfel im Dezember 2003 titelte die Frankfurter Allgemeine Zeitung: „Juncker soll es richten" (Frankfurter Allgemeine Zeitung 2003), was den Spekulationen über seine europäischen Ambitionen einen beträchtlichen Auftrieb gab. Nur wenige Wochen nach den negativen Verfassungsreferenden in Frankreich und den Niederlanden verlief das Referendum in Luxemburg am 10. Juli 2005 zumindest erfolgreich. Es warf aber angesichts des bemerkenswert hohen Anteils an Neinsagern zahlreiche Fragen auf. Selbst in Luxemburg scheint die europäische Integration längst nicht mehr eine selbstverständliche Angelegenheit zu sein.

Am 25. Mai 2006 erhielt Regierungschef Jean-Claude Juncker den Internationalen Karlspreis der Stadt Aachen, „in Würdigung seines vorbildlichen Wirkens für ein soziales und geeintes Europa" (Trausch 2006). Die Jury ehrte mit Juncker „einen Europäer, der in bester Tradition des luxemburgischen Volkes mit Glaubwürdigkeit, Kompetenz, Beharrlichkeit und Leidenschaft Motor und Vordenker des Integrationsprozesses ist und dem es wie nur wenigen anderen gelingt, die Bürgerinnen und Bürger für das europäische Einigungswerk zu begeistern." Diese Anerkennung dürfte die Luxemburger wieder mit der europäischen Idee versöhnt haben und die Regierung dazu anspornen, ihr europäisches Profil auszubauen.

In diesem Zusammenhang muss darauf hingewiesen werden, dass der europäische Einsatz der Regierung, sieht man vom erfolgreichen EU-Ratsvorsitz des Landes im ersten Semester 2005 ab, in letzter Zeit optimierungsbedürftig schien. So ist Luxemburg, laut EU-Kommission, seit Anfang 2006 europaweit Schlusslicht bei der Umsetzung von Europäischen Richtlinien. Ende Mai 2006 lag der Umsetzungsrückstand bei 67 Richtlinien. Erstaunlich ist dies, da es kaum zum Image des europäischen Musterschülers Luxemburg passt und die Rückstände auch Bereiche betreffen, die für die wirtschaftliche Entwicklung des Landes von großer Bedeutung sind. Diese Situation hat denn auch zu einer heftigen innenpolitischen Kontroverse geführt. „Die Grünen/déi Gréng" warfen der Regierung vor, gegen die Interessen des Landes zu verstoßen und den guten Ruf zu ruinieren, wegen mangelndem Einsatz und fehlender Mittel. Tatsächlich verhält es sich so, dass die Regierung und ihre Verwaltung bereits seit Jahren überfordert sind und die sich abwechselnden, traditionellen Regierungsparteien CSV (Christlich-Sozial), LSAP (Sozialdemokratisch) und DP (Liberal) gleichermaßen verantwortlich für die Umsetzungsdefizite sind, die es seit geraumer Zeit gibt.

Bei der Tagung der Euro-Gruppe, die die Länder der Eurozone vereinigt, wurde Jean-Claude Juncker am 8. September 2006 in Helsinki für die Dauer von zwei weiteren Jahren in seiner Funktion als Vorsitzender der Euro-Gruppe bestätigt. Er erhielt dieses Mandat ein erstes Mal im September 2004. Bei der Verlängerung äußerte er sich auch zu den Spannungen zwischen ihm und dem Präsidenten der Europäischen Zentralbank (EZB), Jean-Claude Trichet. Er bekräftigte seinen wiederholt geäußerten Wunsch, den Dialog zwischen der EZB und der Euro-Gruppe zu „intensivieren": „Die Euro-Gruppe soll und will sich nicht in die Zinspolitik der EZB einmischen. Diese liegt laut Unabhängigkeitsprinzip im Handlungsbereich der EZB. Doch sollte in der Einschätzung von Wechselkursschwankungen der Dialog zwischen den zwei Institutionen derart verstärkt werden, um die gegenseitige Denkweise und Erwartungshaltung zu kennen. Wir haben deshalb gemeinsam beschlossen, den Gedankenaustausch und den Dialog zu intensivieren" (Juncker 2006).

Literatur

Chambre des Députés (2000): Rapport de la Commission des affaires étrangères et euro-péennes en vue du débat d'orientation de l'UE dans le contexte de la CIG, Document parlementaire no. 4710 (23.10.2000).

Entringer, Henri (1997): La présence européenne à Luxembourg, Luxemburg.

European Voice (2004): 15. Januar 2004.

Fally, Vincent (1992): Le Grand-Duché de Luxembourg et la construction européenne, Luxemburg.

Frankfurter Allgemeine Zeitung (2003): „Juncker soll es richten." Frankfurter Allgemeine Zeitung vom 17.12.2003.

Heintz, Michel/Hirsch, Mario (1998): L'Union européenne et la présidence luxembour-geoise, Brüssel.

Hirsch, Mario (1974a): La situation internationale des petits États: des systèmes politiques pénétrés. In: Revue française de science politique, vol. XXIV, No. 5, S. 1026-1055.

Hirsch, Mario (1974b): Die Logik der Integration. In: Europa-Archiv, Folge 13/1974, S. 447-456.

Hirsch, Mario (1976): Influence without Power. Small States in European Politics. In: The World Today, 32, S. 113.

Hirsch, Mario (2003a): Kleinstaaten als Hochburgen der Demokratie. In: Romain Kirt (Hrsg.): Der Kleinstaat. Plädoyers gegen Vorurteile, Esch/Alzette, S. 67-73.

Hirsch, Mario (2003b): Benelux, ein Motor der europäischen Integration. In: Danuta Kneipp/Eckart Stratenschulte (Hrsg.), Staatenkooperation in der EU und darüber hinaus, Opladen, S. 43-50.

Hirsch, Mario (2004): Luxembourg at the helm: experience, determination and self-denial: the 2005 Luxembourg Presidency of the European Union, Paris. Internetdo-kument: www.ena.lu/mce.cfm (13.8.2007).

Juncker, Jean-Claude (2000): Zitiert nach: Luxemburger Wort, 12.12.2000.

Juncker, Jean-Claude (2003): Interview. In: d'Lëtzebuerger Land, 3.10.2003.

Juncker, Jean-Claude (2006): Zitiert nach: Mitteilung des Presse- und Informationsdienstes (SIP) der Regierung, 9.9.2006, Luxemburg.

Ludlow, Peter (2005): The Luxembourg Presidency, Brussels.

Poirier, Philippe/Dumont, Patrick (2005): The 2005 Luxembourg Presidency, Stockholm.

Polfer, Lydie (2001): Internetdokument: www.gouvernement.lu/salle_presse/actualite/2001/12/index.html (20.4.2007).

Rosenzweig, Luc (1997): Kommentar. In: Le Monde, 25.3.1977.

Trausch, Gilbert (1996): Le Luxembourg face à la construction européenne, Luxembourg.

Trausch, Gilbert (2006): Von Bech zu Juncker: Luxemburgs Beitrag zur Union. In: Luxemburger Wort, 9.5.2006.

Werner, Pierre (1992): Itinéraires luxembourgeois et européens, Bd. II, Luxembourg.

Das „Zukunftsbild 2020": Leitlinien und Perspektiven der grenzüberschreitenden Kooperation in der Großregion SaarLorLux

Peter Moll/Martin Niedermeyer

1 Zur Vorgeschichte und zum Entstehungsprozess

Der 7. Gipfel, das interregionale Treffen der Chefs der Exekutiven des SaarLor-Lux-Raumes vom 30. Juni 2003, nahm das „Zukunftsbild 2020" als politisches Strategiekonzept entgegen, das vom ehemaligen Kommissionspräsidenten Jacques Santer und anderen regionalen Persönlichkeiten erarbeitet worden war. Das Saarland hatte das Papier als Vorsitz des „Gipfels der Großregion" in Auftrag gegeben, weil es die Erstellung einer grenzüberschreitend abgestimmten Zukunftsperspektive für dringend geboten hielt.

1.1 Die Vorgeschichte des Zukunftsbildes

Als im Zeitraum bis in die 1960er Jahre noch die traditionsreichen montanindustriellen Strukturen Gegenwart und Zukunft des SaarLorLux-Raums zwischen Saarbrücken, Metz und Luxemburg bestimmten, war die Zielrichtung der grenzüberschreitenden Kooperation im Großen und Ganzen ziemlich klar: Es ging um einen Informations- und Meinungsaustausch über die Probleme und Perspektiven von Kohle und Stahl, die das „Montandreieck" in seinem Kern zusammen hielten und woran die regionalen Partner – seinerzeit das Saarland, das Mosel-Departement und das Großherzogtum Luxemburg – gleichermaßen ein nachbarschaftliches Interesse über die jeweiligen Territorialgrenzen hinaus hatten. Unter Führung der Industrie- und Handelskammern sowie der Arbeitskammern[1] wurden entsprechende informelle Kontakte gepflegt; Vertreter der Regierungen nahmen zunächst nur als Gäste an diesen Gesprächen teil. Grenzüberschreitende Politik im SaarLorLux-Kontext wurde als „kleine Außenpolitik" betrachtet. Es ist bezeichnend, dass sowohl auf französischer Seite die OREAM-Lorraine (Livre

---

[1] Industrie- und Handelskammern Luxemburg, Metz, Saarbrücken und Trier; Arbeitskammern Luxemburg und Saarbrücken.

blanc 1968) als auch die saarländische Landesregierung im Saar-Strukturpro-
gramm (1970) zu denselben Empfehlungen kamen: Die Probleme des „Indus-
triedreiecks SaarLorLux" könnten nur im europäischen Kontext und in Abstimmung zwischen den Nachbarregionen gelöst werden – so lautete die überein-
stimmende Meinung beider Seiten.

Übersicht 1:   Zur räumlichen Dimension der grenznachbarschaftlichen und
                  interregionalen Kooperation im „SaarLorLux-Raum"

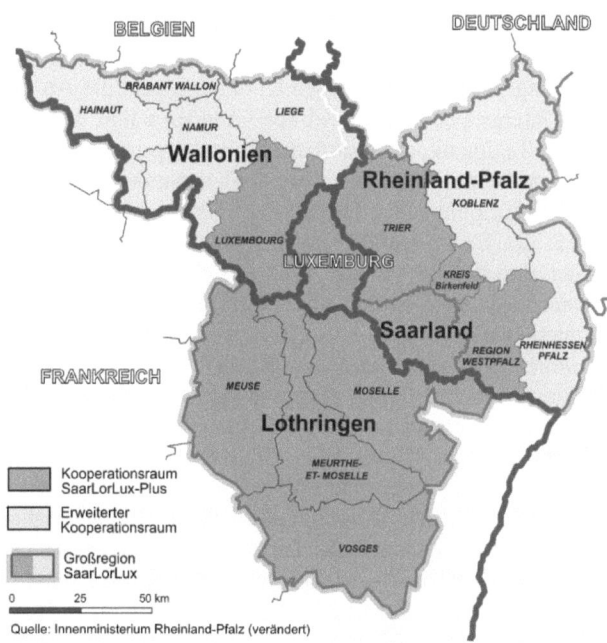

Mit der sich abzeichnenden ersten montanindustriellen Krise in den 1960er Jahren wurden die grenzüberschreitenden Kontakte intensiviert, aber auch – und das
ist sehr wichtig – formalisiert. 1969/70 erfolgte die Einrichtung der nationalstaatlichen „Gemischten deutsch-französisch-luxemburgischen Regierungskommis-
sion"; in dieser kamen die Vertreter der Außenministerien der drei Länder zusammen. Sie gründeten die „Regionalkommission Saarland-Lothringen-Luxem-
burg-Trier/Westpfalz", die auf regional- bzw. gliedstaatlicher Ebene 1971 ihre
Tätigkeit aufnahm. Es war dies der Beginn einer „Internalisierung" binneneuro-
päischer Außenpolitik hin zu einer grenzüberschreitenden Regionalpolitik. Für

das französische Territorium wurde in Ermangelung einer regionalen Regierung die Regionalpräfektur in Metz beauftragt, die grenzüberschreitenden Kontakte wahrzunehmen. Es wurden Arbeitsgruppen eingerichtet, die unter der Leitung von Fachbeamten der beteiligten Regionen standen. Sowohl verfahrensmäßige als auch inhaltliche Fragen wurden erörtert, meist allgemeiner Art, gelegentlich wurden aber auch konkrete Projekte entwickelt, die jedoch häufig nicht realisiert werden konnten, weil Fragen der Trägerschaft und Finanzierung nicht einvernehmlich zu klären waren.

Da seit 1980 im Zuge immer drängender werdender Probleme der wirtschaftlichen Umstrukturierung das öffentliche Interesse an der grenzüberschreitenden Zusammenarbeit wuchs, kamen zunehmend komplexere Fragen und Aufgaben auf die Tagesordnung der beiden Kommissionen; die Anzahl der Arbeitsgruppen und Untergruppen sowie Ad-hoc-Gruppen nahm dementsprechend zu. Die Erfolge der Regionalkommission, der in Ermangelung einer geeigneten Entscheidungsebene der politische Rückhalt fehlte, wurden nicht richtig sichtbar.[2] Dies führte 1995 zur politischen Initiative der Gründung eines sog. „Gipfels", zu dem die Chefs der Exekutiven (Premierminister und Ministerpräsidenten, einschließlich der Präsidenten der seit 1982 bestehenden Region Lothringen und den zwei seiner vier Departements mit Grenzlage zum Saarland und zu Luxemburg) zusammen kamen.

Diese informell tagende Runde, an der auch Wallonien mit seinen drei Ministerpräsidenten[3] teilnahm, bildete aufgrund ihrer institutionellen Unabhängigkeit von der nationalstaatlich konstituierten Regionalkommission bald eine eigene Organisationsstruktur (vgl. Übersicht 2). Hierdurch gelang es erstmals, die politische Führungsebene der regionalen Exekutiven zusammen zu bringen. Insbesondere für die Präsidenten der lothringischen Räte (Regionalrat und Generalräte) war dies mehr als nur ein symbolischer Akt, da sie an den Arbeiten der Regionalkommission lediglich mit Beobachterstatus teilnehmen konnten. Dementsprechend war der französische Staat in der Person des Regionalpräfekten am Gipfel ebenfalls nur als Beobachter zugelassen. Dieses – vor allem innerfranzösische – Kompetenz- und Abgrenzungsproblem lastete lange als Hypothek auf der interregionalen Kooperation zwischen den SaarLorLux-Partnern; es wird erst mit dem In-Kraft-Treten des im Jahre 2005 geänderten Notenwechsels beseitigt sein.

Die vom Gipfel eingerichteten Arbeitsgremien operierten weitgehend unabhängig von denen der Regionalkommission, was nicht immer die Effektivität der

---

[2] Eine solche Ebene, die verbindliche interregionale Entscheidungen trifft und dadurch politischen Rückhalt geben könnte, kann es im grenzüberschreitenden Geschäft nicht geben.

[3] Wallonische Region (Sitz: Namur), Französische Gemeinschaft (Sitz: Brüssel), Deutschsprachige Gemeinschaft (Sitz: Eupen).

interregionalen Arbeiten beförderte; in vielen Fällen waren dieselben Beamten in Arbeitsgruppen der einen und der anderen Ebene vertreten. Vor diesem Hintergrund kann es nicht verwundern, dass zusammen mit den von Kammern und anderen Körperschaften des öffentlichen Rechts neben der national- und regionalstaatlichen Verwaltung weiter betriebenen Kooperationen im Jahre 2001 auf der Ebene der Exekutiven insgesamt 42 operative Einheiten im SaarLorLux-Raum bestanden.

Übersicht 2: Institutionelle Struktur der interregionalen SaarLorLux-Kooperation

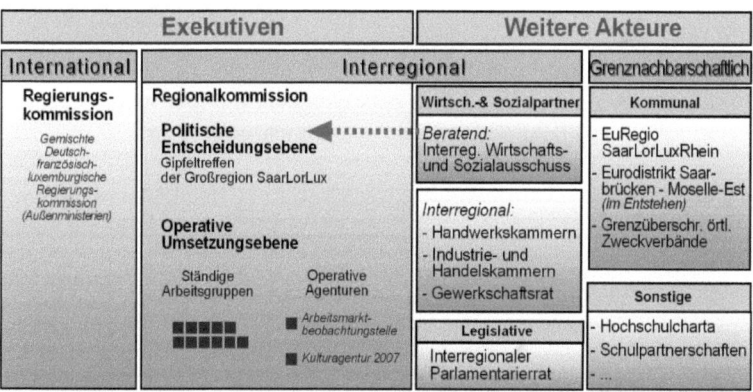

Eine im Jahr 2000 von der saarländischen Staatskanzlei verwaltungsintern durchgeführte Analyse des gesamten Aufgabenspektrums dieser offiziell tätigen grenzüberschreitenden Gremien hatte ergeben, dass sich die meisten im guten Sinne als Kontaktbörsen mit Fragen beschäftigten, die aus dem Aufgabenbereich selbst hervor gegangen waren. Der Bezug zur politischen Entscheidungsebene war in vielen Fällen aber verloren gegangen. Unter den verschiedenen Arbeits- und Diskussionsgremien fehlte es an Zusammenhalt. Es gab kein übergreifendes Ziel der grenzüberschreitenden Kooperation. Über 100 Bedienstete waren insgesamt in der durch die Mitwirkung von Wallonien auf fünf Regionen angewachsenen Kooperationsgemeinschaft SaarLorLux tätig. Dabei war niemandem so richtig klar, wohin die abgestimmten Bemühungen eigentlich führen sollten.

1.2 Der Entstehungsprozess des Zukunftsbildes

In dieser Situation schlug das Saarland Ende 2001 dem Gipfel vor, ein Strategiepapier erarbeiten zu lassen, das das Fehlen eines politischen Rahmens beheben sollte. Dieses zielgerichtete Vorgehen fand bei den anderen Regionen zunächst wenig Gegenliebe, obwohl auch sie einsehen mussten, dass die unveränderte Fortsetzung zahlreicher unkoordinierter „Baustellen" zwar zur grenzüberschreitenden Kontaktpflege günstig war, aber nicht unbedingt brauchbare Ergebnisse hervorbringen würde. Jacques Santer[4] übernahm den Vorsitz der vom Saarland eingerichteten Politikergruppe, die geeignete Leitlinien und Perspektiven für ein „Zukunftsbild 2020" erarbeiten sollte. In der Gruppe waren aus jeder Region zwei bis drei Politiker tätig, die vom jeweiligen Gipfelmitglied (Ministerpräsident etc.) bestimmt worden waren. Die Gruppe (vgl. nachfolgende Übersicht) nahm ihre Arbeit Anfang September 2002 auf und beendete sie Ende Juni 2003. Das Ergebnis wurde vom 7. Gipfel entgegen genommen und publiziert.[5] Dieser Gipfel beauftragte die Mitarbeiterebene, die im Papier enthaltenen Vorschläge auf ihre Umsetzbarkeit hin zu prüfen und dem Folgegipfel einen entsprechenden Realisierungsvorschlag vorzulegen. Aus Gründen, die hier nicht näher zu erörtern sind, ist es dazu jedoch noch nicht gekommen.

Übersicht 3: Die Mitglieder der „Politischen Kommission" Zukunftsbild 2020

Saarland	Rheinland-Pfalz	Lothringen	Luxemburg	Wallonien
Karl Rauber, Staatssekretär Chef der Staatskanzlei des Saarlandes **Arno Krause** Vorstands-Vorsitzender der Europäischen Akadamie Otzenhausen	**Dr. Carl Ludwig Wagner** Ministerpräsident a.D. **Karl Haehser** Parlamentarischer Staatssekretär a.D.	Region Lothringen: **Josette Taddéï** Vizepräsidentin des Regionalrats von Lothringen Département Moselle: **Pierre Dap** Präsident a.D. des lothringischen Wirtschafts- und Sozialausschusses Département Meurthe-et-Moselle: **Jacques Chérèque** Staatsminister a.D.	**Jacques Santer** (Vorsitzender) Ehem. Präsident der Kommission der Europäischen Gemeinschaften, Ehrenstaatsminister **Guy Linster** Staatssekretär a.D.	Wallonische Region: **Bernard Caprasse** Gouverneur der Provinz Luxemburg Deutschsprachige Gemeinschaft: **Christian Krings** Bürgermeister von St. Vith Französische Gemeinschaft: **Philippe Monfils** Senator

Koordinator Franz Peter Basten, Staatssekretär a.D.
Stand der Angaben: Juni 2003

---

[4] Jacques Santer: Ehemaliger Präsident der Kommission der Europäischen Gemeinschaften, Ehrenstaatsminister des Großherzogtums Luxemburg.
[5] Siehe bibliographische Angaben am Schluss dieses Beitrags.

1.3   Ein interregionales Raumentwicklungskonzept als Vorläuferprojekt

Der Gesamtzusammenhang gebietet es, auf eine weiter zurück liegende Initiative des Großherzogtums Luxemburg hinzuweisen, das schon 1999 für den SaarLor-Lux-Raum ein grenzüberschreitendes Koordinierungsinstrument, wenn auch auf den Bereich der Raumordnung beschränkt, vorschlug. In einer „Studie für ein Raumentwicklungskonzept SaarLorLux-Plus" (siehe Bibliographie) sollten nach dem Vorbild des EUREK[6] auf der Grundlage räumlicher Analysen – schwerpunktmäßig in den Bereichen Bevölkerung, Siedlung, Verkehr und natürliches Potential – Ausgangspunkte für eine abgestimmte Raumentwicklungspolitik im Raum Saarland, Lothringen, Luxemburg, Trier/Westpfalz und Südost-Wallonien ermittelt werden. Dieser Kernraum wurde „SaarLorLux-Plus" genannt; das „Plus" stand für die im gebräuchlichen Namen nicht enthaltenen Gebiete von Rheinland-Pfalz und Wallonien (siehe Übersicht 1, S. 365).

Mit diesem von Luxemburg angestoßenen Raumentwicklungskonzept war in der Tat erstmalig der Versuch unternommen worden, eine langfristige Zukunftsperspektive für den Grenzraum zwischen Maas, Mosel und Saar aufzustellen (Niedermeyer/Stiens 2004). Auf zwei öffentlichen Erörterungsterminen wurde ein Meinungsbild gewonnen, das vor allem Folgendes verdeutlichte: Es bestand zum einen eine weit verbreitete Skepsis gegenüber derartigen die Staatsgrenzen nicht beachtenden Untersuchungen und Vorschlägen, gab es doch die Sorge, es könnte von außen auf die eigenen nationalen bzw. regionalen Kompetenzbereiche Einfluss genommen werden. Zum anderen wurde klar, dass es praktisch unmöglich war, im Falle von interregionalen politischen Konflikten – und diese waren natürlich grundsätzlich nicht auszuschließen – eine geeignete Durchsetzungsstrategie (z.B. auf der Basis mehrheitlich zu fassender Beschlüsse) zu entwickeln. Daher blieb das Interesse an diesem Konzept letztlich gering, was sich auch aus der schleppenden Fertigstellung eines politischen Programmpapiers zum „Raumentwicklungskonzept SaarLorLux-Plus" ergibt, das von der Regionalkommission SaarLorLux-Trier/Westpfalz erst am 9. Dezember 2004 beschlossen wurde.

Droht dem „Zukunftsbild 2020" etwa das gleiche Schicksal, auf eine längere Bank geschoben zu werden? Es ist festzuhalten, dass es, wie oben gezeigt wurde, zunächst das Großherzogtum Luxemburg (1999), dann das Saarland (2001) waren, die für den SaarLorLux-Raum eine langfristige Entwicklungsstrategie für erforderlich hielten und sich aktiv dafür einsetzten. Diese beiden Regierungen waren zweifellos die Motoren, die die notwendigen Arbeiten dazu in

---

[6] Das EUREK wurde angenommen beim Informellen Rat der für Raumordnung zuständigen Minister der EU-Länder in Potsdam, Mai 1999.

Gang gebracht haben. In einer Zeit, in der in Europa eine verstärkte Diskussion über die zum Teil einschneidenden Folgen der zu erwartenden demographischen Entwicklung stattfindet, sind Überlegungen zur Zukunft dieses multiregionalen Raumes umso notwendiger und dringlicher. Die beiden genannten Initiativen zeigen aber auch, dass die Politik ihr Augenmerk immerhin auf langfristige Prozesse richtet und geeignete Aktivitäten entfaltet.

Es wäre zu empfehlen, dass das aus diesen beiden strategischen Vorlagen zu entwickelnde künftige Lenken und Handeln auf der Basis von „Projekträumen" stattfindet. Dies würde allerdings auf eine vernünftige räumliche Begrenzung des SaarLorLux-Aktionsraumes hinauslaufen – ein Problem, mit dem diese grenzüberschreitende Kooperation seit zum Teil über 40 Jahren bezüglich großer und grenzferner Teile von Lothringen und Wallonien zu kämpfen hat. Das fortgesetzte Mitschleppen von „territorialem Ballast" verstellt den Blick auf das Wichtige und Machbare in den eigentlichen Grenzzonen. Es spricht auch für eine stärkere Verfolgung bilateraler Projekte – eine Linie, die ausdrücklich vom Generalrat des Département Moselle verfolgt wird und der viel Realitätssinn zu Grunde liegt. Denn ohne diesen Aspekt hier vertiefen zu wollen, ist doch festzustellen, dass die multilaterale Zusammenarbeit zwischen den fünf SaarLorLux-Regionen komplizierter nicht sein kann. Dieser Kooperationsraum weist die größte Heterogenität aller grenzüberschreitenden Zusammenschlüsse in Europa auf, sie erstickt viele gute Ansätze. Daher erscheinen Projekte zu zweit oder zu dritt grundsätzlich Erfolg versprechender zu sein.[7]

Ergänzend sei noch darauf hingewiesen, dass Luxemburg nicht nur in die Kooperation mit Wallonien, Lothringen, dem Saarland und Rheinland-Pfalz eingebunden ist, sondern in einem größeren Raumbezug auch mit Belgien und den Niederlanden eng zusammen arbeitet. Das Großherzogtum bildet mit beiden Ländern eine historische Wirtschaftsgemeinschaft, die als Benelux-Raum bezeichnet wird. Mit Einführung des Euro hat dieser zwar an Bedeutung verloren, verdient aber als Zukunftswerkstatt für das nordwestliche Festlandeuropa noch immer politische Aufmerksamkeit.[8]

---

[7] Allerdings können die unterschiedlichen Kompetenzen und Zuständigkeiten der Grenzraumpartner auch die bilaterale Kooperation erheblich erschweren.

[8] Die Benelux-Stelle hat z.B. folgende Publikationen zur Raumentwicklung in Nordwesteuropa herausgegeben: Aperçu des systèmes d'aménagement du territoire dans le Benelux (2003); Coopération Benelux en matière d'Aménagement du Territoire (2004).

2   Der Aufbau des „Zukunftsbildes"

Vorweg ist zu sagen, dass dieses Perspektivpapier konkrete regionale Bezüge geradezu vermeidet. Es ist daher nicht möglich, spezielle Aussagen für eine bestimmte Teilregion wie z.b. das Großherzogtum Luxemburg herauszustellen. Es kann infolgedessen hier nur darauf ankommen, diejenigen Elemente des Papiers zu verdeutlichen, die nach Ansicht der Autoren für Luxemburg besonders wichtig sind oder bei denen Luxemburg ihrer Ansicht nach eine führende Rolle spielen sollte.

Mit einem eher ungewohnten Aufbau versucht das „Zukunftsbild" Interesse zu wecken für die komplexen Zusammenhänge eines interregionalen, langfristig ausgerichteten Politikansatzes. Es stellt die Großregion aus der Sicht der vorweg genommenen Zukunft dar. In Form einer Vision wird aus der Perspektive des virtuell erreichten Zieljahres 2020 berichtet. Danach erfolgt der Rückblick in das aktuelle Jahr 2003 mit einer Darstellung der Ausgangslage, insbesondere einer Kurzbeschreibung seiner Problemsituation.

Übersicht 4: Zukunftsbild 2020 – Vision

8 Blicke auf die Großregion im Jahre 2020 | Wirtschaft und Beschäftigung | 4

2020: Eine Wirtschaftsregion am Puls Europas

Wir sind im Jahr 2020. Die Großregion bildet einen gemeinsamen Wirtschaftsraum und einen gemeinsamen Arbeitsmarkt. Gleichzeitig besteht die Einbettung in die nationalen Bezugssysteme fort. Diese Gleichzeitigkeit existiert nirgendwo sonst in Europa. Die Großregion ist damit nicht mehr Nahtstelle, sie ist Schnittstelle im Zentrum Europas.

In der Großregion ist der Binnenmarkt tatsächlich verwirklicht. Während in anderen Grenzregionen immer noch zahlreiche informelle und praktische Hemmnisse für den freien Verkehr von Menschen, Waren, Kapital und Dienstleistungen bestehen, sind solche Hemmnisse hier beseitigt. Dies hat den Strukturwandel enorm

Vision
- Gemeinsamer Wirtschaftsraum und Arbeitsmarkt

- Vollendeter Binnenmarkt

Übersicht 5: Zukunftsbild 2020 – Zustand 2003

2003: Ansätze und Potenziale

Wir sind im Jahr 2003. Der Prozess der grenzüberschreitenden Zusammenarbeit ist im Gange und trägt
bereits erste Früchte. Gestützt wird dieser Prozess von
Fortschritten auf EU-Ebene wie insbesondere der gemeinsamen Währung. Dennoch sind wir von der Vision
noch weit entfernt. Immer noch herrscht in manchen
Teilregionen hohe Arbeitslosigkeit. Und die Zentralität
hat bisher eher Zweigstellen als Unternehmenszentra-
len hergeführt, so dass Arbeitskräfte für die Manage-
mentebene wie auch für die Bereiche Forschung und
Entwicklung in der Großregion zu wenig gefragt sind.
Zu einer systematischen Ausschöpfung ihrer Potenziale wie auch zu einer konsequenten Nutzung ihrer Al-
leinstellungsmerkmale ist die Großregion bislang nicht
gekommen.

In acht Sachkapiteln („8 Blicke auf die Großregion im Jahre 2020") werden auf
diese Weise folgende Politikfelder behandelt:

- Kultur (einschließlich Mehrsprachigkeit)
- Bildung (einschließlich Aus- und Weiterbildung)
- Hochschulen und Forschung
- Wirtschaft und Beschäftigung
- Soziale Netze
- Verkehr und Transportwesen
- Umwelt und Raumentwicklung
- Institutionen.

In einem Einleitungskapitel werden Aussagen zur „Philosophie des Erfolgs"
getroffen. Als notwendige Schritte werden dafür genannt:

- Herausbilden eines interregionalen Gemeinschaftsgefühls der Menschen im
  Bereich der Großregion,
- reibungsloses Funktionieren der grenzüberschreitenden Kooperation zwischen den Regionen,
- Bestehen einer neuen gemeinsamen Identität insbesondere durch kultur-
  landschaftliche und kulturelle Elemente,

- Verbund im Wissenschafts- und Forschungsbereich auf der Basis durchgängig praktizierter Mehrsprachigkeit,
- ökonomische Dynamik durch ungehinderten Austausch von Wissen, Ideen und Arbeitskräften über die Regionsgrenzen hinweg,
- grenzüberschreitend abgestimmte soziale Sicherungssysteme und solidarische Netzwerke,
- Knotenpunktfunktion im Geflecht europäischer Verkehrsachsen und ein interregionales, gemeinsames System des öffentlichen Personennahverkehrs,
- Kooperation der größeren Städte in einem grenzüberschreitenden Verbundnetz,
- grenzüberschreitend zusammen arbeitende Abwasser- und Abfallzweckverbände sowie Betreiben eines gemeinsamen Umweltinformationssystems.

Dies stellt eine ehrgeizige Palette wünschbarer, wenn auch grundsätzlich keineswegs unmöglicher Zustände dar. Eine wichtige Rahmenbedingung dabei ist: Die Großregion bleibt ein uneinheitlich strukturiertes politisches Gebilde ohne eigene gebietskörperschaftliche Rechtsnatur. Dies ist insbesondere im Hinblick auf die Voll-Souveränität des Großherzogtums Luxemburg eine notwendige Einschränkung des interregionalen Kohärenzziels. Sie verdeckt die enormen Schwierigkeiten, die in der gebotenen Überwindung regionaler Eigenständigkeiten und Eigenheiten liegen.

Das „Zukunftsbild" beschreibt sodann drei „Säulen", die das Selbstverständnis der Großregion charakterisieren. Es sind dies:

- europäische Identität und Lebensart,
- europäische Kompetenz,
- europäische Modellregion.

Auf diesem Fundament baut das visionäre Gebäude auf, das vom „Zukunftsbild" für die Großregion entworfen wird. Es ist keine klassische Szenario-Projektion, die von vorhandenen Trends ausgeht und sodann die parametrisierten Entwicklungserwartungen innerhalb vordefinierter Korridore extrapoliert. Das „Zukunftsbild" ist vielmehr eine normative Projektion, in der die angestrebte Zukunft im Sinne eines politischen Basiskonsenses der Beteiligten als Entwicklungsziel vereinbart wird. Dadurch erhält das „Zukunftsbild" auch die Qualität eines interregionalen Handlungsprogramms, in dem sowohl singuläre Aktionen mit Leuchtturmcharakter („Impulsprojekte") als auch allgemein notwendige Handlungserfordernisse für alle Regionen („Agenda-Projekte") dargestellt sind. Wegen des feststellbaren Defizits an Instrumenten für die konsequente Umsetzung interregionaler Beschlüsse schlägt das „Zukunftsbild" fünf operative Agenturen vor. Sie sollen als Schnittstelle zwischen Verwaltungen, Wirtschaft und Bevölkerung agieren und das konkrete operative Management der zentralen Themen gewährleisten. Ihre Schaffung erscheint in folgenden Bereichen am dringlichsten:

- Mehrsprachigkeit und Kultur,
- Wissenschaft und Forschung,
- Tourismusmarketing,
- Wirtschaft und Beschäftigung,
- Verkehrsangelegenheiten.

Andererseits stellt das „Zukunftsbild 2020" keinen integralen und abgeschlossenen Handlungskatalog für alle relevanten Sachverhalte dar, sondern beschränkt sich mit den oben genannten acht Themenfeldern auf die Definition von Schwerpunkten mit interregionalem Handlungsbedarf.

3   Die besonderen Herausforderungen des „Zukunftsbildes" an Luxemburg

Welche besonderen Herausforderungen stellt das „Zukunftsbild 2020" an eine interregional ausgerichtete Politik des Großherzogtums Luxemburg? Anhand ausgewählter Themenfelder des „Zukunftsbildes" soll dies im Folgenden illustriert werden.

3.1 Wirtschaft und Binnenverkehr

Die exponierte wirtschaftliche Situation Luxemburgs ist sowohl im weltweiten Maßstab wie auch in der europäischen Dimension ein außergewöhnliches Phänomen. Das Großherzogtum ist mit einem Bruttoinlandsprodukt (BIP) von 53.200 €/Einw. (Jahr 2003; laut Eurostat) das produktivste Land der EU25 (das BIP Luxemburgs beträgt insgesamt 24 Mrd. €). Selbst bei Berücksichtigung der importierten Arbeitskraft als statistischer Faktor (rund ein Drittel aller Arbeitskräfte sind Grenzgänger mit Wohnsitz außerhalb des Großherzogtums) nimmt Luxemburg eine Sonderstellung unter den europäischen Volkswirtschaften ein.[9]

---

[9] Weitere Angaben zur Statistik des Großherzogtums Luxemburg und der Großregion SaarLorLux siehe bei der Arbeitsgemeinschaft der Statistikämter der Großregion unter www.grossregion.lu.

Von der wirtschaftlichen Prosperität Luxemburgs – die allerdings in Zeiten konjunktureller Schwäche dazu führt, dass der Staatshaushalt keine Überschüsse mehr aufweist, sondern „nur" ausgeglichen ist und daher keine weitere Rücklagen zulässt – wird eine Impulsfunktion für den SaarLorLux-Raum erwartet. Luxemburg wird von seinen Nachbarn als „Lokomotive" des größeren Raumes gesehen. Aus luxemburgischer Sicht ist eine solche Vorreiterrolle nur bedingt erstrebenswert. Eine abgestimmte grenzüberschreitende Wirtschaftspolitik der Großregion steckt bislang noch in den Kinderschuhen, und Luxemburg nimmt dabei – wider alle Erwartungen – keine besondere Initiativrolle ein. Dies mag an der speziellen Wirtschaftsstruktur des Landes liegen, die nach dem erfolgreich absolvierten Strukturwandel zum Ende des Stahlzeitalters sich weitgehend von der Entwicklung der Nachbarländer entkoppelt hat. So ist der Dienstleistungssektor mit 83% der Bruttowertschöpfung zentraler Stützpfeiler der luxemburgischen Wirtschaft, und zwar zu 31% durch die Banken-[10] und Versicherungswirtschaft, zu 16% durch die Immobilienwirtschaft und unternehmensbezogene Dienstleistungen und zu 9% durch den Telekommunikations- und Verkehrssektor. Diese – derzeit noch prosperierende – Monostruktur schafft nicht nur hohen Wohlstand, insbesondere für hoch qualifizierte ausländische Arbeitskräfte, die in Luxemburg wohnen oder dorthin einpendeln, sondern auch eine starke Abhängigkeit der kleinen luxemburgischen Volkswirtschaft von externen Einflussgrößen der internationalen Wirtschaft im interregionalen, europäischen und internationalen Maßstab.

Im Vergleich dazu haben die benachbarten und mit Luxemburg wirtschaftlich in Industrie und Bergbau ehemals stark verflochtenen Regionen Lothringen und Saarland trotz des zum Teil vollzogenen industriellen Strukturwandels nach wie vor eine deutliche Orientierung auf den produzierenden Bereich (rund 30% des BIP). Eine gemeinsam ausgerichtete Wirtschaftspolitik ist also auch unter sektoralem Blickwinkel wenig sinnvoll. Die strategische Ausrichtung einer gemeinsamen Wirtschaftspolitik der Großregion muss zunächst einmal gut konzipiert werden, existiert sie bislang doch nur in bescheidenen Ansätzen wie z.B. wenigen gemeinsamen Messeauftritten. Die Vorschläge des „Zukunftsbildes" zur Wirtschaftspolitik sind verständlicherweise weniger umfassend als für andere Bereiche, wie z.B. für Bildung und Ausbildung. Zudem sind die Einflussmöglichkeiten der Politik auf wirtschaftliche Aktivitäten weitgehend darauf beschränkt, Rahmenbedingungen zu setzen. Da das Handeln der Wirtschaftsakteure nicht unmittelbar durch Wirtschaftspolitik gesteuert werden kann, bleibt es zumeist bei wirtschaftspolitischem Interventionismus ohne politische Erfolgsgarantie.

---

[10] Im Jahr 2006 waren in Luxemburg rund 156 Banken mit insgesamt 24.700 Beschäftigten tätig, die eine Bilanzsumme von ca. 840 Mrd. Euro verwalteten.

Auf der anderen Seite zieht Luxemburg wie ein starker Magnet täglich über
100.000 Arbeitskräfte aus der Großregion an, die meisten davon – rund 60.000
Pendler (Stand 2005) – aus dem nördlichen Lothringen. Aus französischer Sicht
der regionalen Arbeitsmarktpolitik wird dieser Export der „main d'oeuvre" nicht
nur positiv gesehen, auch wenn die eigene schwierige Arbeitsmarktlage in Lothringen, neben der guten Bezahlung in Luxemburg, das wesentliche Motiv zum
Grenzpendeln ist. Die Harmonisierung der bislang noch höchst unterschiedlichen
Sozial- und Steuersysteme, für die das „Zukunftsbild 2020" Handlungsbedarf
feststellt, kann nur auf europäischer Ebene oder aufgrund zwischenstaatlicher
Vereinbarungen erfolgen, soll sich in diesem Bereich überhaupt etwas ändern.

Das ökonomische Wachstum und die eng daran gekoppelte Zunahme der
Arbeitsplätze in Luxemburg baut auf der Mobilitätsbereitschaft der Arbeitsbe-
völkerung in den Nachbarregionen auf; integrierte Entwicklungsplanungen sind
hierfür nicht Vorbedingung. Die wirtschaftliche Prosperität Luxemburgs ist auch
Resultat einer eigenständigen, rigiden und gegen europäische Harmonisierungs-
begehren verteidigten Politik im Steuer- und Fiskalbereich.

Erst im Jahr 2004 wurde in Luxemburg ein „Integriertes Verkehrs- und
Landesentwicklungskonzept" erstellt, das den wachsenden Individualverkehr
durch stärkeren ÖPNV-Ausbau zurückdrängen soll. Nur 4% aller grenzüberschreitenden Fahrten (sie stellen immerhin 28% aller Fahrtenfälle im luxemburgischen Verkehrsgeschehen dar) nutzen bislang öffentliche Verkehrsmittel (im
innerluxemburgischen Verkehr immerhin 12%); es sind dies mehrheitlich Aus-
zubildende. Die im Vergleich zu einer Idealprojektion realistischeren Trendsze-
narien gehen davon aus, dass im Jahr 2020 – wie bisher – 66% der dann prognos-
tizierten 395.000 luxemburgischen Arbeitskräfte im Großherzogtum wohnen.
Die erwünschte Erhöhung des ÖPNV-Anteils der Grenzpendler auf 7-8% erfordert erhebliche Anstrengungen im Bereich der Infrastruktur und beim Angebot
des grenzüberschreitenden öffentlichen Verkehrs. Realistischer dürfte daher ein
anderes Einpendlerszenario sein: Es geht davon aus, dass 42% der Arbeitsplätze
im Großherzogtum durch Grenzpendler besetzt sein werden – mit entsprechenden Folgen für das grenzüberschreitende Verkehrsaufkommen. Die Lösungsvor-
schläge des „Zukunftsbildes" in Sachen ÖPNV fokussieren gerade auf die Maß-
stabsebene der grenznachbarschaftlichen Verkehrsplanung. Es schlägt keine
gesamträumlich interregionalen Konzepte, sondern Teilraum-Modelle vor, durch
deren Umsetzung der grenznahe Raum von beiden Seiten her besser erschlossen
werden soll. Sie sollen dazu beitragen, die trennende Wirkung der Grenzen durch
bessere Bus- und Bahnverbindungen über die Grenze hinweg zu überwinden.

Die Zukunftsfähigkeit des Landes soll nach den Vorstellungen der luxemburgischen Politik aber nicht allein von externen Arbeitskräften abhängig sein.
Auch wenn durch den Import von Arbeitskräften die Altersversorgungsfragen

teilweise exportiert werden, ist bereits heute klar, dass mit wachsender Alters-
entwicklung eine dauerhafte Umverteilung der Sozialleistungen von der aktiven
Bevölkerung auf die Rentenbevölkerung nicht mehr leistbar ist, selbst wenn das
luxemburgische System im Unterschied zum deutschen umlagebasierten Prinzip
zusätzlich noch auf einer anteiligen staatlichen Rentenfinanzierung aufbaut. Eine
Lösung hierauf wollte die Vision „Luxemburg 700.000" aufzeigen, die auch die
luxemburgische Regierung in der öffentlichen Diskussion mit in Erwägung zog.
In diesem Wachstumsszenario soll bis zum Jahr 2050 die Bevölkerung Luxemburgs auf über 700.000 Einwohner anwachsen, was vermutlich nur durch exoge-
nes Wachstum möglich sein dürfte. Hierdurch würde die Alterspyramide ver-
jüngt und gleichzeitig die Beitragsbasis für die Sozialsysteme verbreitert (Kirt
2002). Da die demographische Entwicklung bei den Nachbarn in der Großregion
im Prinzip fast überall eine rückläufige bis stark abnehmende Tendenz hat, ist
die Frage zu stellen, woher dieser Einwohnerzuwachs kommen soll und wohin er
das Großherzogtum führen wird. Denn bereits heute stellen luxemburgische
Bürger die Minderheit auf dem heimischen Arbeitsmarkt dar.

3.2 Die Lage Luxemburgs im Achsenkreuz des europäischen Fernverkehrs

Auch wenn die Güterproduktion weiterhin an Bedeutung in der luxemburgischen
Wirtschaft verliert, wird eine gute verkehrliche Erreichbarkeit der Großregion
nicht überflüssig; sie setzt allerdings veränderte Prioritäten bei der Art der Verkehrsanbindung voraus. Weniger die Kleinheit als vielmehr die periphere Lage
der großregionalen Teilräume in ihren jeweiligen, oftmals historisch wechseln-
den nationalen Bezugsräumen hat zu einem deutlich wahrnehmbaren Entwick-
lungsrückstand der großräumigen Verkehrsachsen und ihrer Durchgängigkeit
geführt.
    Die Großregion liegt zwar zentral in Europa, aber nicht gerade günstig,
denn sie befindet sich nur am Rande, nicht innerhalb der „Blauen Banane".[11]
Dies hat auch für den Kleinstaat Luxemburg zur Folge, dass die positiven
Standortkriterien von der nachteiligen Situation, zwischen relativ weit entfernten
dominierenden europäischen Wirtschafts- und Ballungsräumen zu liegen, über-
deckt werden. Auch führt das Fehlen entsprechend leistungsfähiger Durch-
gangstraversen im Schienennetz, zum Teil auch im Autobahnnetz, dazu, dass die
europäischen Güter- und Personenverkehrsströme die Großregion bislang weitgehend meiden. Dabei ist darauf hinzuweisen, dass überregionale Verkehrspoli-

---

[11] Europäische Entwicklungsachse der Wirtschaftszentren vom Großraum London über die Rhein-
schiene bis nach Norditalien. Hierzu Moll (2004).

tik auf nationaler und europäischer Ebene entschieden wird und regionsspezifische Interessen nur bedingt zum Zuge kommen können. In den abzusehenden Maßnahmen im Fernverkehrsnetz (z.B. Lückenschlüsse bei Autobahnen; TGV-Ost-Verbindung ab 2007) erkennt das „Zukunftsbild" auch ein erhebliches regionales Entwicklungspotenzial für die Großregion. Auch die von der Europäischen Kommission in den transeuropäischen Verkehrsnetzen TEN-T als vordinglich eingestufte Nord-Süd verlaufende, auf transeuropäische Standards hin auszubauende Schienenverkehrsstrecke „Eurocap-Rail" (Brüssel – Luxemburg – Straßburg – Süd-Ost-Europa) könnte dazu beitragen, der Region eine neue Achsenkreuzfunktion im transeuropäischen Verkehr zu geben.

Voraussetzung zur besseren Inwertsetzung dieser Verkehrsinfrastrukturen ist allerdings, dass es gelingt, diese und zu erwartende neue Transitverkehre in der Region auch zu nutzen, z.B. durch qualifizierte Logistikangebote. Das „Zukunftsbild" schlägt dazu u.a. die Einrichtung einer europäischen Verkehrs- und Logistikakademie sowie die Schaffung eines interregionalen intermodalen Logistikzentrums vor. Keinesfalls darf es dazu kommen, dass die zum Teil bereits heute vor allem durch Binnenverkehre überlasteten Nord-Süd-Traversen zusätzlichen Transitverkehr anziehen, ohne dass hieraus ein Nutzen für die Region gezogen werden kann. Sowohl wegen des konkreten Nutzens als auch wegen der objektiv besten Möglichkeiten, etwas zu erreichen, wäre es die Aufgabe des Großherzogtums, sich auf europäischer und auf nationalstaatlicher Ebene im Kontakt zu Berlin und Paris hierfür einzusetzen.

Entscheidungskompetenz auf regionaler Ebene ist nicht per se Garant für kohärentere interregionale Verkehrspolitik. Bis heute gibt es z.B. keine Abstimmung der Luftverkehrsplanungen und ebenso wenig eine effektive Kooperation zwischen den regionalen Flughäfen. Vielmehr konkurrieren die zahlreichen regionalen Flughäfen der Region untereinander und auch mit dem einzigen „echten" internationalen Flughafen Luxemburg-Findel. Dabei werden je nach Lage der Flughäfen regionalwirtschaftliche Partikularinteressen deutlich, wie z.B. die übergeordnete Priorität von Konversionsmaßnahmen vor einer möglichen Zusammenarbeit mit benachbarten Flughäfen. Eine Abstimmung zwischen den Flughäfen im Kerngebiet von SaarLorLux, die oftmals nur 60-80 Kilometer voneinander entfernt liegen, wäre für alle Standorte existenziell, weil jeder einzelne bei weitem nicht die notwendige Masse an Passagierzahlen für ein wirklich attraktives Angebot an internationalen Flugverbindungen aufbringen kann.

Übersicht 6: Inanspruchnahme der Flughäfen in der SaarLorLux-Region 2004

Flughafen	Passagiere	Fracht
Luxemburg-Findel	1,522 Mio.	711.903 to
Metz-Nancy-Lorraine	0,324 Mio.	9.030 to
Hahn	2,760 Mio.	191.114 to
Saarbrücken	0,461 Mio.	44 to
Zweibrücken	0,045 Mio.	1.028 to

Dies muss nicht zwingend eine Verringerung der Flughafenstandorte nach sich ziehen, sondern könnte ebenso gut durch funktionale Spezialisierung und Aufgabenteilung bewerkstelligt werden. Da im Wesentlichen Flughafen- und Luftverkehrsgesellschaften unter Wirtschaftlichkeitsgesichtspunkten über das Flugangebot an den jeweiligen Flughäfen bestimmen, sind den Gestaltungsmöglichkeiten der Regionalpolitik auch hier enge Grenzen gesetzt. Aber auch in diesem Bereich käme es Luxemburg als souveränem Staat und Standort des führenden Flughafens im SaarLorLux-Raum zu, das Heft in die Hand zu nehmen und auf eine perspektivische Bereinigung der Luftverkehrsstrukturen zu drängen – durchaus zum eigenen Vorteil.

3.3 Kultur und Mehrsprachigkeit – Modell für Europa?

Das luxemburgische Modell der konsequent angewandten Dreisprachigkeit (Muttersprache Luxemburgisch; erste Hochsprachen Deutsch und Französisch – auch im Schulunterricht; erste Fremdsprache Englisch) ist gerade für die Saar-Lor-Lux-Region Beleg dafür, dass an der Schnittstelle der beiden großen traditionellen Sprach- und Kulturräume Westeuropas (germanisch-romanisch) Kommunikationsprozesse erfolgreich organisiert werden können. Dabei handelt es sich nicht nur um sprachliche Aspekte, sondern auch um ein interkulturelles Phänomen. Die mit hohem schulischen Aufwand und nicht immer befriedigendem Ertrag der Schulleistungen (siehe das eher mittelmäßige bis schlechte Abschneiden Luxemburgs in den internationalen PISA-Tests) erkaufte Mehrsprachigkeit hat das Großherzogtum für die Aufnahme zahlreicher europäischer Institutionen prädestiniert. Auf die benachbarten Regionen im SaarLorLux-Raum wie auch auf die europäische Ebene ist dieses Modell jedoch vermutlich nur schwer zu übertragen. Das belgische Beispiel zeigt sogar, dass die schlecht bewältigte

Mehrsprachigkeit des Landes zu einem politischen Auseinanderfallen führen kann.[12]

Welche Rolle könnte das polyglotte Großherzogtum Luxemburg in der (auch) sprachlich als Konglomerat zu bezeichnenden SaarLorLux-Region einnehmen? Der seit Jahren zu beobachtende Trend abnehmender Bereitschaft der Bevölkerung in den Grenzgebieten, zwei „Heimat"-Sprachen zu erlernen, hat bereits zu wiederholten Aufrufen und Bemühungen zur Förderung der Sprache des Nachbarn geführt, ohne aber bislang den vor allem demographisch verursachten Schwund – die älteren zweisprachigen Personen sterben weg – kompensieren zu können. Da Sprache die Menschen mehr verbindet als alles andere, könnte von der im „Zukunftsbild" vorgeschlagenen Agentur für Mehrsprachigkeit und Kultur eine erhebliche integrative Kraft ausgehen, und es wäre nur zu natürlich, wenn Luxemburg dabei die treibende Rolle einnehmen würde.

Als geeigneter Ansatzpunkt bietet sich das Großereignis „Luxemburg und Großregion – Europäische Kulturhauptstadt 2007" an. Auf Vorschlag des luxemburgischen Premierministers wird damit erstmals eine gesamte grenzübergreifende Region zur Kulturhauptstadt Europas ausgerufen. Die Verdeutlichung der kulturellen Gemeinsamkeiten einerseits und der interkulturellen Unterschiedlichkeiten der Teilräume andererseits soll die Attraktivität der Großregion steigern und zugleich verständnisfördernd nach innen wirken. Die für die interregionale Abstimmung der Veranstaltungen, Kulturkalender oder Themenausstellungen notwendigen organisatorischen Strukturen (Schaffung eines Koordinationsbüros und jeweils regionale Koordinationsstellen) sind in den Augen der Verantwortlichen der erste Schritt zur Einrichtung einer Agentur für Mehrsprachigkeit und Kultur. Voraussetzung wäre, dass sich ihre Tätigkeit auch nach dem Jahr 2007 erhalten und fortführen ließe. Aus heutiger Sicht erscheint es allerdings ungewiss, ob sich angesichts der knappen öffentlichen Kassen die notwendige Kontinuität einer solchen freiwilligen Struktur herstellen lässt.

4   Zur künftigen Rolle des Großherzogtums im interregionalen Verbund

Die Entwicklung Luxemburgs verläuft zwischen Tradition und Fortschritt – zwischen dem Staatsmotto „mir wolle bleiwe wat mir sin" und der Selbstbehauptung im europäischen Konzert einer erweiterten EU der 27. Die gewachsene

---

[12] Neben den territorialen Regionen Flandern, Wallonien, Centre existieren in Belgien gleichberechtigt auch Sprachgemeinschaften (deutsche, französische, flämische) mit eigenen Exekutiven – geleitet von Ministerpräsidenten – und eigenen Parlamenten. Sie üben Teilkompetenzen in bestimmten Politikbereichen aus.

Konkurrenz zu anderen europäischen „Großregionen" ist auch für SaarLorLux offensichtlich, beispielsweise in der wiederkehrenden Diskussion um die Erhaltung der Förderfähigkeit mit Hilfe von Interreg- bzw. Ziel3-Mitteln ab 2007. Das „Zukunftsbild 2020" sieht gute Chancen durch mehr interregionale Abstimmung, um als handelnde Einheit geschlossener nach außen auftreten zu können. Für Luxemburg als einzigen politisch souveränen Regionalpartner und wirtschaftlichen „Giganten" in der Großregion SaarLorLux ist dies auch mit einer besonderen interregionalen Verantwortung verbunden. Soll die Entwicklungsstrategie des „Zukunftsbildes" vor allem auf den vorgenannten Europakompetenzen aufbauen, so könnten die in Luxemburg beheimateten und wie in keiner anderen Region außergewöhnlich stark konzentrierten europäischen Institutionen hierfür ein guter Ansatzpunkt sein (z.B. Europäischer Gerichtshof, Europäische Investitionsbank, Eurostat, u.a.m.). Sie müssten flankiert und ergänzt werden durch nützliche Dienstleistungen für diese Einrichtungen. Das „Zukunftsbild 2020" macht dazu den Vorschlag einer europäischen Führungskräfteakademie zur Aus- und Fortbildung des notwendigen Personalnachwuchses für europäische Führungspositionen in Wirtschaft und Verwaltung.

Die Initiative, diese Akademie zu gründen, sollte von Luxemburg ausgehen, das dabei nach einem dezentralen Modell auf die in den SaarLorLux-Teilregionen bereits vorhandenen, aber nach Möglichkeit noch stärker untereinander kooperierenden einschlägigen Fachinstitutionen, wie dem Europainstitut der Universität des Saarlandes oder der Europäischen Rechtsakademie in Trier, zurückgreifen könnte.

Auch im Bereich der vom „Zukunftsbild" vorgeschlagenen institutionellen Strukturen hat sich gezeigt, dass es ohne starke Impulse aus Zivilgesellschaft und Politik schneller als erwartet zu einer Erstarrung des Umsetzungsprozesses kommen kann. Das Großherzogtum könnte „mit starken Schultern" diese besondere Frage der institutionellen Verankerung des Zukunftsbild-Prozesses wieder beleben, indem es wie in der Politischen Kommission zur Erarbeitung des „Zukunftsbildes" den Vorsitz für neue Initiativen übernimmt. Dies wäre ein klares politisches Bekenntnis des Großherzogtums zur Großregion und ein politisches Signal, das in der Öffentlichkeit derzeit vermisst wird, weil vorwiegend symbolische Aktionen wie die Treffen der Gipfelchefs stattfinden. Die Chancen, der Großregion etwas von ihrer – oftmals beklagten – eher virtuellen Existenz zu nehmen und ihr stattdessen mehr Realität zu verleihen, sind im Wechselspiel zwischen zunehmender Europäisierung der Rechtsbereiche einerseits und den möglichen Gestaltungsspielräumen der interregionalen Kooperation im Pragmatischen andererseits begründet. Das Großherzogtum hat von allen SaarLorLux-Partnern in beiden Bereichen die größten Handlungsspielräume, die bestehenden Möglichkeiten zum Vorteil der gesamten Großregion zu nutzen.

Darüber hinaus scheint die Zeit reif, die gemeinsamen Perspektiven, die das „Zukunftsbild 2020" aufgezeigt hat, durch neue Formen partizipativer Bürgerbeteiligung und modernen Regierens im Sinne der „new regional governance" aufzunehmen. Auch in dieser Beziehung könnte das „Zukunftsbild" eine Modellfunktion auf europäischer Ebene einnehmen, die man ihm im EU-Projekt „Blueprints for regional foresight" für langfristige Vorausschau-Konzepte in europäischen Grenzregionen zugetraut hat (European Commission 2004). Dies wäre der erste Schritt, die konstatierte Verharrung bei der Umsetzung der innovativen interregionalen Ansätze des „Zukunftsbildes" zu durchbrechen.

Es bleibt die Frage, ob das Großherzogtum Luxemburg bereit sein wird, die besondere Herausforderung, die das „Zukunftsbild 2020" an es stellt, anzunehmen. Die SaarLorLux-Politik wird in Luxemburg traditionell als Innenpolitik verstanden. Wird sich in diesem Feld das notwendige Engagement entfalten, die Sache der Großregion zu befördern? Wird Luxemburg Anstrengungen unternehmen, mehr interregionale Solidarität von den Partnerregionen einzufordern und bereit sein, sie durch konkrete Taten selbst unter Beweis zu stellen? Und wie werden sich die Partner, speziell Frankreich, zu einer solchen Führungsrolle Luxemburgs verhalten? Die Realisierung des „Zukunftsbildes 2020" wirft noch viele Fragen auf.

Literatur

European Commission (2004): The Transvision Blueprint – bridging historically and culturally close neighbouring regions separated by national borders (= Blueprints for regional foresight). – Luxemburg (Amt für amtl. Veröffentlichungen der EG: EUR 21258); zugleich auch im Internet: http://www.cordis.lu/foresight.

Gengler, Jean-Claude (1991): Le Luxembourg dans tous ses états.- Éditions de l'Espace Européen, La Garenne-Colombes.

Kirt, Romain (2002): Welche Zukunft für Luxemburg? Muss unser Land tatsächlich zu einem 700.000-Einwohner-Staat werden?, Esch-sur-Alzette.

Moll, Peter (2004): Am Rande der „Blauen Banane". Grenzen überwinden – Grenzen erhalten. Zum Stand der interregionalen Kooperation im SaarLorLux-Raum. In: Raumentwicklung und Raumplanung in Europa. = Rhein-Mainische Forschungen Heft 125, Frankfurt am Main, S. 47-72.

Niedermeyer, Martin/Stiens, Gerhard (2004): „Kontrast- und Strategieszenarien im Raumordnungskonzept für die Großregion „SaarLorLux+". Einsatz von Szenarien im Rahmen grenzüberschreitender Raumentwicklung". In: Informationen zur Raumentwicklung, Heft 1/2. 2004, S. 59-75.

Pöhle, Klaus (2004): „Vision 2020" für Saar-Lor-Lux-Wallonien. In: Europäisches Zentrum für Föderalismus-Forschung (Hrsg.). Jahrbuch des Föderalismus, Baden-Baden, S. 383-397.

Raumentwicklungskonzept SaarLorLux-Plus (2002): Studie, erstellt von einer Arbeitsgemeinschaft unter Leitung des Instituts für Ländliche Strukturforschung (ILS), Frankfurt am Main. Endbericht in deutscher und französischer Fassung, Luxemburg (nicht veröffentlicht).

Zukunftsbild 2020 für den interregionalen Kooperationsraum Saarland, Lothringen, Luxemburg, Rheinland-Pfalz, Wallonische Region, Französische Gemeinschaft und Deutschsprachige Gemeinschaft Belgiens (2003): Erstellt im Auftrag des saarländischen Vorsitzes des 7. Gipfels durch die Politische Kommission „Zukunftsbild 2020" unter Vorsitz von Jacques Santer. Vorlage an den 7. Gipfel, Saarbrücken, 30. Juni 2003 (deutsche und französische Sprachversion). Herausgegeben vom Chef der Staatskanzlei und Europabeauftragten des Saarlandes, Saarbrücken.

Luxemburg und die Großregion SaarLorLux

Simone M. Thiel/Wolfgang H. Lorig

1 Einleitung

Angesichts der Veränderungen des internationalen Systems und der Tendenzen zu neuen Formen von Staatlichkeit prognostiziert Romain Kirt eine „neue Blütezeit der grenzüberschreitenden Kooperation auf regionaler Ebene". Die Zukunft gehöre weniger dem Nationalstaat, sondern vor allem der „grenzüberschreitenden Großregion" (Kirt 2005). In diesem Sinne wird nachstehend der Kleinstaat Luxemburg nicht aus einer europapolitischen Perspektive mit einer Fokussierung auf internationale Beziehungen betrachtet. Vielmehr liegt der Schwerpunkt der Ausführungen auf den Vernetzungen des Großherzogtums in der Großregion SaarLorLux und auf den Beziehungen des Kleinstaates zu den angrenzenden Teilregionen. Als prosperierendes Zentrum der Großregion muss Luxemburg dem Austausch von Informationen, Waren und Dienstleistungen mit den Nachbargebieten Rheinland-Pfalz, Saarland, Wallonien und Lothringen eine erhebliche Bedeutung zumessen. Heute gibt es in der Großregion eine Vielzahl von Kooperationsformen und Kommunikationsarenen, welche allerdings hinsichtlich der beteiligten Akteure und der jeweils eingebundenen Teilgebiete uneinheitlich sind. Dabei dürften die elementaren Hindernisse für eine effizientere Zusammenarbeit in den unterschiedlichen politischen Systemen, Gesetzgebungen, Steuerregelungen und Verwaltungsstrukturen liegen. Fast alle Vorschläge und Konzepte zur Intensivierung der grenzüberschreitenden Zusammenarbeit und zur Weiterentwicklung des SaarLorLux-Raumes zu einer „europäischen Modellregion" akzentuieren die Rolle Luxemburgs (Arnold 1998, S. 35), welches als ökonomisches Zentrum mit internationaler Bedeutung wertvolle Impulse für eine konstruktive, vernetzte Regionalpolitik zu leisten vermag.

2 Die Großregion

Die Grundlage der grenzüberschreitenden Zusammenarbeit in dem sogenannten Vier-Länder-Eck[1] liegt in einer gemeinsamen, wenn auch über weite Strecken leidvollen Geschichte und den ökonomisch ähnlichen Gegebenheiten beiderseits der Grenzen (Linster 1999, S. 273). Die politischen und militärischen Auseinandersetzungen entlang dieser Grenze hemmten, insbesondere in den letzten beiden Jahrhunderten, die wirtschaftliche Entwicklung. Die Folgen waren nachhaltige Beeinträchtigungen der Grenzgebiete und ihrer wirtschaftlichen Prosperität.

Betrachtet man die Entwicklung des Großherzogtums Luxemburg, zeigt sich nach dem Zweiten Weltkrieg gegenüber den Nachbarstaaten Deutschland und Frankreich ein nachhaltig verwirklichter Souveränitätsanspruch. Zudem konnte Luxemburg in den vergangenen Jahrzehnten einen ökonomischen und strukturellen Wandel von den montanindustriellen Strukturen hin zum Dienstleistungssektor erfolgreich umsetzen.

Mit Gründung der Europäischen Gemeinschaften wurde sukzessive die grenzüberschreitende Zusammenarbeit auf verschiedenen Politikfeldern intensiviert. Heute gilt das Gebiet der Großregion SaarLorLux als ein positives Beispiel für grenzüberschreitende Zusammenarbeit in zahlreichen öffentlichen und privaten Bereichen. Inzwischen sind nicht wenige Synergieeffekte aufzeigbar, und eine gemeinsame Zukunftsplanung für die Großregion wird angestrebt (Herrmann 2001, S. 28 f.).

2.1 Territoriale Abgrenzungsproblematik

Allerdings werden Identifikationsprozesse der Bevölkerung mit der Großregion erschwert, weil es keine eindeutig und allgemein akzeptierte räumliche Abgrenzung des Gebietes gibt. Stattdessen findet sich eine Vielzahl von Konzepten, deren Beschreibung von den jeweils beteiligten Verwaltungsebenen oder Kooperationsformen abhängt. Christian Schulz hat dies als „variable Geometrie" (Schulz 1997, S. 35 f.) der Großregion bezeichnet. Beschränkt man die Interpretation des SaarLorLux-Raumes auf die Wortbedeutung, dann sind hiermit das Saarland, Lothringen und Luxemburg gemeint. Mit Gründung der Regionalkommission SaarLorLux-Trier/Westpfalz im Jahre 1971 ergibt sich ein um den Regierungsbezirk Trier, den Landkreis Birkenfeld und die Planungsregion Westpfalz erweitertes Gebiet. Eine dritte Variante zur Definition des SaarLorLux-

---

[1] Die Bezeichnung „Vier-Länder-Eck" begründet sich in der Einbeziehung Deutschlands, Frankreichs, Luxemburgs und Belgiens.

Raumes folgte 1986 nach der Gründung des Interregionalen Parlamentarierrates (IPR), einem Parlamentariertreffen, bestehend aus Mitgliedern der luxemburgischen Abgeordnetenkammer, der rheinland-pfälzischen und saarländischen Landtage, des lothringischen Regionalrats und des wallonischen Regionalparlaments. Dieser am weitesten gefasste Raum umschließt ca. 11 Mio. Einwohner und eine Fläche von ca. 66.000 km², darin sind eingeschlossen das gesamte Bundesland Rheinland-Pfalz und die Region Wallonie.

Zusammenfassend ist zu konstatieren, dass alle vorgestellten räumlichen Abgrenzungsmodelle sich an bereits vorhandenen Verwaltungsgrenzen orientieren. Strukturelle Verflechtungen innerhalb des Definitionsraumes werden nicht ausreichend berücksichtigt. Beispielsweise wurde durch den Interregionalen Parlamentarierrat ganz Rheinland-Pfalz einbezogen, obwohl sich die Bürger der östlichen Teile des Bundeslandes eher zum Rhein-Main-Gebiet orientieren. Und Teile der Wallonie orientieren sich hin zur französischen Region Champagne-Ardenne. Problematisch ist auch die Zuordnung des südlichen Lothringen mit dem Departement Vosges, das sich eher dem Elsass verbunden fühlt. Wenn Peter Moll vom „territorialen Ballast" (Moll 1994, S. 72 ff.) spricht, dann weist er pointiert auf den Umstand hin, dass die territoriale Frage sich retardierend auswirkt auf den Ausbau grenzübergreifender Kooperationen und die Identifikationsmöglichkeiten der Bevölkerung mit dieser Großregion (Gengler 2002, S. 296).

2.2 Strukturelle und wirtschaftliche Beschaffenheit

Die Großregion befindet sich am Rande der sogenannten „Blauen Banane" (Moll 2004), welche sich von Südengland über das Rhein-Rhone-Gebiet bis in die Lombardei erstreckt und von London und Mailand als nördlichem bzw. südlichem Endpunkt begrenzt wird. Die ländlichen Grenzgebiete und städtischen Mittel-Zentren, die die Großregion kennzeichnen, laufen hierbei Gefahr, zukünftig lediglich als Durchgangsräume genutzt zu werden (Lotter 1994, S. 182). Vergleicht man Größe der Fläche, Bevölkerung und Bevölkerungsdichte der fünf Partnergebiete, so fallen relevante Unterschiede auf: Das deutsche Bundesland Rheinland-Pfalz umfasst mit mehr als vier Millionen Einwohnern ca. 36% der Gesamtbevölkerung der Großregion, gefolgt von der Wallonie in Belgien mit 30% und dem französischen Lothringen mit 21%. Das Saarland hat anteilsmäßig noch doppelt so viele Einwohner wie Luxemburg, dem demographisch gesehen kleinsten Gebiet der Großregion. Bei der territorialen Größe ähneln sich Lothringen mit 36%, Rheinland-Pfalz mit 30% und die Wallonie mit 26% der Gesamtfläche der Großregion. Luxemburg und das Saarland umfassen mit jeweils 4% der Gesamtfläche eine fast gleich große Quadratkilometerzahl. Wird die Bevölkerungsdichte der Einwohner pro km² untersucht, so zeigt sich aufgrund der vorherigen Daten ein eher unerwartetes Bild: Das territorial kleinste Gebiet Saarland weist die größte Dichte mit 410 Einwohnern pro km² auf. An zweiter Stelle liegt Rheinland-Pfalz mit 202 Einwohnern pro km², gefolgt von der Region Wallonien mit einer Bevölkerungsdichte von 200 Menschen pro km². Die geringste Einwohnerdichte von 100 pro km² findet sich im französischen Lothringen. Luxemburg besitzt die zweitniedrigste Bevölkerungsdichte mit 180 Bewohnern pro km² und zählt damit in der Großregion nicht nur zu einem der territorial kleinsten Gebiete, sondern auch zu einem der bevölkerungsärmsten.

Übersicht 1: Fläche, Bevölkerung und Bevölkerungsdichte in der Großregion im Jahre 2005

Region	Bevölkerung Anzahl	%	Fläche in km	%	Bevölkerungsdichte Einw./km²
Lothringen	2.339.000	21	23.547	36	100
Rheinland-Pfalz	4.058.843	36	19.854	30	202
Wallonien	3.413.978	30	16.844	26	200
Saarland	1.050.293	9	2.569	4	409
Luxemburg	469.100	4	2.586	4	180
Großregion	11.331.214	100	65.400	100	173

Quelle: Eigene Darstellung nach Statistische Ämter der Großregion (Hrsg.) 2006

3 Die wirtschaftliche Leistungskraft

Die Entwicklung der Wirtschaft in den Gebieten der Großregion wird nachstehend anhand des Bruttoinlandsproduktes[2] verglichen: Die Großregion weist im Jahre 2005 insgesamt ein BIP von 277.905 Mio. € aus. Davon verteilen sich 27.459 Mio. € auf das Saarland, 52.880 Mio. € auf Lothringen, 70.382 Mio. € auf Wallonien, 97.787 Mio. € auf Rheinland-Pfalz und 29.396 Mio. € auf Luxemburg. Dieses Bild verändert sich allerdings, wenn das BIP im Verhältnis zur

---

[2] Nach dem Europäischen System der volkswirtschaftlichen Gesamtrechnung ergibt sich die Bruttowertschöpfung aus dem Wert der erzeugten Waren und Dienstleistungen abzüglich der bei der Produktion verbrauchten Güter (Vorleistungen).

Einwohnerzahl betrachtet wird. Dann liegen die Luxemburger mit einem Bruttoinlandsprodukt je Einwohner von 64.606 € an erster Stelle. Auch bei der Verteilung des BIP auf die Erwerbstätigen liegt Luxemburg mit 95.700 € weit vor den
anderen vier Teilgebieten und nimmt auch weltweit einem Spitzenplatz ein (Statistische Ämter der Großregion 2006). Dies verdeutlicht die exponierte wirtschaftliche Situation Luxemburgs im Vergleich zu den vier Nachbarregionen und
begründet eine Führungsrolle, welche dem Großherzogtum Luxemburg für die
Großregion SaarLorLux regelmäßig zugesprochen wird (Niedermeyer/Stiens
2004).

Die Aufteilung der wirtschaftlichen Tätigkeit in der Großregion nach einzelnen Sektoren verdeutlicht die Entwicklung und Schwerpunkte der jeweiligen
Region. Es lassen sich Rückschlüsse auf die BIP-Entstehung sowie auf die Entwicklung des Arbeitsmarktes ziehen. Die Montanindustrie nimmt zwar auch
nach Jahrzehnten der Umstrukturierung der Produktionsbereiche eine wichtige
Rolle ein, ist allerdings nicht mehr, wie noch zu Beginn der 70er Jahre, die wichtigste Branche in der Großregion. Heute sind es die Bereiche der industriellen
Weiterverarbeitung und Dienstleistungsanbieter, welche die wirtschaftliche Produktivität bestimmen. Daran beteiligen sich sowohl kleine und mittelständische
Unternehmen als auch international etablierte Firmen, die Niederlassungen in der
Großregion unterhalten. Bereits zwei Drittel des Wirtschaftsvolumens werden
durch den tertiären Sektor bestritten, ein Drittel entfällt noch auf die Industrie,
während die Landwirtschaft nur noch einen verschwindend geringen Anteil an
der gesamten Wertschöpfung trägt (1,61%).

Übersicht 2: Bruttowertschöpfung zu Herstellerpreisen je Sektor in der
Großregion

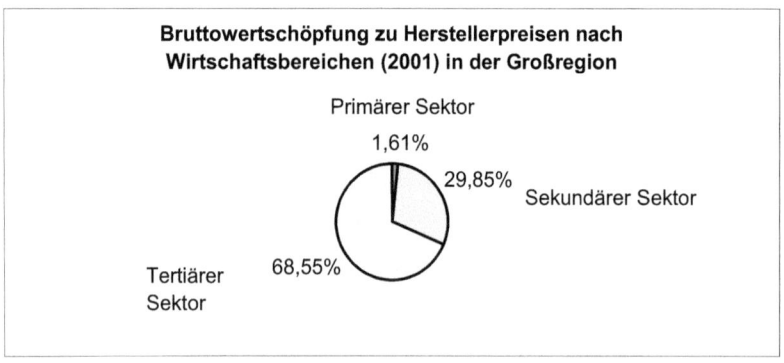

Quelle: Statistische Kurzinformationen 2003, S. 20 f.

Insbesondere im Großherzogtum Luxemburg entwickelt sich der tertiäre Sektor sehr dynamisch. Vier Fünftel der Bruttowertschöpfung werden dort inzwischen durch Handel, Gastgewerbe, Verkehr und Nachrichtenübermittlung, Kredit- und Versicherungsgewerbe sowie weitere öffentliche und private Dienstleistungen erbracht. Die Dominanz des Dienstleistungsbereichs in Luxemburg ist im Vergleich zu den übrigen Teilregionen ausgeprägt, auch wenn in den vier anderen Teilregionen ebenfalls eine Ausdehnung dieses Bereichs zu verzeichnen ist: Der Dienstleistungssektor erwirtschaftete inzwischen über 80% des BIP (Bayern LB 2006).

Übersicht 3: Bruttowertschöpfung nach Sektoren je Teilregion 2003

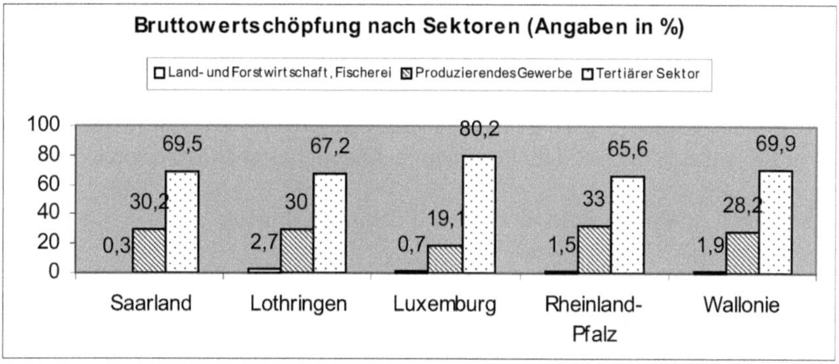

Bruttowertschöpfung nach Sektoren (Angaben in %)

☐ Land- und Forstwirtschaft, Fischerei   ▨ Produzierendes Gewerbe   ☐ Tertiärer Sektor

	Saarland	Lothringen	Luxemburg	Rheinland-Pfalz	Wallonie
Tertiärer Sektor	69,5	67,2	80,2	65,6	69,9
Produzierendes Gewerbe	30,2	30	19,1	33	28,2
Land- und Forstwirtschaft, Fischerei	0,3	2,7	0,7	1,5	1,9

Quelle: Eigene Darstellung nach Statistische Ämter der Großregion (Hrsg.) 2003, S. 20 f.

Diese Entwicklung trägt maßgeblich zu den unterschiedlichen BIP-Werten pro Einwohner und Erwerbstätigem bei. Der Zusammenhang zwischen Höhe des BIP pro Erwerbstätigem und dem Anteil des tertiären Sektors an der gesamten Bruttowertschöpfung ist offensichtlich: Je größer die Bedeutung des Dienstleistungssektors für die Bruttowertschöpfung, desto höher liegt das BIP pro Erwerbstätigem. Die vorgestellten Daten attestieren dem Wirtschaftsstandort Luxemburg eine überdurchschnittlich positive Performance im Vergleich zur Gesamtregion. Im Länder-Kredit-Rating des Institutional Investor vom März 2006 belegt Luxemburg mit 93,7 von 100 Punkten den sechsten Rang unter 173 bewerteten Ländern. Die internationalen Rating-Agenturen S&P und Moody's bewerten Luxemburgs Verbindlichkeiten mit AAA (Bayern LB 2006). An der Erwirtschaftung des luxemburgischen BIP sind ausländische Arbeitskräfte und mehr als 100.000 Grenzpendler maßgeblich beteiligt (Gengler 2003a), was mittelfristig u.a. nicht unerhebliche sozialpolitische Herausforderungen für das Großherzogtum impliziert (Fontagné 2004; OCDE 2006).

Der Wirtschafts- und Sozialausschuss Luxemburgs stellt fest, dass ohne die ausländischen Arbeitskräfte die Mehrzahl der Unternehmen die Produktion reduzieren müsste oder nicht mehr konkurrenzfähig sei. Es entfallen mehr als 22% der Lohnzahlungen Luxemburgs auf ausländische Arbeitskräfte. Von dieser Situation profitieren auch die öffentlichen Kassen und die sozialen Sicherungssysteme des Großherzogtums (Ministère de l'Aménagement du Territoire 1996, S. 56 f.).

3.1 Arbeitsmarkt

Ein Vergleich der Arbeitsmärkte in der Großregion verdeutlicht ebenfalls große Unterschiede. Rheinland-Pfalz zählt mit 1.803.000 Erwerbstätigen am Wohnort im Jahr 2001 die meisten Arbeitenden, dem die Provinz Wallonien mit 1.198.000 Erwerbstätigen folgt. 888.000 Erwerbstätige weist die Statistik für Lothringen und 443.000 für das Saarland aus. Die geringste Erwerbstätigenzahl am Wohnort ist in Luxemburg mit 185.000 Personen zu finden. (www.grossregion.lu 2003)

Übersicht 4: Berufspendler in der Großregion SaarLorLux

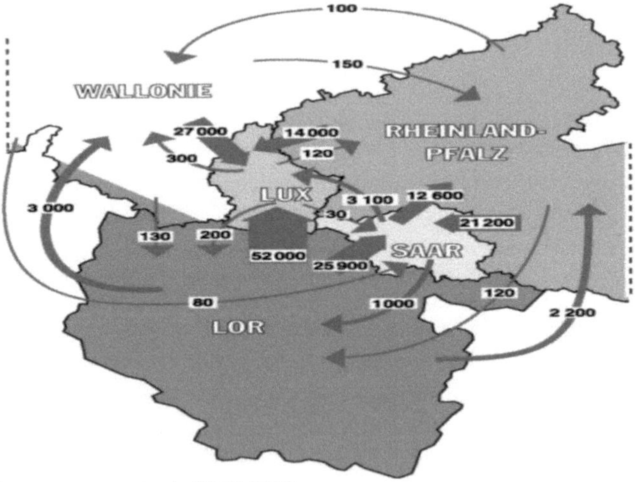

Quelle: www.grossregion.lu (20.04.2004)

Bemerkenswert sind die Daten der Erwerbstätigen am Arbeitsort: In Luxemburg werden mehr Erwerbstätige am Arbeitsort (277.000) gezählt als am Wohnort Luxemburg (185.000) registriert sind. Dementsprechend pendeln die zusätzlichen Erwerbstätigen aus den Wohnorten der Nachbargebiete zum Arbeitsort Luxemburg. Von der großen Anzahl von Berufspendlern in der Großregion zieht der Standort Luxemburg die größte Zahl aus seinen Nachbargebieten an. Definierten bis in die 70er Jahre Eisen- und Stahlindustrie die Attraktivität dieses Wirtschaftsstandorts, sind es heute der Finanzsektor und andere Dienstleistungsbereiche. Die Anzahl der luxemburgischen Arbeinehmer/Innen am Stellenmarkt ist seit 1980 nahezu unverändert geblieben und liegt bei etwas mehr als 100.000 Arbeitnehmern und Selbstständigen. Währenddessen hat sich die Zahl der Grenzgänger von 3.700 im Jahr 1961 bis zum Jahr 1985 auf 17.000 erhöht und übertraf 2001 erstmals die 100.000er Marke. Seit 2002 liegt der Anteil der Grenzgänger an den nichtselbstständigen Erwerbstätigen in Luxemburg bei über 37,5%. Dies hängt von der höheren Arbeitslosigkeit in den Nachbarregionen, aber auch von der Attraktivität des hohen Lohnniveaus in Luxemburg ab. Ausländische Arbeitnehmer mit Beschäftigungs- und Wohnsitz in Luxemburg bilden einen Anteil von ca. 27% der Erwerbstätigen, so dass lediglich 35% der Arbeitnehmer auch luxemburgische Staatsbürger bzw. in Luxemburg geboren sind. Von den luxemburgischen Arbeitnehmern sind wiederum ca. 40% im öffentlichen Dienst beschäftigt, der fast ausschließlich für Staatsbürger Luxemburgs geöffnet ist.

Die meisten Arbeitslosen in der SaarLorLux-Großregion weist die Wallonie auf (229.374 im Jahr 2001, das entspricht einer Quote von 10,6%). Im Gegensatz dazu liegen die Arbeitslosenzahlen im Großherzogtum Luxemburg – trotz eines erheblichen Anstiegs - relativ niedrig: 4.927 bzw. 2,4% im Jahre 2001 und 8.912 im Februar 2004 (Télécran 2004, S. 11). Die Beschäftigung verteilt sich innerhalb der Großregion nicht gleichmäßig auf alle Gebiete und bewirkt stark differierende Arbeitslosenquoten und Pendlerbewegungen. Insbesondere der luxemburgische und rheinland-pfälzische Grenzbereich bieten gute Beschäftigungsmöglichkeiten, ebenso wie das an Luxemburg grenzende belgische Gebiet. Für den Arbeitsmarkt der Großregion kommt Luxemburg damit die Funktion einer „Lokomotive" zu, auch wenn in einer Gesamtbilanz für die Großregion der Anteil der in Luxemburg Beschäftigten sich relativiert (Statistische Ämter 2003, S. 18).

3.2 Kompetenzunterschiede

Neben den verschiedenen Kompetenzzuweisungen durch die Nationalstaaten der Bundesrepublik Deutschland, der Republik Frankreich, dem Königreich Belgien und dem Großherzogtum Luxemburg sind auch die Untergliederungen und die verschiedenen Ebenen staatlicher Aktivitäten zu unterscheiden. Die folgende

Tabelle systematisiert, je nach Teileinheit der Großregion, deren Rechtsstatus, die subregionalen Untergliederungen und die Kommunen.

Übersicht 5: Teileinheiten der Großregion und deren Untergliederung

Teileinheit	Rechtsstatus	Subregionale Untergliederung	Kommunen (Anzahl)
Saarland	Teilsouveränes Bundesland	Landkreise (6)	Kommunen (52)
Rheinland-Pfalz	Teilsouveränes Bundesland	Landkreise (24)	Kreisfreie Städte (12) Gemeinden (2.293)
Luxemburg	Souveräner Staat	Distrikts (3) Kantone (12)	Kommunen (118)
Lothringen	Région (Collectivité Territoriale)	Départements (4) Arrondissements (19) Cantons (152)	Communes (2.337)
Wallonien	Région	Provinces (5) Arrondissements (20)	Communes (262)

Quelle: Schmitt-Egner 2001, S. 370.

Bereits die tabellarische Übersicht verdeutlicht, wie heterogen die Kooperationsbeziehungen und Netzwerkstrukturen in der Großregion sein müssen. Auf mehreren, meist unterschiedlichen Ebenen, bestehen zahlreiche Kooperationsformen und Kommunikationsarenen. Vertragliche Kooperationen sind „ebenso gegeben wie vielfältige Formen der so genannten ´schlichten Kooperationen`" (Groß/ Schmitt-Egner 1994, S. 118). Zugleich ist der Handlungsspielraum der Akteure über die einzelstaatlichen Grenzen hinaus als begrenzt anzusehen, u.a. bedingt durch die komplexen staats- und verfassungsrechtlichen Gegebenheiten in der SaarLorLux-Großregion. Dennoch bilden das relativ komplexe institutionelle Gefüge der Großregion sowie die nicht wenigen Arenen informeller Politik ein Koordinantensystem, in welchem Absichtserklärungen und Entscheidungen mit den Nachbarregionen vorbereitet, ausgehandelt und implementiert werden können (Schmidt 2002). Das Großherzogtum kann aufgrund der direkten Beteiligung seiner Nationalregierung bzw. der zuständigen Ministerien die Absichtserklärungen aus den Gremien der Großregion im Vergleich zu den Partnern relativ zügig umsetzen. Anders als seine Partner in der Großregion kann Luxemburg direkte Entscheidungsstrukturen nutzen, da die nationale Regierung für die Regionalpolitik unmittelbar verantwortlich ist.

Doch die outputs solch potentiell effizienter Entscheidungsstrukturen sind aber eher als gering einzustufen, da in den beteiligten Partnergebieten die Kompetenz- und Entscheidungsstrukturen zur Implementierung von regionalen Politikkonzepten bislang nicht hinreichend effektiviert werden konnten. Komplizierte Abstimmungsprozesse und defizile Kompetenzklärungen in bestimmten Teilgebieten haben politische Entscheidungen verzögert oder regionalpolitische Initiativen obsolet werden lassen. Selbst nach Unterzeichnung des Karlsruher Abkommens von 1996, das erstmals eine Rechtsgrundlage für die grenzüberschreitende Zusammenarbeit von kommunalen Gebietskörperschaften und Regionen geschaffen hat, bleibt das Thema der subnationalen Kooperation benachbarter Teilregionen und Gebietkörperschaften über nationale Grenzen hinweg eine zentrale Herausforderung für eine Profilierung und Positionierung des SaarLorLux-Raumes im internationalen Wettbewerb der Regionen und Wirtschaftsstandorte.

4   Luxemburg und die Großregion

Das Großherzogtum Luxemburg fungiert in der Großregion als souveräner Staat, der regional *und* international in zahlreiche Kooperationsformen und Politikarenen eingebunden ist (Juncker 2002). Diese Doppelfunktion eröffnet erhebliche Optionen für eine nationale Interessenpolitik, die zugleich auf europäischer wie regionaler Ebene praktiziert wird. Im Sinne von „level-shifting" zur Reduktion politischer (Trans-) Aktionskosten wird die Präferenz für eine Handlungsebene vom jeweiligen Politikfeld abhängig gemacht (Juncker 2001). Dabei können win-win-Situationen entstehen, wenn das Einbringen von Interessen der Großregion in Entscheidungsprozesse der EU zugleich Vorteile für Luxemburg und die Großregion bietet (ESF 2004). In diesem bipolaren Aktionsfeld der luxemburgischen Politik (Gengler 2003b) dürfte im Zeitalter der Globalisierung die Performance der Großregion die Konkurrenzfähigkeit Luxemburgs auf dem internationalen Markt nicht unerheblich mitbestimmen und damit luxemburgische Entwicklungsoptionen mitbeeinflussen (Sellers 2002).

Die exponierte Situation Luxemburgs wird auch durch eine Analyse der geograpahischen Lage der luxemburgischen Gemeinden deutlich: Auf deutscher Seite liegen sieben Verbandsgemeinden an der Grenze zu Luxemburg, in Luxemburg sind es 20 Gemeinden, und auf französischer Seite grenzen 17 Kommunen an das Großherzogtum, denen 12 luxemburgische Gemeinden gegenüberstehen. Zwischen Belgien und Luxemburg liegen zehn Kommunen auf belgischer und 14 Gemeinden auf luxemburgischer Seite. Dementsprechend liegen etwa 40% aller Gemeinden des Großherzogtums an einer Staatsgrenze. Bei den Partnergebieten ist von einer peripheren Lage dieser Grenzgemeinden zu den jeweiligen Regierungszentren auszugehen. Für Luxemburg gilt dies so nicht, da nicht nur die Grenzgemeinden, sondern der gesamte Nationalstaat Bestandteil der Großregion sind. Auch dieser Umstand könnte begründete Sonderinteressen Luxemburgs an der Gestaltung und Entwicklung der Großregion generieren. So stellt beispielsweise der Wirtschaftsraum der Großregion eine Erweiterung des direkt zugänglichen Absatzmarktes, aber auch des Arbeitsmarktes dar. Die Globalisierungsprozesse machen es für den Kleinstaat unabdingbar, regionale Kooperationsräume zu erschließen, um eigene Standortvorteile zu entwickeln bzw. zu optimieren (Kirt 2000, S. 97). Es ist ein legitimes und vitales Interesse Luxemburgs, wenn es sein „kleines Fundament durch die Großregion so verbreitert (...), dass sein Wohlstand und die Sicherung der Renten und Pensionen auch im schärferen Wettbewerb gesichert werden" (Pöhle 2002, S. 467) können.

Win-win-Situationen entstehen auch dann, wenn die in Luxemburg tätigen Grenzgänger einen Großteil ihrer Einkünfte an den jeweiligen Wohnorten ausgeben und mit ihrem Konsumverhalten zur Entwicklung der an das Großherzogtum angrenzenden Teilgebiete erheblich beitragen. Die Daten des grenzüberschreitenden Warenverkehrs deuten auf ein Politikmuster hin, gemäß dem die luxemburgische Regierung die eigene Wirtschaftsentwicklung zu forcieren und zugleich Impulse zur wirtschaftlichen Entwicklung der gesamten Region zu leisten versucht. Die Konsumverläufe in der Großregion spielen für Luxemburg bei den Exporten eine wichtige Rolle, denn 50% der gesamten luxemburgischen Produktion werden exportiert. Der Anteil der Exporte in die drei Nachbarländer Belgien, Frankreich und Deutschland liegt bei 60% der gesamten Ausfuhren. Und aus diesen drei Ländern werden 80% der gesamten Importe Luxemburgs eingeführt (STATEC 2003, S. 156), was eine starke Verflechtung des Großherzogtums mit den Absatzmärkten um das eigene Staatsterritorium verdeutlicht.

Auch der Faktor Sprachkompetenz dürfte ein Wettbewerbsvorteil für Luxemburg sein: „Nos partenaires nous envient pour notre connaissance des langues." (Ministère de l'Aménagement du Territoire 1996, S. 62). Die Mehrsprachigkeit macht das Großherzogtum zu einem besonders attraktiven Standort für global players und lässt es zum erfolgreichen Vorreiter im großregionalen Arbeitsmarkt werden. Ein Gutachten von Arthur Andersen leitet u.a. aus diesem Faktum die besondere Rolle Luxemburgs in der Regionalpolitik ab:

„Dans la mesure où l'économie luxembourgeoise est l'économie dominante de la région et qu'elle offre de l'emploi à une partie importante des populations actives des pays voisins, le Grand-Duché n'échappe pas, dans une approche européenne des choses, à une certaine responsabilité dans le développement économique de ces régions. Pas plus qu'il ne peut nier les conséquences pour ces régions de ses propres décisions stratégiques, par exemple sur le type de croissance économique. Il devrait donc prendre résolument le leadership d'un effort régional de développement, qui viendrait compléter sa propre vision et permettrait d'y intégrer progressivement ses voisins. A tout le moins, un tel effort ajouterait grandement à la crédibilité du pays quand il négocie avec ses partenaires les problèmes d'environnement - ou de fiscalité - transfrontaliers." (Arthur Andersen 1996, S. 64)

Trotz aller gegebenen Restriktionen wird der Großregion ein erhebliches Entwicklungspotential zugeschrieben, welches sich jedoch ohne einen ausgeprägten politischen Gestaltungswillen und ein überzeugendes Leitbild (Politische Kommission Zukunftsbild 2020, 2003) kaum zu entfalten vermag. Die Ausschau nach einem Protagonisten, der Regional Governance (Fürst 2003) mit Public Leadership (Kane 2007) zu verbinden vermag, um eine integrative SaarLorLux-Politik nachhaltig auf die politische Agenda zu setzen, fällt immer wieder auf Luxemburg – und seine international hoch geschätzten Premierminister.

5   Fazit

Als Zentrum der Großregion SaarLorLux entwickelte sich Luxemburg durch die Ansiedlung europäischer Institutionen und weltweit agierender Finanzinstitute zu einer „Konjunkturlokomotive in der Großregion SaarLorLux und (zum) ökonomisch dominierenden Partner innerhalb der grenzüberschreitenden Kooperationsformen in diesem Raum" (Raich 1995, S. 105). Auch wenn die regionalen Verflechtungen und Netzwerke auf Interdependenzen ausgelegt sind, kann die dominierende Rolle Luxemburgs nicht geleugnet werden. Dies belegen u.a. die Möglichkeiten des Großherzogtums, seine Kontakte auf europäischer Ebene für die Interessen der Großregion zu nutzen, wie auch die Arbeitsplatzangebote am Wirtschaftsstandort Luxemburg, von welchen zahlreiche Grenzpendler in der Großregion profitieren. Andererseits ist nicht zu ignorieren, dass der Nationalstaat Luxemburg auch abhängig von der Großregion ist, denn der wirtschaftliche Absatzmarkt sowie die Rekrutierung von Arbeitskräften aus den Nachbargebieten sind Voraussetzungen für eine weiterhin positive wirtschaftliche Entwicklung des Großherzogtums.

Alleingänge Luxemburgs bei der Umsetzung von gemeinsamen Beschlüssen der großregionalen Akteure wurden bislang positiv aufgenommen, wenn zuvor das Projekt umfassend beraten worden war und damit finanzielle Entlastungen der übrigen Akteure einhergingen (z.B. Haus der Großregion und Einrichtung eines Internetportals) (Grethen 2002). Luxemburg kann seine nachgewiesenen Standortvorteile für die weitere Entwicklung in der Großregion nutzen, wenn dies von den Nachbargebieten mit unterstützt und gewünscht ist. Die Funktion Luxemburgs in der Großregion kann wohl zutreffend als Impulsgeber, Ini-

tiator, Moderator und Koordinator etikettiert werden, der Projekte anstößt, wei-
terentwickelt und für die Implememtierung konkretisiert.

Da Luxemburg als souveräner Staat Teil der Großregion ist, kommen ihm
Handlungsmöglichkeiten zu, welche den übrigen vier Partnergebieten *in der
Weise* nicht zur Verfügung stehen: so z.b. privilegierte Informations- und Kon-
sultationsmöglichkeiten auf der internationalen, der europäischen und der zwi-
schenstaatlichen Ebene. In Verbindung mit der Kleinstaatlichkeit, welche flexib-
les Agieren und rasches Entscheiden begünstigt, könnte die Nutzung der Wis-
sensressourcen und Multilevel-Governance-Kompetenzen (Benz 2004) luxemburgischer Politik ein Vorteil für die gesamte Region werden.

Wenn der Vorsitz der Gipfeltreffen eine der exponierten Führungsaufgaben
in der SaarLorLux-Politik ist, wäre zu erörtern, ob „dem bestgestellten Partner
unter ihnen dauerhafte oder mittelfristig begrenzte Leadership angeboten werden" (Pöhle 2002, S. 464; Lorig 2007) sollte. Die einzigartige Konstellation in
Europa, dass ein gesamter souveräner Staat, zugleich ein vollwertiges EU-Mitglied, in einer Region an einem Netzwerk grenzüberschreitender Kooperationen
mitwirkt, birgt Innovations- und Gestaltungspotentiale, deren Nutzung optimie-
rungsfähig ist. Dies setzt im Großherzogtum die Erkenntnis voraus, dass es kon-
stitutive Zusammenhänge zwischen der Großregion und der binnenwirtschaftli-
chen Entwicklung im Zeitalter der Globalisierung gibt. Denn immer noch halten
„viele Luxemburger (...) ihr Land für stark genug, den erreichten hohen
Wohlstand und das politische Gewicht aus eigener Kraft, wohl aber unter Aus-
nutzung der nachbarlichen Ressourcen zu behaupten" (Pöhle 2002, S. 466).

Literatur

Andersen, Arthur (1996): Zitiert nach: Ministère de l'Aménagement du Territoire, La
    politique de coopération transfrontalière en Grand Région, Luxembourg, S. 64.
Arnold, Heinz (1998): Saar-Lor-Lux-Trier/Westpfalz – Wallonie. Strukturen und Perspek-
    tiven einer Europäischen Großregion, Trier.
Bayern LB (2006): Länderanalyse Luxemburg. Internetdokument: www.bayernlb/de/
    internet/render/de/Research/volkswirt/laender (6.8.2007).
Bellers, Jefferey M. (2002): Governing from Below. Urban Regions and the Global Econ-
    omy, Cambridge.
Benz, Arthur (2004): Multilevel Governance – Governance im Mehrebensystem. In: Ders.
    (Hrsg.), Governance – Regieren in komplexen Regelsystemen, Wiesbaden 2004, S.
    125-146.
Bossaert, Danielle (1992): Das Großherzogtum Luxemburg: Das Selbstverständnis eines
    Kleinstaates, Bochum.
ESF 2000-2006 Luxemburg: Internetdokument: www.europa.eu.int/comm/employment_
    social/esf2000/documents/lux_esf_de.pdf (26.04.2004).

Fontagné, Lionel (2004): Compétitivité du Luxembourg: une paille dans l'acier. Internetdokument: www.eco.public.lu/documentation/rapports/rapport_Fontagne.pdf (8.8. 2007).

Fürst, Dietrich (2004): Regional Governance. In: Arthur Benz (Hrsg.), Governance – Regieren in komplexen Regelsystemen, Wiesbaden 2004, S. 45-64.

Gengler, Claude (2002): La nouvelle géographie du Luxembourg. In: Gilbert Trausch (Hrsg.), Histoire du Luxembourg, Le destin européen d' un petit pays, Toulouse, S. 275-297.

Gengler, Claude (2003a): Es gibt Lügen, es gibt verdammte Lügen und es gibt Statistiken. In: Luxemburger Wort, Rubrik: Forum Europa, 25. Juni 2003.

Gengler, Claude (2003b): Le Fait Régional et la Construction Européenne. In: Organisation Internationale et Relations Internationales, No. 57, Brüssel, S. 381-403.

Grethen, Henri (2002): Vom Konzept nationaler Grenzen verabschieden. In: Trierischer Volksfreund, 20. Mai 2002.

Groß, Bernd/Schmitt-Egner, Peter (1994): Europas kooperierende Regionen. Rahmenbedingungen und Praxis transnationaler Zusammenarbeit deutscher Grenzregionen in Europa, Baden-Baden.

Herrmann, Hans-Walter (2001): Die Großregion aus historischer und politisch-wirtschaftlicher Sicht- historischer Abriß. In: Jo Leinen (Hrsg.), Saar-Lor-Lux – Eine Euro-Region mit Zukunft?, St. Ingbert, S. 27-48.

Kane, John (2007): The Problem of Politics: Public Governance and Leadership. In: Rainer Koch/John Dixon (Hrsg.), Public Governance and Leadership, Wiesbaden, S. 131-150.

Juncker, Jean-Claude (2001): Eine Vision für die nächsten Jahrzehnte. In: Saarbrücker Zeitung vom 12.11.2001. Internetdokument: www.gouvernement.lu/salle_presse/ interviews/20011112_juncker_SZ/ (16.04.2004).

Juncker, Jean-Claude (2002): Grossregion bedeutet... das Ende der lokalen Schizophrenie. In: Trierischer Volksfreund vom 29.04.2002. Internetdokument: www. gouvernement.lu/salle_presse/interviews/20020429juncker_tv/ (16.04.2004).

Kirt, Romain (2000): Kleine Nation – Große Union, Echternach.

Kirt, Romain (2005): Zitiert nach Fürstentum Liechtenstein, Die Zukunft liegt in den Regionen. Internetdokument: www.liechtenstein.li/fl-portal-aktuell?newsid=11202 (8.8.2007).

Linster, Guy (1999): Le Luxembourg dans la Grande Région. In: Gilbert Trausch (Hrsg.), Le Luxembourg au trournant du siècle et du millénaire, Esch Alzette, S. 271-287.

Lorig, Wolfgang H.: Modernes Regieren und Public Leadership. In: Rainer Koch/John Dixon (Hrsg.), Public Governance and Leadership, Wiesbaden, S. 67-94.

Lotter, Lando (1994): Eine Wirtschaftsregion in Europa- Das Beispiel Mainfranken. In: Europa der Regionen – Europa der Kommunen – Wissenschaftliche und politische Franz-Ludwig Knemeyer (Hrsg.), Bestandsaufnahme und Perspektive, Kommunalrecht, Kommunalverwaltung, Band 13, Baden-Baden, S. 173-182.

Ministère de l'Aménagement du Territoire (1996): La politique de coopération transfrontalière en Grand Région, Luxembourg.

Moll, Peter (1994): Kooperation an der EU-Binnengrenze. Das Beispiel des Saar-Lor-Lux-Raumes. Rückblick und Perspektiven. In: IÖR-Schriften, Nummer 9, S. 71-76.

Moll, Peter (2004): Am Rande der „Blauen Banane". In: Raumentwicklung und Raum-
planung in Europa. Rhein-Mainische Forschungen, Heft 125, Frankfurt am Main,
S. 59-75.
Niedermeyer, Martin/Stiens, Gerhard (2004): Kontrast- und Strategieszenarien im Raum-
ordnungskonzept für die Großregion „SaarLorLux". In: Informationen zur Raum-
entwicklung, Heft 1/2, 2004, S. 59-75.
OCDE (Organisation de Coopération et de Devéloppment Économiques) (2006): Études
économique du Luxembourg, Paris.
Pöhle, Klaus (2002): Luxemburgs expansive Aufgabe in Saar-Lor-Lux-Wallonie. In:
Europäisches Zentrum für Föderalismusforschung (Hrsg.), Jahrbuch des Föderalis-
mus, Baden-Baden, S. 453-488.
Politische Kommission „Zukunftsbild 2020" unter Vorsitz von Jacques Santer (2003):
Zukunftsbild 2020 für den interregionalen Kooperationsraum Saarland, Lothringen,
Luxemburg, Rheinland-Pfalz, Wallonische Region, Französische Gemeinschaft und
Deutschsprachige Gemeinschaft Belgiens, Erstellt im Auftrag des saarländischen
Vorsitzes des 7. Gipfels, Saarbrücken.
Raich, Sylvia (1995): Grenzüberschreitende und interregionale Zusammenarbeit in einem
„Europa der Regionen", Schriftenreihe des Europäischen Zentrums für Föderalis-
mus-Forschung, Band 3, Baden-Baden.
Schmidt, Monika (2002): Die Großregion Saar-Lor-Lux. Unveröffentliche Magisterarbeit
im Fach Politikwissenschaft der Universität Trier, Trier.
Schmitt-Egner, Peter (2001): Von der „Grenzübergreifenden Region" Saar-Lor-Lux zur
europäischen „Großregion" Saar-Lor-Lux-Rheinland-Pfalz-Wallonie – Rahmenbedingungen, Strukturwandel und Akteure der grenzüberschreitenden Zusammenarbeit
in Saar-Lor-Lux. In: Europäisches Zentrum für Föderalismusforschung (Hrsg.),
Jahrbuch des Föderalismus, Baden-Baden, S. 357-378.
Schulz, Christian (1997): Saar-Lor-Lux – Die Bedeutung der lokalen grenzüberschreiten-
den Kooperation für den europäischen Integrationsprozeß, in: Europa regional,
Nummer 2, S. 35-43.
Sinewe, Werner (1998): Von der internationalen zur transnationalen Politik – Dargestellt
am Beispiel der europäischen (Kern-)Region Saar-Lor-Lux-Trier/Westpfalz, Ent-
wicklung eines (3+1)-Ebenen-Modells interregionaler Zusammenarbeit, Europäische
Hochschulschriften, Reihe 31, Band 375, Frankfurt am Main.
Stahl, Thomas/Schreiber, Rainer (o.J.): Regionale Netzwerke als Innovationsquelle,
Frankfurt am Main.
STATEC (2003): Wirtschafts- und Gesellschaftsportrait Luxemburgs, Luxemburg.
Statistische Ämter der Großregion (Hrsg.) (2000): Statistisches Jahrbuch 2000 Saar-Lor-
Lux-Rheinland-Pfalz-Wallonie, Bad Ems.
Statistische Ämter der Großregion (Hrsg.) (2003): Statistische Kurzinformationen Saar-
LorLux-Rheinland-Pfalz-Wallonie. Internetdokument: www.statistik.rlp.de. (6.4.
2004).
Statistische Ämter der Großregion (Hrsg.) (2003): Kurzinformationen Saar-Lor-Lux-
Rheinland-Pfalz-Wallonie 2002, Koblenz.

Statistische Ämter der Großregion (Hrsg.) (2006): Statistische Kurzinformationen Saar-LorLux-Rheinland-Pfalz-Wallonie. Internetdokument: www.statistik.rlp.de/verlag/sonstiges/SCLRPW_Kurzinformation.pdf. (7.8.2007).

Télécran (2004): Das Luxemburger Magazin, Nr. 15, Luxemburg, S. 11.

Woyke, Wichard (2000): Luxemburg - Erfolgreicher Kleinstaat zwischen den Großen. In: Europäisches Zentrum für Föderalismusforschung (Hrsg.), Jahrbuch des Föderalismus, Baden-Baden, S. 225-233.

www.grossregion.lu. Zahlen der Bevölkerung für 2002 (28.12.2003).

www.grossregion.lu. Beschäftigung und Arbeitsmarkt (28.12.2003).

Autorenverzeichnis

Ambrosi, Gerhard Michael, Dr., Professor für Volkswirtschaftslehre, Universität Trier, Leiter des Zentrums für Europäische Studien an der Universität Trier.

Barth, Christof, Dr., Wissenschaftlicher Mitarbeiter im Fach Medienwissenschaft, Universität Trier.

Bossaert, Danielle, Attachée de Gouvernement, Ministère de la Fonction publique et de la Réforme administrative, Luxemburg.

Dumont, Patrick, Wissenschaftlicher Mitarbeiter im Fach Politikwissenschaft, Universität Luxemburg.

Eser, Thiemo W., Dr., Chargé de mission, Ministère de l'Intérieur et de l'Aménagement du territoire, Luxemburg.

Fehlen, Fernand, Dozent für Soziologie, Universität Luxemburg.

Hemmer, Martine, M.A., Journalistin, Luxemburg.

Hirsch, Mario, Direktor am Institut Pierre Werner, Luxemburg.

Lorig, Wolfgang H., Dr., Professor für Politikwissenschaft, Akademischer Direktor, Universität Trier.

Majerus, Jean-Marie, Professeur détaché au Centre d'études et de recherches européennes Robert Schuman, Luxemburg.

Milmeister, Paul, Wissenschaftlicher Mitarbeiter im Fach Soziologie, Universität Luxemburg, Centre d'Etudes sur la Situation des Jeunes en Europe, Luxemburg.

Moll, Peter, Prof. Dr., Beauftragter für den Bereich Europa und interregionale Zusammenarbeit beim saarländischen Minister für Bundes- und Europaangelegenheiten, Saarbrücken.

Müller, Rudolf, Assessor, Pressesprecher der Kreisverwaltung Bitburg-Prüm, Bitburg.

Niedermeyer, Martin, Dr., Leiter des Referates für grenzüberschreitende Zusammenarbeit SaarLorLux, Abteilung Europa – Interregionale Zusammenarbeit, Staatskanzlei des Saarlandes, Saarbrücken.

Poirier, Philippe, Dr., Dozent für europäische Politik, Université Paris IV, und Dozent an der Universität Luxemburg.

Scholtes, Maryse, Premier conseiller de gouvernement, Ministère des Travaux publics, Luxemburg.

Schroen, Michael, M.A., Leiter des Goethe-Instituts in Sarajewo.

Thewes, Marc, Dozent an der Universität Luxemburg, Rechtsanwalt in Luxemburg.

Thiel, Simone M., M.A., Wissenschaftliche Parlamentsassistentin des Europaabgeordneten Dr. Werner Langen, Brüssel.

Trausch, Gilbert, Prof. Em. Universität Lüttich und Collège d'Europe Bruges, ehemaliger Direktor des Centre Robert Schuman, Luxemburg.

Willems, Helmut, Dr., Professor für Soziologie, Universität Luxemburg, Vice-Direktor der Forschungseinheit INSIDE, Universität Luxemburg.

Zahlen, Paul, Abteilungsleiter, Service central de la statistique et des études économiques (STATEC), Luxemburg.

Abkürzungsverzeichnis

ABBL	Association des Banques et Banquiers, Luxembourg
ADR	Aktionskomitee für Demokratie und Rentengerechtigkeit
AK	Chambre de Travail
ALEBA	Associations luxembourgeoises des employés de banque et d'assurances
APuZ	Aus Politik und Zeitgeschichte
ARI	Autorité de Régulation Indépendante
ASTI	Verein zur Unterstützung der immigrierten Arbeiter
BCL	Luxemburger Zentralbank
BeNeLux	Belgien, Niederlande, Luxemburg
bfai	Bundesagentur für Außenwirtschaft. Servicestelle des Bundesministeriums für Wirtschaft und Technologie
BIP	Bruttoinlandsprodukt
CAF	Common Assessment Framework
CCM	Commission Consultative des Médias
CCPL	Konföderation der portugiesischen Gemeinschaft
CdC	Chambre de Commerce
CEP-L	Chambre des Employés Privés Luxembourg
CGFP	Confédération générale de la fonction publique
CIAT	Comite Interministériel pour l'aménagement du territoire
CIC	Confédération luxembourgeoise du Commerce
CIR	Commission Indépendante de la Radiodiffusion
CLAE	Komitee zur Einbindung und Aktion der Ausländer
CM	Chambre des Métiers
CNP	Conseil National des Programmes
CSAT	Conseil Supérieur de l'aménagement du territoire
CSV	Christlich-Soziale Volkspartei
DP	Demokratische Partei
ECOFIN	Rat der Europäischen Union „Wirtschaft und Finanzen"
EFQM	European Foundation for Quality Management
EG	Europäische Gemeinschaften
EGV	Vertrag zur Gründung der Europäischen Gemeinschaft
ESPON	European Spatial Planning Observation Network
EU	Europäische Union
EU25	Europäische Union der 25 Mitgliedstaaten

EUGH	Europäischer Gerichtshof
EUREK	Europäisches Raumentwicklungskonzept
EUROSTAT	Amt für Europäische Statistik
EW	Einwohner
EWU	Europäische Währungsunion
FAZ	Frankfurter Allgemeine Zeitung
FCCS	Féderation des Conseillers Communeaux Socialistes
FEDIL	Fédération des Industriels Luxembourgeoise
HVPI	Harmonisierter Verbraucherpreisindex
IMF	International Monetary Fund
ISP	Imprimerie Saint-Paul
IVL	Integratives Verkehrs- und Landesentwicklungskonzept für Luxemburg
KKS	Kaufkraft Standards
KMU	Kleine und mittelgroße Unternehmen
Kom. Verf.	Kommunalverfassung
KPL	Kommunistische Partei Luxemburgs
LCGB	Lëtzebuerger Chrëschtleche Gewerkschafts-Bond
LSAP	Luxemburger Sozialistische Arbeiterpartei
Lux. Verf.	Luxemburger Verfassung
NGL	Neutrale Gewerkschaft Luxembourg
OGB-L	Unabhängiger Gewerkschaftsbund Luxemburg
OCDE	Organisation de Coopération et de Devéloppment Économiques
OECD	Organization for Economic Cooperation and Development
ÖPNV	Öffentlicher Personennahverkehr
OREAM-Lorraine	Organisation d'études d'aménagement de l'aire métropolitaine de Metz, Nancy, Thionville
OSZE	Organisation für Sicherheit und Zusammenarbeit in Europa
PAG	Plan de l'aménagement général
PAP	Plan de l'aménagement particulier
Parl. GO	Parlamentarische Geschäftsordnung
PD	Programme Directeur
PISA	Program for International Student Assessment
RTL	Radio-Télé Lëtzebueg
SDP	Sozialdemokratische Partei Luxemburgs
SMC	Service des médias et de la communication
SNCI	Société National de crédit et d'investissement
SNEP	Syndicat national des employés privés-Rénovateurs

STATEC	Service Central de la Statistique et des Etudes Economiques du Luxembourg
StRatGes	Gesetz über die Reform des Staatsrates
SYVICOL	Syndicat des villes et communes luxembourgeoises
TEN-T	Trans European Net-Transport
TGV	Train à Grande Vitesse
UEL	Union des Entreprises Luxembourgeoises
UEP	Union des employés privés
UNO	United Nations Organization
WWU	Wirtschafts- und Währungsunion
ZAC	Zones d'activités communales
ZAER	Zones d'activités économiques à caractère régional
ZIN	Zones industrielles à caractère national

Neu im Programm
Politikwissenschaft

Thomas Jäger / Alexander Höse /
Kai Oppermann (Hrsg.)

Deutsche Außenpolitik
2007. 638 S. Br. EUR 34,90
ISBN 978-3-531-14982-0

Dieser als Textbook konzipierte Band bietet eine umfassende Bestandsaufnahme der wichtigsten Handlungsfelder der deutschen Außenpolitik. Die Systematik folgt der in der Politikwissenschaft etablierten Dreiteilung der Politik in die Sachbereiche Sicherheit, Wohlfahrt und Herrschaft (hier konzipiert als Legitimation und Normen) und erlaubt dadurch einen methodisch klaren und didaktisch aufbereiteten Zugang zum Thema. Der Band eignet sich als alleinige Textgrundlage für Kurse und Seminare, in denen jeweils zwei Texte à 15 Seiten pro wöchentlicher Lehreinheit behandelt werden. Somit unterscheidet er sich von anderen Büchern zur deutschen Außenpolitik, die entweder rein historisch oder institutionenkundlich orientiert sind oder als Nachschlagewerke dienen.

Siegmar Schmidt / Gunther Hellmann /
Reinhard Wolf (Hrsg.)

**Handbuch zur
deutschen Außenpolitik**
2007. 970 S. Geb. EUR 59,90
ISBN 978-3-531-13652-3

Mit dem Zusammenbruch des Kommunismus hat sich die weltpolitische Lage grundlegend verändert und ist auch für die Außenpolitik der Bundesrepublik Deutschland eine vollkommen veränderte Situation entstanden. In diesem Handbuch wird erstmals wieder eine Gesamtschau der deutschen Außenpolitik vorgelegt. Dabei werden die Kontinuitäten und Brüche seit 1989 sowohl für den Wissenschaftler als auch den politisch interessierten Leser umfassend dargestellt.

Oliver Schöller / Weert Canzler /
Andreas Knie (Hrsg.)

Handbuch Verkehrspolitik
2007. 963 S. Geb. EUR 69,90
ISBN 978-3-531-14548-8

In 38 Beiträgen geben renommierte WissenschaftlerInnen einen Überblick über den Stand der Diskussion zu wesentlichen Themen der Verkehrspolitik. Die Beiträge konzentrieren sich in erster Linie auf Deutschland, sie entstammen einer Reihe von unterschiedlichen Disziplinen und sind auch in ihren Schlussfolgerungen ebenso vielfältig wie das Politikfeld der Verkehrspolitik selbst.

Neu im Programm
Politikwissenschaft

Frans Becker / Karl Duffek /
Tobias Mörschel (Hrsg.)

**Sozialdemokratische
Reformpolitik und Öffentlichkeit**
2007. 215 S. Br. EUR 26,90
ISBN 978-3-531-15508-1

Joachim K. Blatter / Frank Janning /
Claudius Wagemann

Qualitative Politikanalyse
Eine Einführung in Forschungsansätze
und Methoden
2007. 252 S. (Grundwissen Politik 44)
Br. EUR 24,90
ISBN 978-3-531-15594-4

Frank Brettschneider / Oskar Nieder-
mayer / Bernhard Weßels (Hrsg.)

Die Bundestagswahl 2005
Analysen des Wahlkampfes
und der Wahlergebnisse
2007. 516 S. (Veröffentlichung des Arbeits-
kreises „Wahlen und politische Einstellungen" der DVPW Bd. 12) Br. EUR 49,90
ISBN 978-3-531-15350-6

Hubertus Buchstein /
Gerhard Göhler (Hrsg.)

**Politische Theorie
und Politikwissenschaft**
2007. 194 S. Br. EUR 24,90
ISBN 978-3-531-15108-3

Christoph Egle /
Reimut Zohlnhöfer (Hrsg.)

Ende des rot-grünen Projekts
Eine Bilanz der Regierung Schröder
2002 - 2005
2007. 540 S. Br. EUR 34,90
ISBN 978-3-531-14875-5

Daniela Forkmann / Saskia Richter (Hrsg.)

Gescheiterte Kanzlerkandidaten
Von Kurt Schumacher bis Edmund Stoiber
2007. 440 S. (Göttinger Studien zur
Parteienforschung) Br. EUR 34,90
ISBN 978-3-531-15051-2

Gert-Joachim Glaeßner

Politik in Deutschland
2., akt. Aufl. 2006. 571 S. Br. EUR 24,90
ISBN 978-3-531-15213-4

Dirk Lange / Gerhard Himmelmann (Hrsg.)

Demokratiebewusstsein
Interdisziplinäre Annäherungen an ein
zentrales Thema der Politischen Bildung
2007. 314 S. Br. EUR 32,90
ISBN 978-3-531-15525-8

Tim Spier / Felix Butzlaff /
Matthias Micus / Franz Walter (Hrsg.)

Die Linkspartei
Zeitgemäße Idee oder Bündnis
ohne Zukunft?
2007. 345 S. Br. EUR 26,90
ISBN 978-3-531-14941-7

Erhältlich im Buchhandel oder beim Verlag.
Änderungen vorbehalten. Stand: Juli 2007.

www.vs-verlag.de

VS VERLAG FÜR SOZIALWISSENSCHAFTEN

Abraham-Lincoln-Straße 46
65189 Wiesbaden
Tel. 0611.7878-722
Fax 0611.7878-400